CHINA CULTURAL INDUSTRIES YEARBOOK

中国文化产业年鉴

2016

《中国文化产业年鉴》编辑部　组织编写

知识产权出版社
全国百佳图书出版单位
—北京—

图书在版编目（CIP）数据

中国文化产业年鉴 . 2016 /《中国文化产业年鉴》编辑部组织编写 . — 北京：知识产权出版社，2023.7

ISBN 978-7-5130-8808-4

Ⅰ . ①中… Ⅱ . ①中… Ⅲ . ①文化产业—中国—2016—年鉴 Ⅳ . ① G124-54

中国国家版本馆 CIP 数据核字（2023）第 117568 号

内容提要

本书翔实记录和反映了 2015 年中国文化产业年度发展状况。全书分为全国概况、地方概况、统计与数字、大事记、附录五个板块，通过文化产业统计数据监测、文化产业重大政策记录等，全景式展示文化产业发展轨迹，反映文化产业领域突出成果，服务于中央和地方政府决策、企业实践及理论研究，是大型综合性、权威性、资料性工具书。

本书适合中央和地方文化主管部门、文化企业、文化产业相关高校及研究人员参考使用。

责任编辑：李石华　　　　**责任印制：孙婷婷**

中国文化产业年鉴（2016）

ZHONGGUO WENHUA CHANYE NIANJIAN（2016）

《中国文化产业年鉴》编辑部　组织编写

出版发行：	知识产权出版社有限责任公司	网　址：	http：//www.ipph.cn
电　话：	010-82004826		http：//www.laichushu.com
社　址：	北京市海淀区气象路50号院	邮　编：	100081
责编电话：	010-82000860转8072	责编邮箱：	laichushu@cnipr.com
发行电话：	010-82000860转8101	发行传真：	010-82000893
印　刷：	北京中献拓方科技发展有限公司	经　销：	新华书店、各大网上书店及相关专业书店
开　本：	720mm × 1000mm　1/16	印　张：	27.25
版　次：	2023年7月第1版	印　次：	2023年7月第1次印刷
字　数：	440千字	定　价：	268.00元

ISBN 978-7-5130-8808-4

指导单位

中国文化产业协会

学术支持单位

北京京和文旅发展研究院

《中国文化产业年鉴》学术委员会

（按姓氏笔画排序）

《中国文化产业年鉴》供稿名单

（按姓氏笔画排序）

于立业　王　帅　王光胜　刘　伟　刘　欣
刘玉华　邱轩洛　邹　敏　汪　洋　沈　亮
张　欣　张长山　陈炳辉　范军后　尚军邦
周红文　孟文康　郭明玉　曹俊峰　程　静
焦艳波　管　宁　廖乾园

《中国文化产业年鉴》编辑部

主　　编　范　周
编辑部主任　杨　乔
法律顾问　刘文杰
编　　辑（按姓氏笔画排序）

万晨阳　王硕祎　巩　仪　孙　巍
李　渊　李姝婧　宋立夫　林一民
赵　航　侯雪彤　常天恺　隋　缘
路俊迪

经济转型呼唤“文化+”新动力

——《中国文化产业年鉴2016》卷首语

2015年的时光匆匆而逝，但文化产业带给中国经济的希望和温暖却久久不会褪去。在中国经济面临较大下行压力，寻求经济转型新动力的关键时刻，文化产业正以矫健的步伐向国民经济支柱性产业迈进，不仅保持较快的增长速度，而且发展质量也在逐步提升。“文化+”的力量注入改革发展的洪流中，文化的光芒指引激昂奋进的前进道路。

2015年，全国文化及相关产业增加值27 235亿元，比上年增长11%（未扣除价格因素），比同期GDP名义增速高4.6个百分点；占GDP的比重为3.97%，比上年提高0.16个百分点。核算数据表明，文化及相关产业是当前经济增长的一个亮点，总量持续快速增长，比重日益上升，在推动经济发展、优化经济结构中发挥着越来越重要的作用，朝着成为国民经济支柱产业的方向迈出新的步伐。按行业分，2015年文化制造业增加值11 053亿元，比上年增长8.4%，占文化及相关产业增加值的比重为40.6%；文化批发零售业增加值2542亿元，增长6.6%，占9.3%；文化服务业增加值13 640亿元，增长14.1%，占50.1%。按活动性质分，文化产品的生产创造的增加值为17 071亿元，占62.7%；文化相关产品的生产创造的增加值为10 165亿元，占37.3%。

2015年，文化产业呈现新特点新态势。一是跨界融合助力经济转型。“文化+”推动文化与建筑业、信息业、旅游业、农业和体育产业等领域深度融合，把文化的基因和理念注入其他产业，形成全新的产品和服务，贯穿于今后经济结构调整的全过程。随着传统行业转型需求的日趋迫切，“文化+”的作用无疑会进一步凸显。二是重视创意和版权的价值，用心生产精品力作。通过内容上的精耕细作，更好地讲述中国故事、诠释中国精神、展示中国力量，在供给侧增加有效供给，满足消费者多层次的精神文化需求，实现社会效益和经济效益的统一。三是资本并购激发产业发展活力。2015年，文化产业继续得到资本的热切关注，全国文化产业固定资产投资28 898亿元，比上年增长22.0%，增速比全社会固定资产投资（不含农户）高12个百分点；占全社会固定资产投资（不含农户）的比重为5.1%，比上年提高0.5个百分点。投资规模的持续扩大，强劲地推动了文化产业快速发展。我国文化产业股权投资体现出重点分布、相对集中的特点，股权投资案例发生的行业相对集中，互联网信息服务业、移动互联网服务业、影视制作与发行、网络游戏行业是投资涉及资金规模最大、案例数量最多的4个行业。四是“互联网+”加速产业融合和转型。通过将互联网在生产要素资源配置中的优化和集成作用，文化产业的创新力、生产力不断增强，并不断变革着文化产品的生产和消费模式，带来文化产业提质升级的新业态。2015年，以“互联网+”为主要形式的文化信息传输服务业发展迅猛，实现增加值2858亿元，增速16.3%，占文化产业的比重为10.5%，比上年提高0.5个百分点。五是“一带一路”助推文化产业全球化发展。2015年，中国文化企业频频布局海外，如复星集团15亿美元收购太阳马戏团，万达集团6.5亿美元收购世界铁人公司，万达院线控股澳大利亚第二大电影院线运营商Hoyts等，文化产业领域国内国际共振，让中国文化企业与全球文化巨头共舞。“走出去”的同时也伴随着“引进来”。2015年，华人文化基金与美国梦工厂合资东方梦工厂，与TVB合资翡翠东方，与美国华纳公司合资设立旗舰影业，与英国默林集团合资，将乐高乐园带到上海。从好莱坞大片中的中国元素，到国外主题公园登陆中国城市，中国人的消费升级吸引全球文化产业巨头前来寻找商机。

2015年是全面完成“十二五”规划的收官之年，是全面深化改革的关键之年，也是“十三五”规划的谋篇布局之年，是中国实现全面建成小康社会目标的“冲刺”关键期。回望过去，展望未来，文化产业大有可为，更要抓住机会、顺势而为，力争把文化产业培育为国民经济新的增长点，使其在“十三五”期间成为国民经济的支柱性产业。

《中国文化产业年鉴》编辑部

编辑说明

一、《中国文化产业年鉴》是翔实记录和反映全国文化产业年度发展状况的大型综合性、权威性、资料性工具书，也是我国文化产业研究领域信息容量大、资料索引全、可供长期保存和反复查阅的大型工具书。本年鉴力求全面监测文化产业统计数据，记录分析文化产业重大政策，全景展示文化产业发展轨迹，忠实反映文化产业领域的突出成果，服务于中央和地方政府决策、企业实践以及理论研究。

二、本年鉴坚持“存史”和“镜鉴”的指导原则，采用“分头编撰、汇总审校”的编纂方法。

三、本年鉴自2010年起，每年出版一卷。2016年版为第7卷。本卷共设全国概况、地方概况、统计与数字、大事记和附录5个栏目。

四、2016年版主要发表2015年的资料，部分栏目也收入了2016年上半年的有关资料。

五、有关文化产业发展的情况是本年鉴的主要内容，着重在以下各栏目中反映：

“全国概况”——全国文化产业发展总体情况和各行业发展基本情况；

“地方概况”——全国各省（自治区、直辖市）及港澳台地区文化产业发展总体情况和各行业发展基本情况；

“统计与数字”——全国文化产业各行业发展的主要统计指标及图表；

“大事记”——以日记式的方式记录文化产业领域各类重大事项，包括全国各省（自治区、直辖市）举办的综合性、行业性节庆、展览、博览、交易、评奖、表彰、论坛、研讨会、重要工作会议、文化企业集团成立、重大项目立项等；

“附录”——以列表的方式收录以下几方面内容：国务院和中央各部委、各省（自治区、直辖市）出台的主要文化产业政策法规；文化产业学术论文摘编、报刊辑览、图书评介、课题研究等；全国和地方文化产业综合性发展规划及重点行业发展规划；国家级文化产业示范基地（园区）以及各省（自治区、直辖市）文化产业示范基地（园区）等。

六、关于文化产业各行业发展情况的统计数据，来自政府有关部门和行业分析机构，主要在“全国概况”“统计与数字”等栏目中介绍。关于各省（自治区、直辖市）文化产业及其各行业发展情况的统计数据，主要在“地方概况”栏目中介绍。

七、香港特别行政区、澳门特别行政区和台湾地区的文化产业情况，在“地方概况”栏目中介绍。本年鉴所列全国性统计数据，均未包括香港特别行政区、澳门特别行政区和台湾地区。

目　录

第一部分　全国概况

第二部分　地方概况

第三部分　统计与数字

第四部分　大事记

第一部分
第二部分
第三部分
第四部分
附录一
附录二
附录三
附录四

第一部分

全国概况

广播电视产业

2015年，中国广播电视产业在融合发展浪潮中快速演进，进入结构调整与转型升级的关键阶段。一方面，广播电视产业发展增速放缓，行业总收入和创收收入自2006年以来同比增幅首次低于10%。另一方面，广播电视产业结构不断调整优化，产业品质进一步提升。总体来看，全国广播电视产业的新生态正在开始形成，视听领域的新格局正在逐步构建，广电产业已进入转型升级的重要阶段。

一、2015年广播电视产业总体情况

随着广电产业逐步从粗放单一的产业结构向精细化复合型结构转型升级，规模化集约式发展趋势逐步显现，产业链发展模式初步形成。

（一）传统广电收入渐缩，新兴产业快速发展

2015年，广播电视行业总收入为4634.56亿元，同比增长9.66%。其中来自广电新媒体广告收入、三网融合相关收入等新兴业务收入增加达到136.97亿元，在创收收入增长中的贡献率达到43.24%。传统广电业务收入增长放缓，收入占比逐渐收缩，而基于融合业务的新兴产业快速发展，成为拉动广电收入增长的新兴力量。2015年，各大广电集团着力生态革新，如湖南广电集团致力于推进从服务观众向服务用户转型、变内容产品为IP资源、向市场生态转变三大转型，形成全新的生态体系——芒果生态圈。《爸爸去哪儿》作为一个成功的案例，不仅电视内容产品拓展到电影、图书出版物，其依托综艺制作的大电影也创下了超过7亿元的票房；此外，还将传统内容业态延伸到手游、动漫产品等新业态。相关数据显示，截至2015年,《爸爸去哪儿》手游注册用户已上亿，日活跃用户超过300万。而上海文广集团（SMG）则整合百视通和东方明珠，基于流量变现进行业务布局，整体推进互联网化转型。2015年6月，SMG和阿里巴巴集团联合宣布达成战略合作，阿里巴巴投资12亿元人民币参股第一财经传媒有限公司，双方将合力开拓数据服务领域。

（二）政策引导产业结构转型升级

2015年，中央和地方各级政府、广电行政部门相继出台了一系列促进文化产业发展的政策和规范行业发展秩序的措施，为广电产业发展创造了愈加良好的政策环境。既有促进广电等文化产业发展的纲领性文件，如《中共中央关于繁荣发展社会主义文艺的意见》《关于积极推进“互联网+”行动的指导意见》等，也有指导扶持广电等文化企业发展壮大的措施，如《关于加强中央文化企业国有资

本经营预算资金管理工作的通知》等。相关政策强化了广电产业等文化产业的战略性地位，推动广电等文化产业逐步发展成为国民经济支柱性产业；强调了广电产业等文化产业的特殊属性，要做到坚持把社会效益放首位、实现社会效益和经济效益相统一；强调了加快广电产业结构调整，特别是供给侧结构性改革，为促进广电产业全面转型升级指明了方向。

（三）广电着力优化服务规范市场秩序

2015 年，广电政策继续强调优化服务，规范市场秩序。国家新闻出版广电总局大力规范广播电视节目制作播出秩序，实施“一剧两星”政策，优化广播电视内容产业结构，出台了《关于加强真人秀节目管理的通知》和《关于进一步加强广播电视主持人和嘉宾使用管理的通知》等规定，继续加强内容管理和违规处理力度。同时，落实简政放权，优化行业服务，公布了 27 项广播影视行政审批目录清单，实行权力清单制度，公开权力运行流程；将广电行业 3 个工商登记事项从前置审批改为后置审批；降低了一批注册资本准入门槛限制，有效激发了广电市场活力。

（四）广电广告收入增幅持续下滑

近年来，广电广告收入增幅持续下滑，传统媒体广告花费全线下跌。从 2011 年起，虽然中国广播电视产业的广告收入总额仍保持持续增长，但增幅却不断下滑。据《2015 年中国广播电视广告收入与未来市场分析》的统计数据，广电广告收入增速已经从 2011 年的 15.6% 下降到 2015 年的 3.01%，跌幅近八成，年均下滑 2.55%。

据 CTR 媒介智讯广告监测数据库的统计数据（见图 1），2015 年报纸广告花费跌幅依旧最大，其次是杂志广告，再次是电视广告，随后是广播电台广告和传统户外广告；而影院视频广告、互联网广告和楼宇视频则呈现高增长态势。

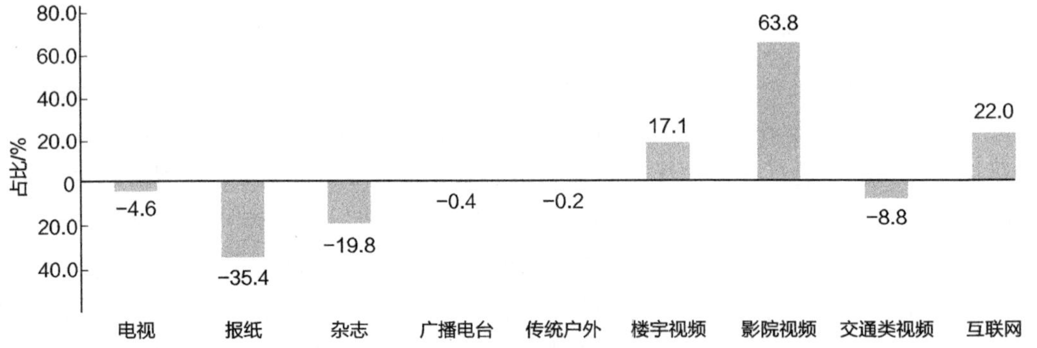

图 1　2015 年主要媒体广告刊例花费同比变化

数据来源：CTR 媒介智讯广告监测数据库

（五）规模化集约化发展态势凸显

2015 年，各级广电机构借势媒体融合发展和组织结构重组，依托新业务、新服务推动规模化集约化发展。一些广电机构以大视频、大文化为发展目标，重组原有的业务结构，拓展新兴领域。例如，上海广播电视台经过机构改革构建了互联网电视事业群、云平台与大数据事业群、主机游戏事业群、电信渠道事业群、网络视频事业群等以新兴互联网业务为主的事业群。跨地区、跨层级的广电产业联合经营探索也愈发普遍。比如，广东珠江频道等地面频道联合制作电视剧《外来媳妇本地郎》，全年制作播出 250 多集，版权销售收入超 1 亿元。苏、浙、沪、皖 58 个县级台成立“长三角县市区广电旅游联盟”，推出《广游天下》节目和移动客户端，整合区域旅游产品、广告资源，推动旅游产业和广电产业融合发展。

（六）产业链发展模式初步形成

2015 年，各级广电机构因地制宜、因台制宜，积极实施“广电 +”行动战略和“宽带广电”战略，进一步打通了线上线下服务，打通节目内容与相关产业链，逐渐形成了以内容为核心，广电业务与周边各类相关业务及服务融通共生的广电产业全新价值链条。例如，湖北广播电视台打造“频道 + 渠道”“节目 + 产业链”产业发展新模式，通过“电视频道 + 销售渠道”、线上线下一体化运作，向“三农”领域延伸电视产业触角：线上通过内容多屏播出打造节目品牌链，线下通过农资销售、绿色农产品销售、农村信息化服务、农村保险服务等方式打造“广电 + 农业”产业链，逐步发展成为广电产业向“三农”多渠道渗透的湖北长江垄上传媒集团。

（七）数字电视发展速度迅猛

近年来，数字电视特别是有线数字电视发展速度十分迅猛，用户比重从 2012 年起已经超过了有线模拟电视。根据美兰德统计数据显示（见图 2），2015 年全国数字电视（有线数字电视、直播卫星数字电视、无线微波数字电视、地面数字电视）覆盖用户规模合计达 3 亿户，比 2014 年增加 1400 万户左右，占电视用户总量的 83% 左右。其中，有线数字电视用户规模最大，截至 2015 年 8 月底已近 2.4 亿户，比 2014 年同期增加 1500 余万户，用户比重已达 66.5%。

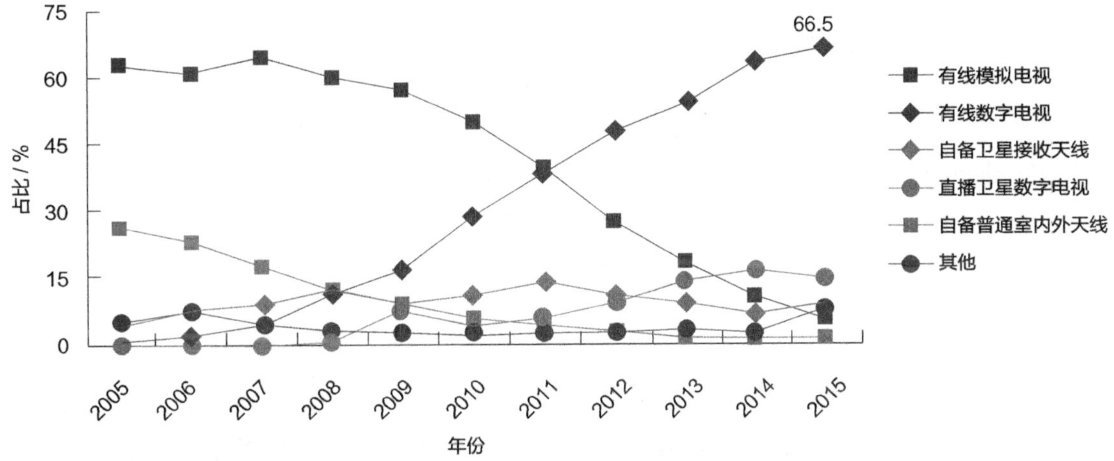

图 2　2005—2015 年全国居民电视接收方式比较

数据来源：美兰德媒体咨询

根据美兰德统计数据（见图 3），从终端接触率来看，2015 年电视机的接触率仍以 98.6% 的优势位居首位，但近年来在不断下降；手机、PAD 等移动终端的接触率则保持高增长势头，以 56.0% 的比重位居第二；随后是电脑网络（44.0%）、户外电视（44.5%）、超市等楼宇电视（38.4%）。

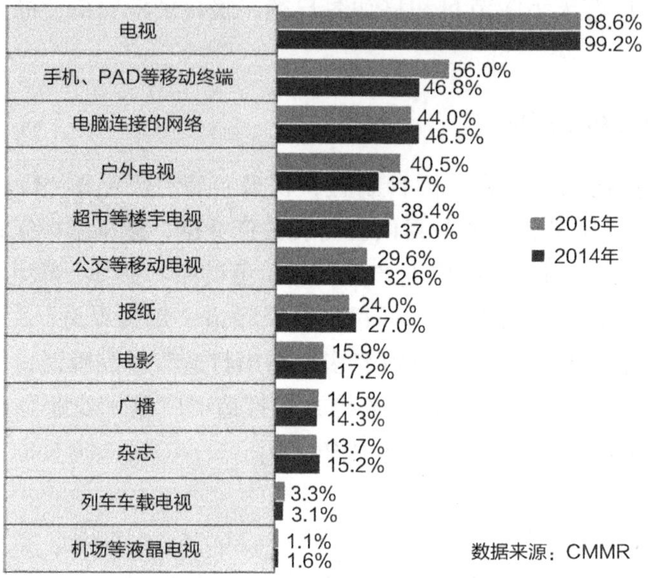

图 3　2014—2015 年全国电视人口各类媒体接触率对比

数据来源：美兰德媒体咨询

二、2015 年广播电视产业发展特点

（一）电视剧仍是最受用户喜爱的节目类型

2015 年，电视剧市场涌现出了一批类型多样、叫座又叫好的优秀剧作，如《芈月传》《琅琊榜》《盗墓笔记》《何以笙箫默》《花千骨》等。无论是对电视观众还是对网络视频用户来说，电视剧仍是最受大众喜欢的节目类型。根据美兰德媒体咨询数据，2015 年这两大群体对电视剧类节目的喜爱率分别为 71.7% 和 60.4%；而新闻时事类和综艺娱乐类节目同样位列节目类型的前三名（见图 4）。电视和网络视频用户这两大群体对于他们的喜好程度有所不同，其中，电视观众相对更喜欢观看新闻、时事类节目，网络视频用户则青睐综艺娱乐类节目。

图 4　2015 年电视观众与网络视频用户喜爱节目类型对比

数据来源：美兰德媒体咨询

（二）“一剧两星”新政策引发电视竞争趋于白热化

2015 年是“一剧两星”政策的元年。自 2015 年 1 月 1 日始，国家新闻出版广电总局对卫视综合频道黄金时段电视剧播出方式进行了调整：同一部剧每晚黄金时段联播的综合频道不得超过 2 家；同一部剧在卫视综合频道每晚黄金时段播出不得超过 2 集。“一剧两星”新政直接导致卫视版面出现整体震荡，波及了电视剧、“920”时段（各大卫视晚间两集电视剧播完之后，21 时 20 分至 22 时的节目排播）甚至综艺节目等全内容领域。

业界对于“一剧两星”播出模式也在进行不断的探索。先是 1.5 轮跟播模式，即剧集在首播电视台的黄金档播出后，其余电视台马上在其他时间段跟进播出。2015 年年底，《芈月传》进一步创新了营销模式，其将“一剧两星”衍生为“一剧两星两网”（即两家卫视和两家网站），变相回归了“一剧四星”模式，且之后又诞生了“一剧三星”模式，使得安徽卫视成为继北京卫视、东方卫视之后第三家播出《芈月传》的卫视，但在播出形式上进行了大规模的调整，采用“白 + 黑”连播的霸屏模式：白天档 5 集连播，晚间档 2 集连播。为了比拼收视率，各大卫视间的竞争愈发激烈。“一剧两星”政策对广电产业原有业态带来了诸多改变，业界也正在积极创新模式以提升自身市场竞争力。

（三）电视受众年轻化趋势明显

近年来，中国电视业主要观剧群体逐渐从“60 后”“70 后”向“80 后”“90 后”进行过渡，电视剧行业“年轻化”也成为大势所趋。作为大众文化的主要载体形式，电视剧在过往一直引领着社会的价值观念与舆论导向，尤其是以历史正剧、都市剧等为主的类型素材，从剧内到剧外，从宣传到评论，无不承担着讲述和宣导的角色。而在向“年轻化”模式转型的过程中，电视剧在引领风气的基础上充分创新表达手法，丰富自身题材与内容，以更加年轻态的表达方式拉近与年轻受众间的距离，实现电视行业的关键转型。

从 2015 年年初的《武媚娘传奇》到后来的《虎妈猫爸》《何以笙箫默》，再到暑期的《花千骨》《克拉恋人》以及之后的《伪装者》《琅琊榜》《芈月传》等剧目，基于互联网平台的传播和更多年轻观众的参与使电视剧收视情况呈现出“得年轻人者得天下”的趋势，电视剧市场出现了近年来难得一见的大年光景。此外，综艺节目市场也呈现出明显的年轻化趋势，《奔跑吧兄弟》《极限挑战》《我去上学啦》《咱们穿越吧》等一系列头部综艺节目均针对年轻受众进行了重点的设计与制作。

（四）户外真人秀成为市场竞争新热点

2015 年，国产真人秀节目制作量与规模实现了阶跃式的增长。受“一剧两星”政策的影响，电视剧市场的竞争在 2015 年变得格外激烈。因此，综艺节目在短期内已经成为左右卫视间竞争格局的关键所在。据不完全统计，2015 年，31 个省级卫视共推出了 70 余档户外真人秀节目，根据各大卫视招商会披露信息，2016 年户外真人秀的热度仍将“延烧”。

2015 年，各大卫视推出的真人秀综艺节目不再扎堆于选秀、歌唱、婚恋内容，虽然都还非常集中于户外真人秀，但是各个节目侧重点各有不同，在一定程度上实现了差异化竞争，为观众提供了更多样的选择。同样，各大平台也因为真人秀的竞争不断开发新的收视时段，积极进行版面调整与创新，多家卫视开始尝试“双综艺”的套播模式，为综艺市场带来了一系列全新的尝试。

对此，国家新闻出版广电总局于 2015 年 7 月 22 日有针对性地下发了《关于加强真人秀节目管理的通知》，对真人秀节目的导向、内容、格调、人员等提出明确要求，清楚地表明了国家新闻出版广电总局的立场态度、管理理念和调控原则。

（五）网络视频市场勃兴，IP 剧呈现爆发式增长

美兰德《2015 年中国电视覆盖及收视状况调查》统计，2015 年中国网络视频用户（近一个月收看过网络视频）达 6.25 亿人，比 2014 年（5.91 亿人）增加了 3400 余万人，增幅达 5.75%。其中，六成以上（63.4%）的用户每周收看网络视频的时间在三天以上，重度用户已近四成（35.3%）；六成以上（61.9%）的用户用手机观看网络视频（见图 5）。

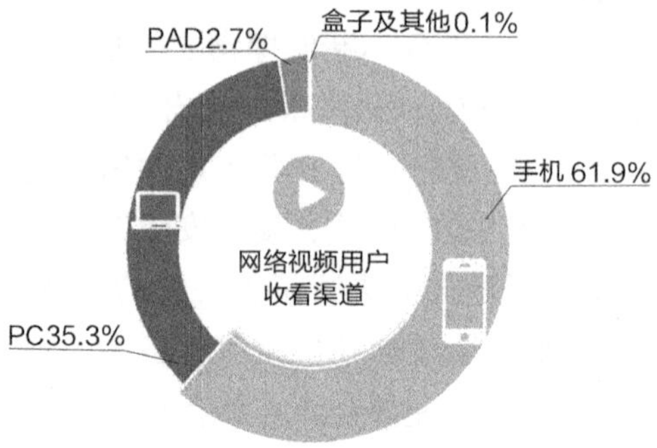

图 5　2015 年中国网络视频观看渠道分布

数据来源：美兰德媒体咨询

从用户量和比例来看，优酷土豆（阿里）、腾讯视频、爱奇艺（百度）三足鼎立的格局已初步形成，在三家头部视频网站之后，是群雄并立的中部视频市场：搜狐视频、新浪视频、PPTV、暴风影音、乐视网、PPS 等网站的用户比例也均在 10% 以上（见表 1）。

表 1　2015 年网络视频用户常用视频网站前十名

视频网站	全国用户数量 / 万人	用户比例 /%
优酷	37 373.0	59.8
爱奇艺	31 320.8	50.1
土豆	19 793.2	31.7
腾讯视频	19 227.9	30.8
搜狐视频	12 454.2	19.9
新浪视频	9 049.6	14.5
PPTV	7 556.4	12.1
暴风影音	6 977.6	11.2
乐视网	6 937.8	11.1
PPS	6 748.1	10.8

数据来源：美兰德媒体咨询

艺恩出品的《中国网络剧市场研究报告》显示，2015 年在线视频的市场规模约为 180 亿元，预计在 2017 年将达到 400 亿元。在当前的网络视频市场中，网剧和网络综艺是成长最为迅速的板块。

2015 年被形容为网剧井喷之年。数据显示，2015 年上半年，全网共上线网剧 166 部，共计 2243

集，总时长 33 585 分钟，共计获得点击量超过 65 亿次。进入暑期档，网剧制作播出的势头丝毫不减，全网共上线 107 部网剧，超过 2014 年总数的一半；此外，网剧的整体关注度持续上升，单日点击过千万次的网剧扎堆出现。一方面，网剧市场无论在数量还是质量上都呈现出几何量级的增长态势；另一方面，网络剧市场的商业模型也已初具雏形，并带来了视频网站付费业务的增量，开拓了台网互动的新模式，出现了制作公司与视频网站设立合资公司（如华策爱奇艺影视公司）、传统影视公司介入网络剧领域（如慈文影视、欢瑞世纪等）、网台联动（网络剧反哺传统卫视）等多元化的发展模式。

网络综艺方面，自 2015 年 6 月 3 日爱奇艺首次提出“纯网综艺”这一概念之后，仅通过网络进行传播的综艺节目呈现出蓬勃发展的态势。比如，腾讯视频推出的真人秀综艺节目《我们 15 个》播放总量达 1.8 亿次、日均播放量为 760 万次，弹幕总量达 1000 万条、每分钟的弹幕数量为 232 条，总视频长度达 288 000 个小时。网络综艺在制作方面具有更高的灵活性，制播周期相对较短，制作水平也在不断提升，随着网络视频平台的持续投资，纯网综艺正在逐步吸引越来越多的受众。

此外，随着“90 后”“00 后”年轻一代观众的成长和新媒体渠道的崛起，国内 IP 剧市场已经迎来了黄金时代。2015 年是网络小说改编剧爆发年，“IP 剧”已成为电视剧市场的新竞争点和发力点，优质 IP 也成为各大视频网站的重点竞争优势。在电视荧屏上，大热剧集《何以笙箫默》《花千骨》《华胥引》《芈月传》《琅琊榜》《云中歌》等无一不是出身网络 IP；在电影银幕上，《匆匆那年》《鬼吹灯之九层妖塔》《寻龙诀》也均有网络 IP 基因；网剧中，《盗墓笔记》《蜀山战纪》《无心法师》等作品也均是源自网络小说。

（六）电视观众规模持续呈现下降趋势

CSM 媒介研究数据显示，2011—2015 年，中国电视观众规模呈现逐年下降趋势，电视观众的平均到达率由 2011 年的 69.5% 下降至 2015 年的 62.3%，下降了 7.2 个百分点，观众正在以平均每年大约 2% 的速度流失。2015 年，电视忠实观众收看电视的时间比 2014 年下降了 1 分钟；54 岁以下的观众电视消费时长逐年下降，其中，35 ~ 54 岁的中青年观众近两年的下降幅度较大。

据统计，2015 年 50% 以上的受访地区的消费者每天至少点播一次在线视频，这一数据比 2010 年上升了 30%。人们每周观看在线影视剧和节目的总时长达 6 个小时，是 2011 年（2.9 小时）的 1 倍以上。相较于 2012 年，各年龄段通过智能手机观看视频的消费者人数增加了 71%，通过移动设备观看视频的周平均时长增加了 3 个小时。其中，16 ~ 34 岁的人群在移动设备上花费的时间占视频观看总时长的 53%。值得注意的是，短时间内集中收看电视剧的行为正成为电视消费体验中一种新的趋势。爱立信《2015 电视与媒体报告》显示，在视频订阅 SVOD 用户中，大约有 87% 的人每周都有集中观看电视剧的行为；非 SVOD 订户中，则有 74% 的被调查者有类似行为。

电影产业

2015年，在中国电影市场"加速度"增长的同时，中国电影产业格局在互联网的全面渗透下发生了深刻变化。越来越多的小镇青年观众为国产电影带来了刚性需求。在IP改编的推动下，幻想电影、动画电影的爆发使国产电影产品群更加丰富。电影产业的崛起、大量行业外资本的进入，对政府管理水平和能力、企业文化、市场经验、观众素养、产业环境和人才储备提出了新挑战，也带来了新的风险。

一、2015年电影产业总体情况

（一）电影产量：放映增加、产能过剩

2015年，国产故事片产量686部，同比增加68部。其中，动画片51部，产量提升明显。328部国产影片进入影院放映，比前一年增加近80部。院线放映影片为影片生产数量的47.8%，产能过剩现象仍然存在。

（二）电影票房：直逼全球第一大电影市场

2015年，国产电影总票房为440.69亿元，同比增长48.7%，为近5年来增幅最大的一年，仅次于市场化改革以来增长率达63.9%的2010年。2015年，作为全球第一大电影市场的北美票房为111亿美元，同比增长7%。而中国电影票房大约为70亿美元，相当于北美市场的63%。在中国电影票房市场迅速增长的同时，后影院市场、影院外市场的拓展收效不明显。中国电影产业过度依赖影院市场的局面尚未改变。

（三）电影份额：国产电影优势明显

2015年虽然是好莱坞电影大年，但在中国市场上，国产电影份额占61.58%，在各种有利条件保护下，仍然占据领先地位。在电影票房年度排行榜前十影片中，国产电影占据七席。《捉妖记》以24.39亿元票房超过《速度与激情7》成为2015年年度票房冠军，也成为中国市场上历年票房的第一名。

（四）电影观众：观影人次增幅突破50%

2015年全年观影人次达到12.56亿人次，增幅创纪录地达到50.78%，超过票房增长幅度。平均

每个月有1亿人购买电影票；以城市人口为基数，人均年观影次数已达1.6次，观众观影习惯初步养成；全年电影平均票价为35元，比上一年降低2元。与美国、韩国、澳大利亚等电影产业成熟国家人均年观影4次左右的数据相比，国内电影消费市场尚有发展空间。

（五）电影银幕：县级影院银幕数量占银幕总数的1/3

2015年全年新增影院约1200家，新增银幕8035块，日均新增银幕22块。中国银幕总数已达到31 627块，但仍与北美市场相差7000块。全国共有县级影院3241家，银幕12 777块。纵观2015年中国电影的各项数据，可以说在规模庞大的基础上，又获得了爆发式的新增长，增长幅度甚至超过了预期，但中国电影市场的消费需求远未饱和。

二、2015年电影产业发展特点

（一）产业政策：助力电影产业发展

中国电影的产业奇迹首先源自中国电影产业的市场化改革政策。电影全产业链向社会开放为中国电影注入了生产力。2015年9月1日，国务院常务会议审议通过了《中华人民共和国电影产业促进法（草案）》。草案对政策扶持、简政放权、降低门槛、加强监管、规范审查等做了规定。虽然该法案的主要内容并没有重大突破，特别是在社会关注的完善和改进电影审查、电影分级制度等方面没有重大举措，但是它却是对十多年来中国电影改革道路的一种法律化肯定。2015年8月修订《国家电影事业发展专项资金征收使用管理办法》，明确将电影专项资金用于奖励优秀国产影片制作、发行和放映，同时将适用范围扩大至重点制片基地建设发展和资助文化特色、艺术创新影片发行和放映，也为规模越来越大、争议越来越多的电影专项资金的征收使用提供了政策性指导。2015年10月，国家新闻出版广电总局转发《电影院票务系统（软件）管理实施细则》的通知，要求电影院须于每次售票操作完成后的10分钟内将每张电影票的相关原始数据上报至国家数据平台。电影管理部门正在逐渐从管理电影制作向规范电影市场转换。

除了政策层面的支持外，政府对电影的调控变得更加软性和灵活。例如，通过对国产影片和进口影片发行档期的协调，使优秀的国产电影获得更好的放映效益。《捉妖记》《西游记之大圣归来》的成就离不开暑期档的档期安排和延长放映周期。《百团大战》作为纪念抗战胜利的献礼片，其票房成绩更是与发行放映的各种特殊政策息息相关。这些调控方式虽然体现了政府的导向功能，但是如何适应市场经济公平竞争的原则，也引起了不少争议，对电影市场的规范化管理提出了新的考验。

（二）电影资本：并购整合此起彼伏

互联网资本自2014年开始大举进入电影行业，传统电影公司复制好莱坞模式，谋划布局，电影生产、发行、放映链条的路径受到互联网企业的挑战。雄心勃勃还“不差钱”的互联网公司在这一年的资本市场中更加活跃。据统计，2015年，在147件PE（私募股权投资）及VC（风险投资）投资事件中，有91件发生在电影娱乐产业领域。互联网企业开始全面贯通电影产业链的制、发、放环节，完成传统电影企业想做但一直未能成功的产业布局。

不仅互联网大企业动作频频，二、三线影视公司也在积极“联姻”，与上市公司进行资产重组。共达电声以41.2亿元收购春天融和100%股权及北京乐华文化100%股权，进军影视娱乐行业；以游戏起家的天神娱乐以13.23亿元收购儒意影业49%的股权，交易完成后进入影视板块；富春通信以8.6亿元收购春秋时代80%股权；骅威股份以发行股份及支付现金方式12亿元购买梦幻星生园。

传统电影公司在互联网企业的冲击下寻求突破。2015 年，华谊兄弟共发起三起电影娱乐领域的收购案；光线影业在两年内共投资了 13 家动漫公司，试图打造“动画片投资发行方面最大的公司”。万达院线则在产业链上继续布局，以收购方式整合院线，实现在三、四线城市的商业布局。万达院线以 10 亿元收购世茂院线 100% 的股权；以总价 12 亿元全资收购电影数据化公司慕威时尚；7 月，投资时光网，加强与在线售票平台的合作；继收购美国主要院线之一的 AMC 之后，6 月又以 22.46 亿元收购澳大利亚第二大院线 Hoyts 集团的 52 家影院 424 块银幕，稳居全球第一院线管理企业的地位。

除了万达之外，中国影视资本也在继续寻求海外合作，扩展市场版图。2015 年 3 月，电广传媒与美国狮门影业达成合作，双方将在未来三年内共同投入 15 亿美元拍摄 14 部大片；完美环球发布 30 亿元定增预案，用于境外影视剧项目投资；8 月，腾讯与红杉资本共同成立了 Tang Media Partners，共同投资 STX 娱乐公司。中国电影的全球化布局、跨国化进程正在紧锣密鼓地进行着。

（三）电影企业：新旧力量竞争与融合

2015 年，上海电影集团联手百联建合资连锁影院投资公司，与浙江时代电影大世界有限公司、江苏幸福蓝海院线、河南奥斯卡院线、四川省电影公司一起组建“四海电影发行联盟”似乎也在产业布局。华夏是中影之外拥有分账片引进权的另外一家国有电影公司，2015 年的收入来源仍是以发行引进片为主。

长期作为中国电影企业领头羊之一的华谊兄弟，近年来的行业优势略有下降，但其市场业绩仍然突出，无论是国际化扩张还是电影产品都有不少亮点。光线、乐视、博纳地位相对稳定；万达集团依靠万达影业、万达院线，虽然在电影产品上主导性不强，但发展态势越来越清晰。以阿里影业、合一影业、企鹅影业和腾讯影业、爱奇艺影业为代表的 BAT 主导的互联网电影公司则表现活跃。阿里影业在 2015 年启动多项电影项目，布局电影产业链；国际方面，投资合作《碟中谍 5》。2015 年 1 月，百度成立“百度影业”，入股星美，百度糯米电影事业部成立后与《重返 20 岁》合作，成为该片独家线上发行平台，后又联合推广《哆啦 A 梦》《捉妖记》《小时代 4》等影片。百度旗下的爱奇艺成立 4 年来发展迅猛，美国独立坞企业狮门公司宣布将向爱奇艺提供与第三方制作的知名影片独家播放权；爱奇艺影业与中国 3D 数码娱乐有限公司（China3D）也达成战略合作，计划合拍多部影片。腾讯的企鹅影业参投和联合出品了等十多部影片。互联网公司大多选择与传统的电影企业合作，但由于其投资能力、发行能力和推广能力的提升，合作中的主导权越来越明显。

在这些新公司的影响下，原来相对稳定的电影产业格局变得更具有竞争性和偶然性。大量非电影行业企业和资金进入电影领域，在为电影行业带来新观念、新元素、新模式之外，也会颠覆原来的电影经验、规律，甚至会出现一些资本泡沫和项目泡沫。电影产业的动态格局还需要一段时间重新稳定。互联网资本和互联网商业逻辑也需要一段时间来与电影产业进行磨合。

（四）电影制作：新趋势、多样化

1. 制作机构迎来春秋时代

2015 年，中国电影生产出现两大阵营：以中影、华谊、光线、乐视、博纳、万达为代表的传统电影公司和以阿里影业、合一影业、企鹅影业和以腾讯影业、爱奇艺影业为代表的 BAT 主导的互联网电影公司，以及众多与它们合作的中小型电影公司。

2015 年，中影股份有限公司出品 33 部电影，一多半是与其他公司合作。上影股份有限公司合作推出《天将雄师》和《山河故人》。华谊兄弟联合制作和发行《寻龙诀》《奔跑吧兄弟》《天将雄师》《栀子花开》等 14 部电影，共创造了约 41.81 亿元票房。光线影业参与出品或发行十多部电影，总票房超过 55 亿元。博纳影业 2015 年参与多部海外电影制作投资，如携手好莱坞 Studio8 及索尼电影公司，投资并参与制作李安导演的新片《比利·林恩：漫长的中场休息》；向 TSG 娱乐投资 2.35 亿美元，用于 20 世纪福克斯出品的《独立日 2》《X 战警》续集以及《猩球崛起》续集等 5 部主流商业大片。在中国，博纳影业参与出品或发行十多部电影，共创造约 23 亿元的票房成绩。万达影业参与出品了 8 部电影，总票房超过 50 亿元。《夏洛特烦恼》和《煎饼侠》合力贡献 26 亿元。全年票房超过 10 亿元的 5 部国产片，其中 3 部由万达制作。

其他民营公司，安乐影业凭借《捉妖记》拔得头筹；新丽传媒参与出品《夏洛特烦恼》《煎饼侠》《道士下山》《杜拉拉追婚记》等多部热门电影；爱奇艺影业联合出品《冲锋车》《破风》等；腾讯视频、搜狐视频、微影时代、猫眼电影、华策影视、小马奔腾等也参与了众多电影出品。

从制片方来看，合作出品已经成为大趋势。互联网电影企业还处在探路阶段，传统的电影制作企业仍然主导电影制作领域。万达影业有后来居上的态势，乐视影业的定位和风格比较具有市场差异性。一批独立的中小制作公司借助与大电影企业或者互联网企业合作，对电影制作带来了重要贡献。几个老牌的电影企业在品牌性和主导性上似乎面临危机。

2. 制作人出现新生代新力量

2015 年，中国电影业新人辈出，更新换代基本完成。曾支撑中国电影市场的老资历导演仍然在制作一线，陈凯歌的《道士下山》、吴宇森的《太平轮》（下）虽然制作规模不小，但市场反应平平。80% 的高票房电影来自新生代导演。

2015 年，新生代导演快速增长，多为“70 后”，而且一大批电影的编剧、导演，甚至策划人、宣发人、技术人员都是年轻人。年轻一代的电影观念不是拍摄让自己满意的电影，而是拍摄让观众满意的电影。《煎饼侠》的宣传语是“拯救不开心”;《夏洛特烦恼》的文案是“一起哈哈哈”;《万万没想到》的海报语是“哈哈哈哈”。这种观念的改变让电影产品与观众之间的互动增强，创作者更注重对观众情绪、情感的把握。年轻一代导演的群体性登场，使长期以来由第五代导演领衔的中国电影改变了面貌。

3. 电影产品风格和类型趋于多样化

新的电影制作机构涌现，新的电影人人才迭出，新的观众需求旺盛，催生出 2015 年度中国电影产品的类型、风格、形态的丰富，而且在众多的题材和类型方面，都出现了票房和口碑、叫好与叫座比较统一的代表性作品。受到 IP 改编的影响，幻想类电影整体爆发，工业奇观样态的产品国产化，对于中国电影制作方阵来说，增添了市场竞争的重武器。

《捉妖记》《寻龙诀》《九层妖塔》《钟馗伏魔》等几部影片虽然制作水平和市场效果有较大差异，但都借助于假定世界，用架空的时空来创造故事，充满想象力和幻想性，而且大多为 3D 制作，体现了中国电影制作方面的工艺水准，也为观众提供了奇幻故事。这些影片的出现，一方面说明了中国电影制作水平的快速发展，同时也说明中国电影观众开始接受假定世界观和幻想类型电影。

喜剧片仍然是最“价廉物美”的产品类型。从当年的《泰囧》到如今的《港囧》，再到 2015 年度的两匹“票房黑马”《煎饼侠》和《夏洛特烦恼》，都说明好莱坞的工业奇观、超级英雄电影无法替代喜剧电影对本土观众的亲和力和亲近性。好莱坞类型经验与中国本土文化的结合，成就了中国喜剧电影的发展。而《恶棍天使》和《横冲直撞好莱坞》等喜剧电影受到舆论批评，也说明观众对喜剧的“恶俗化”已经开始有所排斥。

青春爱情片在 2015 年度也数量众多，如《左耳》《万物生长》《重返二十岁》《我的少女时代》《何以笙箫默》《栀子花开》《小时代》等。但由于这些作品相对同质化，艺术创新空间有限，没有取得特别突出的市场成就。

2015 年，类型简单、充满阳刚豪气的《战狼》开拓了近年来少见的军事题材动作电影的类型空间;《破风》虽然票房成绩不理想，但成为近年来不多见的国产青年体育类型片；以《爸爸去哪儿》《奔跑吧兄弟》等电视综艺为基础的所谓综艺电影，为春节等长假档期的全家观影提供了特殊产品。

除了这些商业类型电影以外，由于电影观众规模的扩大和电影观影频次增加带来的选择的多样化，也使 2015 年度中国电影产品的多样性得到了丰富。第六代导演的《老炮儿》《闯入者》《师父》等影片显示出将艺术片商业化、商业片艺术化的产品走向，赢得了市场的青睐;《烈日灼心》《解救吾先生》《我是证人》《十二公民》《心迷宫》等，让传统的警匪、悬疑、法治题材具有了艺术片的独特性;《旋风九日》《喜马拉雅天梯》等票房过千万元的纪录片也证明了影院市场的容纳度;《滚蛋吧！肿瘤君》《失孤》《山河故人》《一个勺子》等文艺片也都各有千秋，在市场上占有一席之地。

4. 动画电影：中国特色动画片的新突破

国产动画片低龄化的定位、低质化的现象在 2015 年发生了改变。2015 年度共制作出品动画影片 51 部，其中《西游记之大圣归来》以 9.56 亿元的成绩，超过《功夫熊猫 2》（6.17 亿元）成为中国动画电影史上的票房冠军。除《西游记之大圣归来》外，《熊出没之雪岭熊风》（2.95 亿元）和《十万个冷笑话》（1.19 亿元）票房也破亿元。在发行的动画电影中，有 20 部是系列电影，“兔侠”“桂宝”“黑猫警长”等票房都超过 2000 万元，显示出中国动画的品牌影响和价值正在逐渐形成。

动画电影，尤其是全年龄段的或者合家欢类的动画电影将成为中国电影新的爆发点。阿里影业致力于打造 IP 孵化体系，孵化新一代电影动漫人才；光线传媒号称要打造“动画片投资发行方面最大的公司”；腾讯的泛娱乐战略把动画电影看作未来发展的重点。

5. 生产方式：IP 改编成为趋势

从某种程度上说，2015 年是中国 IP 电影元年。据统计，各类 IP 改编的电影达到了 36 部，总票房为 85.87 亿元，占 2015 年全年国产电影票房的 19.5%。广义的 IP 包括小说、游戏、综艺、舞台剧、网络剧、电视剧、歌曲、动画、广播剧的各种跨界改编，但其共同特点是具有互联网气质和互联网关注度。例如网络文学改编的电影《九层妖塔》《寻龙诀》《万物生长》《左耳》；网剧衍生的《万万没想到》《煎饼侠》；漫画《滚蛋吧！肿瘤君》；开心麻花话剧衍生的《夏洛特烦恼》；综艺节目《奔跑吧兄弟》；网络游戏《洛克王国 4：出发！巨人谷》；电视剧《咱们结婚吧》；歌曲《栀子花开 2015》等。虽然 IP 改编的电影艺术品质和产品品质参差不齐，但 IP 的市场价值却得到了证明。

IP 的市场价值同样基于互联网的影响。IP 积累了广泛的粉丝基础，同时，网络 IP 的大数据也加强了电影投资制片方的预判性信心。从某种程度上说，IP 也是用户对文本的情感众筹，为电影奠定了坚实的观众基础。在缺乏美国式的《变形金刚》《星球大战》《蜘蛛侠》等系列品牌的情况下，IP 改编几乎是中国电影寻求品牌化、互文性的唯一选择。

6. 港台合拍片与中外合拍片

《捉妖记》《道士下山》《我是路人甲》《命中注定》等都是内地与香港地区的合拍片，基本已经融入国产电影的整体中了。2015 年，大陆与台湾地区电影的合拍也有了新突破。《破风》的主体故事发生在台湾地区，这也是两岸合作的为数不多的商业类型电影。

中影股份与法国合作的《狼图腾》是 2015 年度最受关注的合拍片，也代表了 2015 年度合拍片的较高水平。2015 年度中韩合拍成效突出，《重返 20 岁》《第三种爱情》《我是证人》《坏蛋必须死》等影片都取得了不俗的票房成绩。《重返 20 岁》与韩版电影《奇怪的她》是同一原创诞生的“孪生姐妹”;《我是证人》由韩国导演执导，也是拍或翻拍韩国原版故事;《第三种爱情》不仅请来了韩国导演李宰汉执导，主演也由刘亦菲和韩国演员宋承宪共同担当;《坏蛋必须死》是“中国人出点子，韩国人做技术外包”，故事也发生在韩国济州岛。

中国已经先后与13个国家签署了电影合拍协议，包括加拿大、意大利、澳大利亚、法国、新西兰、新加坡、比利时（法语区）、韩国、西班牙、英国、印度、马耳他以及荷兰。2015年中外合拍电影立项过百部，为历年最多。立项的中美合拍电影项目有10部，比过去3年加起来的总和还要多，电广传媒与美国狮门影业宣布双方将在未来3年合作拍摄14部影片，协议总金额高达15亿美元；阿里影业合拍立项的《长城》投资1.5亿美元，是截至2015年投资规模最大的一部中美合拍电影。

中国电影市场的高速增长，为电影合拍创造了良好的条件。合拍片进入中国市场的路径越来越宽，但中国电影通过合拍走向国际市场的道路目前仍然不明晰。总体来看，2015年中国电影不仅保持了数量规模，更重要的是产品的品种更丰富、类型更多样，可以被市场接受的产品多了，观众和市场的选择余地也大大增加了。除了喜剧、爱情以及喜剧 + 爱情这样的“轻类型”产品有所创新之外，类似幻想片、动画片这些依赖高新技术的“重类型”产品也开始崭露头角。中国电影制作虽然在国际化方面还没有取得实质性的突破，但在本土化方面取得的成就已有目共睹。

（五）电影市场：电影形成大众消费

1. 影院与院线：全面覆盖与爆发增长

2015年，全国影院建设迎来了爆发式增长。全年新增影院占目前全国影院总数的20%，新增银幕占现有银幕总数的25%，增速为电影市场化改革以来较快的年份之一。电影的大众消费有了坚实的影院终端基础。

截至2015年，全国有48条各类电影院线。其中，万达院线以60亿元票房收入稳居第一，行业占比为13.64%，远远超出排名第二的中影星美。其单银幕和单影院票房产出也远高于同行，上座率是行业平均值的1.9倍，单银幕收入是行业平均值的2.1倍。万达院线超过美国Regal、AMC、CINEMARK三大院线，成为全球市值第一的院线。紧随其后的中影星美、广东大地、上海联合、中影南方、广州金逸票房规模差距不大。广东大地面向三线以下城市，前景可观。中影数字、浙江横店、浙江时代、幸福蓝海则为第三梯队。

据艺恩统计，国内前三条院线占国内市场份额的30%左右，与北美前三主流院线占据北美60%以上的市场份额相比较，还是相对分散，集中度不高，排在第10名以后的院线市场份额均低于3%。但由于地区分割、资产流动性差等原因，中国的院线整合难度较大。这些年，通过合作、协议加盟的国有院线的经营状况日益艰辛，由于互联网平台的介入，制片方与影院的关系扁平化，大大影响了院线的市场话语权。中国的电影院线面临新一轮深刻变革。

2. 新市场：小镇青年的市场

2015年，中国影院在三线以下的市场得到迅速扩展。前三季度79%的新建影院布局在三线及以下城市。据艺恩统计，一线城市的票房份额已经下降到22.2%。三线以下的城市票房规模已经超过大城市，而中间地带的二线城市则是电影票房的最大贡献地区。调查显示，“小镇青年”更容易接受接地气、叙事朴实、与自己成长经验相关的作品；更爱看喜剧电影，更偏好国产影片，越来越主导市场走向和电影趣味，改变了中国电影的市场结构。

3. 影院票房：国产电影保持竞争力

好莱坞一批高影响力的系列电影纷纷投放全球市场。在这种压力下，国产电影在市场上表现出色，票房占比高达61.58%。年度票房最高的4部电影中国产片占3部。《捉妖记》以24.39亿元成为年度票房冠军，同时也成为中国历史上票房最高的影片。

2015年度，票房过亿元的影片多达81部，平均每周约1.5部，并且第一次诞生了2部超过20亿元票房的影片——《捉妖记》和《速度与激情7》。其中，国产影片中有47部票房过亿元，其中5部票房超过 10 亿元，9 部票房超过 5 亿元。这一方面说明，国产片在类型的丰富性、对本土观众消费需求的接近性以及创作和制作水平上都有了长足提升；另一方面也说明大多数刚有机会进入影院观看电影的新观众对好莱坞大片的认知度相对较低。好莱坞电影的观众更多集中在大城市，而中小城市观众对国产电影的认同程度明显更高。

值得一提的是，虽然全年影院投放的中外影片有 300 多部，但是票房排行前 10 位的电影贡献了近 35% 的票房，排名前 50 的电影票房占比则高达 80%。81 部票房过亿元的影片几乎占据市场 90% 的份额。这说明中国电影市场两极分化现象还比较严重，院线和影院仍然同质化，市场对影片的容纳量还相当有限。

4. 放映档期：观影常态化、暑期最高峰

由于观影行为逐渐常态化，传统的贺岁档期已经不再是特殊的消费高潮了。全年大部分时间的票房收入都保持高位增长，春节、国庆等长假由于家庭观影行为的推动，成为电影消费的集中爆发期；而暑期由于大量学生人群加入观影者行列，在 7 月则出现了明显高峰。2015 年度，中国本土市场票房在 2 月以 41.34 亿元、10 月以 42.11 亿元的成绩超过全球第一大市场北美市场的同期票房，票房潜力让全球瞩目。相对而言，1 月、3 月和 11 月由于缺乏消费刺激，票房表现相对疲软。但整体来说，几年前那种过度依赖贺岁档和特殊节假日的消费局面已经改观。“看电影”已成为文化消费新常态。

5. 类型偏好：喜剧、爱情之外有了“幻想”

2015 年度，电影市场上最受观众喜爱的影片类型为幻想、喜剧和爱情。2015 年度，电影市场改变了以“喜剧 + 爱情”的中小成本轻电影为主的格局，出现了以《捉妖记》《寻龙诀》《九层妖塔》为代表的幻想类大制作电影，并得到观众认可，分别引爆了暑期档、贺岁档和国庆档三大档期。幻想类电影不再是好莱坞专利，中国观众也开始接受“中国制造”的幻想电影。

同时，喜剧电影仍然不负众望。《港囧》（16.2 亿元）、《夏洛特烦恼》（14.39 亿元）、《煎饼侠》（11.59 亿元）、《澳门风云 2》（9.72 亿元）因其明确的类型地位、精良的制作水平和本土化的文化元素，成为国产电影中最容易预期的电影类型。

6. 分层与分众：电影消费的多样化

随着中国电影市场的体量越来越大，消费市场出现了越来越明显的分化。消费类型有城市级别差异：一、二线城市观众更喜欢进口片，而三、四线城市观众更接纳国产电影；一、二线城市观众注重视觉和故事，三、四线城市观众更喜欢轻松和娱乐。2015 年进口片票房的 67.16% 都来自一、二线城市，而国产片的票房则是二线以下城市贡献更大。国产片中，《澳门风云 2》《赤道》等“港片”的大票仓是南部沿海城市，而《狼图腾》《智取威虎山》等电影的最大票仓几乎都在北方。《煎饼侠》在北京的票房比上海多出近六成，《夏洛特烦恼》则多出近四成。

文艺片在一线城市也更容易被接受。2015 年，众多文艺片获得了数千万元甚至数亿元的票房收入。截至 2016 年 1 月 20 日，《老炮儿》（87 832 万元）、《烈日灼心》（30 482 万元）、《解救吾先生》（19 591 万元）等票房过亿元，市场表现强劲；《山河故人》（3220 万元）、《刺客聂隐娘》（6140 万元）、《十二公民》（1396 万元）等也创造了千万元级的票房成绩；《喜马拉雅天梯》（1153 万元）、《旋风九日》（1686 万元）等纪录片也在影院突破千万元关口。说明电影市场的蛋糕越大，留给电影的多样性空间也会越大；随着电影观众越来越成熟，观众对电影多样性的需求也会越来越强烈。

7. 营销：电影 + 互联网

互联网不仅用 IP 改编影响着电影的制作领域，同时也通过互联网平台深刻地颠覆着传统的电影营销。传统电影营销往往依靠覆盖。营销覆盖大都市相对容易，但由于成本限制，覆盖数量庞大的中小城市就非常困难。而互联网和新媒体则通过互联网和移动终端的普及，对三线以下城市实现了比较充分的营销渗透。

社交媒体，如微信、微博成为观众获取信息的主要方式，人们从接受大众传媒信息，转变为接受定制化、圈子化的人际传播信息。观影行为更加容易受到互联网口碑的影响，大牌导演和演员带来的“粉丝效应”退减，许多所谓高颜值、“小鲜肉”电影因为口碑负面而失去了市场后劲。“票房黑马”则往往借助于互联网口碑，如《煎饼侠》《夏洛特烦恼》《西游记之大圣归来》的高票房都是口碑带动的结果。互联网创造了一种所谓“自来水”的营销现象，消费者用自觉自愿的推广行为甚至可以带来影院排片比从少到多的“逆袭”。

互联网对影院的影响也体现为售票方式的改变以及这种改变对于电影推广的影响。国家电影事业发展专资办的数据显示，以 11 月为例，全国网络购票比重已超过 60%，而在票房排名前十位的省份中，网络售票平均比例已达到 72.5%，上海市甚至高达 81%。在线售票的普及不仅降低了影院观影的时间成本和经济成本，通过价格优势和在线选座，吸引更多的人走进电影院，更重要的是在线售票中包含了大量影评信息、消费信息，能够在客观上帮助观众对电影进行评判、选择，从而使互联网的售票功能与电影的营销功能巧妙地融合在一起。甚至互联网售票可以直接影响到影院的排片。

中国电影在线票务市场领先者包括猫眼电影、微票儿、格瓦拉电影、百度糯米、大众点评等，传统的电影企业和互联网企业都意识到在线售票平台将电影的发行、放映、营销、消费功能结合在一起，对电影市场带来的影响会越来越大。在线票务平台在资本的推动下，不断重组整合，会进一步寡头化。而由于资本影响带来的电影票价格战也在一定程度上扰乱了影院消费市场，容易导致观众对经过补贴的所谓低票价产生依赖。在线票房市场需要一定的市场规则，减少恶性竞争可能带来的负面作用。

8. 港台地区：华语影片继续疲软

与内地华语电影的热火朝天不同，在港台地区，好莱坞电影仍然占据市场中心，华语电影相对边缘。香港首轮上映电影总量 332 部，增长 7.1%；其中香港电影 59 部，增长 13.5%。3 部票房为亿元港币级别的影片均为好莱坞电影。而华语片的最好成绩则是两部票房超 4000 万元的电影《五个孩子的校长》和《我的少女时代》，在香港全年票房中排位第九名和第十名。在所有香港华语片排行前二十位的影片中，除台湾电影《我的少女时代》外几乎都是港片。而未与香港合拍的其他内地电影在香港的票房成绩更是很不理想。香港观众的华语片口味仍十分本土。

台湾地区首轮上映电影总量 220 部，其中华语片 58 部，台湾电影占 47 部，占华语片总数的 81%。非华语的 162 部影片中，美国电影 66 部，占比 41%，日本电影 29 部，占比 18%。根据时光网数据统计，商业化运作的《我的少女时代》成为现象级影片，在台湾票房为 4.9 亿元新台币，大陆票房超 3 亿元人民币，香港票房超 1.6 亿元港币，也是台湾华语片票房冠军。《刺客聂隐娘》《追婚日记》《红衣小女孩》票房成绩也不俗，《看见台湾》则以 1.8 亿元新台币成为台湾电影史上最卖座的纪录片。

总体来看，大陆仍然是华语电影最坚实的根据地。而港台市场对大陆电影的认知程度和接受程度仍然很低，如何在政策、推广、市场开拓等方面扩大华语电影的三地空间，任重道远。

9. 后影院与海外市场：电影窗口依然狭窄

随着电影全球市场的开放、媒介的日趋多样、人们的消费能力的提高和消费方式的差异变大，电影通过国内市场、国际市场、影院、电视、网络、音像、衍生品开放、版权转让等多窗口市场赢利的策略已经越来越普遍。但由于中国电影的版权保护能力不足、版权价值有限、版权经营水平较低，特别是缺乏国际化和跨媒介化的企业与渠道，在后影院市场的开拓方面一直严重不足。欧美国家的本土电影票房通常只占一部影片市场收益的 30% 左右，但在中国，本国影院票房收益占比几乎超过电影总收入的 80%。

2015 年度，中国电影海外销售收入为 27.7 亿元，增长 48.13%，但仍然只相当于国产电影国内票房收入的10%。国产电影走出去还处在“三多三少”阶段：产量多，走出去少；参加公益性活动多，进入商业院线少；进入国外艺术院线、华人院线多，进入主流院线少。与此同时，2015年度中国电影企业也加快了国际化步伐，开始全球布局。不仅合作影片数量历史最多，而且参与全球性高概念电影开发、尝试海外资本市场运作，开始享有好莱坞电影的著作权、全球收益分账和衍生品权益。假以时日，中国电影在全球的影响力应该有较大提升。

国产电影虽然在电视渠道上的价值没有得到明显提升，但在互联网上正在发挥越来越重要的作用。除了广告模式的浏览之外，付费点播、付费月播、付费提前点播等形式也在逐渐完善，加上广告植入、整合营销，互联网对电影的市场贡献会越来越明显。据统计，2015年度票房冠军《捉妖记》，仅在爱奇艺一家视频平台上的点击率就达到2.8亿人次，显示出国产电影在网络视频端具有很大的市场潜力。

新闻出版产业

2015 年，新闻出版业积极贯彻落实中央要求，把社会效益放在首位，努力实现社会效益与经济效益相统一，不断推进供给侧结构性改革，持续提高优质出版产品供给，实现了行业的良好发展。

一、2015 年新闻出版产业总体情况

（一）产业保持较快增长，服务大局能力持续提升

2015 年，全国出版、印刷和发行服务实现营业收入 21 655.9 亿元，较 2014 年增加 1688.8 亿元，增长 8.5%。在年度单品种累计印数排名前 10 的书籍中，主题出版书籍占据半壁江山。其中,《习近平关于党风廉政建设和反腐败斗争论述摘编》超过 550 万册,《习近平谈治国理政》超过 400 万册。《求是》平均期印数超过 100 万册,《时事报告》两个版本每期平均印数合计超过 400 万册。《人民日报》《参考消息》和《环球时报》等报纸平均期印数均超过 100 万份,《人民日报》和《参考消息》稳居年度报纸平均期印数排名前 10 位。

（二）图书出版结构优化，重印图书品种数和总印数大幅增长

2015 年，出版重印图书 21.54 万种，增加 2.29 万种，增长 11.90%。重印图书 46.15 亿册（张），增加 4.87 万亿册（张），增长 11.8%，大幅超过新版图书（见表 1）。

表 1　图书出版品种变动比较

类别	品种			总印数		
	数量 / 万种	增减数量 / 万种	增长速度 /%	数量 / 亿册（张）	增减数量 / 亿册（张）	增长速度 /%
全部图书	47.58	2.74	6.11	86.62	4.77	5.83
新版图书	26.04	0.45	1.76	25.30	−0.89	−3.43
重印图书	21.54	2.29	11.90	46.15	4.87	11.80

说明：全部图书总印数包括新版图书和重印图书。

（三）数字出版保持高速增长，成为产业发展主要增长极

2015 年，数字出版实现营业收入 4403.9 亿元，较 2014 年增加 1016.2 亿元，增长 30.0%，占全行业营业收入的 20.3%，提高 3.4 个百分点；对全行业营业收入增长贡献率达 60.2%。增长速度与增长贡献率在新闻出版各产业类别中均位居第一。

（四）报刊结构调整进一步深化，报纸出版形势严峻

继续推进报刊结构调整，报刊专业化、细分化趋势加快。2015 年，平均期印数超过百万册的前 10 位期刊中，《读者》《小学生时代》《知音漫客》《青年文摘》等文摘类、少儿类期刊超过半数。报纸出版出现全方位下滑，面临挑战更趋严峻。报纸出版总印数、总印张分别降低 7.3% 和 19.1%，营业收入、利润总额分别降低 10.3% 和 53.2%。43 家报业集团主营业务收入与利润总额分别降低 6.9% 与 45.1%，其中 31 家报业集团营业利润出现亏损，较 2014 年增加 14 家。面对严峻挑战，报纸出版单位积极探索业务转型，其中浙报传媒集团股份有限公司、华闻传媒投资集团股份有限公司、浙江华媒控股股份有限公司等单位数字出版、动漫等新业态业务收入实现较大幅度增长，平均净资产收益率均超过 10%，浙报传媒集团股份有限公司数字出版等新业态业务收入已超过传统报刊业务收入。

（五）版权贸易平稳增长，数字出版物出口占比提高

2015 年，全国共输出版权 10 471 种，较 2014 年增长 1.7%；引进版权 16 467 种，降低 1.4%，版权输出品种与引进品种比例为 1∶1.6，与上年持平。全国累计出口图书、报纸、期刊、音像制品、电子出版物和数字出版物 10 485.6 万美元[1]，增长 4.4%，其中数字出版物出口 2366.9 万美元，增长 12.7%，占全部出口金额的 22.6%，提高 1.7 个百分点。哲学社会科学类图书进口数量 52.2 万册，降低 24.5%；进口金额 1849.2 万美元，降低 4.6%。

（六）集团规模稳步提升，经营情况存在差异

全国 119 家集团共实现主营业务收入 3001.8 亿元，较 2014 年增加 187.0 亿元，增长 6.6%；拥有资产总额 6018.1 亿元，增加 670.2 亿元，增长 12.5%；拥有所有者权益 3178.1 亿元，增加 357.5 亿元，增长 12.7%。共有 16 家集团资产总额超过百亿元，其中江苏凤凰出版传媒集团有限公司、江西省出版集团公司、湖南出版投资控股集团有限公司和浙江出版联合集团有限公司等 4 家集团资产总额、主营业务收入和所有者权益均超过百亿元，率先跻身“三百亿”集团行列；安徽出版集团有限责任公司、湖北长江出版传媒集团有限公司、河北出版传媒集团有限责任公司和安徽新华发行（集团）控股有限公司等 4 家集团资产总额、主营业务收入均超过百亿元，组成“双百亿”阵营。不同类型集团盈利能力差异明显，发行集团平均资产总利润率为 6.0%，有所提升；图书出版集团 5.2%，印刷集团 2.6%，报刊出版集团 1.5%，均有所降低；湖南省新华书店有限责任公司、云南新华书店集团有限公司等 2 家集团平均资产总利润率超过 10.0%。

[1] 此数据仅包含全国拥有出版物进口资质的出版物进出口经营单位及部分开展出版物直接出口业务的出版发行单位数据。另据国家统计局公布的数据，2015 年全口径出版物出口额 36.2 亿美元，较 2014 年降低 0.9%；进口额 11.3 亿美元，降低 14.7%。

（七）上市公司业绩优良，融合发展持续深化

以 2015 年 12 月 31 日收盘价计算，32 家在上市的出版传媒企业股市总市值合计 6096.0 亿元，增加 3088.7 亿元，增长 102.7%，增幅领跑传媒娱乐板块。出版、发行、印刷主业挺拔，平均资产收益率高于行业平均水平，保持了较高的盈利能力。传统出版与新兴出版在内容、渠道、平台、经营、管理等方面融合不断深化，“传媒 + 互联网”“传媒 + 金融”“传媒 + 服务”的发展趋势日益显现。中文天地出版传媒股份有限公司、江苏凤凰出版传媒股份有限公司、中南出版传媒集团股份有限公司和时代出版传媒股份有限公司等 4 家出版公司将新业态业务列入主营业务，新业态业务收入实现大幅增长，占比显著提升。其中，中文天地出版传媒股份有限公司的数字出版等新业态业务收入较 2014 年增长 1404.9%[1]，占主营业务收入比例达到 29.3%。

（八）产业基地（园区）保持高速成长，集聚效应显现

2015 年，22 家国家新闻出版产业基地（园区）共实现营业收入 1780.2 亿元，增长 25.2%；利润总额 281.3 亿元，增长 29.9%。4 家数字出版产业基地（园区）营业收入超过 100 亿元，新增 1 家，其中上海张江国家数字出版基地营业收入突破 300 亿元。音乐产业基地整体营业收入增速达到 439.7%，咪咕音乐等行业龙头企业入驻，集聚效应进一步显现。

（九）国民阅读率持续提升，数字化阅读增长较快

2015 年，中国各媒介综合阅读率为 79.6%，较 2014 年提高 1.0 个百分点；国民图书阅读率为 58.4%，提高 0.2 个百分点；数字化阅读方式的接触率为 64.0%，提高 5.9 个百分点，增长幅度远高于国民图书阅读率，反映出国民阅读方式正在发生深刻变化。

二、2015 年新闻出版产业发展特点

（一）产品结构：主题出版品种占据半壁江山

2015 年，在单品种当年累计印数和平均期印数排名前 10 位的书、报、刊中，主题出版品种占据半壁江山；图书出版结构优化成效显现，畅销书和长销书进一步丰富，书籍单品种平均印数有所增加，重印图书品种数和总印数大幅提升，少儿图书出版出现较快增长。

从整体结构来看，2015 年，全国共出版图书、期刊、报纸、音像制品和电子出版物 550.6 亿册（份、盒、张），较 2014 年降低 5.6%。其中，出版图书 86.6 亿册（张），增长 5.8%，占全部数量的 15.7%；期刊 28.8 亿册，降低 7.0%，占 5.2%；报纸 430.1 亿份，降低 7.3%，占 78.1%；音像制品 2.9 亿盒（张），降低 10.4%，占 0.5%；电子出版物 2.1 亿张，降低 38.8%，占 0.4%。

具体来看，2015 年，全国出版书籍 38.5 万种，较 2014 年增长 8.1%，占图书品种数的 80.8%；课本 9.1 万种，降低 1.7%，占 19.1%；图片 0.05 万种，增长 17.6%，占 0.1%。

2015 年，全国出版综合类期刊 2.0 亿册，较 2014 年降低 14.0%，占期刊总印数的 6.8%；哲学、社会科学类期刊 13.1 亿册，降低 4.3%，占 45.7%，占比有所提高；自然科学、技术类期刊 4.0 亿册，降低 7.1%，占 13.7%；文化、教育类期刊 6.5 亿册，降低 9.2%，占 22.5%；文学、艺术类期刊 3.2 亿册，降低 8.3%，占 11.3%。

---

[1] 中文天地出版传媒股份有限公司于 2014 年收购互联网企业北京智明星通科技有限公司为其全资子公司，2015 年实现财务并表。

2015 年，全国出版全国性报纸 79.4 亿份，较 2014 年降低 1.2%，占报纸总印数的 18.5%；省级报纸 209.8 亿份，降低 9.7%，占 48.8%；地市级报纸 140.0 亿份，降低 6.8%，占 32.6%；县级报纸 0.8 亿份，增长 1.1%，占 0.2%。省级报纸占据半壁江山，占比有所下降；全国性报纸和地市级报纸占比有所提高。

（二）地区结构：集中度提高，分布不平衡

地区集中度进一步提高，总体经济规模综合评价前 10 位地区营业收入占到全国的 74.7%，较 2014 年提高 1.6 个百分点。区域规模分布不平衡，前 7 位地区均来自东部。地区发展后发优势显现，增速前 10 位地区中，中西部地区省（自治区）占据 8 席。

总体经济规模上，广东、北京、浙江、江苏、山东、上海、河北、安徽、福建和江西依次位居全国前 10 位，资产总额合计 14 797.0 亿元，占全行业资产总额的 71.2%，提高 0.5 个百分点。地区利润总额合计 908.0 亿元，占全行业利润总额的 68.4%，提高 1.8 个百分点。

以各地区新闻出版全行业营业收入增长速度衡量，前 10 位降序依次为安徽、湖北、四川、甘肃、山东、西藏、河北、江西、青海和内蒙古。其中，东部地区省份 2 个，中部地区省份 3 个，西部地区省（自治区）5 个；前 6 位地区营业收入均实现两位数增长。

以各地区新闻出版全行业营业收入增长额和增长贡献率衡量其对全国新闻出版产业增长贡献，前 10 位降序依次为山东、安徽、湖北、四川、广东、河北、浙江、江西、上海和北京。其中，东部地区省（直辖市）6 个，中部地区省份 3 个，西部地区省份 1 个。

（三）单位数量及就业人员：数量减少，占比提高

2015 年，企业法人单位数量有所减少，但在全行业营业收入、资产总额和利润总额中所占比重继续提高；个体经营户数量与占比继续下降。在印刷复制企业和出版物发行企业中，国有全资企业营业收入、资产总额、利润总额所占比重继续降低，民营企业所占比重继续提高。

2015 年，全国共有新闻出版单位 31.4 万家，较 2014 年降低 3.3%。其中，法人单位 15.0 万家，降低 1.1%，占单位总数的 47.8%，提高 1.1 个百分点；非法人单位 0.9 万家，增长 1.6%，占 2.8%，提高 0.1 个百分点；个体经营户 15.5 万家，降低 5.6%，占 49.5%，减少 1.2 个百分点。

2015 年，全行业共有企业法人单位 114.7 万家，较 2014 年降低 1.0%，占全行业法人单位和非法人单位（不包括个体经营户）总数的 92.8%。企业法人单位营业收入 16 443.6 亿元，增长 4.6%，占全行业营业收入的 95.3%，提高 0.5 个百分点；资产总额 19 265.3 亿元，增长 12.1%，占全行业资产总额的 92.7%，提高 0.9 个百分点；利润总额 1264.8 亿元，增长 4.8%，占全行业利润总额的 95.3%，提高 2.3 个百分点；纳税总额 840.9 亿元，增长 8.1%，占全行业纳税总额的 93.7%，提高 3.0 个百分点。

在 147 368 家企业法人单位中，国有全资企业 15 267 家，较 2014 年降低 14.0%，占企业法人单位数量的 10.4%，减少 1.6 个百分点；民营企业 123 818 家，增长 1.2%，占 84.0%，提高 1.8 个百分点。

2015 年，全国新闻出版业直接就业人数为 448.2 万人（不包含数字出版、版权贸易与服务、行业服务与其他新闻出版业务单位就业人员），较 2014 年降低 2.9%；其中男性 242.4 万人，女性 205.8 万人，分别占全行业直接就业人数的 54.1% 和 45.9%，男女比例基本平衡。印刷复制业直接就业人数 325.7 万人，降低 5.2%；出版物发行业 79.6 万人，提高 6.3%；报纸出版业 24.2 万人，降低 1.8%；期刊出版业 11.1 万人，降低 0.2%；图书出版业 6.7 万人，提高 1.5%。

（四）出版传媒集团：规模壮大，占比提高

截至2015年年底，全国共有经国务院新闻出版行政管理部门或省级新闻出版行政管理部门批准的出版传媒集团122家，其中图书出版集团36家、报刊出版集团47家、发行集团27家、印刷集团12家。

2015年，出版传媒集团收入与资产规模进一步扩大，但整体利润有所下降。119家图书出版、报刊出版、发行和印刷集团共实现主营业务收入3001.8亿元，较2014年增加187.0亿元，增长6.6%；拥有资产总额6018.1亿元，增加670.2亿元，增长12.5%；实现利润总额247.2亿元，减少5.6亿元，降低2.2%。

其中，107家图书出版集团、报刊出版集团和发行集团共实现主营业务收入2944.2亿元，较2014年增加184.2亿元，增长6.7%，占全国书报刊出版和出版物发行主营业务收入的67.6%，提高6.8个百分点；拥有资产总额5912.9亿元，增加666.4亿元，增长12.7%，占全国出版发行全行业资产总额的81.3%，提高4.5个百分点；实现利润总额244.5亿元，减少5.6亿元，降低2.2%，占全国出版发行全行业利润总额的54.7%，提高2.1个百分点。

具体来看，图书出版集团保持平稳发展态势，资产规模增长较快，利润有所下降。江苏凤凰出版传媒集团有限公司、江西省出版集团公司、湖南出版投资控股集团有限公司和浙江出版联合集团有限公司等33家图书出版集团共实现主营业务收入1636.9亿元，较2014年增加73.9亿元，增长4.7%；拥有资产总额3041.5亿元，增加380.9亿元，增长14.3%；实现利润总额148.5亿元，减少1.5亿元，降低1.0%。

报刊出版集团资产规模继续扩大，但营业收入和利润总额同时下滑，尤其是利润总额下降幅度较大。上海报业集团、成都传媒集团和浙江日报报业集团等47家报刊出版集团共实现主营业务收入394.3亿元，较2014年减少28.5亿元，降低6.8%；拥有资产总额1567.1亿元，增加116.2亿元，增长8.0%；实现利润总额22.5亿元，减少17.1亿元，降低43.2%。

发行集团收入、资产和利润规模均呈显著增长。安徽新华发行（集团）控股有限公司、四川新华发行集团有限公司等27家发行集团实现主营业务收入913.0亿元，较2014年增加138.8亿元，增长17.9%；拥有资产总额1304.3亿元，增加169.4亿元，增长14.9%；实现利润总额73.5亿元，增加13.0亿元，增长21.4%。

印刷集团主营业务收入与资产总额有所增长，利润总额有所下降。中国文化产业发展集团公司、江西新华印刷集团有限公司、湖南天闻新华印务有限公司等12家印刷集团实现主营业务收入57.6亿元，较2014年增加2.8亿元，增长5.1%；拥有资产总额105.2亿元，增加3.7亿元，增长3.7%；实现利润总额2.7亿元，减少0.1亿元，降低2.4%。

演艺产业

一、2015 年演艺产业总体情况

2015 年，中国演出市场总体经济规模为 446.59 亿元，相较于 2014 年的 434.32 亿元，上升了 2.83%，其中，演出票房收入（含分账）161.72 亿元，农村演出收入 22.32 亿元，娱乐演出收入 69.64 亿元，演出衍生品及赞助收入 29.24 亿元，经营主体配套及其他服务收入 55.23 亿元，政府补贴收入（不含农村惠民）108.44 亿元。

（一）政策红利不断释放

2015 年，加快构建现代公共文化服务体系、向社会力量购买公共文化服务、扶持成长型小微文化企业等政策，从加速文化基础建设、保障人民精神文化基本需求、增强市场主体的活力等方面，构建出良好的政策环境。为鼓励戏曲发展，优化演出市场环境，国家制定出台了一系列的利好政策，如中共中央政治局审议通过的《关于繁荣发展社会主义文艺的意见》、国务院办公厅印发的《关于支持戏曲传承发展的若干政策》、文化部办公厅《关于开展戏曲剧本孵化计划项目申报工作的通知》、文化部《关于落实“先照后证”改进文化市场行政审批工作的通知》等，把戏曲的保护、传承和发展提升到国家和社会发展的战略层面，旨在弘扬民族精神，重构文化生态。

（二）新业态助力行业转型升级

2015 年，演出行业很多新形式业态从萌芽探索阶段成长起来，推动行业转型升级。热门文学、影视、游戏 IP 改编的舞台作品不断涌现，如《盗墓笔记》《小时代》《仙剑奇侠传》等；舞台剧 IP 向影视转化，话剧《夏洛特烦恼》改编的同名电影收获票房超过 14 亿元。

小剧场戏曲成为戏曲创新、培养观众的有效方式。小剧场戏曲具有小制作、小成本、小规模等特点，追求实验性、探索性、创新性，引起了年轻观众的关注。京沪两地于小剧场戏曲节推出了一批优秀小剧场戏曲作品，如京剧《碾玉观音》、京昆剧《荼蘼花开》、越剧《情殇马嵬》等。

剧场与商场相互结合，例如位于上海美罗城赖声川的上剧场、广州正佳广场内的正佳演艺剧场，剧场进驻商场，获得了受众群、配套设施和地理位置的优势。演出营销推广方式多样化、渠道多元化，自媒体（微博、微信公众平台）成为演出营销推广的重要渠道。

（三）网络演出增长迅猛

2015 年，中国互联网演艺市场规模达近 80 亿元，同比增长 48%。秀场类直播是网络演出的主要形式，有 9158、YY 视频等传统直播平台，也有百度、新浪、搜狐、网易等新军。网络演出直播在经济收入、用户人数、影响力等方面都呈现极高的增长趋势。以腾讯视频为例，从 2014 年的 7 场演唱会到 2015 年的 55 场演唱会，从 2014 年的 300 万直播受众到 2015 年 5500 万直播受众。此外，出现了越来越多专为线上直播举办的演唱会、音乐会。

（四）与国际接轨更加全面、紧密

2015 年，越来越多国外知名乐团、剧团、舞蹈团来到中国演出，带来了如德国邵宾纳剧院的《哈姆雷特》、波兰剧院的《伐木》《先人祭》、英国导演彼得·布鲁克的作品《惊奇的山谷》等优秀剧目。中国一些演出剧目也已进入海外主流市场，如京剧程派名家张火丁在美国纽约林肯艺术中心的演出在《纽约时报》的多个版面报道；上海歌舞团舞剧《朱鹮》日本巡演 64 天，在 29 个县、市演出 57 场，观众近 12 万人次；2015 年法国阿维尼翁戏剧节也有 4 部中国戏剧作品亮相。中外演出项目联合制作进一步加深。中国国家话剧院与英国国家剧院联合制作了舞台剧《战马》中文版。

（五）演出市场获得更多资本关注

2015 年，演出市场获得资本更多的关注和青睐。继杨丽萍文化公司、开心麻花、丑小鸭、锋尚世纪等演出公司登陆新三板；以出品音乐剧为主的 JDF 金典工场完成了 B 轮 3000 万元融资；摩登天空复娱文化达成包括 1.3 亿现金及未来 30 亿投资计划的合作，完成 B 轮融资，并跨国投资英国音乐节，在海外市场布局之后，包括杭州金海岸文化发展股份有限公司、北京开心麻花娱乐文化传媒股份有限公司、山东世博演艺股份有限公司、厦门市天视文化传媒股份有限公司等在内的十多家演艺机构结合自身特点通过资本运作的方式，成功在新三板挂牌。

（六）旅游演出、演艺场馆演出继续调整

2015 年，旅游演出市场继续调整。在取消旅游捆绑消费后，很多盲目制作的项目没有了市场，一些高品质品牌项目逆势增长，如宋城演艺、印象系列演出等均具有良好的市场表现。演艺场馆娱乐演出收入略有上升，但成本增加，利润下降。演艺场馆调整经营策略，把提高演出质量作为吸引观众的主要因素，因此投入资金提升演出品质，成本推高了票价，但为保证上座率，票价提高幅度没有覆盖成本提高的幅度，因此收入提升，但利润下降。

二、2015 年演艺产业发展特点

（一）市场主体活力提升，实现突破

1. 文艺创作百花齐放，政企政制有待提升

2015 年，全国文艺表演团体总收入 196.11 亿元，较 2014 年的 193.87 亿元上升 1.16%。比较 2014 年、2015 年文艺表演团体收入情况，来自政府补贴的部分下降了 1.14%，主要是由于政府逐步转变对文艺表演团体的扶持方式，由直接拨款转变为购买服务、基金资助、公益演出补贴等形式，有剧目创作、有演出场次才能获得政府补贴，扶持方式的转变促进了资源配置优化，政府资金发挥出更大的引导激励作用。在政策鼓励和资金引导下，文艺表演团体作为市场主体的活力得以提升，商业演

出和企业赞助两项市场收入均有提高。但在文艺表演团体内部建设上，在机构设置、管理模式、创作理念、团队建设等方面仍有待提升，向真正意义上的市场主体转型。

文艺创作方面，2014 年 10 月，习近平总书记在文艺工作座谈会上发表重要讲话。2015 年涌现出一大批不同题材、不同形式的，弘扬社会主义核心价值观的文艺作品。2015 年，81 部大型舞台剧，100 部小型剧（节）目获得国家艺术基金舞台艺术创作资助项目，这些作品以主旋律的题材和较高的艺术水准获得观众的喜爱与认可。代表作品包括舞剧《沙湾往事》、交响合唱《木兰诗篇》、豫剧《苏武牧羊》等。

2. 演出经纪机构不断扩展发展方向，实现突破性变化

2015 年演出经纪机构总数为 4899 家，持有演出经纪人资格证的从业人员人数为 28 548 人，与 2014 年相比机构数上涨 7.01%，持证从业人数上涨 5.98%，机构总数与持证从业人数连续多年持续上涨，标志着演出市场正逐步趋于稳定发展态势，其中民营演出经纪机构的蓬勃发展对整个市场的持续升温具有重要影响。

2015 年演出经纪机构总收入 133.07 亿元，比 2014 年上升 7.63%。其中，版权收入 12.49 亿元，上涨 17.17%，自营收入 56.15 亿元，上涨 3.66%，中介类收入 59.10 亿元，上升 10.49%，政府补贴 2.56 亿元，下降 4.12%，衍生品收入 2.77 亿元，上涨 4.53%。在中介类演出收入中，企业包场及赞助收入 13.60 亿元，下降 13.21%，表明在政府加大对文化产业的关注、市场环境逐步成熟等有利因素的引导下，演出经纪机构主动开拓发展空间，创新创建运营模式，加大与互联网等其他产业的融合互动，为市场的稳定增长起到积极作用。

3. 布局产业链，票务机构强势出击

2015 年，演出票务经纪机构的产业化发展进程随着演出市场的进一步转暖、移动互联网的崛起以及文化资本的不断进入呈现出加速状态，大麦网、永乐票务、聚橙网等具有代表性的票务机构已不再满足于票务营销这一中间环节，开始进行全面战略布局，打造其新的产业链条。

永乐票务将事业版图扩展至包括内容制作、投资运作、渠道营销、演出执行等在内的行业全方位，通过在海外成立分公司充分发挥自身平台优势，在进行海内外优质演艺产品双向输送的同时参与内容制作，进一步提升企业竞争力；通过梳理旗下业务脉络，永乐将演艺、体育、经纪整合互动，通过独立制作和联合开发等多种渠道创造核心内容，在产业上游的 IP 资源中占据优势，通过平台数据分析、衍生服务开发等，联动其在影视、游戏、动漫等方向的投资计划，实现多产业的战略布局。大麦网加快向纵横各方发展步伐，不断扩充领域和业务，由演出扩展到文化娱乐、体育运动、旅游休闲活动，由票务延伸到明星周边产品，将票务平台升级为城市娱乐消费的平台。

4. 专业剧场演出场次和收入稳步提升

2015 年，专业剧场总场次 8.41 万场，较 2014 年上升 2.56%，总收入 146.25 亿元，较 2014 年上升 2.36%。其中，租场演出的场次和收入明显提升，自营演出的场次和收入明显下降。

2015 年剧场租场演出增加的原因是多方面的：一是文艺表演团体缺少自有剧场，但随着其剧目创作数量的增加和运营能力的增强，需要通过租场进行演出。这一情况会随着文艺表演团体自有剧场的建设和场团一体的发展得到改善。二是各级政府补贴和各类扶持资金都对演出场次做出要求且考核严格，一些演出项目缺乏市场影响力，只能由文艺团体自己租场演出。为获得补贴而演出，送票吸引观众的现象对市场造成了伤害。三是在剧场资源有限的情况下，出租场地几乎不存在风险，一些缺少自营能力的剧场更加倾向于收场租这种稳定的收益形式。

文化地产与商业地产结合的“商场 + 剧场”“剧场群 + 商业中心”模式正在形成，例如位于上海美罗城赖声川的上剧场、上海大宁国际商业广场内的亲子微剧场“小不点大视界”、广州正佳广场内

的正佳演艺剧场。剧场进驻商业设施或商业圈，获得了潜在的受众群、完善的配套设施和便利亲民的地理位置，更加有利于引导观众进入剧场，培养观看演出的文化消费习惯；商业地产也可借力剧场拉高消费水平，提升自身形象。

（二）不同产品类型的市场各有千秋

1. 音乐类演出市场显著提升

音乐会方面，2015 年音乐类演出场次与 2014 年基本持平，票价略有提高，上座率、观众人数、票房收入的增长幅度较为明显。一方面，长期低票价策略带动上座率和观众人数稳步提升。相较其他艺术形式，音乐会票价一直维持较低水平，其中政府对高雅艺术给予持续补贴发挥了重要作用。在北京，2015 年，低价票补贴工作被列入市政府为群众办实事项目，享受补贴剧场达 31 个，补贴低价票 19 万张，补贴金额达 2200 万元。国家大剧院 2015 年享受补贴的音乐类演出有 130 场；中山公园音乐堂经过低票价补贴后，每场演出 30 元、50 元的低价票占总票房的 30%，共 420 张。另一方面，观众音乐鉴赏水平的提高推动音乐会演出市场发展。伴随观众群体教育水平和艺术素养的提高，以及各种形式普及推广活动培养作用的显现，观众对音乐的鉴赏水平不断提高。同时，观众对音乐会的诉求更加多样，小型室内乐受到越来越多乐迷的喜爱，如国家大剧院 2015 年五月音乐节将普及室内乐作为主旨，推出 20 余场音乐会，并在年底组建了国内第一支常设性驻院室内乐八重奏乐团；天津大剧院推出钢琴与室内乐音乐季，演出达 50 余场。

演唱会方面，2015 年大型演唱会、音乐节演出场次 0.19 万场，较 2014 年的 0.14 万场上升 35.71%；票房收入 31.80 亿元，较 2014 年的 25.69 亿元上升 23.78%。2015 年演唱会市场，巡演场次和票房最具影响力的仍是一线歌手，例如陈奕迅、周杰伦、汪峰、张惠妹的巡演场次均在 10 场以上。好妹妹乐队、马条、周云蓬等一些唱作力强、有鲜明特点的独立音乐人成为市场的新生力量，纷纷举办演唱会。演唱会在线直播全面常态化，进入付费观看时代，渐成票房、赞助之外的盈利方式。以优土、爱奇艺为代表的老牌视频网站，以陌陌为代表的社交平台，以芒果 TV 为代表的电视台 App 都在依托自身优势积极开拓演唱会直播领域的业务，对演唱会版权的激烈竞争促使视频网站开始涉足线下布局。

音乐节方面，由于受重大事件、场地审核、安全消防等多方面影响，2015 年多个音乐节被取消、停办、延期，因此场次大幅减少。如北京迷笛音乐节、长沙草莓音乐节、长沙橘洲音乐节等被取消。尽管演出阵容同质化仍然存在，但很多音乐节开始明确定位，打造特色。随着版图的扩张，以草莓、迷笛为代表的多元化老牌音乐节开始与当地文化特色进行结合。与演唱会一样，音乐节也开始加速互联网化。如乐视音乐与摩登天空达成战略合作，将上海草莓音乐节打造成国内首个付费直播音乐节，直播票房达 300 万元；腾讯视频独家直播的简单生活音乐节，三天累计观看用户达 600 万人次；理想音乐节则通过弹幕、虚拟礼品等方式，打造互联网音乐嘉年华。

2. 舞蹈类演出市场整体表现疲软

2015 年，舞蹈演出场次略有提升，但上座率、观众人数和票房收入均呈下降的趋势。舞蹈因其自身艺术特性需要观众有较高的鉴赏水平，但舞蹈的普及推广和观众培育没有形成有效的体系模式，受众群的匮乏直接导致舞蹈演出市场表现不景气。在艺术普及方面，舞蹈应借鉴高雅音乐普及经验，通过讲座、工作坊等进行市场培育。

得益于各类演出季、舞蹈节、赛事的举办，在北京、上海等一线城市，国内外芭蕾舞团频频登台演出。2015 年，北京芭蕾舞演出了 180 场，票房收入达 6634 万元，占到了舞蹈类票房收入的 54.5%。在 2015 年 11 月 6 日至 12 月 26 日举办的“第二届中国国际芭蕾演出季”中，有来自中国、美国、法国、俄罗斯等十余个国家的13台剧目演出30场。上海东方艺术中心的调查显示，芭蕾舞在最受观众欢迎的演出类型中排在第二位。马林斯基剧院芭蕾舞团《舞姬》在上海演出出票率达到100%。

此外，一批优秀的青年舞蹈人才和作品通过选拔培养活动脱颖而出。如中国舞蹈家协会“青年舞蹈人才培训计划”推出了苏鹏的《花生》、张荪的《古城》、张傲月的《那里的花》等6部青年舞者的作品，并为他们提供名师指导、创作经费和展示平台。广东现代舞周力推青年舞者和独立创作作品，并搭建平台将年轻的中国现代舞舞者推荐给来自世界各地的艺术界策展人。

3. 话剧市场不断创新，表现突出

2015年，话剧市场表现突出，场次、上座率、观众人数、票房收入均有明显提升。随着近年对话剧原创的关注和呼吁，2015年原创话剧作品增多。同时，戏剧人尝试更多的表现形式，如浸没式戏剧、超维度戏剧，还有观众根据提示表演的自动戏剧、探索文献剧、超文本戏剧等。这些新形式赋予了戏剧更自由多变的表达创作空间。

2015年，大量国际剧目在国内上演。如南锣戏剧节有13部来自世界10个国家和地区的舞台作品。较之往年，2015年外国戏剧引进的多样性、层次性逐渐清晰，外国戏剧引进方逐渐找到了自己的艺术与市场地位，如林兆华戏剧邀请展以世界级戏剧巨擘大作为目标，爱丁堡前沿剧展以小而美的戏剧新意佳为对象。

2015年，国内戏剧节定位更加明确，视野更加国际化，运作模式也趋于成熟。其中乌镇戏剧节最具代表性。第三届乌镇戏剧节囊括了来自法国、德国、巴西、瑞士、意大利、荷兰、波兰、立陶宛、俄罗斯等12个国家和地区的20台顶尖剧目共73场演出；以最大力度培养优秀青年戏剧人，并将其优秀作品推送全国、世界巡演；戏剧节期间，乌镇大街小巷上千场的街头演出组成的小镇戏剧嘉年华，并打造“白天看戏、夜晚派对”的节庆氛围。依托乌镇戏剧节，乌镇在3年的时间内实现了“观光—休闲—文化”的定位转变，游客人数保持每年30%的递增，基本实现了戏剧艺术与城市文化、旅游资源的融合。

此外，儿童剧方面，与前几年井喷式的发展不同，2015年儿童剧的场次、上座率、观众人数基本与2014年持平。主要原因是随着社会对儿童心理的关注度和认识水平的提高，家长对儿童剧要求提高、选择谨慎，让一些滥竽充数的劣质儿童剧失去了市场。剧目品质的提高相应带来了平均票价的提升。同时，很多国外儿童剧目被引进，例如立陶宛形体剧《翻滚吧，宝贝！》、俄罗斯百变形体剧《魔法师的白手套》、英国创意人偶剧《小小云先生》、加拿大创意儿童剧《塑料的童话王国》等。这些引进剧目为观众提供了更多观剧选择，也让国内外在儿童剧创作理念上的差异凸显出来。

4. 曲艺杂技类演出创新不足，表现乏力

2015年，曲艺和杂技演出市场票房收入9.16亿元，较2014年下降6.34%。有所下滑的原因是创新乏力，内容不能满足市场需求。以相声为代表的曲艺演出在前几年快速增长后的持续衰落带来了市场萎缩。缺少新品力作也是当前相声发展的痼疾。德云社、嘻哈包袱铺、青曲社等都因有紧贴时代和市场的作品受到观众的喜爱。受国家规范旅游市场发展政策影响，杂技作为旅游驻场演出的主要形式也受到波及，市场表现下降。

5. 旅游演出市场场次收入继续下降

2015年，旅游演出场次为5.52万场，较2014年的6.02万场下降8.31%，票房收入35.17亿元（含被分账收入），较2014年38.37的亿元下降8.34%。主要原因是政策持续发力，消除市场泡沫。前几年热钱进入旅游市场，很多创意陈旧、粗制滥造的旅游演出项目盲目跟风上马，在相关政策要求取消旅游捆绑消费后，这些项目没有了观众和市场。

与市场整体表现下滑不同，一些高品质品牌项目逆市增长，如宋城演艺、印象系列演出等均具有良好的市场表现。2015 年宋城演艺营业收入为 16.9 亿元，比上年同期增长 81.21%，其现场演艺业务是业绩增长的主要动力，营业收入为 12.65 亿元，占总营业收入的 74.63%，“千古情”系列演出观众为 2233.83 万人次，同比增长 53.42%。

6. 娱乐演出开始调整经营策略

2015年，演艺场馆娱乐演出47.58万场，较2014年的47.81万场下降0.48%，票房收入24.07亿元，较 2014 年的 18.17 亿元上升 32.47%。演艺场馆娱乐演出场次基本与 2014 年持平。在 2015 年新的社会环境和市场环境下，演艺场馆调整经营策略，把提高演出质量作为吸引观众的主要因素，投入资金提升演出品质，成本推高了票价，但为保证上座率，票价提高幅度没有覆盖成本提高的幅度，因此收入虽然有所提升，但利润却下降了。

动漫产业

在深化改革、技术创新和媒介融合的大背景下，2015 年中国动漫产业的创新步伐明显加快，多元市场主体竞合局面初步形成，业务形态更加丰富多元，产品类型更多、品质有所提升，市场活力、产业潜能进一步释放，整体进入结构调整、产业融合和转型升级的关键阶段。动漫产业凭借其强大的创意设计力量和品牌版权价值，日渐融入国民经济大循环，在推动文化创意产业和相关产业融合发展、支撑文化产业趋于成为国民经济支柱性产业等方面发挥着重要作用。

一、2015 年动漫产业总体情况

（一）产业规模稳步增长

2015 年，中国动漫产业保持了良好的发展势头。全国动漫产业总产值达到 1144 亿元，与 2014 年相比增长 14.4%，产业规模保持稳步增长态势。与“十一五”期间相比，近几年动漫产业发展速度有所放缓，这也是产业结构调整和转型升级的必由之路。2015 年，动画电影票房突破 42 亿元，其中国产片（含合拍片）票房达到 19.26 亿元，进口片票房为 23.19 亿元。

（二）用户规模不断扩大

2015 年，中国核心二次元用户规模已经超过 5000 万人，泛二次元用户规模超过 1 亿人，未来随着动漫 IP 化运营日趋成熟和动画电影等全龄化动漫内容的不断渗透，中国动漫用户的规模将不断增大。

（三）市场主体快速增长

近年来，中国动漫产业逐步形成了多种经济成分共同发展的产业格局，民营企业凭借更为成熟的市场机制迅速发展壮大，特别是在动漫内容产品生产制作等领域已经成为主力军，有效地促进了中国动漫产业的市场化进程。动漫企业作为动漫市场的主体，在产业化潮流中实现了快速成长，规模实力持续扩大增强，一批有实力、有特色的动漫企业脱颖而出，从业人员保持了较大规模。2015 年，中国共有 61 家动漫企业通过文化部、财政部、国家税务总局的认定，全国通过认定的动漫企业累计数量达到 730 家，其中重点企业 43 家。

此外，动漫园区建设增势不减，相关活动规模持续扩大；动漫作品生产活跃，动画电影、动画系列片、漫画及相关衍生产品均有所发展；中国原创动画电影也在这场较量中开创了自己的一番天地。在国家政策、资金、基地建设、高校人才培养等方面大力投入扶持的背景下，中国动漫内容生产实力快速提升，动漫生产集群带和产业区培育已初现端倪。

二、2015 年动漫产业发展情况

（一）动漫企业布局呈区域集聚之势，头部企业增多

总的来看，中国动漫企业的空间分布与区域经济发展水平之间具有较高的关联度。以中国三大经济地带来统计，东部地区有 462 家，占总体的 63.29%；中部地区有 176 家，占 24.11%；西部地区有 92 家，占 12.60%；以地理区域进行统计，华东地区有 283 家，占总体的 38.77%；华北地区有 135 家，占 18.49%；华南地区有 101 家，占 13.84%；华中地区有 87 家，占 11.92%；东北地区有 49 家，占 6.71%；西南地区有 38 家，占 5.21%；西北地区有 37 家，占 5.07%；从省份来看，江苏省、广东省和北京市动漫企业数量最多，江苏省和广东省各有 89 家，北京市有 72 家；长三角地区（江浙沪两省一市）共有 166 家，占 22.74%；环渤海地区（京津冀鲁辽三省两市）共有 162 家，占 22.19%。由于动漫产业在发展过程中需要大量高水平的文化创意人才，因此企业分布也呈现出比较明显的集聚性。

经过多年的积累发展，中国的动漫产业市场中陆续涌现出了奥飞娱乐、华强动漫、中南卡通、腾讯互动娱乐、美盛文化、长城动漫、炫动传播、优扬传媒、华夏动漫等综合运营商，央视动画、原创动力、玄机科技、蓝弧文化、咏声文化、宏梦卡通、江通动画、青青树、追光动画等专业内容供应商，以及知音传媒、华闻传媒、中南传媒、时代出版、光线传媒、慈文传媒、拓维信息、恒大文化、海尔文化等战略投资者。其中包括许多体量大、发展势头良好的头部企业。例如，奥飞娱乐 2015 年实现营业收入 25.89 亿元，同比增长 6.56%；实现净利润 4.89 亿元，同比增长 14.26%；美盛文化 2015 年在营业收入 4.08 亿元的基础上，实现净利润 1.26 亿元，同比增长幅度达到超过三成。

（二）电视动画片生产数量理性回落，质量稳步提升

在政策调控和市场杠杆的双重引导下，2015 年中国电视动画行业总体上调控数量、提高质量、由数量增长转向质量提升的趋势更加明显。2015 年，全年备案公示的国产电视动画片剧目数量为 399 部，总时长为 298 114 分钟，同比分别增长 –6.12% 和 9.95%；全国制作完成的国产电视动画片共 134 011 分钟，同比上年下降 3.30%，创下 2009 年以来的最低产量纪录，仅相当于 2011 年最高产量（261 224 分钟）的一半左右。2015 年，全国各级电视频道动画片播出数量为 309 060 小时，其中国产片 299 405 小时、进口片 9655 小时，与 2014 年相比，增长率分别为 1.38%、3.62% 和 39.21%，国产片和进口片所占比值为 96.88∶3.12。由于 2004—2011 年国产电视动画片持续保持高速增长，导致节目片源累计存量数量十分庞大，加之电视频道播出资源相对较少且拓展空间有限，使电视动画生产较多和播出紧张的矛盾长期难以得到缓解，这势必要求国产动画在降低产量的同时更加强化质量提升。

（三）动画电影质量票房双提升，引领电影行业发展

2015 年，中国动画电影票房市场持续走高，全年共有 55 部动画电影在国内上映，合计票房收入为 42.45 亿元，同比增长 38.87%，在总体电影票房（440.69 亿元）中所占市场份额提升到 9.63%。其中，国产片（含合拍片）票房达到 19.26 亿元，进口片票房为 23.19 亿元，国产片和进口片所占比例分别为 45.38% 和 54.62%。

与往年相比，国产动画电影与进口动画电影的票房收入差距正在逐步缩小，国产片所占比例较 2011 年（20.64%）提高近 25 个百分点。随着动画电影市场竞争的加剧和动画品牌发展的需要，动画

电影在投资制作方面开始采取系列化和品牌化的发展路线，涌现出《熊出没》《洛克王国》《黑猫警长》《喜羊羊与灰太狼》《赛尔号》《猪猪侠》《潜艇总动员》等国产动画品牌系列。与此同时，基于漫画、游戏、影视等内容推出的《洛克王国 4：出发！巨人谷》《桂宝之爆笑闯宇宙》《赛尔号 5：雷神崛起》《摩尔庄园 3：魔幻列车大冒险》《奥拉星：进击圣殿》《长江 7 号：超萌特攻队》等一批影片被推上银幕。

纵观全年的中国动画电影市场，2015 年 7 月上映的动画电影《西游记之大圣归来》（简称《大圣归来》）不仅成为暑期档最大的黑马，也成为 2015 年国产动画电影的最大惊喜。该片凭借 9.56 亿元的票房，不但创下国产动画电影票房新纪录，同时还超过进口动画电影票房冠军《功夫熊猫 2》的 6.12 亿元，一度晋升为国内动画电影票房新冠军。从 2010 年的《喜羊羊与灰太狼之虎虎生威》突破 1 亿元，到 2014 年的《熊出没之夺宝熊兵》突破 2 亿元，再到 2015 年的《大圣归来》达 9.56 亿元的最高纪录，彰显出国产动画电影的跨越式成长进步，也展现出国产动画电影在开辟全年龄段市场，扩大动画电影受众群体等方面取得了突出成绩。

（四）动漫出版数量不断增长，国产动漫增势强劲

2015 年，中国动漫报刊图书创作生产活跃，动漫报刊图书销售持续火爆。根据当当网统计数据显示，截至 2015 年年底，该网站在销动漫幽默类图书 45 034 种、童书类动漫 / 卡通图书 16 655 种，合计占所有在销图书总量（9 390 286 种）的 0.66%。从细分类别来看，所占比例较大的主要二级分类包括大陆漫画（18 218 种，占 30.81%）、童书类动漫 / 卡通（16 655 种，占 28.17%）、日韩漫画（6386 种，占 10.80%）、动漫学堂（5095 种，占 8.62%）、港台漫画（4209 种，占 7.12%）。在 2015 年度图书畅销榜前 500 名中，包括《就喜欢你看不惯我又干不掉我的样子》《丁丁历险记 · 小开本精巧阅读本（全集 22 册）》《巴巴爸爸（全 10 册）》《父与子全集》《滚蛋吧！肿瘤君（独家签章版）》《你今天真好看》《长歌行 8》《关于我最喜欢的他》等 8 种动漫图书。

总体来看，近几年来国产漫画所占市场份额正在稳步提升。从当当网 2012—2015 年动漫类畅销图书前 500 名情况来看，大陆作者作品数量所占比例已从 2012 年的 138 种（占 27.6%）稳步上升到 2015 年的 218 种（占 43.6%），增幅达到 16 个百分点，并且增长势头十分强劲。

（五）优秀动漫品牌价值日益彰显，IP 开发潜力巨大

为促进动漫产业结构调整和优化升级，推动建设在国内和国际市场具有影响力的原创动漫品牌，培育具有品牌化开发价值的原创动漫创意，2015 国家动漫品牌建设和保护计划确定了《黑猫警长之翡翠之星》等 18 个品牌产品、《熊猫和小鼹鼠》等 28 个创意项目。2015 年，《飞越五千年（51—100 集）》《凌霜篇之侠岚》《小兔侠之功夫学校（第二季）》《赛尔号（第四季）》《梦想总动员》等 60 部优秀国产动画片获得国家新闻出版广电总局推荐播出，合计共 2104 集、28 089 分钟，约占全年电视动画片总产量的 21.0%。

动漫产业本质上是内容产业，但其七成以上的利润来自衍生产品开发、销售以及动漫形象授权环节的收入。近几年，随着动漫 IP 化运营日益显著以及用户泛娱乐内容消费习惯的养成，中国动漫衍生品市场也取得了显著发展。2009 年到 2015 年，中国动漫衍生品市场规模增长超过 2 倍，2015 年的市场规模约 380 亿元。而在美国、日本、韩国等成熟的动漫市场，其衍生市场规模可以达到内容市场规模的 8 ~ 10 倍的比例。因此，IP 开发将成为中国动漫产业实现跨越式发展的重点领域。

例如，原创漫画网站“有妖气”旗下现象级动漫作品《十万个冷笑话》动画短片播放量达数亿次，除上映的同名电影票房过亿元外，其授权妙趣游戏开发、蓝港发行的同名手游上线首日全平台

DAU（日活跃用户）突破 142 万人次，月流水过亿元。此外，2015 年的《熊出没之雪岭熊风》以近 3 亿元票房再次刷新国产卡通电影的历史纪录。除票房外,《熊出没》的授权产品全年销售额已经超过 20 亿元,《熊出没》授权的手机游戏下载量和收入一直占据手游行业排行榜前十名。漫画家夏达创作的《长歌行》也将与华策影视签约，该作品将是华策影视今年的重点 IP 项目，投资同样过亿元。

（六）动漫产业数字化转型加快，推动传播方式改革

2015 年，中国动漫产业正从传统媒体向新媒体加速迁移，数字动漫产品的互联网化已成为不可逆转的潮流趋势。在高新技术的支撑下，动漫产品的传播介质和呈现方式发生了一系列显著变化，传统的“报刊、图书、磁带、胶片、光盘介质 + 物理运输”的传播模式已经逐渐被现今的“数字格式 + 网络传输 + 多种终端呈现”的全新模式所取代。从物理形态转变为数字产品形态后，动漫内容产品的边际生产成本大大降低，原本的生产复制（印刷）、仓储、物流运输等业务流程实现了数字化，影视节目可通过卫星、光纤网络进行流量传输，其边际复制和传播成本渐趋于零。数字动漫内容产品和新媒体传播技术的有机融合，将会大大激活潜在的市场需求，推动新媒体动漫的加速发展。

以视频网站为例，根据 GEO 集奥聚合发布的数据，通过手机等移动终端的 App 观映动漫的比例达到 15%，仅次于电视剧（32%）、电影（22%）和综艺（19%），移动互联网的发展势不可挡，其能够更好实现对全年龄段的覆盖，相比电视台等传统媒体具有更大的发展前景，蕴含着巨大的商业机遇。根据腾讯大数据的统计，用户在 10 岁左右时智能手机的渗透率开始迅速提升，14 岁儿童的智能手机渗透率达到 38%，这表明手机动漫有机会逐渐向低龄群体渗透。

与此同时，动漫已经逐步成为国内视频网站和阅读网站的重要板块，腾讯、新浪微博、网易云阅读、小米多看阅读、当当读书等网络巨头相继开启了在线漫画阅读，中国网络电视台、腾讯视频、搜狐视频、爱奇艺、土豆、优酷、乐视、酷 6、56、风行网、激动网、迅雷看看等一系列主流网络视频网站纷纷开设了动漫（动画）频道。此外，中国移动、中国联通、中国电信等运营商纷纷成立了手机动漫基地，还产生了有妖气、漫客栈、i 尚漫、n 次元漫画等在线漫画网站，酷米网、淘米视频、百田卡通、AcFun、哔哩哔哩（Bilibili）等垂直动画视频网站，以及布卡漫画、有妖气漫画、Vista 锋绘、漫画魔屏、开卷漫画等 App 应用。有妖气是目前国内最大的独立原创漫画网络平台，该网站主要从事原创漫画的互联网创作、营销、推广及商业化，汇聚了近万名漫画家、数万部漫画作品与近百万读者。

除综合性网络平台以外，专注于动漫内容的专业性网络平台也在 2015 年实现了快速发展，市场占有率不断提升。根据易观千帆监测数据显示，2015 年国内活跃用户数量较大的动画类 App 主要有哔哩哔哩动画、布丁动画、猫团动漫、AcFun、前沿动漫，漫画类 App 主要包括布卡漫画、爱动漫、快看漫画、暴走漫画、腾讯动漫。例如，由上海幻电信息科技有限公司开发的哔哩哔哩动画 App 在 2015 年 1 月有 219.48 万活跃用户，启动次数达 5903.81 万次，使用时长为 923.83 万小时；经过发展，其在 2015 年 12 月已经拥有 373.07 万活跃用户，启动次数达 12 216.20 万次，使用时长为 1911.80 万小时，各项数据都实现了大幅度增长。

但值得注意的是，动漫类专业化网站的发展情况仍具有一定的复杂性。相对于动画类 App 较为稳定的市场格局，漫画类 App 的发展情况变数较多。例如，布卡漫画和爱动漫两个 App 全年平均活跃用户数较大，但活跃用户数却分别从 2015 年 1 月的 251.69 万人、188.07 万人下降到 2015 年 12 月的 127.85 万人、126.41 万人。而快看漫画、有妖气漫画、腾讯动漫、咪咕动漫和漫画人 App 的活跃用户则保持了持续的上涨，分别攀升至 2015 年 12 月的 316.18 万人、249.34 万人、208.85 万人、145.49 万人和 128.60 万人。

（七）动漫版权贸易日益活跃，呈现多元化发展态势

2015 年，中国动漫内容产品海外版权贸易额不断扩大，动漫产品正成为文化版权贸易的新亮点和新的增长点。为鼓励和支持中国文化企业参与国际竞争，扩大文化产品和服务出口，推动中华文化走出去，商务部、中宣部、财政部、文化部、国家新闻出版广电总局根据《文化产品和服务出口指导目录》，经各地组织申报、相关部门评审，共同认定了 2015—2016 年度国家文化出口重点企业和国家文化出口重点项目。其中，北京天视全景文化传播有限责任公司、央视动画有限公司、灵然创智（天津）动画科技发展有限公司等 47 家动漫企业，以及 50 部国产原创漫画版权出口计划、童子山动画电影、东联动画系列片《中华德育故事》等 15 个动漫项目被分别认定为 2015—2016 年度国家文化出口重点企业和国家文化出口重点项目，在中国文化"走出去"的进程中发挥了重要作用。

此外，中国电视动画节目的进出口也继续保持多元化的发展特点。从进口洲域和国别来看，中国电视动画节目主要进口自亚洲、美洲和欧洲，主要包括日本、美国等国家和中国台湾、中国香港等地区。从出口洲域和国别来看，中国电视动画节目主要出口到亚洲、美洲、大洋洲、欧洲和非洲，主要包括美国、日本、韩国等国家和东南亚、中国香港、中国台湾等地区。

游戏产业

一、2015 年游戏产业总体情况

2015 年，中国游戏用户数达到 5.34 亿人，同比增长 3.3%；2015 年，包括客户端游戏、网页游戏、社交游戏、移动游戏、单机游戏、电视游戏等市场实际销售收入达到 1407 亿元人民币，同比增长 22.9%。

（一）基数增大、缺乏新的增长点令增速放缓

2015 年，中国游戏产业规模增速放缓，这主要受两个因素影响。首先，游戏产业多年的高速发展，规模基数增大，保持高速增长难度越来越大。其次，从业务角度来看，缺乏新的增长引擎也是产业收入增速放缓的重要原因。一方面，客户端游戏增长乏力，在缺乏表现出色新作的同时，经典老游戏收入大部分下降，这直接促使传统的大型 MMORPG 游戏出现负增长，休闲竞技类游戏则是小幅增长；另一方面，经过数年的快速增长，移动游戏增长趋缓，而电视游戏、H5 游戏、移动竞技游戏目前还都处于开拓阶段，市场规模整体偏小，为整个产业增长做贡献能力十分有限。

（二）游戏产业成本普遍攀升

2015 年，中国游戏企业不论是研发成本还是运营成本都呈现出整体攀升的特点。由于几个主要细分市场都已经完成了早期粗放发展过程，市场留给新产品的市场空间有限，对产品品质和推广的要求都较以前大幅提高，这推升了游戏经营成本。从研发角度来看，第一，人力成本提升。随着对产品质量要求的提高，团队搭建也需要更加完善。尤其在移动游戏领域，像市场发展早期一样 3 ~ 5 人便组建一个工作室已不适应当今市场，目前游戏开发团队普遍达到数十人，重点产品的团队甚至过百人。第二，产品研发周期延长。单款产品投入提高加大了投入风险，往往需要经过多轮“测试—修改”来为赢得市场提供保障，这造成了研发周期的延长。第三，游戏运营成本继续提升，用户流量价格进一步高涨，但转化率降低，游戏企业不得不通过多种方式推广来获得用户，如购买 IP、大量投放广告等，由此带来游戏推广成本日渐增高。成本上升直接影响到了游戏企业的经营策略，市场让一大批企业坚信保证产品质量比以量取胜更为奏效。

（三）游戏研发技术迭代带动游戏表现能力提升

作为游戏研发中的关键环节，游戏引擎的迭代更新加速。2015 年，商用引擎都进行了更新，包

括虚幻引擎、Unity3D 等；游戏公司自有引擎也相继迭代更新。此外，虚幻 4、Unity5、Source2 等多个引擎权利人先后宣布部分或者完全免费，直接促进了游戏研发的技术提升。引擎的迭代或优化将提升游戏的画面、音效等表现能力，提升游戏玩法的丰富度，催生了一批以对抗性、操作性为卖点的格斗类、MOBA 类游戏。2015 年推出的移动 MOBA 类游戏已经接近 20 款，这些游戏成为移动电子竞技市场的有力支撑。

（四）市场中大企业逐渐控场、中小企业承压

2015 年，游戏产品总量出现下降，中国游戏市场竞争激烈程度有所降低。第一，市场竞争格局趋于稳定，大型企业对市场的把控能力增强，客户端游戏市场趋于稳定，网页游戏则由掌控流量的少数几家发行商把控，腾讯、网易等企业带动移动游戏品质普遍提高，市场门槛明显抬升，中小企业或者依附大企业生存或者被迫转型。第二，产业集中度高，游戏市场、用户流量被少数大企业享有，过半的网页游戏市场收入集中在数家企业手上，排名前十的移动游戏收入占移动游戏市场总收入的 40% 以上。

（五）侵权、刷榜等恶性竞争现象依然存在

游戏产业的恶性竞争现象依然存在。首先，侵权、抄袭、窃取源代码、盗用 IP 等行为仍有发生，引发了一系列侵权诉讼。此外，也有以学习借鉴为名，打版权擦边球，对热门游戏进行仿制，甚至抄袭，严重到“正版产品还未正式上线，仿品就已经就位”的程度。其次，移动游戏领域存在自充值等刷榜行为，游戏企业自充值一方面可以提高本企业游戏在榜单中的位置，获得更多的流量；另一方面，能够间接提高自身的收入流水数据，以获取更多资源。自充值可以带来短时间的市场效果，但这种欺骗行为无法代替好产品具有的吸引力，同时破坏了游戏产业的生态环境、扰乱了游戏市场秩序，追求良性发展的游戏企业当引以为戒。

（六）小众游戏类型表现出色改善中国游戏生态

2015 年，中国市场上独立游戏等小众游戏表现出色，呈现出全新的特点，推动者不仅是与海外相似的独立游戏制作人，还包括一些大企业，目的在于以低成本的游戏试探市场，并锻炼新人。虽然这些游戏无内购，下载免费或者少量付费，但企业能够通过这些游戏掌握用户偏好，在固定群体中提升企业形象，对长期发展有积极意义。

（七）自主研发游戏海外市场高速增长

2015 年，自主研发游戏海外市场高速增长，海外市场开拓继续加速，呈现出“保东南亚争美欧”的态势。一方面，在较早进入的东南亚市场表现出色，老的游戏依然能够为游戏企业带来不错的收入，新的精品游戏又快速获得成功。本年度，自主研发游戏在韩国市场上开始呈现类似情况。另一方面，一些游戏企业利用脸书、谷歌等渠道在欧美市场取得新突破，如《COK 列王的纷争》就是典型的成功案例。

二、2015 年游戏产业发展情况

（一）政策红利不断释放，助推市场繁荣

我国《广告法》规范了游戏推广界限。2015 年 4 月颁布的新《广告法》对游戏推广做出了明确

规定，“在针对未成年人的大众传播媒介上不得发布药品、保健食品、医疗器械、化妆品、酒类、医疗、美容广告，以及不利于未成年人身心健康的网络游戏广告。”在广告的用词用语上，该法也进行了相应规范，包括利用互联网发布、发送广告，不得影响用户正常使用网络；在互联网页面以弹出等形式发布的广告，应当显著标明关闭标志，确保一键关闭等要求。新《广告法》明确了游戏广告、宣传推广的边界，对游戏产业健康发展有重要的推动作用。

简政放权促进游戏出版业发展。2015 年，“简政放权”促发展成为游戏出版行政监管的核心。国家新闻出版广电总局进一步强化属地管理，大幅度压缩游戏出版审批时限，实现客户端游戏、网页游戏出版审批平均一个月办结，移动游戏等出版审批平均时限则更短，这成为提升游戏出版效率的一个重要积极因素。国家新闻出版广电总局鼓励游戏自主研发，通过“中国民族网络游戏出版工程”、原动力中国原创动漫出版扶持计划，扶持了一批游戏项目，引导企业树立“产品为王”理念，带动产业提升自主研发能力，增强核心竞争力。同时，还进一步优化游戏出版产业环境，维护游戏企业合法权益，打击侵权、盗版活动；实施网络游戏防沉迷系统，保护未成年游戏消费者身心健康。

资本市场新规助推游戏资本市场繁荣。2015 年，资本市场的新规拓宽了游戏行业的资本运作通道，提升了游戏资本市场效率。首先，表现在围绕上市公司进行的并购与借壳，《上市公司重大资产重组管理办法》和《关于修改〈上市公司收购管理办法〉的决定》将相关审批权限下放，并为游戏企业的资本运作降低了门槛以及审核要求，直接促使今年围绕游戏企业的收并购加速。其次，相关规定也对游戏企业信息披露予以规范。深交所发布的“第 5 号创业板行业信息披露指引”对游戏企业披露信息做了专门的规定，涉及企业接近 20 家，影响了整个行业。游戏企业信息更加透明既有利于行业融资环境的健康发展，也能够为行业参与者尤其是创业者做出示范。

（二）契合国家战略，资本市场“先热后冷”

在产业结构调整的背景下，国家推出的“互联网 +”“大众创业、万众创新”等战略为游戏产业提供了良好的宏观发展环境。国务院总理李克强在《政府工作报告》中提到，“制定‘互联网 +’行动计划，推动移动互联网、云计算、大数据、物联网等与现代制造业结合”。在该战略的引导下，移动互联网、云计算、大数据、物联网等与现代制造业结合，推动了可穿戴智能设备、VR 设备、智能家居的发展。据统计，国内可穿戴智能设备种类已经达到数百种，这些设备将为新兴游戏类型发展提供硬件基础。游戏产业是“大众创业、万众创新”最积极主动的践行者，伴随着国家、各地相关优惠政策落地，游戏产业的生力军将更加充实。借助于“大众创业、万众创新”的战略背景，地方政府、投资企业通过孵化器等模式为创业企业的发展提供帮助。一些精品游戏诞生于这类企业，并催生了一批优质的研发型企业。

受产品研发成本高、回报快等因素影响，游戏产业一直是资本市场重点关注的领域。相应地，资本市场的变化也对游戏产业的发展产生了直接影响，这一特点在移动游戏时代更为明显。2015 年，中国资本市场呈现出“先热后冷”的特征。上半年，国内资本市场火热，包括游戏产业在内的大量互联网公司获得了融资，一些大型游戏企业则借助资本市场的力量进行收并购，实现资源的整合。据统计，2015 年移动游戏领域拟并购或完成并购的案例超过 20 起。此外，国内资本市场的火热也成为赴美上市游戏公司私有化的动因，但随着资本市场在下半年趋冷，一些中小企业开始面临融资不到位、再融资门槛高等问题，以致现金流紧张，不得不通过裁员等措施缓解压力，甚至出现倒闭的现象；大企业则暂缓实施扩张战略，下半年以游戏公司为主体的收并购案例大幅减少。

（三）社会认可度提升，文化交流拓展海外市场

随着游戏产业的快速发展，社会对游戏产业的认可度正在提升。这主要表现在，首先，游戏快速普及呈“全民化”。移动游戏在发展过程中吸引了不同年龄段的用户，在消费中，不同群体降低了对游戏的偏见，提升了游戏认知。其次，游戏及时满足了社会的文化需求。中共中央办公厅、国务院办公厅在年初印发的《关于加快构建现代公共文化服务体系的意见》中提出增强公共文化服务发展动力，鼓励和引导社会力量参与，加强文化创意产品研发，创新文化产品和服务内容。游戏作品为文化创意产品中的主要构成，在满足社会文化需求上发挥了特有的作用，得到了社会的认可。此外，游戏产业也为年轻人提供了多种多样的就业机会，还积极参与社会的公益事业，得到社会公众的积极评价。

“一带一路”国际文化交融推动游戏“走出去”。2015 年 2 月，习近平总书记提出，积极推进“一带一路”建设，与沿线各国共同打造政治互信、经济融合、文化包容的利益共同体、责任共同体和命运共同体，造福沿线国家人民，促进人类文明进步事业。这一战略的实施将有利于不同文化的交融，给游戏海外出口带来新的机遇。一方面，一些拥有中国文化内涵的精品游戏逐渐得到不同市场的认可，如《少年三国志》；另一方面，游戏企业在研发过程中有意识地将一些跨国家、跨地域的文化元素纳入游戏中，进而帮助产品开拓海外市场，如《太极熊猫》《COK 列王的纷争》。

（四）基础技术迭代加快，壮大发展空间

网络基础建设是网络游戏发展的前提，网络基础建设优劣将影响整个游戏产业的发展。2015 年，国务院办公厅先后下发《关于加快高速宽带网络建设推进网络提速降费的指导意见》《三网融合推广方案》等文件，提出建设高速畅通、覆盖城乡、质优价廉、服务便捷的宽带网络基础设施和服务体系，推动信息网络基础设施互联互通和资源共享，从而促进信息消费快速增长。这些政策措施为游戏产业发展提供了良好的网络支持，受益面集中于游戏用户覆盖、移动游戏市场、游戏体验、电子竞技等。

智能硬件快速发展为游戏产业创新提供了基础条件。国务院发布的《中国制造 2025》中提到，新一代信息技术与制造业深度融合，可穿戴智能产品、智能家电、智能汽车等智能终端产品不断拓展制造业新领域，而这对游戏未来的发展将产生直接影响。从移动游戏领域看，智能手机、平板电脑的普及以及迭代，与移动游戏规模持续、快速增长相辅相成；智能电视、智能盒子的快速普及，为电视游戏带来新的契机。此外，可穿戴智能设备、VR、现实加强设备等相关硬件的发展，为下一阶段游戏产业发展提供了新的方向。

（五）关联产业加速融合，打造产业生态

文创不同领域互动加速新媒体融合。2015 年，文化创意产业蓬勃发展，影视剧、小说、动漫表现出色，并涌现了一批“既叫好又叫座”的作品，如电影《西游记之大圣归来》、电视剧《琅琊榜》等。在版权保护越来越被重视的背景下，这些作品成功转化为 IP，为游戏产业提供了血液。游戏产业与其他文创领域互动增多，跨媒体整合加速，并通过联动的方式，探索出一条全新的、围绕娱乐产业进行的产业链。在这条产业链之上，任何一种类型的作品都能转化为其他类型的作品，从而发挥最大价值，如网络小说《花千骨》在包括游戏公司、视频网站在内的几家企业共同运作下，被改编为同名电视剧、同名的不同类型游戏，均成功赢得了市场。

网络直播赛事打造游戏电竞生态圈。2015 年被称作游戏视频直播元年，一系列游戏直播平台纷

纷涌现。作为游戏产业的一个衍生行业，游戏直播正与专业赛事、游戏俱乐部一起，以赛事为核心，游戏为基础，游戏直播衔接用户、赛事、产品，构建游戏电子竞技生态圈。电子竞技有助于深度挖掘游戏用户的价值，促进游戏的运营。2015 年，不仅传统的客户端游戏电子竞技更上一层楼，新兴的移动游戏也呈现出明显的竞技化趋势，出现一批以竞技为主打、以赛事为支撑的游戏，如《全民超神》《乱斗西游》等，基于移动游戏的相关赛事已经超过 10 种。

视听新媒体产业

一、2015 年视听新媒体产业总体情况

2015 年是中国视听新媒体产业承前启后、蓬勃发展的一年。在“重在建设和发展、管理、引导并重”方针的指导下，视听新媒体产业继续在快车道发展，正成为中国互联网行业生态最丰盈、活力最丰沛的重要领域。

（一）市场规模不断扩大，用户规模快速增长

近五年来，中国网络视频行业市场规模每年以超过 47% 的增幅快速增长，2015 年达到 368 亿元，同比增长 50% 以上。网络广告投放规模将首次突破 2000 亿元，其中在线视频市场广告规模增幅最快。截至 2015 年 6 月，网络视频用户超过 4.6 亿，占网民的近七成。网络视频成为仅次于网络音乐的第二大休闲娱乐类应用，也成为互联网流量贡献率最大的应用领域，占网络总流量的 70% 以上。

（二）移动端贡献率激增，成为行业新的增长点

2015 年，中国网民通过手机观看网络视频的比例达到 76.7%。2015 年，手机视频用户规模达 3.54 亿，接近网络视频用户总数的 80%，比 2014 年年底增长 13%，手机已经成为网络视频的第一终端。2015 年，中国移动视频广告市场规模预计可达 114.7 亿元人民币，比 2014 年的 46.9 亿元人民币增长 144.5%。视听服务收入中，移动端贡献率激增，移动音视频服务成为视听新媒体产业新的增长点。

（三）付费用户规模增长，会员市场日益成熟

2015 年，随着版权环境、网络支付环境特别是移动支付的改善以及网络视听节目的不断丰富、提升，用户前向付费的商业模式在中国正呈现越来越清晰、明朗的前景。2014 年至 2015 年年初，中国视频个人付费市场规模从 2.1 亿元成长到 5.9 亿元，年度同步增幅高达 178.1%。2015 年上半年，网络视听用户付费收入已超过 2014 年全年一倍。截至 2015 年 10 月，中国网络视频用户中 17% 的用户有过付费看网络视频的经历，比 2014 年增长了 5.3 个百分点，增长率为 45.3%。其中，包月模式的使用率较 2014 年上升 31.1%，成为付费用户最常用的付费模式。在推广视频付费的实践中，强 IP 网络视听作品和视频网站的多元营销策略成为增加付费用户的重要推手。腾讯视频和优酷土豆分别在《华胥引》《班淑传奇》《暗黑者 2》以及《海德、哲基尔与我》《天眼》等剧中进行付费试水。但与网络视频用户的基数相比，会员业务仍处于市场的培育期。

（四）内容生产不断创新，原创生产能力提升

2015 年，全网 PGC 节目产量达 15 000 集，有 800 家 PGC 制作公司与视频网站签约创作生产内容。其中，视频网站自制网络剧和网络综艺的专业化程度大幅提升，整体品质显著提高。几大视频网站全年整体自制内容投入达 20 亿元，占版权和自制总投入的 25%。网络自制剧方面，2015 全年共上线网络剧 355 部，高于同期卫视播出的电视剧 250 部。同时，网络自制剧的品质、理念、投资金额、制作班底和播出模式等都有显著提升或优化。传统影视制作公司、知名编剧、导演、演员逐渐加入网络自制剧的制作。2015 年，网站自制电视剧的点击量比 2014 年整体上涨了 61.8%，自制剧播放量从 2014 年的 152 亿次上升到 246 亿次。网络自制综艺方面，2015 年，网络自制综艺节目数量同比增加了 104%。节目类型方面，王牌版权综艺的网络衍生节目最受网络自制综艺青睐，如《我是歌手 3》的网络衍生节目《备战 T2 区》《奔跑吧兄弟 2》的网络衍生节目《剧透之跑男 2》等。原生类节目的影响力也与日俱增，如真人秀节目《我们 15 个》以 12.6 亿成为首档播放量破 10 亿的自制综艺节目。其他受欢迎的原生类网络自制综艺节目还包括娱乐播报类节目和脱口秀节目。

（五）政策引导更加明确，管理体系不断完善

2015 年，从中央到行政主管部门均审时度势地出台了多项政策措施，力度空前。中共中央、国务院关于推进媒体融合发展、构建现代公共文化服务体系、三网融合推广方案、促进信息消费扩大内需、实施宽带中国战略、国家大数据战略，实施“互联网 +”行动计划、开展网络提速降费行动、推动双效统一的指导意见等一系列重要政策措施，从政策环境、技术创新、经营思路、内容生产等多个领域对视听新媒体产业发展产生积极影响，提供发展思路与政策保障。净网行动、网络剧微电影管理、网上境外影视剧管理、打击非法电视网络接收设备违法犯罪专项活动等一系列规范网络视听节目传播秩序的管理创新，以及网络视听节目服务协会倡导的《中国网络视听节目服务自律公约》等行业自律机制，对营造一个公平有序、健康可持续发展的行业环境起到了重要的促进作用。2015 年 10 月，由国家新闻出版广电总局联合最高人民法院、最高人民检察院、公安部共同发布的 229 号文，从法律层面严厉打击非法电视网络接收设备违法犯罪活动，境外电视非法传播行为得到有效遏制，市场秩序明显改观。

二、2015 年视听新媒体产业发展情况

（一）行业生态日益丰盈，活力日趋丰沛

2015 年，中国视听新媒体呈现多元的行业生态，差异化发展模式逐渐明显。平台发展层面，几大视频网站有的构建长视频、PGC、UGC 网生内容综合平台；有的探索综艺节目差异化发展模式；有的上线个性化电影频道，为用户打造定制化的观影平台，形成多模式、差异化的发展格局。产业链层面，纵深垂直化发展也是视听新媒体机构构建多元生态的重要发展方向。如部分视频网站开始布局“赛事运营 + 内容平台 + 智能化 + 增值服务”的完整体育生态链，变革体育赛事和演出活动的播出模式，打通线上、线下会员服务，将传统演唱会带入“互联网 +”时代，建立真正的 O2O 演唱会模式。主要视听新媒体机构正在推动从单一的播出平台角色向制播多重角色的转变，实现线上内容与线下业务的衔接，并推动视听产业到泛娱乐产业的延伸。总体来看，视听新媒体行业正呈现日益丰盈的生态体系，表现出巨大的发展潜力。

（二）网络自制节目开始生态化运营，呈现“反哺”影视剧趋势

随着网络自制节目的专业化发展，品质不断提升的网生内容在视听产业发展中渐获主动权，并逐渐“反哺”传统影视行业。2015 年，“反向输出”到电视台的网络自制剧包括，《他来了，请闭眼》输出到东方卫视，《蜀山战纪之剑侠传奇》输出到安徽卫视。此外，网络自制节目的火热也逐渐改变了长期以来“网络剧由电视剧改编”的创作思路，出现了“逆向创作”，如由网剧《白衣校花与大长腿》改编的电视剧《戴流苏耳环的少女》在安徽卫视播出。网络自制综艺领域“反哺”趋势更加明显。2015 年，网络自制真人秀节目《我们 15 个》在东方卫视同步播出，自制综艺节目《歌手是谁》在北京卫视播出。此外，《爱上超模》《侣行 3》等节目也“反哺”电视台。其中，《侣行 3》成功输出海外，成为首个输出海外的自制真人秀节目。网络自制节目向电影市场的“反哺”，是 2015 年视听新媒体行业的一大黑马，代表作如由网剧改编而成的电影《煎饼侠》和《万万没想到》。其中，《煎饼侠》获得 11.59 亿元票房，《万万没想到》上映两天票房已过 2 亿元。

（三）商业模式创新多，付费与生态化布局成效显著

广告收入、二次版权销售和用户付费产生的增值服务收入是视听新媒体产业收入的主要组成部分。2015 年，视频行业广告收入增长率呈现逐年递减的趋势。与之相对，非广告部分收入（包括移动端增值服务业务、在线游戏收入业务、付费业务等）不断增长，呈现出较好的发展势头。

第一，影游互动共振，推动视听新媒体产业泛娱乐生态化布局。影游互动使玩家和观众的身份更易于发生转化。影游互动中的“影”负责把用户导进来，将这一链条中的粉丝数量和关注度成倍放大。影视互动中的“游”负责把用户激活，实现变现。而影游互动则是打通两个领域资源的新的商业方式。目前，把影视和自带吸粉特质的网生作品改造为手游、页游、端游等网络游戏产品的发展模式渐趋流行，成为很多强 IP 资源普遍采取的运作方式。2015 年，《花千骨》影游互动成为该模式的成功代表。从电视剧版《花千骨》在湖南卫视热播，到播放量达 15.44 亿的衍生网剧《花千骨 2015》，再到《花千骨》手游首月流水破 2 亿，页游月流水过 5000 万，一连串数据描绘了 IP 全方位开发中影视与游戏联合的巨大潜力。

第二，推动“视频 + 电商”模式，充分挖掘粉丝经济。2015 年，“电视 + 电商”“视频 + 电商”均是行业热词。在“视频 + 电商”模式中，前者带来可观流量，后者带来可观收益，二者的结合可以互补短板，充分利用优势资源，成为视听新媒体领域探索多元商业模式的突破口之一。2015 年，“视频 + 电商”的具体实践中既有合作模式，如京东联合爱奇艺在综艺节目《爱上超模》中推广情境营销，用情景化推动视频购物，也有视频网站自建商城，探索视频电商的商业闭环，通过 B2C 平台实现品牌、流量、收入的联动整合。2015 年，多家视频网站均在探索“视频 + 电商”模式，力图结合用户的观看体验和购物需求，实现流量与收入的对接与转换。

（四）资本并购动作大，跨界融合渐成潮流

2015 年，视听新媒体领域继续成为各方资本竞逐的热土，视频网站并购加剧，“台”“网”渠道壁垒日渐被打破，媒体边界进一步消融。

第一，广电企业“以我为主”，主动融合发展。2015 年，广电企业动作频频，主动布局视听新媒体领域。部分广电新媒体主体通过资本运作朝着全产业链、集团化方向发展。东方明珠与百视通两家上市公司合并后，业务范围涵盖影视制作、版权采购、电视购物、广告、文化娱乐、旅游地产、电商、硬件制造等诸多模块，拥有包括有线电视、地面电视、互联网电视、CMMB、电信运营商等在内

的全媒体平台，成为国内千亿元级新媒体集团。电广传媒投入37亿元完成对8家互联网企业的并购重组，横跨互联网游戏、旅游、广告、营销、图书出版等多个领域，产业链条进一步完善。一些广电企业在资本市场表现活跃，或收购认购，或参股被参股，或联合成立公司（基金），在节目制作、版权合作、智能终端、云计算、大数据等方面整合产业链上下游，发展移动客户端、移动网站等新媒体业务，以新技术引领媒体融合发展、驱动媒体转型升级。

第二，视频网站进一步整合，BAT向广电领域全面渗透。2015年，以阿里巴巴以45亿美元收购优酷土豆为标志，视频网站爱奇艺、优土和腾讯视频正式归属BAT，互联网巨头深度渗入视频服务业。同时，BAT加大与广电机构合作的深度与广度。BAT全年已与十余省的广电管理部门、有线网络公司、电视台等达成战略合作，合作范围涵盖内容制作、资本运作、技术支持、广告营销、电子商务、第三方支付、智慧城市、衍生品开发等多个领域，并且这一渗透还在不断扩大。此外，多家视频网站股权交易频繁。2015年度，仅乐视子公司的融资金额就达179亿元，主要集中在手机、汽车和互联网电视等硬件投融资方面。搜狐视频、响巢看看等网站开始与二、三线卫视抱团取暖、取长补短，共谋发展。

第三，投资并购热点集中，跨界融合不断深入。一是影业。2015年，成立影业公司不约而同地成为互联网企业的战略重点。腾讯视频成立了企鹅影业、腾讯影业，同时从视频端和网络端切入影视业务领域。百度成立电影业务部，专注垂直领域的电影票务以及参与影视投资。阿里影业并入淘宝电影和娱乐宝，与腾讯联手入股影视公司。一些旅游网站、游戏网站、弹幕影视网站等也独资或合资成立了影视传媒公司。二是体育内容。2015年，多家新媒体公司都斥巨资圈占不同领域的赛事版权，进而渗透到中游的播放平台，再到下游的产业链开发，从而覆盖电商、彩票、旅游、游戏、智能硬件以及未来的增值服务，打造垂直产业链，丰富“互联网+体育市场”的产业模式。三是智能硬件。多家视频网站以及广电机构联合传统企业推出互联网电视、互联网盒子、视频手机、智能路由器、平板电脑等产品，采用智能硬件绑定影音内容的做法，力图实现软硬件的无缝适配，进而掌握家庭电视互联网入口主动权，布局“平台+内容+终端+应用”全产业链业务体系。四是虚拟现实（VR）。2015年，爱奇艺、乐视、优土、暴风科技等视频网站纷纷在这一领域布局，投资VR产业链公司、发布VR计划、推出了VR产品、上线VR频道等，以吸引用户，在未来的竞争中占得先机。

广告产业

一、2015 年广告产业总体情况

2015 年，中国宏观经济发展放缓，政府布局“互联网 +”战略，实施创新驱动促进产业升级，在此背景下，我国广告产业发展放缓，总体规模小幅增长，结构调整成为年度发展主题词，在产业升级的进程中，互联网广告板块表现突出，区域发展呈现不均衡化态势。因应时代变迁，新广告法于 2015 年度正式出台，广告监督管理方式更全面。

（一）传统媒体广告收入下滑，互联网广告收入占比过半

2015 年，中国广告经营额攀升至 5973.41 亿元，增长率达 6.5%，实现稳步快速增长。传统媒体如报纸、电视、广播、杂志、传统户外五大媒体广告收入全线下滑，相较 2014 年，传统媒体广告下跌 7.2%，报纸广告继续断崖式下跌，跌幅达 35.4%，杂志广告下跌 19.85%。电视广告也首次出现负增长，跌幅达 4.6%。相反，互联网广告增长 22%，影院视频增长 63.8%，商务楼宇广告增长 17.1%。在 2015 年全年广告业 5000 多亿元的支出中，互联网广告支出超过 2000 亿元，占 2015 年所有广告支出的 48%。互联网广告的支出比例已接近中国整个广告业的半壁江山。随着数字技术的不断发展以及相关数字产品的不断普及，人们的生活方式真正开始数字化，微信、微博，微电影、网络支付、移动支付、电子商务等正在深刻地改变人们的消费行为，营销传播方式、方法、理念、平台皆随之发生巨大的改变，互联网广告和数字营销迎来快速发展期。

（二）互联网广告内部差异化发展，移动广告市场增速明显

受益于智能手机的普遍使用，移动广告的整体市场增速远远高于网络广告市场增速。2015 年，我国移动广告市场规模达到 901.3 亿元，同比增长高达 178.3%，发展势头强劲。2015 年，选择移动端进行互联网广告投放的广告主比例正在快速接近 PC 端投放的水平，大多数广告主表示倾向于在移动端广告上增大投入。

（三）碎片化阅读改变传播方式，封闭式空间广告成新蓝海

2015 年，广告已经从关注媒体转向关注用户本身，如何准确解读用户、如何在用户的碎片时间无孔不入地传播变得至关重要。商务楼宇、电梯、影院等场所由于空间相对狭小，干扰度较低，受众对广告的接受被动性较强。报告显示，2015 年商务楼宇广告和影院媒体广告花费分别比 2014 年增加

17.1% 和 63.8%。分众传媒的商务楼宇视频通过物业的客观数据及与百度合作“百度云”，精准定位消费者出入地点与搜索喜好，在手机端通过“分众专享 + 微信公众号”做出品牌及商品信息的推送，使消费者不仅能看到广告，还能产生在手机端的互动和交易。因此，封闭式空间广告能够帮助广告主更加精准地“找到人”，从而被众多广告企业所青睐。

（四）创新、创业吸收就业成为行业发展新亮点

创新是广告业的第一要素，也是广告业发展的关键。中国广告协会发布的《2015 年中国广告市场报告》显示，2015 年，中国大陆地区广告经营单位为 671 893 家，新增 128 203 家，增幅为 23.58%；创造新的就业岗位 354 603 人，增幅达 13%。全国广告从业人员首次突破 300 万，达到 307.25 万人。与此同时，创意人员重新成为行业的主流人员，全行业创意设计人员总数达到 65.86 万人，年增幅高达 15.7%，超过了管理人员、业务人员等，成为当年增幅最高的类别。与创意人员涨势互为验证的是，在设计、制作、代理、发布四大门类中，以创意为基础的设计与制作两项收入增长都达到了两位数，分别为 11.75% 与 12.72%，成为行业的突出增长点。

（五）广告新法监管收紧，政策推动产业升级和转型

2015 年，国家相关行政部门推出了各项措施来推动广告产业的升级和转型。一方面，工商行政总局和财政部开展中央财政支持广告业发展试点工作，确定了 32 个广告产业试点园区，并给予各园区连续 3 年享受中央财政每年不低于 3000 万元配套资金的扶持，通过产业的聚集提升广告业的质量，建立完整的广告产业链。32 个试点园区各有特色，立足于各自的区位优势，对中国整体广告产业的发展和进步起到了积极的作用。另一方面，相关部门加大了对广告监管的力度，新修订的广告法于 2015 年 9 月正式开始执行，对广告违法行为的处罚更加严厉，成为广告市场的重要影响因素。

新《广告法》的核心是打击虚假广告，特别是对电视广告代言、户外地产广告、广播医药广告、纸媒软文广告、贬低竞争品牌广告等实行严格监控。报纸、广播等较为依赖医药、房地产、中介和医疗器械广告的媒体，是新《广告法》重点监管的对象。新《广告法》指明，法规中的各项规定适用于利用互联网所从事的广告活动。新《广告法》实施后，有望改善一直以来存在的在互联网上发布虚假、违法广告成本较低的问题，互联网将不再是这些广告的“世外桃源”。2015 年 9 月 1 日，新法生效实施，对部分媒体的广告营收形成一定限制，但在广告市场秩序治理方面效果明显。调查结果表明，电视、广播媒体中发布的违法广告时长，由 2015 年前三季度的 36.9% 降到了 9 月底的 1.8%。

二、2015 年广告产业发展情况

（一）团队式广告经营模式实现多方共赢

2015 年，一些广播电台进一步优化广告经营模式，采用“团队式”广告经营模式，实现多方共赢。例如北京人民广播电台的“节目团队经营模式”。该模式将现有媒体资源与线下活动相融合，平衡节目质量与广告创收之间的需求，成立了“品牌型签约团队”和“创收型签约团队”：前者更加重视节目内容所产生的社会价值和影响力；后者的目标则是参考市场化运作的经营管理模式，依照客户诉求制作节目内容，实现节目团队经营新模式下受众、广告主、电台多赢的局面。还有一些电台则尝试了相似的经营模式，成立节目工作室，如以主持人名字命名的吉林电台青雪工作室、黑龙江电台叶文工作室等，以节目内容命名的安徽电台金色田园工作室、908 媚力旅游工作室等。同时，广东等电台开始探索广播购物经营模式和影视营销模型的建立，以此降低对广告营收的依赖。

（二）借力新《广告法》提升广告传播效率

在新形势下，各大电台针对新《广告法》纷纷转型：使用过去被医药广告蚕食的大块时间办节目吸引品牌广告，以此提升单位广告资源含金量，实现广告效果最大化，建立长期品牌效应。专题广告减少后，广播媒体的广告环境得以净化，从而获得了金融、互联网、汽车等优质行业的广告投放。以上海东方广播为例，2015 年全年共减少 91% 的专题广告，直接经济损失 4500 万元，约占总收入的 6%。但在 2015 年上半年，上海电台品牌广告量同比上涨了 6% 左右。新《广告法》还间接提升了广告资源的价值。在转型的过程中，上海电台 FM105.7、FM103.7、FM89.9、FM97.7 的专题广告大幅缩减，他们抓住广告主投放的最后时机，将剩余 9% 的专题广告资源进行限量销售，促进广告创收，可谓“塞翁失马，焉知非福”。一些电台更是转变思路，将以往医药专题广告的模式套用在其他高卷入度行业中，吸引其他行业广告主投放专题广告，以此纾解新政压力。深圳电台便将医药专题广告模式用于房地产、汽车、教育等行业。

（三）受众结构优化激活广告增长点

针对听众结构变化，广播电台纷纷在频率设置、节目内容、广告营销等方面进行改革。广州人民广播电台通过网络电台、官方微博、微信等渠道，结合“广州新音乐十大金曲排行榜”等线下活动，增强与年轻听众的互动。上海广播电台则通过“FM+ 阿基米德 App+ 线下活动”三位一体的整合营销方案全方位接触年轻受众。截至 2015 年 7 月 15 日，上海广播动感 101、第一财经 FM97.7 签订的全年广告订单超过了 2014 年全年的广告播出量，创造了“广播 + 移动”的广告典范。听众结构向高知及高收入人群的转型也影响到了行业投放，金融及互联网类广告已经成为广播媒体广告营收的增长点。CTR 对 2015 年前三季度我国广告市场的调研显示，广播广告刊例花费前五名行业中，金融业广告花费同比增长了 3.3 个百分点，是前五名中唯一实现正增长的行业。邮电通信行业中，网站在广播广告上的刊例花费同比增长 85.6%，是该行业中增幅最大的广告主品类。

（四）借力移动互联网丰富广告营销模式

目前广播与移动互联网融合的方式主要有两种：一是建设自有应用软件（App），如上海电台的阿基米德 FM、北京电台的听听 FM 等；二是借助已有网络电台进行业务拓展，以中央电台为例，2015 年 9 月央广节目在蜻蜓 FM 上点击收听 1.4 亿次，是第二名的四倍。在移动互联网环境下，电台对其他新媒体形式的合理使用同样丰富了广播广告的经营模式。以微信应用为例，北京电台的“北京电台广告经营中心”公众号定期推送产品、活动、数据等内容，并利用“我的券”功能将电台签约客户的产品优惠折扣直接发放给用户，实现点对点传播；文艺广播《吃喝玩乐大搜索》和音乐广播《早安音乐秀》利用微信“摇一摇”功能，将广播和微信两种媒体强强联合，在听众收听节目的同时，使用微信发布互动抽奖活动。活动上线首日，二者公众号中分别展现广告 1.4210 万次及 1.3766 万次。

（五）融合多方资源提升广告传播效果

2015 年，广告产业开始融合多方资源，打破以往硬广和植入的惯性思维，以消费者行为为研究对象，在数字化时代的背景下开启精准的整合营销。在这一过程中，广告形式由传统的广播广告向集广播广告资源、广播节目资源、互联网广告资源、微博微信资源、线下活动资源于一体的整合营销广告产品转变，在活化广告市场的同时，也满足了身处巨变市场中的广告主对多样化广告形式不断增长的需求。例如北京电台利用北京城市广播周播节目《周末财商汇》、北京电台旗下的《新广播报》和

《音乐周刊》、北京广播网和北京广播广告网以及北京电台广告经营中心微博和微信，建立了立体化的广告营销模式。中央电台提出的“甲方数据营销”“关键词营销”“规模媒体的精准营销”等也是广播广告营销模式创新的典型代表，通过内容、平台、人群的高度融合来优化广告传播效果。

（六）资产并购提升市场规模和市场占有率

与此同时，中国广告业也开始进入自己的并购时代。这是因为，第一，基于移动互联网的需求，移动广告散发着巨大市场的诱惑。随着移动互联网的发展，移动广告市场的份额、作用将越来越大。第二，互联网广告推广模式急需转型的需要，广告精准化的需求也越来越大。越来越多的广告公司借助资本的力量进行市场重组，市场规模和市场占有率不断地呈现爆发式增长，如2015年，华谊嘉信以5.87亿元收购好耶集团数字整合营销业务；阿里巴巴集团以“现金3亿美元+资源”的方式控股易传媒，与其分享所有品牌客户和基础数据；蓝色光标收购多盟和亿动，在资源体系、服务体系、客户体系及技术平台上实现战略共享；长城影视以8.4亿元收购东方龙辉、诸暨长城国际影视和微距传媒三家广告公司，借助其自身优质的内容实力向广告行业布局等。

艺术品产业

一、2015年艺术品产业总体情况

2015年，中国艺术品产业在保持着较大市场规模的同时，整体发展增速相较2014年放缓。作为艺术品市场最重要组成部分的画廊和艺术品博览会发展较为活跃。其中，画廊市场进一步规范化。例如，北京画廊协会率先发布了《画廊行业经营规范》和《画廊从业人员行为规范》，对行业发展进行引导与推动。随着中国当代艺术品市场的调整，画廊业也将经营重点转向中国当代水墨和青年艺术家作品。此外，中国画廊参加国外艺术博览会的数量持续增加，促进了中国艺术品产业的国际化发展。

（一）艺术品博览会竞争加剧

2015年，中国艺术品博览会竞争更为激烈，类型更加丰富，各地主办方针对不同的收藏群体开设了设计品博览会、摄影博览会、古董博览会等专题型博览会，利用区域优势开设各具特色的城市艺术博览会和酒店艺术博览会，这些新兴的艺术品博览会不仅拓宽了艺术品博览会的经营范围，也有效对接了特定收藏群体的收藏需求，推动了中国艺术品博览会的升级换代。与此同时，艺术品博览会的交易额也呈现出增长趋势。

（二）艺术品拍卖市场处于调整期

2015年，中国艺术品拍卖市场主要数据同比均出现下降。其中，成交额同比下降16%，反映出中国艺术品拍卖市场发展仍然处在调整期。尽管拍卖市场中的高端艺术品仍有多件拍品价格突破亿元大关，但收藏者对中低端拍品的需求并不旺盛，导致艺术品价格整体出现下降。从区域发展情况来看，北京和香港仍是中国艺术品拍卖交易最为活跃的两个城市。与此同时，中国画廊市场和艺术品博览会市场的良好增长势头有效抵消了拍卖市场交易额的下滑。随着中国艺术品消费市场的不断完善，艺术品市场的丰富度持续提升，买方市场逐渐形成了消费、投资、收藏的多元化、多层级发展模式。

（三）艺术品市场购买力整体提升

2015年，中国艺术品市场购买力整体水平继续增长。一方面，美术馆公共收藏品数量继续增长，企业收藏逐渐成为共识。另一方面，私人艺术品收藏方兴未艾，高净值财富人群和中产阶级家庭正成为艺术品消费的主力军。同时，艺术品产业与互联网的融合不断加深，画廊、拍卖公司和艺术品博览会等纷纷利用互联网平台加强品牌宣传，扩大自身影响力，开拓新市场。艺术与金融的融合也带动了如艺术品保险、艺术品鉴定评估行业的发展，使中国的艺术品行业链条逐步完善。

二、2015 年艺术品产业发展情况

（一）画廊业

1. 画廊规模与区域经济发展水平成正比

截至 2013 年 3 月，大陆地区画廊总数为 3366 家，总的分布趋势为东部多于中西部，且主要集中在一线城市或文化产业发展较为迅速的地区，画廊业规模大体与经济发展水平成正比。其中，画廊数量超过 100 家的省市共有 8 个（见图 1）：北京市（631 家）、山东省（545 家）、广东省（518 家）、上海市（218 家）、天津市（153 家）、福建省（127 家）、安徽省（124 家）、江苏省（107 家）。从区域内分布情况来看，省会城市、省内经济较发达的城市一般集中了本省的重要大型画廊。其他一些地区的画廊业虽然尚不成熟，但地方特色较为明显，如海南省的画廊业与在当地占重要地位的旅游业关系密切。

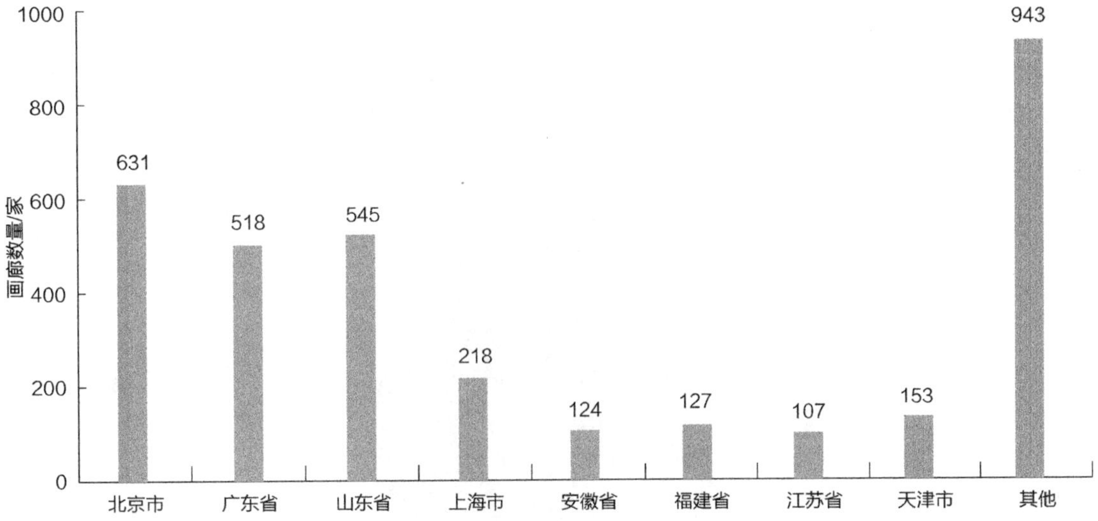

图 1　中国各省市画廊数量分布情况

2. 经营转向青年艺术与当代水墨作品

2015 年，画廊业的经营重点开始转向青年艺术，经营品类由以油画及当代艺术作品为主转变为以当代水墨作品为主。2010 年起，中央美术学院美术馆、今日美术馆等美术馆开始举办青年艺术家作品的评选、评奖和展览活动。对于青年艺术家作品的关注也延伸到了画廊市场。例如“青年艺术 100”活动，该活动每年评选出 100 位青年艺术家，并在国内各重要城市举行作品展览与销售。截至 2015 年年底，其在 2015 年共计销售了 1000 件青年艺术家的作品，平均价格 3 万元。青年艺术家作品正促使中国当代艺术市场形成新的增长点。

（二）艺术品拍卖业

伴随着中国宏观经济发展的降速，2015 年的中国艺术品市场也处于结构性的调整时期。

1. 市场延续调整态势

据艺术市场研究中心的数据统计，2015 年国内艺术品拍卖市场共计有 484 140 件拍品上拍、成交 208 644 件、成交率为 43%、总成交额 532.95 亿元，与 2014 年相比，各项数据均有所下降（见表 1）。

一方面，明显减少的上拍量充分反映出拍卖公司目前面临着拍品征集困难的问题，其本质是握有拍品的卖家（委托方）对市场短期行情缺乏信心。同时，拍卖公司也主动减少了上拍量，希望通过“缩量”来提高上拍品质量，从而增强拍品对买家的吸引力。由于卖家的谨慎心态和拍卖公司策略的调整，2015 年中国艺术品拍卖市场的供给明显减少。

表 1　2015 年中国艺术品拍卖市场成交数据

类别	上拍量 / 件	成交量 / 件	成交金额 / 万元
中国书画	236 584	102 109	2 430 772.68
瓷器杂项	233 636	97 981	2 343 408.46
西画雕塑	13 920	8 554	555 357.82
总计	484 140	208 644	5 329 538.96

从艺术品市场的三大细分市场来看，书画、瓷器杂项、油画及当代艺术的成交额分别占整体市场的份额的 46%、44% 和 10%。书画一贯是拍卖市场的核心板块，但在 2015 年，书画领域市场规模下降趋势最为明显，书画市场份额同比有 8% 的下降，而瓷器杂项同比则有 8% 的增长，油画和当代艺术所占整体市场的份额与 2014 年持平（见图 2）。

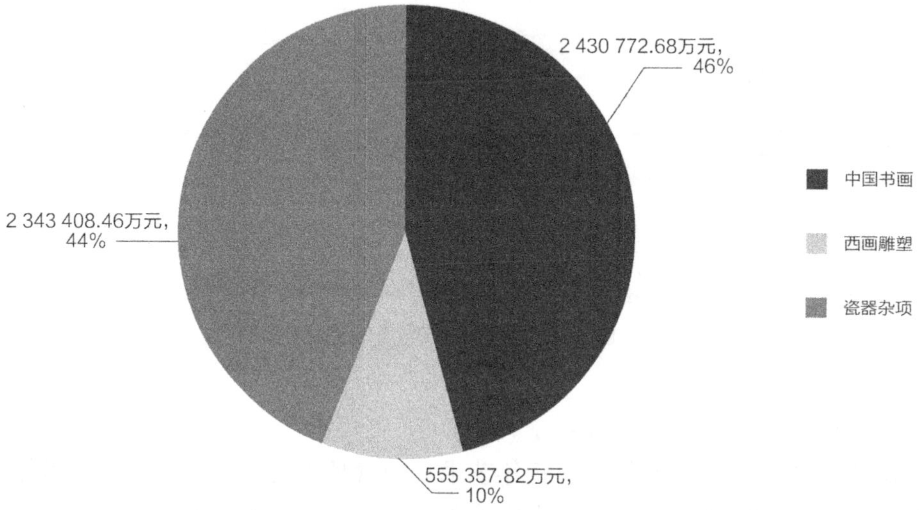

图 2　2015 年中国艺术品拍卖市场成交额比例

2. 拍卖公司两极分化

随着拍卖市场发展速度的放缓，拍卖公司呈现出两极分化的发展特点。2015 年，中国有 406 家艺术品拍卖公司，举办了 817 场艺术品拍卖会，拍卖场次 2762 场。相较于 2014 年，公司数量减少 30 家，拍卖场数减少 69 场，拍卖场次减少 683 场。同时，拍卖公司呈现出两极分化的发展趋势。大型拍卖公司的成交额依然比较可观，2015 年成交额排名前十位的艺术品拍卖公司总成交额为 296.11 亿元，占全国艺术品拍卖公司年度成交额的 56%，而其他 396 家拍卖公司的成交额则占 44%（见表 2）。市场拍品资源尤其是精品主要流向大型拍卖公司，而中小型拍卖公司则面临严峻的经营压力。

表2　2015年中国艺术品拍卖公司成交额排名前十位

排名	公司名称	拍卖场次 / 场	专场数量 / 场	成交总额 / 元
1	北京保利国际拍卖有限公司	8	143	6 415 272 290
2	佳士得香港有限公司	5	37	4 836 246 694
3	中国嘉德国际拍卖有限公司	8	131	4 466 758 015
4	香港苏富比有限公司	3	37	4 399 251 954
5	北京匡时国际拍卖有限公司	4	51	2 202 211 775
6	西泠印社拍卖有限公司	5	74	2 045 720 140
7	保利香港拍卖有限公司	5	28	1 680 919 061
8	北京翰海拍卖有限公司	7	62	1 577 690 520
9	上海嘉禾拍卖有限公司	3	34	1 020 082 775
10	广州华艺国际拍卖有限公司	3	25	966 849 495

3. 精品成交价格保持较高水平

2015年，中国艺术品拍卖市场中的精品继续受到藏家的追捧，高端拍品需求远大于供给，成交价格普遍较高。其中，成交价格最高的拍品是近现代书画名家潘天寿的《鹰石山花图》，在中国嘉德2015年春季拍卖会上以2.79亿元人民币的高价成交，创出了潘天寿个人作品拍卖价格的新纪录。此外，在1亿至2亿元之间成交的拍品有11件，是2014年的近2倍；在5000万元至1亿元之间成交的拍品则有42件（见表3）。

表3　2015年艺术家作品成交额前十名

排名	艺术家	上拍量 / 件	成交量 / 件	成交额 / 万元
1	张大千	2 460	951	155 556.16
2	齐白石	1 905	706	140 301.48
3	李可染	691	245	92 118.97
4	崔如琢	167	127	78 496.62
5	潘天寿	432	135	77 207.31
6	吴冠中	415	194	74 108.35
7	傅抱石	739	171	70 075.25
8	徐悲鸿	1 014	231	63 892.01
9	黄胄	1 669	526	57 292.39
10	赵无极	173	125	56 811.5

4. 北京、香港双中心引领市场

2015年，国内艺术品拍卖成交额中，北京和香港两个市场占据了大部分的市场份额，成为推动艺术品市场发展的两个重要区域。北京市场成交额为194.52亿元，占总数的37%；香港市场则为

182.11 亿元，占总数的 34%。此外，上海、澳门、浙江、广东、江苏的成交额分别占总数的 6%、5%、4%、4% 和 3%。值得注意的是，香港市场的成交额同比增长了 25%。在整体市场低迷的情况下，作为亚洲乃至全球艺术品交易中心的香港市场保持快速的增长态势，充分显示了香港市场的活力。

（三）艺术品博览会

2015 年，中国艺术博览会进入了新的发展阶段：艺术博览会数量持续增加，类型趋于多元，同时在大城市的基础上快速向二、三线城市扩展。这一发展趋势既促进了博览会举办地画廊业的发展水平，也更好契合了中国蓬勃兴起的艺术品消费需求。

1. 类型多元

从全国范围来看，艺术品博览会仍集中在经济较为发达的东部地区。其中，以北京、上海为首的一线城市是艺博会举办的重镇。作为沿海开放的经济城市，在上海举办的博览会具有种类多、科技含量高、创新性强等特点；而北京拥有更为浓厚的文化气息，所以多数传统类型博览会（如艺博会）选择在这里举办。

以往中国的艺术品博览会主要有纯艺术品博览会、古董收藏品博览会、文化创意产业博览会三种，且普遍规模较大。2013 年起，上海陆续成立了上海廿一当代艺术博览会、西岸艺术与设计博览会、PhotoShanghai 等多个博览会，香港在 2013 年也开办了香港巴塞尔当代艺术博览会。这些博览会充分尝试了差异化的经营模式，树立了自身特色。例如，西岸艺术与设计博览会在艺术博览会中同时呈现艺术与设计内容，充分吸引对这两类艺术品感兴趣的观众，拓展了艺术博览会的概念外延。上海廿一当代艺术博览会由一群“80 后”的年轻收藏家出资举办，参展画廊主要经营当代艺术，并且追求艺术与时尚、传媒的结合。香港巴塞尔当代艺术博览会以其选择参展画廊的高标准、参展画廊的高品质，已经成为亚洲区最具影响力的当代艺术博览会，该博览会的展览和交易的重点也在当代艺术。

2. 二、三线城市成为新兴市场

2013 年起，艺术博览会开始逐渐向二、三线城市拓展。例如，南昌开办艺术南昌艺术博览会，厦门开办艺术厦门艺术博览会，深圳开办艺术深圳艺术博览会，澳门开办艺术澳门博览会，宁波举办宁波艺术城市博览会，三亚开办三亚艺术季等。一方面，这标志着中国开始进入艺术消费的新阶段，人们对于艺术品和设计品的消费需求不断提升，艺术品逐渐成为很多人日常家庭消费的一项重要支出。另一方面，中国的艺术品市场具有较强的地域性，以纯艺术为主的艺术博览会逐步走向多元化发展，这些博览会纷纷结合各地独特的文化艺术资源，有针对性地满足当地收藏家的需求，同时通过加强博览会与城市居民间的互动推动艺术博览会上升成为重要的文化事件。

3. 市场交易活跃

2015 年，中国艺术博览会的交易行为普遍较为活跃。根据艺术市场研究中心（AMRC）的数据统计，2015 艺术北京当代艺术博览会的参观人数突破 8 万人次，仅门票收入就达到 100 多万元，98% 的参展画廊商都实现了成功交易，成交作品的平均价格是 10 万至 20 万元，其中有 10 家画廊的展品全部售出。此外，第六届中国文玩博览会在四天展期内共吸引 6 万余人到场参观，成交额达到 5400 万元；2015 年“艺术厦门”活动的观众有 5 万人次，参展画廊和机构有 200 家，80% 的参展机构都实现了成交，销售作品 1000 多件，总成交额 2000 万元。

4. 对青年艺术的关注持续提升

2015 年，中国艺术品博览会对青年艺术家的关注持续升温。例如，“青年艺术 100”作为参展机构参与了 2015 艺术北京博览会。10 月 5—7 日，“青年艺术 100”在北京举行了“2015 年青年艺术 100 启动展暨五周年庆”，该展览获得了广泛的社会关注，作品销售状况良好，同时为青年艺术家提供了交流展示的宝贵平台。2015 年上海艺术博览会也在举办期间推出了青年艺术家作品推荐展。

5. 艺术与生活结合度提升

艺术与生活的高度结合成为艺术品博览会的重要特点。上海城市艺术博览会（AArt）是上海第一家国际酒店型艺术博览会，展会始终聚焦于生活艺术消费与收藏，挖掘时尚、有创意且具有家居装饰性的当代艺术作品。其结合酒店的特有风格，打造了一个艺术品的展览与交易平台，展现出艺术品与生活空间的高度融合。此外，2015 第十九届上海艺术博览会喊出了“家居渴望艺术”的主题宣传口号，力图将上海艺博会这个艺术品交易平台与百姓以及市场需求结合起来，将艺术品消费和市民生活中极为亲近的家居环境塑造联系起来，给活动增添更多的大众色彩，让更多家庭意识到艺术在家居中发挥的重要作用，由此关注并参与艺术品消费。

（四）艺术品金融产业

2015 年，中国艺术品信托和艺术品基金市场延续了相对平稳的发展态势。在艺术品产业整体处于调整巩固阶段的背景下，全国文化产权交易市场进入清理整顿的新时期。早在 2011 年，针对市场交易中存在的部分挂牌艺术品缺乏权威鉴定机构鉴定真伪、份额价格被一路炒高以致难以退市、交易规则朝令夕改等问题，国务院发布了《关于清理整顿各类交易场所切实防范金融风险的决定》和《关于贯彻落实国务院决定加强文化产权交易和艺术品交易管理的意见》。2015 年 6 月底，中国证监会清整联办正式发布了《关于开展各类交易场所现场检查的通知》，各地开展了新一轮的文化产权交易场所清理整顿活动。

以北京为例，北京市清理整顿各类文交所并通过部际联席会议检查验收后，予以保留的交易所总数为 36 家，其中，部际联席会议予以备案的交易所 6 家，占比 17%；按照新设交易场所程序通过审批予以保留的交易所 13 家，占比 36%，其他各类交易所 17 家，占比 47%。此外，由北京市人民政府批准成立的北京文化产权交易中心在北京市东城区挂牌，标志着首都文化体制改革迈出了重要一步。随着各地文化产权交易体系的日趋完善，其作为产权交易的桥梁和纽带，逐渐在拓宽文化产业投融资渠道、促进文化产业和生产要素合理流动、推进无形资产评估与知识产权保护等方面发挥出重要作用。

此外，2015 年中国文化产权交易市场持续深入研究要素市场平台发挥作用的方式和途径，如北京与天津、河北两地共同做实“京津冀产权市场发展联盟”，推动建设京津冀三地统一的要素市场平台，探索在产业调整、企业并购、投资融资、技术交易等方面发挥平台功能，深度服务京津冀三地协同发展。同时，文化艺术品交易市场在风险处置环节取得新进展，各地积极依托电子商务平台完善新的交易模式，进一步打造优质高效的综合性服务平台。

1. 风险处置取得新进展

风险处置能力是考验文化艺术品交易市场是否成熟的重要一环。以北京市为例，2015 年北京市文化艺术品交易所等在停止发行新的份额化产品、停止已发产品份额化交易的同时，通过回购投资者持有文化艺术品份额的方式妥善化解风险，并及时修改交易规则，调整交易机制，不再开展份额化交易，使大宗商品中远期交易场所从事标准化合约集中交易的违规行为得到了有效遏制。各地文化艺术品交易所在清理整顿过程中，将严重违法涉嫌犯罪的移交公安机关调查处理，禁止上市交易新合约，对已上市标准化合约到期完成交收，同时对交易规则进行修改，大宗商品中远期交易有序回归现货市场。

2. 打造综合服务平台

2015 年，全国各地文交所充分发挥自身优势，结合“互联网 +”发展趋势，积极依托电商打造综合服务平台，持续完善“文交所＋电商”的交易模式。文交所的全新交易模式通过电子交易平台进行风格竞价，艺术品价格的年度或月度涨跌幅上限可控，从而有效避免了艺术品份额化交易的恶意炒作，一经推出就深受投资者青睐。同时，艺术品鉴定环节也得到了进一步的完善。2015 年 3 月，南方文交所与中国检验检疫学会就《国家艺术品质量溯源系统》签署战略合作协议。该体系以科技鉴定为基础，以经验鉴定为借鉴，以标准计量为依据，以认证认可为手段，以检验检测为依托，以信息化为平台，与国际通行规则相衔接，不仅推动了艺术品鉴证体系的启动，为南方文交所旗下的“文化商品线上交易系统”保驾护航，也推动中国艺术品市场开始走向“质量时代”。

文化会展产业

一、2015年文化会展产业总体情况

2015年是中国“十二五”规划的收官之年。受世界经济疲软和复苏乏力的影响，全球会展产业进入低速发展阶段，欧美会展产业发展低迷，亚洲会展产业发展出现分化趋势。中国经济发展尽管面临下行压力、增速减缓的困境，但境内会展产业逆势上扬，继续保持较高增速，对国民经济发展贡献增大。2015年，随着《国务院关于进一步促进展览业改革发展的若干意见》（国发〔2015〕15号）等文件的颁布实施，顺应国内经济发展转型升级需要，中国会展产业呈现出一些新的趋势和特点。

（一）经营收入大幅提升，就业拉动效应显著

2015年，全国共有160个城市举办了展览活动，展览数量达9283场，比2014年的8009场增长15.9%；展览面积达11 798万平方米，比2014年的10 276万平方米增长14.8%。按可比口径计算，2015年境内展览数量和展出面积增速均超过2014年（见图1）。

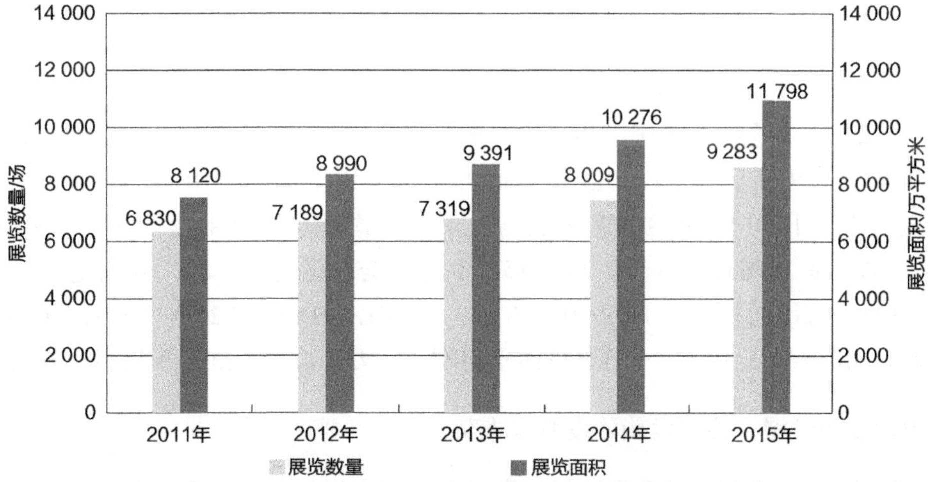

图1　2011—2015年全国展览数量及面积对比

按可比口径测算，2015年，全国展会经济直接产值可达4803.1亿元人民币，比2014年的4183.5亿元人民币增长14.8%；会展产业增加值增速高于当年国内生产总值（GDP）增速6.9%，也高于服务业增加值8.3%的增速；会展产业增加值在全国GDP（676 708亿元）中的占比为0.71%，高于2014

年的 0.66%；在服务业（341 567 亿元）中的占比为 1.41%，略高于 2014 年的 1.36%。会展产业直接产值在国民经济中的比重增加，经济贡献率提升。

根据商务部典型企业抽样调查，2015 年，全国办展面积和经营收入均有较大幅度提升。与 2014 年相比，展览场馆接、办展览会面积增长了 15.1%，经营收入增长 22.8%；展览公司组织展览面积增长 12.6%，经营收入增长 21.7%，企业经济效益向好。根据典型企业调查数据，与 2014 年相比，抽样调查企业中场馆吸纳就业人数略有减少，展览公司吸纳就业人数基本持平。据统计推算，2015 年，会展产业经营单位达到 3.73 万家，比 2014 年增长 6.9%，直接从业人员 96 万人次，同比增长 9.6%，新增会展企业增多吸纳就业人数增加。据此测算，2015 年会展产业带动全国就业总人数可达 3184 万人次，社会就业拉动效应依然较为显著。

（二）大型展会数量增多，单体展览规模提升

根据 2011 年开始纳入统计的 83 个城市数据显示，2015 年，这 83 个城市展览数量和展览面积较 2011 年均有显著增加，展览总数从 2011 年的 7333 场增加到 8157 场，增幅为 11.2%；展览总面积从 2011 年的 8173 万平方米增加到 10 846 万平方米，增幅为 32.7%（见图 2）。

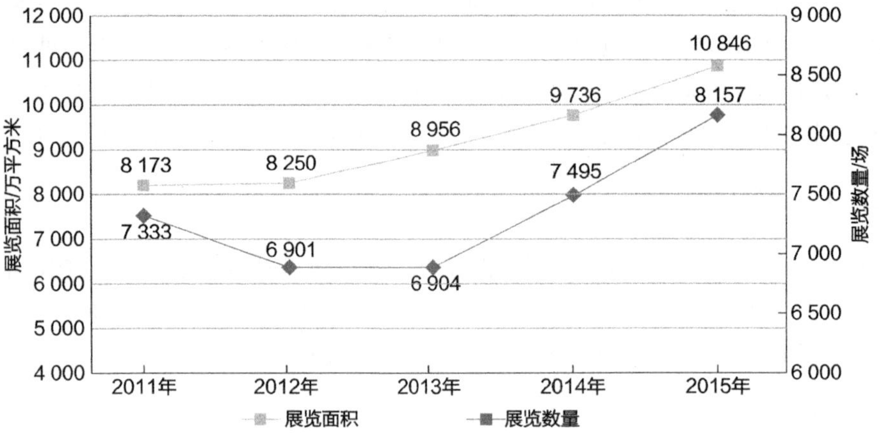

图 2　2011—2015 年全国展览数量及面积对比

据统计，全国最大展会——中国广州进出口商品交易会规模再创新高，从 2014 年的 116 万平方米增加到 2015 年的 118 万平方米；2015 年，30 万平方米以上的展会由 2014 年的 1 场增长为 4 场；10 万平方米以上展会由 2014 年的 108 场增长为 124 场，增幅达到 14.8%。此外，近年来上海展会数量连续减少，但展出面积却逐年提升。2015 年，上海展会数量为 749 场，分别比 2013 年和 2014 年减少 49 场和 20 场；展出面积为 1511.55 万平方米，分别比 2013 年和 2014 年增加 311.55 万平方米和 232.55 万平方米。2015 年，上海单一展览总体平均超过 2 万平方米，展会规模经济效益明显。

（三）场馆建设再升温，会展设施建设方兴未艾

2015 年，中国已建、在建和待建展览场馆数量和面积大幅上升，这里既有统计城市范围扩大的因素，更有一些重大会展设施建成投入使用的影响。根据调查统计，2015 年，被调研城市（含 595 个省市及县级市）室内面积达 1210.19 万平方米，其中已建展馆 286 个，展馆总面积 892.89 万平方米；在建展馆 22 个，面积 239.1 万平方米：待建展馆 6 个，面积 78.2 万平方米。2011 年到 2015 年，中国可使用的展览面积增加了 29%。无论是从增长速度还是从可利用展出面积来看，中国已经成为名副其实的

展览场馆建设大国。据国际展览业协会（UF1）统计，2015 年全球室内展览面积达到 20 万平方米以上的场馆共有 17 个（中国与德国并列第一），其中 4 个在中国（上海 2 个、广州 1 个、重庆 1 个）。

2015 年，一些超大型会展设施建成并投入使用。上海国家会展中心建成并正式投入运营，该中心号称中国博览会会展综合体，由商务部和上海市政府合作共建，由上海博览会有限责任公司负责投资建设并运营，总建筑面积 147 万平方米，地上建筑面积 127 万平方米。综合体可展览面积 50 万平方米，包括40万平方米的室内展厅和10万平方米的室外展场。昆明滇池国际会展中心同样顺利建成，其位于昆明市官渡区福保半岛滇池之滨，纵贯南北2600米，横跨东西1000米，集展会、酒店、商业、休闲于一体，占地面积 540 万平方米，一期展馆及配套建筑面积约 117 万平方米，室内展厅 23 个，可提供 30 万平方米室内展览面积、10 万平方米室外展览面积、10 万平方米会议、宴会、洽谈及相关服务设施，地下固定停车位 8000 个。此外，西安、成都、长沙等一些城市也在规划、建设大型会展设施。

（四）出展项目与面积回落，自主出境办展提升

根据中国贸促会《中国展览经济发展报告 2015》统计，2015 年，全国出展共完成了 62 个国家的 1385 个项目，国别减少 4.8%，数量同比减少 4.3%；出展净面积 63.9 万平方米，同比降低 9.6%；参展企业 4.6 万家，同比减少 3.7%（见表 1）。

表 1　2009—2015 年出展统计表

年度	项目数 / 场	年增长率 /%	出展净面积 / 万平方米	年增长率 /%	参展企业数 / 家	年增长率 /%
2009	1 183	7.3	42.64	16.5	30 185	4.7
2010	1 316	11.2	51.75	21.4	36 007	19.3
2011	1 375	4.5	60.50	17.0	40 190	12.0
2012	1 528	11.1	69.73	15.3	47 376	17.9
2013	1 391	−9.0	61.80	−11.4	47 494	0.2
2014	1 447	4.0	70.70	14.4	47 787	4.0
2015	1 385	−4.3	63.90	−9.6	46 000	−3.7

根据中国会展经济研究会统计，2015 年中国境外自主办展总数量为 63 场，办展面积达 32.2 万平方米。与 2014 年相比，办展数量减少 21 场，降幅为 25%；展出面积增加 5.4 万平方米，增幅达 20%；办展单位数相对于 2014 年减少 13 家，降幅达 36%（见图 3）。

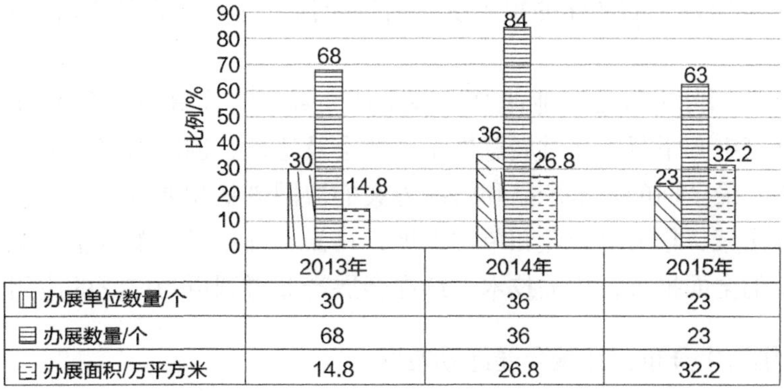

图 3　2013—2015 年境外办展总体情况

二、2015 年文化会展产业发展情况

（一）国家出台政策措施，全面部署行业改革

2015 年，国家和地方先后出台了一系列针对会展产业的政策措施，促进会展产业健康高质量发展。在中央层面，国务院出台的《关于进一步促进展览业改革发展的若干意见》（国务院 15 号文件）肯定了中国展览业发展的功能作用，要求更好发挥会展产业在“稳增长，促改革，调结构，惠民生”中的作用，“明确展览业经济、社会、文化、生态功能定位”。国务院 15 号文件对中国展览业的改革、发展进行了全面的规划和部署，指明了“坚持专业化、国际化、品牌化、信息化方向，倡导低碳、环保、绿色理念，培育壮大市场主体，加快展览业转型升级，努力推动中国从展览业大国向展览业强国发展，更好地服务于国民经济和社会发展全局”的工作目标，明确了展览业管理协调体制和工作机制，提出了展览产业布局和产业链打造的具体要求。经国务院批准，商务部牵头建立了促进展览业改革发展部际联席会议，统筹协调和深入推进促进展览业改革发展的各项任务。在地方层面，浙江、福建、黑龙江、吉林、江苏、湖北、山西、河北、云南、四川、重庆、陕西、新疆等地陆续制定出台了一系列落实国务院文件精神、进一步促进地方会展产业改革发展的意见或实施办法，有效地推动了政策的落地。

（二）技术创新赋能产业发展，开拓行业新模式

随着互联网技术的快速发展与“互联网 +”思维的提出，中国会展产业被注入了新的发展活力，会展产业迈上了成长的新平台。AR 技术、HTML5、人脸识别、大数据等技术创新为会展产业提供了更多的想象空间和更加多元的会展题材，提高和创新了会展产业的策划和运营思维模式，增加了会展服务手段和技巧，提升了会展服务水平和效率，拓展了会展服务内容和范畴。

如由文化部、国家新闻出版广电总局和北京市人民政府联合主办的第十届中国北京国际文化创意产业博览会于 2015 年 10 月底在北京成功召开。作为第十届北京文博会的重要创意活动之一，2015 中国 3D 技术与创意博览会采用“专业研讨 + 展览体验”的形式，关注和展示 3D 技术在城市规划、展览展示、舞台应用、电影电视、虚拟现实、全息影像等多方面的应用，发布了 3D 技术与电影、地产、城市规划、旅游主题公园等方向的最新发展和成果，探索 3D 技术的可持续发展之路。本届 3D 博览会的亮点活动之一“中国电影工业化技术交流会”以本土电影视效技术服务商为主体，以视效技术链及技术制片标准为主诉求，集合数十家各具不同特色的技术公司；展示亮点涵盖动态预览、VR 虚拟拍摄、CG 与视效全流程管理、DIT 流程管理、实体特效、特种拍摄（航拍、水下）、MOCO、高精度面部表情捕捉、全球领先的动作捕捉系统、后期全流程管理、音频全流程管理、3D 及后期等多个领域。

此外，第一届贵阳国际大数据产业博览会暨全球大数据时代贵阳峰会于 2015 年 5 月 26 日至 29 日在贵阳国际会议展览中心举行，通过展览展示、峰会及论坛、创新大赛三大板块，搭建全球大数据领域最高端、最前沿、最全面的技术产品和解决方案的协同创新和展示洽谈平台。数博会期间，阿里巴巴、微软谷歌、富士康、华为等企业和单位参展，马云、马化腾等著名企业家到会发表演讲。随着大数据、互联网技术的全面推进，相关技术陆续在会展产业得到更为广泛的应用。

（三）会展城市集约化分布，县域会展蓬勃发展

根据中国会展经济研究会统计，2015 年全国共有 160 个城市办有展会，其中办展数量超过 100

场的城市 22 个，占统计城市总数的 13.8%，比 2014 年增加 4.8%；展会活动 50 场以下的城市 114 个，占统计城市总数的 71.3%，比 2014 年下降 3.8%；与之相对应额，展出面积超过 100 万平方米的城市 29 个，占统计城市总数的 18.1%，比 2014 年增长 1%，展出面积 8890.26 万平方米，占比达到 75.4%。可以发现，中国会展产业的城市分布较为广泛，但多数城市展会活动场次较少，规模较小；展览活跃城市展览活动多，展出面积大，展览集约化现象较为明显。

与 2014 年相比，2015 年会展产业集约化程度有所提升。办展面积超过 100 万平方米的 29 个城市展出面积占比增长 2.3%。展会面积超过 100 万平方米的城市有上海、广州、重庆、北京、天津、东莞、成都、沈阳、武汉、青岛、深圳、杭州、西安、郑州、南京、淄博、哈尔滨、厦门、合肥、济南、长春、宁波、潍坊、贵阳、长沙、大连、南昌、苏州、福州。其中，淄博市的展出面积增长速度较快，由 2014 年的 47.5 万平方米增加到 2015 年的 217 万平方米，增幅高达 356.8%；潍坊市也由 45.3 万平方米增加到 137.8 万平方米，增幅达到 204.3%。

从区域分布情况来看，2015 年中国会展产业东部地区占据主导地位，中西部地区增速加快、份额提升。统计数据表明，在 2015 年展出面积超过平均增长速度的 16 个省份中，东部沿海地区、中部地区和西部地区分别有 7 个、2 个、7 个；按增速排序，天津、贵州、四川、山西、内蒙古、河南位居前六位，增幅均超过 30%。此外，云南的增幅为 27%，陕西为 22.7%，宁夏为 17.8%，新疆为 16.7%，中西部会展产业的发展势头良好，增速加快，比重持续提升。

2015 年，全国县域会展产业取得系统性突破，依托人文、经济、产业特色，因地制宜打造县域会展活动，已经成为县域会展经济发展的重要特征。东北地区许多城市已经开始把发展县域会展产业作为吸引外部资源、振兴老工业基地的重要手段；珠三角、长三角地区的一些城市积极推进县域会展产业发展，助力提升当地经济，增强特色产业综合竞争力。根据调查统计涉及的县级城市，2015 年，有 20 个县级城市办有展会项目，共办展 261 场，总展出面积达到 303.95 万平方米（见表 2）。例如，义乌市、昆山市等通过举办高层次、综合性展会项目提升了城市综合竞争力；余姚市的塑博会，海宁市的皮革展，温岭的泵与电机展、工量刃具展，永康市的五金展、门业展等均通过举办与本地块状经济、特色产业相结合的展览项目，对本地特色产业的发展带来重要的提升作用。

表 2　2015 年全国县级会展城市项目一览表

序号	城市	2015 年办展数量 / 场	2015 年办展面积 / 万平方米	办展数量占比 /%	办展面积占比 /%	平均办展面积 / 万平方米
1	昆山市	56	71.20	0.60	0.62	1.27
2	义乌市	32	68.46	0.34	0.59	2.14
3	永康市	29	46.17	0.31	0.40	1.59
4	余姚市	18	28.65	0.19	0.25	1.59
5	常熟市	44	18.85	0.47	0.16	0.43
6	温岭市	14	15.07	0.15	0.13	1.08
7	慈溪市	19	14.80	0.20	0.13	0.78
8	海宁市	19	12.25	0.20	0.11	0.64
9	宁海市	9	6.42	0.10	0.06	0.71
10	绥芬河市	1	6.00	0.01	0.05	6.00

续表

序号	城市	2015 年办展数量 / 场	2015 年办展面积 / 万平方米	办展数量占比 /%	办展面积占比 /%	平均办展面积 / 万平方米
11	梅河口市	3	4.00	0.03	0.03	1.33
12	喀什	1	3.60	0.01	0.03	3.60
13	辛集市	2	2.00	0.02	0.02	1.00
14	满洲里	1	2.00	0.01	0.02	2.00
15	长白山池	2	1.48	0.02	0.01	0.74
16	吉安市	1	1.00	0.01	0.01	1.00
17	延吉县	2	0.80	0.02	0.01	0.40
18	公主岭市	1	0.50	0.01	0.01	0.50
19	珲春市	3	0.45	0.03	0.00	0.15
20	图们市	4	0.25	0.04	0.00	0.06

（四）交易实效更加显著，交易平台愈发完善

近年来，中国会展产业市场化程度不断提高，资源整合力度持续增加。一方面，海外招商力度加大。以 2015 年第十一届深圳文博会为例，本次文博会参展商总数达 2286 家，比 2014 年的 2263 家增加 23 家，参展商数量再创新高；其中，海外参展国家达 40 个，比 2014 年的 22 个增加 18 个；报名参会的海外采购商达 18 542 名，覆盖全球 97 个国家和地区；海外展区面积占全馆面积 20% 以上。通过代理招商、点对点招商、直通车引入、以展带商等方式，第十一届深圳文博会吸引了来自俄罗斯、日本等 40 个国家的 84 个机构参展；采购商则来自英国、法国、俄罗斯等 97 个国家和地区，其中港澳台地区占 32%，东南亚占 28%，欧美占 31%。

另一方面，丰富的配套活动内容使得交易实效更加显著。2015 年深圳文博会通过举办项目推介会、艺术品拍卖会、系列签约洽谈等活动和服务，积累了相当丰富的市场资源和专业口碑，形成了多元化、市场化的交易格局。同时，通过持续打造网上文博会平台，进一步完善了“文化 + 电商”模式：丰富中国文博会官网及中国文化产业网的内容；加强中国文博会官网的产品展示交易功能；加强文博会官网与文博会数据库的结合，为参会者提供“一站式”的信息服务。

（五）文化旅游与文化会展融合发展

文化旅游、文化会展都是活动经济的重要组成部分，随着文化旅游的快速发展，也直接推动了文化会展业的发展。2014 年 9 月，国务院公布了《关于同意建立国务院旅游工作部际联席会议制度的批复》，由旅游局等 28 个部门组成国务院旅游工作部际联席会议制度，全面推动大旅游业的全面、深入发展。

以“中国洛阳牡丹文化节”为例，其原为河南洛阳当地的节庆活动“洛阳牡丹花会”，此前，牡丹花会已经结合“五一”黄金周，逐步形成了洛阳市独特的“旅游黄金周”。2010 年 11 月，该活动经国务院、文化部正式批准升格为国家级节会，更名为“中国洛阳牡丹文化节”，2013 年第 31 届带来旅游收入 112.2 亿元，2014 年第 32 届带来旅游收入 152.93 亿元，2015 年的第 33 届带来旅游收入 178.45 亿元，保持着快速增长的良好势头。随着花卉市场化运作持续深入，花会显示出国际化影响

力，2015 年第 33 届中国洛阳牡丹文化节赏花启动暨《富贵双联国花牡丹》邮票发行仪式、第七届“王城之春”牡丹插花花艺展、2014 中国（洛阳）赏石文化艺术展、第 32 届中国洛阳牡丹文化节洛阳牡丹灯会、第十届“牡丹花开幸福来”万人公益交友会、第 25 届河洛文化民俗庙会等 23 项专项活动的举办更是延长了牡丹花会的产业链，进一步放大了系列会展活动的文化、经济、社会效益。

（六）综合性会展服务企业建设陆续起步

近年来，随着中国文化会展产业的快速发展，会展服务企业建设取得了一系列成绩，积累了重要的经验。2015 年，国内会展服务企业陆续开始迈入建设综合性服务企业的新阶段，助力文化会展产业的提质升级。例如，北辰会展集团于 2015 年 12 月 23 日正式成立。其凭借深厚的积累和专业化运营，将涉及会展业的资产和业务重新组合，同时新设立了多家专注于创新业务的公司，共同组成了北辰会展集团会展航母。北辰会展集团将陆续整合北辰集团内外部相关资源，发展北辰会展产业，提升行业地位，推动文化会展产业的持续发展。

文化旅游产业

一、2015 年文化旅游产业总体情况

2015 年，我国文化旅游业实现平稳较快发展。国内旅游市场持续高速增长，入境旅游市场企稳回升，出境旅游市场增速放缓。

（一）旅游人次和消费稳步增加

2015 年，全国国内旅游人数 40.0 亿人次，比上年增长 10.5%。其中，城镇居民 28.1 亿人次，农村居民 11.9 亿人次。全国国内旅游收入 34 195.1 亿元人民币，比上年增长 13.0%。其中，城镇居民旅游消费 27 610.9 亿元，农村居民旅游消费 6584.2 亿元。全国国内旅游出游人均花费 857.0 元。其中，城镇居民国内旅游出游人均花费 985.5 元，农村居民国内旅游出游人均花费 554.2 元。在春节、国庆两个长假中，全国共接待国内游客 7.9 亿人次，实现旅游收入 5661.3 亿元。据世界旅游业理事会（WTTC）测算，中国旅游产业对 GDP 综合贡献率为 10.1%，超过教育、银行、汽车产业。据国家旅游数据中心测算，中国旅游就业人数占总就业人数的 10.2%。

（二）出境和入境旅游蓬勃发展

2015 年，中国国内旅游、出境旅游人次和国内旅游消费、境外旅游消费均列世界第一。入境旅游人数 13 382.0 万人次，比上年同期增长 4.1%。其中，外国人 2598.5 万人次，下降 1.4%；香港同胞 7944.8 万人次，增长 4.4%；澳门同胞 2288.8 万人次，增长 10.9%；台湾同胞 549.9 万人次，增长 2.5%。入境过夜游客人数 5688.6 万人次，比上年同期增长 2.3%。其中，外国人 2028.6 万人次，下降 2.5%；香港同胞 2709.0 万人次，增长 4.7%，澳门同胞 466.6 万人次，增长 10.9%，台湾同胞 484.4 万人次，增长 2.5%。国际旅游收入 1136.5 亿美元，比上年同期增长 7.8%。加强与国外合作也成为旅游业发展的“东风”。2015 年，日本 3000 人旅游交流团访华，凸显了旅游在增进民间交往、促进民众感情交流、服务国家整体外交中的独特作用。在韩国，不论是“黄金周”还是小长假，许多门店里都有“中国买家”的身影。2015 年，在“中国旅游年”框架下，中韩双向旅游交流规模突破 1000 万人次。

2015 年，我国公民出境旅游人数达到 1.17 亿人次，比上年同期增长 9.0%。经旅行社组织出境旅游的总人数为 4643.5 万人次，增长 18.6%，其中，组织出国游 3231.48 万人次，增长 30.5%；组织港澳游 1013.92 万人次，下降 4.3%；组织台湾游 398.10 万人次，增长 5.1%。出境旅游花费 1045 亿美元，比上年增长 16.6%。

（三）旅行社规模和经营快速增长

截至2015年年末，全国纳入统计范围的旅行社共有27 621家，比上年年末增长3.6%。其中，江苏、山东、浙江3个省份旅行社数量超过2000家，数量最多的江苏为2160家，数量最少的宁夏为111家。2015年，全国旅行社资产总额为1343.0亿元，比上年增长2.5%；其中，负债898.02亿元，同比增长5.89%；所有者权益426.93亿元，同比减少4.03%。全国旅行社直接从业人员334 030人，同比减少2.13%。

2015年，全国旅行社营业收入4189.01亿元，同比增长3.96%；营业成本3901.77亿元，同比增长2.08%；营业利润18.60亿元，同比减少29.41%；利润总额21.88亿元，同比减少34.14%；营业税金及附加16.12亿元，同比减少2.89%；所得税8.58亿元，同比增长13.49%；旅游业务营业收入3747.77亿元，同比增长10.29%；旅游业务利润198.79亿元，同比增长16.72%。组接方面，2015年，全国旅行社共招待入境游客1416.3万人次、6023.3万人天，分别比上年增长0.4%，下降2.3%；经旅行社接待的入境游客为1978.8万人次、6534.4万人天，分别比上年下降1.2%，下降4.7%。2015年，全国旅行社共组织国内过夜游客13 676.1万人次、43 596.3万人天，分别比上年增长4.3%和4.9%；经旅行社接待的国内过夜游客为15 335.5万人次、37 872.4万人天，分别比上年增长6.1%，增长8.3%。

（四）在线旅游和乡村旅游成为新蓝海

2015年，中国在线旅游市场交易规模达5402.9亿元，同比增长47.2%，在线渗透率达13.1%。在线旅游市场的高速发展主要受在线机票、在线酒店及在线度假等细分市场的利好发展所驱动。其中在线度假成最具发展潜力的细分市场，在线渗透率也在逐年提升。根据劲旅咨询—劲旅智库监测数据显示，2015年中国旅行社市场总交易额约为3652.9亿元，较2014年的3285.1亿元同比增长11.2%，其中在线市场规模达735.5亿元，同比增长71.4%，在线渗透率为20.1%，较2014年13.1%增长约7个百分点，在线渗透率持续扩大。随着旅游个性化需求增加，定制旅游的份额也在在线度假市场上不断上升，成为旅游市场争抢的蛋糕。随着旅游的热度不断攀升，用户选择旅行的方式也越来越多元化，定制旅游经过近两年的市场培育，用户对定制旅游的认识也在逐渐加深。

2015年，休闲农业和乡村旅游已进入快速发展期。面对旺盛的市场需求、较好的发展基础和国家政策的鼓励，休闲农业和乡村旅游迎来了难得的发展机遇。2015年，全国休闲农业和乡村旅游接待游客超过22亿人次，营业收入超过4400亿元，从业人员790万人，其中农民从业人员630万人，带动550万户农民受益。但作为新型产业形态和消费业态，产业在快速发展过程中的发展方式还比较粗放，存在着思想准备不足、基础设施滞后、服务质量有待提高等问题。

二、2015年文化旅游产业发展情况

（一）“一带一路”推进文旅外交，冬奥会加速区域协同

2015年3月28日，国家发展改革委、外交部、商务部联合发布了《推动共建丝绸之路经济带和21世纪海上丝绸之路的愿景与行动》（以下简称《愿景与行动》）。《愿景与行动》的出台加快了“一带一路”旅游资源的整合，促使“一带一路”沿线旅游景区的知名度进一步提高，同时对加强旅游产品创新也有积极作用。国家旅游局将2015年确定为“丝绸之路旅游年”，丝路文化旅游受到各地方政府的高度重视，随着“一带一路”相关合作政策不断推向深入，沿线国家在旅游方面进行了一系列

的合作，中国之于“一带一路”国家旅游经济发展的基石地位不断凸显，“一带一路”倡议成为我国旅游业发展的新引擎，“文化旅游外交”成为 2015 年的热词。“一带一路”沿线国家赴中国旅游游客为 902 万人次，保持稳定增长。中国出境到“一带一路”沿线国家的游客人次由 2013 年的 1549 万人次增长到 2015 年的 2071 万人次。

2015 年 7 月 31 日，北京战胜竞争对手阿拉木图，获得 2022 年冬季奥运会主办权，北京也就此成为历史上第一座既举办夏季奥运会又举办冬季奥运会的城市。在京津冀协同发展战略进入实质性推进阶段的背景下，北京与张家口此次联合承办冬奥会，被视为推动区域协同发展、实现一体化的“催化剂”。

（二）国家公园体制试点探索，旅游管理机制不断创新

十八届三中全会提出建立国家公园的制度，十三个部委联合发布启动公园体制试点工作，进而确定了 9 个国家公园体制试点省市。国家公园体制的探索意义就在于保持特定区域的完整生态系统，发挥自然功能和生态野生功能，为国民提供亲近自然、感受自然生态和精神文化内涵的环境，向世界展示我国的生态文明建设成果。国家公园体制的试点探索将为旅游资源的统一管理、科学管理、共同管理提供创新思路。

2015 年，旅游管理机制不断创新。一是厕所革命提升服务，旅游文明标本兼治。2015 年，作为中国旅游“515 战略”的重要举措，“厕所革命”成为我国城乡公共服务领域一场声势浩大的旅游基础工程、文明工程及民生工程。从 2015 年起，全国 3 年要新建、改建厕所 5.7 万座。与此同时，5 月 4 日，国家旅游局公布首批游客不文明行为记录名单，建立“游客不文明行为记录”机制，从制度入手，强化对游客不文明行为的监管，倡导文明出行。二是旅游景区摘牌警示，提升品质需成常态。2015 年，5A 级景区打破了终身制。10 月，河北省秦皇岛市山海关景区被取消 5A 级旅游景区资质，6 家 5A 级景区被严重警告，4 家景区被取消 4A 级景区资质，由此改变了 5A 级旅游景区只进不出的状况。

（三）“旅游 +”行动计划出台，锻造文化旅游大产业

2015 年，为了充分发挥旅游业的综合拉动、融合作用，为相关产业和领域发展提供旅游平台，“旅游 +”行动计划出台。以旅游业的发展推进新型城镇化、新型工业化、网络信息化、农业现代化和发展生态化，不断催生新产品、新业态，拓展旅游产品面，拉长旅游产业链，形成现代旅游产业集群，培育经济发展新动能。一是乡村旅游成为文化旅游业的“蓝海”。2015 年 8 月，国家旅游局与国务院扶贫办共同提出，要充分发挥乡村旅游在扶贫开发中的战略作用，到 2020 年，通过发展乡村旅游带动全国 17%（约 1200 万）贫困人口脱贫。2015 年全国乡村旅游实际完成投资 2612 亿元，同比增长 60%。投资内容从单一产品建设向乡村度假酒店、历史文化村落、养生休闲山庄、旅游风情小镇等多类型、多业态乡村度假产品拓展。二是文化旅游和金融“联姻”。“首付出发”“出境保”“小驴分期”“拿去花”成为文化旅游和金融结合而成的新事物。国家旅游局已与国家开发银行等 6 家金融机构签订战略合作协议，未来 5 年，金融机构将为旅游业提供 1.6 万亿元的信用额度，为旅游产业发展提供强大的金融支持。途牛旅游网 8 月上线了国内首款以保证金为主题的消费金融产品“出境保”，将旅游权益与金融权益深度结合。三是文化旅游业与中医药结合有效推进传统医药与健康旅游融合发展。2015 年，国家旅游局和国家中医药管理局联合下发《关于促进中医药健康旅游发展的指导意见》，优化健康旅游政策环境，培育健康旅游消费市场。

（四）文化旅游投资多元发展，新业态投资实现高速增长

2015 年，全国旅游业完成投资 10 072 亿元，同比增长 42%，比第三产业和全社会固定资产投资增速分别高 32 个百分点，较房地产投资增速高 41 个百分点。全国 10 亿元以上的在建旅游项目有 2057 个，完成投资 6305 亿元，占全部投资的 62.6%；投资额 50 亿元以上的在建旅游项目有 404 个，完成投资 2763 亿元，占全部投资的 27.4%；投资额 100 亿元以上的旅游项目有 185 个，完成投资 1597 亿元，占全部投资的 15.9%。

一是民间投资快速增长，多元化投资格局保持不变。2015 年，全国旅游投资依然延续了民营资本为主、政府投资和国有企业投资为辅的多元化投资格局。民营企业投资旅游业 5779 亿元，占全部投资的 57.4%，投资热点从传统制造业、房地产业向现代旅游业转变。政府投资和国有企业投资分别为 1856 亿元和 1592 亿元，占全部投资的比例分别为 18.4% 和 15.8%，政府和国有企业依然是旅游投资的重要主体；外商投资和其他企业投资分别占全部投资的 1.9% 和 5.2%，同比增长分别为 14.2% 和 17.3%，投资增速相对放缓。同时，不同投资主体的投资偏好也有差异。民营资本的投资重点在经济发达的东部地区，主要投资大型综合类休闲度假产品；政府和国有企业对西部地区旅游投入的比重相对较高，投资集中在旅游基础设施、公共服务设施以及大型综合类休闲度假项目；外商投资更青睐东部地区，有 66% 的资金投入东部省份。

二是景区类投资占比最大，新业态投资实现高速增长。2015 年，旅游景区项目投资继续增加，完成投资 6046 亿元，占全部投资的 60%，比重最大。旅游基础设施类投资 936.9 亿元，占全部投资的 9.3%，较 2014 年增加 291.4 亿元，仅次于旅游景区投资。旅游演出项目完成投资 261.1 亿元，占全部投资的 2.6%，所占比重比 2014 年增长了 160%。旅游饭店投资占比继续缩小，所占全部投资比重从 2014 年的 10.5% 下降到 2015 年的 5.9%。从业态分布看，资金流向主要集中在休闲度假、文化旅游、生态旅游等产品建设。2015 年度甲类产品投资占全部业态的比重为 18.9%，文化旅游产品为 15.3%，生态旅游产品为 12.7%。新业态投资快速增长，邮轮游艇和森林旅游增幅最大，较 2014 年同期分别增长 142.7% 和 103.6%。乡村旅游、工业旅游、海洋旅游、低空旅游、体育旅游等业态增长迅速，增幅均超过 50%。

三是大型非旅集团加速进军旅游业，跨行业投资态势明显。在经济下行压力加大，社会投资增速放缓的背景下，旅游业日益成为经济发展的新亮点和社会投资的新热点。大型非旅集团纷纷介入旅游业发展，2015 年，BAT（百度、阿里巴巴、腾讯）投资旅游业累计超过 160 亿元。BAT 通过投资用车、OTA、旅游信息、旅游社区、餐饮等多个领域，加速抢占流量入口，完善其旅游产业链条，分享旅游发展红利。万达集团与四川、广西、辽宁、重庆、河南、云南等省份签署战略合作协议。京东 5 亿美元投资途牛旅游网，加速在 OTA、酒店和邮轮等领域的布局。此外还有永强集团以 4.38 亿元战略投资航空旅游分销平台 51BOOK，腾邦国际以 8.8 亿元收购喜游国旅，南山集团以 8400 万澳元收购悉尼铂尔曼酒店。大型非旅集团着眼于线上流量入口和线下资源整合，通过投资、并购相关企业完善自身产业链条，打造消费闭环，拓宽盈利空间。

四是旅游企业加速资源整合，并购重组和走出去步伐加快。旅游集团加速整合，通过投资并购做大做强。锦江集团 83 亿元战略投资铂涛酒店集团，成为国内第一大酒店集团。首旅集团 110 亿元收购如家酒店集团，一跃成为国内第二大酒店集团。宋城演艺 26 亿元并购六间房，实现线上、线下旅游演艺资源整合。同时，国内旅游企业也将投资目标指向境外，加快走出去步伐，在全球范围内进行产业布局。海航集团以 4.5 亿美元投资巴西蓝色航空，成为蓝色航空单一最大股东，继续扩大其在航空领域的优势。港中旅以 4 亿英镑收购英国布莱顿酒店集团，锦江集团以 13 亿欧元收购卢浮酒店集团，加速向全球化企业转型。

第二部分

地方概况

北京市

一、2015 年文化产业发展总体情况

（一）产业规模持续扩大，人才队伍日益增长

2015 年，北京市文化创意产业实现增加值 3179.3 亿元，占地区生产总值比重达到 13.8%，比上年提高 0.6 个百分点，按照国家文化及相关产业统计标准，2015 年北京文化及相关产业增加值占地区生产总值比重 8.5%，在全国占比最高。

2015 年，全市文化创意产业收入合计 15 877.8 亿元，同比增长 13.6%；资产总计 31 893.9 亿元，同比增长 20.6%；从业人员 202.3 万人，同比增长 5.6%。其中，规模以上文化创意产业收入合计 13 451.3 亿元，同比增长 14.0%；资产总计 20 140.2 亿元，同比增长 20.6%；从业人员 122.3 万人，同比增长 6.2%。

（二）文化供给不断扩大，文化消费活力增强

2015 年，北京市先后两次进行《2015 年度北京市文化精品工程重点项目》征集评审工作，共有涵盖六大门类的 57 个项目入选。举办“舞动北京”“艺韵北京”等首都市民系列文化活动，充分激发广大市民参与文化、享受文化、创造文化的生机与活力，成为众多文艺精品的展示舞台。其中新闻出版领域，2015 年共出版图书 12 630 种，《战争启示录》等 6 部图书入选纪念抗战胜利 70 周年重点图书，《北平抗战实录》等 109 种主题出版物、《红色家书》等 36 种电子出版物入选国家新闻出版广电总局推荐目录。

为了进一步扩大首都文化消费，增强文化消费市场活力，北京市从需求侧出发，坚持“文化、消费、惠民”三位一体，一方面加大政策支持力度，修订完善《北京市惠民低价票演出补贴项目管理办法》，将低价票补贴工作列入市政府为民办实事项目。海淀区作为文化部、财政部联合开展的“2015 年拉动城乡居民文化消费东部试点项目”启动，通过线上线下方式，搭建文化消费信息集成服务平台，延伸首都文化消费渠道。另一方面，持续举办北京惠民文化消费季，助推文化消费方式创新。2015 年 8 月至 11 月，第三届北京惠民文化消费季举办期间，累计消费人次 4857.41 万人，较上届增长 28.8%；消费金额 112.1 亿元，较上届增长 10.1%。为适应“互联网 +”的时代趋势，消费季期间连续三个月在网上推出文化消费促销活动，京东等 19 家电商平台参与消费季活动，网上消费人次达 4145.2 万人，消费金额 55.67 亿元，占消费总额的 49.7%。消费季期间还注重通过“文化 + 科技”激发市场新活力，将虚拟现实、4D 影像等新技术深度融入消费者文化体验之中。此外，专门设立“京

津冀一体化”内容，通过门票优惠、联合展演等方式进一步强化了京津冀地区文化消费的跨区域联动。2015 年，全市居民人均文化和娱乐消费支出 2592 元，同比增长 11.1%，高于总消费支出增速 2.4 个百分点。

（三）资本市场表现活跃，固定资产投资稳中有升

2015 年，北京文化创意产业在资本市场表现活跃，多项数据指标远超其他地区，在全国处于领先地位。北京新增上市文化创意企业 6 家，总数达到 62 家，上市企业融资规模达 518.26 亿元；上市企业主要分布在文化信息传输服务、文化创意和设计服务以及广播电视电影服务行业。2015 年，北京新三板挂牌文化创意企业有 99 家，占全国新三板上市文化企业总量的 27.27%，占比最高。2015 年，北京文化创意产业股权融资规模 501.56 亿元，同比增长 50.3%，股权融资涉及的资金规模和案例数量均居全国首位，“互联网 + 文化”是股权融资热点。北京文化创意产业并购规模达到 869.34 亿元，同比增长 125.2%，并购案例数量由 2014 年的 55 起增至 66 起。北京万达文化产业集团在 2015 年先后收购澳大利亚第二大电影院线运营商 Hoyts、世茂股份旗下 18 家连锁影院，在文化创意产业并购浪潮中表现独树一帜。

2015 年，北京文化创意产业固定资产投资共计完成投资 353 亿元，同比增长 9.2%，完成全年 320 亿元投资计划的 110.3%，增速和进度均高于全市整体水平。从行业情况看，北京文化创意产业固定资产投资以产业融合发展为主导，呈现出两大投资热点：互联网信息服务、软件开发等文化与科技融合行业，完成固定资产投资 124 亿元，占总投资的 35.1%；游乐园、游览景区管理等文化旅游融合行业，共完成投资 87 亿元，占总投资的 24.6%。从投资地域看，文化创意产业固定资产投资区域相对集中，海淀、朝阳、通州、房山四区完成投资 243.5 亿元，占比达 69%。从资金来源看，民营及混合所有制企业完成投资 207.5 亿元，占比达主产总值 58.8%，超过国有企业，成为主要投资来源；央企项目投资虽然仅占 15.4%，但单个项目投资较大，如中央电视台新址总投资 60 亿元。

（四）服务平台创新搭建，对外文化贸易成果显著

2015 年，北京市在文化经济政策服务、知识产权服务保护、人才服务及培养、企业交流合作、文化“走出去”等方面积极搭建各类平台，为推动文化创意产业发展提供更加全面的支撑和服务。文化经济政策平台功能进一步增强。针对文化创意企业需求，2015 年，北京文化经济政策服务平台政策库新增政策 129 项，政策总量已达 425 项；服务方式和手段进一步拓展，O2O 综合服务网络初步建成。知识产权服务保护平台不断建立健全。2015 年，在相关政策带动下，最高人民法院知识产权案例指导研究（北京）基地在北京知识产权法院挂牌成立，国家知识产权局同财政部以市场化方式开展知识产权运营服务试点，北京文化创意产业的知识产权服务保护环境不断优化。人才服务及培养平台建设创新推进。2015 年，北京市文资办与北京双高人才发展中心进行战略合作，设立北京文创双高人才发展中心，搭建起文化创意领域的专业化人力资源服务平台。北京市文化创意产业人才培养基地建设持续加强，高层次、复合型产业人才培养作用进一步彰显。企业交流合作平台实质搭建。2015 年 6 月，首都文化产业协会成立，为文化企业搭建起交流展示、信息共享、合作发展的平台。首批会员单位包括保利文化、北广传媒、光线传媒等知名文化企业 300 余家。

作为全国文化中心和国际交往中心，北京的对外文化贸易一直走在全国前列。2015 年，北京市文化贸易额已经从 2006 年的 12.65 亿美元提高至 30.28 亿美元，年均增长 10.2%；动漫游戏出口、图书版权输出和电影出口位居全国前列。2015—2016 年国家文化出口重点企业（项目）中，北京共有 70 家企业、38 个项目入选，占全国的比例分别为 19.8% 和 27.1%，数量均居全国首位。2015 年，中

国（北京）国际文化创意产业博览会、北京国际图书博览会、北京国际电影节等大型国际文化会展的平台作用进一步凸显。其中，第 22 届北京国际图书博览会达成各类版权输出协议 2791 项，达成引进协议 1834 项，输出与引进比为 1.5:1。在台北举办的 2015 年北京文化创意产业展实现签约金额 2.3 亿元人民币。“2015 年北京文化庙会・台北之旅”达成合作协议金额 5 亿元新台币。2015 年第五届北京国际电影节签约项目 36 个，协议金额 138.45 亿元，签约项目从电影创作扩大到金融、出版、广告、法律等多个领域，涵盖电影产业链各个环节。作为北京对外文化贸易的重要平台，国家对外文化贸易基地（北京）建设进展顺利，一期项目国际文化贸易企业集聚中心完成相关建设及审核手续，于 2015 年 3 月正式投入使用，二期项目国际文化产品展览展示及仓储物流中心、三期国际文化商品交易服务中心顺利推进。

二、2015 年文化产业各行业发展基本概况

2015 年，北京文化创意产业各行业发展总体平稳，文化科技融合业态的引领作用更加突出。受总体经济形势、产业转型升级、市场调整等因素影响，各行业发展呈现不均衡状态，产业内部结构逐步调整。

（一）文化艺术业

2015 年，北京市文化艺术业总收入 421.8 亿元，同比增长 2.9%；资产总计 1497.8 亿元，同比增长 16.6%；从业人员 12.6 万人，同比增长 12.7%。其中，规模以上企业收入 240.0 亿元，同比增长 –2.2%；资产总计 612.4 亿元，同比增长 5.0%；从业人员 4.1 万人，同比增长 –1.4%。在规模以上企业单位收入、从业人员双下降的前提下，小微企业、个体从业者的活跃度和贡献率不断提升。2015 年，全市文艺舞台持续繁荣，市属 12 家文艺院团（含国家大剧院）新创剧目 42 台，复排加工剧目 65 台。2015 年，全市 135 家营业性艺术演出场馆共举办演出 24 238 场，吸引观众 1035.63 万人次，演出收入 15.49 亿元，与上年同期相比，观众人数增长 2.27%，演出收入增长 3.54%。2015 年，东城区依托原创剧目资源、戏剧品牌活动以及演艺区的集聚基础，“看戏剧，到东城”的品牌效应进一步扩大，实现文化艺术业规模以上企业收入 67.3 亿元，占全市文化艺术业规模以上企业总收入的比重达 28.0%；丰台区文化艺术业在全市各区中增速最快，规模以上企业收入 10.2 亿元，同比增长 224%。

（二）新闻出版业

2015 年，北京市新闻出版业总收入 1026.4 亿元，同比增长 –0.8%；资产总计 2453.3 亿元，同比增长 8.7%；从业人员 15.2 万人，同比增长 3.0%。其中，规模以上企业收入 847.9 亿元，同比增长 –0.8%；资产总计 17 582 亿元，同比增长 8.3%；从业人员 10.3 万人，同比增长 –2.3%。受新兴媒体快速发展影响，传统新闻出版行业推动数字化转型升级和跨行业融合发展迫在眉睫。在行业整体发展面临压力的情况下，部分地区也通过系列措施，在推动数字化转型、打造全媒体产业链等方面取得一定进展。如东城区积极打造融版权资源、新媒体资源、终端渠道资源为一体的新闻出版产业链条，全区新闻出版业规模以上企业收入 211.7 亿元，占全市新闻出版业规模以上企业总收入的比重达 25.0%；西城区新闻出版业发展相对稳定，规模以上企业收入 196.9 亿元，占全市新闻出版业规模以上企业总收入的比重达 23.2%。

（三）广播影视业

2015 年，广播、电视、电影业总收入 917.4 亿元，同比增长 6.7%；资产总计 209 342 亿元，同比增长 20.6%；从业人员 7.4 万人，同比增长 3.1%。其中，规模以上企业收入 830.0 亿元，同比增长 5.4%；资产总计 24 657.3 亿元，同比增长 17.6%；从业人员 5.2 万人，同比增长 1.1%。作为北京传统优势行业，广播、电视、电影业近年来虽一直保持稳步增长态势，但在互联网、移动互联网等新媒体冲击下，发展增速有所放缓。

2015 年，北京市电影票房收入 31.5 亿元，名列全国各大城市之首；按常住人口计算，北京市人均年观影次数达到 3.3 人次，为全国最高；平均 2.1 万人拥有一块银幕，人均银幕居全国第一；北京生产影片 291 部，占全国总数的 42%；在票房前 20 名的国产影片中，北京出品的有 13 部，占 65%；票房超过 10 亿元的 5 部国产影片中，北京出品的有 4 部。动漫类电影产品质量提升明显，《大圣归来》《捉妖记》合计票房收入近 34 亿元，在取得良好社会和经济效益的同时，编创质量明显提升，开辟了“众筹”“自来水营销”等运作新模式，彰显了产业质变先兆，缩小了与国际先进水平的差距。

（四）广告会展业

2015 年，广告会展业规模以上企业收入 1581.3 亿元，同比增长 19.2%；资产总计 1308.7 亿元，同比增长 28.6%；从业人员 6.7 万人，同比增长 2.8%。高新技术的充分应用，促进了广告会展业与科技的融合发展，成为产业转型升级的重要推动力。

2015 年，朝阳区广告会展业规模以上企业收入 664.9 亿元，占全市广告会展业规模以上企业总收入的 42.0%；海淀区广告会展业发展迅猛，规模以上企业收入达 410.9 亿元，同比增长 804%，占全市广告会展业规模以上企业总收入的 200%；密云区依托生态资源优势，广告会展业表现较为突出规模以上企业收入 15.4 亿元，占全区文化创意产业规模以上企业总收入的 59.1%；顺义区近年来举办了多项大型会展活动，带动了广告会展业的迅速发展，31 家规模以上企业实现收入 48.5 亿元，占全区文化创意产业总收入的 41.0%。

（五）设计服务业

2015 年，北京市设计服务业总收入 563.6 亿元，同比增长 –2.2%；资产总计 111.9 亿元，同比增长 6.0%；从业人员 16.6 万人，同比增长 –0.7%。其中，规模以上企业收入 428.1 亿元，同比增长 –4.1%；资产总计 773.1 亿元，同比增长 6.8%；从业人员 9.8 万人，同比增长 –1.2%。受房地产投资、商品房销售下滑等因素影响，该行业市场也相应收窄，大中型设计企业出现裁员节支现象，小型企业生存压力加大，行业收入下降，从业人员减少。

2015 年，北京市各区设计服务业发展压力较大，大多数地区均呈现一定程度的负增长态势。在各区中，海淀区设计服务业体量较大，2015 年规模以上企业收入 132.5 亿元，占全市设计服务业规模以上企业总收入的比重达 31.0%；与其他各区相比，朝阳区设计服务业发展下滑较小，规模以上企业收入 665 亿元，占全市设计服务业规模以上企业总收入的 15.5%。

（六）艺术品交易业

2015 年，北京市艺术品交易业总收入 1021.8 亿元，同比增长 –66%；资产总计 978.5 亿元，同比增长 9.6%；从业人员 2.5 万人，同比增长 8.2%。其中，规模以上企业收入 955.1 亿元，同比增长 –6.9%；资产总计 19.5 亿元，同比增长 8.5%；从业人员 1.3 万人，同比增长 –9.6%。受近几年艺术品市场热度降低、价格透支等因素影响，该行业收入和从业人员数量出现下滑，目前已进入理性回归期和市场调整期，下行压力还将进一步加大。

在总体发展面临压力的背景下，东城区依托区内众多艺术品拍卖领军企业，强化规模效益，2015年艺术品交易业规模以上企业实现收入493.7亿元，占全市艺术品交易业规模以上企业总收入的比重达51.7%；西城区以大栅栏、琉璃厂为中心打造古玩电子交易平台，线上交易与线下交易相结合，2015年实现规模以上企业收入137.8亿元，占全市艺术品交易业规模以上企业总收入的比重达14.4%。艺术品交易（工艺品销售）在平谷区的文化创意产业总收入中占比较高，2015年规模以上企业收入达23.1亿元，占全区文化创意产业规模以上企业总收入的48.3%。

（七）软件、网络及计算机服务业

2015年，文化科技融合进一步深化，“互联网＋文化”趋势更加明显。以文化科技融合为特征的软件、网络及计算机服务业规模和增速不断扩大有效引领和带动了北京文化创意产业的持续快速发展。2015年，全市软件网络及计算机服务业总收入6442.2亿元，同比增长19.7%；资产总计13 719.4亿元，同比增长23.1%；从业人员101.4万人，同比增长117%。其中规模以上企业收入5616.9亿元，同比增长20.4%，占全市文化创意产业规模以上企业总收入的比重为41.8%；资产总计9482.1亿元，同比增长28.7%，占全市文化创意产业规模以上企业总资产的比重为47.1%；从业人员667万人，同比增长13.1%，占全市文化创意产业规模以上企业从业人员总数的54.5%。

在中关村国家自主创新示范区带动下，海淀区软件、网络及计算机服务业发展迅速，在全市的优势地位明显。2015年海淀区该行业规模以上企业收入3971.9亿元，同比增长20.6%，占全市软件、网络及计算机服务业规模以上企业总收入的比重达70.7%。此外，2015年石景山区的软件、网络及计算机服务业规模以上企业收入达22.85亿元，占全区文化创意产业规模以上企业总收入的64.75%；昌平区软件、网络及计算机服务业规模以上企业收入82.9亿元，占全区文化创意产业规模以上企业总收入的52.8%，在本区优势明显。大兴区软件、网络及计算机服务业增速较快，2015年该行业规模以上企业收入19.45亿元，同比增长85.22%。

（八）旅游、休闲娱乐业

2015年，全市旅游、休闲娱乐业总收入1207.0亿元，同比增长14.4%；资产总计1947.6亿元，同比增长16.0%；从业人员13.1万人，同比增长0.9%。其中，规模以上企业收入1140.2亿元，同比增长15.1%资产总计1297.5亿元，同比增长18.1%；从业人员9.2万人，同比增长2.1%。随着非首都功能疏解、古都风貌保护和旅游资源深度开发力度不断加大，北京“世界旅游城市”的魅力进一步凸显。

2015年，北京市全年接待入境旅游者420万人次，同比下降1.8%。其中，外国游客357.6万人次，同比下降2.2%；港、澳、台同胞62.4万人次，同比增长0.7%；旅游外汇收入46亿美元，同比下降0.1%。接待国内旅游者2.7亿人次，同比增长4.4%，国内旅游收入4320.3亿元，同比增长8.1%。国内外旅游总收入4607.1亿元，同比增长7.6%。全年经旅行社组织的出境人数553.1万人次，同比增长30.0%。

（九）其他辅助服务业

2015年，全市其他辅助服务业总收入2099.2亿元，同比增长20.8%；资产总计47 839亿元，同比增长26.7%；从业人员16.7万人，同比增长2.0%。其中，规模以上企业收入181.9亿元，同比增长 24.1%；资产总计 1621.3 亿元，同比增长 13.3%；从业人员 9.1 万人，同比增长 -1%。虽从业人员略有下降，但收入和资产增速明显。

2015 年，东城区和朝阳区继续保持在其他辅助服务业上的优势，规模以上企业收入分别为 370.4 亿元和 323 亿元，在全市其他辅助服务业规模以上企业总收入中的占比分别为 20.4% 和 17.8%；通州区、亦庄开发区在其他辅助服务业上的表现突出，通州区其他辅助服务业规模以上企业收入 78.6 亿元，占全区文化创意产业总收入的 62.6%，亦庄开发区其他辅助服务业规模以上企业收入 509.0 亿元，占全区文化创意产业总收入的 63.5%。

天津市

2015年，天津市围绕“全面提升、局部超越、重点突破”的目标，主动适应文化经济新常态，抢抓有利时机，推进国家和本市政策落实，推动文化融合发展协同发展，加大对各类文化企业、特别是中小微企业的服务与支持，为促进全市文化产业创新驱动、优化结构布局、实现转型升级提供助力。2015年，全市文化产业增加值为784亿元，同比提高72亿元，占GDP比重为4.74%，推动文化产业实现跨越式发展。

一、2015年文化产业发展总体情况

（一）文化产业政策制定与实施力度加大

2015年，市发展改革委、市委宣传部下发《天津市推进文化创意和设计服务与相关产业融合发展行动计划（2015—2020年）》，提出到2020年，创意产业增加值占全市生产总值比重力争达到8%。各部门相继出台《关于加快构建现代公共文化服务体系的实施意见》《天津市人民政府办公厅关于促进旅游业改革发展的实施意见》《关于加快发展体育产业促进体育消费的实施意见》《天津市文化产业示范基地管理办法》《天津市文物拍卖管理暂行办法》等文件。落实《关于推动传统出版和新兴出版融合发展的指导意见》，大力推进《文化产业发展三年行动计划（2014—2016）》实施，组织编印《文化产业政策汇编》，为企业和区县发展提供指导。2015年9月25日，天津北方网新媒体集团股份有限公司在全国中小企业股份转让系统挂牌，成为天津首家上市的国有文化企业。2015年天津市重点文化项目共58项，总投资为119.6亿元。

（二）文化体制进一步完善

2015年，天津市积极建立健全全省文化体制，进一步完善科学决策依法决策民主决策水平。根据《天津市人民政府关于进一步规范“三重一大”决策工作的意见》，制定下发《中共天津市文化广播影视局委员会委员会议议事规则》《天津市文化广播影视局局长办公会议事规则》，明确议事原则、会议安排、议事范围、议题提出与确定、讨论表决、决策落实等事项，进一步提高重大决策的规范化、科学化、民主化水平。严格落实安全生产责任制，制定《天津市文化广播影视局党政领导干部安全生产“党政同责、一岗双责”暂行规定》《天津市文化广播影视局安全生产绩效考评细则》等制度。开展安全生产大检查大排查大整治活动，建立检查督查、隐患排查工作档案。切实提高机关财务管理规范化水平，先后制定《天津市文化广播影视局文化设施建设项目管理暂行办法》《天津市文化广播

影视局招标采购管理办法》《天津市文化广播影视局行政事业单位国有资产管理暂行办法》等十余个规章制度，加大监督检查力度，文化财务管理和保障能力得到明显提升。

大力推进政府信息公开。制定《关于进一步规范公文公开有关事项的通知》，举办局机关政府信息公开培训，赴天津文化信息网编辑部进行调研，理顺公开流程，提高公开时效。天津文化中心网站正式开通，“数字群艺馆”“数字非遗微信平台”“公共文化民心桥”平台和“天津图书馆百姓选书我买单”微信平台四大数字平台开通，各博物馆、纪念馆、美术馆、图书馆等公共文化机构通过新闻媒体和网络、微信等，及时公开本单位的公共文化信息，进一步拓宽政务公开工作的渠道。

（三）文化产业发展环境优化

2015 年，天津市从推动项目建设、搭建统一平台、加大企业管理、推动区县产业发展等立体化、全方位入手，找准文化产业发展的薄弱环节，采取多种有力措施，营造公平、有序、统一、开放的产业发展氛围。

推动重点项目建设创造有利条件。与中国文化产业协会积极沟通，就国家数字内容贸易服务平台项目落户达成初步合作意向。借鉴北京、上海的成功运营经验，积极引进社会力量，启动城市文化艺术信息多媒体服务平台建设。按照文化部和要求，全力做好各项申报工作，帮助企业用足用好政策，严格把关，层层筛选，确保各类申报项目的准确性和高质量。大行道动漫《中华民族传说故事》绘本等 3 个项目入选 2015 年弘扬社会主义核心价值观动漫扶持计划；华漫兄弟《中国年文化产业》等 5 个项目入选“国家动漫企业项目资源库”；“天津市历史风貌建筑示范点及五大道历史文化街区”和“方特欢乐世界”2 个项目入选文化部文化金融合作项目库（信贷融资）；“艺术品高仿真复制——宣纸印刷”“五大道历史体验馆”2 个项目入选全国特色文化产业重点项目，24 个项目入选《2015 中国文化产业重点项目手册》。认定企业灵然创智的“高仿真数字虚拟角色及 4K 超清虚拟摄影棚技术应用”获得年度国家文化产业专项资金支持。2 个项目被推荐申报 2016 年度市级文化产业专项资金。

推动重点文化业态建设。召开文化产业示范基地授牌会，向当选的国家级、市级示范基地企业授牌，总结文化产业示范基地建设经验，指明今后发展方向。推进文化产业示范园区和基地巡检工作，启动第二批市级文化产业示范园区评选命名工作，6 家企业经初审后进入评审。完成动漫企业认定工作，仙山文化和漫神动漫科技 2 家企业经初审推荐参加全国终审，15 家认定企业通过年审，3 家重点认定企业报文化部终审，对 4 家不符合要求的企业取消认定资质。

开展全市文化产业人才培训工作。着手制订《天津市文化产业人才培训计划》，提出优化人才的结构和布局，建设创意策划、经营管理、专业技能、产业管理四支人才队伍的目标，纳入到文博人才“名师教室”培养工程。组织天津市剧场经营管理人才培训班，邀请国内专家和从业者向剧场经营管理人员进行系统培训。推荐文化企业经营管理者参加文化部举办的各类培训。推动区县文化产业工作建设。加强区县基层文化产业队伍建设，指导区县进一步明确职能，开展工作。召开全市区县座谈会，解区县文化产业发展状况及存在的问题，指明下一步区县工作的方向。做好专项调研统计工作。加大调研统计的力度，采取问卷、走访、考察、座谈、交流等多种形式，围绕中小微文化企业、经营性剧场、“十三五”规划、文化产业立法等专题展开调研。做好年度示范基地和园区、动漫认定企业专项统计工作，确定统计范围，完成申报数据的审核和统计分析。

（四）文化市场主体培育力度加大

2015 年，天津市按照转变职能、深化服务、加强对文化企业日常监管、促进行业有序健康发展的工作思路，为全市各类文化企业、特别是中小微企业提供支持，促进特色文化产业发展。

加大对中小微文化企业的服务力度。就出台的《天津市中小微企业贷款风险补偿金管理办法（试行）》等三个文件进行政策解读，并在《中国文化报》刊登专稿。通过问卷、座谈、考察等方式，调查文化企业的现状及融资方面的问题，形成专题调研报告。组织文化企业参加文化部举办的小微文化企业投融资路演，为小微企业融资提供支持。

促进特色文化产业发展。积极推动支持中小微文化企业发展、文化金融合作、特色文化产业发展等政策落地，基础工作进一步夯实，出台扩大天津自贸区文化市场开放的新政策。指导区县开展特色文化资源调研和普查，全面掌握区域特色文化资源分布情况，对征集到的七大类75个项目进行初步梳理，建立全市特色文化产业数据库，为下一步开展全市建设奠定基础。开展全市文化品牌建设问卷调研，协助天津工业大学课题组做好《天津特色文化产业发展研究》课题研究工作。

加大基层单位的工作指导力度。指导北方文创集团按照转企改制的要求完善市场主体资质、推进项目建设。天津杨柳青画社在“新”上下功夫，不断优化选题，突出亮点，发行图书品种136种，发书码洋达1242万元，出版发行《杨柳青木版年画》礼品书,《馆藏套书》图书系列进入筹备阶段。开通天津杨柳青年画微信公众平台，以新媒介赋予传统民俗新的活力，关注量不断攀升。动画片《大过新年》进展顺利。泥人张彩塑工作室以弘扬“社会主义核心价值观”为主题创作作品约50件，在中国工艺美术协会金凤凰创新产品设计大奖赛上荣获银奖1名。文化产业发展公司开展长白山保护区景观设计等项目的前期设计工作。音像出版社推进“像音像”工程录制，市级文化产业专项资金资助项目《中国北方鼓曲经典珍藏》正式出版发行。舞研所继续落实国家级文化与科技融合项目《演艺数字化集成技术》的研发工作，完成“红旗剧场”舞台改造工程，为全国多地区制定主题创意规划设计工作。文化发展中心成功举办多场有影响力的美术作品展览展示。艺术品公司按照要求做好租户的管理维护工作。

（五）加强公共文化服务体系建设

现代公共文化服务体系建设迈出新步伐。通过《天津市关于加快构建现代公共文化服务体系的实施意见》和《天津市基本公共文化服务实施标准（2015—2020年）》，并以市委办公厅、市政府办公厅的名义联合印发。成立公共文化服务体系建设协调组，加强组织领导；与市财政局联合制定《天津市基层公共文化服务体系建设专项资金管理暂行办法》，加大财政投入力度，拟设立8亿元的公共文化服务专项资金，重点投向基层。北辰区成功申报创建第三批国家公共文化服务体系示范区，滨海新区公共文化服务百姓互动数字平台、西青区群众文化队伍长效发展管理机制成功入选第三批示范项目，东丽区制定未来三年文化事业发展“沃土计划”，津南区实施“知识工程”，宝坻区创造“图书馆＋书院”公共文化服务新模式，红桥、武清等区县基层公共文化设施网络进一步完善。

艺术创作生产长效机制进一步健全,“深入生活、扎根人民”主题实践活动深入开展。市委宣传部联合市文广局、市新闻出版局开展首届“天津文化惠民季”活动。活动自2015年9月27日启动，至2016年1月15日结束，历时111天，重点推出471个惠民活动项目。活动共有300余万人次参与，直接拉动消费1亿余元，在全市掀起享受文化、共建文化、感知文化的热潮。天津文化中心发挥文化惠民示范作用，向老年人免费发放演出票1.22万张，举办公益文化普及活动700多场，向32场高端演出和3个高端展览提供补贴。建成公共电子阅览室223个，实现街道、乡镇全覆盖。扩大全市公共图书馆通借通还服务范围，积极构建书香社会。举办第五届“和平杯”中国京剧小票友邀请赛等活动，群众文化生活更加丰富。表演艺术交流辅导中心启动“戏曲名家志愿进社区，千场普及辅导培训工程”，采取艺术家全天候深入社区点对点、面对面辅导社团的新形式，深入市内六区和东丽、北辰、武清等区县的32个社区，为近800余名票友开展培训近350场，受益6000人次，变“送文化”为“种文化”，扩大传统民族艺术的普及与传播，形成常态化，产生良好的社会效果。

体育事业蓬勃发展。成功举办第九届全国大学生运动会、第六届东亚运动会等重要赛事，全民健身运动蓬勃开展。全年天津体育健儿在国内外比赛中共获得 59 枚金牌，其中，国际比赛 21 枚，国内比赛 38 枚。成功举办 2015 年亚洲女排锦标赛等 10 余项国内外赛事。新建、更新体育健身园 500 多个，创建“绿色健身站” 300 个。

（六）示范园区和基地建设成果显著

截至 2015 年年底，天津市共有 2015 年度统计范围国家级文化产业示范基地、天津市市级文化产业示范基地、天津市市级文化产业示范园区 58 家，其中国家级文化产业示范基地 7 家，市级文化产业示范园区 14 家，市级文化产业示范基地 45 家。示范园区从业人口数量为 3460 人，示范基地从业人员 15 901 人。大专以上学历 6832 人，占 35.3%。示范园区资产总额达 1 898 595.1 万元；营业总收入达 317 235.5 万元，利润总额 41 926.8 万元；缴纳税金 14 451.5 万元；示范基地资产总额达 1 352 718.5 万元；营业总收入达 381 647.5 万元；缴纳税金 19 256 万元。相比 2014 年度，从业人员数量、资产总额、营业收入和净利润都出现下降。2015 年，在全国经济下行压力加大大背景下，部分示范园区和基地逆势发展，取得良好业绩。天津市津宝乐器有限公司实现营业收入增长 5.6%，利润增长 17.4% 新突破，国外市场订货量稳定增加。天津滨海广告园实现业绩大幅增长，入驻园区数量不断增加，利润由 2014 年亏损转为盈利 200 万元。天津北方网新媒体集团股份有限公司营业收入增长 51.5%，利润增长 45.1%，企业成功登陆新三板，进入资本市场。凌奥创意产业园集团、天津市名流文化艺术中心、天津广播电视网络有限公司等企业实现营业收入和利润增加。

示范基地和园区创新能力有所提高。2015 年文化产业示范园区和基地共获得著作权、发明专利总数达 419 项，比 2014 年度增加 11.4%，连续两年增长速度超过 10%，创新能力不断增强；获得国家级奖项 41 项，比 2014 年度的 20 项翻一番，代表文化企业发展水平。天津北方网新媒体集团股份有限公司制作网络访谈作品《“当代鲁班”中国梦》获得中华全国新闻工作者协会主办第二十五届中国新闻奖一等奖；天津滨海航母旅游集团有限公司获得国家旅游局颁发“全国研学旅游示范基地”称号；天津大行道动漫文化发展有限公司制作《56 个民族大家庭故事》系列漫画获得“2015 年弘扬社会主义核心价值观动漫扶持计划”奖励；等等。积极打造“双创”新平台。2015 年，为响应“大众创业、万众创新”国家号召，各文化产业示范园区充分利用自身聚集能力强、发展空间大、服务体系全优势，积极打造众创空间，通过创业咖啡、导师辅导、免费场地、融资支持等手段，吸引创业者入驻园区。滨海广告产业园、C92 文创园、6 号院创意产业园、天明创意产业园、天感科技园、凌奥创意产业园等园区吸纳大量初创型小微文化企业，为创业者提供全方位支持与服务。示范园区和基地社会责任感明显增强。2015 年文化产业示范基地和园区共向社会捐款达 215 万元，比 2014 年增加 21.9%，充分体现出示范基地和园区更加注重企业社会责任、注重回馈社会。

（七）区域文化交流进一步深化

对外文化交流迈出新步伐。充分发挥天津文化的优势和特色，深入开展多渠道、多层次、多形式的对外文化交流，努力讲好中国故事和天津故事，全年共派出对外及对港澳台派出文化交流事项 29 项，400 人次，足迹遍及亚洲、欧洲、非洲、南美洲、11 个国家和地区，演出 60 余场，反响热烈。“2015 欢乐春节”天津共派出 7 个团组分别赴哥伦比亚、智利等 11 个国家和地区访演，共 119 人次，是历年来派出团组最多、参与人数最多、访演国家最多的一次。华夏未来少儿艺术团开展 2015 “中国梦 · 世界梦”全球巡演，取得圆满成功。

京津冀文化协同发展全面推进。认真贯彻落实市委、市政府有关推进京津冀协同发展的工作部署，牢牢把握中央对天津的城市定位，按照“优势互补、互利共赢”的原则，以贯彻《京津冀协同发展规划纲要》为契机，与京、冀文化厅（局）主动对接，三地文化协同发展不断深入。加强顶层设计，签署《京津冀演艺领域深化合作协议》《京津冀三省（市）群众艺术馆（中心）协同发展合作协议》《京津冀三地长城保护工作框架协议》，制度设计更加完善。成立京津冀公共文化服务示范走廊发展联盟、京津冀图书馆联盟、京津冀艺术职业教育协同发展联盟、京津冀文化产业联盟，京津冀文化协同发展的顶层设计更加完善，工作机制进一步健全。举办京津冀河北梆子优秀剧目巡演（天津站）活动、首届京津冀精品剧目展演、京津冀2015演艺项目交易会、京津冀文化产业项目推介会、京津冀非物质文化遗产大展暨传统手工艺作品设计大赛、京津冀博物馆志愿者联合讲述活动等系列文化活动，三地文化交流合作更加紧密，京津冀文化协同发展形成多领域合作、多层次推进的良好态势。三是推进京津冀文化产业协同发展。天津与北京、河北三地共同亮相第十届文博会主展馆，组织20余家文化企业参展，达成多项合作协议。“京津冀文化产业项目推介会”对100个项目集中推介，神界漫画“春节娃娃”品牌建设等8个项目举办路演。组织优秀文化产业项目参加第四届河北特博会展览展示，展示文化产业发展的实力水平。指导滨海新区做好京津冀文化产业协同发展研讨交流和2015中国动漫产业发展研讨交流活动组织筹备工作。

二、2015年文化产业各行业发展基本情况

（一）新闻出版业

2015年，全市出版图书5257.71万册，期刊3163.98万册，报纸6.57亿份。会同天津出版传媒集团成功举办“2015书香天津·春季”书展。来自天津市、中央及北京、河北、江苏等省市的86家出版发行单位携7万余种出版物参展，4天共吸引读者3.5万余人次，实现销售码洋420余万元。其间以书展为平台，共举办各类阅读推广活动近50场。

积极推进城市书吧和实体书店建设。完成市中心六区2015年度50个城市书吧建设任务和已建150个城市书吧、3599个农家书屋出版物补充更新工作。印发《天津市实体书店扶持专项资金管理暂行办法》，制定《天津市扶持民营实体书店项目管理暂行办法》。完成对44家民营实体书店、国有实体书店10个项目的扶持工作。完成中央扶持实体书店奖励资金的申报及本市6家获扶持书店奖励资金分配工作。

积极推动全民阅读活动深入开展。联合市文明办、市妇联、市文广局、天津日报社、今晚报社等单位和各区县出版管理部门，组织策划推出“全民阅读·家庭读书年”、中国阅读推广高峰论坛、天津地方优秀文化图书评选、“我的书吧（屋）、我的梦”读书征文评选、“书香之家”评选等百余项全民阅读系列活动，积极营造阅读推广良好氛围。举办社区书吧数字阅读推广活动，进一步构建数字阅读平台，拓宽社区居民阅读渠道。组织报刊出版单位积极开展2015年全民阅读报刊行“阅读改变人生”专题征文和“全民阅读报刊行”优秀荐书平台推荐活动，《渤海早报》“书虫周刊”入选专栏专版类荐书平台。

（二）广播影视业

2015全年，全市共有广播节目10套，市级电视节目16套。有线广播电视用户344.4万户，数字电视用户318.6万户，有线广播电视入户率为97.99%。全市共摄制电影故事片18部，64家院线影院放映电影73.43万场次，观影人数2108万人次，票房收入6.8亿元，增长48%。

广播影视管理进一步规范，重大主题宣传声势强劲。严格按照《电影管理条例》和国家新闻出版广电总局有关规定，依法收缴、用好专项资金，促进电影产业发展。2015 年共收缴电影专项资金 3401.7 万元，比 2014 年增长 45.1%，全部上缴国家电影事业发展专项资金管理委员会办公室。2014 年国家电影事业发展专项资金管理委员会办公室返还 836 万元，全年共计支出 606 万元，主要用于对符合条件的影院实行先征后返，对老影院改造进行补贴，促进全市电影产业的发展。

（三）演艺业

艺术创作引导机制更加健全。制定《天津市舞台艺术创作生产规划（2015—2017 年）》，明确未来三年艺术创作的主要任务和重点举措；出台《市文广局直属艺术院团重点剧（节）目管理办法（试行）》，进一步规范艺术创作过程；制定《“深入生活 扎根人民”主题实践活动长效机制实施方案》，建成文化中心等一批标志性文化设施。设立艺术创作基地 5 个、采风创作基地 5 个，确定结对帮扶单位 18 个，开展“结对子、种文化”活动 214 次；成立由 50 位艺术家组成的艺术指导委员会，提高艺术创作决策的科学化、民主化、专业化水平；组建由 29 名文艺工作者组成的艺术评论员队伍，积极发挥文艺评论对艺术创作的重要作用。区域演艺合作机制进一步健全，京津冀演艺项目推介会、精品剧目展演、河北梆子优秀剧目巡演、非遗展示交流等重点活动推动三地文化融合发展。

艺术创作精品频出。创作舞剧《泥人的事》、歌剧《茶花女》等新剧目，加工提高京剧《康熙大帝》《钦差林则徐》，创作出《辛亥革命》《寻路》《五大道》等文艺精品。演出质量和场次大幅度提升。19 个项目入选 2015 年国家艺术基金资助项目，13 名戏曲名家入选 2015 年度“中华优秀传统艺术传承发展计划”戏曲专项扶持项目，2 部京剧剧目入选“2015 年度京剧优秀剧目演出补助”项目。举办“喜气洋洋新春惠民演出月”“名家经典演出季”等系列演出 450 场，更多群众欣赏到高水平的艺术演出。

（四）动漫业

2015 年，天津市经过国家认定的动漫企业有 15 家，其中重点动漫企业 3 家，新增认定动漫企业 2 家（暂未纳入统计范畴）。这 15 家企业共有从业人员 392 人；资产总额 4.6 亿元；营业总收入 516.1 万元，其中自主开发动漫产品收入 214.9 万元；利润总额 99.3 万元；共有经营面积 5305 平方米；年生产原创漫画 115 部，原创动画作品 36 部，自主知识产权动漫软件 53 套；网络动漫（含手机动漫）下载次数达到 3.78 亿次。原创漫画、动画作品的数量保持增长态势，网络动漫下载次数突破 3 亿次，但总体利润仍然较低。

动漫产品创作和生产水平持续增长。坚持产品的创作和生产是动漫企业发展的根本。2015 年天津市优秀原创动漫作品生产创作在质量、数量上都有新的提升，涌现出一批优秀作品。3 个项目入选“弘扬社会主义核心价值观动漫扶持计划”，1 个项目入选“2015 年国家动漫品牌建设和保护计划”。动漫企业普遍重视产品的研发，用于研发的经费达 476 万元。

动漫企业发展渠道不断拓展。积极促进动漫与新媒体渠道对接，助推互联网 + 动漫发展。动漫企业主动适应产业发展大背景，发展新媒体动漫，开拓崭新的发展渠道。2015 年，网络动漫（含手机动漫）的下载次数突破 3 亿次，较 2014 年增长超 2 亿次。动漫产业“走出去”步伐进一步加大。加强对原创动漫的宣传推广力度，组织全市近 30 家园区、基地和重点动漫企业赴杭州参加第十二届中国国际动漫节。天津大行道漫画有限公司与澳大利亚 Forever Enterprises 公司签订漫画出版合同。

（五）文化旅游业

2015 年，全市旅游市场持续升温。全年接待入境旅游人数 326.01 万人次，增长 10.1%；其中，外国人 300.54 万人次，增长 10.3%。入境旅游外汇收入 32.98 亿美元，增长 10.2%。接待外省市游客人数增长 11.2%，国内旅游收入增长 12.3%。全市 36.05 万人次出国出境旅游，增长 12.0%；出国出境旅游人均支出 19 223 元，增长 2.7%。年末全市共有星级宾馆 97 家；旅行社 427 家，其中有出境资质的 44 家；A 级及以上景区 112 个。

河北省

2015 年，河北全省文化产业保持健康发展，河北省规模以上的文化企业达到了 1240 多家，文化及相关产业的增加值达到了 960 亿元，同比增长 0.34%，占 GDP 比重为 3.22%，从事文化产业的法人单位数达 36 262 个，从业人员达 258 609 人，营业收入达到 19 853 636.1 万元。

一、2015 年文化产业发展总体情况

（一）文化政策促进产业结构调整

河北省委省政府把旅游业作为调结构、转方式的重要切入点和突破口加快培育，2015 年 4 月召开全省旅游业发展电视电话会议，出台了《关于促进旅游业改革发展的实施意见》和《关于进一步促进旅游投资和消费的实施意见》两个指导性文件，提出一系列支持旅游业改革发展的政策措施。加强完善了省旅游工作领导小组，形成强有力的推进旅游业改革发展的领导组织体系，并制定出台《河北省旅游业发展大会申办评审办法》，创新“旅发大会”平台机制。制定实施《河北省汽车旅游营地等级划分与评定》标准，在环首都地区建成 5 个高标准自驾车、房车营地，为地方汽车旅游发展提供评定标准依据。

（二）文化产业融合京津冀协同发展

2015 年，首都文化产业协会成立，并与天津市文化产业协会、河北省文化产业协会签署合作协议《京津冀三地文化产业协会框架合作协议》，共同助力京津冀文化产业繁荣发展。在北京市国有文化资产监督管理办公室的指导下，由首都文化企业自愿发起成立的非营利性社会团体组织，首批会员有 315 家。在成立大会上，首都文化产业协会与中国工商银行北京分行、北京银行分别签署战略合作协议，两家银行将为首都文化产业协会提供不低于 200 亿元人民币的专项融资额度以及“绿色优惠价格”“绿色审批通道”等服务。三地文化产业协会通过信息共享、活动交流、项目合作、咨询服务、人才培养等形式，为三地文化企业搭建合作交流发展平台。此外，河北省于 2015 年承接运作多个京津冀一体化模式项目。如北京批发市场疏解工作、北京新发地高碑店农副产品物流园、廊坊市于 2015 年元旦开业的“新动批红门服装城”、保定市白沟大红门国际服装城等。

（三）公共文化服务水平提升

到 2015 年年末，全省共有艺术表演团体 134 个，博物馆 107 个，文化馆 181 个，公共图书馆

173个，档案馆188个。2015年1月，在河北省第十二届人民代表大会第三次会议开幕会上明确提出要把“实施文体惠民工程”作为2015年河北省保障和改善民生的实事之一，加强公共文体设施建设，推动公共文体资源向社会开放共享，完善博物馆、图书馆、群艺馆、美术馆等设施，深入开展文化进农村、进社区活动。

2015年，河北省围绕“深入基层，扎根人民”主题实践活动开展了一系列文化惠民活动，先后组织了“中国梦・赶考行——走进美丽乡村”文化惠民活动、百场儿童剧进校园活动、百场民乐进校园活动，在国家艺术基金的支持下，在太行山区开展了儿童剧《“下次开船”港》百场巡演活动，在全省基层共计演出500余场。第十届河北省戏剧节在石家庄调演中实行了惠民票价，进行10场户外公益演出，深入农村开展基层演出102场，有针对性地对农民工子弟学校、特殊教育学校等特别需要关爱人群进行赠票活动，整个戏剧节共惠及观众近30万人，文化惠民活动与人民结合得更加紧密，公共文化服务水平不断提升。

（四）国内外文化交流活动丰富多彩

2015年4月，在《京津冀一体化规划纲要》的背景下，京津冀物流文化节邀请京津冀三地十余所高校师生参加，来自领域专家、京津冀三地高校和物流企业的代表参加了物流企业经营模拟赛、物流拣选大赛、物流企业招聘会、专业论坛等一系列活动，文化节加强了三地高校之间的交流，推进京津冀企业与高校的合作，为京津冀物流的发展培养更多专业人才。5月14日，河北省重点文化产业项目发布推介暨签约仪式在深圳会展中心举行，崇礼县奥林匹克冰雪文化谷项目、文安鲁能文化生态区二期项目、中国・迁安民俗文化旅游综合体“中唐・天元谷”项目等51个重点项目集中签约，签约总金额992.61亿元，其中正式合同签约额461.12亿元，来自国内外的特邀客商、签约项目单位代表、河北省代表团全体成员共计300余人参加签约仪式。10月，围绕“牵手协同发展，共创互助双赢”主题，河北省组成经济文化考察团赴台考察参访，签署8项合作协议，举办“京津冀协同发展暨冬奥会商机说明会”，并向统一集团等30家上市企业进行专题推介，举办“海贸会专场推介”、园区企业考察、重点项目签约以及基层交流等33场重要活动，会见台湾地区各界知名人士600多人次。

“河北文化推介会”在日本东京中国文化中心举办，来自河北省的木画工艺师、香道工艺师为观展人员带来了精彩的艺术表演；印度“河北文化周”在印度拉贾斯坦邦首府斋普尔国际艺术中心开幕，包括“美丽河北”图片展和非物质文化遗产展演，来自河北省乐亭的皮影戏吸引了大批印度观众，传统魔术表演也深受印度观众喜爱；中国文联港澳台办公室、河北省文联、澳门中联办文化教育部和澳门中华文化联谊会在河北省图书馆共同启动了“中国梦・冀澳情——澳门河北文化交流活动”，展出两地艺术家的书法、绘画作品70余件。

（五）文化旅游发展亮点纷呈

文化旅游资源开发多元。2015年，涉县娲皇宫、遵化清东陵通过国家验收成功创建为5A级景区，易县清西陵、永年广府古城、涞源白石山3家景区通过申报5A级景区景观质量评价，正式进入创建序列。12月，天山・世界之门创业谷奠基仪式在石家庄市高新区成功举行，该项目总建筑面积400万平方米，整体投入预计500亿元，建成后将是集文、旅、产、城、融、创于一体的未来城市。

重点住宿企业稳步回暖。2015年河北省住宿业增速由负转正，实现稳步上升。据商务系统统计，全省重点住宿业企业营业收入全年实现3.16亿元，同比增长8.85%，较2014年增速回升了28个百分点。

文化旅游活动丰富多彩。2015年4月举办“游名村赏名镇触摸乡愁——2015京津冀游客河北名镇名村首游式”，整合京津冀三地资源推出10条名镇名村黄金旅游线路；5月，京津冀旅游文化产业博览会暨茶叶茶文化博览会在廊坊开发区举行，首次把旅游和茶文化进行融合，开设京津冀旅游展和茶文化旅游展两个展区，北京西城、天津西青、河北廊坊三地旅游部门及辖区内的50余家旅游企业参会，200余家茶商参展；9月举办京津冀辽蒙首届辽河源户外旅游大会，使户外旅游进一步成为区域合作新热点；10月举办中国（廊坊）自驾车旅行大会，旅游管理部门、行业协会和旅游企业共同发力，为自驾游河北带来更多新玩法；11月举办“2015海外旅行商河北采购大会”，以京津冀协同发展和北京携手张家口成功申办冬奥为契机预热冬奥线路。

（六）文化产业投融资态势良好

2015年，全省投资主体渠道广泛，体制多样，多元化特征明显。文化旅游投融资项目成为亮点，民企在旅游项目投资中已占据主导地位，占投资总额的58%，政府和国企投资占投资总额的35%，多业态、多元化发展格局加速形成。全年全省完成旅游投资400亿元，旅游项目投资总规模超过6700亿元，其中亿元以上规模项目383个。京津冀旅游投融资平台为京津冀旅游资源市场提供包括投融资服务、资源交易等相关综合服务，发布河北项目130余个，与海航旅游集团合作，发起设立规模为10亿元的河北旅游产业引导股权投资基金。

（七）文旅惠民举措拉动文化消费

2015年，河北省旅游局结合春节、中国旅游日、国庆节等节点，开展了惠民大拜年活动、中国旅游日公益惠民活动、“金秋季”和“悦冬季”旅游消费促进行动等，通过组织全省景区、旅行社、酒店等旅游企业实行门票免费、打折优惠或送优惠券等惠民举措，满足了人们的休闲需求；河北省旅游局进一步加大各种旅游惠民卡产品的推广力度，面向京津冀市场投放京津冀自驾车旅游护照10万册、京津冀旅游一卡通70万张、京津冀旅游通卡10万张、秦皇岛旅游年票5万张、邯郸旅游惠民一卡通30万张、邢台市旅游优惠券5万套、张家口旅游惠民一卡通2万张。一年内，全省景区向游客发放100万个景区门票电子红包。

二、2015年文化产业各行业发展基本情况

（一）广播影视业

2015年，全省有广播电台1座，中、短波转播发射台31座，调频转播台159座；电视台1座，广播电视台150座，电视转播台253座。有线电视用户915.9万户，有线数字电视用户821.7万户。年末广播节目综合人口覆盖率99.35%，电视节目综合人口覆盖率99.27%。全年生产各类影片11部，电视剧11部。广播电视电影服务业法人单位数842个，从业人员数33 279人，资产总计1 255 116.3万元，营业收入为157 799.2万元。

2015年，在电视剧方面，河北省先后创作完成了《海棠依旧》《父亲的身份》《英雄时代》《家大业大》《进错门的女人》《平安才是福》《长城红》《龙道》《黑凤凰》《烽火长城》《锦绣年华》等十几部作品，其中，多部作品在央视备播。电视剧《太行山上》、电影《诱狼》、纪录片《平山记忆》、纪实文学《寻找平山团》等精品力作享誉全国；在电影方面，《诱狼》《一个勺子》在全国公映，《云情报》《命悬一线》《旗》等均已创作完成。为推动“善行河北”主题实践活动深入人心，创作推出了电影《承德好人》《桃子的爱情》、广播剧《永远的约定》等一批文艺作品。

（二）新闻出版业

2015年，河北省新闻出版发行服务业法人单位数总计508个，从业人员数为22 978人，总资产达3 708 121.5万元，总营业收入达1 150 682.8万元。其中图书、报纸、期刊、音像制品、电子出版物和其他出版法人单位数达到221个，从业人员期末数达15 028人，营业收入达224 944.2万元，发行各类报纸15.1亿份，各类期刊4816万册，图书2.1亿册。

4月30日，“2015书香天津·春季书展”在天津国际展览中心召开，来自河北、天津、北京、江苏等省市的近百家出版发行单位集中亮相展会，河北出版传媒集团与北京出版集团、天津出版传媒集团于开幕式上联合举办了战略合作意向签约仪式，三方将在内容生产、转型升级、市场共建、资源对接、“走出去”等方面展开深度合作，实现协同发展。应天津之邀，河北省新闻出版广电局、河北出版传媒集团组织河北人民出版社、河北美术出版社、花山文艺出版社、河北科学技术出版社、河北少年儿童出版社、河北教育出版社、方圆电子音像出版社、河北大学出版社、燕山大学出版社、河北阅读传媒公司等省内10家出版传媒单位和河北省新华书店公司参展，重点展示冀版精品出版物1258种、2.6万余册（套）。

（三）文化旅游业

2015年，全省游客接待总量达3.69亿人次，实现旅游收入3380亿元，比2014年增长了17%和32%，分别是“十一五”末的2.5倍和3.7倍，旅游业增加值占全省GDP的比重达到6.2%左右。

京津冀文化旅游协同发展。联合京津两地旅游部门组织召开旅游协同发展工作会议，整合三地特色旅游资源，联合推出50条跨区域精品线路，出版发行《行走京津冀旅游路书》，建立京津冀旅游产业投融资平台，共发布河北项目130余个。推广发行超过10万份“京津冀旅游通”和“京津冀自驾车旅游护照”。开通“西柏坡”号、“大好河山张家口”号、“正定”号等多趟旅游专列和十多条旅游直通车，共同打造京津冀旅游圈。

旅游项目结构优化，配套设施更加完善。在原有观光旅游的基础上，向综合型、度假型、体验型转变，产业转型发展明显加快。同时，河北省旅游局加快推进旅游基础设施建设，2015年安排省级资金8000万元开展“旅游厕所革命”，共新建、改扩建旅游厕所885座，均已竣工并投入使用。完善旅游配套设施，重点对游客服务中心、生态停车场、标识标牌等旅游基础设施建设予以奖补。景区环境全面优化，完成了景区门票价格改革试点工作，210家景区被纳入首批“全国旅游价格信得过景区”名单。乡村旅游成为扶贫富民重要抓手。河北省把乡村旅游作为脱贫攻坚、富民增收的重要产业来抓，取得显著成效。

旅游与乡村建设紧密结合，开展公益扶贫行动。2015年，编制完成《河北省美丽乡村旅游示范区技术、工作、考核标准》，省级旅游发展专项资金列支1550万元，优先支持全省农村面貌改造提升行动重点村、美丽乡村九大片区重点村和48个历史文化名镇名村旅游基础设施建设，争取国家旅游专项资金600万元，扶持8个国家级重点旅游扶贫建档立卡村发展乡村旅游。开展旅游规划扶贫公益行动，对燕山—太行山国家脱贫攻坚区和环京津贫困带地区32个贫困村进行“一对一”重点帮扶。全省共有630多个乡镇、1650多个村开展乡村旅游，创建国家级休闲农业与乡村旅游示范县、示范点49个，省级示范点87个，带动农民直接就业22.7万人，从业农民人均增收9010元。

（四）文化艺术服务业

2015年全年文化艺术服务业法人单位数达4151个，从业人员数达58 009人，资产总计2 232 565.2

万元，营业收入达85 788.6万元。2015年前8个月，河北省文化体育和娱乐业营业收入同比增长5.2%。文化艺术业增长19.4%、体育增长9.7%、娱乐业增长28.3%。

艺术文化活动品牌影响力增强。2015年9月29日，由省文化厅和石家庄市政府、沧州市政府共同承办的第15届中国吴桥国际杂技艺术节开幕，共邀请了20个国家和地区的29个节目参赛和展演，其中境外节目24个。国际马戏嘉年华活动作为吴桥杂技节惠民活动，以马戏大篷演出为核心，以特色餐饮、互动游艺、创意集市和商业会展等为综合体验，进一步烘托节日气氛，体现了“文化+”的发展理念。吴桥杂技节已经站在了世界杂技赛场，成为河北省的世界级文化品牌，是我国杂技艺术领域举办历史最长的国家级国际性艺术赛事和品牌文化活动，是目前我国唯一保留的以杂技为主题的国家级艺术赛事和节庆活动。

京津冀演艺事业共同发展。京津冀地域相连，文化同源，举办巡演活动是加强京津冀战略合作，推动三地在文化领域协同发展的重要举措，也是联系京津冀三地纽带和独特的文化品牌。“三地同唱盛世曲，携手共筑中国梦”——2015年京津冀河北梆子优秀剧目巡演（天津站），以“三地同唱盛世曲，携手共筑中国梦”为主题，以展示河北梆子最新艺术成果为内容，以“讴歌伟大时代，艺术奉献人民”为宗旨，搭建展示传播、合作交流的平台，让广大群众共享河北梆子艺术发展成果，推进三地演艺事业的共同发展。

（五）文化创意和设计服务业

2015年全年文化创意和设计服务业法人单位数达10 857个，从业人员数为82 962人，总资产为2 896 148.9万元，总营业收入为1 683 882.1万元。

文化创意园区协同发展。2015年4月29日，京津冀文化创意产业项目推介会在北京举行，来自京津冀三地的66家文化创意产业园区代表出席，共同发起并签署了《京津冀文创园区协同发展备忘录》。推介会上，京津冀三地代表围绕“互联网时代下京津冀未来园区发展模式”“河北天津对于北京园区的合作需求”等话题进行了探讨，在展示区参展的有中国（怀柔）影视产业示范区、中新天津生态城国家动漫产业综合示范园、石家庄国家动漫产业发展基地创业孵化园、承德“二十一世纪避暑山庄”文化旅游产业集聚区等18家代表性文创园区。

（六）文化休闲娱乐服务业

2015年全年文化休闲娱乐服务业法人单位数为7824个，从业人员数为68 564人，总资产为8 896 756.4万元，总营业收入为1 683 882.1万元。

休闲娱乐项目发展态势良好。省文化体制改革和发展工作领导小组公布了2015年度全省文化产业“三个十”名单。河北文博园（古城恢复）被评为2015年度“河北省十大文化产业项目”。特色冰雪产业活动多姿多彩。2015年12月22日上午，河北省第一届大众冰雪季启动仪式在张家口崇礼长城岭滑雪场举行，活动紧紧围绕“纯洁冰雪迎冬奥，激情相约筑梦圆”的主题，以“每天锻炼一小时、健康工作三十年、幸福生活一辈子”的生活理念为出发点，把冬季运动和全民健身战略融为一体。大众冰雪季活动重点以张家口市崇礼的雪和承德市的冰为主，其他9个设区市先后组织40余场竞赛表演和丰富多彩的群众活动，开设冬奥会冰雪知识讲座、冰雪项目推广、冰雪摄影展、冰雕冰灯展览，举办国际巡回赛崇礼万隆、承德冰球专业赛等高水平赛事活动等具有大众特色项目。在全省范围内传递冰雪文化和奥运精神，积极营造“全民健身，喜迎冬奥”的舆论氛围，促进冰雪旅游、冰雪文化、冰雪经济的快速发展。

山西省

2015年，山西省文化产业增加值达到268.65亿元，比2014年增长12.1%，比全国增速快1.1个百分点，比全省GDP增速高9.0个百分点；文化产业增加值占全省GDP的比重为2.10%，比2014年提高0.22个百分点。

一、2015年文化产业发展总体情况

（一）文化产业政策措施不断完善

2015年，山西省以加强顶层设计和完善政策措施为重点，出台《关于支持文化产业加快发展的若干措施》，加快重点项目推进，由省文化厅与省投资集团合作建设的山西省文化保税区开工建设，山西省文化产业园中的孟母文化广场已经建成，山西文化云平台启动建设。山西省积极举办文博会、书博会、体博会、农博会和组织参加山西品牌中华行等54场国内外会展活动，扩大了山西文化产业的影响力。山西省积极组织动漫企业参加国家动漫企业认定，总数达到10家，《一代廉吏于成龙》等3个原创动漫品牌入选国家动漫扶持计划。平定县冠容砂器有限责任公司等7家企业成为第三批省级文化产业示范基地，截至2015年年底，山西省共有国家级文化产业示范基地9家，省级文化产业示范基地41家。

截至2015年年底，山西省共有文化及相关产业机构7683个，比上年增加233个，增长3.13%；从业人员6.59万人，比上年增加0.49万人，增幅7.86%。文化机构及从业人员主要包括：文化部门产业机构2718个，从业人员3.31万人，比上年增加141个机构、0.26万人（主要为文化主管部门纳入统计范围）；文化市场经营机构4622个，从业人员0.2万人（不含非公有制艺术表演团从业人员2.56万人）；文物部门产业机构343个，从业人员0.72万人，比上年增加4个机构、0.03万人。

（二）文化产业投资规模持续增加

2015年，山西省先后制定出台了支持文化产业发展、推动文化创意产业与设计服务融合发展、推进文化金融合作、鼓励民营资本投资文化旅游业等一系列针对性强的文化经济政策，并设立了文化发展基金、文化产业发展投资基金等多个基金。同时，大批社会资本踊跃进入文化产业，煤炭行业转入文化产业的项目与资金源源不断，文化产业已成为山西投融资较为活跃的领域。2015年，全省文化产业固定资产投资突破600亿元，达到643.00亿元，比2014年增长26.3%，比全社会固定资产投资增速高11.5个百分点；占全社会固定资产投资的比重为4.7%，比2014年提高0.6个百分点。投资

规模的持续扩大，一大批文化设施相继建成或得到改善，或有力地推动了文化产业的较快发展。截至2015年年底，山西省平均每万人拥有公共图书馆、文化馆建筑面积分别达到114.33平方米、267.35平方米。

（三）文化市场持续健康发展

2015年，山西省文化市场坚持一手抓繁荣、一手抓规范，扎实推进“六权治本”，依法确定5类22项行政权力，建立权力清单和责任清单，绘制权力运行流程图，并在省文化厅官网公布。通过积极开展文化市场技术监管和服务平台建设，经营场所录入和网上激活率达98%以上，全年准入办理6168个，执法办理11 060个，被文化部评为2015年度文化市场综合执法优秀单位。通过加强行政审批和综合执法人员培训与管理，组织全省执法队伍技能大比武、文化市场综合执法案卷评查活动，组织检查经营单位十余万家次。山西省加快推进网吧转型升级，全省转型升级试点网吧达到160余家，文化市场进一步规范。

（四）文化强市引领发展

文化产业发展较快的主要是太原、晋中、运城、长治四市，四市文化产业法人单位数量占到全省总数的58.9%。四市领跑全省文化产业发展，其文化产业增加值均在20亿元以上，分别为95.55亿元、31.82亿元、26.86亿元、23.90亿元，四市合计占全省文化产业增加值的比重达到66.31%，成为全省文化产业发展的主力军；其他各市奋力赶超、竞相发展。2015年，晋城、临汾、大同文化产业增加值均增加到15亿元以上，分别为19.51亿元、19.00亿元、17.53亿元；忻州、吕梁、阳泉、朔州等市文化产业增加值增速达到两位数，分别比2014年增长21.4%、19.4%、18.9%、18.5%。

（五）文化消费稳步提高

2015年，山西省居民文化娱乐消费支出较快增长，全省居民人均文化娱乐消费支出544.3元，比2014年增长12.9%，比全部人均消费支出增速高4.5个百分点；文化娱乐消费支出占全部消费支出的比重为4.6%，比2014年提高0.2个百分点。分城乡看，2015年，城镇居民人均文化娱乐消费支出886.7元，比2014年增长10.8%；占城镇居民人均消费支出的比重为5.6%，比2014年上升0.1个百分点。农村居民人均文化娱乐消费支出183.7元，比2014年增长18.5%；占农村居民人均消费支出的比重为2.5%，比2014年上升0.3个百分点。城乡居民文化消费水平的不断提高，拉动了对文化产品和服务的有效需求，促进了文化产业的较快发展。与此同时，城乡居民文化娱乐消费支出之比由2014年的5.16∶1下降到4.83∶1，差距有所缩小。

（六）文化产业结构调整步伐加快

2015年，山西省文化产业法人单位达到1.6万个。其中，文化服务业法人单位数量最多，占82.5%。而文化制造业单位、文化批发和零售业单位占17.5%。同时，2015年全省文化服务业增加值为199.90亿元，比2014年增长15.0%；占全省文化产业增加值的比重达到74.41%，比2014年提高1.9个百分点。而文化制造业、文化批发和零售业增加值分别为38.12亿元、30.63亿元，两项合计占全省文化产业增加值的比重为25.59%。

二、2015年文化产业各行业发展基本情况

（一）广播影视业

2015年，山西省共有广播电视台114座，电视台2座，中短波转播发射台15座，调频转播发射台119座，100瓦以上电视转播发射台145座。广播人口覆盖率为98.47%，电视人口覆盖率为99.31%，有线电视用户517.0万户。山西影视集团广电影视艺术传媒有限公司拍摄的电视剧《黄河在咆哮》获得第30届中国电视剧"飞天奖"优秀电视剧提名奖；山西电影制片厂摄制的数字电影《土地志》获得第30届中国电影"金鸡奖"最佳中小成本故事片提名奖；电影《伞头和他的女人》编剧牛建荣入选第30届中国电影"金鸡奖"最佳编剧（原创）提名奖。

2015年山西省电影事业产业繁荣发展，电影创作生产的数量和质量稳步增长，创作生产电影15部，其中《土地志》《伞头和他的女人》等影片获得第30届中国电影"金鸡奖"提名奖，电影票房收入再创新高，达到5.95亿元。农村公益电影放映扎实推进，各类主题放映活动蓬勃开展。

2015年，山西省影视制作单位以贴近生活、贴近实际和贴近群众为创作宗旨，全年共创作生产电影15部。城市数字影院建设实现跨越发展，全年新增数字影院50家，新增银幕217块，全省共有城市数字影院149家，银幕665块，其中3D数字电影放映厅覆盖率达到82%。与此同时，随着中国巨幕、IMAX等高新技术银幕类型的引人，山西省的影院视听水平得到大幅提升，进一步激发了人们的观影热情。2015年全省城市影院票房收入达到5.95亿元，同比增长51%，超过全国票房的平均增长率，观影人次超过2000万。

此外，按照农村电影放映工程一村一月放映一场电影的要求，2015年为全省2.8万余个行政村放映公益电影近34万场，超额完成了年度放映任务，观影人次高达3500余万，实现了工程建设的总体目标。截至2015年年底，山西省农村公益电影放映实现了"四个全覆盖"。一是累计发放数字放映设备1500多套，实现了数字放映全覆盖；二是累计发放流动放映车辆130多台，实现了所有县市区放映车全覆盖；三是建成11家农村数字院线公司，实现了一村一月一场公益电影全覆盖；四是建成了农村电影放映监管系统，实现了放映场次监管全覆盖。截至2015年11月，全省农村共放映电影33.54万场，观影3598万人次，2015年度33万场放映任务提前完成，丰富了广大农民群众精神文化生活。

（二）演艺业

2015年，全省文艺工作者深入学习贯彻习近平总书记在文艺工作座谈会上的重要讲话和王儒林书记在省委常委会上对繁荣发展戏曲和文艺事业提出的要求，紧扣"中国梦"和"三个文化"主题打造精品力作，有30个项目入选国家艺术基金资助项目，获得资助3737万元，位居全国第三。山西省维续加大剧目创作力度，全省各级剧团原创首演剧目62个，包括戏曲类53个，歌舞、音乐类6个，话剧、儿童剧、滑稽剧类1个，杂技、曲艺类2个。省委宣传部、省文化厅组织晋剧《于成龙》、音乐剧《火花》、儿童剧《红星杨》、话剧《生命如歌》、晋剧《红高粱》、舞剧《吕梁英雄传》、京剧《陈廷敬》、话剧《村官段爱平》、北路梆子《续范亭》、歌舞剧《太行奶娘》等10部新创舞台剧晋京演出，标志着山西省艺术创作又达到了一个新的高度。

山西省文艺精品创作演出在丰富文艺舞台的同时，也收到了良好的经济效益，全省各级剧团实现文化产业增加值5.43亿元，比上年增加1.06亿元，增幅为24.26%。2014年以来，随着山西省经济下行压力持续加大，演出市场受到很大影响，剧团演出场次、观众人次、演出收入降幅明显。为克服演

出市场不利影响，各级政府加大对剧团演出的补贴力度，尝试用政府购买公共演出服务的方式来提高剧团收入，政府购买补贴逐年提高，在为广大基层群众提供免费、高质量专业演出服务的同时，对剧团度过演出难关起到了积极的推动作用。

（三）会展业

2015 年 9 月 9 日，第二届山西文化产业博览交易会（简称“文博会”）在太原正式拉开序幕。本届文博会共有参展企业 1000 余家，文化产品上万种，20 多个国家和地区的产品精彩亮相。2015 平遥国际摄影大展共有国内外 66 位策展人、66 家摄影机构、2116 名摄影师参展，共展出展览 483 个，参展作品 17 827 幅。国内展览继续以主题展、致敬展为龙头，包括学术展、汇报展、院校展、微电影展、手机摄影展等；国际展览吸引了美国、德国、加拿大、俄罗斯、匈牙利、荷兰、新西兰、澳大利亚、港澳台等 30 个国家和地区的摄影大师、名家精品参加展览。组委会还与“中国摄影艺术专项发展基金”共同合作设立国内唯一的“中国摄影终身成就奖”与“中国摄影新人培养基金奖”。此外，2015 年恰逢中国人民抗日战争暨世界反法西斯战争胜利 70 周年，大展专门策划了“血肉长城——抗战时期的中国摄影师”纪念抗战胜利 70 周年主题摄影展，展示内容汇聚了抗战时期中国摄影师拍摄的作品。大展期间还举办了第十届平遥古城招商洽谈会及第五届中国（平遥）漆文化艺术博览会、第三届“追梦·平遥”微电影节。此外，民间手工剪纸、布艺展等具有地方特色的文化系列活动也让游客体验了不一样的地方风情。大展活动期间，参观人数达到 3.2 万人次，平遥古城门票收入 278 万元，比上届提升 12.53%。

（四）文化旅游业

2015 年，全省旅游业保持持续较快增长的良好态势，旅游总收入达 3447.5 亿元人民币，同比增长 21.11%。2015 年，山西省下大力度推动旅游业改革发展，出台了《关于促进旅游业改革发展的意见》，召开了“山西省旅游发展暨‘互联网 + 旅游’大会”，“中国·山西首届‘一带一路’古城古镇国际文化旅游暨第二届国际旅行商采购大会”推动山西融入国家“一带一路”大战略，国家 5A 级旅游景区创建再创佳绩，全国百强旅行社评选实现零的突破等，旅游业已成为全省最具活力的产业之一。

截至 2015 年年底，山西全省共有旅游企业 9000 余家，旅游景区景点 543 家，A 级景区 143 家，其中 5A 级 6 家，4A 级 86 家。星级饭店 328 家，其中五星级饭店 18 家。旅行社 866 家，持证导游 2 万余名。全省旅游直接从业人员 51.5 万人，间接从业人员 210.8 万人，其中乡村旅游品牌经营户 1 万户，直接从业人员 5 万人，户均收入 3.9 万元。2015 年，全省乡村旅游接待 6000 万人次，收入 300 亿元，靠旅游脱贫致富，靠旅游解决农民就业，靠旅游推动新农村建设，已成为三晋大地一道亮丽的风景线。

（五）互联网业

2015 年，山西省互联网基础资源增长迅速，省 4G 电话用户总数、8M 以上固定宽带用户数、IPTV 用户数、接入网光缆长度、4G 基站数、互联网省际出口带宽同比增长均达到 100% 以上，全省光缆线路长度、移动通信基站、光纤接入用户数几项指标的普及率或渗透水平均位居全国第 7 位。全省域名数量增长超 50%，备案网站增长 18.1%，固定宽带平均接入速率为 9.5Mb/s，同比增长 89.8%。

2015 年，山西互联网普及率为 54.2%，位居全国第 11 位，网民规模达 1975 万人，为互联网经济发展提供了更大的市场空间和市场价值。其中手机网民 1829.3 万人，农村网民规模为 668.1 万人，占比均高于全国平均水平。访问电子商务、医疗、教育、娱乐（视频）类的网民占比高于全国平均水平。全省网民访问各类网站前三位的依次是即时通信、娱乐和电子商务类网站，即时通信类中微信是山西省网民应用最多的，月均覆盖人数达 1450.7 万人，占山西省网民的 73.5%。截至 2015 年 12 月，山西省备案的互联网网站总数达 50 650 个，同比增长 18.1%，其中接入地在山西省的网站为 4102 个，仅占 8.1%。

2015 年，山西互联网企业成立数量呈显著上升趋势，涉及的行业包括电子商务、金融、教育、医疗等。其中，以山西电商企业“乐村淘”为代表的越来越多的互联网企业目光投向更具增长潜力的农村市场，推动农村电商的互联网化。同时，工业制造、交通旅游、金融、能源等传统企业正逐步借助互联网进行转型。

内蒙古自治区

2015年，内蒙古自治区文化产业增加值为431亿元，比2014年增加85亿元，增长24.6%，占全区GDP比重的2.4%，占全区第三产业增加值的6%。

一、2015年文化产业发展总体情况

（一）文化产业规模稳步扩大

2015年，内蒙古自治区文化及相关产业从业法人单位数不断增多，吸纳就业能力不断增强。文化及相关产业法人单位11 893个，其中经营性企业法人8367个，比2010年增加2722个，占全部文化及相关产业法人单位70.4%；公益性事业法人（包括社团、基金会）3526个，比2010年增加1721个。同期文化及相关产业法人单位从业人员21.65万人，比2010年增加7.45万人，在文化法人单位中，经营性企业从业人员15.43万人，占文化法人单位71.3%，比2010年提高12.6%；公益性事业单位（包括社团和基金会）从业人员6.22万人，比2010年增加1.44万人，占文化服务业法人单位33.1%。“十二五”时期吸纳就业人员最多的行业主要是新兴的文化创意和设计服务、文化艺术服务和广告行业，2015年从业人员分别达6.45万人、4.32万人和4.29万人，分别占文化服务业法人单位34.3%、23.0%和22.8%，占文化及相关产业法人单位从业人员69.6%。文化产业增加值不断增加，占GDP的比重逐年提高。2015年，内蒙古自治区文化产业实现增加值432亿元，占同期地区生产总值（GDP）的2.42%，比上年提高0.47%，比2010年提高1.05%。

近年来，全区文化产业与科技、旅游等相关产业由一般性融合向纵深融合发展，有力地带动了相关产业的发展。2015年文化产业对第三产业的贡献率达7.3%，拉动第三产业增长0.59%。经营性文化企业规模日益壮大，经济效益显著。2015年内蒙古8367个经营性文化企业，实现增加值222.01亿元，比2010年增加108.12亿元，占文化产业增加值的70.6%，其中规模以上文化企业229个，比上年增加22家，从业人员为17 769人，经营性文化企业平均实现增加值265.28万元，实现营业收入745.65万元，经营性文化企业中资产过亿的企业达97个。全区现有国家级文化产业示范基地6个，自治区级文化产业示范基地34个，国家级动漫企业5家。全区公共文化基础设施建设的投入逐步加大。2015年，内蒙古自治区文化及相关产业固定资产投资完成额达402.80亿元，比2010年增长1.05倍。“十二五”时期全区文化及相关产业固定资产投资累计完成1833.54亿元；比“十一五”时期增加1229.05亿元，增长2.03倍。

（二）文化产业结构不断优化

从行业结构看，新兴文化产业呈现出较强的发展势头，传统文化产业保持平稳发展。截至2015年年底，全区文化产业单位已覆盖了文化休闲娱乐、文化艺术、文化信息传输、文化创意和设计服务等10个行业大类，50个行业中类，文化产业门类逐步趋向齐全。“十二五”时期以互联网技术发展为依托的文化信息传输服务业、文化创意和设计服务的新兴文化产业迅速崛起发展较快，2015年，全区3924个新兴文化产业法人单位实现营业收入达262.17亿元，占全区文化产业法人单位的42.0%。其中文化创意和设计服务行业营业收入最多，达205.22亿元，占新兴文化产业法人单位营业收入的78.3%，占全区文化产业法人单位营业收入的32.9%，十大类行业中占比最高。传统文化产业保持平稳发展。2015年，新闻出版发行、广播电影电视、文化艺术、文化休闲娱乐等传统产业保持平稳发展，实现营业收入113.68亿元，占全区文化法人单位收入的18.2%。

从类型结构看，文化服务业法人单位领军内蒙古文化产业的发展。服务业单位占近八成的份额。2015年，内蒙古自治区文化制造业、文化批发零售业和文化服务业法人单位数分别为592个、1616个和9685个，占文化产业法人单位总数的比重分别为5.0%、13.6%和81.4%。文化服务业法人单位比2010年增加2235个，增长30%；文化服务业增加值占文化产业半壁江山。2015年文化服务业实现增加值248.77亿元，比2010年增长1.35倍，占文化产业的57.6%，占文化法人单位的79.1%；比2010年提高8.7%。可见，文化服务业在文化产业中不但占绝对的主体地位，而且增长较快。

从地区结构看，企业集聚性较强，发展优势明显。全区规模以上文化企业主要集中在呼和浩特市、包头市、鄂尔多斯市，2015年，三地规模以上文化企业达到129家，年末从业人员10 912人，实现主营业务收入118.90亿元，拥有资产275.13亿元，分别占全区规模以上文化企业的56.3%、61.4%、67.6%、82.7%，呼包鄂地区占五成以上。

（三）文化体制改革持续深化

自治区政府在加强对文化产业管理的同时，逐步转变职能，由原先的办文化转向了管文化、由管微观转向了管宏观。加快推进文化行政管理体制改革。加快职能转变，强化政策调节、市场监管、社会管理、公共服务职能，推动政企分开、政事分开、管办分离，理顺文化行政管理部门与企事业单位、中介组织的关系。加快推进文艺院团体制改革。整合区内文艺院团的艺术资源，组建内蒙古民族艺术剧院，实行事业体制、企业化管理，形成体现文化企业特点的资产组织形式和经营管理模式，进一步加大政策、资金等方面的支持力度，使其成为全区艺术创作演出的主导力量。推进公益性文化事业单位机制改革。全面推进图书馆、博物馆、文化馆等文化事业单位人事、收入分配、社会保障制度改革，通过科学管理，提高服务质量。

（四）文化投入持续增加

2015年，中央财政通过继续实施“三馆一站”免费开放、非遗保护、公共数字文化建设、地市级公共文化设施建设、博物馆免费开放、国家重点文物保护、文化设施维修等中央补助地方文化项目，共落实中央补助全区专项资金5.41亿元，比上年减少0.8亿元，下降12.9%。2015年，全区文化文物（不含基本建设投资）事业费28.37亿元，比上年增加4.79亿元，增加20.3%。文化事业费投入占财政支出比重的0.53%，比上年增长0.04%，文物事业费占财政支出比重的0.13%，与比上年增长0.01%。

（五）文化市场繁荣有序

2015 年，全区文化市场经营单位（含互联网上网服务营业场所、娱乐场所和民营艺术表演团体）6419 个，比上年减少 54 个；从业人员 23 100 人，比上年增加 616 人。全年全区文化市场经营单位营业收入 16.5 亿元，比上年减少 9 亿元，下降 35.3%；营业利润 6.54 亿元，下降 24.7%。分区域看，年末盟市所在地文化市场经营单位 1883 个，占文化市场经营单位总量的 29.3%；旗县所在地 3852 个，占 60%；县以下地区 684 个，占 10.7%。年末全区共有娱乐场所 2677 个，比上年减少 355 个；从业人员 10 108 人，减少 1291；全年营业收入 7.12 亿元，比上年下降 57.1%；营业利润 2.94 亿元，下降 41%。年末全区共有互联网上网服务营业场所 3508 个，比上年增加 141 个；从业人员 10 274 人，增加 1079 人；全年营业收入 8 亿元，比上年下降 0.49%；营业利润 3.3 亿元，下降 8.3%。

2015 年，自治区进一步推动文化产业重大项目建设，呼伦贝尔中俄蒙文化产业园等 7 个项目共获得国家文化产业专项资金 3870 万元，内蒙古民族文化产业园等 4 个项目获得国家文化产业特色项目专项资金 2180 万元。评审了第一批自治区级文化产业园区和第四批自治区级文化产业示范基地。制定了《进一步促进文化和旅游融合发展的指导意见》，举办了“第二届文化与旅游融合发展系列主题活动”，15 个项目成功签约，项目总投资 232 亿元。举办了“第二届内蒙古自治区工艺美术创新作品大赛”。积极发挥政银合作平台作用，截至 2015 年年底，有 25 家文化企业获得银行贷款 26.7 亿元。组织参加了深圳文博会，成功签约 119 个项目，合作金额 2.45 亿元，现场销售额近 500 万元。全区现有国家级文化产业示范基地 6 个，自治区级文化产业示范基地 34 个，国家级动漫企业 5 家。

（六）对外文化交流亮点纷呈

2015 年，自治区制定出台了《进一步加强俄罗斯和蒙古国进行文化交流的意见》，建立全区与俄蒙文化交流长效机制。全年共派出 30 个组团、239 人次，赴 17 个国家和地区开展了文化交流活动，来自治区的有 10 余个国家和地区，329 名文化艺术工作者。在丹麦举办了“美丽的草原我的家”——“丹麦·中国内蒙古文化周”活动。派团赴泰国参加了 2015“欢乐春节”活动。赴非洲进行了访问演出活动。承办了第三届驻华外交官“文化中国行”内蒙古文化之旅活动。呼和浩特演艺集团的《马可波罗》剧走进欧洲，全年国外演出场次达 167 场，在文化“走出去”上进行了新的探索。

二、2015 文化产业各行业发展基本情况

（一）文化旅游业

2015 年，内蒙古自治区旅游局提出选择 10 个左右特色旅游聚集区，依托中心旅游城镇，完善旅游服务体系，打造观光、休闲、度假复合发展的旅游目的地。2015 年 5 月，内蒙古自治区与山西省建立蒙晋区域旅游合作机制，在蒙晋旅游线路研发、项目合作、景区共建、媒体合作、网络合作、无障碍旅游、应急安全执法诚信联动、人才合作等 8 个方面取得共识。双方扎实推进蒙晋黄河峡谷共同规划，联合打造 5A 景区，两省互换宣传，联合整治市场，共同打造万里茶路和走西口文化旅游品牌等多方面合作。7 月 22 日，内蒙古自治区与广东省签署旅游战略合作协议，共同打造双向旅游目的地，加强旅游资源共享，共同打造精品旅游线路，开展“交换冬天”等交流活动。在国家“一带一路”倡议构想的美好愿景下，内蒙古作为中国对接俄蒙重要节点地区，正在从各方面发挥其优势。11 月 9 日，主题为“祖国正北方，亮丽内蒙古”的走遍中国—内蒙古旅游万里巡回展在首站石家庄盛大启动。作为巡展的首站，此次活动不仅吸引了业内及全国范围的热切关注，同时也预示着内蒙古冬季旅游品牌

的全面建设和推广之旅由此正式开启。

（二）广播电视业

内蒙古自治区自2015年启动实施新闻出版广播影视固边工程以来，投资3.2亿元，新建数字书屋500个、广播电视户户通5.89万套、应急广播村村响终端1340套、应急广播控制平台18个、边境旗市区无线发射台站22个，配备数字放映机40台，支持城镇数字影院建设18个。固边工程有效保障了边境农牧民文化权益，增强边境地区的文化软实力，打造出了惠民利民、稳边固边的文化长城。2015年，内蒙古广播电视台广播电视安全播出保障能力明显提升，《新闻天天看》实现直播；《雷阵语》实现当天录制当天播出；《李乐在说》实现日播。全年广播9套频率共播出66 430小时，外出转播190多场，停播率为0秒/百小时。电视8套频道累计播出70 080小时，停播率为0.07秒/百小时，远远低于广电总局5秒/百小时的任务要求。转播车直播36场，录制136场。圆满完成自治区"两会""春节"、全国"两会"等重要播出期的各项安全播出任务。

广播电视覆盖面持续扩大。现已建成横贯东西部12个盟市、90多个旗县市区、全长近一万公里的光缆干线网，形成以发射台、转播台、差转台、卫星地面接收站为辐射的集发射、传输、接受多种功能综合运用的广播电视覆盖网。2015年广播、电视综合覆盖率和有线电视用户分别达到99.05%、99.1%和347.34万户，分别比2010年提高2.5%、3.7%和增加33.41万户。汉语广播电视节目通过卫星传输，已覆盖了全国及亚太53个国家和地区，蒙古语卫视每天播出18个多小时。

（三）演艺业

2015年，艺术扶持政策措施更加完善，自治区制定出台了《全台舞台艺术2015—2017年创作规划》和《自治区文化厅关于开展以"中国梦"为主题向社会力量征集优秀舞台剧本的通知》。按照"规划一批、扶持一批、推出一批"的原则，创作生产出《草原上的乌兰牧骑》《驼乡新传》等一批优秀新剧目。《烽火宁城》和《凤祥楼》参加全国"纪念中国人民抗日战争暨世界反法西斯战争胜利70周年优秀剧目巡演"。设立了艺术创作采风基地，开展了"深入生活、扎根人民"的主题实践活动。举办了全区蒙古语和汉语小戏小品比赛。

2015年，全区共有艺术表演团体演出3.91万场，比上年增长52.7%；国内观众1123万人次，下降36.9%；赴农村演出1.88万场，增长38.2%，赴农村演出场次占演出场次的48.1%，比重比上年减少5%；农村观众579万人次，比上年下降49%，占观众总人数的51.6%，比重比上年减少11.5%。总收入8.61亿元，比上年增长27.9%，其中演出收入0.72亿元，比上年增长22%。全年全区文化部门所属艺术表演团体共组织政府采购的公益演出0.53万场，比上年增长17.8%；观众374.5万人次，比上年增长17.6%。利用流动舞台车演出0.45万场次，比上年下降28.8%；观众249.2万人次，比上年下降2.1%。年末全区国有艺术表演场馆18个，观众座席数1.3万个。全年共举行艺术演出2580场，比上年增长478%，观众88.6万人次，比上年增长297%。

（四）新闻出版业

新闻出版实力明显提高。全区2015年图书出版3289种，出版6483万册，比2010年增长6.8%；各类期刊出版2081万册，比2010年增长44.8%；报纸发行32 814.97万份，比2010年增长21.3%。

推进国家蒙古文出版基地建设工程。通过国家和自治区两级财政投入，依托内蒙古独特深厚的历史、民族文化资源优势，把内蒙古建设成为集传统出版与数字出版于一体，出版与广播影视深度融合，立足内蒙古、面向八省区，服务全国、服务世界的国家级蒙古文编辑、出版、印刷、发行、交流中心。

各类新闻出版广播影视精品不断涌现。主要有《诺日吉玛》《乌珠穆沁的孩子》《遥远的锡林郭勒》《恩和森的电影人生》等电影、《安居》等电视剧、《蒙古族历史文化精品文库》《内蒙古历史文化丛书》及“百部实用蒙古文精品图书进牧户工程”“纳荷芽中蒙文化交流出版工程”等出版物，以及“中国梦·我的梦·活力内蒙古——听着歌声看草原”320 部网络微电影等。各级播出机构共播放主题公益广告 21 万余条次。组织评选了 36 件优秀广播电视公益广告作品，有 5 个优秀公益广告作品获总局公益扶持项目扶持资金 32.5 万元。积极申报“经典中国国际出版工程”“丝路书香工程”“中国文艺原创精品出版工程”、国家古籍整理出版等出版、翻译资助项目。

举办内蒙古 2015 年优秀出版物暨首届中国蒙古文出版物展，展出各种出版物 2 万余种，其中蒙古文出版物 5000 余种；在图书交易博览会上展出了《中国蒙古族服饰》《蒙古文学获奖作品集》等图书 3000 多种，是历届图书交易博览会参展规模较大的一次。

（五）文化会展业

近年来，内蒙古自治区旅游业发挥资源、区位和比较优势，抓住新常态带来的发展机遇，围绕建成体现草原文化、独具北疆特色的旅游观光、休闲度假基地的发展目标，大力实施旅游业发展“十大工程”，推出了国际草原文化节、旅游那达慕、蒙古族服装服饰艺术节、昭君文化节、“818”哲里木赛马节、阿尔山圣水节、阿拉善金秋胡杨节、河套文化节、满洲里中俄蒙三国交界地区旅游节暨三国选美大赛等 50 多个大型节庆活动。

2015 年 6 月 25 日，第十二届“中国·内蒙古草原文化节”在呼和浩特市开幕。草原文化节组织开展了民族电影展映、诗歌朗诵会、小戏小品专场演出、美术作品展、草原文化与创意产业展、微电影广播剧展映展播、交响乐作品音乐会等 13 个类别的文化活动。本次草原文化主题论坛延续了以往的主论坛和分论坛的举办形式，主论坛的主题为“草原文化与草原丝绸之路”，分论坛分别有草原文化与蒙医药分论坛、蒙文出版分论坛、“共鸣草原·内蒙古作曲家交响作品音乐会”分论坛。在闭幕式暨颁奖仪式上，颁发了第十一届内蒙古自治区文学创作“索龙嘎”奖和第十二届中国·内蒙古草原文化节展演入选剧（节）目奖及单项奖。

辽宁省

2015 年，辽宁省文化系统牢固树立以人民为中心的工作导向，着力打造优秀艺术精品、提升公共文化服务效能和质量、完善现代文化市场体系、构建优秀文化传承体系、加快全省文化产业发展、提高对外及对港澳台文化交流水平，为建设富庶文明幸福新辽宁营造良好的精神文化氛围。2015 年，全省文化产业及相关产业增加值为 651.2 亿元，占 GDP 的 2.27%。

一、2015 年文化产业发展总体情况

（一）文化体制改革稳步推进

2015 年，辽宁省进一步深化文化体制改革。制定《文化厅党组党风廉政建设主体责任和监督责任暂行规定》《文化厅机关选调人员规定》《文化厅机关公文管理办法》《文化厅机关印鉴档案管理办法》《文化厅机关经费使用管理办法》等制度。推进“事业单位分类改革、构建现代公共文化服务体系、实施重点文化惠民工程、推进地方戏曲振兴”等 5 项改革任务。组织开展全省文化系统调研工作，评选优秀调研报告 43 篇并汇编成书。2015 年，全省共有文化事业机构 11 741 个，文化事业人员 66 014 人。

（二）文化市场健康有序发展

2015 年，辽宁省大力推动文化市场繁荣发展。全面推进网吧转型升级，确定沈阳、大连、鞍山、锦州、葫芦岛 5 市为试点城市，全省共有新型网吧 600 余家，超过网吧总量的 10%。落实“先照后证”要求，规范审批程序，编印下发《文化市场行政审批办事指南业务手册》，出台《辽宁省文化市场综合执法说理式执法文书规范》，进一步强化文化市场监管，提升综合执法能力。全年审批 20 家演出机构，全省各地共审批各类文化经营场所 252 家，其中，上网服务场所 130 家。

（三）公共文化服务有效推进

2015 年，辽宁省各级政府大力推进公共文化服务均等化。截至 2015 年年底，全省共有文化馆、艺术馆 123 个，公共图书馆 129 个，博物馆 63 个，档案馆 153 个。省文化和旅游厅起草《辽宁省加快构建现代公共文化服务体系实施意见》《辽宁省推进基层综合性文化服务中建设实施意见》，提请省政府审议；省政府办公厅印发《省文化厅等部门关于政府向社会力量购买公共文化服务实施意见》；成立辽宁省公共文化服务体系建设协调组。9 月 7 日，辽宁省政府出台《关于推广运用政府和社会资

本合作模式的实施意见》，明确将按照“政府主导，市场运作；风险分担，互利共赢；试点先行，先易后难；积极稳妥，有序推进”的原则，改革创新公共服务供给机制和投入方式，引导鼓励社会资本积极参与公共服务领域投资运营，推广运用政府和社会资本合作（PPP）模式。

推动重大公共文化服务项目落地，加快公共文化基础设施建设与评定工作。盘锦市进入第三批国家公共文化服务体系示范区创建行列，辽阳灯塔市《燕州乡村大舞台》、朝阳市《凌河沿岸群众文化活动带建设》等 5 个项目被列入第三批国家公共文化服务体系示范创建项目。命名民间文化艺术之乡 3 个，文化先进乡镇（街道）40 个、文化先进村（社区）92 个。在全国第四次文化馆定级中，全省 6 个市群众艺术馆、52 个县（区）文化馆达到国家等级馆标准。

实施文化惠民工程。2015 年，“书香辽宁”首次被写入政府工作报告，惠民工程建设取得新成果。成功举办 2015 辽宁省群众文化节，围绕“植根沃土 · 铸梦辽宁”主题开展群众文化活动 500 余项，全省有 9 个市同时举办联动演出，历时 40 天，受益群众 180 万。省图书馆新馆试开馆三个多月，接待读者 40 余万人次。公布 705 部第三批省珍贵古籍名录和 2 个第三批省古籍重点保护单位，“中国文化网络电视”落户辽宁，文化共享频道播放视频节目 5472 小时，推送图文信息 13 950 条。

打造群众活动品牌。开展 2014 年度“七个一百”群众文化活动品牌评审，评选出特色群众文化活动基地、示范广场、群文之星等一批典型。流动文化服务多点推开。全省为厅直单位配备第一批流动文化服务用车 7 辆，省图书馆的“百万图书万里行”活动累计服务 589 个点次，流动图书馆外借 9 万人次、18 万册次。省非遗中心自办和与市县联办“流动传习所”活动 60 场。各市开展各类流动文化活动 6600 场。文化志愿服务取得新进展。开展“传递书香、见证成长”图书馆嘉年华系列志愿服务活动、“欢乐节日，爱我中华”节日纪念日文化志愿服务活动、“共享历史，感受快乐”博物馆志愿服务活动等。以文化志愿者为主体，开展送演出下乡镇、到社区、进军营活动 2600 多场，举办各种展览和讲座 1600 余次。

（四）重点项目培育力度加强

2015 年，辽宁省正式出台《辽宁省深入实施知识产权战略行动计划（2015—2020 年）》，计划到 2020 年，全面提升知识产权综合能力、自主创新能力和核心竞争力，努力形成一批具有自主知识产权、特色突出、核心竞争力较强的技术、产品和企业，促进产业结构的优化升级。加强项目、园区和基地管理。全省新开工及增容扩建文化产业项目 85 个，完成项目投资 155 亿元，争取国家专项资金 3640 余万元。5 家文化产业示范基地入选“中国文化产业园区 100 强”，列全国第四。4 个项目入选财政部、文化部 2015 年度文化金融合作项目库，获国家专项资金 2160 万元。截至 2015 年年底，全省省级文化产业示范（试验）园区达到 11 个、示范基地达到 46 个，各类国家级文化产业园区、基地达到 18 个。发布《辽宁省人民政府关于优化产业布局和结构调整的指导意见》，明确提出以市场化、产业化为导向，发挥重点行业对文化产业的支撑和拉动作用，重点发展文化创意、出版印刷、报刊发行、广播影视、演艺娱乐、网络媒体、文化旅游、动漫游戏、文化会展、工艺美术十大业态。加快推进文化与科技、旅游、设计、会展、特色农业、体育等相关产业全方位、深层次、宽领域融合发展，将文化产业打造成为重要的支柱产业。

（五）对外文化交流更加活跃

2015 年，辽宁省对外文化交流开辟新领域。话剧《祖传秘方》赴台参加纪念抗战胜利 70 周年交流演出。省图书馆首次走出国门，在俄罗斯国立图书馆举办“中国传统节日系列图片展”，获得广泛赞誉。引进美国、法国、德国、俄罗斯等文艺团体来辽宁演出，省博物馆举办《侯北人绘画作品展》

《拿破仑文物特展》。圆满完成南非“中国年”“中津建交35周年”访演任务。辽宁芭蕾舞团与约翰内斯堡芭蕾舞团联合排演的《天鹅湖》在约翰内斯堡和布隆方丹两个城市巡演33天21场。为庆祝中津建交35周年，辽宁芭蕾舞团赴哈拉雷访演，成为35年来首支踏入津巴布韦的中国芭蕾舞团。圆满完成辽宁省与墨西哥中国文化中心对口合作项目。组织文艺演出、非遗展览等文化交流团组5批79人次赴墨西哥中国文化中心开展文化交流，举办“辽宁省非物质文化遗产展览展示”、专业培训等交流活动。辽宁芭蕾舞团排演的《斯巴达克》赴墨参加第四十三届塞万提斯国际艺术节，并举办3场商业演出。由文化部外联局、辽宁省文化厅主办，大连市文广局等单位承办的“2015中非文化聚焦——舞狮培训班”在金州新区文化馆成功举办，首次对外国人举办中国传统文化培训。

二、2015年文化产业各行业发展基本情况

（一）新闻出版业

辽宁省全年出版报纸70种（不含校报），出版量达13.3亿份；期刊312种，出版量达0.88亿册；图书10 964种，新出版5806种，出版量达1.26亿册。2015年，辽宁省大力扶持新闻出版业龙头企业发展。6月，辽宁报业传媒集团旗下新媒体公司“北国传媒”在新三板正式挂牌。辽宁出版集团形成以内容服务和数字化发展为两大核心驱动力，以大出版、大发行、大教育、泛娱乐为支柱，文化金融、文化贸易、产业园等多元产业共生共融的发展战略体系。2015年，辽宁出版集团制定出台《全面深化改革、加快产业发展、实现二次创业的指导意见》，从集约管理、优化资源、强健主业等十三大板块68个方面确立做大、做强、做优的发展主轴，11个专项工作小组通过团队方式正加紧落地方案的制定。集团下属辽宁新华印务公司对全集团教材教辅、图书、期刊等的统一制版、统一印制业务顺利开展，面向教育、大众、专业市场的2016年第一批700余种出版物成功出版，印制总品种数比上年同期增长57.8%，增加教材印册239万册，同比增长24%。开发信息化基础资源管理平台项目和针对省域市场的在线教育资源整合平台项目；与三大运营商开展全方位数字版权战略合作计划、与主流电商平台开展线上营销体系建设计划、全员创客和全员营销建设计划全面铺开；列入国家财政专项资金扶持项目的十余项数据库出版、数字分销平台建设项目正按照集团发展新规划多点布局、互动推进。

（二）广播电视业

2015年，全省共有广播电视事业职工28 165人，广播电台4座，发射台及转播台37座，平均每天播音时间1861小时，年末广播人口覆盖率为99.00%，年广播节目制作时间为384 687小时。

2015年，全省电视台5座，电视发射及转播台209座，平均每周播出时间14 283小时，电视人口覆盖率为99.07%。全年电视节目制作时间为173 285小时，其中影视剧为1504小时。年末有线电视用户952.1万户，其中数字电视用户794.1万户。2015年，辽宁省继2014年解决全省8.1万户农村听广播、看电视问题后，全省各市又解决了3.7万户农民听广播、看电视的问题，全面完成“十二五”期间广播电视村村通建设任务。

2015年，全省电影产业规模增长迅猛，全年新增影院27家、银幕149块，影院总数达216家、银幕1257块，其中3D银幕1040块、IMAX和中国巨幕20块；产业规模比2014年增长14.3%，位列全国第八。全年全省票房收入达16.72亿元，占全国电影市场份额的3.9%，位列全国第八；票房年度增幅为50.4%，增长率列全国第二，实现了历史性突破。其中，10月票房最高，以单月1.87亿元的成绩刷新了历年纪录。从城市票房看，沈阳市以5.96亿元排名全国第十六，大连市以4.95亿元

排名全国第二十。大连市万达影城高新店全年票房达4837万元，居全省单体影院首位。2015年，全省国产影片发行成效喜人，全年国产影片票房达10.89亿元，占比65%。由北方联合影视集团投拍的故事片《为了这片土地》在全省二级市场放映1200余场，观众33万人次，票房超过1000万元。由北方联合影视集团投拍的电影纪录片《铁血残阳》被国家新闻出版广电总局列为纪念中国人民抗日战争暨世界反法西斯战争胜利70周年13部重点影片之一，并获得美国第十一届“中美电影节”纪录片“金天使奖”。

（三）演艺业

截至2015年年底，全省共有艺术表演团体23个，艺术表演场所26个。推进辽宁剧院联盟建设，大力促进民营演出发展，全省剧院联盟剧场达到31家，实现演出3600余场，票房收入近0.6亿元。重点扶持40家民营演出骨干企业，民营演出团体全年演出6万多场，收入3.66亿元。省内123家大型娱乐场所，共演出3万余场，收入1.58亿元。全省演艺娱乐业实现收入6.8亿元，比上年增长18%。

优秀剧目频出，创作演出一批抗战题材和现实题材的优秀剧目，特别是话剧《祖传秘方》《孔子》《大国工匠》《张鸣岐》，舞剧《梅兰芳》、歌剧《雪原》、芭蕾舞剧《八女投江》、评剧《风流屯》、满族风情歌舞《八旗山水谣》、音乐舞蹈史诗《昨天我们不会忘记》等剧目在省内外演出，广受好评。各地采取有效举措繁荣艺术创作，沈阳建立艺术专家评委会，大连成功举办三年一届的新人新剧目展演，锦州实施艺术精品创作生产工程。开展“深入生活，扎根人民”主题实践活动。2015年，全省各级艺术院团创作的优秀剧（节）目赴乡镇、企业、社区、学校、军营演出5700余场，观众近350万人次。组织全省中青年优秀编剧人才到鞍山市岫岩县开展采风活动，建立基层创作采风基地。辽芭被中央确定为高雅艺术进校园的全国两个地方院团之一，赴全国各地高校演出。辽宁歌剧院组织文化志愿者到军营、海岛为战士演出，收到良好社会效益。

振兴地方戏曲。组织开展评剧、辽剧、海城喇叭戏、铁岭秧歌剧、阜新蒙古剧等全省主要地方戏曲调研，按照国务院关于支持地方戏曲传承发展意见，出台《振兴辽宁地方戏曲实施意见》，明确振兴目标，提出9项任务和3项保障措施。举办“菊苑流芳——首届辽吉黑蒙四省区地方戏曲优秀剧目展演”活动，省直4家院团和沈阳市、大连市各3家院团与全省18家基层院团开展“结对子”活动，共同推动辽宁舞台艺术创作。

（四）动漫游戏业

推动动漫游戏产业发展。9家动漫企业入选国家动漫企业资源项目库，3个动漫企业被国家认定为文化出口重点企业。2个项目入选文化部弘扬社会主义核心价值观动漫扶持计划。成功举办中国（沈阳）动漫电玩博览会暨首届中国（沈阳）创意产业博览会，观众超过15万人次，交易额达1.8亿元。全省动漫游戏产业产值达66.15亿，比上年增长18.7%。

（五）工艺美术业

培育工艺美术业品牌。举办辽宁工艺精品文化节，鞍山岫玉、阜新玛瑙、本溪辽砚、朝阳紫砂、抚顺琥珀等品牌得到进一步发展。沈阳古玩城、鞍山文化大市场、抚顺文化大市场、锦州古玩城、阜新十家子玛瑙城等城市影响力不断扩大。大连大白鲨系列、朝阳紫陶项目、沈阳皇宫绒绣项目入选国家特色文化产业项目。工艺美术业实现收入58.69亿元，比上年增长22.3%。

（六）会展业

举办丰富多彩展会活动，全年会展交易额达到4300亿元。成功举办第六届中国东北文化产业博览交易会，东北三省、京津冀等600余个企业参展，现场单项签约额高达200亿元。全省共举办文化会展活动27个，交易额突破30亿元，比上年增长20%。成功举办第十届中国锦州古玩文化节和阜新玛瑙文化节，影响力不断扩大。文化会展业实现产值26.5亿元。

（七）文化旅游业

2015年，辽宁省发布新《辽宁省旅游条例》，完善旅游政策法规。全省全年接待国内外旅游者39 974.7万人次，其中接待国内旅游者39 710.7万人次，接待入境过夜旅游者264.0万人次。接待入境过夜旅游者中，外国人203.4万人次，港澳台同胞60.6万人次。全年旅游总收入3722.7亿元，其中国内旅游收入3622.7亿元，旅游外汇收入16.4亿美元。年末共有星级以上宾馆533家，其中五星级及以上宾馆27家，旅行社1354家。年末全省有国家A级旅游景区287个，其中5A级旅游景区4个。

吉林省

2015年，吉林省积极贯彻落实中央精神，把发展文化产业列入全省经济和社会发展规划，作为促进经济结构调整、提升吉林文化软实力的重要抓手，始终坚持把社会效益放在首位，实现社会效益和经济效益相统一。以改革促发展，以发展促改革，努力消除文化产业发展的体制机制障碍，吉林省的文化产业发展进入了快车道。

一、2015年文化产业发展总体情况

（一）文化市场建设有力推进

截至2015年年底，全省共有文化市场经营单位4465家，从业人员15 384人。其中娱乐场所1666家，从业人员7189人；互联网上网服务营业场所（网吧）2710家，从业人员7008人；非国有艺术表演团体9家，从业人员262人。资产总计28.60亿元，比上年增加2.74亿元，增长10.60%。营业收入12.48亿元，比上年增加0.28亿元，增长2.30%。利润总额4.80亿元，比上年减少0.31亿元，增长-6.07%。文化市场综合执法成果进一步巩固。印发《吉林省文化市场监管办法》。顺利实现文化市场技术监管与文化部平台数据的互联互通。积极引导上网服务场所转型升级，行业发展呈现良好态势。印发了《全省文化系统“四化融合”“三位一体”安全监管防控体系建设实施方案》。文化市场监管水平进一步提升。省文化厅连续七年被省政府评为全省安全生产工作先进集体。

（二）文化建设力度逐渐加大

2015年，中央和省补助全省文化文物事业专项资金7.8亿元，较上一年增长15%。其中，中央补助全省文化文物事业专项资金16项，共5.9亿元；省财政补助省本级及地方文化文物专项资金13项，共1.9亿元。财务运行管理更加规范，完善了《吉林省文化厅关于重大项目安排和大额资金使用事项决策制度》，资金使用效率进一步提高。文物保护方面，2015年，全省文化文物总收入26.99亿元（不含基建拨款），比上年增加了4.14亿元，增长11.88%，其中财政补助收入20.18亿元，比上年增加了2.91亿元，增长16.82%上级补助收入0.27亿元，比上年增加了0.01亿元，增长2.97%；事业收入0.77亿元，比上年增加了0.11亿元，增长16.05%；经营收入0.05亿元，比上年减少了0.0001亿元，增长-0.24%；其他收入5.72亿元，比上年增加了1.12亿元，增长24.37%。全省文化事业费20.18亿元（不含基建拨款），占财政支出3217.10亿元的比例为0.63%；人均文化事业经费56.81元，排全国第11位。

（三）骨干文化企业迅猛发展

长影集团、吉林东北亚出版传媒集团、吉视传媒股份有限公司3家大型国有骨干文化企业和2015年成立的吉林省互联网传媒股份有限公司成长迅速，产业优势明显，多元化发展势头强劲，是吉林省国有文化企业的代表。长影集团作为新中国电影摇篮，锐意改革，走出了一条电影创作和电影产业“双轮驱动、多元发展”之路。总资产由1997年年末的2.5亿元增长到2015年的130多亿元，增长了52倍。在文化体制改革中组建的吉林东北亚出版传媒集团已经发展成为主业突出、行业领先的现代出版企业集团。集团图书出版主业持续保持领先优势，市场占有率在2015年达到3.91%，排名连续5年居于全国第二位。吉版图书以良好的品质享誉业内，有21类94个项目荣获“五个一工程”奖、中华优秀出版物奖、鲁迅文学奖等多个重要奖项并入选国家重大项目。集团还全面启动数字出版工程，确定了整合资源和专业平台建设的数字出版发展战略，有3个项目入选财政部年度文化产业发展专项资金支持项目，6个项目入选国家新闻出版广电总局年度新闻出版改革发展项目库。吉视传媒股份有限公司作为吉林省首家上市文化类企业，在做强主业的同时坚持多产业、多元化发展。目前拥有全网覆盖有线电视用户688万户，60个分（子）公司，在北京、海南等地设有8家子公司。公司还确立了“建设跨区域、多元化经营的大型文化产业集团”战略目标，将业务扩展到房地产、艺术投资、影院建设、传媒业务等多个领域。

吉林省还积极推动民营文化企业发展，通过出台优惠政策、给予资金扶持，有力地促进了吉广传媒、宇平工艺、禹硕动漫等一批中小型民营文化企业迅速成长壮大，成为支撑吉林省文化产业发展的新兴力量。由吉林动画学院和吉林禹硕动漫游戏科技股份有限公司原创的吉林省首部3D动画电影《青蛙王国》在全国院线上映。以琵琶、古筝培训教育为代表的艺术培训业已形成规模。松花石产业在国内业界的影响不断扩大。

（四）文化资产资本化、证券化扎实推进

“十二五”期间，吉视传媒股份有限公司为吉林省文化企业实施资产资本化、证券化做出了有益探索，在吉林省文化产业发展进程中具有里程碑意义。吉视传媒成功上市后，省内多家文化企业也加快了资产资本化、证券化的步伐并取得了阶段性成果。长影集团通过资本运作，积极推进电影主业与电影产业上市工作，2016年电影产业上市有望取得实质性进展。在民营文化企业中，2015年9月吉林风雷网络科技有限责任公司在新三板挂牌，成为全国首家在新三板挂牌的地方性休闲网络游戏公司，也是吉林省首家在新三板挂牌的文化企业。吉林省差旅天下网络技术股份有限公司、吉林省旭海科技股份有限公司等也相继登陆新三板。

（五）以集聚融合打造特色品牌

截至2015年年底，吉林省共拥有1家国家级文化产业园区、11家国家级文化产业示范基地、9家省级文化产业重点园区，各地还建设了一批有地方特色的文化街区。这些园区、街区在推动文化产业集聚发展、文化与科技旅游等融合发展方面都发挥了重要作用，既孵化出了一批有影响力和有竞争力的文化企业，也创造出了可观的经济效益。吉林东北亚文化创意科技园、吉林动漫游戏原创产业园、吉林知和国际动漫产业园等年产值都在10亿元以上。敦化六鼎山文化旅游区成为吉林省首家文化旅游开发区，2015年获评国家5A级旅游景区。长白山国际旅游度假区正式投入运营，成为吉林省推进文化与旅游融合发展的典范。“十二五”期间，经过全省上下的不懈努力，吉林省文化产业形成了“长影”“吉版图书”“吉林期刊”“吉林电视剧”“吉林歌舞”等一批具有鲜明地方特色的文化产业

品牌。长影世纪城、吉广传媒、净月潭等一批知名品牌荣获“中国驰名商标”称号。

（六）对外文化交流日趋活跃

“走出去”成果丰硕。吉林省文艺团组以“吉风吉韵送吉祥”为主题，先后赴印度尼西亚、菲律宾、阿尔及利亚等地进行访问演出；圆满完成在朝鲜开展文化交流、在泰国举办“欢乐春节”、在法、德两国举办“感知中国——吉林文化周”和东北亚地区地方政府首脑会议暨“第十七届东北亚地区美术作品展”等演出、参展任务；大型歌舞晚会《雪韵春光》闭幕专场文艺演出，亮相“2015 中韩旅游年”，受到各界好评：成功组织省内文化企业参加“海峡两岸文化创意产业展”，成为吉林省与台湾文化交流的新平台。“引进来”异彩纷呈。美国、英国、俄罗斯、韩国及北京、上海等地优秀剧目相继与观众见面，丰富了省内群众的文化生活，促进了文化双向交流。成功举办歌剧《白毛女》长春站巡演活动，受到社会各界的高度赞誉。

二、2015 年文化产业各行业发展基本情况

（一）广播影视业

截至 2015 年年底，广播人口综合覆盖率达到 98.64%；电视人口综合覆盖率达到 98.76%。有线广播电视用户数为 595.06 万户，其中，数字电视用户数达到 541.56 万户。

2015 年，吉林城市院线市场放映场次 79.91 万场，比上年增长 57.40%；观众人次 2102 万，比上年增长 77.68%；票房收入 7.043 亿元，比上年增长 59.45%。平均票价 33.50 元，比上年回落 3.84 元。全年票房收入占全国城市院线票房的 1.60%，较上年提高了 0.1 个百分点，全国省、自治区、直辖市票房排名第 20，比上年上升 2 位。

全年 30 家影院票房超过 500 万元，比上年增加 12 家。其中，票房 1000 万元以上的影院 22 家，比上年增加 10 家；票房 3000 万元以上的影院 6 家。全年可统计票房影院 125 家，银幕 604 块，座位 97 353 个；其中，10 厅以上的影院 4 家，7 ~ 9 厅的影院 25 家，4 ~ 6 厅的影院 51 家，3 厅以下的影院 45 家。相比上年，影院增加 39 家，银幕增加 193 块。全省分布 15 条城市院线，比上年增加 2 条。其中 11 条院线旗下有票房 500 万元以上的影院，比上年增加 3 条。

吉林省票房前 3 院线及排名与上年相同。万达旗下影院 10 家，其中票房 500 万元以上的影院 8 家，票房占吉林市场的 45.96%，比上年下降了 5.95 个百分点。时代华夏今典旗下影院 2 家，其中票房 50 万元以上的影院 5 家，票房占吉林市场的 11.24%，比上年下降 2.87 个百分点。吉林吉影旗下影院 59 家，其中票房 500 万元以上的影院 4 家，票房占吉林市场的 8.12%，比上年提高 3.64 个百分点。上海联和、辽宁中影北方票房 500 万元以上影院合计票房占吉林市场份额较上年均有提高，票房排名分别由上年的第 7、第 6 升至第 4、第 5。

（二）新闻出版业

2015 年全年出版图书 2.69 万种（套），其中，新出 1.35 万种，定价总金额 41.88 亿元。报纸全年总印数为 8.35 亿份，定价总金额为 9.20 亿元。期刊全年总印数为 0.92 亿册，定价总金额为 5.54 亿元。

（三）演艺业

截至 2015 年年底，全省共有艺术院团 49 个，从业人员 2772 人，其中，省直艺术院团 4 个，从

业人员 654 人；各级文化部门管理的艺术院团 36 个，从业人员 1856 人；民间职业剧团 9 个，从业人员 262 人。

吉剧振兴工程深入推进。成立了吉剧音乐创作研究中心；创排了吉剧《吴亚琴》《关东草》；吉剧电影《大唐女巡按》在长首映并荣获第三十届中国电影金鸡奖“最佳戏曲片奖”，这是继 20 世纪 80 年代吉剧影片《桃李梅》《包公赔情》《燕青卖线》在国内外发行后吉剧影片又一次登上全国性平台，也是吉剧影片首次获得“金鸡奖最佳戏曲片奖”，为戏曲界赢得了荣誉。

舞台艺术影响力不断提升。成功举办吉林省首届交响音乐节、“吉林省第七届二人转·戏剧小品艺术节”、长白山森林音乐节等活动，“吉林省优秀戏曲剧目展演”在北京成功举办：朝鲜族唱剧《春香传》获得全国第四届少数民族戏剧汇演“优秀剧目奖”；《大山里的红灯笼》《长白山精灵》入选第八届全国优秀儿童剧展演。

（四）动漫业

动漫网游业快速发展。吉林风雷网络科技有限责任公司成功上市。有 4 名动漫人才加入“文化部动曼高端人才库”，有 5 个动漫重点项目被列入“国家动漫企业项目资源库”。2015 中国·吉林国际动漫游戏论坛在吉林动画学院召开，论坛邀请《盗梦空间》《雨果》特效总监米奥德拉格·科伦坡（Miodrag Colombo）、动画电影《快乐的大脚》首席动画师埃里克斯·怀特（Alex Weight）等近 20 位国际知名动漫游戏行业学者与专家，通过高规格、高水平、深层次的探讨与交流，加强动漫游戏人才培养与产业需求的对接能力，传递世界优秀动漫游戏作品的艺术魅力，进一步加强吉林与世界文化交流与合作，并推动民族动漫游戏教育和产业快速发展。

（五）文化旅游业

2015 年，全省接待国内外游客 14 130.90 万人次，比上年增长 16.4%。其中，接待国内游客 13 982.80 万人次，增长 16.5%；接待入境游客 148.10 万人次，增长 7.6%，其中，接待外国游客 129.21 万人次，增长 7.7%；港澳台同胞 18.90 万人次，增长 6.5%。全年旅游总收入 2315.17 亿元，增长 25.4%。其中，国内旅游收入 2269.55 亿元，增长 25.7%；旅游外汇收入 7.24 亿美元，增长 7.2%。截至 2015 年年末，全省有旅行社 1032 家，其中分社 308 家。星级以上饭店 215 家，其中五星级宾馆 5 家；全省拥有国家 A 级旅游景区 242 家，其中 5A 级旅游景区 5 家。

黑龙江省

2015年，全省文化产业增加值达542亿元。“十二五”期间年均增速20.88%，高于国家同期增速1.18个百分点，是全省同期GDP增速的2.5倍。

一、2015年文化产业发展总体情况

（一）文化市场建设有力推进

2015年，在全省范围内实现平台数字化运行，与文化部2个网络审批平台实现有效对接。同时推进了互联网上网服务行业转型升级，并先后开展安全消防应急演练172次，办班讲座187次。黑龙江省还开展了全省文化市场综合执法案卷评查工作，有18个重大案件参加全国案件评选，2份案卷分别被评为全国文化市场综合执法优秀案卷和规范案卷，4个案件被评为2014—2015年度全国文化市场重大案件。

截至2015年年底，全省文化市场经营单位6938个，比上年末减少1145个；其中坐落于城市的文化市场经营单位2640个，占38.1%；坐落于县城的文化市场经营单位3182个，占45.9%；坐落在县以下的文化市场经营单位1116个，占16.1%。文化市场经营单位从业人员共计23 217人，比上年减少4024人。全年实现营业总收入15.2亿元，营业利润5.2亿元。截至2015年年底，全省共有娱乐场所2637个，从业人员9911人，全年营业总收入5.3亿元，营业利润2.1亿元。截至2015年年底，全省共有互联网上网服务营业场所4243个，从业人员1.2万人，全年营业总收入8.8亿元，营业利润3.4亿元。

（二）文化项目建设取得进展

2015年，全省共有推进文化产业重点项目96个，完成投资79.9亿元，超出年初计划6.4亿元；18个文化企业争取中央文化产业发展专项资金7255万元，在建文化产业项目实际利用银行贷款超过12.5亿元。其中安排省级文化产业重点项目扶持资金1亿元，扶持奖励重点项目和重点文化企业共计30个。黑龙江文化金融服务中心建成28个项目，部分投入使用。文化产业从探索起步阶段进入平稳发展新时期，年末全省共有国家文化产业示范基地10个，文化产业增加值占GDP的比重上升到3.2%。年内全省拥有文化创意重点项目102个，建成投产40个，完成投资197亿元，使全省动漫企业达到14个，哈尔滨品格文化3D动画电影《008倒霉熊》等23个项目进入收尾阶段，有5个企业进入国家动漫企业项目资源库，1个被认定为国家动漫企业，雪娃文化《小豆豆成长记》入选国家弘

扬社会主义核心价值观优秀产品。

2015年，全省积极组织国家级文化项目申报，共获国家级艺术科研立项6项、国家社科基金青年项目2项、文化部科技创新项目1项。开展了全省艺术科研立项和优秀艺术科学规划项目申报评审工作，办理结题257项，取得艺术科研项目成果597个，申报数目质量和实用价值较上年又有明显提升。此外还开展了2015年度国家级项目中期检查，搭建了全省艺术科研网络平台。

（三）产业发展效益日趋显现

进一步明确了省属国有文化企业坚持“双效统一”的相关要求，树立正确的价值导向和激励方向，推动企业将“双效统一”体现到公司章程和各项规章制度中。“十二五”时期省属重点国有文化企业创作和生产了一大批文化精品，累计获得国家级奖项229个，充分发挥了思想引领、舆论导向、精神激励和文化支撑作用。截至2015年年底，全省共有从事文化产业活动的各类机构15.4万个、从业人员85.8万人，分别较2010年年底增长140.6%、145.1%，文化产业增加值占全省GDP的比重由2010年的2%提高到2015年的3.6%。

（四）文化遗产保护稳步推进

截至2015年年末，全省共有文物机构250个，其中文物保护管理机构86个，占34.4%；博物馆158个，占63.2%。截至2015年年底，全省文物机构从业人员2618人，同比减少173人。其中高级职称289人，占11.0%；中级职称570人，占21.8%。全省文物机构共有文物藏品77.3万件，比上年年底增加5.1万件，增长7.1%。其中，博物馆文物藏品69.5万件，占89.9%。文物藏品中，一级文物2866件，占0.3%；二级文物5962件，占0.7%；三级文物3.9万件，占5.1%。截至2015年年底，全省不可移动文物10 759处，其中国家级文物保护单位48处，省级文物保护单位361处，市县级2000处。

2015年，《黑龙江省非物质文化遗产条例》已步入立法程序。赫哲族伊玛堪、望奎皮影成功入选世界文化遗产名录，实现历史性突破，全省省级非物质文化遗产名录由145处增至252处。出台了《黑龙江省全国重点文物保护单位文物保护规划、保护工程申报及保护工程施工管理暂行规定》，共上报30项文物保护项目立项和技术方案，争取专项资金1.34亿元，同时争取国家文物保护专项资金4.03亿元。省级文物保护单位由191处增至361处，国家级重点文保单位由29处增至48处。全省更新推出6个抗战类博物馆、纪念馆基本陈列，举办25个抗战专题临时展览，使全省文物机构举办基本陈列达到381个，举办临时展览402个，接待参观2156万人次，比上年增长1.1%。其中未成年人664万人次，占参观总人数的30.8%。其中博物馆接待参观2100万人次，增长1.7%，占文物机构接待参观97.4%。有8个抗战专题展览列入国家文物局集中宣传推介展示名单。

2015年，全省68个非物质文化遗产保护机构共举办展览321次，比上年增长5.5%，参观人53.5万人次，比上年增长10.3%；举办演出542场，观众81.3万人次，分别比上年增长1.3%和34.4%；举办民俗活动315次，比上年增长12.1%，参与人20.2万人次，比上年增长42.3%。

（五）对外文化交流日趋活跃

2015年，黑龙江省研究出台了对外和对港澳台文化工作的政策文件，以对俄为重点，全方位推进对外文化交流。截至2015年年底，全省已连续6年举办中俄文化大集，并作为两国文化部和地方政府间交流项目，交流内容由文化向教育、旅游、体育等领域拓展，同时带动经贸合作升级，促使对俄文化交流向品牌化发展。到2015年，黑龙江已经连续4届举办黑龙江国际文化周，并以唯一省级部门身份承办中俄文化论坛——边境论坛主题论坛，呈现出活动地区从远东向欧洲拓展，边境城市与对岸城市交流活动日益丰富多彩等新的特点。2015 年全省累计派出 102 个文化交流团，出访 30 个国家和地区，完成了中共与俄共举办的“共同胜利的 70 年”纪念活动演出、“2015 哈巴罗夫斯克边区黑龙江日”演出展览任务和赴台展览演出任务。承办了省部合作项目文化部“欢乐春节”“一带一路”访演任务，并先后赴尼日利亚、波兰、匈牙利、蒙古国、毛里求斯等国家进行访演，展现了黑龙江精神，宣传了中华文化。黑龙江还举办了中苏抗日战争历史特别展和“共同的胜利”图片展，烘托人类社会和平、进步、发展等永恒主题。完成了 2015 年意大利米兰世博会中国馆“黑龙江日”经贸文化交流活动工作任务。

全省对台文化交流取得新进展。黑龙江艺术团随黑龙江省交流考察团赴台交流，完成了“黑龙江省冰雪民俗文化风情展”以及联谊演出等系列任务，以文化的独特魅力和人文交流的特殊作用，缩短了台湾与黑龙江民众间的距离。参与执行省政府高访团组接待任务，参加白俄罗斯维捷布斯克州州长、荷兰弗里斯兰省省长来访相关接待工作，并举行文化项目洽谈，收到良好成效。举办中俄图书馆学术研讨会，由省图书馆与俄罗斯远东国家科学图书馆签订长期战略合作意向书，加深了彼此合作和发展。省内各地也开展形式多样的文化交流活动。哈尔滨市成功举办“2015 首届哈尔滨中俄文化艺术交流周”活动，包括四大类 46 项文化活动持续开展近 4 个月；俄罗斯国立交响乐团、俄罗斯国家芭蕾舞团等世界级演出团体亮相冰城。牡丹江市举办东北亚区域文化艺术交流专场演出活动。鸡西市与俄罗斯远东国立艺术学院签署文化艺术友好交流协议，双方就建立中俄版画、油画创作培训交流中心，举办中俄版面油面联展和开展音乐艺术交流活动开展合作。

（六）文化事业投入不断增加

2015 年，全省共投入文化事业费 15.26 亿元，比上年增加 2.57 亿元，增长 21.9%，增速比上年提高 7.1 个百分点；文化事业费占财政总支出的比重为 0.36%，比上年提高 0.07 个百分点。全省人均文化事业费达到 40.03 元，比上年增加 7.4 元，增长 22.7%，有效推动了各项文化事业的发展。

2015 年，全省文物事业费达到 27 097 万元，比上年增加 1986 万元，增长 7.9%；文物事业费占财政总支出的比重为 0.1%，比上年略有提高，基本满足了文物事业发展的需要。受经济总量偏低和地方财力不足等影响，2015 年全省文化事业费排名全国第 23 位，比上年降低 1 位；人均群众文化业务活动专项经费 2.2 元，排名全国第 27 位，比上年降低 6 位。同时，部分文化活动规模相对较小。2015 年全省平均每万人拥有的公共图书馆建筑面积 76.6 平方米，排名全国第 22 位，比上年降低 1 位；艺术表演团体国内演出观众人次 328 万人次，排名全国第 31 位，比上年降低 1 位；博物馆参观总人次 2092 万人次，排名全国第 16 位，比上年降低 1 位。文化市场经营机构和文化部门艺术表演团体经营状况仍不乐观。2015 年，全省文化市场主要受商事制度改革、经营许可和监管纳入网络管理等影响，经营机构和从业人员数量双双降低，分别比上年减少 14.2% 和 14.8%，进而使全省文化文物机构和从业人员分别比上年减少 1.6% 和 0.6%；文化部门艺术表演团体经费自给率（事业）为 4.5%，排名全国第 31 位，比上年降低 1 位。

二、2015 年文化产业各行业发展基本情况

（一）广播影视业

2015 年，黑龙江城市院线市场放映场次 82.41 万场，比上年增长 75.19%；观众人次 2194 万，比上年增长 83.44%；票房收入 7.597 亿元，比上年增长 69.50%。平均票价 34.63 元，比上年回落 2.84 元。

全年票房收入占全国城市院线票房的 1.73%，比上年提高 0.21 个百分点，全国省、自治区、直辖市票房排名 19，比上年上升 1 位。

2015 年，全省可统计票房影院 142 家，银幕 638 块，座位 81 872 个；其中，10 厅以上的影院 6 家，7 ~ 9 厅的影院 22 家，4 ~ 6 厅的影院 51 家，3 厅以下的影院 63 家。相比上年，影院增加 49 家，银幕增加 241 块。全省分布 18 条城市院线，比上年增加 5 条；其中 10 条院线旗下有 50 万元以上的票房影院，比上年增加 3 条。黑龙江省票房前 6 院线及名次与上年相同，票房份额所有变化。万达旗下影院 8 家，其中 7 家影院票房在 500 万元以上，票房占黑龙江市场的 34.45%，比上年下降 12.54 个百分点。辽宁中影北方旗下影院 11 家，其中票房 500 万元以上的影院 5 家，票房占黑龙江市场的 14.18%，比上年下降 0.96 个百分点。中影数字旗下影院 30 家，其中票房 500 万元以上的影院 6 家，票房占黑龙江市场的 11.56%，比上年提高 3.88 个百分点。北京新影联旗下影院 11 家，其中票房 500 万元以上的影院 5 家，票房占黑龙江市场的 10.50%，比上年提高 2.88 个百分点。广东大地旗下影院 16 家，其中票房 500 万元以上的影院 6 家，票房占黑龙江市场的 8.62%，比上年提高 4.77 个百分点。

（二）演艺业

2015 年，全省共有艺术表演团体 51 个，比上年增加 12 个，增加剧团均为其他部门剧团，其中各级文化部门国有艺术表演团体 28 个，占 54.9%。全省艺术表演团体从业人员 3393 人，比上年增加 120 人；其中具有高级职称的人员 1025 人，占 32.7%：具有中级职称的人员 958 人，占 30.5%；各级文化部门国有艺术表演团体从业人员 3138 人，占 92.5%。

2015 年，全省新创作 40 余部具有较高艺术水准的文艺作品，其中 2 部获中宣部“五个一工程”奖，3 部剧目入选国家舞台艺术精品工程 30 台剧目，京剧《月照塞北》等多部剧目获文华奖，另有 30 部剧目和一批美术、舞蹈、杂技项目及十余位艺术家获得国家级奖项。年内全省有 2 人获中国戏剧“梅花奖”，并成功申报 18 个项目入选国家艺术基金扶持项目，获支持资金 1826 万元。

2015 年内全省艺术表演团体共演出 7810 场，比上年增长 37.7%，其中赴农村演出 1690 场，增长 29%，占总演出场次的 21.6%；国内观众 327.6 万人次，增长 5.4%，其中农村观众 16.9 万人次，增长 12.6%。艺术表演团体总收入 44 434 万元，比上年增长 28.3%，其中演出收入 2769 万元，增长 45.6%。

（三）文化旅游业

2015 年，黑龙江省共接待游客 1.3 亿人次，同比增长 21.89%；实现旅游业总收入 1361.43 亿元，同比增长 27.7%。其中国内游客 1.29 亿人次，旅游收入 1337.02 亿元，同比分别增长 22.74% 和 29.62%。

2015 年，全省冰雪旅游产业表现良好，亚布力滑雪旅游度假区 2015 年 11 月 16 日开园至 2016 年 1 月 9 日，累计接待游客 12.46 万人，旅游收入 1946 万元，同比分别增长 24% 和 46%；伊春今冬旅游景区共接待游客 25 万人次，较上年翻了 1 倍，以华北、华东为代表的省外客源占 40% 左右；最为火热的桃山、铁力两个旅游区，接待游客近 10 万人次，同比翻 2 倍；牡丹江 1483.28 万人，同比增长 26%，旅游收入 93.14 亿元，同比增长 35.1%；大庆 1603 万人次，同比增长 20%，旅游收入 96.1 亿元，同比增长 27.6%；截至 2016 年 1 月 10 日，齐齐哈尔重点景区累计接待游客 35 万人次，旅游收入 1.8 亿元，同比增长 15.8%。2015 年冬，全省 9 个旅游热门目的地旅游人数全面增长。

2015 年，全省旅游业注重强化营销，增加产品供给，高标准开展旅游产品开发和营销，举办了百强旅行社和全国重点旅行社推介会、湿地论坛暨夏季生态旅游产品推介会、夏季和冬季旅游 12 省

16 站巡回推介活动、中国旅游产业发展年会暨冰雪旅游峰会，通过各类活动加强对俄、韩、美以及港澳台地区旅游交流合作，大力推介黑龙江特色旅游产品、重点旅游景区和重点旅游招商项目。与知名网站、旅游类 App 运营商、媒体等开展深度合作，线上线下结合，全方位精准营销旅游产品，满足游客多样化消费需求。围绕打造“冰雪之冠·黑龙江”“避暑胜地·畅爽龙江”形象品牌，夏季推出了 4 条精品旅游线路，冬季推出了 5 条精品旅游线路，冰雪大世界、亚布力、雪乡等重点景区收入大幅增长。投资 104.6 亿元，建设了 76 个亿元以上重点旅游产业项目。

上海市

2015年，上海文化产业实现增加值1632.68亿元，同比增长8.1%，增幅高出同期地区生产总值1.2个百分点；占地区生产总值比重为6.50%，占我国文化及相关产业比重的6%。文化产业成为上海的支柱性产业之一。

一、2015年文化产业发展总体情况

（一）文化产业结构不断升级

2015年，文化产业作为上海的支柱性产业之一，对促进上海市总体经济社会发展“稳中有进，稳中向好”起到了重要的支撑作用，并成为深化上海供给侧结构性改革的重要助推力量。在产业结构方面，上海文化产业十大门类呈现“三级梯度”的结构性上升。

首先，以文化软件服务、广告服务、设计服务为主的文化创意和设计服务、文化信息传输服务等新兴文化产业呈现快速增长，同时，“互联网+”的效应正在全面释放，成为文化产业融合发展巨大的推动力量。2015年，文化创意和设计服务实现增加值789.43亿元，占文化产业增加值的48%，同比增长10.3%。文化信息传输服务实现增加值208.49亿元，占文化产业增加值的12.8%，同比增长28%。

其次，传统文化产业转型升级成效明显。新闻出版发行服务实现增加值36.84亿元，占文化产业增加值的2.3%，同比增长3.6%。广播电视电影服务实现增加值54.92亿元，占文化产业增加值的3.4%，同比增长12.7%。工艺美术品生产实现增加值59.25亿元，占文化产业增加值的3.6%，同比增长14.9%。再次文化休闲娱乐等生活服务领域增速有所放缓。文化休闲娱乐服务实现增加值31.46亿元，占文化产业增加值的2%，同比增长2.5%。文化艺术服务实现增加值52.09亿元，占文化产业增加值的3.2%，同比增长6.0%，较之2013年和2014年的增长势头，增速呈现放缓趋势。

（二）文化贸易总量持续扩大

2015年，上海市文化产品和服务进出口总额为90.63亿美元，同比增长8.63%，总量规模持续扩大。其中，文化产品进出口额53.19亿美元，同比增长4.72%；文化服务进出口额37.44亿美元，同比增长14.70%。特别是文化专用设备、文化和娱乐服务、广告服务等领域，增幅均超过10%；其中，视听和相关服务进出口额比2014年大幅增长111.51%。2015年，上海市文化产品和服务的进口额为45.30亿美元，出口额为45.33亿美元，进出口额基本持平。上海对外文化贸易出口，由依靠文化用品出口为主逐步转变为文化服务贸易中的文化和娱乐服务、广告服务等高附加值领域。与上海开展文

化产品进出口业务较多的国家和地区是美国、韩国、日本、中国香港、意大利、法国、德国、新加坡、英国、中国台湾、加拿大、澳大利亚等，占进出口总额的57.45%。

在对外文化交流方面，2015年，上海市对外文化交流协会共主（合）办各类对外文化交流项目59项，其中文化艺术类46项，人文、科技类13项。以“汇聚世界文化精品和中华文化精粹”为主题，积极引进和举办国内外优秀文化展演，以丰富市民精神文化生活，并推动上海文化大都市的建设。总体来看，上海立足国际文化大都市建设目标，加快文化贸易发展新布局，聚焦版权贸易、电影产业、艺术品交易、游戏动漫产业和会展行业五大重点领域，国际化产业合作的深度和广度不断拓展，全球文化资源配置能力显著增强。

（三）文化治理模式持续创新

2015年，上海市出台《上海市贯彻〈关于加快构建现代公共文化服务体系的意见〉的实施意见》，并配套印发《上海市基本公共文化服务实施标准（2015—2020年）》。成立上海市民文化协会。为加强基层公共文化建设、丰富公共文化内容供给，激发社会力量广泛参与，印发《关于推进上海市社区文化活动中心社会化专业化管理的工作方案》及其服务标准、参考流程等配套文件。推荐发布首批101个公共文化建设创新项目，引导全社会积极参与公共文化建设。完成全市“十二五”公共文化网络设施建设，实现所有街镇和大型居住区全覆盖。

同时，举办各项市民文化节各项市民文化赛事和活动。推动公共文化均衡发展，完善全市公共文化资源三级配送体系，继续加大向远郊地区的倾斜力度，保基本，促均衡。上海市东方公共文化资源配送服务平台共配送演出1192场，东方讲坛讲座687场，社区文艺指导员13 000人次，农村数字电影41 824场，信息化公共文化活动服务项目60 973项，惠及群众1233.9万人次。完成公共文化人才“三年万人培训计划”。大力推进公共文化数字化建设。印发工作方案和建设标准等文件，指导各区县、市级公共文化机构稳步实施“文化上海云”各子平台建设，覆盖10个区县。全市有线数字电视整转用户数达到605.4万户，整转率达到92.4%；NGB覆盖用户数达到683.5万户，覆盖率达到97.45%。

（四）文化市场活力进一步释放

2015年，上海市积极推进文化与金融、科技、教育、旅游等融合发展。探索艺术品金融化运作，支持上海自贸试验区文化艺术产业的标杆企业与上海银行建立战略合作伙伴关系。与文化部对接，开展建立上海文化金融合作试验区前期准备工作，推动虹口区申报“国家文化金融合作实验区”，促成美国电影金融公司（FFI）落户上海自贸试验区注册。上海博物馆文物保护科技中心挂牌。中国数字音频广播（CDR）试验、超高清电视（UHDTV）、自贸区高科技文化装备应用示范中心建设等文科结合项目取得进展。实施《上海文化旅游合作发展三年推进计划（2013—2015年）》，与上海市旅游局等联手推出《文化旅游空间服务质量要求》商业体上海标准。促进影视、动漫、艺术品交易等重点产业发展。出台《关于促进上海电影发展若干政策》实施细则，完成电影专项资金评审公示，并建立电影专项资金专家评审库。出台关于促进环上大国际影视产业园区发展专项扶持政策，为园区内企业提供上市融资、人才建设等六大领域发展支持。吸引更多电影创作主体和人才来沪发展，腾讯、阿里、优酷土豆等互联网巨头纷纷在沪成立影视公司或开展项目合作。

2015年12月29日，国务院批复的《上海市开展“证照”分离改革试点总体方案》同意在上海市浦东新区开展“证照分离”改革试点，其中涉及文化产业的共计32项，包含出版、影视、演艺、拍卖、广告及旅游等行业，自贸试验区再次成为政策试点的主战场。

（五）文化节庆活动精彩纷呈

2015年4月15日，劳伦斯世界体育颁奖典礼在上海举行，吸引了国内外118家媒体机构的576名中外记者和电视转播人员抵沪报道，颁奖典礼在177个国家或地区进行播出，覆盖人群超过10亿。第十八届上海国际电影节立足“亚洲、华语、新人”定位，推动产业发展，扶持电影新人。电影节报名影片再次刷新历史纪录，首次举办成龙动作电影周和互联网电影嘉年华活动，并精心策划“纪念抗战暨反法西斯战争胜利70周年”“丝绸之路风貌”“金砖五国焦点”等影展，传播主流、多元价值观。第二十一届上海电视节首次设立国内综艺节目奖，影视两节市场和论坛继续集聚产业链各环节优秀企业，推动广泛、多元的业界合作。第十七届中国上海国际艺术节在节目内容策划上坚持国际性、经典性、创新性，紧紧围绕纪念抗战暨反法西斯战争胜利70周年、“一带一路”建设、支持戏曲传承发展等主题，集聚高品质、有特色的全球舞台艺术精品，力推原创新作，提升“艺术天空”和艺术教育联动，覆盖全市打造没有围墙的剧院。55个国家和中国港澳台地区以及27个省、自治区、直辖市近5000名艺术工作者相约申城，420多万人次参与其中，真正做到“好节目集中，好节目惠民”。继续实施《营造城市文化氛围三年行动计划》。文化陆家嘴活动形成一批固定化、品牌化、针对年轻白领的艺术活动品牌，并扩大辐射范围，升级成“文化陆家嘴”。完成“地铁音乐角”“纪念闵惠芬专场演出”“纪念周信芳专场演出”等演出，完成“国色京韵”等地铁文化列车项目。与市规划国土资源局合作打造“2015上海城市空间艺术季”。

二、2015年文化产业各行业发展基本情况

（一）广播影视业

2015年，上海有公共电视节目25套（其中市级16套、区县级9套），有线数字付费频道15套，公共电视全年播出时间178 409小时；有公共广播节目21套，付费广播1套，公共广播全年播出时间136 049小时。上海有线广播电视传输网络干线总长55 035公里，广播、电视综合人口覆盖率均达100%。上海有线广播电视实际用户数745.5万户，全市有线电视入户率为140%。2015年上海付费数字电视用户155.8万户，比上年增长2.4%。全年广播电视实际创收收入442.1亿元，比上年增长42.3%。其中，广告收入141.7亿元，有线网络收入34.7亿元，广播电视节目销售收入18.4亿元，其他收入247.3亿元。上海市广播电视从业人员32 053人，其中研究生及以上学历2340人，本科及大专学历22 885人，高中及以下学历6828人，分别占总数的7.3%、71.4%和21.3%。

2015年，上海共播出电视剧993部37 476集（播出部数和集数分别比上年下降16.6%和11.8%），其中进口电视剧13部367集（播出部数和集数分别比上年下降66.7%和62.1%）；全年动画电视播出14 263小时（比上年下降2%），其中进口动画片1400小时（比上年下降42.1%）。2015年，上海新建影院24家、新增银幕155块、新增座位19 760个，全市影院总数217家，银幕总数1090块，座位总数171 509个。全年电影票房29.4亿元、放映场次190.15万场、观影人次6809.77万人次，比上年分别增长44.72%、27.27%和47.14%。

年内《关于促进上海电影发展的若干政策》实施细则开始施行。上海电影发展专项资金共资助或奖励37个电影创作项目，总金额达11 750万元。上海电影创作迎来新一轮的增长。数据显示，2015年上海备案电影283部，比2014年的192部增长47.4%；出品完成片44部，比2014年的36部增长22.2%；22部上海出品影片进入院线上映，总票房近10亿元，比2014年的3.6亿元增长178%。全年上映9部动画电影，总票房4.5亿元，占全国国产动画电影总票房的五分之一。同时，上海市利用

政策洼地效应，以环上大影视产业园区为契机吸引了麒麟影业、亚洲传媒、奥飞影业、翡翠东方、海颂传媒、米粒影业等 40 多家优质企业入驻。2015 年，全市电影制片公司共有 193 家，比 2014 年新增 47 家。2015 年 1 月，FFI（美国电影金融公司）完片担保公司落户自贸区，同时，上海推动建立了符合国际最高声音制作标准的立鼎影视后期制作中心，填补国内影视后期制作关键技术空白。

电视剧方面，中国（上海）网络视听产业基地重点打造包括节目交易、集群渲染、高清编辑等在内的公共服务平台。举办“2015 上海影视四季沙龙”活动，指导上海影视摄制服务机构为各类来沪影视拍摄主体提供咨询、协调服务，编制完成《上海影视摄制指南（2015 版）》并正式发布。2015 年，著名军旅艺术家策划、监制的抗战题材电视剧《铁血淞沪》，王丽萍编剧的《大好时光》等项目被国家新闻出版广电总局评定为优秀国产电视剧剧本扶持引导项目；上影集团创作人才中心编剧何晴创作的两部电视剧《小别离》《保姆李夏》与上海本地影视公司达成合作；在“2015 年上海影视四季沙龙·春夏”上，王丽萍与《甄嬛传》《芈月传》的总导演郑晓龙宣布合作。

（二）新闻出版业

2015 年，上海新闻出版业实现营业收入 1815 亿元，比上年增长 5.4%。共有报纸 98 种。其中，合类报纸 12 种，行业专业类报纸 86 种。营业收入排名前五位的是《上海证券报》《新民晚报》《解放日报》《新闻晨报》《第一财经日报》；利润总额排名前五位的是《上海证券报》《解放日报》《报刊文摘》《上海老年报》《少年日报》。6 种报纸实现利润超过 300 万元。出版方面，主要抓主题出版和精品生产，《犹太人在上海》《东京审判》出版工程（第二期、第三期）等 8 种图书入选中宣部和国家新闻出版广电总局纪念中国人民抗日战争暨世界反法西斯战争胜利 70 周年主题出版物目录。《中国新觉醒》等 5 种图书入选国家新闻出版广电总局 2015 年主题出版重点出版物选题；《中国协商民主的逻辑》被评选为第六届优秀通俗理论读物。上海文艺出版社《繁花》《江南三部曲》获第九届茅盾文学奖。阅文集团旗下网站网络文学《完美世界》《斗兽》等 7 部作品入选 2015 年中国作协重点作品扶持项目。多语种版《习近平谈治国理政》海外推广进入 17 个国家或地区的 400 余家书店；实施“上海翻译出版促进计划”，4 种图书获资助。评选 2015 年度“中国最美的书”，其中 2 本图书分别获“世界最美的书”金奖、铜奖。数字出版产业发展迅速，年内新增互联网出版单位 13 家；上海外语教育出版社、新民晚报社和青年报社获国家新闻出版广电总局第二批数字出版转型示范单位称号；中国文化大系多媒体数字文库等 20 个项目获财政部文化产业发展专项资金支持；“文教结合—优势课程数字化开发与应用项目（一期）”基本建成。

（三）演艺业

截至 2015 年年底，上海市共有各类演出主体 1299 家，比上年增长 37%，其中民营主体占 88%。民营主体成为推动上海演艺产业发展的重要力量。全年全市各剧场共举办演出 13 110 场，观众 851 万人次。中心城区 20 余家剧场演出场次超 6000 场。18 家市级国有院团新创（含改编）大型作品 58 部。全年共完成演出场次 10 494 场，演出收入合计 2.21 亿元，观众 447.16 万人次。全年全市文艺院团、艺术院校获得国际以及国家级、省市级重要奖项 260 项。

其中，上海京剧院的京剧电影《霸王别姬》获国际 3D 先进影像协会“金卢米埃尔奖”，上海木偶剧团海派木偶剧《偶·韵》获第四届俄罗斯鄂木斯克“金小丑”国际木偶艺术节“评委会特别奖”，大型多媒体皮影戏《花木兰》获第四届全国木偶皮影剧（节）目展演“最佳剧目奖”“编剧奖”“舞台美术奖”“造型设计奖”，皮影戏《花木兰》、京剧电影《霸王别姬》、京剧《金缕曲》《春秋二胥》、话剧《老大》、越剧《双飞翼》等分别获上海市文艺创作“精品”“优品”及“优秀单项成果奖”；华雯获第二十七届中国戏剧梅花奖，焦晃获上海文艺家“荣誉奖”，金喜全、吴双获第二十七届中国戏剧“梅花奖”，蔡金萍、宋茹惠、符冲等一批活跃在创作演出一线的艺术工作者获“上海优秀文艺工作者”称号，著名戏曲导演马科获第二十五届上海白玉兰戏剧表演艺术奖“特殊贡献奖”，熊明霞等一批优秀中青年演员获第二十五届上海白玉兰戏剧表演艺术奖“主角奖”和“配角奖”。

（四）动漫业

2015 年度，在文化产业大发展大繁荣、互联网产业迅速崛起的大背景下，上海动漫产业涌现出了新的亮点：动画电影快速发展，占据上海出品电影总票房的半壁江山；动漫原创能力进一步提高，各类精品项目陆续涌现，且有多部作品获得各类国家级奖项；动漫企业紧跟“一带一路”倡议抢占发展先机；互联网与动漫二者的结合引发了“二次元”文化的空前热度。2015 年度，全国电影院线上映的国内原创动画电影共 51 部，电影票房 22.5 亿元，其中上海动漫企业制作的动画电影有 10 部，票房合计 4.5 亿元，分占全国上映数量及总票房的 19.6% 和 20%。在上海出品的电影票房前十强中，动画电影占 6 席，票房占比 46%。上海动漫在原创方面再度发力，创作出一批兼具思想性、艺术性及社会价值的优秀作品。在漫画方面，京鼎动漫的《大中华寻宝记》系列又新增了出版了《湖南寻宝记》和《广东寻宝记》两册，已实现对 18 个省市的覆盖，通过生动可爱的动漫形象向少年儿童展示了祖国的历史、地理、人文与艺术。

2015 年，上海大力响应“一带一路”倡议的号召，推动上海动漫产业与“一带一路”国家和地区的深度交流与合作。在首届沪疆动漫产业对接会上，上海的 10 家知名动漫企业与新疆的 14 家优秀动漫企业交流了企业发展情况和合作需求意向。除新疆外，上海还将加大了与泰国动漫产业的合作力度。第十一届中国国际动漫游戏博览会特别开辟了泰国馆，集中展示泰国优秀的动漫企业及作品，河马动画等本土优秀企业与泰国同行进行了深度交流。

随着动漫产业的不断发展以及互联网文化热度的不断提升，2015 年“二次元”文化已成为大众文化中的流行词汇。从上海来看，一是以“Bilibili（简称 B 站）”“ACFUN（简称 A 站）”“有妖气”为代表的二次元文化公司逐步发展壮大。以 B 站为例，经过六年的发展，不仅将“弹幕文化”在国内发扬光大，还将业务领域延伸到网游联运、线下演出、线下旅游及动漫内容原创方面。二是二次元文化活动日益兴盛。2015 年度上海就有 CCG、Y3、Animeparty、C1omicup 等十余个规模型动漫展会举办。其中，中国国际动漫游戏博览会是一年一度规模最大的二次元文化盛会。2015 年度为期 5 天的 CCG 共吸引观众 20.3 万（普通观众 17.6 万，专业观众 2.7 万），现场动漫游戏周边产品零售额达 9100 万元，折合观众现场人均消费 500 元。迪士尼、东方梦工厂、日本万代等 300 余家展商参展，达成商务意向交易金额逾 20.8 亿元。

（五）游戏业

2015 年，上海具有网络游戏运营资质的企业 560 家，网络游戏产业总产值 360 亿元，占全国网络游戏总产值近 1/3。2015 年中国十大游戏品牌企业排行榜上，盛大游戏、巨人网络等 4 家上海本土企业入选，而其他外省市大型互联网企业例如腾讯游戏、网易游戏、完美世界也同步加快在上海的布局。从产业规模上看，2015 年上海网络游戏产业规模同比增长 18.4%，维持较高增长率，市场规模进一步扩大。其中，客户端游戏为 154.8 亿元，市场份额占比 43%，网页游戏为 129.6 亿元，市场份额占比 36%，客户端游戏与网页游戏仍是上海网游市场主流，但总体市场份额有所下降。相比之下，手机端等移动游戏因其进入门槛低、开发周期短、运营成本低、吸金速度快等特点，成为推动上海网游产业增长的新驱动力。2015 年，上海移动游戏产值达 75.6 亿元，同比增长 152.9%。盛大游戏开发的《热血传奇手机版》《超级地域之光》稳居苹果 App Store 畅销榜前列。2015 年，上海已有 4000 余个开发移动游戏的小微企业或者工作室。

随着市场规模的稳步增长，上海网络游戏产业在自主研发与海外出口市场拓展上形成了自己的优势和特色。上海网游企业累计拥有自主知识产权的网络游戏 1710 件。国产游戏运营收入达 223.2 亿元，占 2015 年上海游戏市场实际销售收入的 62%。游戏产品的内容创意、技术含量及制作精度均有显著提升，骨干网游企业普遍设立了独立研发团队，如巨人网络在上海和成都的研发基地拥有研发人员近千人，研发投入每年递增，为创业团队提供了完善的技术支持和足够的资金扶持。2015 年上海企业研发的国产游戏出口达到 53 件，游族网络等网游企业积极参与国际项目投资，参与出资 9600 万日元认购日本电动跑车项目、投资 100 万美金投资以色列专注 AR 技术的企业 Wakingapp ltd，投资 1100 万欧元认购中德并购基金，盛大网络在德国、韩国、新加坡等国家也成立独资子公司。

（六）广告业

2015 年，对 4627 家规模以上和重点类型广告经营单位的统计结果显示，全市广告营业收入为 1679.78 亿元（其中应税经营额 489.66 亿元，同口径下占全国总量的 8.2%），比上年增长 1.81%。广告业增加值 324.23 亿元，比上年增长 2.81%，约占全市生产总值 1.3%。约占全市第三产业增加值的 1.92%。至年底，上海共有广告经营单位 159 298 家，比上年增加 39 676 家，增幅 33.2%。其中主营广告单位 41 602 家，比上年增长 18%；兼营广告单位 117 696 家（其中从事广告业务的网站经营单位 10 815 家），比上年增长 39.5%。外商投资广告企业 492 家，比上年增长 39.8%。全市广告从业人员 32.3 万人，比上年增长 10.2%。

2015 年，主营广告企业的利润率比上年微增 0.1 个百分点；传统媒介单位的利润率进一步下跌，比上年下降 6.2 个百分点。其他兼营广告企业的利润率比上年下降 25 个百分点；广告业整体平均利润率比上年下降 1.5 个百分点。全市互联网媒介经营单位广告营业收入 71.83 亿元，比上年增长 18.8%。在电视、广播、报纸、期刊和互联网五类大众传播媒介的广告营业收入份额中，互联网媒体广告的份额由上年的 42.3% 上升至 2015 年的 48.8%。电视、广播、报纸、期刊四大传统媒体广告营业收入总体下降，总计 75.36 亿元，比上年减少 7.65 亿元，降幅 9.2%。

从区域分布情况分析，全市广告业态继续保持核心商务区外商投资企业集中、城郊区域内资企业居多的总体布局，其中上海自贸试验区广告企业注册数量依旧保持 2.16 倍的高速增长，实行外商投资广告企业项目由审批改为备案的改革创新，复制到全国。全市区县按照广告营业收入排序，前九位分别是原静安、徐汇、嘉定、浦东新区、长宁、崇明、虹口、闵行和黄浦，均超过 50 亿元。这 9 个区县的广告营业收入合计占全市总量的 86.5%，其中广告营业收入超过 100 亿元的前 6 位，收入合计占全市总量的 69.6%。与上年相比，广告营业收入居前三位的区域中，原静安大幅增长 29%，跃居第一；徐汇比上年下降 33%，退居第二；嘉定则继续保持前三名中的最大增幅 39%，位列第三。全市范围内，上海自贸试验区扩区后，广告营收增长 8.85 倍；普陀、杨浦和闵行广告营收增幅明显，分别达到 77%、66% 和 27%；宝山、青浦和原闸北的广告营收则下跌显著，降幅分别达 31%、20% 和 18%。

（七）会展业

2015 年，上海举办各类展会项目 749 个（含子项目 851 个），比上年下降 2.6%；展览展出总面积 1513.2 万平方米，比上年上升 18.29%。年内，国家会展中心全面投入使用，上海主要展馆可供展览面积和室内展馆面积双双翻倍，分别达 100 万平方米和 80 万平方米以上。展览会项目继续向国际化、市场化、专业化方面发展。全年举办国际展览会项目 292 个，比上年上升 13.2%，占全市展会项目总数 38.99%；总展出面积为 1069.6 万平方米，比上年上升 14.99%，占全市总展出面积 70.68%。展览会项目的市场化和专业化分别达 98% 和 95% 以上。单个展览规模普遍扩大，浦东、浦西渐趋均衡。浦东、浦西办展规模渐趋均衡，2015 年浦东、浦西主要展览场馆承接的展览会总面积分别为 718.6 万平方米和 616.8 万平方米。2015 年展览会项目数比上年下降，但展览展出总面积、项目平均规模增长势头明显，特别是国内展规模增长比例尤为明显，达到 26% 以上。同时国内展数量比上年减少 21 个，国内展每个项目规模上升达 32% 以上。

整体来看，上海市会展企业呈现出多元化发展势态。从市会展行业协会评出的 2015 年“主承办十强”企业的性质来看，国有、外资企业各占 40%，民营企业占 20%。随着发展环境的不断优化，上海会展业的吸引力和辐射力进一步加强，大量外省市主办企业。如广州中贸、武汉尚格、青岛海名等加入市会展行业协会。市会展行业协会一方面协助政府从事行业管理，在保护会员合法权益、提高行业整体素质、加强行业自律机制、行业认证、制定标准等方面努力工作，另一方面致力于为会员单位提供培训、国际交流与合作、发布行业综合信息、会员交流等服务，构筑政府与企业之间的沟通交流平台。

2015 年内，上海市会展行业协会发展新会员 90 家，退会 54 家，其中包括业务转移主动退会 20 家和不交会费取消会员资格 34 家。截至 2015 年年底，协会有效会员 572 家。基本涵盖会展业三大主体及会展物流、教育培训、活动策划等整个产业链，具有较强的广泛性和代表性。牵头起草关于落实《国务院关于进一步促进展览业改革发展的若干意见》精神的“实施意见”，以及“‘十三五’会展业发展规划”“加快建设上海国际会展之都的主要任务、路径与具体举措研究”等文件。

（八）文化旅游业

2015 年，上海市旅游业实现平稳较快发展。全年旅游收入达 3500 亿元，同比增长 2%；国内旅游收入达 3000 亿元，同比增长 2%；旅游外汇收入达 59 亿美元，同比增长 2.5%。预计接待国内游客数达 2.7 亿人次，同比增长 2%；接待入境游客数达 800 万人次，同比增长 1%，其中入境过夜游客数达 650 万人次，同比增长 1.5%；旅行社组织出境旅游人数达 360 万人次，同比增长 50%。

上海市积极服务“一带一路”建设、长江经济带建设等国家战略，充分发挥上海在国家和区域旅游市场中的枢纽联动作用。参加国家旅游局海内外旅游宣传推介活动，加入“海上丝绸之路旅游推广联盟”，举办系列“发现更多、体验更多”上海旅游推介会；开展长江旅游带规划上海段编制相关工作，重点规划一批重大项目、重点线路及重点品牌，探索全流域协调合作机制，构建无障碍旅游环境。组织长江流域 11 省区市在沪成功举办“合作共赢，共话未来”长江经济带旅游产业合作论坛，并共同签署长江经济带旅游产业推广联合宣言。

科学制定相关规划，打造重点项目。组织开展市级专项规划《上海市城市总体规划旅游专项规划》《上海市促进旅游业改革发展“十三五”规划》编制工作。成立“两个规划”编制工作小组，建立相关工作机制，制定详细工作方案。扎实有序推进“两个规划”编制工作，其相关核心内容均已纳入《上海市国民经济和社会发展第十三个五年规划纲要》和《上海市城市总体规划（2015—2040）纲要》之中。积极推进上海国际旅游度假区、佘山国家旅游度假区、中国邮轮旅游发展实验区建设。

旅游产品得到丰富，举办一系列旅游节庆和会展活动。上海市旅游局会同有关部门，发布一系列农旅、商旅、文旅、体旅融合等特色旅游产品。创新“四季上海”发布形式，向市民游客推出不同主题旅游产品。会同苏浙皖旅游管理部门，发布长三角城市群“岁月余味”体验之旅首批产品。积极推进上海旅游节举办工作，旅游节国际化及市场化水平进一步提升。在旅游节期间共推出近 60 项各类旅游节庆活动，吸引市民游客约 1100 万人次。各区县积极丰富旅游产品，先后开展了上海桃花节、樱花节、菜花节和汽车文化节等旅游节庆活动；成功举办了 2015 中国会议与旅游产业发展论坛、第十二届上海世界旅游资源博览会等会展活动。

江苏省

2015年，江苏文化产业增加值达3481.94亿元，增速9.94%，占国民经济比重4.97%，文化产业增速明显高于同期经济发展，呈现出快速增长的态势，已初具国民经济支柱产业形态。截至2015年年底，全省文化及相关行业机构20 263个，从业人员167 883人，比上年增加16 305人。具有高级职称（含副高）的人员占从业人员的比重为2.27%。全省共有文化企业12万家，居全国第二位，其中规模以上企业6800多家，占全国的13.83%，居全国第一位。规模以上民营文化企业5070家，已经成为全省文化产业发展的生力军。

一、2015年文化产业发展总体情况

（一）文化市场繁荣有序

截至2015年年底，全省共有网络文化、娱乐、艺术品、演出等文化市场经营企业17 586个，同比上年增加2 176个。从业人员103 343人，同比上年增加24 491人。资产总计1 889 841.0万元，同比增长146.53%。营业收入1 563 925.6万元，同比增长110.89%。营业利润459 271.4万元，同比增长76.29%。

（二）政策体系逐步完善

截至2015年年底，参与编制起草国家“十三五”文化改革发展规划纲要和省“十三五”文化发展规划纲要，明确产业发展方向。全面对接落实中央政策，会同省发改委、商务厅、中国人民银行南京分行等部门，制定出台《关于加快提升文化创意和设计服务产业发展水平的意见》《关于加快提升文化创意和设计服务产业发展水平行动计划》《关于加快发展对外文化贸易的实施意见》《关于促进文化金融发展的指导意见》等一批重要政策文件，建立具有江苏特色的政策体系。

（三）文化产业发展加快

2015年，江苏出台《江苏省重点文化产业示范园区、重点文化产业示范基地认定管理办法》，开展首批省级重点文化产业示范园区（基地）的评选，全省33家园区（基地）入围参评，更加突出文化产业园区的产业集聚作用、项目孵化作用和示范引领作用。省政府召开全省文化金融合作推进会，省文化厅联合相关部门出台了《关于促进江苏省文化金融发展的指导意见》及《三年行动计划》：12个项目入选财政部、文化部做好“文化金融扶持计划”，入选数量在全国各省中名列第一。淮安市组

建苏北首家文化银行，为文化企业放贷3065万元。文化创意与相关产业融合发展。全省45个项目获中央文化产业发展专项资金1.479亿元支持，其中文化创意类项目占78%；214个项目获省级文化产业引导资金2.399亿元资助，其中文化创意类项目占80%.56个项目入选文化部文化产业重点项目库，3个项目入选文化部特色文化产业项目库。3件动漫产品及创意项目入围文化部“2015年度国家动漫品牌建设和保护计划”，数量居全国前列。成功举办第四届中国苏州文化创意设计产业交易博览会、2015第十二届中国（常州）国际动漫艺术周、第五届中国（无锡）国际文化艺术产业博览交易会等文展活动，组织省内文化企业参加境外演艺交易会、艺术博览会、动漫游戏节等国际大型展会。

（四）省直文化集团发展良好

4月28日，江苏有线在主板上市，受到资本市场的追捧，首募资金32.66亿元，全面拓展智慧城市新业态。新华报业集团加快上市步伐。幸福蓝海在创业板首发获得通过。凤凰出版集团整合江苏文化产业集团，收购新华社下属现代快报，实力跃居全球出版企业50强第6位。江苏广电、凤凰集团、江苏有线分别以行业综合指数评估第一位入选第七届“全国文化企业30强”。认定表彰首届“江苏民营文化企业30强”，推出一批社会效益好、总体实力强、具有自主知识产权和核心竞争力的民营文化企业。到2015年年底，全省规模以上文化企业达到6500家左右，比上一年新增560多家，增长9.18%。营业收入达到近10 000亿元，比上一年增长18%。

截至2015年年底，江苏共有建成和在建的文化产业园区200余家，拥有4个国家级动画产业基地、3个国家级文化与科技融合示范园区、7个国家级文化产业示范基地和14个省级文化产业示范园区。通过积极培育、壮大文化创意产业市场主体，有效发挥园区的集聚作用、孵化作用和示范带动作用，促进了江苏省文化产业快速健康发展，提升了江苏文化产业的品牌效应。

（五）文化金融合作积极推进

文化企业借力多层次资本市场融资。慈文传媒在中小板成功上市，延嘉创意快印等4家文化企业在新三板挂牌。根据《关于促进文化金融发展的指导意见》要求，会同人民银行南京分行、省金融办等部门，召开文化金融推进工作联席会议，建立工作机制，分解重点任务，印发第一期工作简报。积极推广金融机构“文创贷”“创意贷”“鑫动文化”等文化金融产品，协助省文投集团相关投融资业务拓展。南京市文化金融服务中心、无锡文化金融支行建设、苏州文化产业担保等成为全国文化金融创新案例。2015年12月，中国银保监会批复同意凤凰集团成立财务公司。到2015年三季度末，全省文化产业贷款余额1136亿元，同比增长26%，是同期各项贷款增速的2.15倍。

（六）文化科技融合蓬勃发展

2015年，江苏省在省科技支撑计划中设年度文化科技创新专题，在省重大科技成果转化项目中设文化专项，近年来累计拨付经费4.43亿元，带动社会投资41.57亿元。继续做好文化类高新技术企业认定，已累计认定数字视听、文化传媒、关键设备研发及文化传播服务等186家文化类高新技术企业。突破一批文化领域重大关键技术、共性技术，支持“恐龙复活计划”等200多项重大文化科技融合项目，文化类技术专利逐年提升。评选认定第二批65家省级重点文化科技企业，重点企业总数达到145家。支持国家级文化科技融合示范基地发展，2015年5月14日，南京国家文化科技融合发展示范基地在全国文化产业座谈会上交流经验做法。

（七）文化出口持续繁荣

重点文化出口企业和项目扶持力度加大。推荐全省46家企业、7个项目申报2015—2016年度国家文化出口重点企业和重点项目，经评审公示，24家企业、5个项目入选，位居全国前列。支持企业参加重点国际文化赛展活动，省级商务发展资金2015年首次安排1000万专项资金用于扶持全省重点文化企业出口。积极推动文化企业走出去，凤凰集团在非洲纳米比亚成立印务基地，省广电集团与香港盈科电讯合作设立紫金中文台，已有100多万用户。配合做好米兰世博会“感知江苏”、南京设计周等专题活动。呼应国家“一带一路”倡议，加强调研策划协调，推动“苏州园林走出去”项目有效对接国家丝路基金。

二、2015年文化产业各行业发展基本情况

（一）广播影视业

2015年，江苏省全年共发行了故事影片686部，生产了51部动画影片、38部纪录影片、96部科教影片、17部特种电影。全年的电影总票房超过了440亿元，与以前相比增长了48.7%。在2015年电影票房总收入中，我国拍摄的电影票房为271.36亿元，占总票房的61.58%，进口片票房收入约169.33亿元。而在这一年的总票房成绩排名前十的省份里，江苏省以41.7亿元仅次于广东省的62.4亿元排名居于第二位，与第三名浙江省相差6.8亿元。江苏影视产业的年票房成绩和观影人次、影院数量、银幕数量也均排名全国前三。江苏省份票房基本保持了2014年的格局，除个别省份的票房排名上升1位，其他省份排名基本不变。江苏省的影视产业占有市场份额与别的省份相比微微上升了，但是广东省市场占有份额达14.25%，与别的省份相比较上升了0.14个百分点，成为唯一一个市场占有份额超过10%的省份，江苏省的市场份额依旧居于第二位。

2015年，许多老影城的同比增长幅度超过了20%。影院投资管理公司中万达院线以58 907 223元的票房居于第1位，而幸福蓝海影院发展则以6 134 649元票房、183 050万人次、44个影院、285个银幕数、45 244个座位数和21%的上座率排名第15位。根据2015年央、卫视全年收视排名的统计数据显示，江苏卫视以0.219%的收视率和1.728%的市场占有份额排名居于第12位。江苏卫视的收视率和市场占有份额与湖南卫视、中央电视台综合频道的收视率和市场占有份额存在着很大的差距。在省级卫视全天（0200—2600）排名中，湖南卫视依旧以0.407%的收视率和3.54%的市场占有份额排名居于第1位，而江苏卫视则以0.312%的收视率和2.13%的市场占有份额排名上升到第3名，但是江苏卫视的收视率和市场占有份额依旧与湖南卫视的收视率和市场占有份额存在较大的差距。而在省级卫视晚间（18:00—24:00）排名中，江苏卫视的收视率和市场占有份额也分别上升了0.597%和2.23%，排名居于第3位，但是江苏卫视的收视率和市场占有份额的上升率比湖南卫视的收视率和市场占有份额的上升率要低。

（二）新闻出版业

2015年，全省新闻出版业总产出1783.89亿元，营业收入1741.86亿元，资产总额1634.52亿元，净资产786.46亿元，利润总额113.67亿元，增加值463.37亿元，全行业产业活动经济单位26 544个，直接就业人员42.31万人。2015年全省共有图书出版单位18家，出版图书26 346种，其中新版图书14 640种，重版、重印图书11 706种，总印数6.23亿册（张），总印张43.53亿印张，定价总金额78.08亿元。全省图书出版单位从业人员3090人，资产总额45.83亿元，营业收入37.21亿元，增加

值 9.02 亿元。

2015 年，全省共有报纸出版单位 143 家，出版报纸 143 种（含高校校报 51 种），平均期印数 1243.55 万份，总印数 26.45 亿份，总印张 108.42 亿印张，定价总金额 24.96 亿元。全省报纸出版单位计有从业人员 11 401 人，资产总额 111.69 亿元，营业收入 43.05 亿元，增加值 17.04 亿元。2015 年全省共有期刊出版单位 443 家，出版期刊 443 种，平均期印数 398.01 万册，总印数 1.1431 亿册，总印张 5.0133 亿印张，定价总金额 9.17 亿元。全省期刊出版单位计有从业人员 3007 人，资产总额 5.66 亿元，营业收入 6.55 亿元，增加值 3.35 亿元。

2015 年，全省共有电子和音像出版物出版单位 10 家，出版音像制品及电子出版物 802 种，3795.08 万盒（张）。全省电子和音像出版物出版单位计有从业人员 156 人，资产总额 8107.13 万元，营业收入 9489.38 万元，增加值 2899.78 万元。2015 年版权合同登记 1087 份，作品自愿登记 109 377 份。出版物进口 671 种，数量 17.06 万册，金额 107.77 万美元。

（三）演艺业

截至 2015 年年底，全省共有演出经纪机构 219 个，从业人员 2635 人，资产总计 180 047.3 万元，营业收入 101 441.2 万元，营业利润 –4916.5 万元。非公有制艺术表演团体 256 个，从业人员 4793 人，资产总计 173 803.1 万元，营业收入 45 567.2 万元，营业利润 23 990.8 万元。

截至 2015 年年底，全省共有艺术表演团体 309 个、艺术表演场馆 207 个（包括非公有制艺术表演团体、艺术表演场馆）。从业人员 15 758 人，具有高级职称（含副高）人员 1208 人，占从业人员的 7.67%。原创首演剧目 117 个，与上年持平；国内艺术演出 9.6 万场次，比上年增长 22.3%；艺术观众 3112.57 万人次，比上年增长 75%。政府采购的公益演出 0.68 万场次，受众 514.14 万人次，同比分别增长 30%，可见政府采购的公益文化产品受到市民喜爱。

享受财政补贴的公有制剧团、剧场 2015 年总收入、演出收入、财政补贴分别较上年增长 4.3%、3.8%、11.7%。增长幅度较大的仍是财政补贴，演出收入虽呈逐年增长趋势，但历年财政补贴占总收入的比重均大于演出收入占总收入的比重，同样说明公有制艺术团体、剧场演出市场化经营能力有待提高。

江苏省演艺领域百花竞放，文化艺术创作全面繁荣，涌现出一大批精品力作。电视剧《我们的法兰西岁月》荣获“五个一工程”奖；动画片《兔子镇的火狐狸》深受小朋友的喜欢；滑稽剧《顾家姆妈》、锡剧《一盅缘》、中篇苏州弹词《雷雨》、杂技剧《梦·餐厅》、话剧《中山码头》、情景朗诵剧《一代楷模周恩来》、歌曲《祝福江苏》《美丽中国梦》在省内外产生了较大影响；电影《白日焰火》在柏林电影节上摘得金熊奖；淮剧《小镇》摘得第十五届国家文华大奖；扬剧《花旦当家》被中宣部、文化部选为全国基层院团戏曲会演开幕大戏；滑稽戏《探亲公寓》入选国家艺术基金滚动资助项目;《赶鸭子下架》《红船》2 部剧目入选文化部戏曲剧本孵化计划一类作品。

（四）动漫业

2015 年，江苏省动画制作机构共创作发行原创电视动画片 33 部 19 669 分钟，原创动画生产积极稳健，丰富了电视荧屏、满足青少年需求，并涌现出一批优秀国产动画片。2015 年前三个季度，江苏省有 6 部原创动画片被国家新闻出版广电总局评为优秀国产电视动画片。《粉墨宝贝》获“金猴奖”电视系列片唯一金奖、“美猴奖”动画系列连续片银奖;《小龙甜品工房》获“美猴奖”动画产业价值银奖。《小包变形记》入选文化部“2015 年弘扬社会主义核心价值观动漫扶持计划入选项目”。《快乐椭魔塔之爆笑成语汇》《粉墨宝贝》入选总局 2015 年“原动力”中国原创动漫出版扶持计划。《茅山小道士》获“丝路国际艺术民族动漫奖”大奖。

（五）娱乐业

截至 2015 年年底，全省共有歌舞、游艺等娱乐场所 7443 个，同比增加 372 个。从业人员 52 517 人，同比增加 10 647 人。资产总计 947 710.7 万元、营业收入 530 626.8 万元、营业利润 144 178.9 万元，分别同比增长 66.77%、42.70%、15.19%。

（六）艺术品业

截至 2015 年年底，全省共有艺术品经营机构 184 个，同比增加 109 个。从业人员 1057 人，同比增加 801 人。资产总计 96 963.9 万元、营业收入 57 967.5 万元、营业利润 19 696.5 万元，分别同比增长 2294.53%、843.71%、3614.22%。

（七）文化旅游业

2015 年，江苏省旅游工作会议提出全力打造“畅游江苏”品牌，确定了“强化改革创新，推进产业结构升级”等八项重点工作。2015 年，江苏省旅游业发展增长较快。全年接待境内外游客 62 238.7 万人次，比上年增长 8.4%；实现旅游业总收入 9050.1 亿元，增长 11.1%。接待入境过夜旅游者 305 万人次，增长 2.7%。其中，外国人 200.8 万人次，增长 1.9%；港澳台同胞 104.2 万人次，增长 4.1%。旅游外汇收入 35.3 亿美元，增长 16.3%。接待国内游客 61 933.7 万人次，增长 8.4%，实现国内旅游收入 8769.3 亿元，增长 11.5%。江苏省淮安市周恩来故里景区、盐城市大丰中华麋鹿园景区晋升为国家 5A 级旅游景区。截至 2015 年年底，江苏省共有 20 个 5A 景区，数量位居全国第一。

浙江省

2015年，浙江省文化产业规模持续扩大。全省文化产业增加值由2010年的1056.09亿元增加到2015年的2490亿元，年均增长18%；文化产业增加值占全省地区生产总值的比重由2010年的3.88%提高到2015年的5.81%。

一、2015年文化产业发展基本情况

（一）文艺创作生产呈现新气象

2015年，浙江省深入贯彻习近平总书记文艺工作座谈会重要讲话精神，制定实施了《浙江省文艺工作者深入基层蹲点采风活动实施管理办法》，加大文艺创作扶持力度，全省文艺创作日益活跃。围绕“中国梦”主题、纪念中国人民抗日战争暨世界反法西斯战争胜利70周年、弘扬浙商精神等重大创作题材，推动了话剧《凤凰》、京剧《东极英雄》、越剧《吴越王》、越剧《牡丹亭》、交响音乐会《胜利之歌》、音乐舞蹈专场《和平三部曲》的创作。浙江省30个项目获国家艺术基金2015年度资助，获资助资金总额3350万元（立项率和获助资金数均列省区市第4位）；32个项目入选2015年度文化部“中华优秀传统艺术传承发展计划”戏曲专项扶持项目。成功举（承）办了浙江省纪念中国人民抗日战争暨世界反法西斯战争胜利70周年系列活动并承担了全国纪念抗战胜利70周年优秀剧目巡演华东（南）片的组织工作、第八届全国儿童剧优秀剧目展演、第五届浙江曲艺杂技魔术节、李岚清同志篆刻书法素描艺术展、第二届世界互联网大会文艺演出等重大艺术活动；组织举办了浙江省第十四届音乐新作演唱演奏大赛、浙江省第二届村歌大赛、浙江省农村文化礼堂群众文艺展演等17次省级重大群文活动，促进了文艺创作，丰富了群众文化生活，营造了良好的社会氛围。

（二）公共文化服务呈现新局面

到2015年年底，浙江全省共有公共图书馆100个，文化馆102个，博物馆223个。浙江省认真贯彻中共中央办公厅、国务院办公厅《关于加快构建现代公共文化服务体系的意见》，推动成立浙江省公共文化服务体系建设协调组，牵头制定《浙江省关于加快构建现代公共文化服务体系的实施意见》和浙江省基本公共文化服务实施标准，制定实施《浙江省基本公共文化服务标准化均等化行动计划（2015—2020年）》，研究提出了推进基本公共文化服务标准化重点市县建设工作方案并确定10个重点市县，指导推动各重点市县人民政府制订实施为期2年的基本公共文化服务标准化提升计划。认真贯彻国务院办公厅《关于推进基层综合性文化服务中心建设的指导意见》，研究起草了《浙江省

推进基层综合性文化服务中心建设的实施意见》，2015 年建成农村文化礼堂 1512 个（目前全省共有文化礼堂 4959 个）；推进全省县图书馆乡镇分馆建设，目前全省共建成乡镇（街道）分馆 577 个。积极组织第三批国家公共文化服务体系示范区（项目）申报，浙江省有 1 个示范区、2 个示范项目通过了文化部专家评审；15 个项目入选浙江省第三批示范项目。开展浙江省文化强镇、文化示范村（社区）评选和复查工作。与省委宣传部等部门联合举办了首届浙江全民阅读节。加强基层公共文化服务工作，全省文化系统共送戏下乡 1.78 万场，送书 235 万册次，送讲座展览 4140 场；开展文化走亲 1270 场。

（三）文化体制改革取得进展

2015 年以来，浙江省文化体制改革深入推进，文化产品不断推陈出新，影视动画业“票房”节节攀升，全省影视制作机构达 1402 家，居全国第 2 位，上市公司 32 家，居全国首位。浙江文化体制“深改”取得丰硕成果。

推进基本公共文化服务标准化、基层综合性文化服务中心建设和公共文化机构法人治理结构三项全国改革试点工作。印发了浙江省基层综合性文化服务中心（农村文化礼堂）建设试点工作方案，积极推动以农村文化礼堂为核心的基层综合文化服务中心建设，提供了 2000 多项服务“菜单”。

深化国有文艺院团改革，谋划理顺国有院团管理体制，指导省属院团研究制定了中长期发展规划。指导推动新远集团深化改革，做大做强主营业务，创新经营项目，影院年度票房收入破亿元，浙江文交所拟发展影视、非遗、邮币卡和珠宝四大业务证券化板块，同时分别与该领域优秀企业合作，以会员制形式开展业务。深入推进简政放权，指导督促相关市县做好下放事项的承接工作，做好省深化“四张清单一张网”改革相关推进工作。

（四）文化产业特色加快形成

产业特色加快形成。2015 年，全省电视剧、动画片、电影产量分别居全国第一、第二和第三位。5 家浙江文化企业荣获“全国文化企业 30 强”，广播影视总体实力规模全国排名第三。涌现出《温州一家人》《国家命运》《大圣归来》《主义之花》等一大批文化精品，荣获全国“五个一工程”等各类国家级奖项的精品数量位居全国前列。2015 年，全省文化产业实现增加值 2490 亿元，占 GDP 比重达 5.81%。浙江省的中南卡通、宋城演艺、华策影视闻名全国；在制造业上，全国的笔芯都由浙江桐庐制造。除了广播影视、文化演艺、动漫游戏、文化产品制造等领域，新闻出版领域同样凸显优势。“十二五”时期，浙江出版联合集团主要经济指标以年均 10% 以上的速度增长，主营业务收入和利润总额翻了一番以上，主营业务收入、资产总额、净资产突破百亿元，实现了“三个百亿”的目标。2015 年，浙江省研究制定了《关于扶持木雕根雕石刻产业传承发展的指导意见》和《关于扶持文房产业传承发展的指导意见》。

（五）重大文化项目表现突出

草拟了推动文化产业转型升级三年行动计划，推动义乌文交会、杭州动漫节转型升级向深度拓展，其中第 10 届义乌文交会实现洽谈交易额 50.67 亿元，同比增长 3.2%，文化“广交会”地位进一步显现。举办第三届动漫衍生品授权交易会，交易额达 1.58 亿元。开展文化产业示范园区基地巡检考核和认定工作，做好重点文化产业项目的申报推荐，19 个项目成功入选文化部文化产业重点项目库。2015 年，浙江省文化系统管理的 29 个文化产业项目得到中央专项资金补助 8653 万元。与省科技厅建立文化科技协同创新联席会议机制，2 个专项、7 个文化科技重大项目被纳入省重点研发计划，争取科技资金 1500 万元。浙江省获批成立国内首个文化科技类部省协同创新平台，批复成立了 2 个全省文化科技创新基地（中心）。有 14 个项目入选国家社科基金艺术学项目（总数居全国第三）。

（六）文化贸易交流卓有成效

2015 年，浙江省围绕国家重大公共外交活动、“一带一路”倡议，文化贸易交流表现突出。全省文化产品进出口总额 102.55 亿美元，比上年增长 19.2%；文化服务进出口总额 5.03 亿美元，比上年增长 15.1%。组织实施了多项高水平的对外文化活动，2015 年，浙江省共实施对外对港澳台文化交流项目1168起，其中，对外文化交流项目991起，对台文化交流活动94起，对港澳文化交流项目83起。

二、2015 年文化产业各行业发展基本情况

（一）广播影视业

2015 年，浙江省有线广播电视用户数为 1538 万户，比上年增长 2.6%；广播、电视人口综合覆盖率分别为 99.6% 和 99.7%。全年制作电视剧 66 部 2906 集；制作影片 57 部，比上年增长 50%；制作动画片 55 部 27 256 分钟，部数和时长分别增长 34.1% 和 43.3%。全省影视制作机构 1435 家，其中上市公司 32 家。

《大圣归来》《捉妖记》分创内地动画电影和电影票房纪录，《烈日灼心》获第 18 届上海国际电影节最佳男主角奖，《天生要完美》《温州两家人》等 4 部电视剧在央视黄金档播出。2015 年 12 月 28 日，中国广播影视大奖·第 30 届电视剧“飞天奖”颁奖典礼在杭州市云栖小镇成功举办，浙产《父母爱情》获最佳电视剧、最佳导演、最佳女演员奖，“飞天奖”首次“飞”入浙江。2015 年，华策影视实现营业收入 13.37 亿元，同比上升 7.6%，实现净利润 2.2 亿元，海外出口签约额 700 万美元。抗战题材剧《刀尖》被列为中宣部纪念抗战胜利暨世界反法西斯战争胜利 70 周年重点项目；《刺客聂隐娘》获法国戛纳电影节最佳导演奖等五项大奖；儿童电影《麦兜·我和我妈妈》荣膺第 52 届金马奖最佳动画长片大奖。《一本书一座城》揭开了浙江人文纪录片的序幕，3 集大型政论纪录片《绿水青山就是金山银山》从全球视野、历史视角，深刻阐述了“绿水青山就是金山银山”重要思想提出的时代背景及其折射的理论光辉，生动展示了十年间浙江打好转型升级“组合拳”，不断推进生态文明建设的具体实践。

2015 年 7 月，浙江下发《关于加快推进创新驱动发展战略实施工作的通知》，就如何发挥知识产权制度在激励创新中的基本保障作用进行了部署；10 月，浙江省制订实施影视艺术青年人才培养“新光计划”；12 月，中国（海宁）网络影视编剧联盟成立等，多措并举提升影视作品“原创化”水平，提高产业竞争力。为提升浙江纪录片发展的竞争力和影响力，完善影视产业发展体系，浙江省委宣传部、省新闻出版广电局于 2015 年年初就促进全省纪录片发展提出 10 条意见，明确指出，每年组织制作 5 部优秀浙产纪录片，组织创作 20 个纪录片剧本，推选 30 个纪录片选题；争取通过 3 ~ 5 年的努力，使浙江省纪录片发展居于全国前列。2015 年 10 月，浙江省纪录片协会正式成立，统筹协调纪录片生产的自律、组织、交流、维权与管理，推动浙江省纪录片的创作发展，吸纳成员单位 114 家，基本涵盖浙江省纪录片创作主体。

（二）新闻出版业

2015 年，浙江媒体融合转型取得新硕果。浙报集团打造“浙江新闻”移动客户端、浙江手机报等，用户近 2000 万人；浙江广电集团打造中国蓝 TV，用户近 1000 万人；浙江出版联合集团着力打造“博库网”，实现销售码洋 11 亿元。浙江日报、浙江卫视先后推出新闻评论类专栏《新闻评说》

和《今日评说》，围绕社会热点难点问题，旗帜鲜明发出权威声音，聚合促进改革发展的正能量。浙江广电集团和全省 11 个市、47 个县级广电台开办了建设性电视舆论监督栏目，形成电视新闻舆论监督的“浙江现象”。

2015 年，浙江全省 14 家图书出版社，共出版图书 14 139 种，总印数 3.9 亿册，比上年增长 5.4%；公开发行报纸 69 种；出版期刊 227 种。2015 年 4 月 20 日至 26 日，首届浙江全民阅读节暨浙江书展在钱江新城成功举办，成为一场推进全民阅读、共建“书香浙江”的文化盛会，在省会杭州掀起一股阅读热潮。2015 年 4 月 21 日，以“融合·创新·梦想”为主题的首届中国数字阅读大会在浙江杭州举行，并将永久落户杭州，大会已成为全国数字出版业年度发展的“风向标”。2015 年，浙江少年儿童出版社全资收购了澳大利亚新前沿出版社，成为中国专业少儿社海外并购第一案，是落实“一带一路”倡议、加快中国文化“走出去”步伐的又一次创新。

（三）演艺业

到 2015 年年底，全省有隶属文化部门艺术表演团体 57 个。2015 年年初，李克强总理作政府工作报告时指出，要深化文化体制改革，让人民群众享有更多更好文化发展成果。2015 年 4 月，浙江省文化厅下发深化文化体制改革 2015 年主要任务分解方案，其中提出，要深化文艺院团改革，包括制定并完善浙江演艺集团组建初步方案、指导新远集团完善现代企业制度等。

截至 2015 年年底，浙江省文化厅已制定浙江演艺集团组建初步方案，在深化新远集团经营管理和改革中，已修订集团董事会、监事会章程、制定印发集团固定资产管理制度、投资管理制度和重大事项请示报告制度等。此外，为提高公共文化单位管理水平和服务效能，浙江省还积极推进公共文化机构法人治理结构建设。7 月 9 日，浙江图书馆面向全社会公开招募理事；12 月 21 日，首届理事会宣告成立，其中 9 个理事全部聘自社会。温州市图书馆积极筹建基金会，市财政注资 400 万元，首笔 200 元万资金已到位。

浙江歌舞剧院是浙江省规模最大、品种最多的国办专业艺术表演团体，改制以后，积极通过创新管理机制、拓展演出市场、加强原创力度等方式，提高自身发展水平。2015 年 10 月，大型民族舞剧《王羲之》和大型民族管弦乐《富春山居图随想》大型舞台艺术作品重大加工修改提高项目成功入选国家艺术基金 2015 年度资助项目，这正是对浙歌转企改制努力的肯定。

浙江话剧团作为省内首批转企改制三大国有院团之一，在改制之初就打破原有事业单位大锅饭的分配方式，设立了“以岗定薪”“低基础，高绩效”的收入分配机制，演员“多劳多得”，每 2 ~ 3 年还设立末位淘汰考核，排名后四位的将不再续签劳动合同。同时，积极运用多种手段拓展市场，如借助网络、会员制、车载广播等，树立“浙话新势力”“浙话剧院”等品牌。经过多年开拓市场的努力，截至 2015 年年底，浙江话剧共演出 838 场，是改制以前演出场次的近 3 倍，票房收入达 1101.81 万元。其中，原创剧目达 8 部，极大改变了改制前“一年一部戏”的情况。2014 年创作的浙商题材话剧《凤凰》还入选了国家艺术基金 2015 年资助项目。

（四）文化旅游业

2015 年，浙江省旅游接待人次 5.35 亿，旅游总收入 7139.14 亿元，增幅高于同期全国旅游业发展水平。在全省第一、二批 79 个特色小镇中，旅游小镇有 17 个，数量居七大产业之首。

稳增长调结构，转型升级步伐加快。2015 年，旅游业作为支撑浙江未来发展的七大重点产业，是特色小镇“三位一体”的重要一环。全省首批 37 个特色小镇名单中，涉及旅游产业的有 8 个，涉及历史经典产业的有 7 个，第二批共有 25 个特色小镇申报旅游类特色小镇。浙江省牵头多次召开浙皖闽赣国家东部生态文明旅游区创建工作推进会，完成《国家东部生态文明旅游区创建申报总体方案》。成功举办中国—中东欧国家旅游合作交流会，浙江旅游重大项目投资洽谈会暨民宿高峰论坛，现场签约重大旅游投资项目共 57 个，总投资额总计 967.65 亿元。截至 10 月，全省在建旅游项目 1008 个，总投资 9116 亿元，实际完成投入 780 亿元，完成年度任务的 78%。横店圆明新园（万花园）、大年初一风景小镇等一批具有示范性、引领性的重大旅游项目建成营业。义乌青旅·望道时光文化旅游区、湘湖三期等一批投资上 50 亿的大项目陆续开工。全省 20 个旅游项目入选全国优选旅游项目，11 个旅游项目列入 2015 年省重大产业项目预选名单（第一批），45 个旅游项目列入浙江省扩大有效投资“411”重大项目建设行动计划 2015 年实施计划，31 个旅游项目列入 2015 年省服务业重大项目。加强旅游与相关部门、产业融合发展，培育创建了一批省级工业旅游、中医药文化养生旅游、老年养生旅游、运动休闲旅游等产业融合示范点。

树品牌拓市场，激发消费成效显著。成功举办 2015 国际海岛旅游大会、中国国际旅游商品博览会、2015 国际乡村旅游大会、浙江（江西）旅游交易会、“5·19”中国旅游日庆祝等活动，组织开展赴印度、新加坡、马来西亚、日本、柬埔寨及我国台湾、香港、澳门等国家和地区旅游宣传促销活动。

安徽省

2015年，安徽省文化及相关产业增加值为833.7亿元，比上年增加108.9亿元，增长15%，增幅比全国高4个百分点；占GDP的比重为3.79%。比上年提升0.31个百分点，提升幅度比全国高0.15个百分点。截至2015年年底，全省拥有规模以上文化产业单位1907家，比上年净增322家，增长20.3%，增幅比全国高12.5个百分点。

一、2015年文化产业总体发展情况

（一）文化产业结构优化升级

2015年，全省规模（限额）以上文化服务业单位568家，比上年增长50.3%，实现增加值359.5亿元，增长21.2%；文化服务业增加值占全省文化产业的43.1%，提高2.2个百分点，文化服务业单位数及增加值增长均明显快于整体文化产业。2015年，全省规模（限额）以上文化创意和设计服务、文化信息传输服务单位数分别比上年增长63.1%和53.3%，居文化产业十大行业类别前两位；全省文化信息传输服务业、文化创意和设计服务业增加值分别为44.2亿元和106.1亿元，分别增长40%和20.5%，增幅比全省高25个和5.5个百分点，比全国高23.7个和7个百分点；占全省文化产业增加值的5.3%金额12.7%，分别提升0.9个和0.6个百分点。百强民营文化企业中，文化创意和设计服务类累计主营收入114.49亿元，占全部的42.91%，跃居首位行业。文化软件企业增加到407家，占全省软件企业的42.9%，比上年提高17个百分点；新增文化类高新技术企业95家，占当年全省新增高新技术企业的11.99%，比2014年年底以前累计占比提高2.69个百分点。

（二）骨干文化企业实力增强

省属文化企业集团营业收入、利润总额分别为424.28亿元和17.60亿元，比上年分别增长25.79%和15.71%。安徽出版集团、安徽新华发行集团、科大讯飞再次入选全国文化企业30强，入选数与浙江、江苏省并列全国第一。安徽九华山旅游发展股份有限公司主板上市。

（三）民营文化企业发展迅速

截至2015年年底，全省民营文化企业达到47 371家，比上年增长16.6%。全省百强民营文化企业主营业务收入266.85亿元、利润总额34.61亿元、净资产306.43亿元，比上年分别增长43.03%、41.90%和97.93%。百强民营文化企业主营业务收入超过1亿元的有56家，比上年增加13家。13家

民营文化企业在新三板挂牌，比上年增长 85.7%。

（四）重大项目建设扎实推进

2015 年，有 284 个文化项目列入省重点投资计划，完成投资 477.5 亿元（超额完成年度计划 17.63%），分别比上年增长 1.81% 和 6.93%，其中芜湖方特东方神话等 51 个项目竣工；指导推动全省文化产业招商工作，发布推介 330 个文化产业重点招商项目，投资总额达 3308.09 亿元。确定合肥国家级文化和科技融合示范基地等省重点扶持文化产业示范园区（基地）20 个，并通过项目扶持、培训和实地调研等给予重点指导、扶持和跟踪服务。

（五）文化出口保持较快增长

2015 年，全省文化产品出口额 10.28 亿美元，输出版权 921 项。26 家企业和 10 个项目入围国家文化出口重点企业和项目名录，企业数和项目数均列全国第三位，仅次于北京、上海市，稳居中部第一。

（六）文化消费持续发力

2015 年，全省城镇常住居民人均教育文化娱乐支出 1913 元，比上年增长 15.9%，占全部消费支出的 11.1%，提高 0.9 个百分点；农村常住居民人均教育文化娱乐支出 834 元，增长 13.5%，占全部消费支出的 9.3%，提高 0.1 个百分点。举办了以“五看”（看书、看报、看戏、看电影、看电视）为重点，由 52 项重点活动组成的第二届安徽文化惠民消费季活动，参与人数达 6865.88 万人次，直接拉动消费 46.67 亿元，比首届分别增长 295.82% 和 82.3%。

（七）地区发展特色纷呈

一是合肥、蚌埠、滁州市规模较大，3 市分别实现文化产业增加值 273 亿元、69.3 亿元和 65.1 亿元，占全省 48.9%。二是马鞍山市、阜阳市、宿州市发展较快，3 市文化产业增加值比上年分别增长 23.4%、20.2% 和 18.4%，比全省增幅分别高 8.4 个、5.2 个和 3.4 个百分点。三是蚌埠、黄山、滁州等占 GDP 比重较高。蚌埠文化产业增加值占 GDP 比重为 5.53%，比全省高 1.74 个百分点，黄山、滁州、合肥和阜阳占比分别比全省高 1.23 ~ 0.7 个百分点。

二、2015 年文化产业各行业发展基本情况

（一）广播电视业

2015 年，全省共有省级广播电视台 1 座、市级广播电视台 16 座、县级广播电视台 61 座。2015 年，共开办公共广播节目 106 套，制作各类广播节目 169 775 小时，总播出时间 540 463 小时；共开办公共电视节目 111 套，全年制作各类电视节目 77 469 小时，总播出时间 613 866 小时。全省共有中波广播发射台和转播台 23 座、调频、电视发射台和转播台 285 座，微波站 106 座。广播人口综合覆盖率 98.77%，电视人口综合覆盖率 98.93%。全省微波线路总长 3936.1 千米，省级干线网总长 5205 千米，市级干线网 6472 千米，县级及县级以下干线网 47 804 千米。全省有线电视用户 829.97 万户，入户率 39.1%。广播电视从业人员 22 614 人，其中省级广播影视机构从业人员 9088 人。

2015 年，安徽广播电视台 110 套电视节目累计播出时长 7.76 万小时，9 套广播节目累计播出时长 6.83 万小时，传输发射台站累计播出广播电视节目 176.2 万小时。安徽广播电视台积极推进“调转促”，大力实施“广电 +”战略，拓展价值增长点，提升产业支撑力。

融合发展点面突破。进一步强化与腾讯、新浪、搜狐、爱奇艺等国内优秀新媒体机构合作，与腾讯视频结成战略合作伙伴，共同打造中国首款电视剧台网联动产品——大剧 2.0 项目，开创省级卫视先河。加速建设升级“啊呦”“TV 摇摇乐”“经视汇”“达耳闻”等移动客户端，积极筹备“卡车人”等新媒体项目。“啊呦”“达耳闻”客户端被列为全省媒体融合发展示范项目。

广告经营奋力突围。广告营销紧跟市场形势，分析客户需求，提升专业服务，在尽力确保已签客户履约率和满意度的同时，积极拓展新行业、新品牌的投放量。卫视实现了既定的创收目标，全台经营创收 36 亿元。创新会议营销，成功举办“电视 + 整合赢——2015 年安徽卫视资源发布会”和“大剧归来，从新出发——安徽卫视 2016 资源展示暨广告征订会”，以丰富的频道资源和大剧、大型栏目获得参会客户的高度评价。成立地面频道推广部，汇聚优质资源为客户量身打造套播方案，灵活调整搭配权益，满足客户多样化传播需求。进一步加大频率建设、覆盖调整、资源推介、客户拜访、对外战略合作等工作力度，全面稳固广播客户资源。

多元业态加速发展。移动电视覆盖合肥公交近 120 条线路 3000 辆车，全年创收 750 万元。IPTV 用户数达到 100 万户，创收超过 2000 万元。短信冠名项目创收超过 2000 万元。与天脉公司合作开展卫视全频道摇一摇，年度合同保底销售 3000 万元。积极推进优质 IP 版权销售和衍生品开发，实现合同收入超过 1 亿元。《男生女生向前冲》《克拉恋人》《超级演说家》《丛林法则》等图书、动漫、玩具、电影等衍生品开发正在进行中，产业链进一步延展。

（二）电影业

2015 年，全省备案立项电影 73 部（增加 20 部），经电影局审查公示 62 部，已经生产制作 16 部（增加 1 部）。2 部电影分别获得长春金鸡百花电影节“新片展映奖”和第七届欧洲万象国际华语电影“优秀原创故事片”奖，有 5 部电影进入城市电影院线在全国上映，有 2 部电影票房超 1500 万元。

2015 年，实行新的电影专资收缴管理办法，会同省财政制定了《安徽省专资征收使用管理办法》，确保新政策出台期间专资征缴工作的正常有序。安徽省电影专资管理工作连续 5 年获得国家电影专项资金管理工作一等奖。

2015 年，新建城市影院 70 家，新增银幕 363 块，座位数 40 068 个，总票房达 12.74 亿元，比上年分别增长 55.98%、53.81%、54.04%，提前超额完成年 8 亿元的目标。安徽省城市影院电影票房全国排名第 12 位，比 2010 年前移 10 位。在没有省级专门资金扶持情况下，全省 62 个县提前完成数字影院全覆盖，拥有县级数字影院 114 个。

（三）新闻出版业

截至 2015 年年底，全省共有报纸 98 家、期刊 180 家、新闻单位驻地方机构 156 家。组织主流报刊单位策划专题宣传，开设专版、专栏或专题报道，深入开展学习贯彻党的十八届五中全会精神、纪念中国人民抗日战争暨世界反法西斯战争胜利 70 周年和“三严三实”专题教育等重大主题宣传报道，大力宣传全省经济工作会议和全省两会精神。开展新闻单位驻地方机构清理整顿工作，着力规范新闻单位驻地方机构管理，中央新闻单位驻皖机构保留 59 家，撤销 27 家，合并 5 家，整改 10 家；省内新闻单位驻地方机构保留 87 家，撤销 13 家，合并 35 家，撤销和合并的驻地方机构数量占总数的 36%，调整人员 45 人、辞退人员 19 人，占驻地方机构人员总数的 37%，顺利完成清理整顿工作，受到中央督察组的充分肯定。继续保持打击新闻敲诈和假新闻的高压态势，开展报刊发行秩序专项整治、虚假违法广告专项整治等，共查处报刊出版单位及其工作人员各类违规案件 10 起。开展学术期刊认定工作，《江淮论坛》等 130 家期刊被总局认定为学术期刊。组织全省 9000 多名新闻采编人员参加总局组织的新闻采编岗位培训和统一考试，为8000多名新闻采编人员换发新版新闻记者证。

2015年，全省围绕唱响主旋律、传播正能量，突出深入学习宣传贯彻党的十八大和十八届三中、四中、五中全会精神，深入宣传阐释习近平总书记系列重要讲话精神，中华民族伟大复兴中国梦，纪念中国人民抗日战争暨世界反法西斯战争胜利70周年等重大主题，指导全省出版单位策划选题291种，已出版101种。其中，3种入选全国"2015年主题出版重点出版物选题"，4种入选全国"纪念中国人民抗日战争暨世界反法西斯战争胜利70周年重点出版物选题"。

2015年，全省通过加强创作与出版相衔接、召开重点出版物选题论证会、建立精品出版重点项目库、争取出版行业专项资金支持等方式，大力推动精品生产，10种图书、5种音像电子出版物入选优秀出版物书目，入选数位居全国前列。其中，3种图书选题入选"中国文艺原创精品出版工程项目"，入选项目数在全国省区市中名列第5位；5种音像电子出版物入选"2015年向全国青少年推荐百种优秀音像电子出版物目录"，入选项目数在全国省区市中名列第2位；3种图书入选"2015年向全国青少年推荐百种优秀图书书目"，4种图书入选"2015年向全国老年人推荐的100种优秀出版物"。落实国家"十二五"重点出版物88个项目，落实率为73.2%。认真组织"十三五"重点出版物项目规划、论证工作，遴选127种选题申报国家级重点出版物，267种选题列入省级重点出版物规划。建立精品选题储备库，选定中宣部"五个一工程·一本好书奖"储备选35个，"中国出版政府奖"储备选题69个，"中华优秀出版物奖"储备选题36个。2015年共获得国家级资金资助1064万元。其中，10个项目获国家出版基金项目资助826万元，6个项目获国家古籍整理出版项目资助238万元，国家古籍整理出版入选项目数名列全国第一。

2015年，全省加大出版"走出去"选题策划力度，增加"走出去"选题数量，全年策划"走出去"选题537种。积极对接"丝路书香"工程，组织申报"丝路书香重点翻译资助项目"130种，入选35种。组团参加第22届北京国际图书博览会，集中展示了近年来安徽出版业打造精品、输出版权的丰硕成果，策划举行了首届"一带一路"出版合作和产业发展论坛等一系列丰富多彩的活动，推介皖版精品图书，安徽省"走出去"外贸输出总数达621项，再居全国首位，实现了北京图博会版权输出"八连冠"的目标。

截至2015年年底，全省共有印刷企业3088家，从业人员8.6万人。全省印刷工业总产值357.51亿元，资产总额424.25亿元，比上年分别增长5.86%、7.91%。全省年印刷工业总产值超过5000万元以上的印刷企业有146家，比上年增加7家。从经济指标来看，146家规模以上印刷企业的年印刷工业总产值累计237.97亿元，占全省印刷工业总产值总额的66.6%，企业数仅占全省印刷企业总数的4.73%。截至2015年12月底，安徽省有3个印刷产业园，印刷工业总产值之和占全省印刷工业总产值的四分之一。其中，桐城省级印刷包装产业园印刷企业34家，印刷工业总产值为57.21亿元；阜阳省级印刷包装产业园印刷企业12家，印刷工业总产值为17.04亿元；合肥庐阳产业园印刷企业62家，印刷工业总产值为12.75亿元。此外，滁州市印刷包装科技产业园正在申报安徽省级印刷产业园，该园区现有企业25家，2015年工业总产值为21.07亿元。

（四）演艺业

2015年，先后创作演出黄梅戏《大清名相》、泗州戏《绿皮火车》、徽剧《徽班进京》等一批精品力作。话剧《徽商传奇》入选国家艺术基金首批滚动资助项目，16个项目获国家艺术基金资助。京剧《天地人心》获文化部"2015年度京剧优秀剧目演出奖励"。2015年春节期间，安徽省泗州戏剧院参加由文化部组织的赴泰国"欢乐春节"演出活动。2015年7月，安徽省黄梅戏剧院由安徽演艺集团董事长张居淮率队出访澳大利亚、新西兰。黄梅戏经典剧目《女驸马》和小戏折子戏获由澳洲国际多元文化节组委会颁发的“澳大利亚国际多元文化节最佳戏剧奖”。安徽省黄梅戏剧院余顺、徐君随中国侨联参加“中华一家亲”走进台湾活动。周珊、魏瑜瑶随中国侨联参加“徽风皖韵”活动出访南非。演员们为国外观众带去了经典黄梅戏唱段，大获好评。

2015年1月，第七届安徽省曲艺节在合肥落下帷幕。3月，省曲协推荐由孙铭泽演出的传统快板书《杨志卖刀》参加第十届马街书会，获一等奖。5月，省曲协报送的相声作品《圆梦》获得“南开杯”全国相声新作品大赛“优秀作品奖”。6月，“安徽曲艺”微信公众平台上线启用。7月，由中国曲协等主办的第七届中部6省曲艺大赛在河南郑州落下帷幕。9月，由省曲协和濉溪县人民政府主办的“第二届安徽省‘鼓书’曲艺大赛”在淮北濉溪落下帷幕。

2015年，安徽省舞蹈家协会（以下简称省舞协）按照“出精品、获大奖、推人才、强服务”的总体思路，坚持以创作为本、以创新为先，团结广大舞蹈工作者，认真履行协会“团结引导、联络协调、服务管理、自律维权”的工作职责，充分发挥协会优势，围绕“创作研习、基层采风，举办赛事、参赛交流，联络服务、舞蹈惠民，发展会员、教学培训”四个块面开展工作。联动地市舞协，大力促进和活跃全省舞蹈艺术创作，发掘培养优秀舞蹈人才，推动安徽舞蹈事业健康发展。2015年度发展省级会员168人，推荐加入中国舞协会员27人。截至2015年年底，共有省级会员1338人。2015，省舞协完成中国舞蹈考级考生培训近3万人。经安徽考级领导小组申报，中国舞协考级中心授予安徽考区2015年度考级先进单位129个、优秀教师295人，省舞协与蚌埠、滁州、宣城市舞协联合举办各类舞蹈教师培训班30期。

（五）文化旅游业

2015年，全省接待入境游客445万人次，比上年增长9.77%；旅游外汇收入22.63亿美元（不含旅游商品创汇数），增长22.97%；接待国内游客4.44亿人次，增长17.16%；国内旅游收入3980亿元，增长20.27%；实现旅游总收入4120亿元，增长20.38%。

2015年，全省A级景区总数达到560家，其中5A级9家、4A级171家，三河古镇荣膺5A级旅游景区，新增4A级景区21家；新评五星级饭店1家、四星级饭店7家，星级饭店总数达到440家，其中五星级25家、四星级128家；新增出境游组团社11家，旅行社总数达到1465家，其中出境游组团社61家（包括赴台游组团社7家）；新评四星以上农家乐209家，全省星级农家乐总数达1615家，其中四星级393家、五星级221家；优秀旅游乡镇139个、旅游示范村169个。九华股份在主板上市。省旅游集团、黄山旅游集团连续6年跻身“中国旅游集团20强”。省中青旅、黄山中旅、安徽环球国旅跻身全国百强旅行社。

2015年，全省接待国内游客4.44亿人次，比上年增长17.16%；国内旅游收入3980亿元，增长20.27%。国内旅游超1500万人次的有14个市，比上年增加5个市；国内旅游收入超百亿的有12个市，增加2个市；旅游总收入超百亿的有12个市，增加2个市，其中合肥、黄山、池州、安庆、芜湖超300亿元。

2015年春节黄金周期间，全省累计接待游客2104.98万人次，与上年同期相比增长19.49%；其中过夜游客606.87万人次，增长61.11%。实现旅游总收入116.07亿元，增长26.02%。有7个市旅游总收入超过5亿元，其中池州、合肥、黄山、安庆、芜湖等5个市均超过10亿元。国庆期间，全省累计接待游客5101.5万人次，增长10.2%。其中过夜游客696.6万人次，同比下降4.2%；一日游客4404.9万人次，同比增长12.8%。实现旅游总收入178.6亿元，同比增长11.2%。16个市中，有14个市接待旅游者超过百万人次，其中合肥、黄山、六安、安庆、宣城等5个市均超过300万人次；有7个市旅游总收入超过10亿元，其中黄山、安庆、池州3个市均超过20亿元。

2015年，全省旅行社组织出境游76.94万人次，比上年增长69.5%；入境游外联12.73万人次，接待34.07万人次，分别下降6.12%、增长30.74%。2015年，省政府领导率团赴韩国、印度尼西亚、俄罗斯、波兰、匈牙利、德国等国家和地区开展旅游促销。与墨西哥尤卡坦州旅游部会商，签署两省州旅游合作备忘录。参加韩国“中国旅游年”开幕式并开展旅游促销；与韩国旅游发展局东南圈协力支社、釜山旅游局、韩国庆尚北道等签署合作协议。针对新兴市场，积极牵头组织赴墨西哥、古巴、波兰、匈牙利、德、法、意、西班牙、俄罗斯、泰国、印度尼西亚和柬埔寨等客源市场旅游促销活动。组团参加伦敦、法国、莫斯科等9个重点国际旅展。着力加强对境外安徽旅游代理营销门店的管理考核。全年全省接待入境游客445万人次，比上年增长9.77%。其中，入境过夜游客291.12万人次，增长3.9%。旅游外汇收入22.63亿美元（不含旅游商品创汇数），增长22.97%。其中，接待台湾游客99.53万人次，增长12.54%，占入境旅游者比重22.39%；香港游客57万人次，下降3.81%，占入境旅游者比重12.82%；澳门游客28.91万人次，增长18.2%，占入境旅游者比重6.5%。接待外国游客259.2万人次，增长11.29%。

以鄂豫皖大别山红色旅游区域合作年会为平台，加强与河南、湖北两省的红色旅游合作；举办全国“红色旅游故事会”大赛安徽预赛，3人进入全国复赛决赛，1人获得三等奖、2人获得优秀奖；开展全省开展纪念抗战胜利70周年暨“铭记历史·圆梦中华”全国红色旅游万里行主题活动；推进《安徽省2016—2020年红色发展规划（三期）》《安徽省第二批10个红色旅游小镇（古镇）专项规划》编制工作；推荐5家景区参选全国红色旅游经典景区名录备选名单；协同省委宣传部等9家省直单位对萧县淮海战役总前委旧址红色文化旅游区规划建设进行调研指导。全年红色旅游接待游客4260.56万人次，比上年增长19.34%；红色旅游综合收入138.71亿元，增长18.32%。

全省大力开展旅游强县、旅游乡镇、旅游示范村、星级农家乐“四级联创”工作。策划拍摄“美丽安徽、乡村之旅”宣传片，制作“梦中皖南、乡村之旅”展板，编制乡村旅游手绘地图等宣传品。发布国内首部省级乡村旅游发展“蓝皮书”，编制《安徽乡村旅游发展典型材料汇编》，在全国率先推出《乡村旅游厕所管理与服务要求》。召开全省乡村旅游工作会议。省旅游局与省委组织部联合举办“2015年安徽省乡村旅游带头人专题培训班”，全省各地近300名村主任、村支书、乡村旅游带头人参训。全省37个村、40户获评中国乡村旅游模范村、模范户，400家农家乐获评中国乡村旅游金牌农家乐，400人获评中国乡村旅游致富带头人。新增全国休闲农业与乡村旅游示范县2家、示范点5家，15个县通过旅游强县评审，新评旅游乡镇102个、旅游示范村169个、四星以上农家乐209家。

福建省

2015年，福建省文化及相关产业增加值突破1000亿元，就业人员75.15万人，总量、GDP占比、吸纳就业人数均位居全国前十。新闻出版、广播影视、动漫游戏、工艺美术、文化旅游与演艺娱乐、创意设计与会展等六大主导产业增加值占文化产业增加值超过80%以上，对全省经济贡献率超过6%。文化产业已经成为福建国民经济发展新的增长点、扩大内需的新热点、产业转型升级的新支点，并逐步成为国民经济的支柱性产业。

一、2015年文化产业发展总体情况

（一）艺术创作生产取得新成效

艺术创作生产繁荣发展。2015年，全省广大文艺工作者认真学习贯彻习近平总书记文艺工作座谈会重要讲话精神和中共中央《关于繁荣发展社会主义文艺的意见》、国务院办公厅《关于支持戏曲传承发展的若干政策》和省两办颁发的《关于传承和弘扬福建戏曲的若干意见》精神，深入生活、扎根人民，积极开展"中国梦"和社会主义核心价值观主题创作，推出了一批优秀文艺作品，艺术创作生产呈现可喜的新气象。有7个项目入选文化部"中华优秀传统艺术传承发展计划"扶持专项，有18个项目获得国家艺术基金年度资助。受文化部委托，由福建省牵头组织开展全国地方戏曲剧种普查工作。组织召开了闽剧艺术研讨会。省芳华越剧团王君安获第27届中国戏剧梅花奖。以"艺术的盛会，人民的节日"为主旨的第六届福建艺术节于11月23日—12月15日在福州举行，本届艺术节荟萃福建省戏剧、歌舞、杂技、曲艺、书法、美术、摄影等多门类艺术精品。其中，戏剧会演有34台剧目参演，音乐、舞蹈、曲艺、杂技类有15台专场演出。

（二）公共文化服务取得新进展

贯彻落实中共中央办公厅、国务院办公厅《关于加快构建现代公共文化服务体系的意见》，福建省文化厅牵头建立全省现代公共文化服务体系协调机构，牵头拟定的《福建省关于加快构建现代公共文化服务体系实施意见》已印发。开展国家公共文化服务示范区、示范项目创建工作，福州市、宁德溪山书画院分别入选第三批国家公共文化服务体系示范区（示范项目）创建单位。组织开展第四次全国文化馆评估定级工作。出台《福建省文化与食安协管员管理暂行办法》，规范村级文化协管员的选聘、管理和使用。推进海上丝绸之路数字文化长廊课题研究与服务系统、"文化一点通"服务、地方特色文化资源和特色文献数据库建设。继续开展全省书院普查、全省宗祠文化资源普查、古籍与民国

文献保护工作。

推进全民阅读，组织开展系列阅读推广活动，举办“读吧！福建”世界读书日阅读推广、“书香伴我同行”大型广场表演、少儿阅读推广与实践、名家讲坛等活动。以“文化·传统·经典”为主旨的正谊书院开展了福建古代书院展、青少年国学系列课程、国画系列课程、青少年国学系列讲座、《中华必读古诗词》系列讲座等活动。

（三）文化产业发展取得新成就

举办第八届海峡两岸文化产业博览交易会，福建博物院的“博物馆文化创意产品精品展区”获最佳展览展示金奖，本届文博会签约项目共 90 个，总签约金额 414.9 亿元，现场交易额 10.73 亿。参与承办第十届中国（莆田）海峡工艺品博览会，签订合同金额 6.87 亿元，产品成交金额 2.51 亿。推进动漫产业发展，向文化部申报举办“第七届厦门国际动漫节”。7 家企业通过国家动漫企业认定，5 个动漫创意产品、2 个动漫产品申报国家动漫品牌建设和保护计划，7 个动漫项目进入首批国家动漫项目资源库。向文化部申报 2015 年国家文化产业重点项目 32 个和特色产业项目 7 个。开展国家级文化产业示范园区基地巡检。评选了第九批福建省文化产业示范基地 13 家。

（四）文化体制机制改革有新推进

推进简政放权、放管结合转变政府职能工作。对涉及演出、娱乐、网络文化等审批项目实行“先照后证”，简化申报材料，落实注册资本登记制度改革工作。取消对含有电子游戏机的游艺娱乐场所、互联网上网服务营业场所总量控制和布局规划的要求，放开审批。落实福建省政府关于自贸区实施的省级行政许可事项。开展福建自贸区文化市场开放政策试验工作。

继续稳妥推进文化单位改革发展。根据省委宣传部等七部门《关于积极稳妥推进省属国有文艺院团改革发展的意见》，福建省文化厅下发《进一步积极稳妥推进省属国有文艺院团改革发展任务分工方案》，明确建立艺术创作生产激励机制、深化内部收入分配制度改革等 6 个方面 20 项任务。推进福建省图书馆作为事业单位法人治理结构试点工作。厦门市、莆田市、宁德市出台政策扶持文艺院团发展。

推进省属文化事业单位分类改革和机构编制工作。福建省委编办批复省文化厅所属事业单位分类意见，即省图书馆等 10 个单位划归为公益一类，福建艺术职业学院等 9 个单位划归为公益二类，福建省人民剧场等 3 个单位划归为生产经营类，撤并省文化艺术干部学校等 4 个事业单位，省文物总店更名为福建民俗博物馆。

（五）文化贸易交流取得新突破

继续实施“福建文化宝岛行”，先后组织了 28 批系列文化交流活动，有 42 个院团（组）近 3000 人入岛交流，展演 216 场次，成为福建省入岛交流的重要活动品牌。服务国家“一带一路”倡议拓展对外文化交流。主动融入国家“一带一路”建设，积极打造“海丝”文化品牌。应中国常驻联合国代表团、联合国教科文组织和中国驻欧盟使团邀请，舞剧《丝海梦寻》分别于 2015 年 2 月 4 日、4 月 21 日、4 月 25 日，在美国联合国总部、法国联合国教科文组织总部和欧盟总部所在地比利时演出。以“情系亚洲、逐梦海丝”为主题，在泉州举办第十四届亚洲艺术节暨第二届“海丝”国际艺术节。落实部省合作项目，组派木偶戏赴柬埔寨、印度尼西亚、澳大利亚开展交流推广活动，完成“中国福建木偶戏在亚太地区的传播交流推广”的国家项目。落实“部省对口合作计划”，福建省杂技团赴几内亚、加纳和津巴布韦访问演出。组织包括丝绸、瓷器、香料等 200 余件文物珍品图片的“丝路帆远——海上丝绸之路文物精品图片展”，分别赴泰国曼谷、印度尼西亚雅加达和南美国家展出，该展被外交部列为2015年中国——东盟海洋合作年系列活动之一。赴美国参加“首届世界闽侨文化节”，并在纽约举办“忘不了乡愁——派江吻海，山水相依的八闽古村落古民居”摄影展。

二、2015年文化产业各行业发展基本情况

（一）新闻出版业

2015年，全省出版图书3637种，总印数1.03亿册；报纸42种（不含校报、副牌），总印数10.84亿份；期刊176种，总印数0.41亿册；音像电子出版物57.91万盒（张）。图书原创精品不断涌现，大型历史文献纪录片《苦难辉煌》同名图书销售超过10万册。福建数字出版产业不断发展壮大，海峡出版发行集团2015年数字出版业务收益1500万元，比2014年增长约100%。鹭江出版社成为拥有三大电信运营商数字阅读基地的内容提供商（CP）资质，提供数字图书、数字期刊和听书等大众数字阅读产品，在全国运营商CP排名中名列国有出版社前四。为加快产业转型升级，海峡出版发行集团启动“海峡教育云”平台建设，拓展数字教育、自然生态、孕婴童等主题的全媒体出版项目，成为入选国家新闻出版广电总局“专业数字内容资源知识服务模式试点单位”的唯一地方出版集团。

（二）广播电视业

截至2015年年底，全省共有广播电台6座，电视台6座，广播电视台65座，教育电视台1座。有线电视用户730.44万户，有线数字电视用户688.96万户。年末广播节目综合覆盖率为98.68%；电视节目综合覆盖率为98.94%。原创动画《土豆侠》深入挖掘福建本土文化资源，培育开发运营本土原创IP——“土豆侠”，成为中央电视台同一时段内收视率最高的动画片。福建广电网络集团发挥“互联网+TV”智慧云平台作用，延伸拓展服务内容，有效开展精准扶贫，利用广电网络互动平台、可视化运用，为贫困村提供产品销售、生产生活服务，助其走上致富道路，该模式得到了中央领导的肯定。

（三）电影业

2015年，福建省电影票房突破14亿元，达到14.86亿元，同比增长51.87%，福建电影业呈现出不断上升的良好态势。2015年，全省共放映电影158.24万场次，观影人次达到4031.07万，分别同比增长34.62%和55.22%，票价平均36.87元。福建省数字影院建设加速，全国已有22条城市电影院线在福建省落地，已加入院线可统计票房的影院205家、银幕1008块（其中IMAX影厅14个）、座位14.56万个。此外，福建省全面实现县（市）城区数字影院“全覆盖”，全省农村电影放映180 339场次，超过全年计划3.41个百分点，累计观影超过1850万人次。同时，电影创作生产的数量和质量稳步增长。2015年度福建省重大文艺创作项目库影视剧本评选结果揭晓，电视剧《郑和出海》、电影《太阳和月亮》、动画片《鱼丸之音》、系列微电影《敢为天下先》4部作品荣获优秀作品奖。同时，评选出入围作品42部，入库作品26部。2015年度福建省重大文艺创作项目库影视剧本征集活动开展以来，共收到全国各地报送的影视剧本148部，其中电视剧32部、电影101部、微电影9部、话剧等其他剧本6部。

（四）动漫游戏业

2015年，全省动漫游戏产业总收入达到210亿元，年增长23%，其中咪咕动漫、网龙、

四三九九等5家单位收入超过10亿元（咪咕动漫达到35亿元），厦门飞鱼科技等20余家企业年收入超过亿元；百度91、网龙、四三九九3家企业名列全国软件企业综合竞争力前100强，网龙再次荣膺全国文化企业30强，成为福建省唯一连续两年获此殊荣的企业，同时，网龙还荣列2015年福布斯“中国上市潜力企业榜单”三甲。咪咕动漫2015年平台收入超过35亿，同比增长26%，累计用户数4.9亿人，月均活跃用户数达1.1亿。新增7家企业通过国家动漫企业认定；全省从事动漫游戏相关业务的企业超过500家，从业人员超过3万多人。

2015年，福建省福州市加快推进动漫创意产业基地建设，总投资2.5亿元的福州动漫游戏产业基地二期项目已建成，神画时代、天狼星动漫等企业已入驻。占地1144亩[1]的海西网龙创意产业园已正式投用，除福建天晴数码公司、福建网龙计算机网络信息技术公司、福建天棣动漫科技有限公司已入园外，还引进了台湾鸿海集团等多家台湾信息技术公司入园进行合作，增强动漫创新，推动海西动漫游戏产业升级换代，加快打造海西文化创意产业集群。此外，占地15平方千米的数字福建（长乐）产业园项目一期已动建，建成后将承载园区项目招商、用户体验等多种功能。

（五）文化旅游业

2015年，全省接待入境游客591.45万人次，比上年增长8.5%。其中，接待外国人214.28万人次，增长9.9%；台湾同胞238.15万人次，增长5.7%；港澳同胞139.02万人次，增长11.6%。在入境旅游者中，过夜游客517.10万人次，增长6.4%。国际旅游外汇收入55.61亿美元，增长13.2%。全年接待国内旅游人数26 128.59万人次，增长14.2%；国内旅游收入2798.16亿元，增长16.3%。旅游总收入3141.51亿元，增长16.0%。

假日旅游市场平稳有序。一是接待量呈现较快增长态势。春节黄金周期间，累计接待国内外游客1279.39万人次，同比增长19.8%，其中：过夜游客307.37万人次，同比增长19.0%，一日游游客972.02万人次，同比增长20.1%；实现旅游总收入84.02亿元，同比增长20.2%。在春节旅游人气排行榜中，厦门市位列十大国内旅游目的地第二位、十大国内自由行目的地第一位。国庆黄金周期间，累计接待国内外游客1848.99万人次，同比增长20.4%，其中：接待过夜游客463.53万人次，增长18.8%，一日游游客1385.45万人次，增长20.9%，一日游游客占比74.9%，比上年提高0.3个百分点；旅游总收入124.37亿元，同比增长25.8%。二是生态旅游、红色旅游、乡村旅游、都市休闲游等产品成为消费热点。短距离乡村旅游点颇受欢迎，在五一小长假期间，龙岩培田村接待游客比增88%，漳州长泰县乡村旅游点接待游客约3万人次，莆田西天尾后黄村的古民居游、白沙坪盘村的赏花游及各地的枇杷采摘游活动人气火热。

产品业态体系日益丰富。一是新兴业态重点项目投资规模不断扩大。“十三五”期间福建省被列入旅游业发展重点项目建设227个，分别比“十二五”增长59.8%，其中“21世纪海上丝绸之路”旅游、滨海旅游以及邮轮游艇、运动旅游等新兴业态项目占投资总额的90%以上。二是旅游产品供给数量及品质持续提升。2015年，11个单位被评定为省级生态旅游示范区，全省已评定20家；17家单位入选第九批省级“水乡渔村”，全省共创建137家；全省404个单位、304人上榜全国首批乡村旅游“千千万万”品牌名单；7个单位获得全国休闲农业与乡村旅游示范县和示范点认定；武夷山等4家景区加入（中国）山岳旅游联盟。从游客接待量看，2015年福建省纳入统计监测的乡村旅游点累计接待游客3944.41万人次，同比增长18.5%，其中中国凤阳锌葡萄园等6个乡村旅游点的增幅超过100%；清新福建景区累计接待游客5101.31万人次，同比增长9.1%，其中牛姆林等3处景区的增

---

[1] 1亩≈666.67平方米，下同。

幅超过 50%。三是新兴旅游业态层出不穷。借助青运会平台，充分挖掘“旅游 + 体育”消费新亮点，并结合山地运动旅游、海洋运动旅游、高尔夫运动休闲旅游、骑行运动旅游等业态形成运动旅游线路产品；全力推进环海峡邮轮旅游产业发展，设计开发“高铁 + 邮轮”“高速 + 邮轮”等产品，预计厦门港全年邮轮航次将达到 64 艘次，进出港旅客约 17 万人次，邮轮航次和进出港旅客将比 2014 年分别增长 205% 和 201%。

区域旅游合作持续深入。2015 年，福建省积极对接“21 世纪海上丝绸之路核心区”国家战略，在“美丽中国・丝绸之路旅游年”主题中，牵头天津等 10 个省（自治区、直辖市）和香港、澳门 2 个特别行政区成立“中国海上丝绸之路旅游推广联盟”，对外形成统一整体品牌形象并推出首批 5 条串联精品线路；福州、广州、南京、宁波、扬州、北海、泉州、漳州和蓬莱等海丝沿线九市共同签署《福州宣言》，分阶段实施区域市场联合推广“137”方案，跨区域、跨国界城市之间的旅游交流与合作机制已颇具雏形。

江西省

2015年，江西省文化产业继续保持快速增长，主营业务收入2448.4亿元，同比增长20%。全省文化产业主管业务收入达2350亿元，比2010年844.31亿元增长178.3%，文化产业增加值占GDP比重由2.43%提高至3.8%，全省文化产业发展综合指数、文化产业影响力指数、核心文化产品出口创汇均居全国前十以上。

一、2015年文化产业发展总体情况

（一）文化体制改革持续深化

2015年，省委、省政府高度重视文化体制改革，始终把文化建设摆上重要位置。先后制定了2015年文化体制改革专项小组《工作要点》《工作计划》《工作要点台账》和《文化体制改革专项规划（2015—2020年）》《江西省关于加快文化创意和设计服务与相关产业融合发展专项规划（2015—2020年）》《江西省文化合作交流专项计划》，在加大财政资金投入、出台专项扶持政策、推动文化资源与金融资本对接、文化创意和设计与相关产业融合、文化旅游整合联动机制、推动文化企业上市、完善文化产业统计等方面进一步加强改革举措，促进改革落地见效。完成了省直经营性文化单位财务月报工作，共编印月报12期。与省统计局合作编辑印发了《2015年上半年江西省文化产业统计快讯》手册，及时准确掌握全省文化产业发展情况。

在各级政府的努力下，文化投入稳步增长，为全省文化的发展和繁荣打下了坚实的基础。截至2015年年底，全省文化文物总收入为314 281.3万元，其中，财政收入为188 780.2万元，事业收入5831.6万元，经营收入为2930万元，总支出是268 941.4万元。2015年文化事业费（不含基建拨款）127 094万元，比上年增长了22.54%；全省人均事业费27.84元，较2014年的人均事业费22.83元，增长了21.94%；全省文化事业费占财政支出为0.287%，2014年的文化事业费占财政支出0.27%，比上年增长了0.02个百分点。

（二）文化市场建设欣欣向荣

互联网上网服务场所转型升级，形成多重功能的文化消费场所。2015年，全省互联网上网服务场所共计4126家，较2014年减少0.05%。从业人员16 758人，较2014年增长0.07%；互联网上网服场所资产总计237 721万元，较2014年增长3%；营业利润135 930万元，较2014年增长0.03%。娱乐场所稳步发展，引进开发新的娱乐品种，建设现代化的娱乐产业，娱乐产品和服务层次上和内容

上不断提高。2015 年，全省共举办各类演出 21 135 场，演出收入近 1 亿元，观众总人数 90 余万人。其中涉外演出 128 场，有近 2129 名国（境）外演艺人员在赣演出，新增演出经纪机构 29 家。各地民营院团共 197 家，总资产收入达到了 1063.7 万元，占全省演出市场盈利资产的 80%。截至 2015 年，全省共有经营性互联网文化单位 1 家，从业人员 16 人，营业收入 55 万元，利润总额 25 万元。2015 年，江西全省艺术品市场实现成交额 104 万元人民币，同比 2013 年，成交额减少近一半。

（三）文化项目推进如火如荼

2015 年度中央文化产业发展专项资金扶持项目名单中，全省有 24 个重点文化产业项目获得中央专项资金资产扶持，总资金额 8360 万元。从省文化产业发展专项资金中拨付资金对省广播电视台媒资系统二期工程、有线电视运营支撑系统项目给予重点支持，继续支持全省县级 3 厅以上数字影院建设，100 个县市区高标准地完成了 3 厅以上数字影院全覆盖的建设任务。省级文化中心项目有序推进，首期 10 亿元建设资金已拨付到位。文化产业日益成为“大众创业，万众创新”的重要领域。

（四）文化产业结构持续优化

从行业大类看，主营业务收入超过百亿的有四个，分别为文化用品生产 677.21 亿元，同比增长 14.6%，占全产业的 40.2%；工艺美术品生产 393.38 亿元，同比增长 13.6%，占全产业的 23.3%；文化产品生产辅助生产 321.32 亿元，同比增长 7.6%，占全产业的 19.1%；新闻出版发行服务 100.79 亿元，同比增长 9.1%，占全产业的 6.0%，合计 1492.71 亿元，占全产业的 88.6%。从行业小类看，全省优势产业继续保持了良好发展势头，对文化产业快速增长贡献突出。排名前四的依然是印刷复制服务、工艺美术品的制造、焰火鞭炮产品制造、文化用纸的制造，且四个行业小类的主营业务收入均超百亿元，分别为 317.50 亿元、311.62 亿元、249.32 亿元、110.61 亿元，合计 989.05 亿元，同比增长 11.3%，占全产业的 58.6%。

全省网络、动漫、新媒体、数字出版等新型业态活力无限，“互联网 + 文化”成为全省文化产业新的发展趋势。文化产业与数字技术、电子信息和互联网等现代高新技术实现深度融合。江西省网络广播电视台以 PC 端为主干、以两微一端为两翼，充分发挥网络视听特色，在主题宣传策划上和网络特色化、多元化表达上下功夫；江西省出版集团构建新媒体协同创新体，着力实施互联网阅卷、智慧校园、备考专家、口语考试助手和电子书包等项目，在规模以上的大中小学校推广“新华壹品”项目，打造成教育文化服务流量入口平台，为学生提供全方位的立体服务，2015 年运营 400 家，同时，积极探索运行“互联网 + 版权经营”，实现 IP 资源的转化。

（五）文化企业发展潜力巨大

2015 年，全省积极推动文化资源、文化要素向优质企业聚集，培育了一批竞争力强的文化企业。江西恩达麻世纪科技股份有限公司实现主营业务收入超过 16 亿元，利润 3.2 亿元，同比增长 15%，金太阳教育、泰豪动漫、桐青金属工艺品、务本传媒等一批民营文化企业得到进一步壮大发展。江西桐青金属工艺品有限公司被授予“国家文化产业示范基地”，江西务本传媒有限公司被评为“国家认定动漫企业”。宁都飞天工艺品有限公司、江西广兴科技发展有限公司被评为“国家文化出口重点企业”。江西兴邦光电有限公司、江西画店文化产业股份有限公司、江西巨网科技股份有限公司成功在新三板挂牌交易。金太阳教育、泰豪动漫、桐青金属工艺品等文化企业正在筹备发行上市或挂牌交易，利用资本市场进行并购重组。文化体制改革与创新，极大地促进了文化产业发展，产业规模进一步扩大，就业人员进一步提高。规模以上文化产业企业 855 家，共吸纳从业人员 191 836 人，较

2014 年多吸纳就业人数 15 456 人，同比增长 8.8%。其中规模以上制造业共吸纳 152 099 人，同比增长 8.4%，占全产业的 79.3%；限额以上批零业吸纳 7599 人，同比增长 28.0%，占全行业的 4.0%；规模以上服务业吸纳 32 138 人，同比增长 6.9%，占全产业的 16.8%。分行业看，就业规模最大的是文化用品的生产，就业人员为 72 370 人，占全产业的 37.7%；其次是工艺美术品的生产 38 507 人，占全产业的 20.1%；文化产品生产的辅助生产 26 281 人，占全产业的 13.7%。

规模以上文化产业企业中，内资企业数为 763 家，占规模以上文化产业比重近九成，达 89.2%，实现主营业务收入 1384.66 亿元，占全产业的 82.0%；港、澳、台商投资企业 62 家，实现主营业务收入 193.08 亿元，分别占全产业的 7.3% 和 11.4%；外商投资企业 30 家，实现主营业务收入 110.45 亿元，分别占全产业的 3.5% 和 6.5%。值得关注的是，私营有限责任公司和其他有限责任公司已成为内资企业发展的主要动力，共计实现主营业务收入 995.81 亿元，占内资企业的 71.9%。

2015 年，江西省文化产业合作（南京）推介会中完成签约项目 70 个，签约总金额达 360 亿元，有力地推动了全省文化产业重点项目建设。全省共有 78 个项目在深圳文博会签约，签约金额达 317.25 亿元；实现文化企业密集上市。全省新增 5 家上市文化企业，占全省新增 41 家上市企业总数的 12%，融资总额近 3 亿元，为加快上市融资步伐，建立全省文化企业上市储备库，对确定的 26 家近 3 年上市的重点文化企业开展“一对一”上市服务。全年各类金融机构为文化企业发放贷款超过 50 亿元，文化企业贷款余额达 70.7 亿元，同比增长 55%，为全省文化企业生产发展提供了有效的资金支持。20 个项目获中央文化产业资金扶持，3 家文化企业纳入文化部文化金融合作项目库。全省确定 265 家县级以上互联网经营场所升级试点单位，全面推广文化市场技术监管与服务平台，利用平台审批主体 736 家、立案 582 件、检查经营单位 69 037 家。

（六）文化“走出去”加快推进

“十二五”交流项目连年增加、总数是“十一五”的 3 倍；连续两年荣获全国对外文化交流先进称号；与境外文化机构建立 6 对友好合作类系，圆满完成“巩固港澳台、拓展东南亚、突破欧关非”的对外文化交流任务。全省先后组织实施黎川油画精品泰国展、中俄“两河流域”文化交流暨江西经贸文化周、2015 年米兰世博会展演暨江西米兰文化交流年、2015 年马德里中国文化中心部省对口合作计划等一系列文化交流项目，重点打造景德镇陶瓷文化交流品牌，策划推出的千年瓷都——中国景德镇陶瓷文化系列展。全年共实施重大文化走出去项目 14 项，比上一年度新增 3 项，增长 27%。北京国际图书博览会上全省举办了版权输出签约仪式、名家签约、新书发布暨版权推介会、出版人与读者交流会等活动，达成版权贸易合同与意向 220 种。

全省积极融入“一带一路”倡议，江西文化国际影响力不断提升。对外文化交流项目为历年来最多。策划“一带一路”项目，参与部省合作交流项目，全年实施重大文化走出去项目比上年增长 27%，全年引进文化交流项目比上年增长 14%；对外文化交流范围为历年来最广。在组织对港澳台地区文化交流的同时，先后组织实施中俄“两河流域”文化交流等一系列文化交流项目，交流足迹遍及亚欧非等国家，部分设区市也结合实际开展对外交流，南昌市赴马其顿首都开展“欢乐中国年 · 魅力南昌”系列文化交流活动。抚州市组团赴英国、西班牙开展文化交流等；对外文化交流影响力为历年来最大。千年瓷都——中国景德镇陶瓷文化国际巡展，在俄罗斯、西班牙、意大利及中国港澳台地区反响热烈。

（七）地区发展各具特色

从总量上看，南昌实现主营业务收入 399.29 亿元，排在第一位，同比增长 6.9%，占比 23.7%。

主营业务收入超200亿元的地区还有九江229.32亿元，同比增长31.3%；萍乡214.68亿元，同比增长16.3%。从增长速度看，增长最快的是鹰潭，实现主营业务收入29.30亿元，同比增长33.9%；超过全省平均速度的还有九江、新余、萍乡、景德镇增速分别为31.3%、17.8%、16.3%、13.9%。

二、2015年文化产业各行业发展基本情况

（一）新闻出版业

2015年，全省共有印刷复制企业3630家，其中出版物、包装装潢和其他印刷品印刷企业1834家，复印打印企业1791家，复制单位5家，实现收入达到607.9亿元，同比增长27%。全省8家印刷工业园，入驻企业143家，产值120亿元。2015年，全省图书和出版发行业收入为141.2亿元，较上年增加32.9亿元，同比增长30%。报刊出版业收入为26亿元，较上年增加3.1亿元，同比增长17%。全省共推荐23个项目进入2015年度新闻出版改革发展项目库。国家新闻广电总局批准“江西数字出版创意基地”等7个项目为新闻出版改革发展项目库2015年入库项目。

江西日报传媒集团坚持“以报为主，多元发展”的思路，积极推行转型升级、媒体融合发展，现已形成以传统媒体、新兴媒体、文化地产、文化金融、文化创意为支柱的五大产业板块，旗下大江传媒实现新三板成功挂牌。江西广播电视台积极适应新常态、谋划新举措，在大力整合广电媒体资源的基础上，以新媒体、新业态等延伸广电产业，形成多元化产业发展的新格局。2015年，旗下风尚购物也成功登陆新三板。

（二）广播影视业

全省广播电视电影产业收入271亿元，同比增长13.9%。广播电视制造业保持较快增长。全省共有广播影视制造业主营业务收入163.3亿元，同比增长14%，保持了良好的发展态势。全省共有广播电台8座，中、短波发射台15座，电视台10座；有线广播电视用户677.0万户，年末广播综合人口覆盖率97.6%。其中，广播影视专用设备业主营业务收入91.7亿元，同比增长26%；广播影视视听设备制造业71.6亿元，同比增长3%。数字电视用户580.6万户。电视综合人口覆盖率98.6%。电影服务业发展势头迅猛。全省影院达到264家，影厅1166个，票房收入8.5亿元，同比增长56%，高出全国平均增幅7个百分点；观影人次达2674万，同比增长61%，高出全国平均增幅10个百分点。

广播电视内容产业潜力巨大。全省广播电视内容生产收入7.7亿元，同比增长25%。广播电视广告收入平稳增长。全省电视广告完成14.3亿元，其中，江西广播电视台在2015年中国广告市场规模下降和广电总局专题停播政策的不利影响下，电视广告收入继续保持增长，同比增长1.2%。广播电视有线网络用户持续攀升。全省有线电视网络用户数703.7万户，数字电视用户数为605.9万户，整转率为91.6%，实现收入20.6亿元，同比增长5.7%。

（三）演艺业

2015年，全省大力发展景区（城区）演艺，着力打造与旅游景区相关联、与地方特色文化元素相融合的演艺节目，培育出一批旅游演艺品牌，全省景区（城区）演艺项目达15个。2015年，演出4200余场，实现演出收入1.3亿元，5个演艺项目收入过千万元，其中井冈山实景演出、寻梦龙虎山、上饶梦里老家实景演出3个演艺项目收入超过2000万，景区（城区）演艺有力促进了全省文化旅游的发展。全省统筹和规范文化旅游节庆活动，审批各类民俗文化节、文化旅游节等文化节庆活动10批次，为文化旅游丰富了内容。全省文化旅游产业项目达170余个，其中资产1亿元以上的达68个。

2015 年，艺术表演团体共组织演出 3.02 万场，国内演出观众达 1543.829 万人次，其中到农村演出 2.311 万场，观众达 1039.499 万人次。演出收入达 11 862.2 万元。

（四）文化旅游业

全年接待国内旅游者 3.8 亿人次，比上年增长 23.3%；接待入境旅游者 176.9 万人次，增长 3.1%。实现旅游总收入 3637.7 亿元，增长 37.3%。其中，国内旅游收入 3600.5 亿元，增长 37.7%；国际旅游外汇收入 5.7 亿美元，增长 2.0%。新增瑞金共和国摇篮旅游区、宜春明月山旅游区两个国家 5A 级景区，鹰潭获批首批国家级旅游业改革创新先行区。

（五）文化制造业

2015 年，全省规模以上文化制造业 557 家，实现主营业务收入 1446.13 亿元，同比增长 13.6%，占规上文化产业比重超过八成，达 85.7%；规模以上文化服务业 250 家，实现主营业务收入 140.16 亿元，同比增长 10.7%，占全产业的 8.3%；限额以上文化批零业 48 家，实现主营业务收入 101.89 亿元，同比增长 6.1%，占全产业的 6.0%。

山东省

2015 年，山东省文化产业实现增加值 2481 亿元，比上年增长 13.6%（未扣除价格因素影响）。在经济增长放缓的形势下，山东文化产业发展实现了“增长幅度高于生产总值和服务业增长幅度、投资增幅高于全社会固定资产投资增幅、新型文化产业增幅高于整个文化产业增幅”的目标。

一、2015 年文化产业发展总体情况

（一）文化产业规模不断扩大

2015 年，山东省文化产业实现增加值比山东省 GDP 增速（扣除价格因素）高 5.6 个百分点，比全国文化产业增加值增速高 2.6 个百分点。文化产业增加值占 GDP 的比重为 3.94%，比上年提高 0.26 个百分点，比全国比重提高幅度快 0.05 个百分点。其中，文化制造业实现增加值 1407.9 亿元，比上年增长 7.3%；文化批发零售业实现增加值 232.9 亿元，同比增长 5.9%；文化服务业实现增加值 840.1 亿元，同比增长 28.9%，文化服务业增速远远高于文化制造业和文化批零业。从占全省比重看，文化制造业增加值占 56.7%，比上年下降 3.4 个百分点；文化批零业占 9.4%，下降 0.7 个百分点；文化服务业占 33.9%，提高 4.1 个百分点。由此可见，文化服务业发展迅速，占比逐渐提高，调整优化文化产业结构的速度不断加快。

（二）文化产业布局基本形成

2015 年，山东文化产业在发展过程中加强文化产业体系建设，在原有文化产业基础上不断拓展新领域，不断优化产业结构，形成了新闻、出版、影视、会展、广告、旅游等比较齐全的文化产业体系，文化与旅游、文化与会展、文化与科技之间的融合也逐渐步入正轨，文化产业核心层、外围层、相关层内部结构层次分明，保持合适的比例关系。

（三）区域文化产业快速发展

从产业总量来看，文化产业增加值超过 200 亿元的有 3 个市，分别是青岛（557.3 亿元）、烟台（255.7 亿元）和潍坊（216.5 亿元），3 市总量占全省的 41.5%。从增速来看，文化产业增加值增速高于全省的有 7 个市，分别是日照（59.2%）、烟台（39.9%）、莱芜（26.7%）、淄博（19.2%）、菏泽（17.7%）、聊城（16.8%）和青岛（14.8%），分别比全省高 45.6 个、26.3 个、13.1 个、5.6 个、4.1 个、3.2 个和 1.2 个百分点。在占 GDP 比重提高幅度方面，高于全省的有 8 个市，分别是烟台（0.92 个百

分点）、日照（0.78 个百分点）、莱芜（0.69 个百分点）、淄博（0.58 个百分点）、青岛（0.41 个百分点）、菏泽（0.37 个百分点）、聊城（0.34 个百分点）和东营市（0.29 个百分点），分别比全省高 0.66 个、0.52 个、0.43 个、0.32 个、0.15 个、0.11 个、0.08 个和 0.03 个百分点。

（四）顶层设计助力产业发展

2015 年，山东省实施弘扬优秀传统文化十大行动。此外，在文化遗产保护、公共文化服务、文化金融融合方面出台多项政策，为文化产业发展搭建平台。第一，《山东省非物质文化遗产条例》于 2015 年 12 月 1 日实施，为加强新形势下非物质文化遗产保护工作提供了坚实保障，具有里程碑式的意义。第二，在全国率先制定出台《关于加快构建现代公共文化服务体系的实施意见》和《山东省基本公共文化服务实施标准（2015—2020 年）》，对全省现代公共文化服务体系建设工作作出总体设计，制定出台《山东省人民政府办公厅关于贯彻落实国办发〔2015〕37 号文件做好政府向社会力量购买公共文化服务工作的实施意见》，社会力量参与公共文化服务的各项政策进一步细化。第三，研究制定《山东文化产业转型升级实施方案》，把文化产业纳入全省经济“转调创”大局，充分发挥文化产业在“转调创”中的积极作用。第四，山东省文化产业信息服务平台正式上线，齐鲁文化消费龙卡首发。第五，山东省文化市场技术监管与服务平台对文化市场经营单位视频监控系统、网络文化内容监管系统、行政审批系统、综合执法系统、应急指挥系统、地理信息系统、移动执法系统、宣传网站等多个系统模块进行了整合完善和升级改造，实现了省、市、县三级联网。

（五）推动文化资源创新转化

2015 年，山东省坚持创造性传承、创新性保护、创意性发展，打造载体，培育品牌，积极构建项目、传承人、传习所、生产性保护基地、生态保护区“五位一体”的非遗保护传承体系。“十二五”期间，全省各级投入非遗保护资金超过 21 亿元。截至 2015 年年底，全省共有联合国教科文组织认定的“人类非物质文化遗产代表作名录”项目 8 个，国家级非遗项目 173 个，占全国总数的 12.6%，居全国第二，建成 1 个国家级文化生态保护实验区、9 个省级文化生态保护实验区。启动国家级传承人抢救性记录工程，实施中国传承人群研修研习培训计划，开展“齐鲁文化喀什行”文化援疆行动，国家非遗保护数据库试点建设进展顺利。举办 7 期“齐鲁非遗大讲堂”，实现 308 个省级非遗项目保护单位和 312 个国家级、省级非遗传承人培训全覆盖。成功举办第十个“文化遗产日”非遗系列活动，全省各地开展活动 3200 多场次，参与群众达到 700 万人。中国非物质文化遗产博览会落户济南，中国非遗传承人群培训成功举办。

2015 年年底，全省共有非物质文化遗产保护机构 121 个，从业人员 605 人。全年全省非物质文化遗产保护机构共举办展览 1278 次，比上年增长 4.67%，接待观众 152.5 万人次，比上年增加 11.53%；举办演出 2129 场，观众 157.6 万人次，分别比上年增长 12.05% 和 20.93%；举办民俗活动 944 次，比上年增长 20.25%，观众 208.3 万人次，比上年增长 47.44%；举办培训班 1515 次，比上年增长 21.69%，培训人数 12.98 万人次，比上年增长 14.67%。

（六）完善公共文化服务体系

2015 年，山东省在公共文化建设方面不断加强顶层设计，逐步健全政策体系。在全国率先制定出台《关于加快构建现代公共文化服务体系的实施意见》和《山东省基本公共文化服务实施标准（2015—2020 年）》，对全省现代公共文化服务体系建设工作作出总体设计。各市迅速行动，认真贯彻，17 市均已制定贯彻落实方案，形成了整体推进的战略态势。制定出台《山东省人民政府办公厅关于贯彻落实国办发〔2015〕37号文件做好政府向社会力量购买公共文化服务工作的实施意见》，社会力量参与公共文化服务的各项政策进一步细化。

二、2015 年文化产业各行业发展基本情况

（一）新闻出版业

2015 年，山东省新闻出版产业实现主营业务收入 1827.04 亿元，较上年增加 184.45 亿元，增长 11.22%；营业利润 159.71 亿元，较上年增加 8.69 亿元，增长 5.8%。全省新闻出版产业继续保持稳定增长，2015 年经济规模在全国新闻出版产业总体经济规模综合评价中排名第五。

2015 年，山东省拥有图书出版单位 18 家（本次统计数据包含黄河出版社、山东省出版传媒股份有限公司本部）。图书出版实现营业收入 26.82 亿元，比上年增加 1.12 亿元，增长 4.36%；利润总额 6.73 亿元，比上年增加 0.46 亿元，增长 7.34%，图书出版企业经过转企改制，产品结构优化，市场主体效果更加明显，赢利能力不断增强。

2015 年，山东省共出版报纸 292 442.36 万份，较上年减少 15 788.06 万份，下降 4.6%；总印张 13 785 692.8 千印张，较上年减少 1 296 666.02 千印张，下降 8.46%；报纸出版实现主营业务收入 32.64 亿元，较上年减少 5.16 亿元，下降 13.7%。全省共出版期刊 11 083.35 万册，较上年减少 855.15 万册，下降 7.7%；期刊出版实现主营业务收入 3.03 亿元，较上年减少 0.6 亿元，下降 16.53%。以互联网为基础、以智能移动终端为代表的新媒体不断紧逼传统纸媒，报刊传统经营业务继续下滑。

2015 年，山东省印刷复制业总产出 1471.92 亿元，实现增加值 287.91 亿元，总产值占全行业比重为 78%，增加值占全行业的比重为 73.62%，比 2014 年分别增长 1.66 个和 1.47 个百分点。印刷复制业在山东省新闻出版产业中仍占据支柱地位，但是受宏观经济增速放缓的影响，其产值增长速度放缓。

2015 年，山东省出版物发行业实现总产出 330.15 亿元，实现增加值 69.92 亿元，较上年分别增长 12%、10%；总产值占全行业比重为 17.5%，增加值占全行业的比重为 17.88%，与 2014 年基本持平。近年来，传统发行单位尤其是民营书业，找准市场需求和自身定位，在商业模式、经营方式上不断创新，经济效益稳步提高，转型升级成效十分显著。

2015 年，山东省共输出图书版权 150 项，减少 39 项，较上年下降 20.6%；引进版权 403 项，增长 7 项，较上年增长 1.77%。版权输出品种与引进品种比例由 2014 年的 1∶2.09 上升到 1∶2.69。山东省新闻出版版权贸易逆差进一步加大，大力推进出版业“走出去”已成为当务之急。

（二）广播影视业

2015 年，山东省广播电视总收入 172.3 亿元，广播电视从业人员数 5.8 万人。广播节目综合人口覆盖率98.8%，广播节目套数162套，广播节目制作时间53.4万小时，公共广播节目播出时间93.9万小时，对外广播节目播出套数 1 套，对外广播节目播出时间 0.1 万小时，广播节目播出语言种类 1 种。

2015 年，电视节目综合人口覆盖率 98.6%，有线广播电视用户数 1806.8 万户，有线广播电视入户率 58.5%，电视节目套数 224 套，电视节目制作时间 22.2 万小时，公共电视节目播出时间 115.5 万小时，电视节目播出语言种类 3 种，对外电视节目播出套数 1 套，对外电视节目播出时间 0.9 万小时。2015 年，山东影视制作中心的两部力作——《伪装者》《琅琊榜》在全国引起了热烈反响，口碑、收视双赢。鲁剧成为我国电视荧屏的主力军，全年 7 部 313 集电视剧在央视及多家卫视首轮上星播出。在 6 月举办的第 21 届上海电视节白玉兰奖评选中，鲁剧《红高粱》《老农民》《北平无战事》包揽了

国内电视剧七大奖项中的六项。

2015 年，有 360 家影院加入城市电影院线，城市电影票房收入 17.3 亿元，比上年增长 57.0%。国有电影制片厂 1 个，电影故事片厂 1 个，电影院线 26 条，银幕 1918 块，电影综合收入 18.5 亿元，国内电影票房收入 17.3 亿元。其中，青岛市拥有山东省最多的电影院，数量为 47 家，全年放映电影 53.33 万场，观影总人次为 1176.9 万人，累计票房 39 907.7 万元，同比增长 47%。2015 年山东与横店影视联合出品的《西游记之大圣归来》上映，创造了国产动画电影的多项纪录。此外，山东为支持电影产业的发展，于 1 月出台《关于支持电影发展若干经济政策的实施意见》，进一步清理取消不合理行政审批事项，允许社会资本参与国有电影制作机构改制经营，培育中介机构，助推电影创作、制作和发行交易一体化发展。推广运用 PPP 模式、投资基金方式吸引社会资本投入，建设电影设施、开发电影产品。鼓励电影企业跨地区、跨行业、跨所有制兼并重组，通过注入资金、划转资产等方式支持重点电影企业发展，推动电影企业上市融资。支持组建山东电影集团，提升山东电影产业发展的层次和水平。

2015 年，公益电影放映共涵盖 75 018 个行政村，目标放映 900 216 场，累计放映 839 808.66 场，完成率 93.29%，其中故事片 635 130 场，科教片 614 036 场，已接入设备数量 3111 个。11 月，山东省新闻出版广电局、山东省财政厅、山东省民政厅联合发起“送电影进福利机构”公益电影放映活动，由山东省省级财政专项彩票公益金提供资金支持。在此基础上，山东还开展了“山东省省级财政专项彩票公益金助力脱贫攻坚公益电影放映活动”，将福利放映覆盖范围扩展到全省 101 个贫困人口县，充分发挥公益电影在开展公益宣传、传播科技法律知识、丰富群众精神文化生活等方面的优势，以文化扶贫助力全省脱贫攻坚大局。

（三）演艺业

2015 年年底，全省共有国有艺术表演团体 104 个，与上年持平，从业人员 5368 人，减少 360 人。全年全省国有艺术表演团体共演出 2.55 万场，比上年增加 10.87%，其中赴农村演出 1.85 万场，增加 22.76%；国内观众 2304 万人次，比上年增长 6.08%，其中农村观众 1714 万人次，增长 12.05%；总收入 69 196 万元，比上年增长 12.88%，其中演出收入 6665 万元，减少 3.49%。

2015 年，全省国有艺术表演团体共组织政府采购公益演出 1.35 万场，比上年增长 37.90%；观众 1341 万人次，增长 38.38%。利用流动舞台车演出 1.61 万场次，增长 24.94%；观众 1545.8 万人次，增长 20.43%。

2015 年年底，全省共有艺术表演场馆 101 个，观众座席数 107 195 个。各级文化部门所属艺术表演场馆 92 个，比上年减少 1 个，观众座席数 70 281 个，比上年减少 382 个；全年共举行艺术演出 0.218 万场次，比上年增长 1.87%；艺术演出观众人次 158.6 万人次，减少 0.04%。

2015 年，山东省继续坚持以人民为中心的创作导向，深入实施舞台艺术“4+1 工程”，制定出台《关于进一步推动山东艺术创作繁荣发展的意见》《重点选题评选资助办法》等，在选题立项、剧目加工、演出奖励、文艺评价、艺术人才培养各个环节进行“全链条”扶持引导，形成“山东模式”并在全国推广。

在国家艺术基金评选中，山东省 35 个项目入选，居全国第三，获资助资金 2985 万元，立项数量和资助金额同比增长 220% 和 270%。持续深化院团改革，艺术创作呈现井喷态势。“十二五”全省推出 369 部大戏，2 个剧目获中宣部“五个一工程戏剧奖”，4 个剧目获文华大奖或文华特别奖，一大批优秀演员和剧目获得梅花奖、红梅奖、兰花奖、全国戏剧奖、中国歌剧奖及国际杂技金奖。吕剧《回家》获“中国戏曲学会奖”，儿童剧《绿色的梦想》入选全国儿童剧优秀剧目展演，吕剧《苦菜花》、舞剧《红高粱》入选参加文化部“纪念中国人民抗日战争暨世界反法西斯战争胜利70周年优秀剧目巡演”。文化部“三个一批”创作扶持项目，山东省吕剧《姊妹易嫁》、柳子戏《张飞闯辕门》、新创作剧本《严蕊》全部入选，是全国为数不多的三个门类全覆盖的省份之一。

（四）动漫业

2015年，全省登记从事动漫创作和生产的企业有近600家，动漫行业的从业人员有2743人，存续经营的有360余家，主要集中在济南、青岛、烟台、潍坊、济宁等地，这些地区的动漫企业占山东省全部动漫企业的90%以上。在重点调查的50家企业中，总利润达到1.66亿元。在文化部公布的2015年“弘扬社会主义核心价值观动漫扶持计划”入选项目中，山东宇生文化传播有限公司创作的动画片《国防后备军》成功入围，这是山东第4个入选文化部“弘扬社会主义核心价值观动漫扶持计划”的项目，在入选项目数量上居于全国前列。

（五）会展业

2015年，山东省共举办展览会635个，展览总面积877.65万平方米，展览业直接销售收入（产值）约69.65亿元；按照1∶9的拉动系数，全省展览业对当地经济贡献的增加值为626.85亿元。从展会类型来看，专业类展会项目数为140个，占比为45%；综合类展会项目数为171个，占比为55%。截至2015年年底，山东省会展业协会共有会员135家。2015年，山东省可供展览的、室内面积在5000平方米以上，一年举办2个以上专业类展览会的场馆25个；展览总面积850 491平方米，可提供国际标准展位43 586个。在已建成场馆中，室内展览面积最大的是青岛新南国际博览中心，室内展览面积12万平方米。另外，济南西城会展中心、青岛黄岛东亚国际展览中心、青岛红岛国际会展中心也即将进入施工阶段。此外，山东省政府继续支持会展产业的发展与转型升级，在12月30日，印发了《山东省人民政府关于贯彻国发〔2015〕15号文件促进会展业改革发展的意见》，提出以国家和全省发展战略部署为核心，以推进会展与文化旅游、经济转型升级以及新材料、新技术、新兴产业深度结合为主线，形成布局合理、结构优化、功能完善、发展均衡的会展业体系，打造开放经济新动力、产业创新新引擎、转型升级新支点、区域协同发展新平台。

青岛东方影都主办星光岛展示区开放盛典活动吸引近10万人观摩。来自世界15个国家和地区的150多位代表参加第七届世界儒学大会暨2015年度“孔子文化奖”颁奖仪式。2015东亚文化之都·青岛活动年涉及民间艺术、文艺演出、艺术展览、影视交流、学术论坛、文化遗产保护六大板块，其中中日韩第7次文化部长会议发布了中日韩文化合作交流新一轮三年行动计划——《青岛行动计划》。

（六）文化旅游业

2015年，山东省旅游消费总额7062.5亿元，同比增长14.1%；入境游客消费29.0亿美元，同比增长6.7%，国内游客消费6505.1亿元，同比增长13.9%，居民出游前后旅游消费376.7亿元，旅游投资1400亿元。2015年，山东省接待游客累计65 506万人次，入境游客461万人次，国内游客65 045万人次，城乡居民人均出游次数3.0次。

河南省

2015年，河南省文化及相关产业实现增加值1111.87亿元，其中法人单位实现增加值1005.51亿元，首次突破千亿大关，分别比2014年增长12.9%和12.8%（未扣除价格因素，下同），增速明显高于GDP增速和二、三产业增加值增速，占GDP比重首次突破3.0%，比2014年提高0.18个百分点。

一、2015年文化产业发展总体情况

（一）文化产业规模不断扩大

2015年，全省文化及相关产业法人单位共有52 103家，比上年增长35.7%，占全国的比重为4.6%，提高0.7个百分点。其中文化制造业7410家，文化批零业8853家，文化服务业35 840家，分别比上年增长34.0%、66.7%、30.1%，三者占比分别为14.2%、17.0%、68.8%。年末从业人员108.58万人，比上年增长9.8%，资产达到4995.82亿元，实现营业收入4017.45亿元，分别比上年增长21.1%和17.2%。

从2015年全省规模以上文化及相关产业企业主要指标来看，企业个数2718家，同比增长24.9%，数量居全国第7位，中部六省第1位，居全国的位次比2014年提升1位，比2013年提升2位，居中部六省第1位。营业收入3179.69亿元，同比增长16.0%，居全国第8位，中部六省第2位。产业规模壮大，资产总计2867.57亿元，同比增长17.9%。盈利能力增强，实现利润252.66亿元，同比增长8.9%，居全国第7位，中部六省第1位。吸纳就业能力提升，从业人员45.86万人，比上年增长6.5%，居全国第7位，中部六省第2位。

（二）文化体制改革取得阶段性成果

起草河南省《关于做好政府向社会力量购买公共文化服务工作的实施意见》《关于推进基层综合性文化服务中心建设的实施方案》，不断创新公共文化服务投入方式和建设管理模式。进一步简政放权，梳理文化厅行政权力事项73项、文物局21项，建立文化厅、文物局权力清单、责任清单和权力运行机制。出台《河南省节庆论坛管理实施办法》，履行全省文化类节庆论坛管理审批职能。利用中国文化遗产日等重大节日，广泛开展《文物保护法》《非物质文化遗产法》等文化法律法规宣传教育。探索设立法律顾问制度，建立健全重大决策合法性审查机制。落实系列文化发展持续政策，积极财政各级财政支持，全省文化投入稳步增长。会同省财政厅研究出台《全省公共文化服务引导资金管理暂行办法》，开展文化资金使用情况监督检查，资金使用效益不断提升。安全稳定和平安建设工作扎实

开展，总体上确保全省文化系统平安和谐的良好局面。

（三）特色文化产业培育力度增大

出台《大力推进文化金融合作促进小微文化企业特色文化产业发展的若干意见》，从营造发展环境、加大金融支持、完善财政政策等方面加大引导和支持力度，全年全省文化企业共获得贷款30多亿元。开封市宋都古城国家级文化产业示范园区建设等8个项目入选2015年度“国家文化金融扶持计划”。发挥新型文化业态专项资金引导作用，全年资助冰上杂技儿童剧《探险之旅》等39个项目4000万元资金。组织开展全省文化产业园区建设洛阳观摩活动，鼓励引导集聚发展。命名登封市“天地之中”文化旅游产业园区、灵宝市函谷关文化产业园2个园区为第四批“河南省文化产业示范园区”。全省国家级、省级文化产业示范园区、示范基地从业人员达35万人，总资产320多亿元，营业收入近280亿元，示范带动作用进一步彰显。

（四）重点文化产业项目加快建设

郑州国际文化创意产业园等一批重大项目落地建设。郑州国际文化创意产业园入驻华特迪士尼、建业华谊电影小镇等规模以上大项目40多个，计划投资达200亿元。郑州华强文化科技基地一期建成运营，国家动漫产业基地（河南基地）企业入驻完毕。开封“一城宋韵”入选2015年度国家特色文化产业项目,《禅宗少林·音乐大典》实景演出升级改造等8个项目入选2015年度“国家文化金融扶持计划”,《狼来了》等4个优秀动漫项目入选2015年度“国家动漫企业项目资源库”。洛阳市“天下龙门”、华夏历史文明传承主题园等一批重大文化产业项目相继落地和签约，隋唐百戏城《国际大马戏》和丝路非遗嘉年华《天下洛阳》演艺项目成功上演。

（五）新型文化业态势头良好

2015年，全省积极与互联网技术紧密拥抱，创造多个“全国第一”，如全国第一个和腾讯公开签署战略合作框架协议的省份，全国第一个“互联网+”智慧景区落户洛阳龙门石窟，全国第一个“互联网+”生态智慧城市落户鹤壁，全国第一个“互联网+”文化智慧城市落户开封,“互联网+”开始影响到人们社会生活中的方方面面。省会城市郑州市成为河南全面推进“互联网+”项目进程的样板城市，河南其他各地市也纷纷推出“互联网+”战略发展举措。

2015年，全省加大新型文化业态引导扶持力度，推动以数字内容服务、动漫游戏、新型演艺娱乐等为代表的新型文化业态发展，涌现出中国传统村落富媒体互动数字出版、数字马街、数字太极、戏剧数字云播平台等一批新型文化业态项目。文化与旅游、科技、信息服务、移动通信等行业融合发展成为新亮点，培育打造河南全民阅读、手机网络游戏开发、索易儿童成长中心、松社文化休闲空间、非物质文化遗产传承复烧宋钧研发、上阳宫文化园等一批产业融合品牌。

（六）对外文化交流深入开展

对外文化合作交流不断深化。“欢乐春节”文化交流任务圆满完成，共组派10个团组，赴加拿大、突尼斯、哈萨克斯坦、新西兰、巴西、智利等10个国家和地区开展文化交流活动81场次。“央地合作”计划全面落实。赴孟加拉国成功举办“丝绸之路上的中国穆斯林摄影展”，中共中央政治局委员、国务院副总理刘延东，孟加拉国文化部长努尔等出席展览开幕式，给予充分肯定。完成赴巴基斯坦“中国文化交流年”演出任务。积极开展对非文化交流，举办“2015南非中国年河南周”系列文化活动。成功承办青年汉学家走进河南活动。

对外文物交流日趋活跃。组织“洛阳：丝绸之路上的大都会——唐代文明展”“汉唐中原——河南文物精品展”“中塞文化对话展”“河南木版年画展”等，分别赴瑞典、意大利、塞浦路斯、加拿大等地展出。与台北历史博物馆合作主办“盛世风华——洛阳唐三彩特展”。成功引进俄罗斯“布里亚特的神灵”、捷克“欧洲玻璃艺术史珍品”等专题展览，为公众奉上精品文化大餐。成功举办“2015（郑州）国际博协安全委员会第41届年会”。

二、2015年文化产业各行业发展基本情况

（一）新闻出版业

全年图书出版总印数2.04亿册，期刊出版总印数0.96亿册，报纸出版总印数21.05亿份。截至2015年年底，共有综合档案馆177个，已开放各类档案436.09万卷（件），河南省出版单位出版的图书、期刊累计获得全国性奖项70余项。

2015年，全省实施项目带动战略。共7个项目入选2015年新闻出版改革发展项目库，有力促进了新闻出版产业结构优化升级。积极开展图书、报纸、期刊和音像电子出版转型示范单位评估工作，确定首批数字出版转型示范单位7家，4家出版单位入选全国“第二批”数字出版转型示范单位名单，有力地推动了数字出版转型升级。大力加强出版产品市场和出版要素市场建设。积极争取各级财政、金融和社会资金对新闻出版产业项目的投资和支持，全省共10个图书出版项目获得2015年度国家出版基金资助共计1491万元，进一步增强企业发展活力。认真开展新闻出版业“十三五”规划编制工作，组织推荐报送“河南大象融媒体集团有限公司融媒体技术平台‘新闻岛’项目”等7个“十三五”规划重大项目，为下一步发展指明方向。积极实施“走出去”战略。先后组织参加2015北京图书订货会、第二十五届全国图书交易博览会、第三届中国（武汉）期刊交易博览会等活动，充分展示了河南新闻出版行业的新形象。

（二）广播电视业

截至2015年年底，全省共有有线电视用户1016.99万户。广播人口覆盖率98.28%，电视人口覆盖率98.43%。2015年，河南以文明河南建设为引领，以深化文化体制改革为重点，扎实推进公共文化服务体系建设，加快组建适应时代发展变革的新型媒体集团，大力推进传统媒体和新兴媒体融合发展，稳妥推进省辖市广播电台、电视台合并重组以及县级有线网络整合工作。

2015年，河南城市院线市场放映场次200.47万场，比上年增长37.87%；观众人次4932万，比上年增长43.96%；票房收入15.226亿元，比上年增长43.94%。平均票价30.87元，与上年相同。全年票房收入占全国城市院线票房的3.47%，较上年下降0.12个百分点，全国省、自治区、直辖市票房排名第10，与上年相同。全省87家影院票房超过500万元，比上年增加28家。其中，票房1000万元以上的51家，比上年增加16家；票房3000万元以上的影院8家，比上年增加1家。全省可统计票房影院277家，银幕1351块，座位167 599个；其中，10厅以上的影院10家，7～9厅的影院49家，4～6厅的影院142家，3厅以下的影院76家。相比上年，影院增加69家，银幕增加312块。全省分布23条院线，比上年增加1条；其中20条院线有票房500万元以上影院，与上年相同。

（三）演艺业

2015年，河南演出团体数量为824个，相比2014年河南省演出团体数量930个，约占12.9%；其中国有演出团体166家，集体制演出团体1家，其他形式演出团体657家；文化部门管理的演出团

体 171 家，其他部门管理的演出团体 653 家。2015 年度河南演出市场演出场次 35.619 万场次，国内演出场次 35.359 万场次，农村演出场次 30.369 万场次；2015 年度河南演出市场国内演出观众人次 19 415.693 万人，农村观众人次 9345.294 万人；2015 年度河南演出市场总收入 119 752.4 万元，演出票房收入 609 837 万元，与 2014 年演出市场票房收入 590 048 万元相比，增长 19 789 万元，增长比例 3.24%。

2015 年度河南演出经纪机构为 67 个，从业人员 1112 名，营业收入 13 860.7 万元，与 2014 年度相比增加值 6318.6 万元。从开展业务范围角度分析，演出经纪机构主要经纪项目类别有项目经纪、演员经纪及两者兼顾。2015 年，河南演出市场票务公司相继崭露头角，一些演艺场所也在自主官网上开通网上订票选座服务，建立自有票务系统。2015 年河南省艺术表演场馆共计 150 个，座席数 189 186 个，从业人员 3692 人，演（映）出场次合计 1.926 万场次，总收入 13 170 万元，演出票房收入 1912.2 万元。河南绝大多数新建专业演出场所由政府投资建设，由于演出场所建设投资巨大，其性质多为国有。大多演出场所由事业单位转企而成，正处于运营机制转换、企业化运作程度提高等阶段。

（四）文化旅游业

2015 年，文化旅游成为河南经济社会发展的重要支柱。2015 年，河南全省接待海内外游客 5.18 亿人次，比上年增长 13.1%。其中入境游客 268.29 万人次，增长 18.1%。旅游总收入 5035.29 亿元，增长 15.3%。年底 4A 级以上景区 137 处；出境游组团社及国内和入境游旅行社 1156 家。旅游总收入相当于全省生产总值的比重由 2010 年的 9.9% 上升到 2015 年的 13.3%。旅游产业成为社会投资热点，“十二五”期间全省旅游招商引资总额达 7200 亿元。

2015 年，文化旅游宣传推介力度加大。全省各地旅游管理部门积极营造良好发展氛围，开展全方位、多层次、高水平的文化旅游宣传推介活动，打造出一系列具有地方特色的文化旅游品牌形象。新郑黄帝故里拜祖大典、洛阳的牡丹节会、开封的清明节会和菊花节会、许昌的三国文化节、鹤壁的中原文博会、平顶山的马街书会等一大批精品节会品牌、演艺品牌、景区品牌叫响海内外，不同程度地带动的文化旅游，推动河南文化旅游朝着更加规范、更加智慧的方向迈进。

为进一步开发各地的文化旅游资源，将丰富的文化旅游资源优势转化为经济发展优势，河南各地市纷纷谋划出台发展举措，倾力打造一批文化旅游产业重点项目。2015 年 3 月 16 日，在北京国家会议中心隆重举行的 2015 年中国文化旅游产业发展高峰论坛（CAAPA）及颁奖典礼上，郑州方特欢乐世界荣获“中国最受欢迎主题乐园奖”，郑州方特水上乐园荣获“中国最佳水上乐园奖”。

湖北省

2015 年，湖北省文化产业增加值为 811.8 亿元，同比增长 9.4%，占全省 GDP 比重为 2.75%，同比提高 0.04%。全省共有文化经营单位（不含图书报刊、广播电影电视、音像）10 651 家，比 2014 年增加 1484 家，同比增加 16.19%。从业人员 51 881 人，比 2014 年增加 158 人；资产总计为 80.25 亿元，同比增长 4.53%，利润总额为 15.02 亿元，较 2014 年下降了 44.47%。

一、2015 年文化产业发展总体情况

（一）文化产业规模进一步壮大

截至 2015 年年底，全省文化产业总产出值为 86.54 亿元，较 2014 年下降了 6.97 亿元。从产业构成看，艺术业产业增加值比 2014 年增加了 8114 万元，同比增长 13.49%；图书馆业产业增加值比 2014 年增加了 6662 万元，同比增长 24.06%；群众文化产业增加值比 2014 年增加了 1.31 亿元，同比增加 40.94%。与 2014 年相比，艺术教育业产业增加值比 2014 年减少了 46 万元，同比下降不足 0.01%；文化市场经营机构增加值出现了下降，下降了 13.42 亿元，同比下降 22.70%。由此可以得出，文化市场经营机构增加值的下降是全省文化产业总产出值同比出现下降的主要因素。

（二）文化项目建设加快推进

开展全省文化产业示范园区（基地）巡检考核工作，评选第二批省级文化产业示范园区 9 家、第五批省级文化产业示范基地 34 家。制定出台《湖北省扶持文化产业示范园区及基地专项资金管理办法》，对 71 家优秀文化产业示范园区（基地）给予 928 万元的资金扶持。组织召开全省特色文化产业现场会，推动各地大力发展特色文化产业。成功举办第二届中国湖北文化艺术品博览会、第三届湖北省大学生文化创意设计大赛，积极搭建文化产业发展平台。扎实推进中部地区（武昌区）拉动城乡居民文化消费试点工作，得到文化部高度评价。文化产业项目申报取得新突破，一批重点项目入选国家文化产业重点项目库。

（三）文化产业结构不断优化

截至 2015 年年底，全省有文化经营单位（不含图书报刊、广播电影电视、音像）10 651 家，比 2014 年增加 1484 家，同比增加 16.19%；从业人员 51 881 人，比 2014 年增加 158 人；资产总计 80.25 亿元，同比增长 4.53%，年营业收入 46.63 亿元，利润总额为 15.02 亿元，较 2014 年下降了

44.47%。全省新闻出版广电行业总产值达到 750 亿元，较“十一五”期末翻了一番，成为全省文化产业主力军，全行业上市企业达到 11 家。全省建成影院 249 家，县级城市数字影院基本实现全覆盖。电影票房突破 21 亿元，年均增长率超 35%，较“十一五”期末增长 5 倍，位居全国第七、中部第一。版权登记与版权交易数大幅提升，2015 年突破 1 万件。

（四）政策扶持力度持续加大

湖北省出台《关于深入推进湖北省文化金融合作的实施意见》，进一步加大了金融对文化产业的支持力度；与多家金融机构签订了支持文化产业发展的战略合作协议，为文化企业和文化项目优先提供金融支持，为中央文化区、欢乐谷、武汉创意天地等一批规模大、带动性强的文化产业项目提供信贷支持近百亿元，有效促进了大型文化产业项目的顺利实施。累计下放动漫扶持资金共计 4688 万元，在动漫专项资金的扶持下，全省动漫产业发展迅速，步入“全国第一方阵”，成为全省文化产业新的增长点。招商引资力度加大。面向珠三角、长三角、环渤海及海外举办了 5 轮文化产业招商活动，全省 96 个重大项目实现签约，签约金额达 867 亿元，一批重大项目在湖北落地。市场主体培育力度加大。命名 159 家省级文化产业示范基地、29 家省级文化产业示范园区，充分发挥示范基地的示范带动作用，市场主体竞争力和影响力不断加强，其中多家企业已在新三板上市。组建湖北文化产业发展投资公司和文化产业投资基金，推进华中文化产权交易所、华中国家版权交易中心发展。成功举办中国（武汉）期刊交易博览会、华中图书交易会、中国湖北文化艺术品博览会等大型文化活动。

（五）对外文化交流日趋活跃

积极参与国家重大文化交流活动，组织京剧演展讲、中国大漆走世界等项目，参加“荆楚风中埃情——湖北文化走埃及”对口合作活动，开展了楚文化专题、中国特色文化专题、长江·尼罗河两河流域文化交流 3 个专题活动，举办了湖北漆器漆画精品展、中国漆艺讲座、国粹京剧演出和讲座、中国民族民间舞蹈培训班、文艺演出等交流活动。组织“长江之韵”艺术使团赴俄罗斯参加“第二届因际布兰诺沃艺术节”，组织京剧《真假美猴王》赴日本巡演，选派京剧演出团赴智利参加“中国文化年”暨“华艺新颜”活动。湖北省京剧院赴澳门粤华中学和澳门永乐戏院举办 2 场京剧折子戏专场演出；湖北省博物馆赴香港举办“楚腔汉调——汉剧文物展”及汉剧演出。配合全省重大外事活动，组织举办“同一个太阳，同一个梦想”中国湖北—澳大利亚昆士兰儿童艺术交流项目 20 周年回顾展等文化交流活动。积极开展对台及对外交流展览，先后赴台湾地区举办《铸鼎熔金——湖北省博物馆馆藏青铜器展》、赴美国举办《皇家品味展》，引进《奥地利百年绘画展》等十多个特色展览。

二、2015 年文化产业各行业发展基本情况

（一）新闻出版业

2015 年，湖北省新闻出版营业收入 619.5 亿元，在中部地区省份中排在第 3 位。全省各级媒体在人民日报、中央电视台等中央媒体发稿 1.2 万多篇（条）。《章开沅成为我国辞去“资深教授”第一人》《电视问政·问作风》《阳新“清风”行动纪实》等 12 件作品获第二十五届中国新闻奖。省新闻出版广电总局实施新闻出版广电“双百”工程，确定了 100 家企业、100 个项目，按照周期制、动态制管理方式予以重点扶持。

融合发展势头迅猛。长江数字传媒、武汉理工数媒、斗值、九派新闻逐渐成为国内知名的数字出版品牌。长江日报报业集团“好医网”获 2015 年度全国媒体融合发展创新案例 12 强。“面向建筑装

饰行业的云服务平台”等项目获中央文化产业发展专项资金扶持。“中国长江三峡工程大数据平台”等项目入选国家新闻出版改革发展项目库。“肯尼亚植物志在线”获 2015 年度全国优秀“互联网 +”项目。

2015 中国（武汉）期刊交易博览会吸引 45 个国家（地区）参展、45 万人次参观，共展出 3.3 万多种期刊和数字化期刊产品；现场销售和订货码洋达 4.1 亿元，共签订、达成交易意向和协议 180 多项，被誉为“湖北文化名片”。2015 年第 14 届华中图书交易会 2 万多家企业到场，交易额超过 30 亿元，成为“民营书业第一展”。湖北长江出版传媒集团（股份）公司实力不断壮大，集团 2015 年总体经济规模进入全国出版集团 10 强，在全国 35 家出版集团中排名第十位，较 2014 年前进一位。集团 2014 年、2015 年连续两年营业收入在全国 15 家同类上市公司中排名第一位。在全国图书零售市场上，集团在全国 35 家出版集团中居第五位，比 2014 年上升一位。其中，湖北美术出版社在全国同类地方出版社中排名稳居第一，湖北少儿出版集团保持第二，湖北文艺出版社保持前三。

（二）广播电视业

2015 年，湖北省广播电视业总收入 104.83 亿元，全国排名第九，在中部地区省份中排在第二位。在重大突发事件报道中，广电媒体也发挥了独特的作用。“东方之星”旅游客船倾覆事件中，湖北电视台第一时间现场播报、24 小时直播，从 6 月 2 日上午 10 点半开始连续 7 天，湖北卫视、湖北公共 · 新闻频道并机播出《关注“东方之星”号客轮翻沉事件》大型直播节目，累计时长达 3800 分钟，为央视提供救援指挥中心新闻发布会公共信号 400 分钟，在中央电视台新闻联播发稿 27 条，在央视新闻频道、财经频道、中文国际频道发稿 200 多条。“长江云”App 等新媒体不间断报道，抢占国内外媒体舆论高地和网络阵地，全媒体、多层次、多角度展示“全国驰援东方之星”的国家救援行动，展示了我国强大的救援动员能力和救援高效率，传播了正能量。电视新闻栏目《XYZ 新闻三剑客》获得中国新闻奖一等奖。推出《电视问政》《行风热线》《新月读书会》《好人开讲》等品牌节目栏目，形式内容不断创新，公信力、影响力、渗透力不断增强。

（三）电影业

2015 年召开了全省电影工作会议，经省政府同意出台了相关政策，建立了专项扶持资金，用于扶持优秀剧本、影视剧目的创作生产。2015 年全省备案公示影视剧 72 部，出品 15 部 176 集（部）。2015 年，湖北城市院线市场放映场次 230.65 万场，比上年增长 43.80%；观众人次 6642 万，比上年增长 51.20%；票房收入 21.013 亿元，比上年增长 46.42%。平均票价 31.64 元，较上年回落 1.03 元。全年票房收入占全国城市院线票房的 4.79%，比上年下降 0.08%，全国省、自治区、直辖市票房排名第七，与上年相同。

2015 年，全省可统计票房影院 260 家，银幕 1405 块，座位 207 578 个；其中，10 厅以上的影院 15 家，7 ~ 9 厅的影院 60 家，4 ~ 6 厅的影院 122 家，3 厅以下的影院 63 家。相比上年，影院增加 74 家，银幕增加 405 块。全省分布 21 条城市院线，比上年增加 3 条；其中 16 条院线旗下有票房 500 万元以上的影院，比上年增加 3 条。全省票房 500 万元以上的影院 112 家，比上年增加 35 家。其中，票房 1000 万元以上的影院 75 家，比上年增加 26 家；票房 300 万元以上的影院 14 家，比上年增加 4 家。湖北省城市院线结构基本与上年相同，湖北银兴旗下影院 73 家，其中票房 500 万元以上的影院 26 家，票房占湖北市场的 25.25%，比上年下降了 0.32%。武汉天河旗下影院 24 家，其中票房 500 万元以上的影院 16 家，票房占湖北市场的 15.09%，比上年下降了 1.56%。万达旗下 14 家影院，其中 12 家影院票房在 500 万元以上，票房占湖北市场的 14.71%，比上年下降 1.83%。广州金逸珠江旗下 14 家影院，其中票房500万元以上的影院9家、票房占湖北市场的80.2%，比上年下降3.94%。广东大地旗下55家影院，其中票房500万元以上的影院19家，票房占湖北市场的7.56%，比上年提高了3.6%。全省11座城市票房在3000万元以上，比上年增加3座。其中，武汉票房收入12.808亿元，占湖北市场的60.95%。襄阳、宜昌票房过亿，分别为1.22亿元、1.108亿元，占湖北市场的5.81%、5.27%。荆州、黄石、孝感、十堰等4座城市票房均在6000万元以上。

（四）演艺业

2015年，湖北省共有艺术表演团体282个，数量居全国第13位，从业人员8999人，共为社会提供各类演出3.85万场，平均每团演出场次137场，演出观众达2902万人次，观众数量居全国第8位，总收入7.33亿元，其中演出收入1.61亿元。截至2015年年底，全省专业艺术表演团体共为社会提供各类演出2.021万场，平均每团演出场次235场。其中，农村演出1.197万场，农村观众1341万人。全专业艺术表演团体共计收入6.22亿元，与2014年相比略有上涨。其中，演出收入0.73亿元，2015年专业艺术表演团体总支出为6.35亿元，经费自给率为11.5%。

2015年，湖北省设立2000万元文艺创作专项扶持资金，推出大型话剧《台北新娘》、电影《爱在青山绿水间》、电视剧《东方主战场》、话剧《刘伦堂》等主旋律作品。振兴戏曲艺术，制订戏曲振兴发展五年计划，京剧振兴发展五年计划，推进武汉“戏码头”复兴，分层分批实施地方戏曲人才培养计划。成功举办第三届湖北艺术节、第六届湖北省楚剧艺术节、“深入生活、扎根人民”主题展演、“我们的中国梦”湖北地方戏曲获奖剧目展演、纪念中国人民抗日战争暨世界反法西斯战争胜利70周年优秀剧目展演、2015年秋之韵·东湖音乐会等系列展演活动。组织10个专业艺术院团、京汉楚花黄等7个剧种的11台获奖优秀地方戏曲剧目，演出68场，其中省外演出17场，惠及群众约10万人次。组织京剧《红灯记》、方言喜剧《鬼子进了城》、襄阳花鼓戏《长山壮歌》，随州花鼓戏《不下马的将军》等一批剧目进行展演，深受群众欢迎。

（五）文化旅游业

2015年，全省国内旅游人数5.07亿人次，增长12.7%；国内旅游收入4206.02亿元，增长14.3%。入境旅游人数311.76万人次，增长12.5%。国际旅游外汇收入16.72亿美元，增长35.0%。全省旅游综合收入过百亿元的市州由2010年的6个增加到11个，其中武汉、宜昌、十堰、襄阳、咸宁、恩施6个市州突破200亿元。全省旅游业综合竞争力由“十一五”期末的全国第13位上升到第10位。

2015年，湖北省各级旅游部门和旅游企业积极利用网站、微信、微博等推出全新旅游资讯平台，加大旅游信息发布频率，推动旅游服务信息化水平明显提升，让游客获得了更加便捷的旅游体验。微信方面，武汉市、十堰市、宜昌市、恩施州等市州的旅游部门及A级景区都开通了微信公众号，定期推送丰富的旅游资讯，并提供“食住行游购娱”一站式服务，赢得了众多游客点赞。微博方面，各市州旅游官方微博信息的时效性、实用性明显增强，话题性、原创性内容增多，与游客互动更加频繁。网站方面，各地旅游官网普遍增加了特产、美食、娱乐等方面的旅游信息，并增设了旅游指南、旅游贴士等板块，更加贴近大众旅游时代的游客偏好，获得了不少游客的青睐。

湖南省

2015年，湖南省文化和创意产业产值总计5118.86亿元，实现增加值1707.18亿元，增长12.8%，在引领新常态中发挥了重要作用，为全省经济社会发展稳中有进、稳中趋优作出了新的贡献。

一、2015年文化产业发展总体情况

（一）产业规模不断扩大，产业地位持续提升

截至2015年年底，全省拥有文化和创意产业法人单位近4万家。在市场主体整体发展的同时，全省加快构建完善现代文化市场体系，出台《湖南省省管国有文化企业监督管理办法（试行）》，整合重组了湖南日报报业集团、湖南广播影视集团、湖南出版投资控股集团等八大省管国有文化企业，培育了一批重点行业和重点文化企业，推动了全省文化和创意产业集聚发展。全省规模以上文化和创意产业企业2502家，资产总额2684.63亿元，实现营业收入3610.82亿元，分别比上年（下同）增长5.6%、21.3%和15%。根据核算结果，2015年全省文化和创意产业实现增加值1707.18亿元，增长12.8%，高出当年经济现价增长速度5.9个百分点，增加值占GDP比重达5.9%，同比提高0.3个百分点。

（二）行业门类较为齐全，产业发展亮点突出

2015年，从文化产业行业十大门类来看，湖南已全部覆盖；从国家文化产业行业分类标准的120个行业小类来看，湖南占据了118个，逐步建立起门类齐全的文化和创意产业体系。同时，在湖南文化和创意产业中，部分企业与互联网行业在国内乃至国际已具备一定的优势与较大的影响力，成为湖南文化和创意产业发展的亮点。根据《中国文化品牌报告》，截至2015年，“湘字号”文化品牌达42个，占全部文化品牌的16.2%，如广电湘军、出版湘军、浏阳花炮等都已经成为全国知名的文化品牌。2015年，湖南日报社获评“中国品牌媒体党报品牌10强”；湖南广播电视台连续5年入选世界品牌实验室发布的《亚洲品牌50强》；湖南出版投资控股集团列全球出版企业第七位；中南传媒、电广传媒蝉联中国文化企业30强；浏阳烟花爆竹在国际上占有重要的位置，占有国际50%左右的产品份额，产品出口到美洲、欧洲、东南亚等地的100多个国家和地区。

（三）文化投入力度加大，文化消费稳步提升

一方面，文化投入不断加强。2015年，全省公共财政用于文化与传媒支出100.31亿元，比上年

增长41.4%，高出当年公共财政支出增速27.2个百分点。全省固定资产投资中用于文化和创意产业的投资1766.49亿元，增长33.8%，高出当年全部固定资产投资增速15.6个百分点。另一方面，文化消费稳步提升。2015年城镇居民人均文教娱乐用品及服务零售支出2934元，增长15.6%，高出城镇居民人均消费性支出平均增速9.2个百分点。农村居民人均文教娱乐用品及服务支出1276元，增长14.8%，高出农村居民人均消费性支出平均增速7.4个百分点。城乡居民人均文教娱乐用品及服务支出占人均生活消费支出比重分别由上年的13.8%和12.3%提高到2015年的15%和13.2%。

（四）产业发展呈现活力，结构调整稳步推进

2015年，文化与金融、科技、旅游、资本的融合力度不断加大，呈现出多向交互融合态势，推动文化和创意产业转型升级，同时新兴业态加速发展文化和创意产业发展的动力不断增强，结构调整稳步推进。2015年通过“互联网+”新业态，推动传统媒体和新媒体融合发展，“新湖南”“时刻“湖南微政务”等新媒体平台上线；芒果TV互联网电视和手机客户端点播量上升至10亿级。通过“文化+”思维融合发展，推动规划建设12条文化旅游精品线路和首批12个湖湘风情文化旅游小镇。根据核算结果，2015年，代表文化内容的“文化产品的生产”创造的增加值为671.64亿元、占39.3%，占比同比上升1.2个百分点；而“文化相关产品的生产”创造的增加值为1035.54亿元占60.7%，占比同比下降1.2个百分点。从增长速度观察，作为文化和创意产业主体的“文化产品的生产”，增速达16.5%，“文化相关产品”的增速为10.5%；“文化产品的生产”增速高出“文化相关产品”增速6个百分点。属于“文化产品的生产”的工艺美术品的生产、文化休闲娱乐服务、文化艺术服务和广播电视电影服务实现增加值增速均在20%以上，分别为24.3%、21.9%、20.8%和20.2%。

（五）非遗保护开发，打通精准扶贫的“快速道”

近年来，湖南启动了省级文化生态保护实验区创建，承载着湖湘文脉和灵魂的湖湘文化“老家底”越来越多了。截至2015年，湖南有世界文化遗产1处，国家大遗址7处，国家历史文化名城名镇名村23处；国家级重点文物保护单位183处，省级文保单位862处；国家级非物质文化遗产保护项目118个，国家级传承人76人，国家级文化生态保护区1个，省级项目202个，市级项目894个，县级保护项目2706个。

2015年7月，永顺老司城遗址成功申报世界文化遗产，填补了湖南在世界文化遗产方面的空白。永顺老司城遗址按照“原生态、原遗址、原文化、原居民”原则，投入资金1.2亿元，不仅使遗产地居民生产生活条件、居住环境得到极大改善，也让他们掌握了脱贫致富的“一技之长”，获得了实实在在的收益。绥宁县上堡侗族村寨在申遗工作推进过程中，使贫困户获得实惠，村民年平均收入从申遗前的1250元增加到现在的5300元。在通道县，申遗加速了当地“文化经济热”的形成，文化旅游产业发展方面，2015上半年全县接待游客132万人次，实现旅游总收入6.3亿元，在涉文招商引资方面，共引进24个项目，引进资金14亿余元。

（六）完善基础设施，创建公共文化服务示范区

2015年，湖南拥有文物事业机构265个，从业人员总计4533人，其中，博物馆113个，从业人员2736人，文物保护管理机构84个，从业人员835人，文物科研机构3个，从业人员145人，文物商店2个，从业人员56人，其他文物机构63个，从业人员761人。拥有图书馆事业机构137个，从业人员总计2092人。拥有群众文化服务机构2677个，从业人员8062人，其中，文化馆机构143个，从业人员2185人，文化站2534个，从业人员5877人。

湖南省博物馆利用馆藏文物资源开发特色文化产品，其文创产品库涵盖 17 个系列，产品超过 300 种。代表性产品马王堆养生枕以马王堆汉墓出土文物为依据，参照出土文物中的医简、帛书、帛画等研究成果研发而成。湘西龙山里耶秦简博物馆建立 6 年来，围绕 3.7 万余枚秦简开发出书签、水晶镇纸、丝巾、餐具等 20 多种文创产品，让富有文化品位、传承文明的文创产品进入寻常百姓家，满足了公众“把博物馆带回家”的愿望。

截至 2015 年，湖南有三批城市参加国家级公共文化服务体系示范区（项目）创建。长沙经验推广后，岳阳、衡阳已通过第二批创建验收，株洲、郴州进入第三批创建行列。其中，株洲市将“乡村大舞台”建设纳入市政府民生 100 工程，作为一个响亮的区域文化品牌走向全国。

二、2015 年文化产业各行业发展基本情况

（一）广播影视业

2015 年，全省广播电视电影服务产值总计 2 051 397 万元，广播电视服务产值 1 548 330 万元，电影和影视录音服务产值 503 067 万元。广播电视电影服务增加值 938 186 万元，广播电视服务增加值 790 278 万元，电影和影视录音服务增加值 147 908 万元。文化机构 15 490 个，从业人员 97 132 人。

2015 年，全省共有广播电台 13 座，广播节目套数 105 套。全年公共广播节目播出时间 411 355 小时，广播人口综合覆盖率 94.06%，比上年提高 0.58 个百分点。其中，全省 40 个县建有农村广播中心，760 个乡镇建有广播站，11 769 个行政村设有广播室，解决了约 47 万户听农村广播的问题。

2015 年，公共电视节目播出时间 759 721.43 小时，电视综合人口覆盖率 97.98%，比上年提高 0.47 个百分点。全年全国共计生产完成并获得《国产电视剧发行许可证》的剧目共计 394 部 16 540 集。2015 年，湖南出品并获许可证公映的电视剧主要有 10 部，共 300 余集；往年湖南出品，2015 年首播的电视剧有 2 部；非湖南出品，2015 年在湖南的电视平台首播的电视剧有 15 部。按时代划分，主要有古代、近现代、当代三大类型。依思想和内容划分，主要有传奇武侠、爱情、家庭伦理、革命抗战、穿越剧、奇幻剧等类型。本年度的电视剧大多为正剧，有少量喜剧，整体氛围以轻松为主。其中，电视剧《战鼓擂》作为为纪念抗日战争胜利及世界反法西斯战争胜利 70 周年而推出的抗战题材重点电视剧，获得专家一致好评，众多省外电视台主动与制作方协商购买该电视剧播放权。

电影方面，2015 年，全国获公映许可证故事片共 560 余部，其中有湖南的制片厂、影视公司参与制作的影片近 20 部，另有湖南人导演或编剧的电影近 10 部。在 2015 年上映的影片中，还有近 10 部 2014 年出品的湖南电影。整体而言，2015 年是湖南电影喜获丰收的一年，较之于 2014 年，湖南电影在数量和类别上都呈上升趋势，其中《穿越硝烟的歌声》被列为总局主办的“气壮山河——纪念中国人民抗日战争暨世界反法西斯战争胜利 70 周年重点电影推介典礼”13 部献礼影片之一。2015 年，湖南票房 11.26 亿元，在全国排名 14 位，湖南观影人次达 3421 万，同比增长 41.3%。截至 2015 年年底，全省共有数字电影 304 家、银幕 1483 块。与此同时，湖南省在全国率先进行农村公益电影进城市影院试点工作，送电影到建筑工地、偏远厂矿、敬老院、学校等达 33 000 多场，截至 11 月底，全省共完成农村电影公益放映 546 273.3 场，超额完成年初目标。

（二）新闻出版业

2015 年，全省新闻出版发行服务产值总计 912 304 万元，其中，新闻服务 40 780 万元，出版服务 600 652 万元，发行服务 270 872 万元。新闻出版发行服务增加值 447 108 万元，新闻服务增加值 15 774 万元，出版服务增加值 214 182 万元，发行服务增加值 217 152 万元。

2015 年，图书出版 11 364 种，总印数 48 545 万册，总印张 37.66 亿。杂志出版 248 种，总印数 14 099 万册，总印张 6.86 亿。报纸出版 48 种，总印数 133 554 万份，总印张 47.86 亿。

（三）演艺业

2015 年，全省共有艺术表演团体 271 个，从业人员 8203 人；话剧、儿童剧滑稽剧类机构 34 个，从业人员 706 人；歌舞类、音乐类机构 81 个，从业人员 2560 人；京剧、昆曲类机构 2 个，从业人员 193 人；地方戏曲类机构 74 个，从业人员 2642 人；杂技、魔术、马戏类机构 3 个，从业人员 210 人；曲艺类机构 12 个，从业人员 206 人；综合性艺术表演团体机构 64 个，从业人员 1666 人；艺术表演场馆 57 个，从业人员 965 人；艺术教育机构 4 个，从业人员 592 人；文化科研机构 7 个，从业人员 86 人。

2015 年，湖南大剧院联袂广州大剧院、武汉剧院共同引进的古巴国家芭蕾舞团亚洲特别纪念版《天鹅湖》在长沙演出。这是湖南省演艺集团依托武广高铁，联合武汉、广州、长沙等地发起成立的“武广演艺快线联盟”运作的第一个项目。湖南省演艺集团的艺术创作喜获丰收，在 2014 年和 2015 年两年的时间里，推出了《桃花源记》《梦之旅》《泉涸之鱼》等 12 台原创演艺大戏。在 2015 年 11 月闭幕的第五届湖南艺术节上，由湖南省演艺集团旗下文艺院团创排的话剧《泉涸之鱼》、杂技剧《梦之旅》和舞剧《桃花源记》获得了田汉大奖、田汉特别奖、田汉新创剧目奖等 10 项大奖。此外，湖南演艺集团还联合江西艺术中心、武汉剧院创建了“中三角演艺联盟”，积极参与长江演出院线等机构发起的演艺活动，推动优质演艺资源的深度整合。

（四）动漫游戏业

2015 年，湖南动漫有原创动漫 2000 人，相关从业人员 2 万多人，年产原创动漫 15 000 分钟以上，年出版发行动漫书报刊 1800 多种，共 2200 多万册。金鹰卡通等电视媒体年播出动漫节目 40 万分钟；9 个教育培训机构年培训动漫专业人才 2800 多人。在衍生产品方面，湖南动漫也已探索了多种模式，如三辰卡通着力打造“蓝猫”品牌，带动开发了横跨图书、音像、文具、玩具、童鞋、服装、钟表、食品、饮料、电子用品、医药等十几个行业数千动漫衍生品种。

2015 年，金鹰卡通全国网收视跃居全国所有省级卫视第三，稳居卡通卫视第一。金鹰卡通的《五子炮——渊子崖保卫战》、长沙优文龙科的《芷江 1945》、九天星的《英雄帖》3 个项目入选 2015 年弘扬社会主义核心价值观动漫扶持计划；金鹰卡通的“哪鹅”动漫形象入选 2015 年国家动漫品牌建设和保护计划。除此之外，湖湘动漫月被文化部确定为 2016 年原创动漫推广活动重点承接单位；“蓝猫淘气”“麦咭”获 2015 年中国动漫授权业十大中国品牌，各市州的动漫游戏企业相继出现，形成了全省动漫游戏企业百花齐放的大好局面。

游戏方面，拓维信息、联盛网络、芒果互娱等本土骨干游戏企业成长壮大，中清龙图、草花互动等游戏巨擘落子湖南，一大批中小游戏企业正在快速崛起。

（五）文化旅游业

2015 年，全省旅游总收入 3712.90 亿元，居全国第 10 位，较“十一五”期末增长 160.40%，年均增长 21.10%，旅游总收入相当于全省 GDP 的比例增长到 11%。其中，入境旅游收入 8.58 亿美元。2015 年接待国内外游客 4.73 亿人次，高于全国 13.10% 的平均水平，入境旅游者 226.05 万人次，国内旅游者 47 104.68 万人次。2015 年湖南省旅游业综合增加值为 2821.30 亿元，对全省 GDP 的综合贡献率达 9.71%，拉动全省 GDP 增长 2.60 个百分点。2015 年全省旅游业综合税收为 235.50 亿元，较

2014 年增长 39.62%；旅游业税收对全省总税收的综合贡献率为 7.68%。2015 年全省旅游直接和间接就业人数为 444.40 万人，旅游业就业对全省总就业的综合贡献率为 11.17%，其中旅游业直接就业人数为 250.27 万人，对全省就业的直接贡献率为 6.29%。

从旅游产品与品牌来看，郴州东江湖成功获批国家 5A 级景区，全省 5A 级景区达 8 家。长沙灰汤温泉国际旅游度假区成功创建为国家级旅游度假区，创建“湖湘风情文化旅游小镇”12 个和省级生态旅游示范区 10 家。全省有 6 个村、344 个经营单位、400 名乡村旅游经营管理者分别进入“中国乡村旅游模范村”“中国乡村旅游模范户”和“中国乡村旅游致富带头人”候选名单。同时旅游品牌形象得到新提升，成功举办了 2015 年中国湖南国际旅游节、湖南旅游休闲博览会、“锦绣潇湘 · 快乐湖南”首届原创旅游歌曲大赛和首届旅游摄影大赛等旅游营销活动，与湖南经视共同打造了旅游宣传体验节目《有什么好玩的》。

从特色旅游来看，红色旅游成为湖南对外交往的亮丽名片。2015 年，在湖南成功举办中俄红色旅游合作交流系列活动，湘潭（韶山）获批第一个全国红色旅游融合发展示范区和第一个全国红色旅游国际合作创建区，受到全国红色旅游工作协调小组办公室充分肯定和表扬，湖南省在全国学习贯彻习近平总书记系列重要讲话精神推动红色旅游创新发展座谈会上作典型发言，荣获“铭记历史 · 圆梦中华”全国红色旅游万里行主题活动“优秀组织奖”，炎陵县、通道县分别荣获红色旅游火炬传递“最佳组织奖”。

（六）会展业

2015 年，湖南省举办了 748 个展览及会议节庆活动，带来会展直接收入 22.05 亿元，带动交通、旅游、住宿、购物、建材、广告等相关产业收入 201.13 亿元。2015 年湖南省贸促会还组织全省 428 家企业出国（境）参加境外近 100 个会展项目，签订进出口贸易合同金额约 268.62 亿元，比上年增加 17.26%。

（七）广告业

截至 2015 年年底，全省共有广告经营主体 36 120 户，广告从业人员 155 417 人。2015 年全省广告经营额 201 亿元，比 2014 年同期增长 13.9%，仅湖南卫视广告经营额就超过 100 亿元，为全国电视单频道之冠。湖南省广告经营额占全国广告经营额 3.15%，处于前十名。全省共有 11 家广告公司获得中国一级广告企业资质，64 家广告公司获得中国二级广告企业资质。截至 2015 年年底，全省共有电广传媒、中南传媒、拓维信息、天舟文化、新财智、北纬国际、快乐购等 20 多家主营或兼营广告业务上市企业，其中，新财智和快乐购为 2015 年新上市企业。

一是科学规划、明确目标。2015 年年初，省工商局编制了《2014 年湖南省广告业发展报告》，全面报告全省 2014 年广告行业发展状况、分析广告行业发展对社会经济发展的推动作用，针对广告业发展存在的困难和问题，提出 2015 年促进广告行业健康快速发展的对策和建议。2015 年 3 月，省广告产业发展领导小组办公室制定下发了《2015 年湖南省实施广告战略工作安排》，为 2015 年全省广告产业发展提出了具体目标和任务。2015 年 10 月，省工商局出台《关于深入贯彻实施新广告法，大力推进全省广告战略实施的意见》，以实施新《广告法》为契机，对全省广告战略实施提出了进一步要求。

二是优化资源、重点扶持。2015 年，省工商局确定了 10 家广告企业作为重点广告企业予以扶持，全省工商系统共确定了近 200 家广告企业予以重点扶持。2015 年 4 月，省工商局、省财政厅重点推荐湖南卫视的“龙智”广告智能管理系统向国家工商总局、财政部申报国家文化产业发展专项资金扶持项目，获得中央财政900万元资金支持。在省委宣传部、省工商局、省广电局、省文化厅等部门的大力支持下，湖南新财智和快乐购2015年顺利上市。

三是建设园区、集聚发展。为促进长沙国家广告产业园区顺利建设，省工商局、省财政厅积极向国家工商总局、财政部汇报，寻求支持，中央拨付园区8000万元专项资金用于建设，省财政、长沙市财政配套支持8000万元。为规范产业园财政补助资金的使用，省工商局会同省财政厅共同制定了《湖南长沙国家广告产业园建设试点中央补助资金管理办法》，长沙市工商局也制定了《支持广告产业园区发展若干措施》。“新华社新媒体产业研发基地”和“湖南广电广告创业基地”落户园区，湖南卫视、长沙广电、央视网、飞马旅、清华启迪等一大批知名文创、传媒、广告品牌企业入驻园区，各类优质资源正加速向园区聚集。截至2015年年底，入园企业总数达到411家，广告产值36.4亿元。

广东省

2015年，广东文化及相关产业增加值3648亿元，占GDP比重为5.01%，约占全国总量的1/7，连续13年位居全国各省市首位，成为全省国民经济重要支柱产业。

一、2015年文化产业发展总体情况

（一）产业地位继续保持，产业融合步伐加快

2015年，全省文化及相关产业增加值达到3648亿元，同比增长2.7%（按现价计算），占GDP的比重为5.01%，总量继续位列全国第一。2015年，广东省加大对产业融合的重视程度，在7月份下发的《2015年度广东省文化产业发展专项资金申报指南》中，传统媒体与新兴媒体融合发展项目、文化创意和设计服务与相关产业融合发展项目、文化与科技、金融、旅游、贸易等融合发展项目、文化新业态重点项目等被列为资助重点项目。11月印发了《广东省推进文化创意和设计服务与相关产业融合发展行动计划》，紧紧围绕创新驱动发展战略，以改革创新和科技进步为动力，以知识产权保护利用和创新型人力资源开发为核心，以推进文化软件服务、建筑设计服务、专业设计服务、广告服务等文化创意和设计服务与装备制造业、消费品工业、建筑业、信息业、旅游业、农业和体育产业等领域融合发展为重点，切实提高文化创意和设计服务整体质量水平和核心竞争力，促进与相关产业深度融合，实现文化产业发展的转型升级。

（二）规模以上企业地位稳固，中小企业活力进一步释放

2015年，全省规模以上文化企业增加值达2855.8亿元，比上年增长1.5%，占全部文化及相关产业增加值的78.3%，比上年下降0.9个百分点。其中规模以上文化制造业增加值为1766.2亿元，比上年增长2.5%，占规模以上文化产业增加值的61.8%，比上年提高0.5个百分点；限额以上文化批发和零售业增加值164.7亿元，比上年下降23%，占规模以上文化产业增加值的5.8%，比上年下降1.8个百分点；规模以上文化服务业增加值924.9亿元，比上年增长5.5%，占规模以上文化产业增加值的32.4%，比上年提高1.3个百分点。与此同时，广东省重视中小企业的发展活力，先后下发多份政策文件予以支持。2015年1月，省政府办公厅出台《关于促进小微企业上规模的指导意见》，从财税、信贷、融资、服务平台等多方面支持文化类小微企业发展；2015年11月，省政府出台《广东省推进文化创意和设计服务与相关产业融合发展行动计划（2015—2020年）》，明确把“扶持创意设计中小微企业发展”列为重要工作内容；2015年5月，省文化厅与省旅游局、中国人民银行广州分行联合

制定出台《关于促进文化旅游融合发展的实施意见》，提出“重点加大对文化旅游融合发展成效突出的典型项目、已落实财政资金的重点旅游项目、小微文化旅游企业的信贷投放”，为中小企业的高质量发展披荆斩棘。

（三）区域发展各具特色，城市格局基本形成

从地区发展看，珠三角地区仍是全省文化及相关产业最发达地区。2015 年，珠三角地区文化及相关产业增加值为 3050.6 亿元，占全省文化及相关产业增加值的 83.6%；东翼地区文化及相关产业增加值为 345.3 亿元，占全省文化及相关产业增加值的 9.4%；西翼地区文化及相关产业增加值为 148.5 亿元，占全省文化及相关产业增加值的 4.1%；山区文化及相关产业增加值为 107.5 亿元，占全省文化及相关产业增加值的 2.9%。各个城市的发展也各具优势，文化相关产品的生产深圳排第一，广州主要是文化创意和设计服务、文化休闲娱乐服务、新闻出版发行服务、文化艺术服务排在首位。佛山的工艺美术品的生产，东莞的文化专用设备的生产排位较前。2015 年全省文化及相关产业增加值超过百亿元的市有 7 个，与上年持平，依次为深圳市、广州市、东莞市、佛山市、惠州市、汕头市、中山市。其中，深圳市文化及相关产业增加值首次突破千亿元，是全国副省级城市中第一个过千亿元的城市，也当之无愧地成为广东省发展的城市巨头。

（四）文化制造优势明显，“互联网 +”势头迅猛

2015 年全省文化及相关产业增加值超过百亿元的行业有 11 个，以文化制造类为主，比上年新增加专业化设计服务、影视录放设备制造 2 个行业。其中由于受国家政策的鼓励，以“互联网 +”为主要形式的文化信息传输服务业发展异常迅猛，总量达到 324.2 亿元，比上年增加 40.7 亿元，位列全省各行业第一。影视录放设备制造业成为增长速度最快的行业，2015 年创造的增加值比上年大幅增长 31.6%。2015 年，全省超百亿元的文化及相关行业依次为互联网信息服务 324.2 亿元，增长 14.4%；玩具制造 316 亿元，增长 11.4%；珠宝首饰及有关物品制造 249.3 亿元，下降 11.9%；软件开发 215.3 亿元，增长 29.1%；工程勘察设计 200.2 亿元，增长 2.7%；电视机制造 143.2 亿元，下降 16%；音响设备制造 134.1 亿元，增长 0.1%；广告业 110.4 亿元，增长 10.5%；专业化设计服务 105.7 亿元，增长 2.4%；影视录放设备制造 100.4 亿元，增长 31.6%。

借助“互联网 +”的东风，广东省印发了《广东省“互联网 +”行动计划（2015—2020 年）》，以推动互联网新理念、新技术、新产品、新模式发展为重点，以发展网络化、智能化、服务化、协同化的“互联网 +”产业新业态为抓手，充分激发互联网大众创业万众创新活力，推进互联网在经济社会各领域的广泛应用，推动互联网经济加快发展，提升经济发展质量和社会治理水平，促进广东省经济持续健康发展和社会全面进步。

二、2015 年文化产业各行业发展基本情况

（一）新闻出版业

2015 年，全省有线广播电视用户 2100 万户，其中数字电视用户 1850 万户。全省印刷复制企业近 2 万家，印刷工业总产出近 2000 亿元，5000 万元以上规模企业数量 605 家，有 20 家印刷复制企业入选全国印刷复制示范企业名单，全省印刷企业上市公司数量已达 9 家。全省拥有互联网出版资质企业 58 家，关联企业超过 3000 家，总产值超过 1800 亿元。2015 年，共有 6 家单位入选第二批全国数字出版转型示范单位。

2015 年，全年发行报纸 34.14 亿份，各类期刊 1.42 亿册，图书 2.65 亿册。广东省出版业继续保持在全国领跑的位置，数字出版总产值逾 1800 亿元。在全国“总体经济规模综合评价”前 10 位的地区中，广东继 2014 年之后，再度排名第一；广东教育出版社在总体经济规模综合评价前 10 位的地方图书出版单位中排名第十位。2015 年，全省共有图书出版单位 19 家，出版图书 13 504 种，总印数 2.92 亿册，定价总金额 30.07 亿元，发行总码洋为 28.78 亿元，实现销售收入 14.5 亿元；版权引进项目 157 种，输出项目 197 种。

2015 年，全省新闻出版业总产出达到 2200 亿元、增加值 600 亿元、纳税总额超过 100 亿元，数字出版总值超过 1800 亿元，年增长 18% 以上，形成了以广州、深圳为核心的密集区数字出版产业带。全省共有 6 家单位入选第二批全国数字出版转型示范单位，入选数位居全国之首。2015 年，国家数字出版基地（园区）的营业收入达 190.01 亿元，位居全国第 3 位。广东省出版业的龙头企业南方出版传媒有限公司成功上市，成为广东上市文化企业第一股。

此外，广东省高度重视版权工作，建立健全版权社会服务机构，2015 年新增作品代办机构 2 家，版权基层工作站 2 家，全省版权基层工作站达 16 家、作品登记代办机构 27 家。一般作品著作权登记突破 3 万件，同比增长 50%。推进版权兴业工程，协调省财政下拨专项资金扶植粤东西北和珠江三角洲地区的欠发达地区的“版权兴业示范基地”建设，新授予 10 家企业“广东省版权兴业示范基地”称号。截至 2015 年年底，全省共有 86 家“广东省版权兴业示范基地”，共认定 46 个“最具价值版权产品”。

（二）广播影视业

2015 年，全省有广播电台 22 座，电视台 24 座。广播综合人口覆盖率和电视综合人口覆盖率均为 99.9%。有线广播电视用户 2044 万户，有线数字电视用户 1830 万户，分别比上年年底增长 3.0% 和 13.1%。

2015 年，广东省创作生产影片 58 部，电视剧 30 部 2126 集，电视动画片共 40 部 529 集。4 件作品和 2 家播出机构入选总局公布的 2014—2015 年度广播电视公益广告专项资金扶持项目，3 部作品在 2015 年总局纪录片年度扶持项目评审中获奖，文献纪录片《大抗战》创下多项播出纪录。

2015 年，广东省电影的产量、质量和票房收入均有所提高。广东省电影拍摄立项申请获国家新闻出版广电总局批准的共 210 个，比 2014 年增长 16.7%。共上映国产影片 546 部，进口影片 149 部，合计票房收入 62.43 亿元，占全国票房总收入的 14.17%，同比增长 50.47%，连续 14 年位居全国票房榜首。2015 年，全国上映广东出品的电影 30 部，同比增长 25%；全国上映广东制片单位参投外省出品的电影 37 部，同比增长 131%。这两类影片的年产量在除北京以外的各省、直辖市处于靠前位置。

2015 年，广东产影片年票房总收入 6.94 亿元，同比下降 1.85%，占 2015 年全国国产片总票房的 2.56%，同比下降 2.53%。动画片票房收入位居全国前列，《熊出没之雪岭熊风》票房总收入 2.95 亿元，是 2015 年国产动画片全国票房亚军，仅次于《西游记之大圣归来》。还有 4 部广东出品的动画片票房超过 3000 万元。近年来，广东产故事片生产较少，2015 年有所增加。《不可思异》是 3D 科幻喜剧片，这种类型在国产片中不多见，票房收入 1.12 亿元，是广东出品的故事片中第四部票房超亿元作品。反腐倡廉题材影片《黑瞳》在广东的票房收入高达 911 万元。粤剧戏曲片《传奇状元伦文叙》在艺术、技术方面大胆创新，尝试在影院售票点映 57 场，其中 51 场的上座率达 50% 以上（满座 33 场），是近年来广东省第一部能在大城市影院卖座的戏曲片。广东制片单位参投外省出品的电影，2015 年票房收入的增幅较大，高达 66.58 亿元，同比增长 194.34%，占 2015 年全国国产片总票房的 24.5%。其中票房过亿的有 9 部，2015 年全国国产片票房前十名的影片中，广东制片单位参与投资的有 3 部，分别为《捉妖记》（第一名）、《夏洛特烦恼》（第三名）、《天将雄师》（第八名）。

2015 年，广东在线营业影院 701 家，有 3663 块银幕，分别占全国在线营业影院和银幕总数的 11.39% 和 11.58%。广东全年新增在线影院 134 家、716 块银幕，分别占全国新增影院总数、银幕总数的 10.41% 和 10.06%，有 4 家影院的票房收入进入全国影院前十名，其中深圳橙天嘉禾影城以 1.01 亿元的成绩夺取全国影院票房亚军，广州飞扬影城正佳店、广州万达影城白云店、广州 UA 花城汇影院分别排第七名、第九名、第十名。

（三）动漫游戏业

2015 年，广东动漫产业在手机动漫产量与传播率、主题公园和动漫展入场人次等各项指标上在全国占有极大优势，产值超过 100 亿元人民币。在企业价值、产值、市场份额及作品影响力各方面，广东动漫连续 7 年领跑全国，以《熊出没》《喜羊羊与灰太狼》《果宝特攻》《猪猪侠》等为代表的“动漫粤军”品牌，在不断创造票房、收视、授权、衍生产品销售等各项业绩纪录的同时，更在文化、艺术、制作等各方面推动国产动漫水准整体向上。不过，目前只有深圳华强文化、奥飞集团等几家动漫企业实力雄厚，并且实现了上市融资，其余大部分中小型动漫企业还处于“养在深闺人未识”的状态，仍需继续壮大实力。

2015 年，广东省游戏收入占全国的 72.1%，中国互联网企业 100 强中有 10 家广东游戏企业上榜。游戏游艺收入占全国的 98.2%，游戏收入 1401.8 亿元。传统游戏企业重心偏向移动，以网易为代表的传统客户端游戏企业异军突起，全省移动游戏收入达到 320.4 亿元。网页游戏新增用户规模放缓，企业间竞争更加激烈，新增用户的规模将进一步减少，2015 年全省网页游戏营收达到 162.2 亿元。

广东省的游戏产业涵盖领域最广，已基本形成了从研发到发行、运营、媒体、技术服务、交易、衍生品等全产业链。拥有 PC 客户端游戏、网页游戏、移动游戏、家用主机游戏、掌机游戏、游戏游艺全领域企业。其中游戏游艺行业为广东所独有，占据了国内 90% 以上的市场份额，2015 年营收达到 95 亿元人民币，代表企业有广州希力、华立，中山世宇、金龙等。在广州、深圳涌现大量虚拟现实游戏（VR 游戏）设备制作、游戏软件研发创业者，相关产业链也初步形成。游戏创新应用广东已经领跑，知名代表有 3glasses 等。

不仅如此，广东省游戏业的创新能力强。凭借着对于市场的敏锐观察和大胆开拓，目前 VR 游戏软件研发及相关产业链也已在广东初步形成。而家用主机游戏的研发近期亦有望冲破微软、索尼和任天堂三大国外厂商的垄断，技术创新将使广东再一次领跑全国。在“互联网 +”的推动下，以电视为载体的家庭游戏逐渐浮出水面，互联网电视产品的发展进一步提升广东游戏产业在家用主机游戏领域的市场份额。随着国内有关游戏游艺管理政策的调整，新产品、新技术、新玩法将成为广东游戏游艺产业转型的推动力。基于 VR、AR 或两者混合技术的游戏产品也将逐步丰富起来，虚拟与现实场景相结合的探索类、社交类游戏将会成为趋势之一。

广东游戏“走出去”的步伐稳健。承载着中国精神、中国形象，游戏行业海外贸易由近及远，覆盖的区域已拓展至世界 100 多个国家和地区，日本知名的游戏企业也参与代理运营来自广东省的游戏。

（四）会展业

2015 年，广东展览馆数量为 14 个，占全国的 10%；展览馆室内可租用总面积 101 万平方米，占全国的 16%，均为全国第一。2015 年，广东有组展单位 181 家，占全国的比重为 9%，较 2012 年的 199 家减少 18 家，全国占比下降 6 个百分点。在 2015 年举办总面积超过 30 万平方米的组展商中，位于广州的中国对外贸易中心和中国对外贸易广州展览总公司分别占据前两位，合计占比超过 1/3。

会展教育是一个地区会展产业发展的后备力量，据《2015 中国会展教育发展报告》，自 2012 年起，广东会展专业招生数连续 4 年超过浙江和上海，成为全国会展招生大户。2015 年，广东有 26 所高校设有会展专业，其在校生数占全国的 15%，与浙江和上海之和相当，稳居第一。广东省的会展院校绝大多数集中在广州。2015 年，广州在校会展专业学生 4772 人，占全国总数的 10.86%，远远超过第二位的上海，从另一个侧面展现了广州的会展综合实力。

第七届中国国际影视动漫版权保护和贸易博览会参展企业 458 家，参与活动人数超 60 万人次，成交额 36.2 亿元，再创历史新高。第八届中国国际漫画节入场人数超过 20 万人次，流水交易近 2.5 亿元，成为中国最大漫画专业盛会。中国（广东）国际旅游产业博览会共设 9 个展馆，其中的参展商来自 50 多个国家和地区，共有 50 万人次的观众入场，吸引了 36 500 名买家到场采购，成交金额达到 1022 亿元，取得圆满成功。

（五）文化旅游业

2015 年，广东旅游总收入首次突破万亿大关，实现旅游总收入 10 365 亿元、同比增长 11.8%；其中旅游外汇收入 179 亿美元、增长 4.7%；接待过夜游客 3.6 亿人次、增长 8.8%，其中入境过夜游客 3447 万人次、增长 2.7%；全年旅游业增加值达 4663 亿元，约占全省 GDP 比重的 6.8%，占第三产业比重的 14%。

截至 2015 年年底，全省共有旅行社 2128 家，其中出境游组团社 332 家；国家 A 级旅游景区 293 家，其中 5A 级景区 11 家；国家星级旅游饭店 938 家，其中五星级 116 家，五星级酒店数量全国第一。旅行社总数和出境游组团社数量、A 级景区总数分别比“十一五”期末增长 64.7%、120% 和 110.8%，5A 级景区数量增长了 4.5 倍，五星级饭店数量增加了 21 家。

广西壮族自治区

2015年，广西壮族自治区文化及相关产业增加值为424.22亿元，比上年增加11.2%，同比提高7.9%；增加值占全区GDP比重为2.52%，比上年提高0.1%。

一、2015年文化产业发展总体情况

（一）文化产业欣欣向荣

2015年，广西壮族自治区适应经济新常态，准确把握文化产业发展新趋势，抓政策、抓载体、抓服务，率先在全国出台《关于推动特色文化产业发展的指导意见》《关于进一步鼓励和支持小微文化企业发展的实施意见》两个文件，优化产业发展环境，促进广西本土文化企业发展壮大。着力促进传统产业转型升级，积极培育新兴文化业态，全区文化产业保持良好发展态势。

2015年年底，全区共有国家级文化产业示范园区2个，国家文化产业示范基地7个，省级文化产业示范园区3个，省级文化产业示范基地90个，从业人员23 063人。动漫企业9家，从业人员282人。共有38个特色文化产业（项目）示范县（市、区），发挥县域经济的主体作用，推动形成统筹城乡文化产业发展新格局。阳朔县、田东县成立了县级文化产业发展公司，兴安县、合浦县、博白县出台了引导当地特色文化产业发展的优惠政策和奖励办法，靖西旧州绣球、临桂五通农民画、钦州据兴肉、北海珍珠、博白芒编、梧州人造宝石、凭祥红木等成为当地支柱性产业和群众致富的重要渠道。

2015年年底，广西共有9个项目入选国家文化金融合作重点项目库、8个项目入选国家特色文化产业重点项目库、3个项目入选国家丝绸之路文化产业重点项目库。争取中央、自治区文化产业发展专项资金1.2亿元，扶持近40个重点文化产业项目发展，共有11家动漫企业通过国家认定，8个动漫游戏类项目入选文化部、工信部、商务部重点扶持计划。2015年，广西文化系统文化及相关产业总产出65.38亿元，与上年相比增长47%；实现增加值37.51亿元，比上年增长上1%。

（二）文化企业培育成效显著

2015年，自治区文化厅牵头会同自治区财政厅出台了《关于推动特色文化产业发展的指导意见》，会同自治区工业和信息化委、自治区财政厅出台了《关于进一步鼓励和支持小微文化企业发展的实施意见》，评选认定首批自治区级成长型小微文化企业共60个，安排专项扶持经费120万元，助推文化领域“大众创业，万众创新”。推动文化产业增速发展，开创了一手抓骨干企业发展、一手抓小微企业培育的“两轮驱动”新局面。

积极争取国家、自治区文化产业资金支持。截至2015年年底，共有10个项目获得国家文化产业发展专项资金扶持4050万元，11个项目获得自治区文化产业发展专项资金扶持810万元。评选20个项目为2015年度文化产业示范园区基地转型升级重点项目，给予前期经费支持共计400万元。桂林力港网络科技股份有限公司2015年12月1日成功挂牌新三板，成为广西第一家登陆新三板的互联网企业。

2015年，广西文化产业法人企业数量稳步增长，规模以上文化产业法人企业637家，比上年增加25家，增长4.1%。其中文化制造业268家，与上年持平；文化批零行业161家，与上年持平；文化服务业208家，比上年增加25家。2015年广西文化产业法人企业从业人员13.3万人，与上年13.56万人持平，从业人员数量稳定。

2015年，规模以上文化产业企业实现营业收入669.7亿元。其中，规模以上文化制造业企业实现营业收入504.3亿元，比上年增长8.8%；规模以上文化批发和零售企业实现营业收入64.29亿元，比上年减少0.5%；规模以上文化服务业企业实现营业收入101.1亿元，比上年减少4.4%。分企业类型看，2015年规模以上文化产业企业中，内资企业587家，实现营业收入518.1亿元，占比为76.9%；港澳台商投资企业37家、外商投资企业13家，分别实现营业收入114.5亿元和37亿元，占比分别为24.6%和12.2%。

（三）文化产业园区带动作用明显

2015年，为落实《广西现代服务业集聚区发展规划》，广西积极推动桂林创意产业园、北海市文化产业园等集聚区建设。桂林创意产业园占地面积117亩，建设约16万平方米的使用面积，其中商业及其他配套面积约占17%；已建成12.5万平方米。截至2015年年底，企业总收入约3.3亿元，净利润3121.27万元，出口创汇67万美元，年缴税约1200万元。北海市文化产业园已有70多家动漫影视和软件设计等创意产业企业入园，文化创意产业正在兴起，科技创意动漫企业初步呈现聚集效应。2015年，广西着眼于推动文化产业转型升级的新趋势、新要求，评选20个项目为2015年度文化产业示范园区基地转型升级重点项目，给予前期经费支持共计400万元，真正把推动文化产业转型升级落实到企业、落实到项目。

（四）文化产业投资活跃

2015年，广西在全国较早出台《关于推进互联网上网服务营业场所转型升级的意见》，形成了“试点先行、带动全区”的发展态势，全区共计完成转型升级场所173家，其中5个试点城市完成111家，非试点城市完成62家。大批上网服务场所营业环境明显改观，服务水平明显提高，阳光、健康的行业形象逐步确立。文化产业发展专项资金规模不断加大。2015年安排广西文化产业发展专项资金5000万元，同比增长25%。通过文化产业发展专项资金支持特色文化产业发展、文化金融扶持计划、推动影视产业发展、促进文化创意和设计服务相关产业融合、推动对外文化贸易发展、推动传统媒体和新兴媒体融合发展等项目111个。南宁市设立了市级文化产业专项资金，每年安排5000万元重点扶持文化产业项目。柳州市每年由市财政投入3000万元设立文化发展专项资金，主要用作文化产业发展引导。

2015年，广西继续实施“三馆一站”免费开放、文化遗产保护、公共数字文化建设等文化项目，共落实中央和自治区补助地方专项资金10.36亿元，比上年增长2.7%，提高了各项工作的资金保障度。全年广西文化文物经费收入39.13亿元，与上年收入相比，增加6.7亿元，增长20%。其中，财政拨款22.3亿元，与上年财政拨款相比，增加3.57亿元，增长19%。全年广西文化文物经费支出

37.25 亿元，与上年支出相比，增加 7.36 亿元，增长 25%。其中，文化经费支出 31.28 亿元，占 84%；文物经费支出 5.97 亿元，占 16%。全年广西文化事业费 17.22 亿元，全国排名第 17 名，比上年增加 2.77 亿元，增长 19%。人均文化事业费 35.91 元，低于全国人均文化事业费 49.68 元，排名全国第 24 名，比上年增加 5.52 元，增长 18%。全年广西文物事业费 4.46 亿元，比上年增加 1.19 亿元，增长 36%；人均文物事业费 9.3 元，比上年增加 2.42 元，增长 35%。

2015 年，广西 20 个项目入选文化部“文化金融合作重点项目库”“特色文化产业重点项目库”“丝绸之路文化产业重点项目库”和“国家动漫企业重点项目库”。2015 年全区文化类项目共获得国家文化产业发展专项资金扶持 4050 万元，获得自治区文化产业发展专项资金扶持 960 万元，争取财政资金扶持保持持续增长态势。

（五）文化贸易交流亮点纷呈

2015 年，广西文化贸易业创造增加值 41.78 亿元，比 2014 年增长 70.1%，增速高于同期文化产业增加值的增长速度。广西发挥对东盟的地缘优势、区位优势，配合国家“一带一路”倡议布局，不断拓宽文化交流的渠道和形式，积极推动广西优秀文化走出去。成功举办第十届中国—东盟文化论坛、第二届中国—东盟博览会文化展，首次设立论坛中国—东盟“那”文化论坛，举办中国—东盟（南宁）戏剧周。积极参加国家外交文化活动，打造“广西文化周”“美丽中国·美丽广西”等文化交流品牌，在马耳他、美国举行“欢乐春节”活动，在米兰世博会进行“广西活动周”展演。在香港特区举办“汉武盛世”文物展，在台湾地区举办“美丽广西——少数民族文化展演周”等，为推动“中华文化走出去，展现美丽中国、美丽广西”做出积极贡献。全年广西对外文化交流项目 23 项，579 人参与交流，122.2 万人次参加活动。对港澳文化交流项目 5 项，54 人参与交流，3500 人次参加活动；对台文化交流项目 4 项，39 人参与交流，1.4 万人次参加活动。

二、2015 年文化产业各行业发展基本情况

（一）文化服务业

2015 年，全区规模以上文化服务业总体发展状况良好。规模以上文化服务业企业个数、从业人员人数皆增加。规模以上文化服务业企业发展状况良好。截至 2015 年年底，广西共有规模以上文化服务业企业法人企业 208 家，比 2014 年增加 25 家；从业人员 3.23 万人，资产总计 247.9 亿元，增长 6.2%。有线广播电视传输、工程勘察设计等企业收入占比过半。2015 年，全区规模以上文化服务业企业实现营业收入 101.1 亿元，其中，有线广播电视传输服务企业营业收入规模最大，达到 24.4 亿元，占全部规模以上文化服务业企业营业收入的 24.1%；排在第二位和第三位的是工程勘察设计企业和图书出版服务企业，营业收入分别为 20.9 亿元和 14.1 亿元，占全部规模以上文化服务业企业营业收入的 20.7% 和 13.95%。这三类企业的营业收入总和占规模以上文化服务业企业营业收入的比重超过一半。

营业利润较高的行业是有线广播电视传输和图书、报纸出版。2015 年，规模以上文化服务业企业实现营业利润 8 亿元。在规模以上文化服务业企业中，营业利润排前三位的行业为有线广播电视传输、互联网信息服务、工程勘察设计，实现营业利润分别是 3.5 亿元、1.7 亿元和 1.6 亿元，占规模以上文化服务业企业营业利润的比重分别是 43%、21.3% 和 20%。这 3 个行业的营业利润总和占规模以上文化服务业企业营业利润的比重超过一半。资产总计较高的是游览景区管理等行业。2015 年，规模以上文化服务业企业资产总计 247.9 亿元。在规模以上文化服务业企业中，资产总计排前三位的行

业是有线广播电视传输、游览景区管理和图书出版，资产总计分别是 52.79 亿元、47.5 亿元和 33.2 亿元，占规模以上文化服务业企业资产总计的比重分别是 21.3%、19.2% 和 13.4%。这 3 个行业的资产总计占规模以上文化服务业企业资产总计的比重超过一半。

（二）文化制造业

文化制造业企业相对集中在中小型企业。2015 年，广西有规模以上文化制造业法人企业 268 家，其中大型企业 4 家，占 1.5%；中型企业 99 家，占 36.9%；小型企业 158 家，占 59%；微型企业 7 家，占 2.6%。大型企业和微型企业所占比重较小，中型企业和小型企业占全部规模以上文化制造业企业比重为 95.9%，内资企业所占比重较大。从企业类型看，2015 年全部规模以上文化制造业企业中，内资企业 225 家，所占比重为 83.96%，比上年提高 0.07%；港澳台商投资企业和外商投资企业分别为 30 家和 13 家，所占比重分别为 11.19% 和 4.85%。

（三）动漫游戏业

近年来，广西动漫产业积极从民族文化中汲取养分，创作了一批具有“桂风壮韵”特色的原创动漫作品。自治区文化厅、财政厅联合下发了 2014—2015 年度《广西动漫产业发展引导资金项目计划》，对全区 27 个动漫产业重点项目（单位）进行资助和奖励，下达 2014—2015 年度动漫产业发展引导资金总额 1400 万元。10 家动漫企业被评选命名为第三批自治区动漫骨干企业。2015 年，广西共有 4 个项目入选文化部、工信部重点扶持项目。电视动画《少数民族民间故事动画系列片》《海上丝路》入选文化部 2015 年度弘扬社会主义核心价值观动漫扶持计划。

（四）演艺业

2015 年，广西文化市场管理部门坚持一手抓繁荣，一手抓管理，坚持简政放权、放管结合、优化服务，管理水平不断提高。有序推进“阳光、平安、健康”的文化市场建设，积极推动落实《关于推进互联网上网服务营业场所转型升级的意见》，形成了“试点先行、带动全区”的发展态势，完成转型升级上网服务场所 243 家。重点抓好文化市场专项整治工作、安全隐患大排查专项行动，抓好演出、游艺娱乐、网吧、网络游戏等重点领域监管，进一步维护了民族地区、边境地区文化市场安全稳定。

2015 年年底，广西共有文化市场经营单位 7031 家，比上年年底增加 153 家；从业人员 45 231 人，增加 5001 人。全年全区文化市场经营单位营业总收入 35.13 亿元，比上年增加 10.43 亿元；营业利润 9.88 亿元，比上年增加 3.03 亿元。分区域看，年末城市文化市场经营单位 2154 个，占文化市场经营单位总量的 31%；县城 2319 个，占 33%；县以下地区 2558 个，占 36%。年末广西共有娱乐场所 2794 个，比上年末增加 49 家；从业人员 24 957 人，增加 1031 人；全年营业总收入 17.64 亿元，比上年增加 1.74 亿元；营业利润 4.78 亿元，比上年增加 4072 万元。年末广西共有互联网上网服务营业场所 4028 个，比上年末增加 38 家；从业人员 15 279 人，增加 213 人；全年营业总收入 9.09 亿元，比上年增加 5607 万元；营业利润 2.56 亿元，比上年增加 1719 万元。年末广西非国有艺术表演团体 70 个，比上年增加 25 个；从业人员 2743 人，比上年增加 1505 人，全年营业收入 3.16 亿元，比上年增加 2.89 亿元；利润总额 1.11 亿元，比上年增加 1.03 亿元。年底广西有非公有制艺术表演场馆 12 个，经营性互联网文化单位 16 个，艺术品经营机构 84 个，演出经纪机构 27 个。

（五）电影业

2015 年，广西城市院线市场放映场次 97.68 万场，比上年增长 50.49%；观众人次 2319 万，比上年增长 70.77%；票房收入 7.747 亿元，比上年增长 65.85%。平均票价 33.41 元，比上年回落 0.99 元。全年票房收入占全国城市院线票房的 1.76%，比上年提高 0.17 个百分点，全国省、自治区、直辖市票房排名第 18，比上年上升 1 位。全区票房 500 万元以上的影院 47 家，比上年增加 18 家。其中，票房 1000 万元以上的影院 26 家，比上年增加 15 家。票房 3000 万元以上的影院 4 家，比上年增加 2 家。全年可统计票房影院 151 家，银幕 691 块，座位 92 233 个；其中，10 厅以上的影院 7 家，7 ~ 9 厅的影院 20 家，4 ~ 6 厅的影院 69 家，3 厅以下的影院 55 家。相比上年，影院增加 51 家，银幕增加 227 块。全区分布 15 条院线，比上年增加 1 条；其中 11 条院线旗下有 500 万元以上票房影院，比上年增加 1 条。

全区城市院线结构变化较大，中影南方新干线旗下 38 家，其中票房 500 万元以上的影院 10 家，票房占广西壮族自治区市场的 18.12%，比上年提高了 4.93 个百分点，由上年的第 2 位升至第 1 位。广东大地旗下影院 23 家，其中票房 500 万元以上的影院 14 家，票房占广西壮族自治区市场的 13.87%，比上年下降 0.68 个百分点。广州金逸珠江旗下影院 18 家，其中票房 500 万元以上的影院 5 家，票房占广西壮族自治区市场的 12.63%，比上年提高 1.8 个百分点。万达旗下 5 家影院，其中 3 家影院票房在 500 万元以上，票房占广西壮族自治区市场的 11.97%，比上年提高 3.23 个百分点。长城沃美旗下 1 家影院票房在 500 万元以上，票房占广西壮族自治区市场的 6.59%，比上年下降了 4.82 个百分点。全区 6 座城市票房超过 300 万元，比上年增加 3 座。南宁年度票房 3.719 万元，占广西壮族自治区的 48.01%，桂林、柳州年度票房在 9000 万元以上，分别占广西壮族自治区的 11.93%、11.89%。

海南省

2015 年，海南省文化产业增加值 110.29 亿元，比上年增加 14.43 亿元，按照可比价格计算比 2014 年增长 16.1%，占 GDP 比重为 3.0%，比上年提高 0.3 个百分点，对当年 GDP 贡献率为 6.6%。

一、2015 年文化产业发展总体情况

（一）文化产业规模不断扩大

2015 年，海南省文化产业规模不断扩大，对经济的贡献程度不断提高，文化产业的发展情况呈现出两头高中间低的区位特点。2015 年，全省文化产业法人单位 3244 家，比 2011 年增加 1040 家，增长 47.2%，年平均增长 10.2%。从业人员 59 449 人，比 2011 年增加 9424 人，增长 18.8%，年平均增长 4.4%。全省文化法人单位中，东部地区优势明显，共有文化法人单位 2797 家，占总量的 86.2%；西部地区法人单位 391 家，占总量的 12.1%；中部地区单位数最少为 122 家，占总量的 1.7%。从业人员数，东部地区 46 007 人，占总量的 77.4%；西部地区 9049 人，占总量的 15.2%；中部地区单位数最少为 4393 人，占总量的 7.4%。增加值情况，东部地区 82.74 亿元，占总量的 75.0%；西部地区 21.78 亿元，占总量的 19.7%；中部地区单位数最少为 5.77 亿元，占总量的 5.3%。

（二）文化骨干企业迅速壮大

据初步统计，2015 年全省文化骨干企业为 108 家，比 2012 年增加 28 家，增长 35.0%，年平均增长 10.5%；企业从业人员为 20 668 人，比 2012 年增加 5725 人，增长 38.3%，年平均增长 11.4%；实现营业收入 185.36 亿元，比 2012 年增加 89.76 亿元，增长 93.9%，年平均增长 24.7%。

（三）产业结构得到优化

2015 年全省文化服务业增加值 73.26 亿元，占文化产业增加值的比重为 69.9%，比 2013 年降低 0.2 个百分点。文化制造业增加值 28 亿元，占文化产业增加值的比重为 26.7%，比 2013 年增加 0.8 个百分点；文化批发零售业增加值 3.46 亿元，占比为 3.4%，比 2013 年降低 0.7 个百分点。分产业类型看，海南省文化服务业等新兴文化产业在文化产业中的比重持续扩大，并逐渐成为引领文化产业发展的潮流。文化服务业吸纳就业能力最强，2015 年，文化服务业吸纳就业人员 47 193 人，占全部文化产业从业人员的比重为 79.4%，比 2011 年增加 21 653 人，增长 84.8%，年平均增长 16.6%。分行业类别看，10 个行业大类中，文化用品的生产、文化创意和设计服务、文化休闲娱乐服务占比大，其中，文化

用品的生产占比最大，实现营业收入 92.05 亿元，占比 49.0%；是文化创意和设计服务实现营业收入 37.94 亿元，占比 20.0%；文化休闲娱乐服务实现营业收入 29.65 亿元，占比 15.0%。

2015 年 8 月，《海南省推进文化创意和设计服务与相关产业融合发展实施方案（2015—2020 年）》出台，方案提出，要推动文化产业成为全省服务业的支柱性产业，为全省经济持续健康发展做出更大贡献。发布《财政统筹资金扶持十二个重点产业发展方案》，提出大力发展旅游产业、会展业与文化体育产业。出台《海南省人民政府关于加快发展互联网产业的若干意见》，加速互联网产业发展。

（四）文化体制改革深化

2015 年，海南省全面推进省委、省政府明确的 14 项重点文化体制改革任务，国有文化资产监管体系进一步健全，文化企业股权投资取得实质性进展，广播电影电视传媒集团组建稳步推进。文化产业加快发展，产业结构和布局日趋合理，产业增加值突破百亿元。

截至 2015 年年底，已完成全省 18 家国有文艺院团和 20 家非时政类报刊转企改制；完成全省图书出版发行、重点新闻网站、省级和地市级电影公司和电影院的转企改制；完成广电系统电视剧制作机构、党报发行机构的剥离转制；理顺省民族博物馆管理体制；推动海南出版社与四川新华文轩出版传媒股份有限公司实现战略重组，省新华书店集团与江苏凤凰传媒集团跨省合作，首创跨省资源重组的成功范例。2015 年文化行政审批项目不断精减，在原有文化行政审批项目基础上进一步精简 10% 以上。

（五）文化市场迅速发展

2015 年，全省拥有国家文化产业示范基地 3 个，省级文化产业示范园区 3 个，省级文化产业示范基地 9 个，全省规模（限额）以上文化企业实现营业收入 185.4 亿元，比上年增长 2.0%，呈现出良好的发展态势和规模经济效应，“三上”文化产业法人单位成为海南文化产业支柱力量。从企业类型看，内资企业、港澳台商投资企业和外商投资企业均保持增长。其中，港澳台商投资企业增长最快，实现营业收入 15.61 亿元，增长 15.0%；其次是外商投资企业，实现营业收入 96.81 亿元，增长 5.0%。

省文化产业发展专项资金自 2011 年建立至 2015 年年底已经累计支出 3.4 亿元，通过项目补助、贷款贴息、补充国家资本金、绩效奖励等方式，对包括文化旅游、文化创意、出版发行、影视制作、演艺娱乐、文化会展、动漫游戏、体育健身、文化贸易等方面的 248 个文化项目予以支持，有力推动全省文化产业连续多年高速增长。省文体厅 2015 年度部门决算收入总计 65，155.44 万元，支出总计 59 186.12 万元。与 2014 年度相比，收、支总计各增加 8235.94 万元、4669.92 万元，增长（下降）14.5%、8.6%。

（六）文化产业投资稳步增长

在海南省文化产业发展扶持政策的引导下，文化产业固定资产投资规模持续扩大，投资主体多元化趋势明显，社会资本进入文化产业的步伐不断加快。投资规模持续扩大。2015 年，全省文化产业固定资产投资额达 37.97 亿元，占全社会固定资产投资的比重达 1.2%，比 2012 年 0.5% 的比重提高 0.7 个百分点。2015 年，根据相关政策规定，省文化工作领导小组办公室、省财政厅委托海南联合资产管理公司作为股权投资管理公司，向社会公开征集股权投资项目，共有 7 家企业进行申报，经初审、复审、尽职调查和媒体公示，确定海南中视文化传播股份有限公司为 2015 年度海南省文化产业发展专项资金进行股权投资的首家企业，投资金额为 1000 万元。

外资引进取得新进展。近年来，海南省文化产业发展注重引进港澳台和外资企业两个市场，尤其是国务院《关于加快发展对外文化贸易的意见》颁布后，政策支持力度加大，文化产品外资利用规模不断扩大，所有制结构得到优化。2015 年，全省港澳台和外商投资企业实现营业收入 112.42 亿元，比 2013 年增加 17.02 亿元，增长 17.8%。文化消费逐年增长。近年来，随着文化产业的快速发展和居民生活质量的逐步改善，群众多样化、多层次、多方面的精神需求得到更多的满足，文化消费逐年增长。2015 年，全省居民用于文化娱乐教育服务的人均消费支出为 1260.9 元，比 2011 年增长 86.1%，年均增长 16.8%，占全部消费支出的比重为 7.6%，比 2011 年高 0.8 个百分点。

（七）文化贸易交流逐步加深

2015 年，海南加速“一带一路”桥头堡建设。实施全省与东京中国文化中心部省对口年度合作，精心筹划 10 批（70 人次）赴日项目和 2 批（7 人次）来访项目等活动，拓展全省对外文化交流空间，铺设“一带一路”桥头堡建设的路基。以重大国际赛事为平台，为“一带一路”桥头堡建设注入强劲动力。先后举办环海南岛国际大帆船赛等国际性赛事，提升海南在“21 世纪海上丝绸之路”沿线国家的形象。举办海上丝绸之路文化遗产保护论坛，邀请来自东盟及多个国家、地区代表参加，推进中国与东盟各国及相关国家在海上丝绸之路文化遗产保护、历史研究等方面交流对话。

2015 年，演艺产品及网络游戏原创出口创汇总计 1549.23 万美元，与 2014 年同期相比增长 298%。引进涉外营业性演出 155 项，579 人次。海南省歌海演出有限公司、海南采艺文化传播有限公司、海南高唐文化传播有限公司、三亚世杰文化传播有限公司等成为活跃的涉外营业性演出经纪机构。建立海南省对外文化交流和贸易项目库（已收集项目 50 余个）。督导东方索契投资有限公司成立海南省中俄文化交流协会。

积极推动文化企业“走出去”，其中主要包括三亚太阳鸟文化产业有限公司、海南英立科技开发有限公司、海南动网先锋网络科技有限公司、海南巴别时代科技有限公司四家。三亚太阳鸟公司 2015 年出口创汇约 44.167 万美元，并在奥地利举办“丝绸之路文化沙龙”系列活动，成功推出“丝路・爱”中奥现代艺术家联展、“数字化中国”讲座、“多纬度的祈福”——姚海峰中国画作品展等十余项文化活动。海南英立科技开发有限公司出口游戏产品《童话保卫战》《一起别出框》《一起连连看》等十余款，出口地区主要以香港为主，2015 年出口创汇约 150 万美元。2015 年，海南动网先锋网络科技有限公司网络游戏出口美国、英国、韩国、泰国、马来西亚等国家及港澳台地区，网络游戏创汇 99.7 万美元。海南巴别时代科技有限公司的《放开那三国》游戏出口至英国及中国香港地区，2015 年出口额为 8322 万元。

二、2015 年文化产业各行业发展基本情况

（一）新闻出版业

2015 年，新闻出版、印刷和发行服务实现营业收入 49.69 亿元，是 2013 年的 2.4 倍。全省共有报社 17 家，出版报纸 2.44 亿份；杂志社 44 家，出版杂志 0.08 亿册。2015 年，海南省有公开出版的报刊 64 种，其中，报纸 17 种、期刊 47 种（含 5 家侨刊）。全省报纸平均期发行量 81.2 万份，总印数 23 115.41 万份，发行收入 15 057.77 万元，广告收入 24 644.6 万元，经营性总收入 39 702.37 万元，总利润 3398 万元。

（二）广播电视业

截至 2015 年年底，全省广播综合人口覆盖率为 95.39%，比 2011 年增加 0.1 个百分点；全国电

视综合人口覆盖率96.51%，比2011年增加0.2个百分点。2015年，全省有线广播电视实际用户达213.56万户，比2011年增加近一倍；其中，数字电视用户146.81万户，比2011年增加超一倍。2015年，海南广播电视台电视频道增加至7个，其中有旅游卫视、三沙卫视两个卫星传播频道，广播频率增加至5个，节目传输系统建成由数字微波和光纤组成的西干线环网，广播、电视信号的无线、有线、卫星覆盖面进一步扩大。成立海南广播电视网络电视台，建成网络电视、手机电视内容生产、分发、管理平台，迈出海南广播电视台向全媒体融合的坚实步伐。三沙卫视经过两年的努力，在东南亚的老挝、柬埔寨、缅甸等国家正式落地。海口、三亚广播电视台主流频道和市县全部转播海南台《海南新闻联播》节目。全省95%星级宾馆完成省台和属地台节目的落户。

实施广播进村工程，实现全省行政村、农场生产队广播村村响。在文昌、保亭、昌江开展应急广播试点，为今后建设全省应急广播系统探索技术及管理模式。旅游卫视上中星9号直播卫星"村村通""户户通"平台的节目传送，覆盖人群增加1.7亿人次，进一步解决林业系统林场、西沙群岛等偏远地区及有线未通达农村地区群众看电视、听广播难的问题，全省城乡广播电视公共服务均等化水平大大提高。组织15个市县及省农垦系统农场生产队对125 312户安装设备进行完善调整和初步验收的基础上，牵头组织总局直播卫星管理中心、省财政厅、市县文体局、省农垦总局等单位进行技术抽查验收，技术验收和售后服务合格，为确保全省广播电视村村通、户户通工程成为长期通、优质通工程奠定基础。

2015年，海南省电影市场强劲崛起。全省城市影院票房收入3.55亿元，是2013年的2.3倍，放映场次27.2万场，观影人数950万人次。其中票房收入比2014年增加62%，比全国票房平均增长率48%高14个百分点。影院产业发展迅猛，截至2015年年底，全省共有影院40家，银幕160块，座位数为24 908个。

（三）演艺业

2015年年底，全省共有各类艺术表演团体（含社会民营团体）71个、文化艺术馆21个、博物馆18个、档案馆39个、公共图书馆21个。成功举办第二届"海南省群星奖"评奖、第六届黎族织锦大赛、第二届海南民间美术工艺展、第二届海南艺术节、纪念海南解放65周年主题文艺晚会等活动。

2015年，海南省文化行业坚持以市场需求为导向，实施文化精品战略，制定"优秀精神产品创作生产传播项目奖励办法"，全面加大对戏剧、音乐、曲艺、舞蹈等众多艺术门类扶持和奖励，使一批有一定影响力和竞争力的琼版文化精品脱颖而出。重点原创民族舞剧《东坡海南》在海南、天津等地圆满演出；成功策划"中国梦"主题文艺精品，录制《天涯浴血》《宋耀如·父亲》《胶林晨曲》等一批影视广播剧作品，排演《王国兴》《南海丝路》《南海哩哩美》等舞台剧作等广受社会好评；宣传文化系统组织举办米兰世博会、中韩人文交流主题省道活动、"韩国媒体海南行"等一批精彩活动，打造出品的《魅力海南》《遇见海南人》等一批优质外宣品让海南阳光形象深入人心。

（四）会展业

2015年，海南省发布《海南省会展业发展规划（2015—2020年）》《会展业发展专项资金管理暂行办法》，安排6000万元专项资金用于扶持在海南举办大型会展和展馆建设。

2015年，海南省会展业发展势头良好，全年举办100人以上会议1.3万个，参会人数280万人次、增长13.0%，各类展会102个、增长11.0%，会展业增加值增长9.9%。截至2015年10月，全省共有星级酒店157家。其中，海口、三亚和博鳌三地占全省80%以上的星级酒店，会议设施大多较为完善。海南国际会展中心（7万平方米）、三亚红树林酒店会议中心（3.3万平方米）已投入运营，三亚亚龙湾中粮会议中心（4万平方米）、三亚湾国际会展中心（7万平方米）和博鳌国际会展中心（6.6万平方米）等展馆正在建设中。全省会展相关企业（含会议及展览服务业、广告、展览搭建、会奖旅游组织、会议酒店等）约2800家，其中会议及展览服务业企业法人单位357家，米兰世展、中装文行展览、振威展览等知名会展企业相继落户。全省95%以上的会议和展览由各类协会、企业举办，会展业多元化、市场化程度不断加深。

2015年，冬交会、农博会、兰博会、海天盛筵等传统展会规模和效益稳步提升，并相继策划举办海博会、海创会、海商会、海购节、休闲旅游展、三角梅花展、房车露营展、健康产业展等展会。其中，重点打造的海博会已成功举办两届，规模、档次、内容不断提高和丰富，初步形成北有冬交会、南有海博会的格局。数据显示，2015年，全省累计签订会展合作项目97个，协议投资额超过40亿元。相继引进中国饭店业大会、中国广告节、中国城镇水务大会等大型展会。全省千人以上会议和300个展位以上展览中，招商引进项目约占60%。5月13日，海南省政府在深圳市举行文化产业重点项目推介会暨签约仪式。现场完成签约的9个文化产业重点项目，合作金额约21亿元。

海南正通过“会展+”模式直接带动策划、广告、印刷、设计、安装、酒店、交通等配套产业集群发展，充分发挥会展业在助力产业、服务企业、开拓市场和促进消费方面的“绿色引擎”作用，以市场需求为导向，主动作为，重点培育和打造旅游、医疗健康、海洋、互联网、热带特色高效农业等12个重点产业相关联的会展项目。

（五）文化旅游业

海南建省办经济特区以来，特别是海南国际旅游岛建设上升为国家战略以后，在海南省委、省政府的正确领导下，海南紧紧围绕推动科学发展、绿色崛起，加快推进国际旅游岛建设发展的总体思路，加快旅游产业的发展，2015年修订《海南经济特区旅行社管理规定》《海南经济特区导游人员管理规定》两部地方性法规，旅游业逐步成为带动现代服务业发展的龙头产业。2015年，全省接待游客5335.66万人次，同比增长11.4%，实现旅游总收入572.49亿元，同比增长13%。全省旅游业增加值占GDP比重达7.6%，旅游总收入相当于GDP的15.5%。截至2015年年底，全省共有酒店宾馆3300家，客房18万间，床位30万张；其中五星级及按五星级标准建成并营业的酒店82家，已有22家国际知名酒店管理集团、48个酒店品牌进驻海南；A级旅游景区55家，其中5A级5家，旅行社383家，正常执业导游人员约5000名。到2020年，接待旅游总人数超过8000万人次，年均增长9%；旅游总收入超过1000亿元，年均增长13%。服务业实现提质增效。以旅游业为龙头的现代服务业对经济增长贡献率提高到63.1%，比上年高9.4个百分点，重点发展的12个产业初见成效。旅游经济持续向好，旅游业增加值增长8.1%，占全省生产总值比重达7.5%、较上年提高0.1个百分点。旅游产品日趋丰富，邮轮游艇旅游、乡村旅游、健康旅游等新业态加快发展。西沙旅游常态化运营，全年共开行80个航次、接待游客1.38万人次。新开和恢复入境航线19条。新建、改建旅游厕所420座，旅游市场整治效果明显，旅游环境稳步改善。

旅游业态和产品不断丰富。形成三亚亚龙湾、海棠湾等9个海湾度假区。三亚凤凰岛国际邮轮港已建成8万吨的码头泊位，通航8年来共接待国际邮轮近900艘次，出入境游客70多万人次。打造呀诺达热带雨林文化旅游区、亚龙湾热带天堂森林旅游区、南湾猴岛生态旅游区、尖峰岭国家森林公园4个精品森林生态旅游景区。培育全国休闲农业与乡村旅游示范县3个和示范点12家、省乡村旅游示范区10家、省椰级乡村旅游点34家和乡村旅游示范点创建单位137家，2015年全省乡村旅游点接待游客674.85万人次，同比增长12.85%。形成一批婚庆策划公司、婚庆摄影企业、婚礼基地及20多条蜜月婚庆旅游线路。免税购物旅游、会奖旅游、康体旅游得到极大发展，2015年全省接待各类会议 3 万余场、展览 320 场，参加人数 600 万人次，收入达 120 亿元；全省共有高尔夫球会所 51 家，高尔夫球场 74 个；全省已形成海口观澜湖等 6 个温泉旅游度假区。旅游业综合带动作用明显增强，旅游业的发展直接带动交通运输、住宿餐饮、商业零售和文化娱乐业的繁荣。2015 年，旅游对住宿餐饮业的贡献率近 90%，对民航和铁路客运业的贡献率近 80%，对文化娱乐业的贡献率超过 50%，对商品零售业的贡献率超过 40%。截至 2015 年年底，海南旅游业直接就业人数约 35 万人，带动相关产业就业人数约 140 万人，其中带动农民就业 2 万余人。

重庆市

一、2015年文化产业发展总体情况

（一）文化产业快速发展

“十二五”时期，重庆市文化产业平均增速为17.58%，高于地区生产总值增速近6个百分点。2015年，重庆市文化产业继续保持快速增长、规模不断扩大，初步形成了覆盖文化产品生产和文化相关产品生产的全部10个产业大类，以及具有重庆特色的文化产业体系，特色文化产业成为重庆文化产业的重要增长极。文化产业与科技、旅游等加快融合，以数字化为特征的数字动漫、数字出版等新兴、衍生行业已成为新的增长点，带动产业结构全面转型升级。传统的新闻出版发行业、广播影视业增加值占比逐步下降，分别从2010年的21.63%、14.67%下降至2015年的8.7%、8.8%。文化创意设计、文化用品生产、工艺美术品三大门类在绝对值和增速放慢均居于前三，合计占整个文化产业44.5%，动漫产业连续7年稳居西部原创动画片产量第一位。印象武隆大型山水实景演出、重庆工业文化博览园、重庆摩谷、奥林匹克体育文化中心等文旅、文创、文体融合项目加快推进。

（二）文化体制改革全面深化

2015年，重庆市认真贯彻中央精神和市委、市政府要求，坚持以改革为动力，以改革促发展，全力推动深化文化体制改革年度各项任务完成。各项改革和政策“红利”密集释放，有力地助推了文化产业发展。一是传统媒体和新兴媒体融合发展取得新成效。加强与财政部门协调沟通，为报业、广电两大媒体集团争取10亿元重大政策支撑。二是国有文化资产改革得到新深化。国有文化资产管理体制逐步完善。剥离市文资公司的国有文化资产管理职能，8月，重庆市国有文化企业资产监督管理领导小组及其办公室正式挂牌运行，初步制定相关管理制度。国有文艺院团实现抱团发展。按照“以存量变增量、以空间换时间”的改革思路，推动市级国有文艺院团以资产置换的方式，在重庆主城核心地段——渝中区奎星楼置换2.5万平方米办公大楼，为市京剧团、市话剧团、市歌舞团、市曲艺团配置团场，实现了资源的有效整合。

（三）文化市场体系加快建设

2015年，市委办公厅、市政府办公厅印发《关于推进全市文化市场改革加快文化产业发展的意见》，推动新出台《关于推进文化创意和设计与相关产业融合发展的实施意见》《关于推进文化与旅游融合发展的意见》等11个相关配套文件。同时，加快简政放权，取消、下放或调整行政审批14项，

精简率达到20%。文化市场体系建设加快推进。依托演艺集团、视美动漫、猪八戒网等一批重点文化企业，积极培育文化产品市场，文化演艺、影视动漫、文化创意设计等重点文化产品市场初步成型。加强与工商、税务等市级部门协调对接，推动落实小微文化企业扶持政策落实。通过系列措施，推动文化市场主体迅速发展。2015 年前三个季度，重庆市市新增文化市场主体 13 969 家，同比增加 31.23%，全市文化市场主体达 73 300 余家，新增注册资本 371.8 亿元，同比增长 47.72%。

（四）重点文化项目落地开花

2015 年，重庆市建立全市文化产业重点项目库，编印《2015 全市文化产业投资指南》，全年在建和拟建的文化产业项目总数达 180 多个，投资总额超过 800 亿元。市委宣传部会同市财政局、市文化委等相关市级部门建立推进重点项目建设协调推进机制，协调推进重点项目建设。12 个项目总计获 7355 万元中央文化产业发展专项资金支持。

部分在建重点项目全面推进。北部新区华侨城项目顺利推进。九龙国际珠宝文化创意产业基地项目完成阶段任务。皇庭珠宝文化产业园已于 2015 年 12 月 24 日正式奠基开建。完美世界打造的重庆移动游戏产业基地、银泰集团打造东方梦工厂项目顺利推进。由市级骨干文化企业投资打造的一批文化产业重点项目建设进展顺利。重报集团创意产业园项目一期顺利完成并开始招商，已有 45 家文创企业进驻，二期工程已开工；重庆国际马戏城主体结构和屋顶安装已经完成，进入室内外装饰阶段；重庆新闻传媒中心项目主体已完工；重视传媒总部基地项目平基土石方已基本完成；解放碑时尚文化城项目拆迁已完成。

二、2015 年文化产业各行业发展基本情况

（一）新闻出版业

“十二五”期间，重庆市图书电子音像出版业紧紧抓住转企改制带来的动力和活动力，全面深化出版改革，大力整合出版资源，挖掘文化潜力，总体规模实现了跨越式发展。五年间全市累计出版图书 29 800 余种，销售码洋 81.65 亿元，销售收入约 43.70 亿元，销售利润约 6.68 亿元。分别较“十一五”时期增长了 50.8%、54.4%、47.9% 和 91.4%；累计出版电子音像出版物 2280 余种，总发行 3390 余万片（盘），销售收入 1.89 亿元，分别较“十一五”时期增长了 46.4%、26.3%、18.9%。五年间，图书品种增长 22.8%，销售码洋增长 10.8%，销售收入增长 19.1%，总利润增长 20.4 %；电子音像品种减少 52%，总发行量增长 87.6%，销售总收入增长 24.5%。出版物共获得中国政府出版奖、中华优秀出版物奖、中宣部“五个一工程”奖等国家级奖项 13 项，省部级以上奖励 320 余种。2 种图书入选中国文艺原创精品出版工程项目；9 种图书入选中国“三个一百”原创图书出版工程；25 种图书和音像电子出版物入选全国系列优秀出版物推荐名单。

截至 2015 年，重庆数字出版及相关企业达到 3000 多家，腾讯网、完美世界等一批国内有影响力的数字出版企业汇集重庆。已形成以华龙网、大渝网、天健网、天极网、晨报晨网、晚报迅网等为代表的互联网出版产业集群，以西南师范大学出版社、重庆大学出版社、课堂内外杂志社、少年先锋报社为代表的数字教育出版产业集群，以猪八戒网、享弘动漫影视为代表的数字出版内容创意和版权交易产业集群。2011 年以来，重庆数字出版产业总产值连续 4 年以两位数速度增长。

2015 年 8 月，重庆出版集团入选国家新闻出版广电总局“第二批数字出版转型示范单位”，系全国范围内获评的五家出版集团单位之一；成功成为国家复合数字出版工程应用试点单位，为出版流程再造，深化数字转型奠定了坚实基础；“基于移动互联网自助出版发行平台”等数字出版项目进入新

闻出版发展改革项目库并获中央文化产业资金支持；出版物云终端RFID重点科技项目获得突破，有望申请成为国家标准；作为全国十家出版机构之一，获邀加盟“中国学术数字出版联盟”，致力推动学术成果数字化、集约化、国际化传播；作为重庆数字出版骨干出版企业，获得行业认可，成为首届重庆数字出版产业联盟理事单位。

（二）文化旅游业

2015年，重庆市旅游行业抢抓机遇，真抓实干，旅游发展取得了可喜成绩。全年接待游客达到3.92亿人次，实现旅游总收入2251.31亿元，同比分别增长12.2%和12.4%，其中入境旅游282.53万人次，旅游外汇收入14.69亿美元，同比分别增长7.1%和8.4%。呈现出如下亮点。

一是旅游基础研究扎实开展，政策引领作用进一步加强。基本完成了《重庆市旅游业总体规划》编制，加快推进《重庆市旅游条例》修订以及《重庆市志·旅游志》编撰等工作。重庆市政府出台《关于促进旅游投资和消费的实施意见》《关于加快推进渝东北生态涵养发展区和渝东南生态保护发展区“大旅游经济”发展的实施意见》等重要文件。

二是推进旅游扶贫工作，开发旅游产品成效明显。2015年出台《关于进一步推进旅游精准扶贫的意见》，在2017年前将全市旅游发展基金的70%安排用于旅游扶贫，从资金、项目、宣传等方面对贫困区县给予倾斜。全市17个旅游规划设计单位结对帮扶25个贫困村，大力创建乡村旅游“百千万品牌”和乡村旅游创客示范基地，重庆市旅游局扶贫集团成员单位“一对一”精准帮扶奉节县47个贫困村，全年直接投入帮扶资金707.85万元，协助引进项目资金月2.7亿元，其中重庆市旅游局投入资金、项目等合计约700万元。重庆市2015年全年完成旅游投资1019亿元，同比增长37.8%，成功打造退出云阳龙缸、涪陵武陵山大裂谷、彭水摩围山等一批精品景区。旅游商品中，大足石刻刻花刀获得“中国百家旅游商品”称号，户外旅游包、山神牌生漆数字、合川桃片3种商品获得中国特色旅游商品金奖；涪陵榨菜、叶脉木雕2种商品获得中国特色旅游商品银奖；在全国旅游商品大赛中荣获1金、1银、2铜4块铜牌，为重庆市历届参赛最好成绩。

三是旅游品牌体系建设卓有成效，宣传影响力大幅提升。江津四面山景区成功获批国家5A级景区、国家级生态旅游示范区。同时，云阳龙缸、奉节白帝城、合川钓鱼城、涪陵武陵山大裂谷推进申报创建国家5A级景区。新评定4A级景区7家、新增3A级景区12家、2A级景区8家。专题拍摄制作《巴渝山城——美丽重庆》旅游专题宣传片，借习近平总书记访美之机在美国ABC电视台播出，产生广泛影响。2015年5月19日，成功举办2015年“5·19”中国旅游日分会场活动，推广活动100余项；6月26—28日，重庆市成功举办第四届中国西部旅游产业博览会，20余个省市和近800家旅游企业组团参展，展区面积达5万平方米，签约招商项目707.5亿元。

（三）会展业

2015年，重庆市共举办展会活动749个，同比增长13.1%；展出总面积702.3万平方米，同比增长16.8%；创造直接收入108.3亿元，同比增长26.9%，拉动消费868.4亿元，同比增长27.3%。全市展会市场化率达85.6%。依托产业特点和区位优势，重庆市致力于自主品牌培育，全市自主品牌展会占到展会总数的80%以上。其中重庆火锅美食文化节、中国国际摩托车博览会、立嘉国际机械展等成为全国同行业标杆展会；中国金属冶金展、重庆汽车工业展西部领先；渝洽会、渝交会、西部旅游交易会等品牌会展快速成长。

重庆市会展业聚焦平台建设，重庆文博会和西部动漫节成为全市文化产业发展的有力“助推器”。在市委、市政府的领导和支持下，从2012年起，重庆市连续举办3届重庆文化产业文博会，规模越来越大，影响力不断提升。主办单位重庆日报报业集团聚焦“传承、交流和交融”主题，成功举办第4届重庆文博会，利用10万平方米的展场、8个展馆，对中外文化、民俗文化、世界非遗文化、动漫文化、汽车创意消费文化，以及3D打印、艺术品收藏、精品书画、乐器电商珠宝、健康养生等十余个方面近150多个行业进行展示，共吸引了来自全国15个城市、全市20个区县，以及4个外国领事馆、2家外国友好文化企业、近800家单位参展，扩大了重庆文化产业对周边地区的辐射力和影响力。

2015年第七届西部动漫节以“全城动漫、全业动漫、全民互动”为宗旨，以“文旅融合、动漫相伴”为主题，展会场馆面积达到4万平方米，共有300余家厂商参展，现场展出各类动漫、动画、游戏和周边衍生品超过10万种，吸引观众15万人次，销售额达1.2亿元；签订了7个动漫相关产业重点合作项目，总投资达59.3亿元，涉及影视动漫文化产业园、国际旅游文化城、国际艺术村以及动漫游戏软件等。这次动漫节进一步巩固了重庆动漫产业在全国的重要地位，动漫节成为重庆市文化产业发展的有力“助推器”。

（四）电影业

2015年，重庆市城市电影票房持续增长，全年共放映电影177.36万场，观众3768.93万人次、总票房12.5亿元，同比分别增长34.97%、41.31%、41.96%。其中票房上千万元的影片有41部，同比增加11部。共上映影片582部，较2014年的494部增加了88部，题材涵盖科技、卡通、动作、剧情、喜剧、历史等类型。其中，国产片473部，观众2254.10万人次，票房7.53亿元；进口片109部，观众1514.83万人次，票房4.97亿元。国产片市场主导地位明显。票房排名前五的影片分别为《速度与激情7》（6920.50万元）、《捉妖记》（6850.89万元）、《港囧》（4705.50万元）、《侏罗纪世界》（4349.65万元）、《复仇者联盟2：奥创纪元》（4264.99万元），五部影片票房之和占总票房的21.67%。《速度与激情7》超过此前《变形金刚4》创造的5399.55万元的单片纪录，增幅达28.17%。影票房连续6年保持20%以上增速，电影放映业持续健康发展。在影院建设方面，2015年重庆市共新增影院35家，银幕228块，已拥有经常性营业影院161家，银幕1052块。银幕覆盖率为每3.04万人1张，比全国每4.43万人1张的平均水平高出31.38%。

四川省

一、2015年文化产业发展总体情况

（一）文化体制改革稳步推进

2015年，四川省强化顶层设计，抓好方案落地，推动重点领域和关键环节改革，承担的32项改革任务基本完成。一是推动现代公共文化服务体系专项改革。研究出台了加快构建现代公共文化服务体系实施意见及保障指标体系，围绕群众基本文化权益，以基层群众为重点，以基层综合性文化服务中心为抓手，打造体现时代发展要求、符合文化发展规律、具有四川特色的现代公共文化服务体系。现正在开展宣传培训，指导各地调研制定和推动落实。二是推动国有文化企业把社会效益放在首位、双效相统一专项改革。按照中共中央办公厅、国务院办公厅印发《关于推动国有文化企业把社会效益放在首位、实现社会效益和经济效益相统一的指导意见》要求，围绕健全资产管理体制、做强做优骨干文化企业、完善企业内部运行机制等方面细化措施，研究拟制四川省具体实施办法，拟提交年底省委深改领导小组会议审议。三是继续深化国有文艺院团专项改革。落实保障基本任务、扶持精品创作，加大政府采购等政策，推动院团坚持艺术生产与惠民服务相结合，组建国有文艺院团联盟，采取政府购买服务方式开展惠民演出，2015年省直院团惠民演出达400余场次。四是深化国有文化企业改革到位。整合全省有线广电网络资源，完成人员身份转换和同股同权，推进峨影集团理顺产权关系和制片厂转企改制工作。同时，积极推进媒体融合发展、公益广告管理、促进全民阅读、扶持实体书店、保护发展地方曲艺、开展四川博物馆组建理事会试点等系列改革。

（二）以重大项目带动产业发展

2015年，四川省积极开展重点文化产业项目征集，将四川文化产业服务平台与国家文化产业公共服务平台进行有效对接。全年共有54个项目被纳入国家重点文化产业项目库，列入中国文化产业重点项目库项目数量位居全国第五。其中，芦山县乌木根雕艺术城、峨眉山“一院三秀”旅游文化演艺项目等6个项目被列为藏羌彝文化产业走廊重点文化项目；遂宁世界荷花博览园核心区（圣莲岛）建设项目被列为特色文化产业重点项目。藏羌彝文化产业走廊被列为2015年中央文化产业发展专项资金支持重点，区域内5个项目获得支持。包括成都·中国丝绸文化产业创意园、大型藏族原生态歌舞乐《藏谜》、四川白马王朗旅游文化综合配套项目以及羌文化艺术长廊、羌文化培训中心、羌族生活文化馆项目被列入2015年度中央文化产业发展专项资金支持项目。藏羌彝文化产业走廊新媒体传播运营平台被列为四川省政府2015年“互联网+”重点工作任务，藏羌彝文化产业走廊（四川区域）

微信公众号上线。通过参加深圳文博会、义乌文化产品交易会、中国—东盟博览会文化展等重大会展活动，不断加强藏族祥巴、唐卡等藏区特色文化产品宣传推广力度，促进藏羌彝文化企业和产品“走出去”。2015 中国西部（四川）进口展暨国际投资大会期间，四川省举办藏羌彝文化产业走廊建设发展高峰论坛为藏羌彝文化产业走廊发展提供新的抓手和方向。

（三）对外文化贸易亮点纷呈

截至 2015 年 8 月，全省对外文化贸易总额突破 7.24 亿美元，其中核心文化产品出口达 3.9 亿美元。23 家企业、13 个项目被评为国家文化出口重点企业和重点项目，演艺、灯会、动漫游戏、版权等成为对外文化贸易的亮点。从成效来看，推动四川文化“走出去”亮点突出，主要表现在：一是文化交流丰富多彩，对外文化交流活动频繁。数据显示，“十二五”以来，四川省对外和对港澳台文化交流项目 600 余项，境外举办展演活动 2000 余场（天），省内举办涉外文化展演 20 000 余场（天）。西博会、国际非遗节、国际文化旅游节、四川电视节等重大展会影响力不断扩大，成为国际文化交流与合作的重要平台。二是文化贸易快速发展。新华发行集团与自贡海天公司合作在米兰世博会成功举办“中国彩灯节”，新华文轩在北美建立文化交流服务中心，并在新西兰、土耳其、泰国等地拓展海外业务，搭建“一带一路”文化服务贸易平台，努力拓展境外市场。三是传播阵地不断拓展。川台国际频道已覆盖北美、欧洲、东南亚等国家，成为宣传四川，发展成就、展示四川整体形象的重要平台。康巴卫视覆盖川、藏、青、甘、滇五省藏区，80% 的康巴藏区群众锁定收看，并在尼泊尔落地。“四川网络广播电视台”实现全球覆盖。

（四）文化与其他产业加快融合

为进一步创新文化业态，提升文化消费水平，2015 年四川省着力围绕“互联网 +”，充分发挥互联网和文化的双重叠加优势，依托四川特色鲜明的文化产业基础，利用藏羌彝文化产业走廊、国家动漫游戏基地、无线音乐基地等各具特色的载体，打通文化领域产业链，促进四川文化产业整体业态升级。推动文化与旅游、科技等深度融合，推出《九寨千古情》《灵秀峨眉》《阆苑飞歌》等文旅演艺精品，成都、绵阳国家级文化与科技融合示范基地建设成效明显。

2015 年，四川文化企业服务中心建设门户平台，开发定制化服务信息资讯，打造融在线管理咨询、网络培训、服务产品评估、推荐、交易、投融资、企业信息化应用等知识产权服务和文化产品市场推广为一体的综合性服务平台，逐步实现实体平台与新媒体平台互通，构建互联网服务体系，为四川省 3 万余家文化企业提供全方位服务。四川特色文化创意产品线上平台建设方案基本完成，充分运用“互联网 +”突破四川文化产业发展界限，引导四川文化产业更贴近市场，实现文化产业从以传统的自上而下发展模式向以企业为主自下而上发展的转变。致力于构建服务藏羌彝文化产业走廊四川区域文化旅游、演艺娱乐、工艺美术及其他文化创意产业的新媒体信息传播、互动交易和数据分析平台，打造四川藏羌彝文化产业走廊品牌。

二、2015 年文化产业各行业发展基本情况

（一）新闻出版业

2015 年，全年共出版图书 1679 种，其中，新书 6120 种。全省音像出版单位共申报音像制品选题 221 种，已出版 89 种；电子出版单位共申报电子出版物选题 438 种，已出版 226 种。全省出版物发行企业达到 8345 家，资产总额 146.02 亿元，年销售总额 83.23 亿元，利润总额 9.47 亿元，从业人

员 37 682 人。全省出版物发行业保持平稳发展态势。

全年全省登记注册报纸 136 种，期刊 352 种，其中停办报纸 2 种，新办期刊 2 种［《邓小平研究》《极端条件下的物质与辐射（英文）》］。从类型上看，综合类 44 种，行业类 26 种，生活服务类 22 种，读者对象类 4 种，文摘类 1 种，高校校报 37 种；期刊哲学社会科学类 63 种，自然科学技术类 170 种，时事政治类 19 种，生活服务类 86 种，文学艺术类 14 种。全年出版报纸 21 951 期、期刊 3666 期，比 2014 年分别增长 5.5%、下降 0.6%；报纸、期刊平均期印数分别为 667.59 万份、331.59 万册，分别下降 2.06%、5.9%。全年报纸经营总收入 29.74 亿元，下降 1.23%，其中新媒体收入 1.65 亿元，增长 650%；期刊经营总收入 5.32 亿元，增长 4.1%。全省报刊从业人员 11 102 人。《社会科学研究》《天然气工业》《国际口腔科学杂志（英文版）》和《四川日报》《华西都市报》《成都商报》共 6 种报刊入选“全国百强报刊”。

2015 年，四川省各出版单位、企业积极推动出版业转型，参与国家重点数字出版工程。《四川日报》报业集团、四川人民出版社和四川民族出版社获选国家数字复合出版系统工程应用试点单位；其中，四川人民出版社成为其所承担的《大众出版》应用版块的组长单位。经过全省遴选推荐，《四川党的建设》杂志社被国家新闻出版广电总局确定为全国第二批数字出版转型示范单位。西南财大出版社出版 500 余种数字出版物、160 余种手机出版物。“财经知识服务体系构建及传播应用数字出版项目”入选 2015 年国家新闻出版发展改革项目库，并获得国家文化产业发展专项资金 630 万元资助。天地出版社在童书和教辅图书中广泛利用 MPR、二维码、短视频及虚拟现实技术，初步将纸质图书与新媒体进行了融合，并出版十余种儿童多媒体图书。

网络文学势头强劲，文学产业化进程加速。网络作家“天蚕土豆”的作品《大主宰》继续领跑网络作家富豪榜。海宴小说《琅琊榜》荣获首届网络文学“双年奖”银奖，改编的同名电视连续剧在全国热播并获得“飞天奖”优秀电视剧奖。张勇小说《伪装者》改编的同名电视连续剧收视率创下新高。林海听涛继续稳居“中国网络竞技小说第一人”和“足球小说旗帜性人物”宝座。报告显示，2015 年四川省网络文学综合实力跃升全国第三位。四川数字出版传媒有限公司开发了近 1000 个种类电子书，旗下“苍穹看书网”上线 500 多种网络精品文学作品。成都梦工厂网络信息有限公司出版的“侠义道 I”、绵阳市武道数码科技有限公司出版的“古羌传奇”入选国家第十批民族网游工程项目。

（二）广播电视业

2015 年，四川省县级以上电视台、广播电台全部完成两台合并，市（州）级以上播出机构完成局台分设，广播电视管理体制机制进一步理顺。“十二五”期间，全省广播电视节目制作机构增长到 271 家，增长 3 倍多；播出机构数量稳定上升，新增电视频道 15 个。四川广播电视台国际频道实现了欧洲、美洲、大洋洲及台湾地区的覆盖，康巴卫视频道实现了在尼泊尔的落地覆盖。开展广播电视公益广告创作大赛和公益广告展播工作，创作大赛共收到作品 252 件，其中电视类作品 168 件。电视剧、纪录片、动画片等生产数量增长 10%，广播电视节目制作水平大幅提升。2015 年电视节目制作时间增加到 144 359 小时，全省广播电视广告总收入达到 38 亿元。

四川省新闻出版广电局力推精品力作，共备案公示《达吉和她的父亲》等电视剧 38 部；审查并发行《为青春点赞》《游击英雄》等 11 部电视剧；备案公示动画片 3 部，审查并发行 3 部。组织开展《彝海结盟》《铁血护国之青年朱德》《格萨尔王》《天下粮田》《杜秋娘》等重点电视剧扶持工作。其中，《彝海结盟》获选总局优秀剧本扶持引导项目，获得 350 万元扶持资金，属于总局剧本扶持资金之最，也是四川省新闻出版广电局获得总局剧本扶持资金最多的一次。

在加强汉语影视节目生产制作的同时，不断加强藏语影视作品的创作译制和推广传播工作，增加藏语节目播出时间，提高节目质量，努力满足藏区群众的精神文化需求。着力解决好民族地区存在的广播电视节目问题。根据省新闻出版广电局2015年资金预算分配方案，70万元少数民族语言电视节目译制资金的分配方案基本成型，其中甘孜24万元，阿坝、凉山各23万元。

（三）电影业

2015年，四川省城市电影票房收入23.39亿元，比2014年增长49.65%；院线24条，影院313家，银幕1702块。全省新建影院71家（其中新建县城影院54家），新增银幕346块，新增座位44 513个。截至2015年年底，全省故事影片剧本（梗概）共备案137部，发放《摄制电影许可证（单片）》85部，审查完成片12部（故事片11部、纪录片1部）。其中《公主图兰朵》被列为国家新闻出版广电总局“一带一路”重点项目。成功举办德国、法国、意大利、泰国及香港特别行政区5期电影展映活动，展映《缄默的迷宫》《青蛇》等42部影片，共计展映84场。全省放映公益电影585 596场，超额完成公益放映目标任务，完成任务数的104.96%，观众达4553.41万余人次；全省完成16个市（州）二级农村电影放映信息监管平台建设，监管全省2/3的农村公益电影放映工作。

四川太平洋院线联合成都市广新局探索公益电影放映的新模式，开展成都市“公益电影进影院”公益放映活动，成都市区有13家影院参与，组织放映影片52部，共计1364场，观影人次近12万人次。四川太平洋院线公司实现新增影院36家，其中省内26家、省外10家，共增银幕145块、座席17 080座。截至2015年年底，四川太平洋院线拥有影院147家，银幕800块，观众座席97 667座；院线票房收入12.4亿元，增长41.7%；观影3653万人次，增长43.0%；场次131.4万场，增长34.3%；完成年度目标票房收入10.3亿元的120.1%。院线占有四川电影市场票房份额的35.8%，占有全国电影市场票房份额的2.8%，在全国48条院线中位居第11名。

（四）演艺业

2015年，四川艺术创作坚持以习近平总书记系列重要讲话精神为引领，培育践行社会主义核心价值观，牢固树立以人民为中心的创作导向，进一步解放和激发全社会艺术创作生产活力；以满足人民群众日益增长的精神文化需求为出发点和落脚点，紧扣中国人民抗日战争暨世界反法西斯战争胜利70周年重大历史节点，围绕举办首届四川艺术节重点工作，实施精品战略，抓好全省艺术创作生产，加大文化惠民力度，全省艺术创作生产事业呈现出持续发展的态势。

全省各级文艺院团新创、复排、提升重点剧目近30余台；新创、提升舞蹈、小品小戏、杂技、曲艺和木偶等节目近300个。舞台艺术创作生产成果丰硕，涌现出川剧《还我河山》、民族歌剧《彝红》、舞剧《家》、话剧《铁血西迁》、音乐剧《我是川军》、舞蹈《滚灯》、曲艺《凤求凰》、杂技《遂宁小子———高椅》等一批优秀剧（节）目。遂宁杂技团的惊险杂技《青花瓷》、省歌舞剧院和省川剧院联合表演的《梨园芳华》等节目入选2015年央视春晚。南充市的木偶剧《龙门传说》、成都市的木偶童话剧《绿野仙踪》均获2015年第四届全国木偶皮影剧（节）目展演最佳剧目奖。川剧《还我河山》和曲艺剧《笑娃娃的抗战》参加全国纪念中国人民抗日战争暨世界反法西斯战争胜利70周年剧目展演。2015年国家艺术基金申报实现突破。自贡市川剧《还我河山》等20个项目入选2015年度国家艺术基金立项资助项目，获得1993万元资助资金。

2015年11月20—30日，由四川省政府主办、省文化厅承办的首届四川艺术节在成都举行，这是四川首次搭建的全省文化艺术作品展示表演的平台。包括艺术节开（闭）幕式、“四川文华奖”优秀剧目展评、第二届“四川文华美术奖”优秀作品展览、四川文化建设成就展等11项主题活动。围绕艺术节，举办了2015年舞蹈新作比赛、曲艺杂技木偶皮影比赛、第二届四川省文华美术奖作品评选及纪念中国人民抗日战争暨世界反法西斯战争胜利70周年优秀剧目展演、第十五届四川省小戏小品比赛等系列重要赛事活动。首届四川艺术节的各项专业赛事活动都实行低票价惠民，首次聘请大众评审团参与节目评比，首次开通公共微信平台吸引观众参与投票；文华奖美术作品展览、四川文化建设成就展览等活动都对公众免费开放，真正把四川艺术节变成了“人民的节日”。

（五）会展业

2015年，四川省共举办重大会展活动1287个，其中，规模以上（1000平方米以上）展览648个，626.8万平方米，会议论坛217个，节庆活动422个。来自国内外9.25万家参展商和5043万人次参观者参加相关活动。全省会展业直接收入156.2亿元，拉动交通运输、住宿餐饮、旅游、媒体广告等相关产业收入达1314亿元，其中交通运输业收入460亿元、住宿餐饮业456亿元、旅游业311亿元、广告业87亿元，会展业对四川省经济增长的综合拉动系数为1∶8.4。截至2015年年底，成都、绵阳、泸州、乐山、内江、德阳、广元、眉山、广安、遂宁、凉山等11个市（州）已建成或在建专业场馆共21个，室内展馆面积累计85万平方米。其中新建成专业展馆2个，即乐山峨眉山国际会展中心、德阳国际会展中心；在建专业场馆项目4个，即中国西部国际博览城、广安国际会展中心、遂宁市健坤国际会展中心、“中国物流与采购论坛”和“中国物流论坛”会址中心。

全年主要举办首届中国西部（四川）进口展暨国际投资大会、第三届四川农业博览会暨成都国际都市现代农业博览会、第92届全国糖酒商品交易会、首届创新创业交易会暨第十届欧洽会、中俄“两河流域”合作地方领导人第四次座谈会、第3届世界3D打印技术产业大会、世界机场城市大会、2015信息技术全球化应用峰会暨第二届中俄信息安全技术高峰论坛等国际性展会成功举办，第十六届成都家具展、第十八届成都车展等专业品牌展会在成都举办，绵阳科博会、乐山旅博会、泸州酒博会、泸州商博会、内江川南电商博览会、攀枝花自驾游博览会、眉山泡菜展销会、自贡灯会等结合产业优势、产业特色和地域文化的展会和节庆活动。首届中国西部（四川）进口展暨国际投资大会有来自39个国家和地区的2万余名中外嘉宾参会，共签订投资额3000万元以上的正式合同项目713个，投资总额5720.86亿元。其中“一带一路”沿线国家23个，占参展国家及地区综述的67.6%，展会实现贸易合作40.23亿元。

（六）文化旅游业

2015年，四川省以优化旅游产业发展格局为重点，以发展县域旅游经济为支撑，突出区域合作、因地制宜，全力打造“一心、两带、四区”。“一心”是成都市加快建设世界旅游目的地；“两带”是“成德绵广眉乐”和“成渝”旅游经济带，构建以市（州）为重点的区域旅游联盟；“四区”是川西北片区、川南片区、雅攀西片区、川东北片区，发挥优势、错位发展。“十二五”期间，8个市（州）旅游总收入年均增长率超过30%。全年实现旅游总收入6210.5亿元，比2014年增长27%。接待入境游客273.2万人次，增长14.1%；实现旅游外汇收入11.81亿美元，增长37.9%；旅游项目签约金额1429亿元，增长18%；完成旅游实际投资1099亿元，增加24%。截至2015年年底，全省共有A级旅游景区351家，其中5A级景区10家、4A级景区157家；旅行社902家，其中出境游组团社95家、赴台游组团社9家。

2015年，举办首届中国（四川）国际旅游投资大会、第二届四川国际旅游交易博览会、2015四川国际文化旅游节、第六届四川国际自驾游交易博览会、第四届全球旅游网络营运商合作交流会，促进了旅游招商引资和国际交流合作，扩大了旅游消费，提高了四川旅游知名度、美誉度。成都市代表中国获得了2017年联合国世界旅游组织第22届大会承办权。在香港首次对外发布了四川旅游国际新形象和新口号，旅游形象推广片在中央电视台黄金时段播出。策划组织的“行南丝绸之路·游大熊猫家乡——欧洲熊猫粉丝四川探亲之旅”大型跨国旅游营销活动途经12国，行程21 000公里；沿途举办了16场营销和文化交流活动，抵达四川后继续巡游26天。

贵州省

截至2015年年底，贵州省有文化及相关产业单位15 262个（包括行政事业单位、社团和企业），比上年增加2351个，增长18.2%；个体工商户28 818户，比上年减少22 518户，下降43.9%；从业人员30.73万人，比上年减少5.75万人，下降15.8%；文化及相关产业收入827.14亿元，比上年增加121.46亿元，增长17.2%；文化及相关产业增加值344.44亿元，比上年增加47.59亿元，名义增长16.0%；增加值占GDP的比重为3.28%，比上 年提高0.07个百分点。

一、2015年文化产业发展总体情况

（一）文化产品的生产结构比重继续加大

从文化产品的生产和文化相关产品的生产两大层别的构成看，2015年全省文化及相关产业中文化产品的生产收入558.88亿元，占全部文化及相关产业收入的67.6%，结构比重比上年提高1.9个百分点；增加值268.49亿元，占全部文化及相关产业增加值的78.0%，结构比重比上年提高1.4个百分点，文化产品的生产在全省文化及相关产业的份额继续加大。

（二）十大行业结构呈现贵州特色

在文化及相关产业十大行业构成中，2015年以广告服务、设计服务、文化软件服务为主的文化创意和设计服务取得业务收入151.74亿元，同比增长66.3%，实现增加值57.97亿元，同比增长45.7%；以景区游览服务、娱乐休闲服务和摄影扩印服务为主的文化休闲娱乐服务取得业务收入165.95亿元，同比增长32.2%，实现增加值111.42亿元，同比增长31.6%。两大行业增加值结构比重由上年的41.9%提高到49.2%，贵州着力打造以民族和山地为特色的文化旅游产业特点初步显现。

（三）民族特色文化产业亮点纷呈

2015年，贵州省进一步创新体制机制，纵深推进文化体制改革，开创出多精品、多出人才的文艺工作新局面，贵州文艺在全国的影响力进一步提升。《二十四道拐》《第一伞兵队》等在央视黄金时段播出；由中央民族乐团、黔东南州歌舞团共同推出的侗族大歌音乐剧《行歌坐月》登陆国家大剧院，成功首演；省话剧团打造的《图云关》在各地巡演获好评；贵州开发性保护非物质文化遗产侗族大歌的成果《嘎老》首次将侗族音乐与现代艺术形式相结合；省花灯剧院的花灯剧《盐道》把思南文化与花灯唱融为一体。

（四）文化政策制定与时俱进

贵州省制定《关于扶持文化产业园区（基地）建设发展的若干政策》《关于加快贵州文化产业发展的实施意见》《关于推进文化创意和设计服务与相关产业融合发展的实施意见》等，文化体制改革纵深推进，坚持把社会效益放在首位、社会效益和经济效益相统一，扎实推进省十大文化产业园、十大文化产业基地建设，文化企业整体实力不断增强。发布《关于大力发展文化及相关产业微型企业的通知》，加大对文化及相关产业微型企业的扶持力度，进一步放宽创意设计等文化及相关产业微型企业创设扶持门槛，将从事重点扶持行业微型企业的实际货币投资限额由 10 万元放宽为不低于 3 万元，带动就业人数从 5 人放宽为不少于 2 人。

（五）文化品牌影响力逐渐增强

2015 年，首届多彩贵州文化创意博览交易会举办，116 家省内参展企业、20 家省外参展企业、21 家省外采购商以及 25 家投资商参加，实现现场销售金额 100 万余元，现场签约金额达 11.8 亿元，涉及民族客栈建设、本土文化酒店、旅游、影视、工艺品、特色农产品、文创艺术展示、青少年交通安全情境体验和剧院经营管理等内容。组团参加第十一届深圳文博会，签约 75.2 亿元；国内首家省级非物质文化遗产综合展示馆开放，约有 2 万余名省内外参观者走进多彩贵州文化创意园，“多彩贵州文化体验馆”获优秀组织奖和优秀展示奖；由中华人民共和国文化部、贵州省人民政府主办，莫斯科中国文化中心、贵州省文化厅承办的“2015 莫斯科 · 多彩贵州文化节暨贵州非物质文化遗产展演”启动仪式举行，“多彩贵州”品牌影响力逐渐增强。贵州首家文化产业新型智库——多彩贵州文化旅游研究院正式挂牌成立，按照“三结合”（省外专家和省内专家结合、资深专家和年轻专家相结合、体制内专家和体制外家相结合）指示精神组建了 20 余人的专家资源库，为多彩贵州文化品牌提供智力支持。

（六）对外文化交流精彩纷呈

2015 年，贵州对外及对港澳台文化交流项目共 25 起 366 人次，其中出访 20 起 286 人次，来访 5 起 80 人次，涉及泰国、俄罗斯、德国、瑞士等国家及中国香港、台湾地区；春节期间，省文化厅按照文化部安排组织 44 人演出团赴泰国参加第 99 届北榄坡府农历新年游神盛会庆祝活动，44 人演出团赴泰国演出 12 场，观众达 13 万多人次；贵州省文化厅与莫斯科中国文化中心合作举办了“2015 俄罗斯 · 多彩贵州文化年”系列活动，遵义文化展示周、“舞 · 贵州——多彩贵州风”演出、“情 · 贵州——莫斯科多彩贵州文化节”“忆 · 贵州——留存的记忆——贵州古村落文化的视觉再现”美术作品展、“梦 · 贵州——贵州风光专题摄影展”“霓裳银装——贵州民族服饰展”等活动先后在莫斯科中国文化中心亮相登台；应曼谷中国文化中心邀请，贵州省黔剧院赴曼谷进行庆祝中泰建交四十周年《风华黔韵》民族音乐会演出；第八届世界华文传媒论坛组织召开，世界华文媒体合作联盟产业中心在贵阳正式成立，推动了海外华文媒体之间及海外华文媒体与国内媒体的交流与合作。

二、2015 年文化产业各行业发展基本情况

（一）新闻出版业

2015 年，贵州全省新闻出版发行服务单位有 355 个，个体工商户 4897 户，从业人员 17 178 人，收入共计 72.71 亿元（含执行企业会计制度的综合单位的营业收入、执行行政事业单位会计制度的综

合单位的事业收入和事业单位经营收入、个体工商户的营业收入，下同），实现增加值14.51亿元，占全省GDP的比重为0.14%。全年出版各种图书738种，其中新出版564种，总印数达到9636万册；出版各种杂志90种，总印数达1756万册，每期平均印数80万册。出版各种报纸42种，总印数9109万份，较上年减少27 300万份。新闻出版发行服务业中，增加值结构占比排前三位的行业小类依次是：图书、报刊零售，增加值43 451万元，占本类的比重为29.95%；图书批发，增加值33 069万元，占本类的比重为22.79%；报纸出版，增加值29 747万元，占本类的比重为20.50%。

新闻出版广电局通过网站、新闻发布等多种形式对外公布新闻出版广播影视重点工作、重大决策的推进情况和公众关心的问题，满足公众知情权。全年局网站共发布各类信息2205条。一是及时通过局网站主动发布了相关信息，包括新出台的规章和规范性文件、影视剧和纪录片备案公示、播出机构数据、"三公经费"情况等信息。公布重点惠民工程建设进展和经验等信息。局人事处在局域网等窗口公开招聘岗位、招聘程序、招聘结果等信息。二是每个季度《工作动态》公布了全省电影票房数据，向社会公布电视剧的备案公示数据、剧目制作单位、剧目内容简介等信息等。三是开办了《贵州省扫黄打非工作专题》《党的群众路线教育实践活动》《贵州省农家书屋建设专题》等多个专栏。

2015年，新闻中心开设运营了"动静贵州"和"贵州新闻联播"两个微信公众号。以"优质内容的持续供给"为目标，推动制片人和采编人员转型训练，推动日常采编流程与新媒体内容生产结合。贵州出版集团公司和上海星源投资共同发起的贵州省省级重点招商项目习水县新华文化综合体项目落户遵义市。

（二）广播电视电影服务业

2015年，全省广播电视电影服务单位有331个，个体工商户13户，共有从业人员8322人，收入24.64亿元，实现增加值11.78亿元，占全省GDP的比重为0.11%。全省共有广播电视台85座，广播自办节目46套，电视自办节目103套；有线广播电视用户421.92万户，有线广播电视入户率33.1%；广播节目综合人口覆盖率为92.30%，比上年提高0.78%；电视节目综合人口覆盖率为95.97%，比上年提高0.58%。

广播电视电影服务业包含了广播、电视、电影和影视节目制作、电影和影视节目发行、电影放映和录音制作6个行业小类。广播电视电影服务业中，增加值结构占比排前三位的行业小类依次是：电视，增加值64 603万元，占本类的比重为54.85%；电影放映，增加值39 551万元，占本类的比重为33.58%；广播，增加值6485万元，占本类的比重为5.51%。

文化传媒融合发展，文化电影项目稳步建设。2015年，广电传媒集团抢抓中央出台《关于推动传统媒体与新兴媒体融合发展的指导意见》的机遇，实施"全媒体融合提升、多元化集约发展"战略；7月，贵州省西秀区政府与广东珠影资产投资管理公司签订"安顺·珠影·星光城"项目合作框架协议，引入珠江电影集团投资新建高规格标准的现代化数字影院，打造文化新地标；贵州省作协与北京十月天传媒联手启动青年编剧"神笔计划"，以200万元"神笔计划"基金首次面向省内外45岁以下青年编剧征集电影类、电视剧类以及纪录片类原创剧本，扶持青年编剧讲好"贵州故事"，为电影事业发展选拔人才。

（三）文化艺术服务业

2015年，全省文化艺术服务单位有3665个，个体工商户751户，共有从业人员72 388人，收入18.61亿元，实现增加值21.28亿元，占全省GDP的比重为0.20%。全省共有博物馆、纪念馆73个，群众艺术馆、文化馆98个，公共图书馆96个，档案馆108个。

文化艺术服务业中，增加值结构占比排前三位的行业小类依次是：群众文化活动，增加值 59 138 万元，占本类的比重为 27.79%；文物及非物质文化遗产保护，增加值 29 227 万元，占本类的比重为 13.74%；文艺创作与表演，增加值 20 883 万元，占本类的比重为 9.81%。

（四）文化信息传输服务业

2015 年，全省文化信息传输服务单位有 417 个，比 2014 年减少 8 个；个体工商户 4 户；从业人员为 12 590 人，比 2014 年减少 6520 人；收入 33.52 亿元，实现增加值 19.32 亿元，占全省 GDP 的比重为 0.18%。文化信息传输服务业中，增加值结构占比排前三位的行业小类依次是：有线广播电视传输服务，增加值 156 678 万元，占本类的比重为 81.08%；其他电信服务，增加值 22 791 万元，占本类的比重为 11.79%；互联网信息服务，增加值 7505 万元，占本类的比重为 3.88%。

（五）文化创意和设计服务业

2015 年，全省文化创意和设计服务单位有 4135 个，比上年增加 1239 个；个体工商户 2678 户，比上年增加 36 户；从业人员为 38 807 人，比上年减少 1744 人；收入 151.74 亿元，实现增加值 57.97 亿元，占全省 GDP 的比重为 0.55%，增加值名义增速 45.7%，行业实现较快增长。文化创意和设计服务业中，增加值结构占比排前三位的行业小类依次是：工程勘察设计，增加值 263 895 万元，占本类的比重为 45.52%；广告业，增加值 245 679 万元，占本类的比重为 42.38%；专业化设计服务，增加值 43 865 万元，占本类的比重为 7.57%。

（六）文化休闲娱乐服务业

2015 年，全省文化休闲娱乐服务单位有 3343 个，比上年增加 864 个；个体工商户 5849 户，比上年减少 8844 户；从业人员为 78 359 人，比上年减少 9700 人；收入 165.95 亿元，实现增加值 111.42 亿元，占全省 GDP 的比重为 1.06%，比上年上升 0.14 个百分点。文化休闲娱乐服务业中，增加值结构占比排前三位的行业小类依次是：游览景区管理，增加值 410 603 万元，占本类的比重为 36.85%；歌舞厅娱乐活动，增加值 277 186 万元，占本类的比重为 24.88%；网吧活动，增加值 229 482 万元，占本类的比重为 20.60%。

文化旅游项目建设扎实。遵义红色旅游（集团）有限公司和贵州中石贵州省政府公布第四批升级非物质文化遗产代表性名录 121 项（140 处），其中新增项目 75 项（77 处），扩展项目 46 项（63 处）；黔西县“水西古城文化旅游区水西传奇实景舞台”项目成功入选国家 2015 年度藏羌彝文化产业走廊重点项目，水西古城文化旅游区属贵州省 100 个重点旅游景区建设项目之一，占地总面积 2250 亩，总投资 32.5 亿元；“多彩贵州城”是贵州省开发投资有限责任公司和中国凯瑞国际经济技术合作有限公司联合开发的大型文化、旅游产业可持续发展项目，是国家文化产业示范基地入选项目，该项目位于阜阳市双龙空港经济区核心区，规划占地面积 7996 亩，入选 2015 全国优选旅游项目暨 2015 中国旅游投资优选项目、2015 国家文化产业重点项目、2015 国家文化金融合作项目、2015 国家广告业发展项目。2015 年 9 月 30 日，贵州省旅游资源规划开发质量评定委员会发布公告，贵阳“多彩贵州成”旅游综合体景区被批为国家 4A 级景区。

文化旅游活动丰富多彩。传承一方文化、拉动一方经济、保护一方环境、造就一批人才、致富一方群众——以“保护、传承、创新、开放”为主题，中国（贵州）第一届国际民间工艺品文化产品博览会在 2015 年 9 月国家级新区——贵安新区举行；贵州省委、省政府 2015 年将连续成功举办 9 年的旅游商品“两赛一会”升格为“中国（贵州）国际民族民间工艺品文化产品博览会”；2015 年首届

“中国传统村落·黔东南峰会”在凯里召开；贵州台湾经贸交流·文化旅游推介会召开；务川自治县政府与国创联合控股投资有限公司在北京签署合同，启动该县文化旅游综合创意精准脱贫行动，国创公司筹集的20亿元首期投资将于2016年2月到位，以仡佬道奇观公园为主体的开发项目将于2020年年底前建成，总投资预计300亿元。

（七）工艺美术品生产业

2015年，全省工艺美术品生产服务单位有1548个，比上年增加77个；个体工商户3140户，比上年减少4405户；从业人员为27 977人，比上年减少12 211人；收入91.71亿元，实现增加值32.21亿元，占全省GDP的比重为0.31%。

工艺美术品生产业中，增加值结构占比排前三位的行业小类依次是：雕塑工艺品制造，增加值88 446万元，占本类的比重为27.46%；珠宝首饰零售，增加值58 615万元，占本类的比重18.20%；抽纱刺绣工艺品制造，增加值54 152万元，占本类的比重为16.81%。

（八）文化产品生产的辅助生产业

2015年，全省文化产品生产的辅助生产服务单位有771个，比上年减少149个；个体工商户146户，比上年减少2543户；从业人员为12 635人，比上年减少9986人；收入为65.59亿元，比上年增长14.70亿元；实现增加值22.11亿元，比上年增加3.47亿元；占全省GDP的比重为0.21%。

文化产品生产的辅助生产业中，增加值结构占比排前三位的行业小类依次是：包装装潢及其他印刷，增加值117 173万元，占本类的比重为53.00%；书、报刊印刷，增加值37 560万元，占本类的比重16.99%；装订及印刷相关服务，增加值25 619万元，占本类的比重为11.59%。

（九）文化用品生产业

2015年，全省文化用品生产服务单位有674个，比上年增加57个；个体工商户11 630户，比上年减少6580户；从业人员为38 457人，比上年减少22 936人；收入194.89亿元，比上年增加6.16亿元；实现增加值52.94亿元，占全省GDP的比重为0.5%。

文化用品生产业中，增加值结构占比排前三位的行业小类依次是：家用视听设备零售，增加值169 623万元，占本类的比重为32.04%；焰火、鞭炮产品制造，增加值97 777万元，占本类的比重为18.47%；文具用品零售，增加值62 110万元，占本类的比重为11.73%。

（十）文化专用设备生产业

2015年，全省文化专用设备生产服务单位有23个，比上年减少2个；个体工商户10户，比上年减少5户；从业人员为564人，比上年增加69人；收入7.77亿元，比上年增加5.46亿元；实现增加值0.9亿元，比上年增加0.4亿元，占全省GDP的比重为0.01%。文化专用设备生产服务业是全省文化产业发展的短板。

文化专用设备生产业中，增加值结构占比排前三位的行业小类依次是：通信及广播电视设备批发，增加值7764万元，占本类的比重为85.37%；广播电视接收设备及器材制造，增加值1262万元，占本类的比重为13.88%；电气设备批发，增加值69万元，占本类的比重为0.76%。值得注意的是，通信及广播电视设备批发和电气设备批发占比超过该大类的86%，广播电视节目制作及发射设备制造等6个行业小类是空白。

西藏自治区

2015年，西藏自治区文化产业实现引资5.7亿元，年产值实现30亿元，占自治区GDP的2.8%，年均增长约15.27%，超过全国12%的平均增速，位居全国前列，文化产业对地区经济增长的贡献率越来越明显。

一、2015年文化产业发展总体情况

（一）文化产业政策不断完善

以提高发展质量和效益为中心，自治区文化产业政策体系正在完善，规模不断壮大，产品日益丰富。2015年，自治区出台《西藏自治区推进文化与旅游深度融合发展加快特色文化产业发展的意见》，筹备建立全区文化产业数据库；召开西藏自治区文化产业协会成立大会，进一步发挥好协会的桥梁纽带作用；组团参加第十一届中国（深圳）国际文化产业博览交易会，20余家文化企事业单位带去6000余件精美展品和总投资额近28亿元的82个招商引资项目。

（二）文化市场建设卓有成效

2015年，全区共有文化市场经营单位847家，比2014年减少24家。从业人员6382人，比上年增加327人。其中娱乐场所408家，网吧经营机构362家，文艺表演团体5家。积极推进文化市场技术监管和服务平台建设，设置区、地、县三级平台用户78个。加强了文化娱乐市场演出人员管理和各类商业演出内容审查，监管水平进一步提高。制定实施《西藏自治区娱乐场所演出人员管理办法》，与全区771家娱乐场所、网吧签订了《政治安全责任书》，为539名社会演员办理了《上岗证》。基本建成了全区文化市场技术监管与服务平台，完成775家文化经营主体的录入工作，激活率达到93.72%。

（三）特色文化产业做大做强

2015年，全区把推动文化产业与旅游、金融等相关产业融合发展作为首要任务，完成第三批自治区级文化产业示范基地和第二批自治区级文化产业示范园区评选命名工作，自治区级文化产业示范基地（园区）总量突破30家，形成四级评选命名管理体系，24个项目获4300余万元的自治区文化产业发展专项资金扶持。批准成立了国内首个“藏民族音乐产业基地”，启动了藏羌彝文化产业走廊18个重点项目建设。其中，西藏文化旅游创意园区进入实质运营阶段，并名列“2015年中国文化

产业园区 100 强”第 42 位。《文成公主》《寻找香巴拉》《江孜印迹》等重点演艺项目运营状况不断优化。促进旅游与文化、生态、藏医药、民族手工业互动融合发展，打造西藏旅游升级版。加快建设中国西藏旅游产业园，推进国家藏羌彝文化产业走廊建设。积极扶持现代物流业向农牧区延伸，加快建设日喀则综合物流园区。大力发展电子商务等新兴业态。积极发展家政养老、文化娱乐、高原体育等产业。继续实施家电家具下乡，促进汽车、住房、家电、农机等大宗商品消费。

（四）文艺创作和演出日益繁荣

2015 年，自治区文学、戏剧、电视、音乐等各领域佳作不断、人才辈出，文学艺术事业呈现出持续繁荣发展的良好态势。政策导向更加鲜明。召开全区繁荣发展社会主义文艺推进会，报请制定《中共西藏自治区委员会关于繁荣发展西藏社会主义文艺的实施意见》；出台《关于在全区文艺界广泛开展“深入生活、扎根人民”主题实践活动的意见》，广泛开展文艺采风、“结对子种文化”等活动。自治区把深入学习贯彻习近平总书记在文艺座谈会上的重要讲话精神和中共中央《关于繁荣发展社会主义文艺的意见》作为首要任务，进一步加强对文艺创作的引导，大力开展爱国主义和现实题材文艺创作，加强演出和交流，取得了丰硕成果。全区专业文艺团体和各县民间艺术团创作各类文艺作品 1000 余件。其中，纪念“西藏百万农奴解放纪念日”文艺演出《中国梦・雪域欢歌》、民族舞剧《太阳的女儿》、驻村题材话剧《守望左旋柳》、爱国主题话剧《共同家园》、新编藏戏《朵雄的春天》等一批重点剧目顺利搬上舞台，得到广泛好评。特别是《太阳的女儿》《朵雄的春天》《共同家园》，在全国 4000 多个优秀剧目的竞争中成功入选国家艺术基金资助项目，并先后通过文化部结项验收。优秀作品屡获大奖。电影《西藏的天空》荣获金鸡百花奖；西藏人民广播电台《驻村夜话》荣获第 25 届中国新闻奖一等奖；电视剧《西藏秘密》、广播剧《雪域彩虹》等荣获中宣部第十三届精神文明建设“五个一工程”奖。专题片《第三极》等在央视集中播出，电视剧《雪域雄鹰》登陆央视一套黄金时段；成功举办“国家一流艺术家西藏题材创作工程”首期成果展；“百幅唐卡”工程第二期创作深入推进；完成第六届“珠穆朗玛”文学艺术基金奖评奖工作。

（五）产业集聚引领作用凸显

在全区 41 家国家级和自治区级文化产业示范基地和园区当中，现有国家级文化产业示范基地 2 个，国家级文化产业示范试验园区 1 个，自治区级文化产业示范园区 2 个，自治区级文化产业示范基地 36 个，充分发挥了示范、辐射、带动作用。形成了以拉萨历史文化产业集聚区、林芝雅鲁藏布生态文化产业集聚区、山南雅砻藏源文化产业集聚区、日喀则珠穆朗玛生态文化产业集聚区、昌都香格里拉文化旅游产业集聚区、那曲草原游牧文化产业集聚区、阿里神山圣湖宗教文化产业集聚区为主的全区文化产业区域集群区建设和空间布局规划。仅这 41 家国家级、自治区级文化产业示范基地和园区，每个季度的产值基本都维持在 8 亿元左右，每季度的缴税金额基本保证在 300 万元。

（六）文化“走出去”成果显著

2015 年，自治区把深化对外文化交流作为推动西藏文化“走出去”的重要抓手，积极配合国家总体外交，先后派出 3 个团组 30 余人次赴法国和中国台湾地区进行文艺演出等文化交流活动。深化与尼泊尔的交流合作，邀请尼泊尔中国文化中心优秀学员到自治区开展文化交流活动。配合接待国外团组 30 多个。加强“中国西藏・扎西德勒”品牌建设，积极建立对外文化交流项目库。2015 年，自治区文化工作呈现出重点突破、亮点纷呈、整体推进的喜人景象。特别是在事关文化长远发展的体制机制创新、基层队伍发展、设施网络建设等方面取得了显著成果。开放合作打开新局面。出台特色优势产业目录，招商引资到位资金 284 亿元，项目 540 个。首届藏博会签约项目 33 个，合同总额 387 亿元。吉隆口岸实现中尼双边开放，中国西藏—尼泊尔经贸洽谈会升格为国家级。自治区政府代表团成功出访尼泊尔，签约项目资金 5 亿美元。自治区与尼泊尔合作成立喜马拉雅航空公司，为西藏航空业进入国际市场开辟了广阔空间。涉藏外事外宣工作取得积极成果。

二、2015 年文化产业各行业发展基本情况

（一）广电出版业

2015 年年底，全区共有电视台 2 座，广播电视台 6 座，广播电台 1 座。广播、电视人口综合覆盖率分别达 94.83% 和 95.96%。报纸总印数 19 127 万印张，杂志总印数 243 万册，图书总印数 1191 万册。2015 年，中央驻藏媒体增加到 19 家，把最真实的西藏介绍给全世界。西藏日报、西藏电视台等区内主要媒体建立驻全区 7 地（市）记者站，使新闻触角延伸到基层。在全区 7 地（市）和 74 个县（区）各建设一家规范性政府新闻网站，实现政府新闻网站统筹规划、统一建设。

（二）电影业

2015 年，西藏自治区城市院线市场放映场次 4.93 万场，比上年增长 41.26%；观众人次 110 万，比上年增长 32.53%；票房收入 0.498 亿元，比上年增长 31.40%。平均票价 45.25 元，比上年回落 0.40 元。全年可统计票房影院 9 家，银幕 26 块，座位 2561 个。中影数字 3 家，中影星美、时代华夏今典各 2 家，江苏幸福蓝海、湖南潇湘各 1 家。其中，中影数字、中影星美院线各有 1 家票房 500 万元以上影院。2015 年，拉萨城市院线市场放映场次 3.57 万场，观众人次 102 万，票房收入 0.452 亿元，平均票价 44.33 元。全市分布 3 条院线，中影数字、江苏幸福蓝海旗下影院各 1 家，中影星美旗下影院 2 家。拉萨有 2 家票房 1000 万元以上影院，中影星美旗下星美影城西藏拉萨店票房收入 2325 万元，中影数字旗下西藏拉萨乐百隆 1729 万元。

（三）会展业

2015 年 9 月，由文化部、国家旅游局和西藏自治区政府共同举办的以“人间圣地 · 天上西藏”为主题的第二届中国西藏旅游文化国际博览会（藏博会）在拉萨开幕。10 个场次、近 4 万观众的音乐、舞蹈、戏剧等非物质文化遗产专场展演节目丰富多彩，近 20 个非遗产品及衍生产品 200 余种文化展示吸引世人的眼球。第二届中国西藏旅游文化国际博览会的斐然成绩充分表明，藏博会已打造成为全面展示西藏魅力的亮丽名片和窗口，品牌影响正在深入人心。藏博会紧扣“一带一路”与西藏旅游文化发展的主题，包括藏医藏药及特色产品主题展、西藏自治区成立 50 周年成就展、主旨论坛与经贸洽谈等多项内容。全球 18 个国家和地区的 100 多名海外旅行商应邀参加了藏博会。此外，西藏最美景观评选、文物精品展，精品唐卡展、招商引资推介会等活动陆续亮相。同时，还举行以“一带一路”与西藏文化发展、“首届五省（区）藏医药论坛”为议题的主旨论坛等。

（四）文化旅游业

西藏是重要的世界旅游目的地，围绕着这一重大战略定位和部署，西藏积极展开旅游文化产业升级。大昭寺晋升 5A 级景区，札达土林—古格成为国家级风景名胜区，实景剧《文成公主》实现常态化商业演出，文化与旅游在西藏结合得越来越紧密。2015 年全年接待国内外旅游者 2017.53 万人次，比上年增长 29.9%，比“十一五”期末增长 1.9 倍。其中，接待国内旅游者 1988.27 万人次，增

长 30.1%；接待入境旅游者 29.26 万人次，增长 19.7%。旅游总收入 281.92 亿元，增长 38.2%；旅游外汇收入 1.77 亿美元，增长 22.1%，比“十一五”期末增长 2.9 倍。为让游客体验雪域风光和藏文化魅力，西藏旅游部门专门推出“圣地拉萨·畅享幸福”“神奇珠峰·魅力日喀则”“诵读情诗·寻梦雅砻”“醉美林芝·自驾墨脱”“天上西藏·梦幻阿里”等七大特色旅游线路。各地举行的一系列旅游节庆祝活动，吸引了大批游客进藏。从年初的藏历新年到春季的林芝桃花节、夏季的山南雅砻文化节、日喀则珠峰文化节和西藏旅游文化博览会，节庆旅游已成为西藏旅游业发展的助推器。

云南省

2015年，云南省文化产业呈现出比重上升、规模扩大、特色突出、结构优化的良好态势，实现增加值425.05亿元，较上年增长7.11%。

一、2015年文化产业发展总体情况

（一）文化产业规模不断扩大

2015年，全省文化产业实现增加值425.05亿元，较上年增长7.11%，占全省地区生产总值（GDP）的3.12%，比重较上年提高0.02个百分点，文化产业增加值在全国排名第19位，占GDP比重排在第16位。其中，文化制造业产值105.75亿元、文化贸易业产值114.77亿元、文化服务业产值204.53亿元，分别增长11.33%、6.31%、5.49%。

2015年，全省共有文化产业企业（以下简称文化企业）1.9万家。规模以上文化企业464家，较上年增加65家，增长16.3%；实现营业收入515.03亿元，增长35.1%；资产总计805.11亿元，增长19.8%；从业人员6.69万人，增长9.3%。尽管规模以上文化企业数量增加较多，且实现了营业收入、资产等指标的快速增长，但是受国内经济下行的影响，企业营业成本和费用大幅上升，营业利润增幅放缓，广告业、报纸出版业等行业部分企业亏损严重，规模以上文化企业亏损面扩大。同时，规模以下文化产业增速放缓，全省文化产业在困难局面下砥砺前行，取得平稳发展。

（二）文化产业结构持续优化

2015年，以“金、木、土、石、布”为核心的工艺美术品生产业增加值112.53亿元，较上年增长9.72%，占文化产业增加值的26.47%。规模以上工艺美术品的生产企业共有90家，增加30.4%，占规模以上文化企业总数的19.4%，比重提高2.1个百分点；实现营业收入250.59亿元，增长86.87%。近年来，受各项政策驱动，云南省工艺美术品生产业发展势头迅猛，优势明显，地位稳固，是带动全省文化产业发展的重要力量。2015年，全省规模以上文化产业十大行业中，增加值增速超过全省平均值的行业是：工艺美术品的生产业，增速9.72%；文化产品生产的辅助生产业，增速9.31%；文化信息传输服务业，增速8.22%。以上表明，这些作为传统文化产业的行业，在经济下行压力较大时依然能够保持稳步发展，担负起稳增长的重任。

（三）规模以上文化企业贡献突出

2015 年，全省规模以上文化企业实现增加值 242.47 亿元，增长 9.6%，占全部文化产业增加值的 57.05%，贡献突出。其中，文化制造业增加值 87.59 亿元、文化贸易业增加值 68.02 亿元、文化服务业增加值 86.86 亿元，分别增长 13.28%、4.09%、10.57%。在全省规模以上文化企业中，内资企业 436 家，港、澳、台商投资企业 19 家，外商投资企业 9 家，占比分别为 93.97%、4.09% 和 1.94%，内资企业居主导地位。内资企业户均营业收入 1.08 亿元，比上年增加 0.19 亿元；港、澳、台商投资企业户均营业收入 1.49 亿元，减少 0.31 亿元；外商投资企业户均营业收入 1.54 亿元，减少 0.06 亿元，内资企业经营能力增强，经营业绩与港、澳、台商及外商投资企业差距明显缩小。

从所有制情况看，2015 年，全省规模以上文化企业中，国有控股企业规模以上企业数小幅增长，增长 8.0%，营业收入迅猛增长，增长 55.0%。私人控股企业发展势头强劲，规模以上企业数增长 27.4%，营业收入增长 51.7%。私人控股规模以上企业中，文化企业占比首次过半，达到 52%，营业收入继续领跑，占比达到 42%。社会资本和民间投入增加，总体来看，云南文化产业以私人控股企业和国有企业为主体，其他经济形式为补充，多种所有制经济共同发展的新格局正在形成。

（四）区域文化产业发展各具特色

昆明作为全省文化产业发展的核心区域，文化企业众多，覆盖行业门类较广。2015 年，昆明实现文化产业增加值 193.84 亿元，占全省文化产业增加值的 47.2%，占全市 GDP 的 4.89%。昆明共有规模以上文化企业 180 家，占云南省文化企业总数的 38.8%，且覆盖文化产业 120 个行业中的 42 个行业。保山市产业聚集带动作用和地位逐步显现，依托珠宝玉石生产、贸易和服务，以及与此相关的资源配置、政策驱动和区位优势，文化产业发展取得了长足进步。2015 年，保山实现文化产业增加值 26.22 亿元，增长 26.8%，占全市 GDP 的 4.75%。丽江、迪庆和西双版纳的旅游和文化资源丰富，旅游和文化产业达到深度融合。2015 年，丽江、迪庆和西双版纳的文化产业增加值分别为 10.2%、12.6% 和 15.1%，分别占 GDP 的 5.80%、5.70% 和 5.00%。普洱、红河和怒江的文化产业发展起步较晚，基础薄弱，其统计局与文产部门密切配合，组织培训，加强指导，重点抓好升归纳限工作，充分发挥部门优势。2015 年，红河和普洱规模以上文化企业分别增加 60% 和 10%。普洱、红河和怒江文化产业增加值均实现两位数增长，分别增长 13.6%、12.0% 和 12.3%，分别占 GDP 的 1.55%、1.85% 和 1.66%，三地文化企业经济效益持续向好。

二、2015 年文化产业各行业发展基本情况

（一）广播影视业

2015 年，云南省广播电视台电台拥有 10 座，从业人员 1.85 万人，广播人口覆盖率 96.7%，电视人口覆盖率 97.7%。2015 年，云南共有 1884.35 万人走进电影院观影，为国内票房市场贡献了 66 478.54 万元，排在第 22 位。云南共有 604 块大荧幕，昆明拥有 200 块，占比超过 30%。2015 年 3 月，云南成立了本土的电影发行公司——云南千众电影院线有限公司，弥补了电影产业链上“发行”环节，目前已有 30 多名员工。

2015 年，云南省创作了数量众多的优秀影视作品，《花腰恋歌》《爨碑残梦》《情比山高》《独龙之子高德荣》《杜鹃花红》《生命中的好日子》《边城》《茶颂》《舞乐传奇》《锻刀》《铁血英雄路》等屡获国际、国内大奖，并在全国热播。其中，云南题材、云南制作、云南出品的电视剧《锻刀》在央视

落幕，收视率创同期全国第一，成为央视“收视王”，创下央视今年电视剧收视新纪录，极大地彰显了“影视滇军”的综合实力和影响力。

在农村电影方面，2015 年院线公司被中宣部、文化部、新闻出版广电总局授予了“第六届全国服务农民、服务基层文化建设先进集体”称号。院线公司在 1296 个行政村共计放映农村公益电影 18 470 场，超额放映 2918 场，观影人数达 350 万人次。

（二）演艺业

2015 年年底，全省共有艺术表演团体 276 个，比 2014 年年底减少 8 个，从业人员 9243 人，增加 277 人。其中各级文化部门所属的艺术表演团体 85 个，占 30.8%，从业人员 3371 人，占 36.47%。全年全省艺术表演团体共演出 4.57 万场，比上年减少 14.41%，其中赴农村演出 1.41 万场，减少 11.3%，赴农村演出场次占总演出场次的 30.85%，比重比上年提高 1.07 个百分点；国内观众 1939.96 万人次，减少 25.55%，其中农村观众 822.45 万人次，比上年减少 26.5%，总收入 77 334 万元，比上年增长 1.61%，其中演出收入 32 440 万元，增长 38.11%。全年全省文化部门所属艺术表演团体共组织政府采购公益演出 0.36 万场，比上年增长 114.88%；观众 469.33 万人次，增长 160.05%。利用流动舞台车演出 1830 场次，观众 237.05 万人次。年末全省共有艺术表演场馆 40 个，观众座席数 15 241 个。各级文化部门所属艺术表演场馆 17 个，观众座席数 9990 个，全年共举行艺术演出 540 场次，观众 26.64 万人次。

2015 年，云南省深入实施云南文化精品工程和云岭文化名家工程，积极创作弘扬社会主义核心价值观、反映社会正能量的文艺作品，与中国歌剧舞剧院合作完成歌剧《号角》创作排演并在京首演。各文艺院团分别创作排演了《天道行》《乡谣》《定西岭》《护国忠魂》《彝·歌》《诺玛阿美》《寻梦世外桃源》《牡帕密帕》等一批新剧目。省花灯剧院创作演出的《走婚》入选中国戏剧节优秀剧目，云南文化艺术职业学院获第十九届中国少儿戏曲小梅花奖比赛金奖和银奖，省京剧院朱福获第 27 届中国戏剧“梅花奖”，完成省第十三届新剧目展演筹备工作。省直文艺院团开展“高雅艺术进校园”演出，继续实施优秀剧目巡演活动，在全省开展“深入生活、扎根人民”和文明共建、文化共享“结对子、种文化”主题实践活动。云南省获国家艺术基金立项 17 项、资助资金 1286 万元，开展优秀舞蹈作品选拔工作，组织参加全国少数民族优秀声乐作品展演等系列国内重要赛事，开展“中华优秀传统艺术传承发展计划”戏曲专项扶持、“三个一批”戏曲剧本创作扶持等工作。举办了《画说云南—2015 云南省优秀美术作品》和《非遗画忆——云南非物质文化遗产》等 9 个展览，完成全省美术馆藏品普查工作，进一步加强美术收藏管理。

（三）动漫游戏业

2015 年，云南在既有产业优势的基础上，举办了众多影响较大的动漫游戏会展与大型活动。2015 年 2 月 4—10 日，云南首届动漫游戏嘉年华在国际会展中心 3 号馆举办，本次活动由昆明国际会展中心主办，云南天幕文化传播有限公司承办，云南省游戏协会倾情协助。活动为期七天，观展人数近十万人次，各类赛事精彩纷呈。其中，竞技游戏为 2015 年嘉年华的新增亮点，邀请了国内知名游戏厂商进驻云南，聚集国内众多实力玩家、动漫游戏爱好者来到春城一显身技，给云南动漫游戏产业带来新的活力与发展机遇。同时，活动结束后，将在环城西路与新闻路交会处文化空间建立云南动漫产业孵化基地，分为动漫产业孵化基地和 CV 动漫产业体验中心两个部分，即对云南的动漫产业资源进行整合，完善产业链，培养和留住优秀动漫人才，提供优质的资源和平台。通过对优秀资源的引进，七大平台搭建，为云南动漫企业打通从创意到销售的生产链，提高云南动漫产业的整体水平。

2015文化产业博览会·动漫节暨第八届动漫节于2015年8月7—11日在昆明国际会展中心4号馆举行。2015首届亚洲动画展于12月17日在昆明举办，此次展会由昆明经济技术开发区文化创意产业发展办公室、云南二次元动漫文化创意发展有限公司主办，旨在借此展会提供一个交流机会，提升云南省动漫产业的发展。展会以“动漫＋旅游（产业）”为核心，以动漫会展为平台，构建一种全新型商业模式。

（四）文化旅游业

2015年，全省旅游业总收入达3281.79亿元，比上年增长23.09%。全省实现旅游业总收入3281.79亿元，比上年同期增长23.09%，占全省GDP的6.6%左右，比2014年的6.43%提高了0.17个百分点。旅游外汇收入25.18亿美元，比上年同期增长19.69%；国内旅游收入3104.37亿元，比上年同期增长23.34%。全省累计接待海外入境游客1075.32万人次，同比增长7.75%，其中接待海外旅游者（过夜）570.08万人次，增长7.35%，接待国内旅游者32 343.95万人次，同比增长15.04%。

全省6大旅游区的市场总体向好。昆明、大理、丽江等传统旅游目的地和集散地接待国内旅客均超过了2800万人次，同比增长均在10%以上，其中昆明接待国内游客6796.91万人次，位居全省第一，丽江增长15.07%。西双版纳、迪庆、红河、德宏、保山等热点旅游地区同比增幅均在15%以上，继续保持了快速增长的势头。与此同时，楚雄、昭通、普洱、怒江、临沧、文山等新兴的温热旅游地区实现了快速增长，其中临沧市接待国内游客781.33万人次，同比增长高达36.4%。

市场结构进一步优化，消费水平进一步提高。总体呈现出以下几个特点：一是中高收入人群仍是云南省旅游市场的主体。二是中青年市场比重提升，调查数据显示，2015年到云南旅游的游客中，25～44岁的中青年占市场总量的62.60%。三是游客停留时间进一步延长，2015年，游客在云南的平均停留时间达2.43天，增长了5.19%。四是消费水平进一步提高，随着云南省旅游产业结构的调整和产品的转型升级，游客在滇花费不断提高。2015年以休闲/度假为目的的游客占全省国内游客比重达28.78%，比上年增加了2个百分点。

旅游产业地位进一步凸显，对财政和就业带动作用突出。2015年旅游带动就业人数达698.02万人，其中旅游直接就业人数248.94万人，带动间接就业达449.08万人。2015年旅游业生产税净额达100.94亿元，占财政总收入比重的3.1%。

（五）会展业

2015年8月7—11日，创意云南2015文化产业博览会在昆明国际会展中心开幕，首日就吸引了3.13万余人参观盛会，总成交额达到194.47万余元。这次文博会集中展示了云南文化体制改革、文化产业发展的最新成果和优秀产品，彰显“文化创造财富·创意提升价值”这一文博会主题，呈现云南文化产业转型升级，加速发展“互联网＋云南文化产业”，着力打造“文化云南”品牌的品质和风貌。文博会共设7大展馆、10项系列活动，会展总面积达47 560平方米。展馆突出专业化、市场化、精品化，设置有珠宝玉石馆、文化旅游馆、当代艺术馆、动漫馆、综合馆、刺绣布艺馆及南广场根雕木艺展区。为主动适应“互联网＋”的时代潮流专门开设的“文化旅游专馆”，聚焦民族刺绣布艺设置的“刺绣布艺专馆”，以及“当代艺术品专馆”成为文博会的亮点。这些展馆集中展示了云南文化与旅游、金融、科技融合的成效，以“金木土石布”五位一体为主的云南特色文化发展的成果，涵盖了旅游文化、工艺美术、珠宝玉石、动漫、文化创意、民族服装文化、非物质文化遗产等云南核心文化产业。本届文博会影响力进一步提升，参展文化企业不断增多，吸引了北京、上海、江西、广东、陕西、福建等 22 个省、区、市及香港、台湾地区共 1050 家企业参展，标展总数达 1650 个。作为博览交易和云南文化“走出去”的重要交流文化平台，本届文博会的国际化程度进一步提高，共有来自韩国、尼泊尔、泰国、越南、老挝、巴基斯坦等 8 个国家的近 100 家机构参展。

陕西省

2015年，陕西省文化产业增加值为711.93亿元，占GDP的比重达到3.95%，较2014年提高了0.30%。文化产业增加值总量位居全国第15位，占比位居全国第9位，总量位次较2011年前移3位，占比前移3位。

一、2015年文化产业发展总体情况

（一）文化产业发展驶入快车道

截至2015年年底，纳入统计范围的全省各类文化单位6189个，比2014年年底减少172个；从业人员5.1442万人，增加1650人。其中，各级文化部门所属单位2134个，减少182个；从业人员2.1523万人，减少496人。

2015年上半年，全省规模以上文化制造业、批零业、服务业增速呈现出“一高、一稳、一缓”的态势，文化制造业总产值高速增长，文化批零业销售额稳步增长，文化服务业营业收入缓慢增长。据此测算，上半年全省文化产业增加值同比增长7.6%，增速略高于GDP。2015年上半年，在中央关于深化文化体制改革和振兴文化产业各项举措的引领下，随着省委、省政府制定的一系列促进文化产业发展的政策和措施逐步落实，陕西省文化产业发展势头良好，进入了快速发展的新时期，呈现出朝气蓬勃的新局面。

总体来看，陕西省规模以上文化制造业、批零业、服务业增速呈现“一高、一稳、一缓”的态势，文化制造业总产值高速增长，文化批零业销售额稳步增长，文化服务业营业收入缓慢增长。其中两个行业出现大幅增长。广播、电视、电影和影视录音制作实现营业收入8.5亿元，增长37.4%，陕文投集团所属的影视公司、民营影视公司、电影院是推动其高速增长的主要因素；公共设施管理业实现营业收入10.6亿元，增长15.6%，增速较快的主要动力是咸阳市的休闲旅游企业异军突起，汉中市的黎坪、渭南市的华山等旅游景区较高增长的带动。四个行业不同程度下降。电信、广播电视和卫星传输服务实现营业收入5.5亿元，下降1.7%，主要是陕西广电集团系统营收下降所致。商务服务业实现营业收入8.8亿元，下降3.7%，主要是广告业下降9.6%。专业技术服务业营业收入5.9亿元，下降5.1%。工程勘察设计业下降17.0%。新闻和出版业营业收入5.6亿元，下降1.2%。

（二）文化体制改革效应显现

2015年是陕西实施“十二五”规划，切实加速陕西文化建设的重要一年，省委省政府采取得力

措施，推动文化工作的快速发展。2015 年，陕西省人民政府通过了《关于推进文化创意和设计服务与相关产业融合发展的实施意见》《陕西省人民政府关于促进旅游业改革发展的实施意见》等文件，发布了《关于命名第七批省级文化先进县和公布第六批省级文化先进县复查结果的通报》《关于批准公布西安城墙等五处全国和省级重点文物保护单位保护规划的通知》，陕西省人民政府办公厅发布了《关于分解落实第十一届中国艺术节筹备工作任务的通知》《关于印发“一带一路”建设 2015 年行动计划的通知》《陕西省群众保护文物奖励办法》等，为推动全省文化发展做了大量行之有效的工作。

2015 年，陕西省出台了一系列文化政策，对推动全省文化发展发挥了重要作用。《关于推进文化创意和设计服务与相关产业融合发展的实施意见》提出推动陕西文化产业实施跨越式发展，加快数字内容产业发展，挖掘旅游资源文化内涵，实施项目带动战略，注重保护历史文化名城、名镇、名村和传统村落等任务；明确了实施知识产权战略、促进创新协调、加大人才培养力度、壮大市场主体、促进资源整合、优化发展环境、推动设立相关发展投资基金等政策措施。另外，陕西省文化厅与省工信厅、省财政厅等单位制定了《陕西省关于扶持小微文化企业发展的实施意见》，为小微企业成长提供有效支撑和公共服务。

陕西省出台的其他政策中也包含促进文化产业发展的内容。《关于促进旅游业改革发展的实施意见》明确指出要创新开发文化旅游产品，要求加快 30 个重大文化项目的建设，加强以延安为核心的红色旅游经典景区体系建设，鼓励有关方面开发特色专场剧目，丰富高品质旅游演艺品牌，支持群众参与性强的文化旅游活动，充分发挥会展节庆品牌效应，大力发展会展旅游。《“一带一路”建设 2015 年行动计划的通知》要求省文化厅、省新闻出版广电局、西安市政府负责搭建人文交流平台，组建相关的国际文化交易中心，办好第二届丝绸之路国际电影节、国际艺术节，办好中国陕西传统文化周、西部电影展演周等。

（三）文化产业投资力度加大

2015 年，陕西省快速推进文化产业发展，协调各方力量，致力于尽快把文化产业打造成新支柱的目标，通过促进文化、物流、会展、金融等产业融合发展，努力实现文化产业增长 25% 以上的目标。2015 上半年，陕西省文化制造业增加值高速增长，文教、工美、体育和娱乐用品制造业，化学原料和化学制品制造业，造纸和纸制品业，印刷和记录媒介复制业增加值分别增长了 58.6%、28.8%、22.7%、9.3%，产值分别达到了 38.9 亿元、11.3 亿元、16.6 亿元和 48.3 亿元。文化制造业中，102 家规模以上文化制造业企业实现总产值 129.3 亿元。2015 年上半年，陕西省文化产业投资合计为 362.96 亿元，同比增长 14%。其中新闻出版发行服务业投资 3.45 亿元，同比增长 203.8%；广播电视电影服务业投资 6.23 亿元，同比增长 16.8%；文化艺术服务业投资 65.04 亿元，同比增长 4%；文化信息传输服务业投资 10.43 亿元，同比增长 24.6%；文化创意和设计服务业投资 25.62 亿元，同比增长 163.8%；文化休闲娱乐服务业投资 200.66 亿元，同比增长 14.7%；文化专用设备的生产业投资 13.1 亿元，同比增长 159.4%。陕西省文化产业重点项目建设顺利。西安国家印刷包装产业基地一期、西安国家数字出版基地示范区项目大楼、西咸新区电影数码基地综合楼等重点项目建设持续推进。西安国家印刷包装产业基地产业综合服务体系投入使用。

（四）文化“走出去”成效显著

陕西西安丝绸之路国际艺术节于 2015 年 9 月举办，参与的国家和地区达 62 个，50 多部舞台艺术剧目进行了 100 余场惠民演出，举办了 15 场文化论坛、30 场文化惠民讲座、5 场国际性美术展览动漫创意文化周、国际儿童戏剧周、国际现当代舞艺术周、陕港音乐交流 2015 等专题文化活动。丝绸之路国际艺术节作为“一带一路”倡议的重要文化项目，规模效应不断扩大，品牌价值日益提升。策划创办传统文化品牌项目“国风·秦韵”，组织具有浓郁陕西特色的民俗文化优秀剧（节）目赴德国、意大利、以色列、土耳其、韩国等十多个国家和地区演出交流，观众达20多万人次。举办了“首届中国—中东欧国家舞蹈夏令营”活动，来自斯洛文尼亚、保加利亚、波兰等国的艺术家、舞蹈教师和学生与国内舞蹈专业优秀师生参访交流、切磋舞艺，为促进多边文化合作与发展注入新的活力。举办“丝绸之路国际现当代舞艺术周”专题活动，来自法国、以色列、斯洛伐克等国家和中国的6支优秀现代舞团带来6部优秀现当代舞剧表演，进一步推动了陕西与国际现代舞蹈艺术的交流合作。

二、2015年文化产业各行业发展基本情况

（一）广播电视业

2015年，陕西电影票房增长显著，城市影院电影票房连创新高。2015年1—7月，城市影院放映电影63万多场次，较上年同期增长53%；观影人数达到1785万人次，较上年同期增长42%；电影票房收入为6亿元，较上年同期增长43%。仅7月，票房就达1.26亿元。2015年3月，由陕西文化产业投资控股有限公司等联合出品的《别让我看见》在中央电视台一套晚间黄金档和陕西卫视首播。这是一部反映见义勇为志愿者与犯罪分子进行斗争的电视剧。4月，陕西文投（影视）银海投资有限公司摄制的《王大花的革命生涯》在中央电视台一套黄金时段播出。5月，作为2013年度陕西省重大文化精品项目的电视连续剧《空巢姥爷》在央视一套黄金时段首播。文献电视片工作可圈可点，2015年国家新闻出版广电总局将5集文献电视片《陕甘风云》等多部陕西纪录片向全国各级电视台推荐播映。

（二）电影业

2015年，陕西城市院线市场放映场次117.32万场，比上年增长54.13%。观众人次3221万，比上年增长48.98%；票房收入10.397亿元，比上年增长44.26%。平均票价32.28元，比上年回落1.05元。全年票房收入占全国城市院线票房的2.37%，比上年下降0.08个百分点，全国省、自治区、直辖市票房排名第16，比上年下滑1位。

2015年，全省50家票房500万元以上的影院比上年增加13家。其中，票房1000万元以上的影院35家，比上年增加11家；票房3000万元以上的影院7家，比上年增加1家。2015年，全省可统计票房影院176家，银幕870块，座位114 908个；其中，10厅以上的影院9家，7～9厅的影院42家，4～6厅的影院58家，3厅以下的影院67家。相比上年，影院增加70家，银幕增加341块。全省分布22条城市院线，比上年增加2条；其中16条院线旗下有票房500万元以上的影院，比上年增加1条。

陕西省城市院线结构变化较大。万达旗下影院7家，其中6家影院票房在500万元以上，票房占陕西市场的21.53%，比上年下降了3.84个百分点。河南奥斯卡旗下影院9家，其中8家票房在500万元以上，票房占陕西市场的12.77%，比上年下降2.93个百分点。中影数字旗下影院33家，其中票房500万元以上的影院6家，票房占陕西市场的8.79%，比上年提高4.7个百分点，排名由上年的第7升至第3。广东大地旗下影院11家，其中票房500万元以上的影院6家，票房占陕西市场的7.22%，比上年提高0.46个百分点；排名上升了1位。上海联和旗下影院9家，其中票房500万元以上的影院5家，票房占陕西市场的7.01%，比上年提高0.29个百分点。江苏幸福蓝海旗下影院3家，其中票房500万元以上的影院2家，票房占陕西市场的6.17%. 比上年下降了1.38个百分点。全省4

座城市票房在300万元以上，西安是该省票房的主要城市，年度票房收入8.107亿元，占陕西市场的77.98%。宝鸡市票房收入6654万元，占陕西市场的6.40%。

2015年6月9—15日，陕西省成功举办了第十二届法国电影展西安展映周。电影周共放映《中国之旅》《医生准则》《贝利叶一家》等10部优秀影片，放映27场，平均上座率达到70.75%，受到了观众的欢迎。

（三）新闻出版业

2015年3月，陕西省新闻出版广电局与省委宣传部、省文明办联合组织开展第六届“三秦书月”全民阅读活动。6—10月，陕西省新闻出版广电局等部门联合发起了“百成书店大联动万本图书惠读者”公益活动，活动致力于在全省范围发放2万张以上“三秦阅读卡”。此外，陕西省出版单位精品力作频出，彰显了陕西出版人的实力。2015年2月，陕西人民教育出版社出版的《延安时期党的文化建设研究》和太白文艺出版社出版的《统万城》获第五届中华优秀出版物奖图书类奖。8月，陕西省未来出版社的《美丽世界》《装进书包的秘密》入选中国文艺原创精品出版工程项目。通过图书展览，提高了陕西图书知名度，促进了出版业发展。2015年5月，中韩图书交流展在西安举办，16家陕西图书出版单位和23家韩国出版社参加。为期两天的图书交流展举办了数字出版研讨、图书交流推介、版权洽谈等活动。

甘肃省

一、2015 年文化产业发展总体情况

（一）文化产业逐步成为经济发展新增长点

2015 年，甘肃省文化产业发展取得重大成绩。在经济下行压力较大的背景下，文化产业增加值从 2011 年的 62.03 亿元增长到 2015 年的 157.09 亿元，实现连年增长，平均增速达 26.2%。全省文化产业增加值占全省 GDP 比重稳步提升，从 2011 年的 1.24% 增长到 2015 年的 2.31%。在甘肃省 14 个市州中，陇南市、张掖市、兰州市、临夏州发展相对较快。相比 2014 年，甘肃省文化产业从业人数增加 12 668 人，法人单位数增加了 937 家、资产规模增加了 24.18 亿元。截至 2015 年年底，全省文化产业从业人数达到 32 万人，资产总量 578.45 亿元，法人单位数 1.1 万户。甘肃省不仅逐渐缩小了与全国文化产业增加值占 GDP 比重的差距，同时也释放出文化产业逐步成为全省经济支柱性产业的信号。

（二）完善政策推进公共文化服务体系建设

为推进公共文化服务体系建设，甘肃省制定一系列政策补齐短板，出台《关于加快构建现代公共文化服务体系的实施意见》《甘肃省基本公共文化服务实施标准（2015—2020 年）》等相关政策。印发《关于加快构建现代公共文化服务体系的实施意见》，推进甘肃省基本公共文化服务标准化、均等化建设。截至 2015 年年底，甘肃省共有文化馆 103 个，公共图书馆 103 个，博物馆（含纪念馆）150 个，艺术表演团体 70 个（不含民间职业剧团）。农家书屋、广播电视、农村电影放映、文化信息资源共享工程、县级城市数字影院建设实现全覆盖；建成符合国家标准的各级各类博物馆 385 个；建成集宣传教育、科教普及、文体娱乐等为一体的村综合性文化服务中心（乡村舞台）11 559 个，占全省行政村的 72%。全年为 29 个贫困县配送流动图书车，实现 58 个贫困县流动图书车配送全覆盖。为 20 个边疆乡镇基层服务点、80 个边疆数字文化服务点和 518 个乡镇综合文化站公共电子阅览室配备设施设备，实现全省乡镇综合文化站公共电子阅览室全覆盖。

（三）以项目为抓手为产业发展注入动力

2015 年，甘肃省文化产业招商引资签约合同金额 1774.7 亿元，较 2014 年增加 283.94 亿元。到位资金 383.34 亿元，较上年增加 115.66 亿元。投资在 10 亿元以上的招商引资落地项目达到 9 个。截至 2015 年年底，甘肃省在建文化项目共计 772 个，新开工项目 406 个，新开工项目完成投资金额

151.51 亿元。竣工项目 282 个，竣工项目完成投资 544.61 亿元。其中主要在建和续建项目有投资 43 亿元的旱码头项目和《又见敦煌》项目、投资 30 亿元的敦煌丝绸之路文化遗产博览城项目、投资 31 亿元的丝绸之路文化博览园项目、投资 100 亿元的丝绸之路西部国际文商旅综合生态产业区项目，以及兰州海德堡极地海洋世界、敦煌龙行天下、瓜州草圣故里文化产业园、张芝文化一条街等。项目中文化与旅游融合类项目、文化创意和设计服务类项目、文化与金融合作类项目是甘肃省发展的重头戏。

截至 2015 年年底，甘肃省共规划文化旅游融合类项目 714 个，计划总投资 1813.6 亿元，实际完成投资 436.61 亿元。长城影视集团在兰州新区、敦煌投资 60 亿元的丝绸之路文化遗产博览城项目、保利集团（甘肃）实业投资有限公司在兰州投资 21 亿元的兰州领秀山文化生态城项目、北京西南影视公司在玉门投资 10 亿元的绿色生态学术文化旅游项目等大型项目纷纷落地。

（四）文化产业与金融业深度融合

2015 年，甘肃省文化产业与金融业深度融合。3 月 19 日，甘肃省召开文化金融工作会议，甘肃省财政厅、甘肃省文化厅、中国人民银行兰州中心支行、各市州委宣传部、在甘各金融机构及相关签约文化企业参加会议并进行重点项目签约。相关文化企业与金融机构签约了 34 个重点项目，贷款额度共计 28.1 亿元，授信额度共计 301.5 亿元。同时，甘肃银行文化支行同日正式揭牌成立，这是甘肃银行成立的为文化企业提供金融服务的专营机构。为解决甘肃华亿文化传播有限公司融资困难，甘肃银行文化支行与甘肃省文化产业投融资担保有限公司合作，推出首笔针对文化企业的贷款业务，实现了甘肃银行文化支行在文化产业领域信贷投放零的突破。此外，甘肃省文化产权交易中心兰州银行与联袂推出“艺融艺贷”文化金融产品，针对艺术品、收藏品资本化，精心打造艺术品融资系列产品，分“艺贷通”“艺网通”“艺融通”等子产品。

10 月 15 日，丝绸之路（敦煌）国际文化博览会国际文化金融融合论坛在敦煌举行，来自美国、英国、法国等十多个国家的政府主管部门负责人、企业界代表和金融及投资专业领域的专家学者汇聚敦煌，共同探讨金融与文化产业融合发展的主题。11 月 16 日，甘肃省文化产权交易中心及甘肃艺术品鉴定评估公司、甘肃丝绸之路文化创意工场同时在兰州揭牌，标志着甘肃省文化产业发展链条由单独、分散向全产业链条转型，文化产业发展模式由单一向全要素市场体系转型，为促进甘肃省文化产业现代业态体系的形成，激活文化产业的内容创作、资本运作，实现文化产业的“倍级”增长贡献力量。

（五）文化集市推动文化市场建设

甘肃省按照“试点先行、重点突破、以点带面、整体推进”的思路，成立了文化集市建设领导小组，并组建甘肃新华飞天文化集市商贸有限公司，专门负责文化集市建设工作，建立了以飞天文化集市商贸有限公司、分公司、集市、基地为主体的文化集市运营和营销网络。2015 年，全省 14 个市州都成立了文化集市分公司，形成“企业协会 + 基地 + 农户”的文化产业模式。此外，还积极协调争取国家文化产业发展专项资金 1500 多万元，专门用于全省文化集市建设，对于市场需求旺盛、发展前景广阔。2015 年年底，全省共建成文化集市固定经营点 42 家，销售收入达 3.8 亿元，实现利润 1.2 亿元。文化集市生产加工基地 60 家，实现产值 4.1 亿元，利润 1.1 亿元，引领 4.8 万多户农民进入“文化圈子”，从事文化产品加工，带动农民增收。

（六）文化精品助推丝路经济建设

2015 年 8 月，甘肃省与中央电视台联合出品的 10 集纪录片《河西走廊》获评 2015 年第一批优秀国产纪录片之一，2015 年内，该片获得“第二十一届中国电视纪录片十佳十优”评选活动“系列片十佳作品”及“最佳音效作品”，2015（第十三届）四川电视节“金熊猫”奖国际纪录片“人文类最佳摄影奖”，第九届“纪录·中国”创优评析人文（自然）类一等节目，第四届凤凰视频纪录片盛典“最具传播价值奖”等奖项，极大提高了甘肃省文化传播力和影响力。纪录片《河西走廊》用影像的方式立体展现河西走廊斑斓多彩的自然风光和生态风貌，用电影化的手法再现了不同历史时期富有传奇色彩的人物和故事。此外，该片还在策划和创意上融入国际化元素，特别邀请艾美奖最佳摄影奖获得者、英国摄影师布莱恩·麦克达马特担任摄影指导，国际著名音乐家雅尼量身创作音乐。影片分为《使者》《通道》《驿站》《根脉》《造像》《丝路》《敦煌》《会盟》《苍生》《宝藏》十集，每集 50 分钟。该片在央视、凤凰网、凤凰视频播出后，在甘肃省内外引起热烈反响。

（七）文化“走出去”进入开放发展新时期

2015 年，是“十二五”收官之年。借助“一带一路”倡议的强力带动，甘肃这个西部内陆腹地省份一跃成为国家向西开放的前沿，以更加开放的姿态展现在世人面前，带动甘肃进入大开放、大开发和大发展的新时期。在甘肃省委省政府高度重视和强力推动下，全省对外开放步伐明显加快，开放空间进一步拓展，对外交流合作取得实质性成果，丝绸之路经济带甘肃黄金段建设取得重大进展。全年对外和对港澳台文化交流项目 82 起，678 人次。积极开展与丝绸之路沿线国家人文交流与合作，组织甘肃艺术团赴尼泊尔、孟加拉国、斯里兰卡 3 国执行文化部最大的海外品牌“欢乐春节”演出任务；组织舞剧《丝路花雨》赴韩国首尔参加“2015 中国旅游年”开幕式演出；赴蒙古国参加乌兰巴托中国文化中心庆国庆活动；组派甘肃杂技团赴新加坡参加第 22 届“春城洋溢华夏情”“欢乐春节”和“妆艺大游行”演出活动；在希腊举办“影像丝绸之路——甘肃风情图片展”；组织甘肃省艺术团赴印度孟买和新德里进行演出，同时推进甘肃与印度在壁画、石窟数字化研究等方面的合作。

2015 年，全省举办的各类节庆累计 30 多个国家、地区和国际组织参加，与意大利、伊朗、吉尔吉斯斯坦等国家的 4 个州及城市建立了友好关系，扩大了甘肃影响，形成了合作共识。举办环青海湖国际公路自行车甘肃段比赛、兰州国际马拉松赛等活动。全年与丝绸之路沿线国家达成经贸合作项目合同及协议 83 个，贸易额占全省进出口总额的比重由 2013 年的 18% 提高到 23%。

二、2015 年文化产业各行业发展基本情况

（一）广电影视业

2015 年 5 月 24 日，由甘肃省委宣传部、国家新闻出版广电总局电影剧本中心主办的西部类型影视剧工程建设座谈会在兰州召开，讨论《西部类型影视剧本工程实施方案（讨论稿）》。提出要以抓剧本原创为根本，策划筛选一批西部影视优秀原创故事、剧本，打磨储备一批西部影视作品剧本库，不断增强甘肃文化影响力和传播力。同时，为进一步壮大西部影视的生产制作团队，由甘肃省委宣传部牵头，在整合省内影视资源的基础上，与长城影视集团合作，组建西部长城影视集团。剧本库由西部长城影视集团管理。对进入西部题材优秀剧本库的剧本按照市场化运作方式管理。甘肃长城西部电影集团有限责任公司正式运营后，开机拍摄电视连续剧《大西北剿匪记》。同日，中广电媒投资基金管理无锡有限公司、中銮文化投资股份有限公司与省文化产业发展集团在兰州联合签署《设立中广丝绸之路文化创意基金战略合作出资协议书》，决定设立中广丝绸之路文化创意园产业基金，由甘肃省文化产业发展集团出资 3000 万元引导资金，中銮文化投资股份公司募集 7000 万元，合作设立总规模为 1 亿元的中广丝绸之路文化创意产业基金，按一定比例用于西部影视剧本创作扶持和投资培育、剧

本交易平台搭建、剧本版权交易、剧本购置、投资拍摄等，为甘肃省影视产业发展奠定坚实基础。

（二）新闻出版业

2015 年 12 月，读者出版传媒股份有限公司在上海证券交易所成功挂牌上市，实现了甘肃省文化企业上市零的突破。这是西北地区首家在国内主板上市的出版传媒类企业，也是 A 股中唯一拥有著名期刊品牌的概念股。上市当日以 44.01% 的涨幅达到新股上市 44% 的涨幅上限涨停。读者出版传媒股份有限公司是读者出版集团股份制改造后于 2009 年 12 月 28 日正式成立，旗下拥有甘肃人民出版社、读者新媒体发展有限公司等 12 家全资子公司、5 家控股子公司和 2 家参股公司。该公司在我国期刊出版行业处于领先地位。主营期刊《读者》被誉为“中国人的心灵读本”，是全国最具影响力的期刊之一，也是首次在台湾地区发行的大陆期刊，月销量位列全国同类期刊出版物市场首位。此次读者传媒上交所挂牌上市，壮大了国有出版上市企业队伍，对于完善国内上市企业地区分布、促进甘肃省地方经济发展有着积极的带动作用；同时，将有力提振甘肃省文化产业发展的信心，对甘肃省文化领域继续深化改革、加快繁荣发展起到积极示范和引领带动作用。

截至 2015 年年底，甘肃省级报纸共出版 4.88 亿份，期刊出版 1.06 亿册，图书出版 5925 万册（张）。新闻出版广电局落实农家书屋出版物补充更新资金 1200 万元。编制了全省 6000 个农家书屋和 129 个非藏区藏传佛教寺庙书屋出版物配置目录。开展了“书香陇原——甘肃省第二届‘飞天出版传媒杯’全民阅读暨首届‘书香校园·绿色书签’青少年阅读活动”等相关活动。向甘肃省内有关贫困地区中小学校捐赠图书 15 万码洋，向广大青少年捐赠有价书签价值 30 万元。同时利用世界读书日等重要时间节点，在新华书店设立专柜，优惠展销各类精品出版物，甘肃省 92 家连锁新华书店一般图书销售码洋达 77.8 万元，较平时日平均销售码洋 30 万元增加近 47 万元，增幅达 156%。活动期间，甘肃省组织出版社人员合作当地相关小学，开展“百社千校书香童年”青少年阅读图书捐赠活动，捐赠童书 1500 余册，价值 10 万元。

（三）文化旅游业

文化旅游也是甘肃省作为融入“一带一路”倡议的首选产业。从 2015 年开始，连续 3 年每年预算安排 1 亿元资金，设立旅游产业投资基金，通过财政资金引导，募集社会资金，重点支持大景区开发、旅游配套服务设施建设和旅游商品开发。2015 年 7 月 15 日，为期一个月的“第五届敦煌行·丝绸之路国际旅游节”共吸引来自丝路沿线 30 个国家和地区的 1000 多名外宾参加。

2015 年上半年，甘肃省接待国内外游客 7113.5 万人次，实现旅游综合收入 430.58 亿元，分别比上年同期增长 24.79% 和 24.88%。入境旅游逆势增长，接待入境游客达 18 153 人次，同比增长 13.36%。旅游外汇收入达 390.93 万美元，同比增长 9.81%。全年接待国内游客 15 632.9 万人次，比 2014 年增长 23.5%；国内旅游收入 974.5 亿元，增长 25.0%。接待境外旅游人数 5.5 万人次，增长 11.81%。其中，接待外国游客 3.2 万人次，增长 9.5%；接待港澳台同胞 2.3 万人次，增长 15.12%。全年国际旅游外汇收入 1418.1 万美元，增长 39.4%。2015 年，甘肃省 14 个市州均完成了旅游收入目标任务，其中嘉峪关市旅游收入增长位居第一位，为 29.8%；张掖、酒泉达到 26% 以上，甘南、临夏、平凉、天水达到 25.5% 以上，武威、兰州、金昌、陇南达到 25% 以上，庆阳、白银、定西达到 24% 以上。全省国内旅游接待人数前五位的地区依次为兰州、天水、酒泉、平凉和张掖，共接待游客 9882.9 万人次，占全省旅游接待人数和收入的 63.2%；旅游综合收入前五位的地区依旧依次为兰州、酒泉、天水、平凉和张掖，共实现旅游收入 692.4 亿元，占全省旅游总收入的 71%。

（四）会展业

2015 年，甘肃省人民政府办公厅发布《关于进一步促进全省展览业发展的实施意见》，为甘肃文化会展业的发展了提供政策保障。近年来，甘肃省以兰洽会为代表，举办了一系列会展节庆活动。会展数量逐年增加，展会的档次、规模和成交额也逐年增长，使甘肃特有的“新丝绸之路”国际性元素逐步得以体现。甘肃省各市州纷纷举办旅游节庆，以此展示本州市的形象，提供交流、发展平台，促进经济发展。总体来看，甘肃省文化会展业通过行政、市场结合的手段整合资源，依托黄河文化、丝路文化、藏族文化和伏羲文化重点发展四大节庆品牌，把甘肃省旅游节庆品牌化、国际化、专业化。

首届丝绸之路（敦煌）国际文化博览会准备工作会议期间，甘肃省举办了第四届国际文化产业大会暨第八届省文博会、第二届“朝圣敦煌”全国美术作品展等丰富多彩的十多项分项活动，第四届国际文化产业大会暨第八届省文博会举办期间共签约项目 113 个，合同金额达到 453.52 亿元。第二届“朝圣敦煌”全国美术作品展自 2015 年 9 月 20 日在敦煌市展出以来，吸引了超过 1 万人次的参观者。此次展览由中国美术家协会、省委宣传部、省文学艺术界联合会举办，自 2015 年 1 月征集作品以来，引起了全国美术界人士的高度关注。经评委会严格甄选，共选出参展作品 275 件，其中优秀作品 98 件、入选作品 177 件。第四届国际文化产业大会暨第八届甘肃省文博会文化产业项目推介签约仪式在敦煌市举行，甘肃省共签约了 113 个项目，合同金额达到 453.52 亿元，酒泉市共签约了 12 个文化产业项目，签约总金额达到 91.23 亿元。其中敦煌市精选的丝绸之路风情街建设项目、锦绣敦煌旅游观光园建设项目、“三沙”世界旅游建设项目，西部驿站汽车营地、敦煌影视剧《玉灵天下》拍摄项目、西部电影《爱在敦煌》拍摄项目等 6 个文化产业项目现场进行签约，总金额达到 26.93 亿元。

青海省

一、2015 年文化产业发展总体情况

（一）文化市场稳步发展

青海省文化产业增加值从 2010 年的 22.38 亿元增长到 2015 年的 54.76 亿元，占同期 GDP 的比重从 1.66% 上升到 2.27%。截至 2015 年，全省文化产业法人单位 2334 户，文化个体经营户 5171 户，规上（限上）文化企业 45 家，年营业收入超过亿元的文化企业 8 家，直接或间接从业人员 30 万人以上。

截至 2015 年年底，全省共有文化部门机构 690 个，较上年同期增加 21 个；从业人员 4549 人，较上年同期增加 505 人，增长 12.5%（机构、人员均不包括文化市场经营机构）。已基本形成覆盖城乡、农牧区的公共文化服务网络体系，各项文化事业发展稳中有升，呈现繁荣发展的良好趋势。各行业具体分布艺术表演团体 30 个，从业人员 1003 人（其中，艺术表演团体事业单位 12 家，从业人员 497 人）；艺术表演场馆 16 个、从业人员 86 人；公共图书馆 49 个，机构数与上年持平，从业人员 41 人、人员较上年同期增加 41 人；群众艺术馆、文化馆 55 个，机构数与上年持平，从业人员 727 人；乡镇综合文化站 359 个，机构数较上年增加 1 个，从业人员 470 人，人员较上年同期减少 9 人。

（二）产业发展活力增强

2015 年，大部分文化企业积极应对经济下行压力，积极挖掘内部潜力，设计研发适销对路的产品，发展势头较好。如海南州东智藏文化艺术开发有限责任公司在继承传统的基础上，另辟蹊径，走差异化发展的路子，重点创作生产以现实题材为主的唐卡作品，2015 年产值达 2000 万元；青海缘汇木雕工艺有限责任公司积极开拓市场，设计研发系列藏式家具品种，产品销往北京、成都及蒙古国等地和国家；同仁龙树画院针对唐卡市场日趋饱和的态势，与景德镇瓷器公司合作，正在研发瓷器唐卡，该项目市场前景广阔。调研的近百家企业无一亏损，企业产值、利润稳中有升，多数企业持续保持了 20% 以上的增速。2014 年、2015 年全省文化产业驱动力指数分别居全国第三位、第五位；2014 年文化消费环境、文化消费满意度分别列全国第八位、第十位。

（三）集聚规模初步形成

各地采取规划引导、政策支持等措施，推动文化产业有序集聚，在全省初步形成了若干具有一定规模的特色文化产业集聚区。比如，湟中县以塔尔寺为中心，形成了银铜器、堆绣、木雕、掐丝唐卡等传统手工艺品为主体的文化产业集聚区；互助县以威远镇为中心，形成了以纳顿庄园、彩虹部落等

文化旅游企业为主体的文化旅游产业集聚区；同仁县以隆务镇为中心，形成了唐卡、泥塑、堆绣、石雕等为主体的热贡文化产业集聚区；循化县以街子镇为中心，形成了手工艺品、民间刺绣、民族服饰为主体的民族文化产业集聚区等。

（四）投融资体系日益完善

2015年下达省级文化产业发展专项引导资金5000万元，95个项目获得支持。全省19个项目纳入文化部文化产业重点项目库。其中3个入选特色文化产业重点项目库，10个入选藏羌彝文化产业走廊重点项目库，6个入选丝绸之路文化产业重点项目库。18个文化产业项目获中央文化产业发展专项资金7390万元。中国首个藏文图书批销中心暨省新华发行集团仓储配送中心开工建设。落实《青海省关于推动传统出版单位和新兴出版融合发展的实施意见》，传统出版业数字化转型取得重大进展。先后组织120余家文化企业参加义乌、深圳、北京、厦门文博会及刊博会、书博会，引进文化产业项目9个，资金达4.11亿元。文化产业增加值达到46.7亿元，占全省国民生产总值的2.03%。

（五）文化金融合作加深

持续推进文化金融合作，五年间，各银行业金融机构累计发放文化产业贷款68.62亿元，2015年年底贷款余额36.48亿元。1家文化企业通过发行私募债成功融资1000万元，5家文化企业启动上市或计划在新三板挂牌融资。各地也通过加大经费投入、简化审批手续、免收有关费用等方式，鼓励和支持文化产业发展。据统计，2015年，西宁、海北、海南、果洛等4个市（州）和城西区、祁连县等12个县设立了5万～2000万元不等的文化产业发展专项资金，资金规模达3324万元。

（六）文化改革稳步推进

2015年，全省文化系统继续推进行政审批事项和简政放权，6次清理、核对和确认行政审批事项，确认保留行政审批事项21项。编制完成行政权力清单和责任清单。全面完成公共文化服务体系建设协调机制、服务标准制定和事业单位法人治理结构3项改革任务。按照资源整合、归口划转的原则，完成省外文书店划转归并工作的清产核资、人员安置等工作。建立文化新闻出版法律顾问制度，健全了法律顾问参与重大决策合法性审查机制。人才队伍建设进一步加强，创新性完成文化部“三区”人才支持计划阶段性工作任务，召开全省“三区”人才支持计划文化工作者专项工作现场观摩会，举办各类文化新闻出版人才培训班79期，培训5102人（次），为文化建设提供了有力的智力支持。

二、2015年文化产业各行业发展基本情况

（一）广播影视业

2015年，全省广播影视行业总收入达到17.16亿元，较2010年年底增加10.57亿元，年均增长21.09%。全省广播影视实际创收收入4.83亿元，较2010年年底增加2.75亿元，年均增长18.35%，其中，广告收入0.83亿元，较2010年年底增加0.47亿元，年均增长18.18%；网络收入2.98亿元，较2010年年底增加1.34亿元，年均增长12.69%；电影票房收入1.02亿元，较2010年年末增加0.94亿元，年均增长66.38%，增幅位居全国前列。全省影院数量由2010年年底的3家增至20家，现有银幕数94块，座位1.07万个。省广播电视信息网络股份有限公司、省电影发行放映公司等骨干影视企业快速发展，规模不断壮大，创收能力不断增强；广播影视中小微企业发展迅速，市场主体不断增长，数量已达50家。

省、市（州）、县三级广播电视体系建设不断巩固完善，节目制播能力不断提升，节目覆盖水平大幅提高。截至 2015 年年底，省广播电视台共开办 4 套电视节目和 5 套广播节目，包括青海卫视和安多藏语卫视两套上星节目；构建全台网实现了网络化、文件化制播；全面启动了高清化改造工程；网络广播电视台、交互式网络电视（IPTV）集成播控平台、移动客户端（App）等新媒体建设初见成效。市（州）一级开办了包括藏语、蒙古语、普通话三种语言在内的 7 套广播节目和 10 套电视节目。41 个县（市、行委）开办了电视节目。全省中央广播和电视节目覆盖率分别达到 98.01% 和 98%，省级广播和电视节目覆盖率达到 96.89% 和 97.41%，市（州）广播和电视节目覆盖率分别达到 39.94% 和 81.46%。全省藏语广播和电视节目覆盖率分别达到 80.94% 和 76.98%。2015 年全年公共广播播出时间 94 924 小时，较 2010 年年末增加 38 821 小时，增幅为 69.2%；公共电视节目播出时间 112 173 小时，较 2010 年年末增加 42 449 小时，增幅为 60.9%。

全省广电系统圆满完成了党的十八大、十八届三中、四中、五中全会和全国、全省两会等各项重大宣传报道任务，精心组织党的群众路线教育实践活动、中国梦、社会主义核心价值观、“四个全面”战略布局等一系列重大主题宣传报道。省广播电视台坚持新闻立台的发展方针，突出新闻节目龙头地位，新闻报道质量和舆论引导能力显著提升。2015 年，“青海新闻联播”收视率高于西北四省区卫视“新闻联播”节目的平均收视率，在中央广播电视媒体发稿数量逐年上升；青海卫视在全国 32 个省、自治区、直辖市落地覆盖用户数达 2.7 亿户，7.1 亿人口；安多卫视以其民族语传播的独特优势，成为全国藏区最具影响力的主流民族语卫视。

（二）新闻出版业

截至 2015 年年底，“十二五”期间全省出版、印刷、发行单位设施条件大幅改善，服务能力显著提升，出版汉、藏文图书 2228 种，音像电子出版物 185 种，汉、藏文教材 2320 种，连续 37 年实现“课前到书，人手一册”。《农牧区科普读物丛书》《守望三江源》等 134 种图书分获中华优秀出版物图书提名奖、精神文明建设“五个一工程”等奖项，《藏羚羊》《美丽的青海湖》等 10 种电子音像出版物荣获中国电视金鹰奖等奖项。投资 0.7 亿元，通过实施少数民族新闻出版东风工程，全省各出版、印刷、发行单位基础设施条件有了明显改善，服务能力有了显著提升。2015 年年底，全省图书、报刊、音像、出版印刷等经营单位达 1568 家，年产值达 13.81 亿元，从业人员达 9455 人。

（三）演艺业

2015 年，创作《大美青海 · 丝路之光》《千里和缘》《音画玉树》等剧目和动漫作品《格萨尔王》剧目，组织修改京剧《七个月零四天》、歌舞话剧《草原之子》等 4 部剧目。省演艺集团反映青藏公路建设的现代京剧《七个月零四天》弘扬主旋律、宣传正能量，演出获专家及观众高度好评；指导省内相关艺术团体和个人成功申报国家艺术基金项目 85 项，共获资助金近 700 万元。全省各专业艺术院团积极开展送戏下乡活动，各专业艺术表演团体共演出 1097 场，其中送戏下乡、下基层 742 场，观众人数达 115 万人次。

（四）会展业

截至 2015 年年底，青海省“十二五”期间连续举办了 5 届青海文化旅游节、2 届青海国际唐卡艺术与文化遗产博览会、3 届青海民族民间工艺美术品展。青海民族民间特色文化产品的知名度、影响力和市场占有率逐年提升，文化产品销售额达 6573 万元，订单金额 19 617 万元。签订 32 个招商引资项目，引资 18 亿元。

（五）文化旅游业

2015年，全省旅游业逆势上场，实现快速发展，全年接待国内外游客2315.4万人次，同比增长15.45%；实现旅游总收入248.03亿元，同比增长22.8%，主要呈现出以下亮点。

为进一步促进旅游产业化发展，召开全省第六次旅游发展大会。省政府先后出台《青海省关于促进旅游业改革发属的实施意见》《关于进一步促进旅游投资和消费的实施意见》和《关于金融支持文化旅游产业加快发展的意见》等8个政策指导性文件，从政策、金融等多方优化环境，助力旅游产业发展。2015年，全省共投资专项资金6540万元，其中国家旅游局厕所建设专项资金1540万元，省厕所建设专项资金5000万元，共新建、改造旅游厕所603座。

持续加大“大美青海”旅游品牌宣传。继续在央视播放大美青海旅游宣传片；借助区位优势，在北京、上海、广州公交站点展示“青海蓝”为主题的五种色彩系列旅游宣传广告；组织旅游企业赴省外开展大美青海旅游专项推介会，分别启动福建、广东、江苏等省万人畅游大美青海活动，参加2015中国西安丝细之路国际旅游博览会、2015中国（昆明）国际旅游交易会，在昆明成功举办“大美青海共享之夜”旅游推介会等。

多方合力联合主办文化旅游节。青海省第十三届文化旅游节是全省文化旅游节举办以来首次联合主办的大型产业融合盛会，以展览、演出、论坛和推介会四大板块为内容，进一步推动了文化、旅游与多产业深入融合发展。期间，省旅游局联合多部门在西宁共同举行了丝绸之路—新兴业态与产业融合论坛和青海旅游产业推介会。

“旅游+”推动青海旅游新发展。随着信息产业的飞速发展，“旅游+”正在成为不可阻挡的发展趋势和时代潮流。省政府审时度势，召开青海省“旅游+金融”高峰论坛和全省“旅游+互联网”分享会，国家开发银行青海省分行等6家银行分别与省旅游局、青海湖景区、茶卡盐湖、互助北山、贵德国家地质公园签订了合作开发协议，签约旅游项目26项，签约金额达400亿元；省旅游局分别与携程旅行网、腾讯公司签订了战略合作协议，携程旅行网青海省旅游局官方旗舰馆启动，“旅游+”推动青海旅游迈入新的发展阶段。

入境游实现新突破。2015年，全省接待入境游客65 604人次，同比增长27.4%；实现旅游外汇收入3876.3万美元，同比增长50.6%，紧抓丝绸之路经济带建设和全省开通三条国际航线的机遇，积极巩固和开拓入境游市场，相继赴国外开展旅游宣传，与世界旅游组织建立合作关系，推动政府和企业间达成战略性实质合作框架协议；首次在意大利、韩国和中国台湾地区，以及日本、英国的地铁、公交、网络等新闻媒介推出旅游广告和形象展示；组团参加各类国际旅游推广活动，举办“大美青海香港行”“美丽中国——大美青海丝路行暨青海与港澳旅游交流合作”等活动；设立1000万元入境旅游奖励资金，开拓境外旅游客源市场。

全域旅游加快推进。随着全省铁路、公路、航空等交通条件的不断改善，旅游基础配套设施日益完善；“大美青海”的知名度和美誉度深入人心，各地方抓旅游、兴旅游的理念和措施不断提升，全省各景区游客量不断攀升。2015年，塔尔寺景区接待游客235.46万人次，青海湖景区接待游客165.2万人次，茶卡盐湖景区接待游客131.64万人次，县域旅游不断壮大，门源、祁连、循化、乌兰、同仁、尖扎、德令哈等县市接待游客突破百万人次大关，贵德、湟中、大通、湟源、互助、格尔木等县市突破200万人次。

宁夏回族自治区

2015年，宁夏回族自治区具有一定规模的文化法人企业97个，从业人员11 608人。规模以上文化企业实现营业收入554 314万元，比上年增长55.5%。全区各级文化文物行政事业单位共375个，从业人员3772人。2015年，全区实现文化产业增加值75亿元，占GDP比重为2.6%。

一、2015年文化产业发展总体情况

（一）文化产业发展实现新跨越

2015年对全区文化产业发展情况进行深入调研，编制形成《宁夏丝绸之路文化产业发展规划》和《贺兰山东麓葡萄文化长廊文化发展规划》。指导编制中阿文化园、中阿文化创意园规划，开展自治区级文化产业示范基地和示范户评选命名。建立文化产业工作机制，争取中央文化产业资金5400万元，扶持宁夏演艺集团、中华回乡文化实业有限公司、新科动漫有限公司等9家重点骨干文化企业；宁夏文化产业种子基金为21家文化旅游企业融资3.35亿元。建立文化产业项目库，96个项目列入国家文化产业项目库。搭建旅游演艺“花儿大舞台”，打造大型文化旅游实景剧《梦回·一千零一夜》，争取文化部将贺兰山东麓葡萄文化长廊作为特色文化产业予以支持。

（二）文化发展环境逐步优化

2015年，全区简化行政审批，文化行政事项由原来的117项精简到31项。积极探索公益性文化事业单位改革路径，完成文化系统公益事业单位分类改革，事业单位法人治理结构建设在银川图书馆、西夏区文化馆试点。创新公共文化设施免费开放模式，全区图书馆实现错时服务、延时服务。制度建设取得新进展。出台《关于推进文化创意和设计服务与相关产业融合发展的实施意见》《扶持成长型小微文化企业工作方案》《关于构建现代公共文化服务体系的实施意见》等，探索形成“执法+协会”文化市场管理模式，得到文化部认可并在全国推广。文化市场管理不断规范。2015年，全区实施宁夏互联网上网服务营业场所监管平台升级改造，加强文化市场整治和大案要案督查，开展暗访督查和交叉执法行动。截至2015年10月底，全区共出动执法人员34 270人次，检查经营单位32 930家次，受理群众举报82件，立案调查187件，结案185件，移交案件18件，警告234家次，责令改正689家次，责令停业整顿56家次，罚款金额19万元，取缔非法出版物经营单位35家，收缴非法出版物8000余册（张）。

（三）文化遗产保护卓有成效

2015年，全区加大对文化遗产的保护力度。西夏陵申遗扎实推进，完成西夏陵保护规划、西夏陵博物馆展陈设计方案编制，实施了西夏陵文物木体加固工程，召开西夏陵突出普遍价值学术研讨会，开展了西夏陵申速区空军部队老营区拆迁及环境整治。丝绸之路宁夏段申遗扩展项目，开展了北朝隋唐墓地遗产点环境风貌整治，编制《北湖隆唐墓地保护总体规划》，组织北朝隋唐墓地、开城遗址等遗产点考古勘探。加强文物保护利用，文物普查登录国有可移动文物信息近6.8万件（套），实施了明长城、贺兰山岩画、固原古城墙、固原城隍庙保护性修缮，开展了水洞沟、鸽子山遗址等考古发掘。引进和推出大型文物展览16个。建立非遗保护微信平台，命名自治区第五批非物质文化遗产代表性项目保护传承基地16个，资助优秀传承基地8个、代表性传承人134名。此外，文物保护资金投入有所加大。2015年，全区共有全国重点文物保护单位35处，自治区级文物保护单位125处，市、县级文物保护单位345处。本年度文物保护资金支持项目51个，项目总预算22 290.4万元。其中，全国重点文物保护单位项目35个，区级文物保护单位项目7个，市、县级文物单位项目3个，非文物保护单位项目6个。2015年藏品总数103 783件（套），一级品367件（套），二级品3752件（套），三级品8716件（套）。本年度新增藏品1825件，其中征集文物藏品1743件，共修复文物296件（套）。2015年举办陈列44个、展览60个，比上年度分别增加7个、4个；博物馆参观人次571.4万人次，比上年度增加310.6万人次，其中未成年参观人次88.26万人次。

（四）对外文化交流有声有色

2015年赴泰国参加“欢乐春节”，赴苏丹、埃及和毛里塔尼亚参加“丝绸之路文化之旅”，赴阿联酋参加建国44周年文化活动，成功开展老挝文化年活动。成功举办了2015中阿文化艺术展示周，3大版块8项活动，12台文艺演出、6项美术展览、170个展位产品集中展示，近10万人参与。第十三届中国西部民歌（花儿）歌会，西部13省（区、市）及中亚、西亚部分国家的400位艺术家进行民歌交流和艺术展演，观众达数万人。第四届全国“黄河大合唱”合唱邀请赛，全国31支合唱艺术团进行合唱交流。在台湾成功举办海峡两岸（宁夏）经贸文化旅游周，在宁夏成功举办了“情系丝路·牵手宁夏”两岸文化联谊活动和台湾大学校园艺术交流活动。宁夏杂技赴韩国、日本交流演出。承办2015康斯坦丁——阿拉伯国际文化艺术节。

（五）公共文化事业长足发展

2015年，全区公共图书馆综合服务能力提高。全区初步形成了省、市、县（区）、乡镇（街道）、村（社区）的服务网络架构。2015年，图书藏量增加16.6万册，主要增加盲文图书和少儿文献藏量，分别比上年增加0.11万册、8.17万册；组织各类讲座295次，参加人次5.87万人次，举办展览62次，参加人次6.46万人次，举办培训班150个，培训人次1.17万人次；图书馆网站访问量26.85万页次，公共服务覆盖面进一步扩大。群众文化蓬勃开展。形成“群众演、演群众、演给群众看”“欢乐宁夏”群众会演的浓厚氛围，现场观众达20多万人次。“清凉宁夏”主题广场文化演出引导全区形成40个品牌活动，覆盖全区所有市县区，惠及群众100万人次。全区全年共组织品牌节庆活动62个，文化服务惠及579.8万人次。为老年人组织专场文艺活动416场、为未成年人组织专场文艺活动254场、为残障人士组织专场88场、为农民工组织专场243场，文艺活动参加人次达506.4万人次，为群众送上丰富的文化大餐。2015年，全区公共文化服务体系建设再上台阶。2015年全区文化文物基本建设计划总投资9.48亿元，建设项目29个，建筑面积12.883万平方米，本年完成投资10.33亿元，新增固定资产3.91亿元，竣工项目8个，竣工面积1.31万平方米。宁夏大剧院基本建成投入使用，宁夏美术馆完成选址，新建标准化乡镇文化站8个；石嘴山形成了资源整合、综合利用、共建共享、统一管理的创建特色，吴忠市被列为第三批示范区创建城市，固原市公共文化服务进移民新村、中卫市“民办公助”民族文艺团体惠民服务示范项目被列为第三批示范项目；农民文化大院依托民间乡土人才、打通公共文化服务；扶持150个农村示范文化室、文化大院，送戏下乡演出1790场，广场文艺演出1656场，图书馆、博物馆等公共文化场馆免费开放服务群众110万人次。

二、2015年文化产业各行业发展基本情况

（一）广电出版业

2015年，全区出版报纸19种，出版期刊37种，出版图书2560种。有线数字电视用户102.36万户。年末广播节目综合人口覆盖率为96.62%；电视节目综合人口覆盖率为99.24%。2015年，全区新闻出版广电局全年收入合计8809.3万元，全年支出合计8100.7万元。2015年，全区充分利用自治区新闻出版局和自治区广播电影电视局正式合并成立自治区新闻出版广电局的契机，重新改版新闻出版广电局门户网站，充分发挥门户网站作为政府信息公开的第一平台作用，全面落实政府信息公开工作，不断提升门户网站管理服务水平。同时，对一些涉及面广、时效有要求的政府信息，全区与自治区和其他地区媒体合作，如新华网、中国新闻出版广电报、宁夏日报、宁夏新闻网和部分地市党报等，及时公开政务信息，满足群众对政府信息的使用需求。2015年全区全面推进行政权力清单和责任清单公开，共依法清理行政权力事项288项，取消非行政审批事项2项，最终审定行政权力事项74项、责任事项522项、追责情形609条、担责方式435条，编印了《宁夏回族自治区新闻出版广电局规范行政权力责任运行工作手册》，全部公布执行。

2015年9月，中国—阿拉伯国家出版合作论坛在宁夏银川举行。在合作论坛上，中阿双方就出版合作、版权贸易、文化产品贸易等领域开展交流合作。论坛邀请了22个阿拉伯国家出版商协会会员单位参会，同时邀请马来西亚国家语言出版局、马来西亚科技大学出版社、马来西亚公立大学出版社等单位参会。论坛期间，中国·阿拉伯国家图书版权信息交流平台——“中阿版权网”正式上线，出版机构通过此平台可达成各类版权的输出与合作出版协议。

（二）电影业

2015年，宁夏回族自治区城市院线市场放映场次25.97万场，比上年增长28.12%；观众人数487万，比上年增长3.0%；票房收入1.731亿元，比上年增长32.85%；平均票价3.5元，比上年略有回落。全年票房收入占全国城市院线票房的0.39%，比上年下降了0.05个百分点。全国省、自治区、直辖市票房排名第29，与上年相同。2015年，宁夏回族自治区可统计票房影院44家，银幕180块，座位30 185个。其中，10厅以上的影院2家，7～9厅的影院8家，4～6厅的影院15家，3厅以下的影院19家。相比上年，影院增加4家，银幕增加28块。全年9家票房500万元以上的影院，比上年增加3家。其中，票房1000万元以上的影院4家，比上年增加1家。2015年，银川、中卫、石嘴山有票房500万元以上影院，其中银川7家。银川是该区的主要百分票房城市，年度票房收入1.485亿元，占宁夏回族自治区市场的8.79%。

（三）动漫业

2015年7月，由宁夏文化产业协会主办、新科动漫产业有限公司承办、在银川国际会展中心举

办的首届宁夏动漫节盛大开幕。动漫节以“动漫盛会，漫迷节日”为主题，特邀深圳华强数字动漫有限公司、北京梦之城文化有限公司等国内知名动漫企业参展，熊出没、阿狸、初音未来、十万个冷笑话等海内外具有影响力的卡通形象和宁夏本土的“小哈家族”一起亮相。动漫节的举办不仅为宁夏动漫产业发展带来了新机遇，而且为广大青少年及动漫爱好者提供了交流展示的舞台。2015 年，全区继续鼓励创作具有自主知识产权的动漫游戏作品，推动创意设计成果转化，培育并壮大了一批动漫游戏企业。其中，宁夏盛天彩数字科技股份有限公司、新科动漫有限公司被文化部命名为国家级文化产业示范基地，《马兰花动漫广场》《西夏权杖》《糖果棒棒》《魔刃 OL》等十多部具有自主知识产权的动漫游戏作品进入市场，《回唐小使者》《枸杞密码》等作品进入文化部重点动漫游戏项目库。

（四）演艺业

2015 年，宁夏回族自治区演艺精品创作不断。推出了新创排话剧《丝路天歌》、京剧《庄妃》、眉户剧《河湾村的女人》《神秘的西夏》、微电影《金色的鱼钩》等文艺作品 5 部，打磨提升秦腔《狗爷儿涅槃》、舞蹈诗《九州花儿美》、儿童剧《绿野仙踪》等优秀剧目 3 部。院团演出日益活跃。2015 年，全区艺术表演团体共演出 0.6 万场次，观众 492.6 万人次。其中，农村观众 263.4 万人次，政府采购的公益演出 0.17 万场次，观众 184.3 万人次。文艺人才不断涌现。宁夏演艺集团京剧院刘京获第 27 届中国戏剧梅花奖，秦腔剧院李小雄获第四届全国中青年德艺双馨文艺工作者。

（五）文化旅游业

2015 年，全区共接待游客 1840 万人次，实现旅游总收入 161 亿元，同期相比分别增长 9.82% 和 13.03%。全域旅游开启新纪元，全区加快建设宁夏旅游“一核三廊六板块”，一核：将银川建设成为宁夏全域旅游核心区；三廊：贺兰山东麓旅游廊道、黄河金岸旅游廊道、清水河流域旅游廊道；六板块：葡萄文化旅游板块、大沙湖度假休闲板块、塞上回乡文化体验板块、大六盘红色生态度假板块、腾格里沙漠休闲运动板块、东部环线边塞旅游板块。新的旅游版图业已形成，黄河文化旅游带、塞上回族文化旅游板块、红色文化旅游板块和西夏文化旅游板块“一带三板块”协同发展，中南部旅游异军突起。冬季旅游实现破冰。乡村旅游快速发展，直接从业人员 1 万人，带动就业 7 万人，接待游客 371 万人次，旅游收入 2.69 亿元，成为脱贫致富的主渠道。“宁夏人游宁夏”等活动梯次开展，各景区在重大节日让利于民近 3000 万元，100 万群众受益。

2015 年，水洞沟景区荣膺国家 5A 级景区称号，成为全区第 4 家国家 5A 级景区。黄河军事文化博览园、张裕摩塞尔十五世酒庄等晋升为 4A 级景区。截至目前，全区共有 A 级景区 56 家，其中 2A 级景区 15 家，3A 级景区 21 家，4A 级景区 16 家，5A 级景区 4 家。2015 年全区财政性旅游投资 12.17 亿元，带动社会投资 93.76 亿元，增长 23.29%，接近“十二五”时期总投资的 30.94%，为历年之最。全年安排 1.8 亿元投入旅游基础设施，储备旅游项目 150 个，新建旅游项目 40 个、续建 59 个，智慧旅游建设全国领先，“厕所革命”取得阶段性成果。

新疆维吾尔自治区

一、2015年文化产业发展总体情况

（一）完善顶层设计，加大文化产业支持力度

2015年，新疆维吾尔自治区共有各类经营性文化产业机构5500个，从业人335 995人，文化产业增加值为112.68亿元，占GDP比重为1.21%。政府不断加强财政资金对重大项目的引导扶持，不断拓展文化产业发展空间。积极培育壮大骨干文化企业，到2015年年底，新疆已建设区级、地级文化产业园区近20个，国家级文化产业示范基地6家，自治区级文化产业示范基地92家，通过国家动漫企业认定的企业12家。园区基地集聚效应凸显，建成各类文化产业园区13家。全疆小微文化企业近2万家。建成了涵盖以演艺、旅游、艺术品、动漫、网络等为代表的整套文化产业发展体系。

（二）加大公共文化设施建设，丰富群众文化活动

2015年，“四馆一站”免费开放深入实施，边疆万里数字文化长廊建设项目进展顺利。28个地市级“三馆”项目规划投资建设，完成对面积不达标县级公共图书馆、文化馆的改造升级。建成文化信息资源共享各级分（支）中心和基层服务站点9622个，南疆三地州行政村（社区）文化室4151个。完成区地县级图书馆公共电子阅览室项目建设和区地级数字图书馆建设。完成全区1820个基层文化站点公共电子阅览室专项设备购置。流动舞台车实现全疆所有县市全覆盖，流动图书车实现南疆所有县市全覆盖。新疆艺术中心、自治区图书馆改扩建、新疆文化译制中心等重大文化工程建设稳步推进。全年建成5个县级全民健身活动中心，14个乡镇农民体育健身工程，3959个行政村农牧民体育健身工程。

全面推进“自治区百日广场文化活动竞赛”“自治区乡村百日文体活动竞赛”“群星耀天山”“文化下乡”“高雅艺术进校园”等在内的群众文化品牌活动，深入开展“乡村大舞台”“书香新疆全民阅读”“周末大舞台”等活动深入开展，麦西热甫、阿肯阿依特斯、诺鲁孜节、那达慕大会等民间传统节庆系列文化活动深受各族群众欢迎。各地围绕传统节日、民俗节庆、重大纪念日、文化主题日等重要节点开展群众性文化活动已成为常态。截至2015年年底，全疆有公共图书馆107个、文化馆118个、博物馆（纪念馆）86个、美术馆48个，乡镇（街道）综合文化站1168个，村级（社区）综合性文化服务中心7795个，国家综合档案馆110个，开放档案63.49万卷。

（三）文化援疆取得可喜成绩，文化人才队伍不断壮大

2015 年，举行第四次文化部文化产业对口援疆工作座谈会暨全国文化产业工作会议，是首次以文化产业作为对口援疆的专题会议，以促进新疆与内地文化交流为重点，以充分挖掘新疆文化资源的独特优势发展文化产业为亮点，推动文化产业与农业、科技、旅游、体育等产业融合发展，成为新疆文化产业发展极大的政策红利。根据相关统计，“十二五”时期共实施文化援疆项目近 200 个，累计投入资金 11.4 亿元，为新疆文化发展注入强大动力。

在人才培养方面，2015 年自治区文联结合新形势，根据新要求，开展“千人大培训”，提高文艺工作者素质和政治坚定性，不断创新思路、方式和内容。首先是加强自治区文联文艺创作基地挂牌工作，为文艺创作写生提供便利条件，已在 21 个地、县、乡挂牌 21 家。其次是积极拓宽培训渠道和途径，选派新疆文学艺术工作者前往中国文联、中国作协、各全国文艺家协会和湖南、上海等地参加培训，截至 2015 年年底，已选派自治区 500 余名文艺工作者参加培训。2015 年，在自治区文联和兵团文联的努力协调下，中国文联文艺研修院来疆举办了为期一周的新疆地区文联系统干部培训班，培训各级文联负责人 130 余名。

（四）对外文化交流日趋活跃，文化传播力日益扩大

随着“一带一路”倡议的推进，新疆逐步形成了多层次、宽领域、多渠道的对外文化交流格局。先后赴 60 多个国家和地区开展学术交流、文物展览、交流演出活动，打造了中国新疆国际民族舞蹈节、中国亚欧博览会—中外文化展示周、中国新疆国际艺术双年展、中国海外文化中心—新疆文化周等对外文化交流品牌活动，新疆对外文化传播力和影响力日益扩大。

（五）文物保护成绩显著，传承体系机制不断完善

截至 2015 年年底，新疆共有 6 个遗产地成为首批世界文化遗产，北庭故城遗址列入国家考古遗址公园名单。考古发掘取得重要进展，重点文物保护维修工程进展顺利，文物保护能力和服务水平不断提升。文物科技工作取得新进步，文化遗产得到有效保护，文物在推进“去极端化”、改善民生、推动发展、促进民族团结等方面发挥了独特作用。持续实施中华文脉——新疆非物质文化遗产保护记录工程，扎实推进非物质文化遗产名录体系和代表性传承人队伍建设，不断加大非物质文化遗产保护专项资金投入力度，深入开展非物质文化遗产生产性保护，积极开展非物质文化遗产宣传展示工作。“十二五”时期，列入联合国教科文组织人类非物质文化遗产代表作名录 2 项、急需保护的非物质文化遗产名录 1 项，共有国家级代表性项目 83 项，自治区级代表性项目 293 项；国家级代表性传承人 64 人，自治区级代表性传承人 473 名。命名 91 个非物质文化遗产保护传承基地，公布 4 个自治区级文化生态保护实验区。

二、2015 年文化产业各行业发展基本情况

（一）新闻出版业

2015 年，新疆共有 12 家出版社用维吾尔、汉、哈萨克、蒙古、柯尔克孜、锡伯 6 种语言文字出版图书、音像制品和电子出版物。其中图书出版社 10 家，音像和电子出版社 2 家。现有公开报纸 111 种，其中少数民族文字报纸 51 种。公开期刊 199 种，其中少数民族文字期刊 116 种，外文 3 种。各类印刷经营单位 3821 家。县以上新华书店 96 家，新华书店发行网店 167 个，辐射全区，以民营为

主的新疆出版物交易中心 1 个。书刊批发单位 149 家。全区零售书店 1876 家，从业人员近 4 万人。两期新闻出版东风工程 16 个项目如期完成，截至 2015 年年底，“东风工程”二期共向基层赠阅 6 种语言文字 698 种 541 万册图书、152 种 140 万盒音像制品、510 万张年历招贴画以及 12 万册宗教教职人员读物。

2015 年 10 月，国家新疆民文出版基地揭牌仪式在乌鲁木齐举行。全年，新疆维吾尔自治区新华书店民文出版物销售 12.18 亿元。其中，民文一般图书销售 3.9 亿元，市场性民文图书销售 1.71 亿元。新疆维吾尔自治区新华书店采取的将民文一般图书销售纳入经营业绩考核、流动售书车售书、延长陈列时间（除时效性强的出版物如教辅、学习文件外，绝大多数民文图书品种保证不少于 2 年的陈列周期）及通过报纸、广播、电视公众媒体宣传民文图书等措施，对培育新疆当地民文图书市场效果明显。

（二）广播电视业

2015 年，新疆 161 家广播电视节目制作经营持证（含电视剧甲种证）机构中，152 家通过了业绩审核，进一步规范和促进了新疆广播影视制作业的健康繁荣发展。截止 2015 年年底，全区广播综合人口覆盖率 96.60%。电视综合人口覆盖率 97.04%。有线电视用户 217.86 万户，其中，有线数字电视用户 206.03 万户。全年广播电台制作节目 172 套，制作广播节目时长 310 239 小时；广播电视台 90 座，其中县级广播电视台 82 座，制作节目 220 套，制作电视节目 93 441 小时。

2015 年度新疆广播电视节目评奖工作中，电视社教节目共有 190 件作品参评，其中 94 件作品分别获得一、二、三等奖和特别奖、优秀栏目奖。电视短纪录片有 26 件作品参评，专题片 55 件作品参评。获奖作品包括《穿越时空的信仰》《茹仙古丽的魔术人生》等。获奖或参评的各类电视社教节目都有各自的特点：题材重大或重要或有特色、时代气息浓郁，或故事生动感人、人物形象突出，或题材独特、主题深刻并在努力讲故事等。这些作品反映了深化改革进程中拼搏奋发的时代精神、时代风貌，记录了为实现梦想大胆创新的勇敢实践，讴歌了为推动社会发展、经济强盛而呕心沥血、无私奉献的光荣斗士、英雄模范，展现了“访惠聚”这一波澜壮阔、意义深远的宏大实践与社会效益，揭示了反腐实践与人物命运起伏所传递的深刻思考，传播了社会稳定、民族团结、生活和谐的社情民情、人文内涵，讲述了传递正能量的寻常百姓故事。

（三）影视业

长期以来，新疆影视产业积极调整、变革与市场接轨，企业主动出击，政府引导搭台。为更好赢得影视市场，天山电影制片厂改变过去一直以主旋律题材为主的模式，大胆尝试多片种、多类型的电影。2015 年推出大型诗画形象宣传纪录片《这里是新疆》，该纪录片在中央电视台和新疆卫视播出。在政策扶持和市场机制的双重推动下，新疆影视产业创作主体、题材风格、合作模式呈现多元化的局面，尤其是新疆民营影视文化企业迅速成长，已成为产业主力军。2015 年，国家新闻出版广电总局电影局公示新疆电影备案公示 20 部，其中 15 部由民营公司提交。新疆民营影视公司大胆进入电影、电视剧、纪录片等领域，制作了不少国内外获奖作品；一些企业还获得国家电视剧、纪录片扶持项目，从“小作坊”转型为“大制作”。2015 年，电视剧《阿娜尔罕》和《丝绸之路传奇》热播，引起国内影视界对新疆影视业的关注。这两部剧由成立于 2006 年的新疆大森文化传播有限公司拍摄完成。为解决资金短缺难题，该公司尝试和探索了多种合作机制，比如《新疆古丽》和《阿娜尔罕》是以政府投资为主；纪录片《大河沿》是自主投资；电影《望山》是与其他影视机构合作投拍。2015 年，少数民族团队制作的网络剧《新疆土话大百科》《石榴熟了》火了。虽然它们都是小制作，但开启了新疆影视产业“互联网 +”的新模式。

2015 年，新疆电视剧拍摄制作备案 5 部 190 剧集，国有企业和民营公司占比相当。2015 年年底获得《广播电视节目制作经营许可证》合格机构的 97 家单位中，民营企业占比达 85% 以上。2015 年，新疆影院突破 130 家，电影票房 2.7 亿元，其中乌鲁木齐市 32 家电影院贡献票房 1.98 亿元。

（四）演艺业

近年来，新疆文化厅组织创作了一批艺术特色浓、市场潜力大的舞台艺术精品。新疆的演出市场呈现出良好的发展态势。尤其是私营企业非常活跃，纷纷投资建造剧场、组建演出团队，创作舞台艺术产品，把演出与旅游相结合，积极拓展演出市场。截至 2015 年年底，新疆演出市场已初步形成了演出团体、演出公司与演出场所三类演出经济实体分工配合协作的格局，呈现出国有、集体、个体多种经济成分共同繁荣发展的局面。

由自治区党委网信办、外宣办策划，新疆君邦投资有限公司、新疆丝路秀文化产业公司进行整体投资和运营，北京环球艺动影业公司承制的新疆风情大型演艺《丝路秀》被文化部产业司确定为中国丝绸之路重点文化产业项目，自治区党委、文化厅也将该剧列为中国丝绸之路国际舞蹈节重点演出剧目。第四届中国新疆国际民族舞蹈节响应“一带一路”倡议，有 25 个中外艺术团队为新疆各族观众带来 78 场演出。交易会依托舞蹈节的有利契机，邀请国内知名演艺团体、演出经纪机构，通过成果展示、剧目展演、项目推介等形式，搭建文化演艺交流平台，加强与知名演艺机构之间的交流合作，推动新疆优秀的舞台作品走向市场，培育和拓展国内外演艺市场，促进演艺业优化升级。

（五）会展业

2015 年，自治区旅游局重点参加了德国柏林展、俄罗斯莫斯科展、英国旅游展、澳门旅游展、俄罗斯旅游展、日本 JATA 国际旅游展等国外宣传促销活动。通过促销，进一步加大了新疆旅游产品在海外市场的促销力度，有效提升了海外游客对新疆旅游的认知和了解。成功举办了 2015 年冬博会、铁路旅游联盟进疆专列奖励、第六届新疆国际特种旅游节等大型宣传活动。

中国西部冰雪旅游节暨第十届中国新疆冬季旅游交易博览会参展规模和邀请国家、地区等均超过历年。共吸引来自世界 15 个国家、地区和组织，以及中国 31 个省、自治区、直辖市及港澳台地区的旅游管理机构、旅游协会、旅行社、旅游景区（点）、航空公司、旅游房车公司、宾馆酒店及农家乐、滑雪场、户外装备器材公司、旅游特色产品企业、旅游相关产业、新闻媒体及其他相关旅游企事业单位参加。展会现场参观人数达 32 万人次，现场签约、成交额总计约 45 亿元。与此同时，参加云南中国国际旅游交易会、北京国际旅游交易会、广东国际旅游交易会、重庆西博会、厦洽会、义乌商品博览会、天津旅博会、山西北方旅游交易会、19 个援疆省市一线及二线城市宣传促销活动，取得了良好的宣传促销效果，全面提升了新疆旅游整体形象。面向港澳台市场参加了由国家旅游局组织的海峡两岸旅游联谊会、香港旅游展、台北旅展、澳门旅展，通过上述活动的开展及以“新疆是个好地方”为主题的宣传推介，极大地提升了新疆旅游的知名度和影响力。

（六）文化旅游业

2015 年是国家旅游局确定的“丝绸之路旅游年”，也是新疆旅游业快速恢复的一年。新疆积极打造“丝绸之路经济带”上重要的旅游集散中心、旅游特区、产业园区。2015 年 2 月，被列入国家丝绸之路旅游规划的新疆旅游大厦在乌鲁木齐开工。4 月，国家在新疆“丝绸之路经济带”建设的首开项目——丝绸之路经济带旅游集散中心在乌鲁木齐市破土动工。旅游专项资金项目落实到位，全年安排国家和自治区旅游专项资金 1.03 亿元，加快推进“一心一地”重大工程、旅游基础设施、精品旅游景区建设等 56 个重点项目。完成旅游招商引资项目库、旅游产业发展重点项目库建设工作，入库项目分别达 100 个和 200 个，总投资额分别为 200 亿元、600 亿元。

2015 年，新疆旅游产业实现了全面恢复性增长，累计接待国内外游客 6097 万人次，同比增长 23.1%，实现旅游总消费 1022 亿元，自治区旅游产业跨入千亿产业行列，同时，成功创建喀什噶尔老城景区为国家级 5A 级景区，帕米尔景区为中国国际高原风情特色旅游目的地；批准 7 家 4A 级旅游景区、19 家 3A 级旅游景区。目前，自治区共有 A 级景区 283 家，3A 级 90 家，4A 级 60 家，5A 级 9 家。旅游厕所建设步伐逐渐加快，筹集 2000 万元资金补助旅游厕所建设，全年计划建设厕所 284 座，已完工 184 座，在建 74 座，项目整体开工率达 91%。

2015 年 11 月 30 日，新疆首家旅游公司挂牌上市。全国中小企业股份转让系统公告显示，喀纳斯公司的挂牌申请获得批准。喀纳斯公司（新疆喀纳斯旅游发展股份有限公司）成立于 1999 年 3 月 26 日，主营业务为景区旅游客运、酒店运营、旅游服务、娱乐项目等。喀纳斯公司业务主要依托于阿勒泰地区喀纳斯风景区，为游客提供景区交通运输、酒店、旅行社、漂流等服务。

香港特别行政区

2015年，香港特别行政区文化及创意产业的增加价值为1089亿元，较2014年下降0.7%，对香港本地生产总值的贡献为4.7%。香港文化及创意产业的就业人数为213 880人，较2014年增加0.4%，对香港就业总人数的贡献为5.7%。

一、2015年文化及创意产业发展总体情况

（一）政府提供支持，多角度助力产业发展

2015年，香港特区政府施政报告中，发言人表示政府会继续支持西九文化区管理局推展西九文化区计划，包括尽早落实部分设施供公众享用。2015年，特区政府继续为艺团和艺术家开拓空间。除了资助香港艺术发展局在黄竹坑为艺术家提供艺术工作室，特区政府也正在研究发展其他艺术空间的可行性，包括改建大埔官立中学的空置校舍为艺术发展中心，以及在香港仔一幅用地预留部分楼面面积供艺术发展局作推动艺术文化之用。2015年，为加强保护非物质文化遗产，特区政府公布首份香港非物质文化遗产清单，并将深化确认、立档、研究、保存、推广和传承等工作，并打算编制“香港非物质文化遗产代表作名录”，优先保护具有高文化价值和急需保存的非物质文化遗产。啓德体育园区是香港历史上最大规模的体育工程，特区政府在2015年展开前期工作。康乐及文化事务署已为40多个体育总会及相关香港代表队提供训练场地，但仍未能满足各体育项目的发展要求。因此，体育委员会决定成立小组，研究体育设施的需求情况。与此同时，特区政府加紧推动2014年设立的“活化已修复堆填区资助计划”，供非营利机构或体育总会提出申请，资助他们在已修复的堆填区发展康乐设施或其他合适的创新用途。此外，特区政府向“创新及科技基金”注资50亿港元，并将投资研发现金回赠计划纳入基金之内。继续推行总值10亿港元的“专项基金”，协助香港企业建立品牌、升级转型和拓展内销，发展内地市场。

（二）行业协会发挥作用，产业活力不断激发

2015年，在中国文化产业协会积极推动下，香港文化产业联合总会由香港地区传媒、影视、娱乐、金融等文化行业人士共同发起成立，旨在以文化凝聚共识、以产业带动发展、以贸易促进交流，特别是加强香港地区与内地文化联系和交流合作，共同提升中华文化影响力。

此外，香港的行业协会众多，香港影业协会、香港电视专业人员协会、香港演艺人协会等在各自的行业中发挥着举足轻重的作用，对促进行业内部沟通、加强行业自律、创新行业发展、参与社会公

益等具有重要意义。

（三）行业界别略有不同，规模格局基本形成

香港文化及创意产业的涵盖范围和分类是根据联合国所倡议的国际统计指引所制定，并因应香港的经济情况作出适当调整。具体而言，香港的文化及创意产业包括以下 11 个组成界别：艺术品、古董及工艺品；文化教育及图书馆、档案保存和博物馆服务；表演艺术；电影及录像和音乐；电视及电台；出版；软件、电脑游戏及互动媒体；设计；建筑；广告；娱乐服务。每个组成界别都有一定的涵盖范围。例如，"电影及录像和音乐"界别涵盖：电影制作；影片编辑、处理、特别效果和动画制作；影片转录和分销；戏院营运；录像影碟的生产和转录；录像的批发零售；录像影碟租赁等。其中，作为文化及创意产业的最大组成部分（按增加价值及就业人数计算），软件、电脑游戏及互动媒体界别在香港地区的知识型经济中担当着重要的角色。出版是文化及创意产业的第二大界别（按增加价值及就业人数计算），但该界别在近年的业务表现相对温和，部分原因是报纸及杂志业务的竞争激烈，以及免费报纸和资讯网站带来的挑战。而表演艺术界别是文化及创意产业中最小的组成部分，增加价值仅占文化及创意产业的 1% 左右。

二、2015 年文化及创意产业各行业发展基本情况

（一）报刊业

2015 年年底，香港地区人口超过 730 万人，拥有超过 50 家报纸。目前，香港仍然是全球报纸密度最大的地区之一。在全世界范围内传统媒体都受到互联网挤压的情况下，香港的报纸发行数量连续几年不降反升，发行数量甚至超过了十年前。报纸经营者并没有把报纸当成是完全的赢利工具，他们希望通过报纸参与到议程设置当中，掌握话语权，利用纸媒的品牌影响力和权威性来产生舆论影响力。

但香港纸媒的经营仍处困境。2014 年报纸广告收益下跌，而两地数码业务（手机与网络）收益却上升 160.9%。

2015 年 7 月 12 日，有 56 年历史的《新报》停刊。免费报纸的出现加上互联网冲击下读者阅读习惯的改变，使《新报》和大多数传统报刊一样，销量大幅减少，历经多番改革仍然无法改变长期亏损的局面。同样在 7 月宣布停刊的还有已创刊 20 年的香港壹传媒集团旗下娱乐杂志《忽然 1 周》，其印刷版、网络和相关手机程序"Sudden+"一同停止运作。1931 年创刊的《成报》曾经风光无限，读者满意度和公信力都名列前茅，是香港最畅销的综合性日报之一，2015 年 7 月因为母公司成报传媒集团被法庭下令清盘而导致报纸短暂停刊。

不过也有一些资深媒体人想继续在纸媒上有所作为，他们也不排除发展收费报纸。2015 年，《国际纽约时报》《金融时报》《亚洲华尔街日报》《日本经济新闻》和《今日美国》国际版等多家国际报刊都在香港刊印，法新社、彭博通讯社、杜琼斯和汤森路透在香港也开展业务，而在香港设有录像室的国际广播机构则有亚洲新闻台、CNBC（消费者新闻与商业频道）、有线电视新闻网络和凤凰卫视。2015 年 8 月，前电视记者吴晓东宣布成立全新的调查报道通讯社 FactWire。该社主打调查报道，希望通过网络平台众筹 300 万元作为一年的开支。

（二）广播电视业

2015 年，可供香港接收的电台广播服务机构有 3 家（香港商业广播有限公司、新城广播有限公

司、香港数码广播有限公司），较上年减少 1 家，共 16 个频道（较上年减少 1 个）。

2015 年，电影及录像和音乐界别的增加价值为 35 亿元，占文化及创意产业总增加价值的 3.2%。该界别的就业人数为 15 050 人，占文化及创意产业总就业人数的 7.0%。2015 年，电视及电台界别的增加价值为 72 亿元，占文化及创意产业总增加价值的 6.6%。该界别的就业人数为 6960 人，占文化及创意产业总就业人数的 3.3%。

香港电视频道之多堪称世界之最，但其免费电视一直被无线电视与亚视垄断，缺乏市场竞争。因亚视屡陷财政困难、节目质量低等原因，无线电视一家独大。

持续多年的香港本地免费电视节目服务持牌机构的垄断格局在 2015 年被打破，亚洲电视免费电视续牌申请被否决，这是香港广播电视史上首次有免费电视被行会否决续牌，亚洲电视在 2016 年 4 月 3 日终止广播。亚洲电视在 2014 年爆发欠薪事件，香港劳工处先后向其发出 76 张传票，到 2015 年年初也未得到改善，其新闻部多名员工被自动遣散，部分新闻节目被取消或缩短。亚洲电视不但拖欠员工薪金，还在年初拖欠政府约 1000 万元牌照费。而后为了发放员工薪金，不得不通过变卖地产、版权及亚洲小姐冠名赞助权等方式来筹钱。

香港电视在商业上的盈利也遭遇挫折，2015 年 3 月，香港电视公布了截至 2014 年 12 月底共 16 个月的成绩，共亏损 2.37 亿港元。广播方面，凤凰卫视旗下的数码电台凤凰优悦因经营困难在 2015 年 7 月下旬向政府申请退还牌照，9 月起停播。

此外，香港地区政府非常关注香港电影业的发展，在重点文化及娱乐发展区域，考虑预留空间发展电影院，并研究如何在土地出售及规划上配合电影院的发展。特区政府会继续透过四项策略促进电影业的发展：鼓励增加港产片制作量；培育制作人才；鼓励学生和青年观赏电影，拓展观众群；以及在内地、台湾及海外市场宣传和推广“香港电影”品牌，支持香港影片参与国际影展，推动香港发展成为亚洲的电影融资平台。同时注资“电影发展基金”，以配合上述策略。

（三）演艺业

演艺业是香港文化及创意产业中最小的组成部分。在 2015 年，该界别的增加价值为 12 亿元，占文化及创意产业总增加价值的 1.1%。该界别的就业人数为 5110 人，占文化及创意产业总就业人数的 2.4%。

2015 年，市民可从超过 410 个场地，包括主要的 49 个演艺场馆、21 个商业戏院以及其他艺术或放映空间，接触共 8133 个表演艺术节目电影节及独立或专题放映节目，比上年同比增加约 7%。在 6520 个表演艺术中，参与人次接近 375 万，约 71.8% 为收费项目，票房合计 5 亿元。

在 8133 个表演艺术节目中，有 5198 个表演艺术节目共接触 347 万人次观众，七成为收费场次的人次，共 245 万，较上年度增加 3.8%；有 1687 个本地艺文团体演出 3000 多个节目；访港演出由本地及访港团体混合演出的节目合共比例略有回升；本年度演出三场或以下的舞蹈节目较上年度增加超过两成，演出四场或以上的场次则减少超过四成，大型的舞蹈演出也有所减少，收费场次及观众人次回落；音乐演出场次的升幅来自收费节目，但观众人次的升幅主要来自免费场次。

收费的戏剧场次及观众人次均有增长，免费场次及观众人次同时下降，票房纪录按比例上升；收费的戏曲场次回落，其观众人次减少，而免费的场次及观众人次增加；较多大型的跨媒体节目演出，其收费场次的观众人次及票房的升幅显著。

高票价的舞蹈、音乐及戏曲场次较上年度减少，表演艺术节目的整体票房纪录上升至 4.83 亿元；2015 年度共计有 1313 个视艺展览，数量较上年度减少 6.5%，但平均每个展期较上年度长；电影艺术节目共 1622 个，有 279 000 观众人次；较多大型的跨媒体节目演出，其收费场次的观众人次及票房的升幅显著。

综观过去五个年度的纪录，表演艺术的免费场次持续增长，2015 年度的入场观众人次突破 102 万，主要来自曲艺演唱 20.8 万人次、比赛 16 万人次、流行表演 15.4 万人次、粤剧 14.4 万人次、综艺 10 万人次、西乐演奏 8.8 万人次。值得留意的是，粤剧和比赛节目的免费观众人次均较上年度增加约 18%，流行表演也上升了约 15%，十分活跃。

2015 年，49 个场地上演了 5198 个由本地艺文组织演出的节目，与表演节目总数量的走势相似，整体持续上升。访港演出，及由本地及访港团体混合演出的节目合共比例亦略有回升。2015 年度共计有 1687 个本地艺文组织演出 3300 个表演节目。

（四）旅游业

2015 年，受全球和内地经济复苏放缓、周边市场竞争加剧及香港自身旅游消费环境不断恶化等因素影响，香港入境旅游增长明显放缓，旅游业进入调整期。2015 年，香港整体访港旅客人次 5931 万人，同比下跌 2.5%，是 2003 年 SARS 以来首次下跌。其中，过夜旅客人次 2669 万人，同比下降 3.9%，不过夜旅客人次 3262 万人，同比下降 1.4%。与入境旅游相关的总消费为 3322.9 亿港元，同比下降 7.5%，过夜旅客人均消费 7234 港元，同比下降 9.1%，过夜旅客平均留港时间 3.3 晚，过夜游客整体满意度 8.2 分，与 2014 年数据相比大致相同。中国香港 2015 年在全球的旅游竞争力排名第 13 位，在亚太地区排名第 4，落后于亚太地区的澳大利亚、日本和新加坡。香港的旅游竞争力全球排名比 2013 年的第 15 上升了两名，比 2011 年、2009 年第 12 的排名落后 1 名。香港在地面和港口设施上全球排名第一，在商业环境和通信网络上全球排名第二。香港的弱项则体现在国际开放程度（全球排名 47）、旅游服务设施（全球排名 78）、环境可持续性（全球排名 79），以及弱势明显的价格竞争力（全球排名 127）。

2014 年 9 月以后，赴港旅游人次数下跌。2015 年春节期间，访港旅游人次数小幅度下降，3 月，内地游客访港人次数同比下降 10%，清明节期间，内地游客访港旅游平均每天 11.98 万人，同比下降 8%。6 月，内地游客访港人次数同比下降 1.8%。2015 年 7 月，内地游客访港人次数同比下降 9.8%，其中过夜游客人次数下降 14.7%。

过夜游客人均消费额减少，零售业销售总额下降。2014 年访港旅客人次数虽有增加，但旅客消费力不足，过夜旅客的人均消费跌近 2.6%，只有约 8700 港元，是自 2005 年以来的首次下跌。2014 年香港零售业总销售额 4933 亿元，同比下跌 0.2%，是实施“自由行”11 年来的首次负增长。2015 年 1 月，香港零售额下跌 14.6%，成为继 2003 年 SARS 以来最差的一个月。2015 年第一季度香港零售业整体销售额同比下跌 2.9%，前四个月合计跌 2.3%。酒店入住率下降，部分星级酒店价格下跌。2014 年 9 月，酒店入住率成为全年最低的一个月，2015 年每月酒店入住率低于 2014 年同期入住率。2015 年上半年酒店平均入住率为 85%，较 2014 年上半年降低 4%。自 2015 年 3 月以来，酒店价格呈逐渐下滑的趋势。五一假期间，酒店价格同比下降约 20%，2015 年 7 月酒店平均价格 1164 港元，较 2014 年 7 月（1358 港币）同比下降 16.7%。旅游目的地吸引力减弱，竞争能力不足。同程旅游发布的《2015 年“五一”出游意愿调查报告》显示，日本、韩国成为内地居民出境游最热门目的地，6 月日本位居中国公民出境旅游榜首，而香港首次跌出前五。2015 年 5 月世界经济论坛公布的《旅游业竞争力报告 2015》表明香港在旅游价格竞争力方面成为亚太地区倒数第一，而日本为亚太地区最具综合竞争力的国家。由此可见，香港旅游目的地吸引力减弱，不再是内地居民出境旅游购物的首选之地。

（五）展览与视觉设计艺术

2015年，香港经济放缓，而调查显示展览业表现稳健。对参展商或访客来说，香港仍然是深受欢迎的目的地，继续巩固其“亚洲展览之都”的龙头地位。2015年，共有67 019家参展商在香港参展，增长1.3%。展览访客人数也有12.9%的增长，人数突破200万，国际参展商数目有6.02%的增长，内地参展商数目有8.40%的增幅，年内访客人数突破200万，增幅达12.92%。会展业已成为提振香港经济的重要产业。香港有15万平方米会展场地，50多个展览馆，2015年共举办了100多项展览，平均每3天一次，基础雄厚。而举办一次国际性会展可以产生多元的经济效益，获取大量的优质资源，如汇聚巨大的信息流、技术流、商品流和人才流。同时能够很好地宣传城市，加强教育文化，提升软实力。

2015年，共计有1313个视艺展览，较上年度下跌6.5%，使用超过250个场地举行，于商场或办公大楼进行的视艺展览有下跌趋势。归纳为艺文场所的场地包括：由旧建筑改变用途的艺术文化或创意产业建筑群（如赛马会创意艺术中心、牛棚艺术村等）、公共博物馆 / 展览场地（如香港视觉艺术中心、香港文化中心展览馆、艺文组织工作与创作室），以及由艺文组织或非牟利机构管理的展示空间（如一新美术馆）。

2015年，设计界别的增加价值为41亿元，占文化及创意产业总增加价值的3.8%。该界别的就业人数为16 220人，占文化及创意产业总就业人数的7.6%。

近年，香港没有新落成的展览馆，由旧建筑改建而成的艺术文化或创意产业建筑群却陆续出现，包括亚洲协会香港中心（2012年2月启用）、油街实现（2013年5月启用）、动漫基地（2013年在7月启用）、饶宗颐文化馆及元创方（2014年6月启用）等。2015年度，这类建筑群进行的展览活动共195个，约占艺文场所的展览活动三成以上。仅次于艺文场所，画廊是另一主要展览场地类型。画廊一直聚落于中上环一带，但近年已有部分画廊进驻工厂大厦建立了另类的空间。艺文场所及画廊两组资料中属于工厂大厦的另类空间，于2015年度进行了141个展览活动。

2015年12月，内地与香港签署《服务贸易协议》，把2014年《广东协议》的服务贸易自由化地域范围扩展至内地全境。有别于补充协议以正面清单列出开放措施的做法，这两项最新的CEPA协议采用正面和负面清单的混合模式，为香港业者提供优惠准入。

2015年，香港钟表展于9月8日至12日在香港会议展览中心举行，汇聚超过780家来自23个国家及地区的参展商。作为全球最大型钟表展览，香港钟表展吸引了来自22个国家和地区、约780家参展商聚首一堂，展示顶尖手表品牌之崭新设计及流行钟表产品。展会备受钟表业界关注和支持，成为该行业不容错过的年度盛事。享誉国际超过30年的香港钟表展是全球最大型的钟表展览，全面覆盖钟表业的所有范畴，包括钟表、零配件、机械设备及包装用品。

2015年10月27日，香港2015年油画大展在香港中央图书馆开幕，近200幅精彩作品纷纷亮相。该展览由香港油画研究会主办。自从2012年香港首届油画大赛举办以来，2015年已是第三届。此次展览报名参加者共有220多位，作品达上千件，经过精心挑选，入选作品共有80多幅，来自80余位画家。展览将持续至11月9日。为促进与内地油画界的交流和合作，此次展览主办方还特意邀请到来自中国美术学院、广州美术学院等院校的7位有丰富创作经验的油画艺术家，带来了14幅精选作品。

（六）非遗保护

香港已有粤剧、凉茶等10个具有高文化价值的非物质文化遗产项目，成功列入国家级非遗代表性项目名录。包括粤剧、凉茶、长洲太平清醮、大澳端午龙舟游涌、香港潮人盂兰盛会、大坑舞火龙、古琴艺术、全真道堂科仪音乐、西贡坑口客家舞麒麟等。其中，粤剧已于2009年成为世界级非物质文化遗产。香港对于10个国家级非遗项目，特区政府都予以重点保护和推广。香港历史博物馆和香港文化博物馆收藏了不少与这10项非遗相关的文物。特区政府民政事务局还设立了粤剧发展基金，提供专项资助支持粤剧的保存、研究、推广和发展。2015年5月，康乐及文化事务署将非物质文化遗产组升格为非物质文化遗产办事处，深化在确认、立档、研究、保存、推广和传承非物质文化遗产等方面的工作。

（七）艺术品

香港一向以珠宝首饰的精细工艺、极具时代感和新颖设计驰名于世。2015年，艺术品、古董及工艺品界别的增加价值为102亿元，占文化及创意产业总增加价值的9.3%。该界别的就业人数为18 810人，占文化及创意产业总就业人数的8.8%。

艺术品、古董及工艺品界别在文化及创意产业的总增加价值中所占的比重由2005年的8.1%上升至2015年的9.3%。艺术品、古董及工艺品界别包括制造及销售活动，其中艺术品、古董及工艺品的销售占此界别的增加价值超过90%。该组成部分受惠于珠宝业需求畅旺，尤其是旅客对珠宝首饰的需求殷切。

（八）广告业

2015年，广告界别的增加价值为92亿元，占文化及创意产业总增加价值的8.4%。该界别的就业人数为18 740人，占文化及创意产业总就业人数的8.8%。香港广告客户协会及尼尔森在2014年年底至2015年年初进行的“2015广告预算调查”显示，香港2015年的整体广告预算将维持上升，有36%的广告客户表示会增加广告支出，较2014年的调查减少6个百分点，反映出业界对广告投入变得谨慎。

（九）娱乐服务

娱乐服务界别包括游乐园、主题乐园及游戏机中心，为文化及创意产业当中一个较小的组成部分。2015年，香港娱乐服务界别的增加价值为28亿元，占文化及创意产业总增加价值的2.6%。该界别的就业人数为8810人，占文化及创意产业总就业人数的4.1%。

（十）文化贸易

2015年，选定文化及创意货品的进口额为5343亿元，较2014年减少7.5%。有关货品进口占香港货品进口总额的13.2%。视听及互动媒体货品为最大的组成部分，占2015年选定文化及创意货品进口总额的65.0%。以下依次为视觉艺术及设计货品占2015年选定文化及创意货品进口总额的21.0%；表演艺术及节庆货品占2015年选定文化及创意货品进口总额的10.1%；古董及工艺品占2015年选定文化及创意货品进口总额的2.3%；出版货品包括书籍及报刊占2015年选定文化及创意货品进口总额的1.6%。

2015年，选定文化及创意服务的输出达248亿元，较2014年减少2.9%。有关的服务输出占香港服务输出总额的3.1%。主要服务的组成部分包括电脑服务占选定文化及创意服务输出总额的28.9%；广告、市场研究及公众意见调查服务占选定文化及创意服务输出总额的21.6%；建筑、工程、科学及其他技术服务占选定文化及创意服务输出总额的17.4%；特许经营权及商标使用许可费以外的知识产权使用费占选定文化及创意服务输出总额的17.1%。

（十一）软件、电脑游戏与互动媒体

作为文化及创意产业的最大组成部分（按增加价值及就业人数计算），软件、电脑游戏及互动媒体界别在香港的知识型经济中亦担当着重要的角色。

2015 年，软件、电脑游戏及互动媒体界别的增加价值为 461 亿元，占文化及创意产业总增加价值的 42.4%。该界别的就业人数为 56 730 人，占文化及创意产业总就业人数的 26.5%。软件、电脑游戏及互动媒体界别在文化及创意产业中一直占据着重要的地位。它在文化及创意产业的总增加价值中所占的比重由 2005 年的 31.6% 增加至 2015 年的 42.4%。该界别的主要组别为互联网服务及软件和电脑游戏开发，此两组别合共占此界别在 2015 年约 90% 的增加价值。

（十二）文化教育与文博

文化教育及图书馆、档案保存和博物馆服务界别包括私营的艺术、戏剧、音乐、舞蹈、绘画、摄影等训练；综合美术及表演艺术学校（学术除外）；私营的图书馆及档案保存、博物馆及历史遗址的经营及管理。2015 年，文化教育及图书馆、档案保存和博物馆服务界别的增加价值为 13 亿元，占文化及创意产业总增加价值的 1.2%。该界别的就业人数为 10 800 人，占文化及创意产业总就业人数的 5.0%。

2015 年，香港共有图书馆数量 80 个，图书馆馆藏数量 1234 万册，登记读者数量 437 万人，推广活动 21 461 次，参加 1959 万人次。2015 年，香港艺术馆参观 16 万人次，香港科学馆参观 117 万人次，香港太空馆参观 70 万人次，香港文化博物馆参观 48 万人次，香港历史博物馆参观 75 万人次，香港海防博物馆参观 12 万人次，茶具博物馆参观 29 万人次，孙中山纪念馆参观 6 万人次。

澳门特别行政区

一、2015年澳门文化创意产业发展概况

（一）文化创意产业平稳发展，经济贡献持续增长

2015年，澳门营运的文化产业机构共1708所，在职员工10 192名，员工支出为15.6亿元（澳门元）；服务收益共62.4亿元，反映其对经济贡献的增加值总额为20.5亿元，占澳门2015年整体行业增加值总额的0.6%，而固定资本形成总额为9.6亿元。澳门文化产业分为"创意设计""文化展演""艺术收藏"及"数码媒体"四个领域，具有跨行业、涉及门类多的特点。

"创意设计"领域涵盖了品牌设计、文化创意产品设计、展览设计、时装设计、广告设计、工业设计、建筑设计等服务。2015年有营运机构共919间，在职员工有3336名，员工支出4.2亿元；全年服务收益达18.2亿元，增加值总额为6.2亿元。"文化展演"领域涵盖了表演艺术制作、文化展演经纪服务、表演艺术培训及表演艺术场地营运等服务。2015年有营运的机构共168间，在职员工1829名，员工支出2.4亿元；全年服务收益为13.5亿元（主要来自门票收益，占56.4%），增加值总额为2.3亿元。"艺术收藏"领域包括艺术品（绘画、书法、雕塑、摄影、古玩、园艺等）创作、销售和拍卖，以及摄影服务。2015年有营运的机构共109间，在职员工435名，员工支出为2776万元；全年服务收益为8778万元，主要由摄影服务所带动（6942万元，占79.1%）。"数码媒体"领域包括资讯、出版、电台及电视节目制作、电影院的经营、电影制作及发行等服务。2015年有营运的机构共512间，在职员工4592名，员工支出8.8亿元。"数码媒体"全年服务收益及增加值总额分别为29.9亿元及11.7亿元，是文化产业中最多的领域，占整个产业的47.9%和56.8%。

（二）推行人才培养计划，充实澳门文创人才储备

2015年，澳门文化局推继续推行一系列人才培养计划，其中包括文化艺术管理人才培养计划、文化艺术学习资助计划、艺术行政证书课程、硕士生奖学金合作计划、组织参与"MaD全会"等活动。

文化艺术管理人才培养计划是为了培育具有专业能力之文化艺术管理人才，通过建立相关的人才库，推动澳门本地文化艺术及创意产业的全面发展；文化艺术学习资助计划是鼓励青年学生升读文艺及文创产业类大专及硕士课程，为澳门文化事业及文创产业发展建立更完整、更多元的人才储备；艺术行政证书课程是澳门文化局与澳门旅游学院合办的课程，目的是培育具有专业能力的文化艺术及行政管理人才；硕士生奖学金合作计划是澳门文化局与澳门理工大学合作的培养计划，针对澳门理工学院艺术高等学校，就读综合设计学士学位补充课程/学士学位课程、视觉艺术学士学位补充课程/学

士学位课程及音乐学士学位补充课程 / 学士学位课程的应届毕业生，为修读文创范畴之硕士学生提供奖学金，名额共三个，鼓励相关领域的文创人才发展；“MaD 全会”是由香港当代文化中心主办的青年活动，澳门文化局与澳门中华学生联合会合作于 2015 年 1 月 30 日至 2 月 1 日期间组织约 40 位澳门青年赴港参与，目的在于通过跨域交流，提升澳门年轻人的创意思维。

（三）资助多个文创项目，提升澳门文创品牌影响力

澳门文化局在文创产业范畴的活动资助项目包括视觉艺术、设计、电影录像、表演艺术、出版、服装、动漫等领域的展览、工作坊、讲座、课程、制作等活动，以及参加文博会、展销会、市集等项目。2015 年共申请项目 222 个，批核项目 134 个，总资助金额达到 1360 万元（澳门币）。

2015 年，澳门文化局继续推出“2015 时装设计样板制作补助计划”，申请数量 22 个，进入复选环节的有 15 个，涉及津贴金额 14 万元（澳门币），同时评选出 8 名获补助者。在“电影长片制作志愿计划”方面，文化局收到 2014 年 4 名获补助者提交的“计划中期进程报告”，持续跟进 4 部电影长片之拍摄进度，4 部影片已完成资金筹措阶段，陆续进入制作期，其中部分影片已拍摄完成，现正进入后期制作阶段；“原创歌曲专辑制作补助计划”自 2014 年 9 月首次推出以来，澳门文化局从 36 份申请中选出 8 名补助者。截至 2015 年年底，8 名补助者的专辑已陆续完成制作，并进入审核阶段。

（四）开设多个文创空间，搭建合作交流平台

随着澳门文创产业的发展，业界对空间资源的需求日益增加。2015 年，澳门文化局继续开设郑家大屋文物咨询暨礼品店和澳门时尚廊外，同时恋爱·电影馆投入试营运，推出临时场地借用计划。此外开展了系列讲座及工作坊等活动，通过恋爱·电影馆凝聚本土电影氛围，建立业界交流合作平台。郑家大屋文物咨询暨礼品店寄售文创单位 25 个，入场观众达到 39 603 人次；澳门时尚廊举办展览活动 5 场，参观人数 9944 人；期限店活动 3 场，参观人数 10 229 人；工作坊举办活动 5 场，参观人数 70 人，分享会举办 2 次，参观人数 103 人。恋爱·电影馆影片放映 40 场，工作坊活动 1 场；讲座 3 场；签约仪式研讨会 1 场。

此外，为进一步推广《澳门文创地图》及入录地图的文创空间，2015 年 5 月，澳门文化局在澳门苏亚利斯博士大马路南湾 C-Shop 开设以《澳门文创地图》为题的展销店，展示推介入录地图的澳门文创空间，销售原创产品，并设立售票服务，售卖展览及演出活动等门票，为市民及旅客推介澳门文创特色。2015 年共有南湾 C-Shop 文创地图主题点寄售文创单位 32 个，入场 3771 人次。

为庆祝澳门申遗成功十周年，澳门文化局推出“文创空间·文学名篇”二维码，并分别在世界文化遗产景点的文物说明牌及广场前地说明牌安装相关二维码。公众可通过流动装置扫描二维码链接至相关网页，浏览相关文创空间的基本资讯，在大部分景点的网页中提供相关中、葡文学诗词名篇。“文创空间·文学名篇”二维码链接网页分为“文创空间”及“文学名篇”两部分，文创空间主要介绍世界文化遗产景点附近的文创空间机器位置，用户点击制定文创空间的名字后，可获得该空间的简介、地址、电话、网址及开放时间等基本资讯；文创名篇收录与景点相关的诗篇名句，市民及旅客漫游世遗景点是能通过边界平台发觉附近的文创空间，从而了解本地的原创名牌及产品，加强宣传澳门文创产业，并拓展公众对世遗景点文化内涵的认识，让本土文学更广为人知。

（五）公共文化服务类型多样，筹办多项品牌活动

2015 年，澳门中央图书馆入馆为 1 431 118 人次，借出图书资料的为 172 631 人次，件数为 419 372；

电子资源使用次数为 1062 583；使用预约借阅服务为 2580 人次，件数为 2759；另外 2015 年图书馆内举办了 165 场各类型活动，包括课程、工作坊、专题讲座、主题书展、读书会、比赛、表演、电影放映、馆藏推介、刊物出版等，参加者超过 43 000 人次。图书馆办证达到 9117 人次，相较 2014 年增长 70%；2015 年 9 月氹仔图书馆全面投入服务后，借书人次、册数相较 2014 年同期平均每月增加 25%，外借影音资料平均每月增加约 64%，使用人次平均每月增加约 28%。

澳门博物馆参观人次达到 359 960 人次，创下历史最高水平，较 2014 年增长 14.9%，连同观音莲花苑、大炮台回廊、典当业展示馆等附属场馆，各馆总参观人数达到 708 443 人次，较 2014 年增长 18.1%。澳门博物馆在 2015 年举办了 3 个本地专题展和一个外地专题巡展，分别是“洛港东帆——18 世纪中法海上丝路贸易港”“纪念中国人民抗日战争暨世界反法西斯战争胜利 70 周年展”“名媛哲彦——孙中山次女孙琬和戴恩赛伉俪文物展”“海上瓷路——粤港澳文物大展（杭州展）”；举办的文博教育活动包括 1646 场讲座、工作坊及其他活动，参与活动共 25 643 人次。

为庆祝澳门申遗成功十周年，澳门文化局连同多个单位组织举办“庆祝澳门申遗成功十周年系列活动”，内容主要包括四大方面，分别是展览及展演、学术研究、新文化设施的落成启用，以及全民参与的系列活动。其中文化局在大三巴遗址举办“申遗成功十周年文物保护成果展”，展示多年来澳门的文物保护成功。同时结合“澳门国际龙舟赛”“澳门国际马拉松”等大型体育活动举办展览，对外宣扬“澳门历史城区”的风采。此外，由文化部港澳台办公室、文化局及河南省文化厅联合举办的《根与魂——河南省非物质文化遗产展演》展出了河南省传统美术及技艺等十个非物质文化遗产代表性项目，与市民分享了国内非遗风采及澳门申遗成功十周年的喜悦。

由国家文物局支持，澳门文化局与澳门大学澳门研究中心联合主办的“文化遗产保护国际学术研讨会”由澳门文化局局长吴卫鸣、联合国教科文组织城市设计与保护研究教席教授迈克尔·特纳、故宫博物院院长单霁翔、国际古迹遗址理事会副主席彼德·菲利浦斯、澳门大学历史系教授汤开建、国际古迹遗址理事会前副主席郭旃、韩国首尔东国大学教授李惠恩、中国城市规划设计研究院总规划师张兵及澳门现代建筑学会会长利安豪向与会者分享文化遗产的保护经验，以深化对“澳门历史城区”及文化遗产保护事业的研究。同时文化局出版多部与澳门文化遗产相关的著作，包括《澳门历史城区》《郑观应诗集》《文化杂志》“澳门申遗成功十周年”专辑等，深入发掘世遗的人文内涵，展示澳门宝贵的文化资源及文保成果。

二、文化产业各行业具体发展情况

（一）创意设计领域

“创意设计”领域涵盖了品牌设计、文化创意产品设计、展览设计、时装设计、广告设计、工业设计、建筑设计等服务。2015 年有营运机构共 919 间，在职员工有 3336 名，员工支出 4.2 亿元；全年服务收益达 18.2 亿元，增加值总额为 6.2 亿元。此领域中从事广告设计的机构有 601 间、会议展览筹办有 67 间。随着澳门大型会议展览活动增加，2015 年广告业及会议展览筹办业发展理想，两者收益合计 12.3 亿元，占“创意设计”服务收益的 67.6%。会展业是澳门的新兴产业，2015 年，澳门特区政府提出以“会议为先”的理念大力支持澳门会展业发展，获得了会展组织和社会各界的肯定，以及中央政府的大力支持。同时，会展业还拉动了澳门酒店、旅游、银行、物流等产业。

2015 年 6 月 4 日，由中国对外承包工程商会和澳门特区政府经济局共同主办的第六届国际基础设施投资与建设高峰论坛在澳门特别行政区举行。本届论坛以“区域经济融合助推国际基础设施合作新发展”为主题，探讨区域经济融合发展给国际基础设施合作带来的机遇、挑战和合作模式创新等热点话题。本届论坛的举办得到了国际业界的积极响应和广泛参与。巴哈马副总理 Philip E. Brave Davis、哥斯达黎加副总统 Helio Fallas Venegas 会同来自 31 个国家和地区的 42 位副部长共同开启了本届论坛的大幕。亚洲开发银行、泛美开发银行、国家开发银行、中国进出口银行、中国银行等 30 多家国际金融机构，国际承包商联合会、欧洲国际承包商协会、俄罗斯建筑商协会、马来西亚建筑承包商协会等 15 家行业组织，以及来自 50 多个国家和地区的工程承包商、装备制造商、行业服务机构代表逾 1000 人出席会议。同时，“2015 中国对外承包工程企业社会责任绩效评价”结果同期发布，16 家中国国际承包商上榜“社会责任领先型企业”。

2015 年 10 月 22 日，以“促进合作，共创商机”为主题的澳门国际贸易投资展览会正式开幕，本届展会共设立了约 2000 个展位，展览面积 37 000 平方米，吸引超过 50 个国家与地区的逾 1400 名业界人士参会。论坛期间，将举办一系列产品展示会、经贸交流会、企业家对话会、学术论坛以及案例分享等活动。自 1995 年首届展览会以来，澳门国际贸易投资展览会已成为澳门经贸界的年度盛事，本届澳门国际贸易投资展览会凸显中葡经贸交流与“一带一路”自贸区、“互联网 +”、青年创业、文化创意等新概念，并且首次设立了“葡语国家产品及服务展”，该展共设 249 个展位，逾 150 个葡语国家企业参展。

（二）文化展演领域

“文化展演”领域涵盖了表演艺术制作、文化展演经纪服务、表演艺术培训及表演艺术场地营运等服务。2015 年有营运的机构共 168 间，在职员工 1829 名，员工支出 2.4 亿元；全年服务收益为 13.5 亿元（主要来自门票收益，占总数的 56.4%），增加值总额为 2.3 亿元。此领域从事表演艺术制作的机构共 119 间，在职员工 1116 名；全年服务收益 11.2 亿元，占该领域的 83.4%。

2015 年 5 月，第 26 届澳门艺术节以“此时・彼语”为主题，探索表演艺术语言的多样性，举办了过百场舞蹈、戏剧、音乐、展览、讲座、工作坊、大师班、电影文化游及影片放映会等形式多样的精彩演出及延伸活动，澳门艺术节节目 3 套，场次 66 次，观众 18 216 人次，出票率达到 86.74%，延伸活动 37 项，参与人数达到 1570 人次。其中包括法国图尔国家编舞中心导演托马斯・勒布伦于 2014 年法国亚维农艺术节首演的当代舞蹈《舞咏》（亚洲首演）、德国著名剧场导演李希特的新文本演出《信任》（亚洲首演）、当代国际剧场大师彼得・布鲁克的戏剧作品《情人的西装》、香港著名导演邓树荣与澳门演艺学院戏剧学校合作的形体剧场演出《菲尔德 2.0——欲望与谎言》及比利时当代舞团向舞蹈剧场大师碧娜・鲍许致敬之作《断章取“艺”——献给碧娜》等。本地艺团佳作纷呈，包括梳打埠实验工厂艺术协会创作，关注澳门城市发展的舞蹈剧场《记忆蓝图 2》、卓剧场艺术会改编自意大利作家伊塔罗・卡尔维诺小说《看不见的城市》的戏剧《人在她城》、梦剧社与法国埃梅剧团共同制作，改编自法国天才剧作家剧作的《侯贝多・如戈》、破网计划协会集合本地艺术及文创人才，融合现场音乐、绘本、动画及剧场演出的绘本音乐剧《异色童话》，及黑沙剧团的创意儿童剧场演出《亲亲水族馆》等。另外，本届艺术节首度委约本地编剧及导演，共同制作第十届澳门文学奖戏剧组冠军作品《决定・性》，增加本地原创剧作发表的平台。

2015 年 10 月 4 日至 11 月 1 日，第 29 届澳门国际音乐节正式举行，历时约一个月，共带来 23 项精彩演出，节目连同延伸活动共超过 60 场次，整体出票率达九成。推出六大类延伸活动，包括讲座、大师班、工作坊、后台探索、儿童专区及社区推广，超过千人次参加，其中古诺五幕歌剧《浮士德》四场后台探索带领观众走进歌剧后台，近距离接触精致的布景、道具及服装；音乐节邀请本地插画品牌 Gugumelo 工作室创作的“Gugumelo x 29FIMM”系列插画单品，包括印花帆布包及口袋笔记本套装，演出场地设置“未来明信片”活动，引导观众向 2016 年音乐节三十周年送上祝福。

音乐节开幕节目《马勒第三交响曲》由澳门乐连同中国国家大剧院管弦乐团、中国国家大剧院合唱团、澳门少年合唱团以及瑞典女中音歌唱家夏洛特·海勒康德携手演出，音乐节以“以声作乐”为主题，举行多场不同类型的声乐节目，其中瑞典女中音歌唱家夏洛特·海勒康德带来《北欧之声》，带领观众聆赏北欧音乐；以“人声管弦乐团”扬名的美国全男班合唱团 Chanticleer 献演《情迷月色》和《清泉乐韵》。两场音乐会，三位殿堂级女歌手佩蒂·奥斯汀、珍妮丝·西格尔和陈洁灵携手打造爵士之夜《醉乐女伶》，以歌声向一代爵士女伶比莉·哈乐黛致敬；在以色列五重唱在《曼图亚的歌声》以及《恋人絮语》两场音乐会中演绎多首醉人曲目；台湾欧开合唱团和香港 Charatay 无伴奏合唱团献唱《人声唱机》音乐会；意大利西西里岛抒情合唱团献演《圣祷颂》；葡萄牙歌手佩德罗·穆蒂尼奥与葡萄牙手风琴四重奏组合 Dancas Ocultas 展现别具一格的演出《葡谣风韵》；中国西北原生态民歌音乐会的《黄土谣》，邀请以独特歌唱技巧深入民心的阿宝和王二妮亮相演唱；英国BBC爱乐在《交响巨著》中带来舒伯特第九交响曲《伟大》，以及在《艾尔加的“谜”思》演奏著名的《谜语变奏曲》；为纪念抗日战争胜利 70 周年，适逢冼星海诞辰 110 周年、刘天华诞辰 120 周年，澳门中乐团上演《冼星海、刘天华音乐会——纪念抗日战争胜利 70 周年》；香港中乐团演出一场《精·气·神》音乐会；瑞士斯特拉迪瓦里四重奏以四把超过 300 年历史的名琴演出两场音乐会。歌剧方面，音乐节与莫斯科新歌剧院精心打造林姆斯基——高沙可夫独幕歌剧《莫扎特与隆里埃利》。音乐节特设《艺萃菁英》音乐会专场，为崭露头角的本地音乐家提供展现才华的舞台。

2015 年 12 月 6 日，以“寻宝之旅”为主题的“澳门拉丁城区幻彩大巡游”正式举行，特别安排与“澳门银河乐国际马拉松”同日举办，配合当晚“澳门光影节——光影奇缘”开幕式，共同打造具有澳门特色的节庆合作，通过文化、体育、旅游等部门的跨部门合作，发挥协同效应。本次活动由 60 个本地及外地艺团精心打造，参演人数达到 1339 人。活动由澳门电视台现场直播、香港无线电视作特级转播，覆盖全港市民以及部分珠三角地区。现场参与大巡游、观看直播电视节目以及多个社区大屏幕直播的观众超过 10 万人次。

（三）艺术收藏领域

艺术收藏领域包括艺术品（绘画、书法、雕塑、摄影、古玩、园艺等）创作、销售和拍卖，以及摄影服务。2015 年有营运的机构共 109 间，在职员工 435 名，员工支出为 2776 万元；全年服务收益为 8778 万元，主要由摄影服务所带动（6942 万元，占总数的 79.1%）。在 99 间从事摄影服务的机构中，提供婚纱等艺术摄影的有 49 间，收益为 3795 万元。艺术收藏领域的增加值总额为 3411 万元。2015 年，保利文化集团旗下的保利香港拍卖有限公司和澳门超盈文化有限公司合作成立了保利澳门拍卖有限公司。

（四）数码媒体领域

“数码媒体”领域包括信息、出版、电台及电视节目制作、电影院的经营、电影制作及发行等服务。2015 年有营运的机构共 512 间，在职员工 4592 名，员工支出 8.8 亿元。“数码媒体”全年服务收益及增加值总额分别为 29.9 亿元及 11.7 亿元，是文化产业中最多的领域，占整个产业的 47.9% 和 56.8%。随着信息科技在工商业的应用愈趋普遍，计算机软、硬件设计需求大增，“数码媒体”领域中的信息业发展迅速。2015 年资讯业有营运的机构共 289 间，在职员工 1530 名；全年收益达 15.0 亿元（占该领域的 50.1%），增加值总额 4.4 亿元（占该领域的 38.0%）。属同一领域的出版业有营运机构共 177 间，在职员工 1857 名；全年收益 7.6 亿元，增加值总额 3.1 亿元。

澳门报业目前拥有 11 家中文日报，3 家葡文日报和 1 家葡文周报，3 家英文日报。电子传媒机构包括 1 家电视台、2 家广播电台、1 家有线电视台和 3 家提供卫星电视广播服务的公司。澳门广播电视股份有限责任公司有中文和葡文 2 个 24 小时频道，此外还有体育、信息、高清、中央电视台 13 套等数码频道；2 个广播电视台分别是澳广视下属的澳门电台和私营电台。

台湾地区

一、2015年台湾地区文创产业发展概况

（一）文创产业缓慢增长，成长空间受到限制

2015年，台湾地区文创产业营业额为新台币8339亿元。较2014年微幅上涨0.57%，但受到2015年全球经济增长放缓趋势的影响，文创产业成长空间受到限制。2015年台湾地区文化创意产业总数为62 985家，较2014年上涨1.24%，其中视觉传达设计产业持续2014年的上升态势，为整体文创产业中成长幅度最高的门类，达到27.65%；文化资产应用及展演设施产业以17.83%的增长率居于次位；但数字内容产业为厂商家数衰退最多的行业，衰退幅度约为6.97%。从经济贡献率来看，2015年台湾文创产业经济贡献率从2014年的5.15%下滑至5.00%，整体呈下滑态势。根据《2016台湾文化创意产业年报分析》，因为经济下滑导致的消费驱动下降，民众对休闲、文化及体育方面的支出较为保守。

（二）企业类型以小微企业为主，吸纳就业能力较强

2015年，台湾文化创意产业资本规模新台币500万元以下的厂家数量占比84.63%，微型企业占整体文创厂商比例逐年提升，由2010年的84.07%上涨至2015年的80%以上，意味着台湾地区文化创意产业主要以小微企业类型为主。在经济环境波动明显、经营环境竞争日益的趋势下，平均每家厂商的营业额趋势呈现大幅波动态势。2015年，平均每家厂商营业额约为新台币481万元，较之2014年衰退0.66%。在文创厂商经营年数方面，新开设的文创厂商数量占比约为7.02%，未满五年的文创厂商家数占比为31.02%，与台湾地区整体中小企业结构接近。2015年产业就业人数为25.2万人左右，其中以运动、娱乐、休闲服务业及专门设计服务业的就业人数最多。在各类型的人力占比部分，文创产业的专业人员占比较高，为42.27%。其次为技术员及主力专业人员与事务支援人员，比重分别为22.37%和14.78%。从供给领域来看，2015年就业人数呈现衰退的是出版业、广告业及市场研究业以及影片服务、声音录制及音乐出版业。其中影片服务、声音录制及音乐出版业的就业下滑人数最高，为7.05%。就业人数呈上升趋势的是专门设计服务业，为8.17%。

（三）台北市发展情况较好，整体仍以内需市场为主

2015年，台湾地区文创产业厂商家数以台北市、新北市、台中市、高雄市、台南市、桃园市六大城市占据大部分，占整体文创产业厂商总数的77.39%，较2014年占比增加0.24%，六市营业额合计占整体文创产业营业额的87.8%，其中台北市以人均营业额约新台币17.2万元居于最高，虽然仍

呈现成长态势，但营业额比例自2010年起严重下滑。从整体营业额角度分析，整体文创产业以内需市场为主，外销收入占10.68%，其中外销比重高于整体文创产业平均比重的次产业为产品设计产业（57.95%）、创意生活产业（29.79%）、数位内容产业（22.10%）、工艺产业（10.82%）。

二、2015年文创产业各行业发展基本情况

（一）视觉艺术产业

视觉艺术为文化创意产业的核心创意来源之一，因此衍生出艺术品修复、仓储、运输与包装等相关周边服务，而展示及交易的功能需要通过鉴价制度经纪代理等核心业务才能让作品能够在市场上交易流通，产生经济活动。

就目前对视觉艺术产业的厂商家数及营业额观察，2015年报税厂商家数2541家，较2014年增加0.83%，在营业额表现方面，2015年营业额为新台币56.15亿元，较2014年明显减少14.41%。

在外销表现方面，视觉艺术产业仍以内销为主，2015年内销收入约新台币54.09亿元，约占总营业额的96.33%；因内销收入占整体产业营业额极高的比重，因此内销收入近六年的表现与整体产业的总营业额走势大致相同，针对视觉艺术产业各次产业的2015年营业额表现，除了雕塑品批发综合商品拍卖（零售）、雕塑品零售、雕刻雕塑创作及美术与摄影教学等营收呈现增长之外，其余次产业的营业额皆为衰退。

虽然艺廊及艺术品拍卖业已分别被归类于艺术品零售、综合商品拍卖（零售）等行业之中，但以平均每家厂商营业额表现来看，自2010年至2015年，艺廊业及艺术品拍卖业的历年表现呈现起伏情况，且增减波动幅度较大；艺廊业2015年出现68.84%的显著成长，平均每家厂商营业额约为新台币2860万元，反观艺术品拍卖业，则是呈现44.47%的明显负增长，平均每家厂商营业额约为新台币3362万元。

此外，从艺廊及艺术品拍卖业的重要市场指标表现亦可观察整体视觉艺术产业的发展情况。在艺廊业方面，近年来艺术博览会已成为艺术品一级市场的重要销售渠道，以“Art Taipei台北国际艺博会”为例，2015年申请参展家数224家，较2014年有所增加，同时由于2015年“台北国际艺术博会”扩大展位，因此实际参展艺廊数量亦较2014年有所增长，达168家，申请参展通过率由2014年的71.4%提升至75%。一方面显示出艺廊越来越重视“台北国际艺术博会”的参与，另一方面也显示出“台北国际艺术博会”所提供的参展名额需求大于供给。除此之外，2015年的参观人次也较2014年明显增长。

除了艺廊以外拍卖厂商为视觉艺术作品的二次流通市场，拍卖市场以景薰楼、中诚国际、罗芙奥、金仕发四大拍卖行为主，市场成交规模较大，从四大拍卖行2014年及2015年的拍卖情况来看，不论春拍或秋拍，2015年的总委托拍卖件数及成交件数皆较2014年明显减少，成交率亦趋下滑，2015年四大拍卖行合计成交金额约新台币17.63亿元，较2014年的新台币24.21亿元减少27.18%。

（二）音乐及表演艺术产业

2015年，音乐及表演艺术产业的厂商家数为3392家，其中又以艺术表演活动举办与监制的家数最多，占35.7%，整体音乐及表演艺术产业之厂商家数变化较上一年度增加11.43%，以未分类其他艺术表演辅助服务民俗艺术表演等两项次产业厂商家数增长最为明显，各为50.00%和45.24%。

营业额表现部分，近六年来皆呈现逐年稳定增长的趋势，除2014年营业增长率呈现个位外，其他年度皆为两位数增长；2015年音乐及表演艺术产业增长率达20.20%，其营业额创历史新高，达新台币187.20亿元。

从分布地区来看，从业者仍集中于六大直市等地区，其中又以台北市占比最高，为33.58%，主要是与当地艺文消费人口及各县市政府对于音乐及表演艺术的政策有所关联。

在内外销的表现方面，2015年内销金额为新台币182.82亿元，占其整体产业营业额的97.66%，显示出音乐及表演艺术产业仍以内需市场为主；外销方面，自2010年起呈现逐年稳定增长态势，2015年上升到新台币4.39亿元，主要外销的次产业为工作平台架设工程与艺术表演活动筹办与监制，其中以工作平台架设工程最多，占69.12%。由于工作平台架设工程搭建质量良好，近年部分业者会接国外客的订单，因此在外销表现上较其他次产业好。而艺术表演活动筹办与监制则因各国的风俗民情与相关法律环境差异大，使业者在活动安排上存有困难度。

音乐及表演艺术产业2015年各次产业的表现部分，仅戏剧、体育及其他娱乐活动售票服务呈现营收衰退，其余各次产业皆为正增长情况，其中又以音乐表演未分类其他艺术表演辅助服务的营收增长最为明显，增长率分别为219.27%与197.01%。在戏剧、体育及其他娱乐活动售票服务方面，因近年总体经济表现不佳，民众在艺文活动方面的支出会更为保守，使得售票服务业者的营业额受到影响。音乐表演部分在2015年营业额创新高，与近年兴起的由音乐家组织协助个人演奏家办理演出活动、独奏会等有关。

从整体核心厂商的营业额来看，2015年营业额为新台币19.09亿元。厂商经营年数方面，经营5年以上的商家数占整体产业的44.19%，而一年以下的厂商亦占13.94%，但其营业额仅占整体的2.74%，显示音乐及表演艺术产业的进入门槛不高，但要长久经营尤其困难。

从资本结构来看，2015年资本额在新台币100万元以下的家数占整体产业的68.51%，然而从营业额看，仅占整体产业的25.47%显示出音乐及表演艺术厂商目前多为中小企业或微型企业，其营收能力有限。

表演体部分近两年受大环境影响，整体表现不理想，团体售票速度更为缓慢，多集中至开演前数天才有较为明显的购票情况，观众的消费习惯与以往有所不同，且部分中南部地区民众会依北部首演场口碑决定是否购票。另外，随着社会环境形态的变迁，部分传统表演艺团体的演出场域除以往的民间传统演出外，还积极参与由政府机关办理之艺文节庆活动。

（三）文化资产应用及展演设施产业

文化资产应用及展演设施产业是指从事文化资产利用展演设施，如剧院音乐厅露天广场、美术馆、博物馆、艺术馆（村）、演艺厅等经营管理之行业。

整体而言，近六年间文化资产应用及展演设施产业的厂商家数呈现逐年稳定增长的趋势，厂商家历年皆呈现为两位数增长，2015年增长至185家，较2014年增长17.83%，其中以“音乐展演空间经营”及“其他艺术表演场所经营”增加最多。

在营业表现方面，文化资产应用及展演设施产业在2014年及2015年营业额皆呈现两位数成长，2015年营业额达新台币16.74亿元，增长率为23.18%。主要原因是，2014年年底内政主管部门松绑受限于法规而无法经管的小剧场，包括众席数未达200平方米，不提供餐饮及饮酒服务之表演馆、观众席未达200平方米提供轻食及非酒精饮料服务之音乐展演场，使厂商家数与产业营业额皆有明显提升。

在内外销收入表现方面，文化资产应用及展演设施产业以内销为主。自2010年到2015年，内销收入皆占总营业额99%以上，且2013年并无外销收入；而外销收入主要来自“其他演艺术场所经营”，仅少部分是“音乐厅、音乐展演空间经营”，但较上一年度也有所衰退，幅度达19.24%。

从2015年各次产业营业表现来看，“音乐厅、音乐展演空间经营”“其他博物馆历史遗址及其他类似机构”呈现营业额衰退，其余次产业营业皆为增长。近六年间，各次产业的营业额皆呈现震荡起伏之现象。其他表演艺术场所在2015年的营业额为新台币6.74亿元，较2014年大幅增长125.95%。

（四）工艺产业

工艺产业是指从事工艺创作工艺设计、模具制作、材料制作、工艺品生产、工艺品展售、流通工艺品等行业。工艺品为创作者利用各种工具将各类型的原料或半成品进行加工处理而成之作品，作品本身主要是以手工制作为主，机器量产为辅的功能性生活用品。

近年来工艺产业厂商家数虽受整体经济衰退影响导致成长力道有所趋缓，但整体而言，厂商家数仍持于平稳之总量水平，2015年工艺产业厂商家数为12 925家。

在营业额表现方面，工艺产业近六年营业额收入表现呈现震荡波动之态势，2015年再度受环境与消费信心冲击影响而走低至新台币1211.61亿元，同比下降1.56%。

内外销表现方面，整体工艺产业销售仍以内需市场为主，内销自2010年达到高峰之后，直至2015年微幅回跌至新台币1080.47亿元。外销表现方面，2011年呈现较明显之增长态势，外销金额高达新台币621.29亿元，后持续走低，2015年再度受珠宝及金工制品制造（–53.1%）与磷物（石贵金属除外）零售（–62.98%）出口衰退影响，微降至新台币131.15亿元。

从工艺产业各次产业2015年营业额表现来看，部分珠宝及贵金属饰物制造、金（银）饰批发、珠宝批发、手工艺品批发、金（银）饰零售物（宝石贵金属除外）、零售手工艺教育与工艺品创作8个次产业呈现营业额增长态势，其余次产业营业额皆为衰退。其中2015年其他珠宝金工制品制造明显衰退，而零售端呈正增长态势，主要原因为珠宝设计师品牌与批量制造业者进行融合工艺体验，消费者个人订制向新服务转型，制造业者逐渐转型兼营业终端销售，因此造成制造、批发与零售等供应链环节呈现相反之发展趋势。就次产业发展而言，近三年呈现持续增长趋势者为金（银）饰零售磷物（石贵金属除外）、零售工艺品创作等次产业，而近三年呈现持续衰退趋势者为陶瓷装饰品烧制业。

（五）电影产业

2015年，电影产业厂商家数为1764家，较2014年增长1.85%。比如，动画影片制作、计算机动画及特效后制服务、电影片制作等次产业厂商家数较2014年均呈现两位数长，分别增长63.3%、21.1%及47.2%。

营业额表现方面，自2008年《海角七号》带动自产片数年产制热潮，整体而言，近六年电影产业业额逐年增加，2015年暑假档期《我的少女时代》创下新台币4.1亿元票房以及外片票房增长。加上电影映演家数增加，及国内其他地区的票房崛起，使得整体产业营业额较2014年增长8.56%，达新台币307.88亿元，创近六年来新高。

在内销与外销方面，目前电影产业的销售仍以内需市场为主，2015年内销金额占整体营业额之比重95.9%，内销收入从2010年的新台币194亿元增长至2014年的新台币295亿元；外销收入方面，2015年为新台币12.6元，较2014年下降17.8%。

在各次产业营业表现方面，电影片制作、电影片代理及发行、动画影片制作等较2014年呈现两位数增长，分别增加17.96%、13.03%和10.04%。

电影片制作主要与自产片摄制部数有关，台湾电影网统计资料显示，2015年上映自产片数为66部，较2014年增加8部，加上合拍片来台拍摄规模提升，使电影片制作的整体营业额较上一年度有所增长。但因实际有回收盈余的自产片数量不多，业者资金投入趋向保守，使平均每家厂商之营业额较2014年减少。电影片代理与发行部分，据台湾电影网之市场统计资料显示，2015年台湾地区电影票房市场自产片和输入片的表现较2014年皆有所成长，因此使电影片代理与发行业的营业额呈增长态势。动画影片制作部分，近期部分类型自产片使用了相关动画，特效比例有所提升，使厂商营业额较 2014 年有所增加，但其厂商家数增长速度高于营业额，使平均每家厂商之营业额较 2014 年减少。

2015 年，电影产业厂商营业年数在 10 年以上的数量占整体产业的 40.53%，其营业额占整体电影产业的 67.99%，而经营年数在 1 年以下的厂商占整体的 9.75%，其营业额仅占整体产业的 1.84%，由此可见，电影产业的进入门槛不高，但厂商若要长久经营有其难度，因此经营年数在 10 年以上的厂商为本产业营业额的主要贡献者。

台湾电影网资料显示，2015 年台湾电影市场总上映电影片数为 594 部，其中自产片数为 6 部，占整体上映数的 11.11%，2015 年台北市票房市场为 42.03 亿元，较 2014 年增加 13.38%。其中，其他输入影片票房为新台币 36.45 亿元，占 86.71%，自产片票房约为新台币 4.67 亿元，占 11.13%。整体而言，2015 年自产片票房较 2014 年增长 9.37%，但因 2015 年受到好莱坞连续几部系列电影上映的影响，如《玩命关头 7》《复仇者联盟 2：奥创纪元》等，使自产片的市场占有率有少许下滑。

2015 年，《我的少女时代》《大临门》两部自产片票房破亿，虽然破亿的片数较 2014 年减少，但电影片类型向多元化发展，如《红衣小女孩》《尸忆》《青田街一号》等以惊悚黑色喜剧为题材的类型电影，与以往多为本土喜剧及校园情元素的自产片有所不同。另外，自 2011 年的《鸡排英雄》起，以本土元素为主的自产片带动台北市以外地区的电影市场，促使 2015 年自产片在春节档的票房收入有所增长。

（六）广播电视产业

整体而言，广播电视产业的厂商家数变动不大，2010 年至 2015 年皆为小幅增长，2015 年营业厂商家较 2014 年增加 0.27%，为 1827 家。其中以广告影片制作、其他艺人及模特等经纪、在线影片播送数量等次产业别的数量增加较多，数量减少的次产业则主要包括电视节目制作、电视节目代理及发行、广播节目制作及发行等。2015 年整体广播电视产业营业约为新台币 1561 亿元，较 2014 年增长 6.03%，厂商业者平均营业额有所增加。

2015 年电视产业厂商家数较 2014 年增加了 1.51%，主要增加的业别为广告影片制作业、其他艺人及模特等经纪业及在线影片播送业等。营业额方面，2015 年电视产业较 2014 年同比增长 6.34%，约占整体广播电视产业营业额的 93.51%。

广播产业部分，2015 年广播产业厂商家数约减少 3.69%，为 418 家，创 2008 年以来最低纪录。2015 年的营业额虽较 2014 年增长 1.85%，但只有广播节目制作及发行有所成长，其收入增长原因为海外收入增加，广播电台经营状况普遍不佳。

在外销表现方面，广播电视产业市场以内销为主，2015 年广播电视产业内销金额约占整体营业额的 98.47%。近六年来，内销金额逐年增长，由 2010 年的新台币 1302 亿元增长至 2015 年的新台币 1537 亿元，金额占比较大的电视产业，2015 年内销金额较 2014 年增长了 6.56%，其中各次产业皆呈现成长态势。其中又以电视节目代理及发行的增长幅度最大。然而，广播产业的内销表现却较 2014 年减少 1.09%，在台湾地区市场面临困境。

广播电视产业的外销情形整体也呈现增长态势，尤其是 2012 年至 2014 年的增幅度较大，2015 年则趋缓，约为新台币 24 亿元，本业外销收入主要来自从事内容制作业的海外版权销售，如电视节目制作、广播节目制作及发行、电视频道经营，无线电视频道经营等业务。

针对电视产业，2015 年电视产业的外销金额较 2014 年减少 8.17%，其中以电视节目制作的减少幅度最大，无线电视频道经营业的外销表现明显也不如过往。传统电视媒体的节目皆被韩剧及泰剧取代，而日本市场因演员出走至中国大陆而被大陆剧取代，南亚市场也面临着中国大陆剧的强大竞争，导致海外市场影响力疲弱不振。

反观广播产业，2015 年外销营业额较 2014 年大幅增长 151.34%，其中，广播节目制作及行业的外销金额较 2014 年大幅增加 170.63%，主要原因是中国台湾业者销售音乐性节目版权至中国大陆广播电台，两岸也交换部分广播节目，甚至合作两岸电台同步开播。

整体而言，广播电视产业面临强大的外部竞争，其中又以电视产业的冲击较为直接。在岛内市场代理境外节目内容的比例增加。不过 2015 年投入内容制作的从业者有所增加，如电视频道及通路平台向上投资内容制作，戏剧内容亦开始尝试新题材，然而成效尚不明显，需待更多时间及经验累积。

观察 2015 年广播电视产业各次产业的营业额表现，除了广播电台经营呈现负增长外，其他皆为正增长，其负增长的主要原因是受到传媒体广告金额下滑的影响，其次分别为其他艺人及模特等经纪和电视节目代理及发行。广播电视频道及电视频道代理商经管的增长幅度也较高，为 8.59%，以境外卫星频道的表现较好；广告影片制作、其他有线及付费节目播送则分别增长 7.39%和 7.12%。

（七）出版产业

出版产业的厂商家数近六年呈现持下滑的情况，由 2010 年的 9249 家跌降至 2015 年的 8394 家，2015 年厂商家数量较 2014 年减少 2.98%，营业额表现方面，2015 年约为新台币 1032.24 亿元，较 2014 年微幅下滑 2.08%。

在内外销表现方面，出版产业的营收最主要仍来自内需市场的贡献，内销金额由 2010 年的新台币 1104.61 亿元增长至 2012 年的新台币 1108.21 亿元，2013 年始转趋走低态势而降至新台币 1047.77 亿元，2014 年与 2015 年则再度分别微幅下滑至新台币 1026.16 亿元及 999.82 亿元。2015 年内销金额占整体营业额的 96.86%。外销表现部分，外销金额由 2010 年的新台币 22.87 亿元增长至 2012 年的新台币 26.77 亿元，2013 年微幅跌降至新台币 25.44 亿元，2014 年与 2015 年则再度分别增长至新台币 28.05 亿元及 32.42 亿元。

次产业营业部分，以 2015 年表现来看，传统书籍出版端与销售通路的营业额较 2014 年有所衰退，数位书籍出版营业额却呈逆势增长态势。

（八）广告产业

2015 年广告产业的厂商家数呈现增长态势，但增长幅度有逐年下滑趋势，由 2014 的年 14 237 家增加至 2015 年的 14 483 家，成长幅度为 1.3%。在营业表现方面，则连续两年呈现衰退趋势，且衰退幅度扩大，由 2014 年的约新台币 1564 亿元减少至 2015 年的约新台币 1493 亿元，衰退 4.52%。

从广告产业内外销金额观察，仍以内销为主。2015 年内销金额占整体广告总体营业比重为 98.87%。在内销金额比重大于外销比重的情况下，其趋势大致与营业额相同，近两年衰退且幅度有扩大的趋势。外销金额方面，2015 年仍有不错表现，2015 年外销金额约为新台币 16.89 元，较 2014 年增长 9.91%。

各次产业营业额方面，表现较佳的为媒体代理及购买，2015 年营业额较 2014 年增长 246.85%，其次为市场研究，通过相关数据分析消费者行为等，达到更精准营销的目的，此趋势使市场研究已连续四年呈现增长。

而 2015 年各次产业营业衰退幅度最大者为其他广告服务，主要受到数字媒体发展影响，使其他广告服务如广告样本、广告单发送等实体广告内容逐渐被取代。各次产业中营业额占比最大的广告代理则呈现衰退趋势，较 2014 年减少 2.60%，以创意为主要竞争点的广告代理在数字媒体环境下，在广告主追求速度快及内容多的广告特性时代下，广告代理的中介角色逐渐弱化，其营业额已连续两年呈现下滑态势。

第一部分
第二部分

第三部分

统计与数字

附录四
附录三
第三部分
附录二
第四部分
附录一

一、广播电视业

2015 年全国广播电视发展主要指标，如表 1 和表 2 所示。

表 1　2015 年全国广播电视发展主要指标一览表（一）

分布情况	节目制播情况								覆盖情况				有线广播电视发展情况				
	广播节目		电视节目		广播节目		电视节目		广播综合人口覆盖率 /%	电视综合人口覆盖率 /%	无线广播覆盖率 /%	无线电视覆盖率 /%	有线广播电视实际用户 / 万户	数字电视实际用户 / 万户	付费数字电视实际用户 / 万户	有线广播电视实际用户占本地区总户数比重 /%	有线广播电视网络传输干线总长 / 万千米
	播出时间 / 万小时	增长率 /%	播出时间 / 万小时	增长率 /%	制作时间 / 万小时	增长率 /%	制作时间 / 万小时	增长率 /%									
全国合计	1421.83	1.14	1779.60	1.83	771.82	0.93	352.02	7.41	98.17	98.77	96.79	96.42	23 566.75	19 775.59	5559.08	54.63	426.18
总局直属	26.30	−23.19	35.99	23.48	26.52	−24.60	15.51	−4.58	—	—	—	—	—	—	—	—	4.36
北京市	17.17	−0.46	12.81	2.05	17.89	28.41	17.97	78.79	100.00	100.00	100.00	99.75	569.13	506.68	61.34	108.88	18.96
天津市	14.73	−1.90	16.87	1.54	8.17	−0.54	3.32	13.94	100.00	100.00	100.00	100.00	344.44	318.57	66.20	97.99	0.67
河北省	65.28	−3.16	80.18	−1.44	35.57	−1.86	18.08	2.71	99.35	99.27	98.42	97.08	922.47	821.95	115.31	39.19	18.09
山西省	41.32	2.10	48.80	0.68	19.60	8.71	8.45	−3.63	98.47	99.31	98.46	99.30	519.80	382.40	13.16	39.55	10.91
内蒙古自治区	68.38	1.35	64.66	−0.74	24.41	−9.21	7.33	2.39	99.05	99.10	98.82	94.76	347.34	306.46	22.89	41.61	3.56
辽宁省	67.95	1.06	74.27	0.70	38.47	−1.36	17.33	−3.00	99.00	99.07	98.84	97.57	934.63	782.63	38.44	61.69	13.37
吉林省	49.52	1.75	52.60	0.23	26.55	5.82	10.78	9.70	98.64	98.76	98.36	93.84	595.43	543.44	190.46	59.06	9.69
黑龙江省	48.86	−0.12	60.50	−3.65	21.99	−24.76	9.74	−11.11	98.64	98.84	98.64	98.74	685.68	619.67	187.58	45.71	17.86
上海市	13.60	−1.18	17.84	−0.37	8.60	1.53	7.35	21.08	100.00	100.00	100.00	100.00	745.45	670.66	155.80	139.98	5.50
江苏省	78.00	−5.38	78.47	−4.25	58.93	−2.36	18.94	−1.92	100.00	100.00	100.00	100.00	2225.85	1761.07	552.69	91.40	38.77
浙江省	76.18	1.61	75.38	−0.25	51.39	2.70	16.21	3.71	99.60	99.69	99.00	99.26	1562.57	1519.86	397.54	95.83	28.75
安徽省	54.05	3.56	61.39	0.59	16.98	−5.49	7.75	1.56	98.77	98.93	98.76	98.84	829.97	507.41	48.76	39.10	5.95
福建省	52.41	1.48	36.49	4.50	25.37	−1.00	7.40	9.12	98.68	98.94	97.51	96.09	730.68	689.18	306.81	69.07	12.38

续表

分布情况	节目制播情况								覆盖情况				有线广播电视发展情况				
	广播节目		电视节目		广播节目		电视节目		广播综合人口覆盖率/%	电视综合人口覆盖率/%	无线广播覆盖率/%	无线电视覆盖率/%	有线广播电视实际用户/万户	数字电视实际用户/万户	付费数字电视实际用户/万户	有线广播电视实际用户占本地区总户数比重/%	有线广播电视网络传输干线总长/万千米
	播出时间/万小时	增长率/%	播出时间/万小时	增长率/%	制作时间/万小时	增长率/%	制作时间/万小时	增长率/%									
江西省	40.80	2.03	67.40	2.52	19.59	−0.47	9.98	−3.31	97.62	98.64	97.11	98.05	669.78	573.14	119.17	52.82	13.20
山东省	93.87	3.87	115.46	7.34	53.35	5.54	22.15	0.99	98.78	98.55	98.30	97.90	1806.77	1700.64	646.27	58.53	36.47
河南省	67.51	1.87	90.86	−0.01	31.76	1.54	14.07	−1.23	98.28	98.43	98.23	98.30	1013.31	586.75	47.81	31.89	18.29
湖北省	47.76	0.88	67.62	−1.15	24.63	1.39	10.77	−1.36	99.08	98.98	98.80	98.28	1067.80	984.18	325.51	52.05	25.03
湖南省	41.14	3.92	75.97	0.60	19.18	6.78	13.62	−4.01	94.06	97.98	92.37	96.24	1133.61	1013.08	286.91	55.47	13.17
广东省	74.71	−2.48	72.81	−3.08	67.84	11.63	33.47	73.64	99.90	99.90	98.09	97.89	1972.78	1487.43	170.60	90.38	18.58
广西壮族自治区	37.70	5.14	57.63	5.02	22.08	−0.46	9.75	−6.37	96.74	98.31	94.72	96.19	669.99	479.91	186.97	42.77	13.34
海南省	12.25	4.12	8.92	6.95	5.74	−3.57	3.14	160.58	96.51	95.48	96.33	95.17	115.31	98.65	26.56	43.45	0.87
重庆市	16.80	0.08	29.56	0.09	8.11	8.61	6.11	−15.11	98.62	99.07	90.04	88.14	478.02	386.48	193.18	38.28	15.16
四川省	65.82	8.45	114.68	3.06	24.98	5.15	16.16	11.96	97.14	98.24	95.18	95.73	1367.37	1085.39	605.47	43.02	38.83
贵州省	25.33	11.38	27.25	13.18	13.81	10.46	4.26	−0.19	92.30	95.97	79.63	69.52	421.92	421.92	111.21	33.10	16.87
云南省	30.59	1.34	81.18	2.44	17.18	8.86	9.08	−6.09	96.70	97.68	94.96	94.99	442.40	427.22	229.25	30.95	10.37
西藏自治区	5.82	19.79	8.11	38.36	3.66	12.89	1.39	19.87	94.83	95.96	93.59	94.28	23.51	16.86	1.51	31.75	0.43
陕西省	47.03	−2.96	59.50	−2.64	24.59	1.72	11.78	6.73	98.06	98.71	97.17	97.31	694.86	543.28	194.73	54.90	3.84
甘肃省	34.20	5.73	48.72	7.57	13.37	7.44	6.74	7.17	98.01	98.47	94.48	94.71	233.58	191.78	111.89	28.19	5.65

续表

分布情况	节目制播情况								覆盖情况				有线广播电视发展情况				
	广播节目		电视节目		广播节目		电视节目		广播综合人口覆盖率/%	电视综合人口覆盖率/%	无线广播覆盖率/%	无线电视覆盖率/%	有线广播电视实际用户/万户	数字电视实际用户/万户	付费数字电视实际用户/万户	有线广播电视实际用户占本地区总户数比重/%	有线广播电视网络传输干线总长/万千米
	播出时间/万小时	增长率/%	播出时间/万小时	增长率/%	制作时间/万小时	增长率/%	制作时间/万小时	增长率/%									
青海省	9.49	28.43	11.22	22.27	4.65	16.62	1.20	−41.09	98.01	98.00	97.96	97.85	69.16	68.94	41.01	39.31	0.59
宁夏回族自治区	11.58	8.11	17.21	8.33	5.85	12.21	2.84	−5.16	96.62	99.24	96.43	98.66	102.36	72.01	31.47	48.77	1.31
新疆维吾尔自治区	85.67	4.26	109.27	3.02	31.02	6.08	9.34	0.27	96.60	97.04	96.13	96.25	217.73	207.95	72.58	34.47	3.98
新疆生产建设兵团	—	—	—	—	—	—	—	—	98.50	99.50	—	—	53.05	—	—	—	1.38

表2　2015年全国广播电视发展主要指标一览表（二）

分布情况	总收入		实际创收收入		广告收入		广播电视广告				网络		收视费、付费数字电视				资产	
							广播广告收入		电视广告收入		网络收入		收视费收入		付费数字电视收入			
	金额/亿元	增长率/%	金额/亿元	增长率/%	金额/亿元	增长率/%	金额/亿元	增长率/%	金额/亿元	增长率/%	金额/亿元	增长率/%	金额/亿元	增长率/%	金额/亿元	增长率/%	总额/亿元	增长率/%
全国合计	4634.56	9.66	3952.27	8.71	1529.54	4.44	156.42	−2.20	1065.16	−4.57	866.06	4.70	475.15	3.88	70.23	5.60	11 740.32	16.48
总局直属	705.39	3.81	609.17	3.46	291.80	−8.54	8.12	−7.67	276.88	−8.91	30.56	12.50	11.02	−4.99	3.81	17.49	1800.10	12.85
北京市	571.44	16.08	493.61	22.12	215.35	22.78	12.71	22.43	62.00	−20.68	26.17	−31.72	11.51	5.95	0.57	−72.21	1609.64	47.85
天津市	39.96	−14.07	33.99	−15.09	12.85	−27.90	3.66	−31.16	8.79	−26.42	10.95	6.05	4.79	−6.10	0.67	91.37	136.19	4.08
河北省	73.18	10.14	58.82	6.38	19.93	−20.13	4.86	−21.66	13.21	−24.28	27.77	16.82	18.51	6.97	0.94	10.87	182.01	30.04
山西省	43.68	24.92	29.75	21.81	9.68	−8.13	2.37	−3.68	7.09	−8.50	11.75	2.68	9.03	−4.57	0.97	1751.00	106.40	22.74
内蒙古自治区	49.34	5.90	21.29	0.49	3.91	−32.04	1.18	−11.37	2.73	−37.65	16.39	10.88	11.28	8.91	0.24	−82.67	69.95	−18.23
辽宁省	77.10	−11.69	65.35	−7.80	25.22	−15.26	6.90	−9.52	18.10	−17.03	30.85	4.19	23.91	4.04	1.50	33.23	202.32	−16.18
吉林省	56.75	14.93	35.18	−8.59	12.37	−11.77	3.05	0.01	9.27	−15.05	21.55	−0.51	12.36	1.46	2.53	−17.74	252.97	4.84
黑龙江省	57.76	−3.15	48.10	−8.41	20.73	−6.89	6.10	13.24	13.96	−12.83	22.95	−3.55	14.87	−14.46	1.51	47.89	112.54	−6.02
上海市	461.53	22.12	442.10	22.87	141.71	60.04	9.03	38.43	58.68	−0.28	34.69	5.02	15.71	5.22	4.55	25.00	906.39	21.97
江苏省	295.23	5.36	281.98	5.34	107.66	4.36	12.17	−12.12	86.91	5.76	82.46	6.50	40.03	1.00	5.20	25.53	1012.89	13.81
浙江省	461.03	14.42	434.68	14.33	147.45	30.00	13.22	−9.73	105.49	43.47	70.55	12.15	32.28	5.23	4.48	−3.84	1268.73	40.91
安徽省	86.43	5.74	71.62	0.90	34.99	−4.66	3.02	−12.04	30.14	−5.67	15.80	7.21	9.78	127.46	1.42	−78.99	151.35	−4.30
福建省	99.34	8.73	71.96	12.86	19.85	−10.79	4.05	12.40	13.66	−16.34	26.11	11.77	11.24	17.90	4.02	84.54	218.56	21.94
江西省	70.32	6.28	60.79	5.44	18.73	−14.96	3.81	88.45	14.56	−25.34	20.31	20.41	13.02	7.34	1.47	6.60	106.79	7.53

续表

分布情况	总收入		实际创收收入		广告收入		广播电视广告				网络		收视费、付费数字电视				资产	
							广播广告收入		电视广告收入		网络收入		收视费收入		付费数字电视收入			
	金额/亿元	增长率/%	金额/亿元	增长率/%	金额/亿元	增长率/%	金额/亿元	增长率/%	金额/亿元	增长率/%	金额/亿元	增长率/%	金额/亿元	增长率/%	金额/亿元	增长率/%	总额/亿元	增长率/%
山东省	172.31	8.59	154.98	3.04	59.33	−3.07	9.45	−17.84	46.04	6.61	62.45	4.99	38.79	6.40	6.12	65.91	420.60	−4.87
河南省	69.13	2.23	55.69	0.52	26.67	−14.03	7.58	45.94	18.26	−26.75	19.67	14.14	14.25	14.65	0.58	18.67	190.62	8.02
湖北省	104.83	1.19	89.40	0.42	26.73	−25.43	4.50	−9.81	19.82	−32.37	35.34	5.91	22.07	−2.55	2.24	8.00	309.85	19.88
湖南省	249.35	17.69	232.47	17.14	127.66	28.36	5.46	−7.07	112.03	23.97	35.37	−4.93	20.27	7.28	3.77	61.44	584.52	6.81
广东省	261.28	4.89	237.61	0.97	82.15	−11.97	12.57	2.17	54.33	−23.48	77.76	−2.00	47.95	1.09	5.58	52.26	700.78	12.53
广西壮族自治区	64.45	24.02	42.06	7.33	10.67	−13.49	1.68	−1.44	8.50	−14.45	24.34	21.39	9.84	7.36	1.29	−8.30	130.36	21.09
海南省	16.44	2.61	12.10	5.87	7.43	3.76	0.68	21.42	6.75	30.41	3.94	6.40	2.74	2.08	0.25	125.53	35.84	5.99
重庆市	53.16	16.06	44.93	10.11	11.22	−17.92	2.23	10.58	8.66	−14.13	24.97	19.49	12.55	17.72	2.00	0.53	125.60	0.92
四川省	140.90	1.52	92.09	−2.62	25.61	−14.73	4.45	0.41	18.93	−19.42	50.63	1.78	23.09	−0.14	3.85	−19.53	342.84	4.98
贵州省	83.82	18.08	73.25	14.71	21.51	12.04	1.78	−57.77	14.62	22.36	17.96	17.24	8.86	−2.36	3.13	7.26	125.76	14.71
云南省	56.40	−0.20	37.54	−5.82	12.08	−22.01	2.05	−15.99	9.75	−23.99	18.85	5.39	10.47	0.87	2.47	−5.75	200.70	−7.27
西藏自治区	12.11	32.22	1.60	−43.10	0.74	−64.48	0.02	21.50	0.71	−65.38	0.54	2.24	0.48	3.24	0.01	34.11	19.39	−7.20
陕西省	84.56	0.86	70.99	−2.38	20.48	−4.84	6.10	−8.63	14.35	−0.95	20.64	1.26	9.94	−4.72	1.90	−6.83	174.31	−13.85
甘肃省	37.12	31.35	15.98	3.36	4.68	−13.43	0.95	0.77	3.60	−16.83	8.33	2.04	5.07	−8.06	0.72	−23.91	102.52	33.22
青海省	17.16	4.96	4.89	18.33	0.83	17.80	0.20	22.66	0.61	18.88	2.36	−6.45	1.52	−6.39	0.38	38.21	17.78	−3.17

续表

分布情况	总收入		实际创收收入		广告收入		广播电视广告				网络		收视费、付费数字电视				资产	
							广播广告收入		电视广告收入		网络收入		收视费收入		付费数字电视收入			
	金额/亿元	增长率/%	金额/亿元	增长率/%	金额/亿元	增长率/%	金额/亿元	增长率/%	金额/亿元	增长率/%	金额/亿元	增长率/%	金额/亿元	增长率/%	金额/亿元	增长率/%	总额/亿元	增长率/%
宁夏回族自治区	17.34	24.72	10.35	11.99	2.70	−24.16	0.32	8.01	2.07	−31.10	4.10	25.12	2.13	−22.16	0.77	—	44.75	80.51
新疆维吾尔自治区	41.55	6.81	15.96	5.40	5.79	1.70	2.15	8.87	3.60	−1.72	8.97	6.44	4.80	1.00	1.30	1.88	76.97	8.93
新疆生产建设兵团	4.17	112.84	2.00	11.85	1.02	−10.22	0.00	—	1.05	−7.60	0.98	108.90	0.98	108.90	—	—	—	—

2015 年全国广播电视总收入分类构成，如图 1 和表 3 所示。

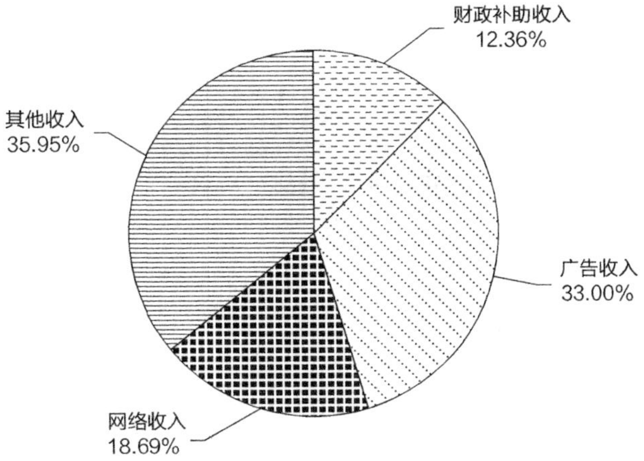

图 1　2015 年全国广播电视总收入分类构成

表 3　2015 年全国广播电视总收入分类构成

指标	总收入 / 亿元	占全国广电总收入比重 /%
财政补助收入	572.76	12.36
广告收入	1529.54	33.00
网络收入	866.06	18.69
其他收入	1666.20	35.95
全国总收入	4634.56	100.00

2015 年全国广播电视总收入区域构成，如图 2 和表 4 所示。

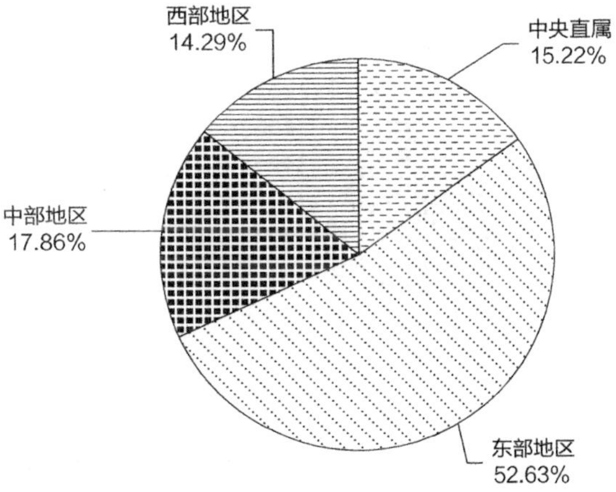

图 2　2015 年全国广播电视总收入区域构成

表 4　2015 年全国广播电视总收入区域构成

地区	总收入 / 亿元	占全国广电总收入比重 /%
中央直属	705.39	15.22
东部地区	2439.23	52.63
中部地区	827.86	17.86
西部地区	662.08	14.29
全国合计	4634.56	100.00

2015 年全国广播电视总收入分级构成，如图 3 和表 5 所示。

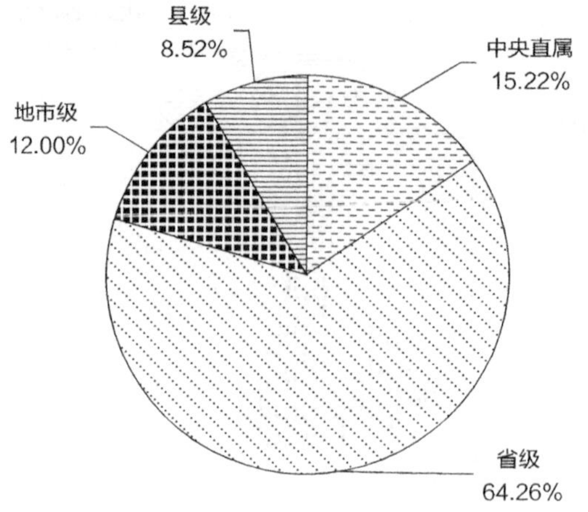

图 3　2015 年全国广播电视总收入分级构成

表 5　2015 年全国广播电视总收入分级构成

地区	总收入 / 亿元	占全国广电总收入比重 /%
中央直属	705.39	15.22
省级	2978.21	64.26
地市级	556.23	12.00
县级	394.73	8.52
全国合计	4634.56	100.00

2015 年全国广播电视广告收入区域构成，如图 4 和表 6 所示。

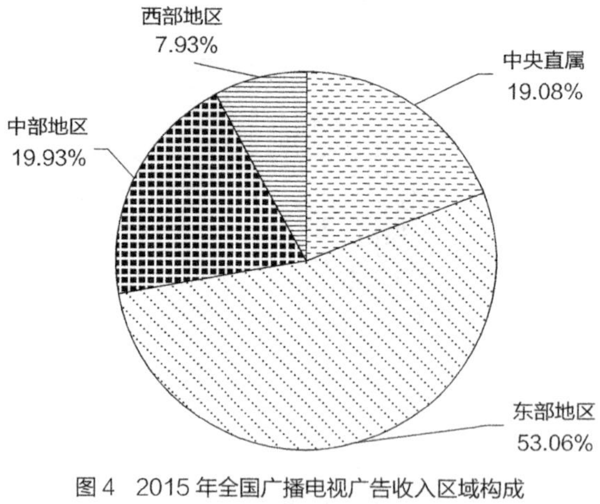

图 4　2015 年全国广播电视广告收入区域构成

表 6　2015 年全国广播电视广告收入区域构成

地区	广告收入 / 亿元	占全国广告总收入比重 /%
中央直属	291.80	19.08
东部地区	811.59	53.06
中部地区	304.91	19.93
西部地区	121.24	7.93
全国合计	1529.54	100.00

2015 年全国广播电视广告收入分级构成，如图 5 和表 7 所示。

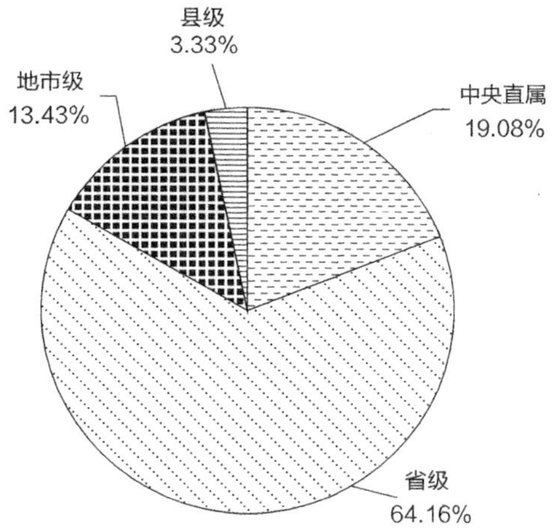

图 5　2015 年全国广播电视广告收入分级构成

表 7　2015 年全国广播电视广告收入分级构成

地区	广告收入 / 亿元	占全国广告收入比重 /%
中央直属	291.80	19.08
省级	981.39	64.16
地市级	205.40	13.43
县级	50.95	3.33
全国合计	1529.54	100.00

2015 年全国广播节目按类别制作时间，如图 6 和表 8 所示。

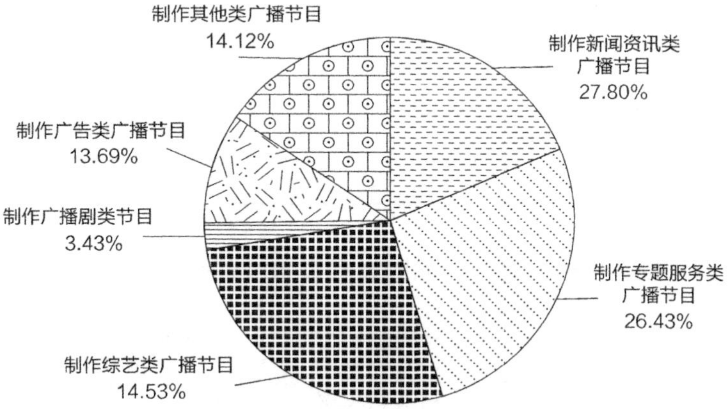

图 6　2015 年全国广播节目按类别制作时间

表 8　2015 年广播电视节目按类别制作时间

制作电视节目类别	时间 / 万小时	占全年制作电视节目时间比重 /%
制作新闻资讯类广播节目	97.88	27.80
制作专题服务类广播节目	93.03	26.43
制作综艺类广播节目	51.14	14.53
制作广播剧类电视节目	12.06	3.43
制作广告类广播节目	48.20	13.69

续表

制作电视节目类别	时间 / 万小时	占全年制作电视节目时间比重 /%
制作其他类广播节目	49.71	14.12
全年制作广播节目时间合计	352.02	100.00

2015 年全国电视节目按类别制作时间，如图 7 和表 9 所示。

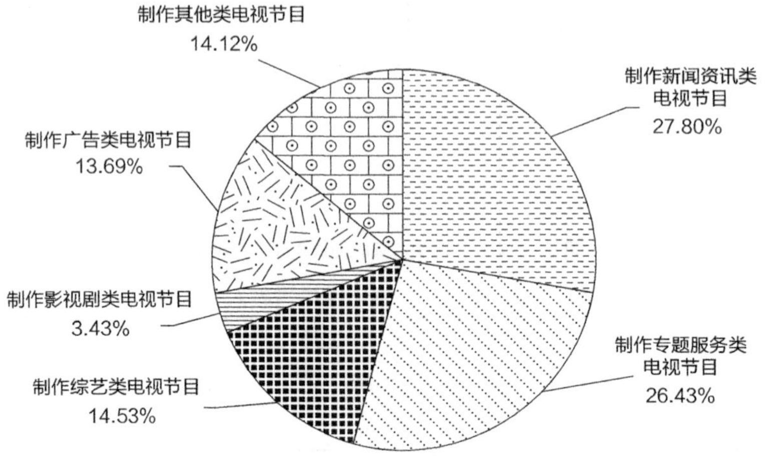

图 7　2015 年全国电视节目按类别制作时间

表 9　2015 年全国电视节目按类别制作时间

制作电视节目类别	时间 / 万小时	占全年制作电视节目时间比重 /%
制作新闻资讯类电视节目	97.88	27.80
制作专题服务类电视节目	93.03	26.43
制作综艺类电视节目	51.14	14.53
制作影视剧类电视节目	12.06	3.43
制作广告类电视节目	48.20	13.69
制作其他类电视节目	49.71	14.12
全年制作电视节目时间合计	352.02	100.00

2015 年全国广播节目按类别播出时间，如图 8 和表 10 所示。

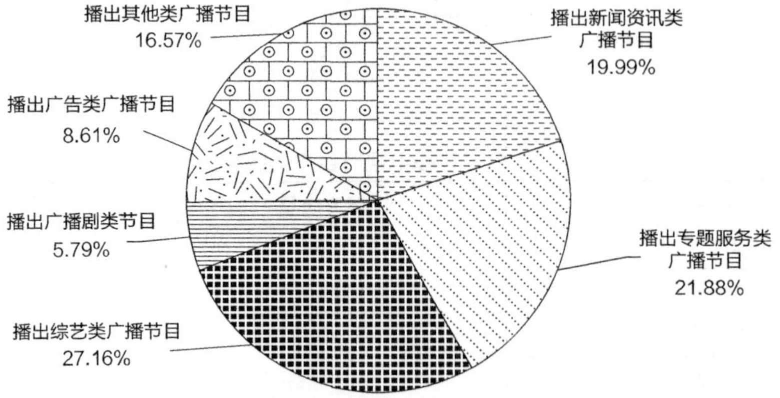

图 8　2015 年全国广播节目按类别播出时间

表 10　2015 年全国广播节目按类别播出时间

广播节目播出类别	时间 / 万小时	占全年广播节目播出时间的比重 /%
播出新闻资讯类广播节目	284.18	19.99
播出专题服务类广播节目	311.10	21.88
播出综艺类广播节目	386.20	27.16
播出广播剧类节目	82.35	5.79
播出广告类广播节目	122.48	8.61
播出其他类广播节目	235.52	16.57
全年公共广播节目播出时间合计	1421.83	100.00

2015 年全国电视节目按类别播出时间，如图 9 和表 11 所示。

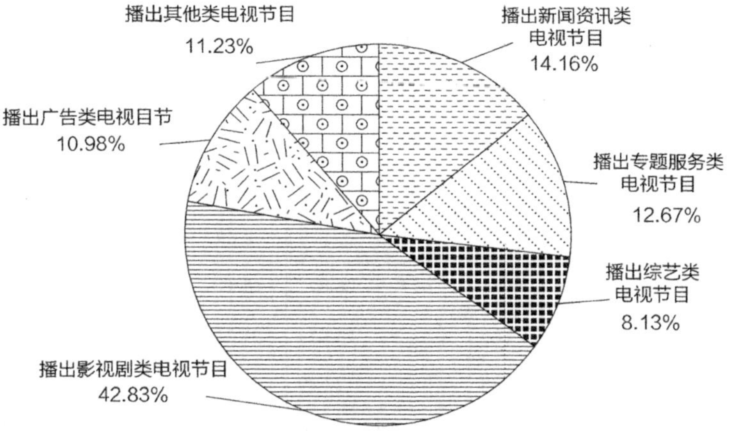

图 9　2015 年全国电视节目按类别播出时间

表 11　2015 年全国电视节目按类别播出时间

电视节目播出类别	时间 / 万小时	占全年电视节目播出的比重 /%
播出新闻资讯类电视节目	252.06	14.16
播出专题服务类电视节目	225.48	12.67
播出综艺类电视节目	144.69	8.13
播出影视剧类电视节目	762.12	42.83
播出广告类电视节目	195.37	10.98
播出其他类电视节目	199.88	11.23
全年公共电视节目播出时间合计	1779.60	100.00

2015 年全国广播电视行业从业人员情况一览表，如表 12 和表 13 所示。

表 12　2015 年全国广播电视行业从业人员情况一览表（一）

单位：人

分布情况	从业人员基本情况				从业人员按职业划分							
	从业人员	长期职工	女	中共党员	管理人员	专业人员	编辑、记者	播音员、主持人	工程技术人员	艺术人员	经营人员	其他人员
全国合计	900 664	838 817	356 211	297 368	146 909	473 835	154 976	30 191	153 624	19 157	52 697	279 920

续表

分布情况	从业人员基本情况				从业人员按职业划分							
	从业人员	长期职工	女	中共党员	管理人员	专业人员	编辑、记者	播音员、主持人	工程技术人员	艺术人员	经营人员	其他人员
总局直属（广电方面）	53 716	47 776	25 326	15 235	8 333	27 809	7 509	859	12 135	1 496	2 514	17 574
北京市	57 243	51 201	26 534	10 040	10 623	27 738	6 712	764	6 917	2 249	4 784	18 882
天津市	8 094	7 455	3 541	2 751	970	5 336	2 186	294	1 128	217	107	1 788
河北省	41 100	37 828	16 483	14 365	6 166	19 558	6 714	1 615	6 239	1 228	1 421	15 376
山西省	21 656	19 717	8 865	7 491	2 889	11 010	5 371	788	3 296	97	357	7 757
内蒙古自治区	18 373	15 784	7 534	6 422	2 161	13 086	4 699	1 050	2 967	191	136	3 126
辽宁省	28 165	27 548	10 975	12 145	4 799	16 460	4 743	1 039	6 505	740	665	6 906
吉林省	19 957	19 736	6 986	6 942	2 592	14 718	5 013	844	5 064	157	3 331	2 647
黑龙江省	25 194	24 427	9 222	9 230	3 842	13 846	4 943	983	4 997	486	1 842	7 506
上海市	32 053	29 880	14 042	7 011	4 382	15 642	2 945	700	4 037	2 625	2 089	12 029
江苏省	53 226	50 502	20 003	19 287	7 075	29 810	8 687	1 876	9 453	722	5 751	16 341
浙江省	51 332	46 594	20 636	14 986	7 172	26 827	8 478	1 777	8 939	817	4 063	17 333
安徽省	22 614	21 517	8 467	9 966	4 329	14 064	4 626	1 193	3 846	418	2 662	4 221
福建省	27 073	24 853	10 460	7 728	4 503	12 579	3 852	779	3 441	414	1 628	9 991
江西省	21 005	18 681	7 449	7 310	4 085	8 439	3 055	846	2 477	149	457	8 481
山东省	58 054	54 538	22 370	19 006	8 055	33 722	12 262	2 408	12 000	903	3 150	16 277
河南省	50 209	48 470	20 034	18 802	7 629	21 491	9 420	1 615	6 404	341	1 481	21 089
湖北省	40 513	38 672	14 854	15 969	7 097	21 248	6 951	1 244	7 406	503	3 048	12 168
湖南省	43 822	41 487	17 185	15 235	7 660	23 119	6 864	1 029	7 062	673	3 179	13 043
广东省	53 547	49 082	18 727	16 090	9 384	24 010	6 792	1 553	8 622	1 591	2 399	20 153
广西壮族自治区	16 974	16 250	5 986	6 569	3 840	10 200	3 754	659	3 978	389	715	2 934
海南省	5 337	5 314	2 234	1 745	904	2 855	1 114	243	922	161	91	1 578
重庆市	11 950	11 114	4 242	3 967	2 085	6 470	1 703	399	1 992	429	1 203	3 395
四川省	40 028	36 864	14 764	15 239	9 055	19 554	5 246	1 226	4 868	535	2 981	11 419
贵州省	16 460	15 532	6 808	5 131	4 245	7 880	3 192	539	2 554	84	328	4 335
云南省	18 470	17 777	6 924	6 802	2 892	10 628	4 163	807	4 155	205	648	4 950
西藏自治区	4 518	4 316	1 982	2 044	537	2 908	663	155	894	80	3	1 073
陕西省	19 499	18 727	7 377	6 563	3 151	10 029	3 954	886	3 662	319	679	6 319
甘肃省	15 878	14 545	5 912	5 591	3 285	7 070	3 135	661	1 883	233	602	5 523
青海省	3 833	2 957	1 304	1 165	414	2 902	1 005	266	1 283	87	72	517

续表

分布情况	从业人员基本情况				从业人员按职业划分							
	从业人员	长期职工	女	中共党员	管理人员	专业人员	编辑、记者	播音员、主持人	工程技术人员	艺术人员	经营人员	其他人员
宁夏回族自治区	4 834	4 679	2 084	1 606	954	2 468	1 026	201	869	88	140	1 412
新疆维吾尔自治区	15 937	14 994	6 901	4 935	1 801	10 359	4 199	893	3 629	530	171	3 777

表 13　2015 年全国广播电视行业从业人员情况一览表（二）

单位：人

分布情况	合计	按学历分			按年龄分			按专业技术职务分			
		研究生	本科及大专	高中及以下	35 岁及以下	36 ~ 50 岁	51 岁及以上	正高级	副高级	中级	初级
全国合计	900 664	35 356	651 895	213 413	417 241	380 603	102 820	8 425	35 403	128 724	405 930
总局直属（广电方面）	53 716	5 390	37 716	10 610	30 706	16 723	6 287	1 142	3 153	8 568	33 192
北京市	57 243	7 161	44 956	5 126	40 075	13 836	3 332	828	1 683	4 620	18 670
天津市	8 094	539	6 330	1 225	4 167	2 843	1 084	237	601	1 234	4 495
河北省	41 100	972	29 313	10 815	18 153	18 946	4 001	534	1 717	5 686	14 878
山西省	21 656	325	15 503	5 828	8 094	10 910	2 652	174	636	3 717	8 261
内蒙古自治区	18 373	568	14 703	3 102	5 766	8 354	4 253	372	1 523	4 196	7 362
辽宁省	28 165	917	21 746	5 502	9 855	14 357	3 953	464	1 590	6 151	10 649
吉林省	19 957	555	13 547	5 855	7 113	9 462	3 382	333	1 579	3 649	10 986
黑龙江省	25 194	608	18 077	6 509	8 681	12 792	3 721	592	1 955	5 023	9 700
上海市	32 053	2 340	22 885	6 828	19 883	8 476	3 694	287	1 052	4 699	10 045
江苏省	53 226	2 164	38 595	12 467	24 966	22 617	5 643	265	1 563	6 988	27 339
浙江省	51 332	1 651	39 510	10 171	26 213	19 302	5 817	256	1 639	6 679	24 149
安徽省	22 614	797	17 558	4 259	9 356	10 519	2 739	103	721	3 554	11 794
福建省	27 073	519	19 452	7 102	12 620	11 433	3 020	146	989	3 070	11 648
江西省	21 005	355	13 415	7 235	7 661	10 580	2 764	131	603	2 218	6 946
山东省	58 054	1 484	43 647	12 923	28 286	24 239	5 529	454	2 855	9 542	28 582
河南省	50 209	845	31 219	18 145	22 422	23 090	4 697	149	1 199	6 636	21 182
湖北省	40 513	957	25 856	13 700	13 649	20 421	6 443	361	1 464	7 610	21 052
湖南省	43 822	1 120	31 257	11 445	20 955	18 407	4 460	174	1 037	5 906	25 817
广东省	53 547	1 911	38 794	12 842	25 502	23 006	5 039	233	1 360	6 215	21 687
广西壮族自治区	16 974	724	12 853	3 397	6 834	7 660	2 480	98	553	2 695	10 707

续表

分布情况	合计	按学历分			按年龄分			按专业技术职务分			
		研究生	本科及大专	高中及以下	35 岁及以下	36 ~ 50 岁	51 岁及以上	正高级	副高级	中级	初级
海南省	5 337	89	3 146	2 102	2 164	2 561	612	16	151	429	4 264
重庆市	11 950	402	8 743	2 805	4 980	5 672	1 298	78	452	1 574	5 851
四川省	40 028	913	27 908	11 207	16 813	18 565	4 650	135	775	3 880	15 983
贵州省	16 460	415	12 179	3 866	7 685	7 144	1 631	73	447	1 757	6 425
云南省	18 470	372	14 834	3 264	7 482	9 014	1 974	139	1 044	3 206	6 224
西藏自治区	4 518	143	2 827	1 548	2 485	1 667	366	51	161	454	2 332
陕西省	19 499	353	14 484	4 662	7 894	9 071	2 534	175	753	2 610	6 729
甘肃省	15 878	383	10 901	4 594	6 399	7 535	1 944	115	635	1 967	5 490
青海省	3 833	70	3 148	615	1 732	1 673	428	74	302	691	2 010
宁夏回族自治区	4 834	120	3 974	740	1 977	2 268	589	99	278	731	2 980
新疆维吾尔自治区	15 937	194	12 819	2 924	6 673	7 460	1 804	137	933	2 769	8 501

2015 年全国广播电视行业从业人员分类构成，如图 10 和表 14 所示。

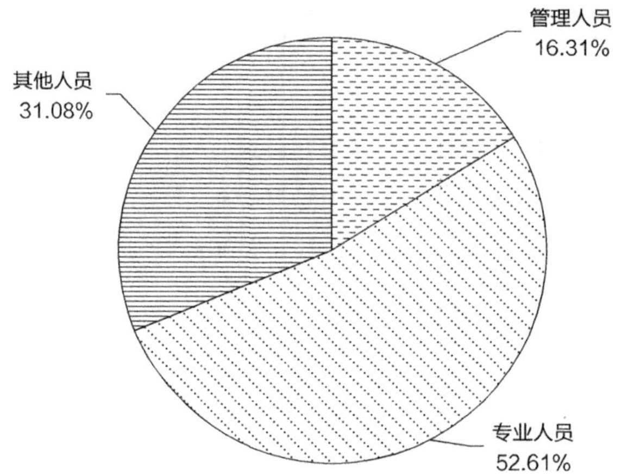

图 10　2015 年全国广播电视行业从业人员分类构成

表 14　2015 年全国广播电视行业从业人员分类构成

类别	人数 / 万人	占全国广电从业人员比重 /%
管理人员	14.69	16.31
专业人员	47.39	52.61
其他人员	27.99	31.08
全国合计	90.07	100.00

2015 年全国广播电视行业从业人员学历构成，如图 11 和表 15 所示。

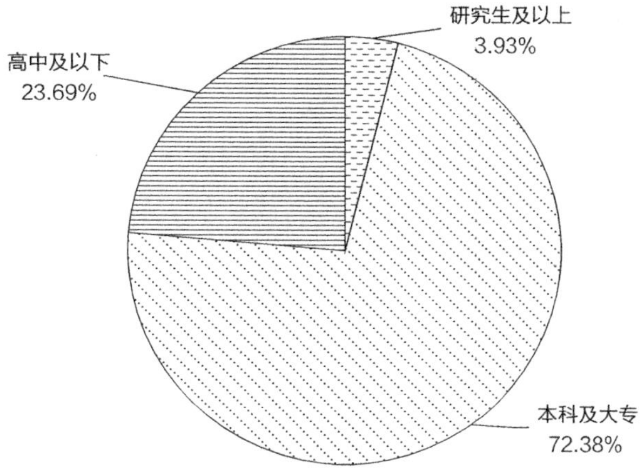

图 11　2015 年全国广播电视行业从业人员学历构成

表 15　2015 年全国广播电视行业从业人员学历构成

学历	人数 / 万人	占全国广电从业人员比重 /%
研究生及以上	3.54	3.93
本科及大专	65.19	72.38
高中及以下	21.34	23.69
全国合计	90.07	100.00

2015 年全国广播电视行业从业人员分级构成，如图 12 和表 16 所示。

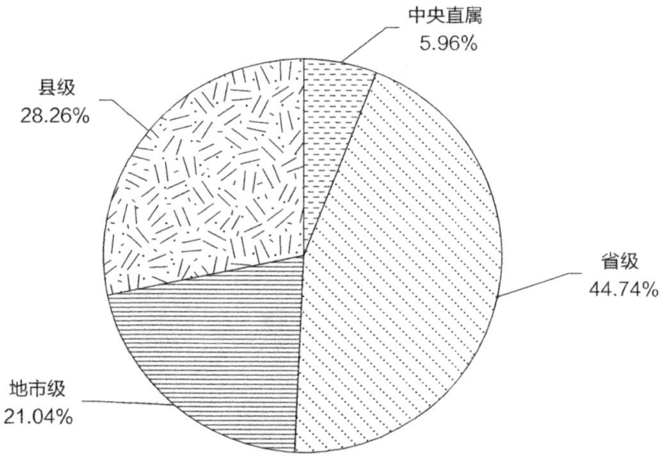

图 12　2015 年全国广播电视行业从业人员分级构成

表 16　2015 年全国广播电视行业从业人员分级构成

地区	从业人员 / 万人	占全国从业人员比重 /%
中央直属	5.37	5.96
省级	40.30	44.74
地市级	18.95	21.04
县级	25.45	28.26
全国合计	90.07	100.00

2010—2015 年全国广播电视行业总收入及增长情况，如图 13 所示。

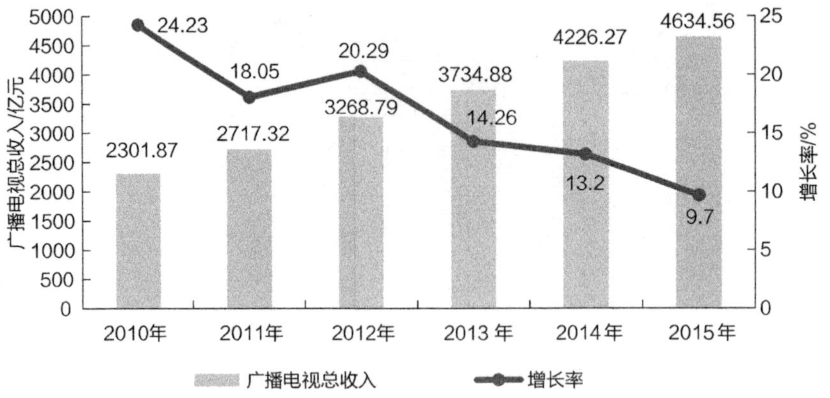

图 13　2010—2015 年全国广播电视行业总收入及增长情况

2010—2015 年全国广播电视创收收入及增长情况，如图 14 所示。

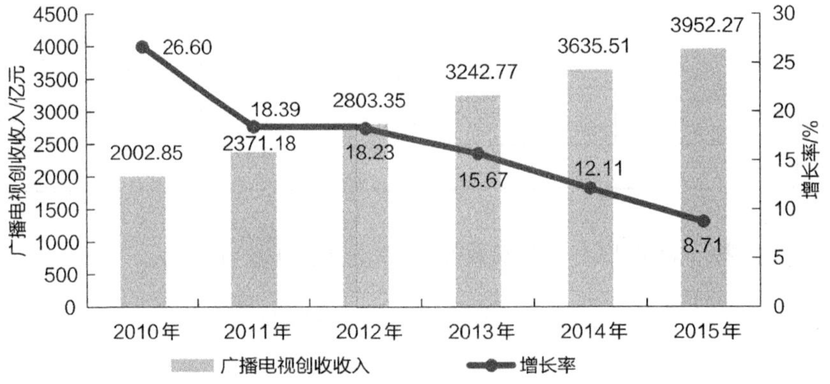

图 14　2010—2015 年全国广播电视创收收入及增长情况

2010—2015 年全国有线广播电视网络收入及增长情况，如图 15 所示。

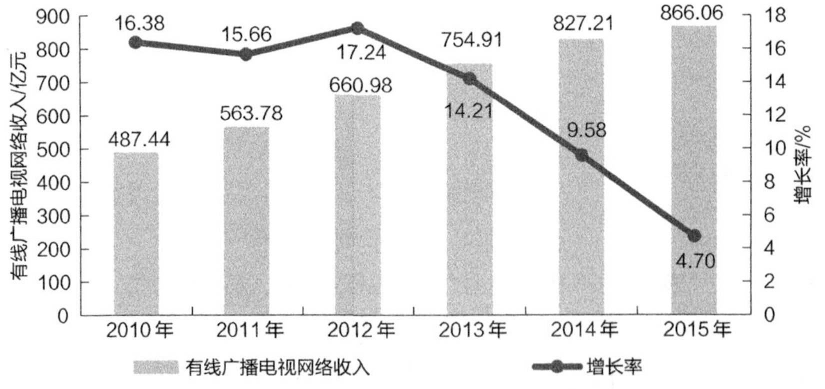

图 15　2010—2015 年全国有线广播电视网络收入及增长情况

2015 年全国有线广播电视网络收入构成，如图 16 所示。

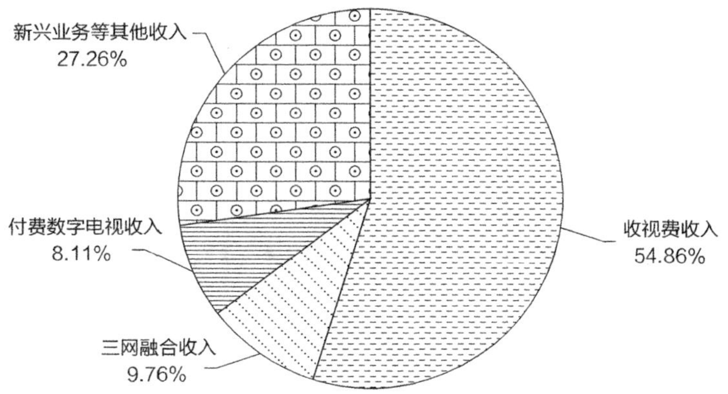

图 16　2015 年全国有线广播电视网络收入构成

2010—2015 年全国有线电视用户、数字电视用户和付费电视用户增长情况，如图 17 所示。

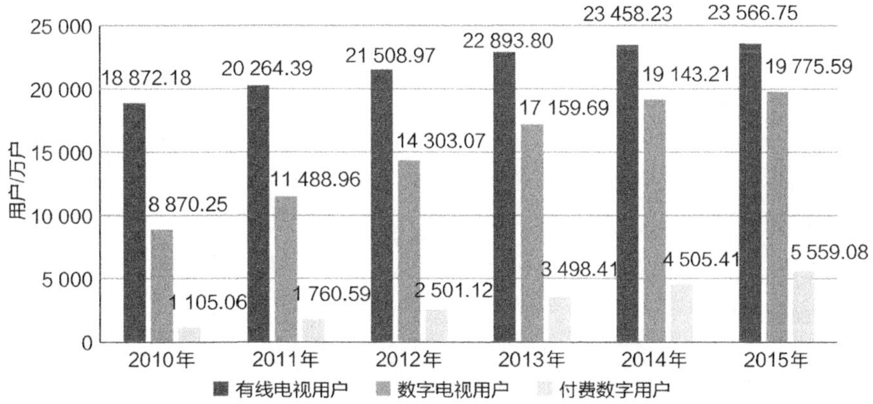

图 17　2010—2015 年全国有线电视用户、数字电视用户和付费电视用户增长情况

（数据来源：国家广电总局）

二、电影业

2009—2015 年全国电影票房及增长趋势，如图 1 所示。

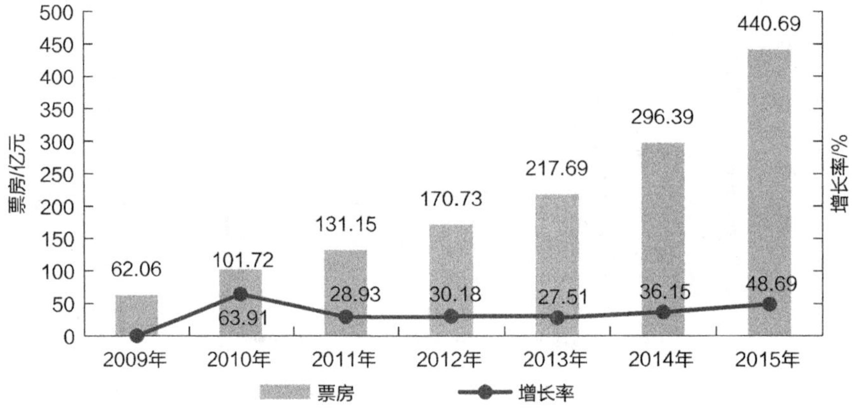

图 1　2009—2015 年全国电影票房及增长趋势

2009—2015 年影片制作生产情况，如表 1 所示。

表 1　2009—2015 年影片制作生产情况

单位：部

影片种类	2009 年	2010 年	2011 年	2012 年	2013 年	2014 年	2015 年
故事影片	566	626	660	745	638	618	686
动画影片	27	16	24	33	29	40	51
纪录影片	19	16	26	15	18	25	38
科教影片	52	54	76	74	121	52	96
特种电影	4	9	5	26	18	23	17
总计	668	721	791	893	824	758	888

2009—2015 年国产影片与进口影片票房及国产影片票房比例，如图 2 所示。

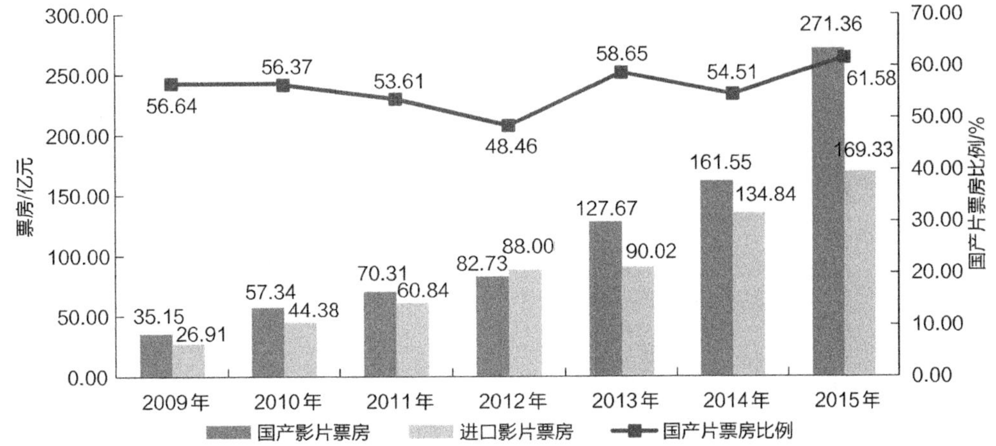

图 2　2009—2015 年国产影片与进口影片票房及国产影片票房比例

2009—2015 年票房过亿元影片总数及国产影片部数，如图 3 所示。

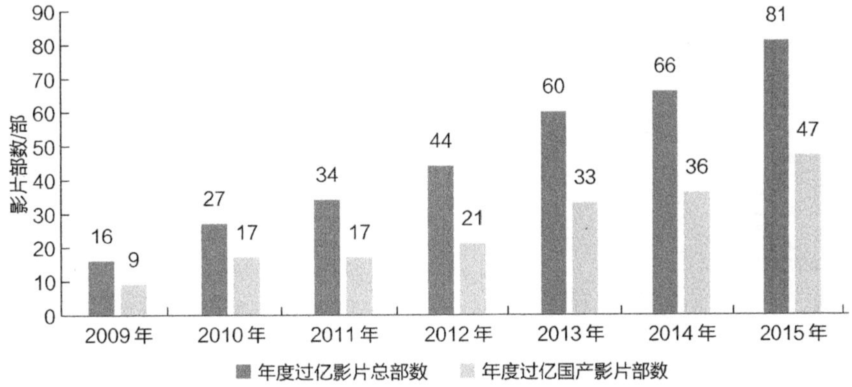

图 3　2009—2015 年票房过亿元影片总数及国产影片部数

2009—2015 年全国城市院线市场观众人次及票房收入增长趋势，如图 4 所示。

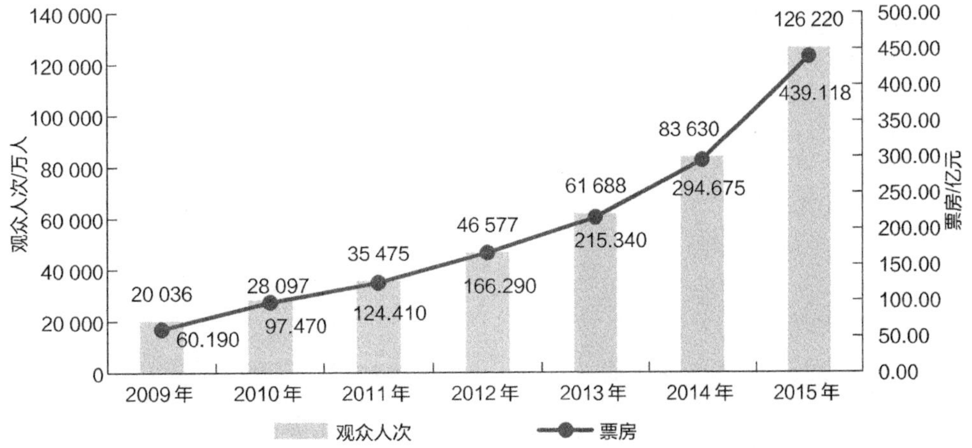

图 4　2009-2015 年全国城市院线市场观众人次及票房收入增长趋势

2011—2015 年中国电影全年海外综合收入情况，如图 5 所示。

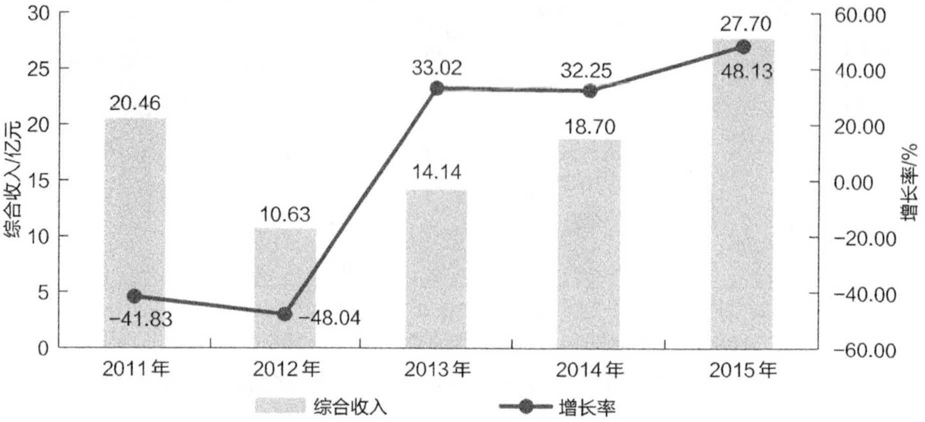

图 5　2011—2015 年中国电影全年海外综合收入情况

2015 年全国 31 个省、自治区、直辖市票房收入及上年增长比例，如图 6 所示。

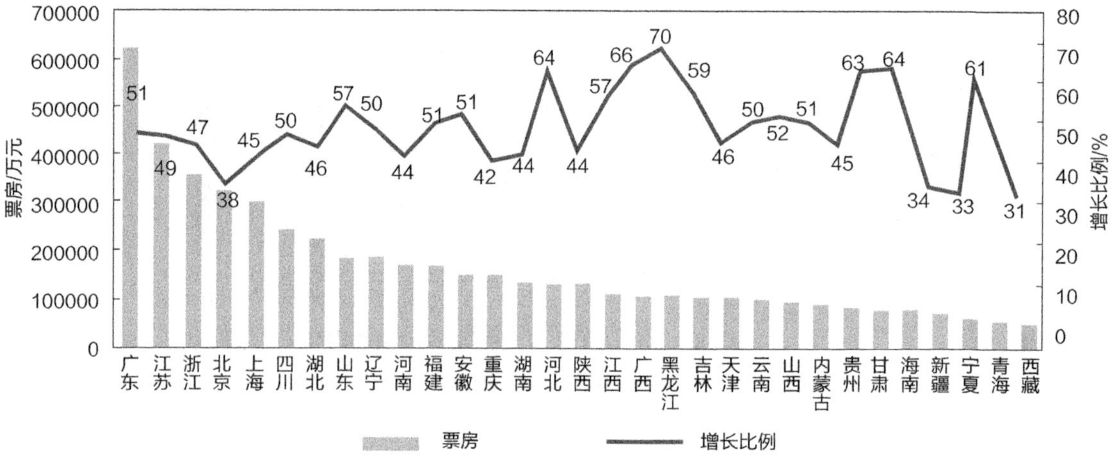

图 6　2015 年全国 31 个省、自治区、直辖市票房收入及上年增长比例

2015 年全国城市电影院线票房比例，如图 7 所示。

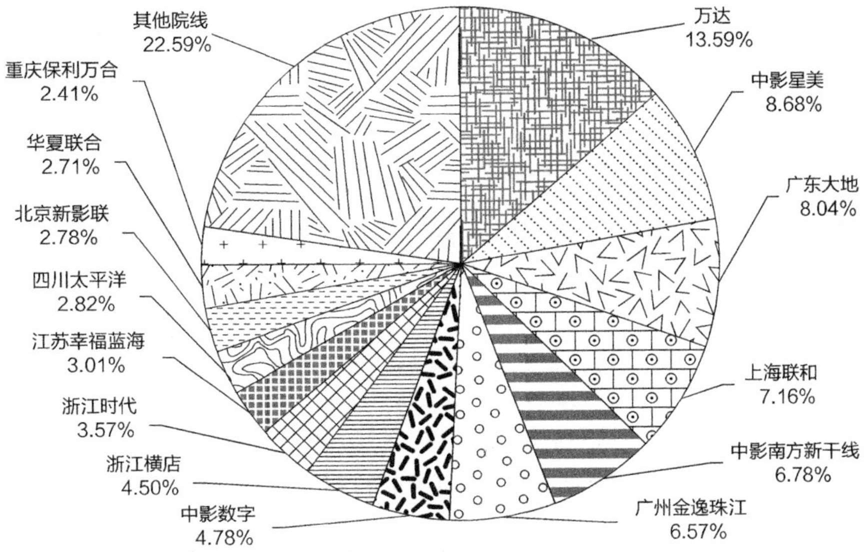

图7 2015年全国城市电影院线票房比例

2015年全国城市电影院线票房结构，如图8所示。

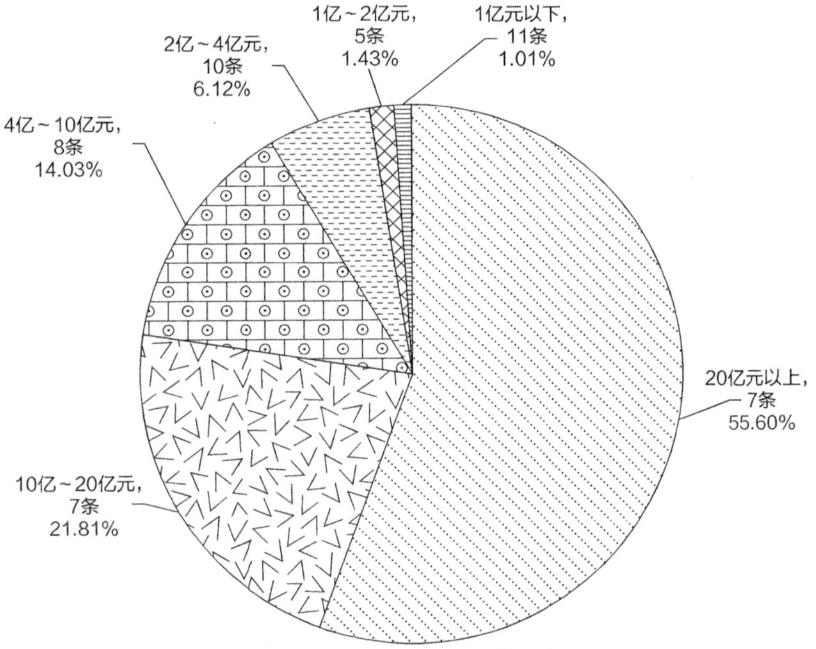

图8 2015年全国城市电影院线票房结构

2011—2015年全国城市院线三项指标增长趋势，如图9所示。

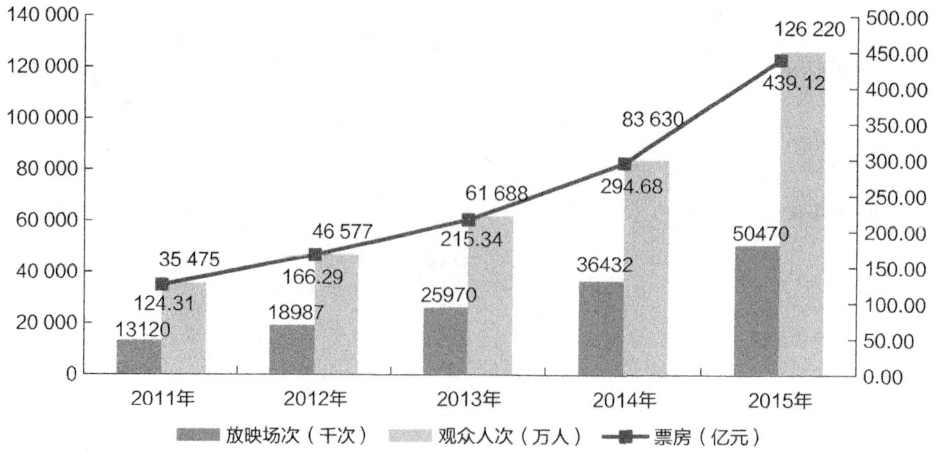

图 9 2011—2015 年全国城市院线三项指标增长趋势

2014—2015 年全国城市电影院线票房结构对比，如表 2 所示。

表 2 2014—2015 年全国城市电影院线票房结构对比

票房结构	院线 / 条		票房 / 亿元		累进票房 / 亿元		累进比例 /%	
	2015 年	2014 年	2015 年	2014 年	2015 年	2014 年	2015 年	2014 年
20 亿元以上	7	5	244.139	133.633	244.139	133.633	55.60	45.35
10 亿 ~ 20 亿元	7	5	95.770	63.585	339.909	197.218	77.41	66.93
4 亿 ~ 10 亿元	8	10	61.612	64.806	401.521	262.024	91.44	88.92
2 亿 ~ 4 亿元	10	8	26.882	19.828	428.403	281.852	97.56	95.65
1 亿 ~ 2 亿元	5	5	6.287	7.441	434.690	289.293	98.99	98.17
5000 万 ~ 1 亿元	4	5	2.890	3.629	437.580	292.922	99.65	99.41
5000 万元以下	7	9	1.538	1.753	439.118	294.675	100.00	100.00
合计	48	47	439.118	294.675	—	—	—	—

2015 年全国城市院线数据，如表 3 所示。

表 3 2015 年全国城市院线数据

院线	场次 / 万场	人次 / 万人	票房 / 万元	占全国院线票房 /%	平均票价 / 元
万达	339.38	14 570	596 601	13.59	40.95
中影星美	356.77	10 883	381 160	8.68	35.02
广东大地	526.75	11 473	352 856	8.04	30.75
上海联和	240.96	8 512	314 598	7.16	36.96
中影南方新干线	356.36	8 297	297 719	6.78	35.88
广州金逸珠江	259.22	7 914	288 438	6.57	36.45
中影数字	276.70	6 262	210 017	4.78	33.54

续表

院线	场次 / 万场	人次 / 万人	票房 / 万元	占全国院线票房 /%	平均票价 / 元
浙江横店	256.75	6 267	197 719	4.50	31.55
浙江时代	208.70	4 614	156 644	3.57	33.95
江苏幸福蓝海	133.03	3 861	132 271	3.01	34.26
四川太平洋	131.38	3 653	123 747	2.82	33.88
北京新影联	96.94	3 172	122 118	2.78	38.50
华夏联合	188.92	3 619	119 187	2.71	32.93
重庆保利万和	106.40	2 915	106 013	2.41	36.37
时代华夏今典	142.33	3 207	99 841	2.27	31.13
湖北银兴	98.02	2 903	91 983	2.09	31.69
深影橙天	121.41	2 478	86 105	1.96	34.75
辽宁中影北方	106.67	2 762	83 538	1.90	30.25
河南奥斯卡	106.46	2 620	83 324	1.90	31.80
武汉天河	50.99	1 742	58 430	1.33	33.54
浙江星光	61.80	1 593	58 429	1.33	36.68
北京红鲤鱼	140.47	1 380	54 472	1.24	39.47
上海大光明	29.06	845	32 174	0.73	38.08
山东奥卡新世纪	86.75	1 031	31 699	0.72	30.75

2015 年全国城市院线影院票房结构，如表 4 所示。

表 4　2015 年全国城市院线影院票房结构

票房分档	影院数 / 家	银幕数 / 块	座位数 / 个	场次 / 千场	人次 / 万人	票房 / 万元	平均票价 / 元	分档比例 / %	累计票房 / 万元	累进比例 / %
5 000 万元以上	61	647	108 702	1 414.44	8 150	384 659	47.20	8.76	384 659	8.76
3 000 万～ 5 000 万元	203	1 864	313 717	3 840.53	18 762	770 146	41.05	17.54	1 154 805	26.30
2 000 万～ 3 000 万元	337	2 735	427 614	5 634.64	22 498	809 002	35.96	18.43	1 963 807	44.73
1 000 万～ 2 000 万元	891	6 233	899 496	12 470.15	38 400	1 257 405	32.74	28.64	3 221 212	73.37
500 万～ 1 000 万元	921	5 515	752 238	10 128.85	21 901	670 891	30.63	15.28	3 892 103	88.65
200 万～ 500 万元	993	5 159	668 238	7 934.87	11 041	335 180	30.36	7.63	4 227 283	96.28
100 万～ 200 万元	647	2 901	352 958	3 753.68	3 147	94 398	30.00	2.15	4 321 681	98.43
50 万～ 100 万元	566	2 106	262 353	2 370.1	1 358	40 885	30.11	0.93	4 362 566	99.36
10 万～ 50 万元	924	3 013	385 706	2 439.84	855	25 303	29.59	0.58	4 387 869	99.94

5 万元～ 10 万元	208	566	78 845	210.25	52	1 493	28.71	0.03	4 389 362	99.97
5 万元以下	644	1 889	237 979	272.25	56	1 815	29.00	0.04	4 391 177	100.00
合计	6 395	32 628	4 487 846	50 469.6	126 220	4 391 177	34.79	100.00	—	—

2015 年全国 31 个省、自治区、直辖市票房收入及比上年增长比例，如图 10 所示。

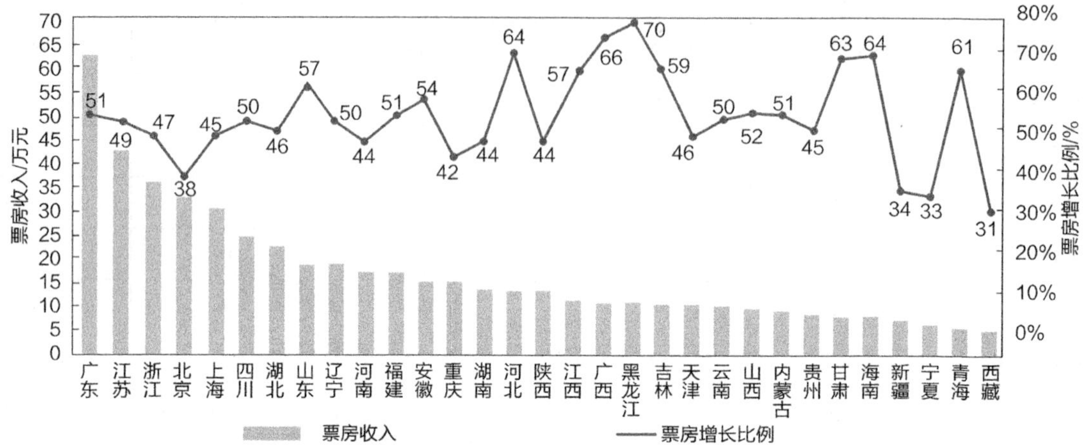

图 10　2015 年全国 31 个省、自治区、直辖市票房收入及比上年增长比例

2014—2015 年票房 1000 万元以上国产新片统计数据，如图 11 所示。

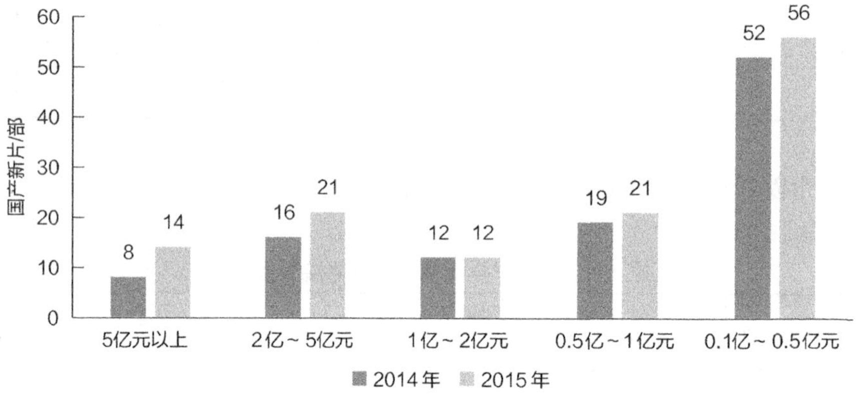

图 11　2014—2015 年票房 1000 万元以上国产新片统计数据

2015 年票房 3000 万元以上影院院线分布，如表 5 所示。

表 5　2015 年票房 3000 万元以上影院院线分布

院线公司	影院数 / 家	场次 / 千场	人次 / 万人	票房 / 万元
万达	91	1 780.42	9 250	402 709
中影星美	27	542.97	2 944	127 527
上海联和	27	471.97	2 651	117 604
中影南方新干线	17	421.97	1 976	83 826

续表

院线公司	影院数 / 家	场次 / 千场	人次 / 万人	票房 / 万元
广州金逸珠江	16	303.62	1 631	74 884
北京新影联	10	206.72	946	43 713
湖北银兴	7	172.65	889	30 130
重庆保利万和	7	132.77	600	27 021
江苏幸福蓝海	6	127.57	607	29 717
中星数字	6	111.67	508	22 185
浙江横店	5	103.46	515	17 042
四川太平洋	5	119.95	548	20 504
浙江时代	5	104.33	441	17 623
浙江星光	4	87.36	354	15 599
河南奥斯卡	4	67.82	475	16 336
北京红鲤鱼	4	64.88	266	14 548
长城沃美	3	58.25	267	11 235
广东大地	3	52.58	284	10 757
深影橙天	3	75.16	396	17 683
辽宁中影北方	2	34.46	213	7 808
武汉天河	2	40.59	253	9 000
上海大光明	2	27.19	149	8 532
华夏联合	2	40.95	206	6 943
时代华夏今典	2	24.95	165	6 583
福建中兴	1	19.75	86	3 468
北京世茂	1	25.27	107	3 974
世纪环球	1	17.14	88	3 781
华夏新华大地	1	19.25	96	4 068
总计	264	5 255.03	26 911	1 154 800

2015 年票房 3000 万元以上影院省区分布，如表 6 所示。

表 6　2015 年票房 3000 万元以上影院省区分布

省、自治区、直辖市	影院数 / 家	银幕数 / 块	座位数 / 个	场次 / 千场	人次 / 万人	票房 / 万元
广东省	43	369	60 846	821.65	4 264	192 741
北京省	36	345	54 510	745.36	3 618	177 232
上海省	29	237	40 551	513.76	2 614	135 117

续表

省、自治区、直辖市	影院数 / 家	银幕数 / 块	座位数 / 个	场次 / 千场	人次 / 万人	票房 / 万元
江苏省	18	180	32 410	353.62	1 769	71 917
浙江省	16	173	26 370	328.43	1 397	61 716
福建省	14	129	21 948	278.57	1 377	60 009
湖北省	14	145	26 660	304.98	1 704	58 429
四川省	10	121	19 425	243.78	1 150	44 657
河南省	8	81	12 896	162.76	984	32 741
湖南省	8	76	13 996	153.51	733	28 741
陕西省	7	63	12 128	130.19	816	30 712
辽宁省	7	77	14 120	144.89	738	25 863
重庆市	6	84	10 356	180.7	677	26 423
吉林省	6	50	11 240	105.47	730	28 640
黑龙江省	5	45	8 568	91.48	582	25 605
海南省	4	25	5 005	58.64	483	19 315
广西壮族自治区	4	39	7 990	78.73	389	17 597
江西省	4	38	5 770	78.16	436	16 849
河北省	4	39	5 685	85.62	416	18 371
贵州省	4	32	5 174	65.93	320	13 639
云南省	3	35	4 677	57.77	246	11 136
内蒙古自治区	3	27	4 076	59.47	320	13 112
山东省	3	30	5 379	60.57	267	10 129
天津市	2	21	4 166	44.13	250	9 740
山西省	2	13	2 051	29.66	177	7 042
安徽省	1	9	1 587	18.8	93	3 774
宁夏回族自治区	1	10	1 481	20.87	103	4 393
新疆维吾尔自治区	1	8	1 593	17.31	138	4 445
甘肃省	1	10	1 761	20.22	120	4 715
总计	264	2 511	422 419	5 255.03	26 911	1 154 800

（数据来源：中国电影协会）

三、新闻出版业

2015 年新闻出版产业经济总量情况，如图 1 所示。

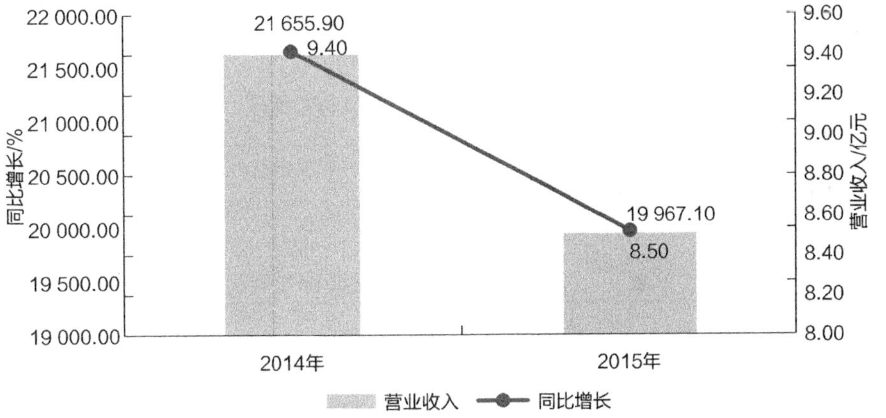

图 1 2015 年新闻出版产业经济总量情况

2015 年新闻出版产业营业收入及占比情况，如图 2 所示。

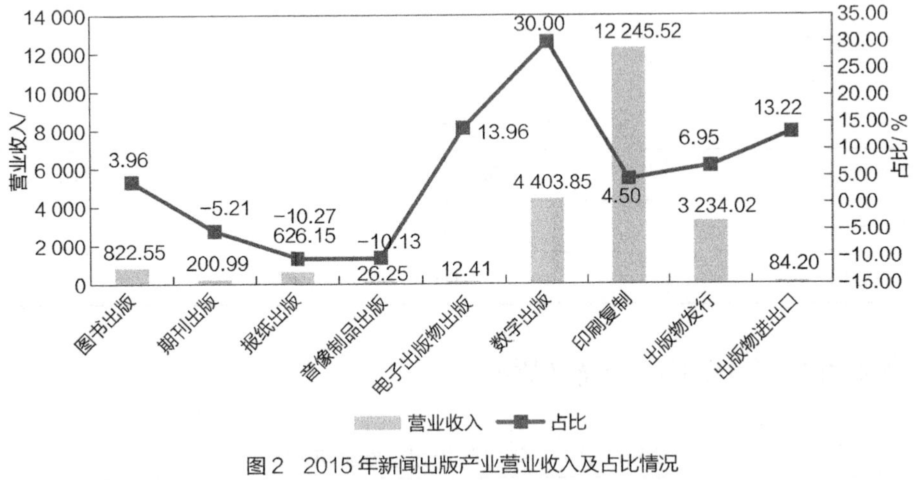

图 2 2015 年新闻出版产业营业收入及占比情况

2015 年新闻出版产业结构占比情况，如图 3 所示。

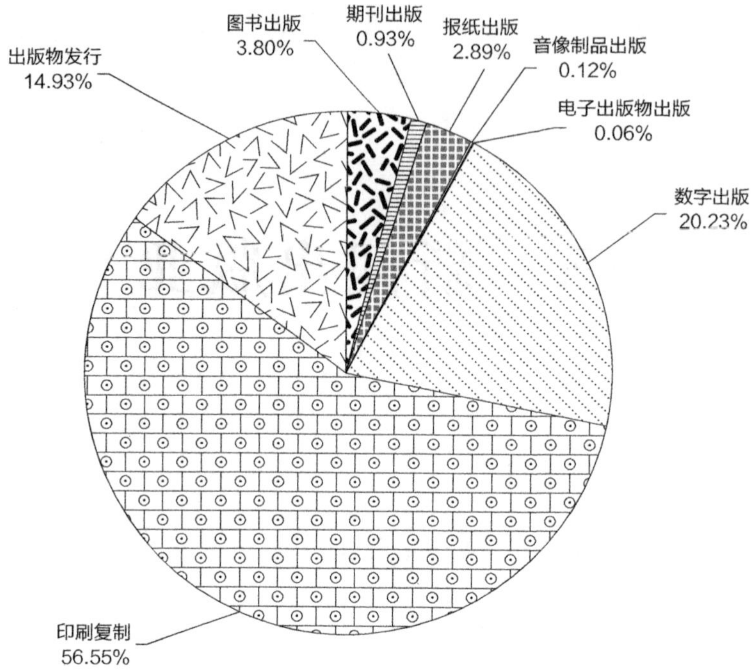

图 3　2015 年新闻出版产业结构占比情况

2015 年新版图书与重印图书情况，如表 1 所示。

表 1　2015 年新版图书与重印图书情况

类别	品种		总印数	
	数量 / 万种	增速 /%	数量 / 万种	增速 /%
全部图书	47.58	6.11	86.62	5.83
新版	26.04	1.76	25.03	−3.43
重印	21.54	11.9	46.15	11.80

2015 年对外版权贸易情况，如表 2 所示。

表 2　2015 年对外版权贸易情况

总量指标	数量 / 种	较 2014 年增减
版权引进	16 467	−1.40%
版权输出	10 471	1.70%

2015 年出版集团主要经济指标，如表 3 所示。

表 3　2015 年出版集团主要经济指标

经济指标	金额 / 亿元	较 2014 年增减 /%
主营业务收入	3001.8	6.60%

续表

经济指标	金额 / 亿元	较 2014 年增减 /%
拥有资产总额	6018.1	12.50%
拥有所有者权益	3178.1	12.70%

2015 年总体经济规模综合评价前 10 名的图书出版集团，如表 4 所示。

表 4　2015 年总体经济规模综合评价前 10 名的图书出版集团

综合排名	集团	综合评价得分	2014 年排名
1	江苏凤凰出版传媒集团有限公司	3.0965	1
2	湖南出版投资控股集团有限公司	1.8193	2
3	江西省出版集团	1.6457	4
4	中国教育出版传媒集团有限公司	1.4274	3
5	浙江出版联合集团有限公司	1.0451	5
6	安徽出版集团有限责任公司	1.0228	7
7	河北出版传媒集团有限责任公司	0.9976	6
8	中国出版集团公司	0.9033	8
9	山东出版集团有限公司	0.6376	9
10	湖北长江出版传媒集团有限公司	0.557	11

2015 年平均资产总利润率前 10 名的图书出版集团，如表 5 所示。

表 5　2015 年平均资产总利润率前 10 名的图书出版集团

排名	集团	2014 年排名	排名变化
1	湖南出版投资控制集团有限公司	4	3
2	中国科技出版传媒集团有限公司	5	3
3	云南出版集团有限责任公司	3	0
4	河北出版传媒集团有限责任公司	6	2
5	江西省出版集团公司	10	5
6	中国教育出版传媒集团有限公司	8	2
7	中国工信出版传媒集团有限责任公司	—	—
8	吉林出版集团股份有限公司	12	4
9	武汉出版集团公司	27	18
10	浙江出版联合集团有限公司	16	6

2015 年内地上市的利润总额前 10 名出版传媒公司，如表 6 所示。

表 6　2015 年内地上市的利润总额前 10 名出版传媒公司

排名	上市公司	股票简称	业务类型	上市地点	利润总额 / 亿元
1	中南出版传媒集团股份有限公司	中南传媒	出版发行	上证 A 股	18.06
2	北京康得新复合材料股份有限公司	康得新	印刷	深证 A 段	16.46
3	中文天地出版传媒股份有限公司	中文传媒	出版发行	上证 A 股	12.20
4	江苏凤凰出版传媒股份有限公司	凤凰传媒	出版发行	上证 A 股	11.74
5	浙报传媒集团股份有限公司	浙报传媒	报业	上证 A 股	9.50
6	华闻传媒投资集团股份有限公司	华闻传媒	报业	深证 A 股	9.20
7	深圳劲嘉彩印集团股份有限公司	劲喜股份	印刷	深证 A 股	9.06
8	安徽新华传媒股份有限公司	皖新传媒	发行	上证 A 股	7.83
9	中原大地传媒股份有限公司	大地传媒	出版发行	深证 A 股	7.14
10	北京掌趣科技股份有限公司	掌趣科技	新媒体	深证创业板	5.36

2015 年在内地上市的报业公司股市总市值，如表 7 所示。

表 7　2015 年在内地上市的报业公司股市总市值

排名	上市公司	股票简称	上市地点	总市值 / 亿元
1	华闻传媒投资集团股份有限公司	华闻传媒	深证 A 股	308.30
2	浙报传媒集团股份有限公司	浙报传媒	上证 A 股	223.75
3	广东广州日报传媒股份有限公司	粤传媒	深证 A 股	184.03
4	浙江华媒控股股份有限公司	华媒控股	深证 A 股	144.01
5	南华生物医药股份有限公司	ST 生物	深证 A 股	93.41
6	成都博瑞传播股份有限公司	博瑞传播	上证 A 股	82.00
—	合计	—	—	1035.50

2015 年在内地上市的印刷公司股市总市值，如表 8 所示。

表 8　2015 年在内地上市的印刷公司股市总市值

排名	上市公司	股票简称	上市地点	总市值 / 亿元
1	北京康得新复合材料股份有限公司	康得新	深证 A 股	612.93
2	深圳劲嘉彩印集团股份有限公司	劲嘉股份	深证 A 股	202.06
3	东港安全印刷股份有限公司	东港股份	深证 A 股	167.42
4	上海紫江企业集团股份有限公司	紫江企业	上证 A 股	118.31
5	上海界龙实业集团股份有限公司	界龙实业	上证 A 股	103.75
6	福建鸿博印刷股份有限公司	鸿博股份	深证 A 股	88.74

续表

排名	上市公司	股票简称	上市地点	总市值 / 亿元
7	珠海中富实业股份有限公司	珠海中富	深证 A 股	73.67
8	黄山永新股份有限公司	永新股份	深证 A 股	63.98
9	陕西金叶科教集团股份有限公司	陕西金叶	深证 A 股	57.26
10	北京盛通印刷股份有限公司	盛通股份	深证 A 股	55.01
—	合计	—	—	1543.13

2015 年在内地上市的新媒体公司总市值，如表 9 所示。

表 9　2015 年在内地上市的新媒体公司总市值

排名	上市公司	股票简称	上市地点	总市值 / 亿元
1	北京昆仑万维科技股份有限公司	昆仑万维	深证创业板	461.04
2	北京掌趣科技股份有限公司	掌趣科技	深证创业板	372.17
3	中文在线数字出版集团股份有限公司	中文在线	深证创业板	213.60
—	合计	—	—	1046.81

2015 年总体经济规模综合评价前 10 名的全国图书出版单位，如表 10 所示。

表 10　2015 年总体经济规模综合评价前 10 名的全国图书出版单位

综合排名	图书出版单位	综合评价得分	2014 年排名
1	人民教育出版社	14.2827	1
2	高等教育出版社	10.2724	2
3	外语教学与研究出版社	5.7202	4
4	人民卫生出版社	4.4539	6
5	科学出版社	3.5864	5
6	商务印书馆	3.549	8
7	江苏凤凰教育出版社	3.3465	14
8	重庆出版社	3.154	3
9	北京师范大学出版社	2.8564	9
10	四川教育出版社	2.7598	12

2015 年总体经济规模综合评价前 10 名的中央各部门图书出版单位，如表 11 所示。

表 11　2015 年总体经济规模综合评价前 10 名的中央各部门图书出版单位

综合排名	图书出版单位	综合评价得分	2014 年排名
1	人民教育出版社	9.2014	1
2	高等教育出版社	6.5375	2
3	人民卫生出版社	2.7506	4
4	商务印书馆	2.1913	6
5	科学出版社	2.1592	3
6	知识产权出版社	1.4752	5
7	人民邮电出版社	1.2162	9
8	中国劳动社会保障出版社	1.0850	7
9	教育科学出版社	1.0474	8
10	中国地图出版社	0.9577	11

2015 年总体经济规模综合评价前 10 名的少儿类图书出版单位，如表 12 所示。

表 12　2015 年总体经济规模综合评价前 10 名的少儿类图书出版单位

综合排名	图书出版单位	综合评价得分	2014 年排名
1	中国少年儿童新闻出版总社	2.3899	1
2	二十一世纪出版社	1.9549	2
3	明天出版社	1.7019	3
4	安徽少年儿童出版社	1.3499	4
5	接力出版社	1.2380	6
6	浙江少年儿童出版社	1.0713	5
7	长江少年儿童出版社	0.7853	8
8	海燕出版社	0.5435	7
9	湖南少年儿童出版社	0.5156	9
10	新疆青少年出版社	0.2006	10

2015 年总体经济规模综合评价前 10 名的社科类图书出版单位，如表 13 所示。

表 13　2015 年总体经济规模综合评价前 10 名的社科类图书出版单位

综合排名	图书出版单位	综合评价得分	2014 年排名
1	商务印书馆	6.3714	3
2	重庆出版社	5.6650	1
3	知识产权出版社	4.5268	2

续表

综合排名	图书出版单位	综合评价得分	2014 年排名
4	青岛出版社	3.5244	4
5	中国劳动社会保障出版社	3.4636	5
6	北京出版社	2.7614	6
7	人民出版社	2.6073	7
8	中信出版社	2.5592	9
9	中国社会科学出版社	1.9092	23
10	中国财政经济出版社	1.3908	10

2015 年总体经济规模综合评价前 10 名的文艺类图书出版单位，如表 14 所示。

表 14　2015 年总体经济规模综合评价前 10 名的文艺类图书出版单位

综合排名	图书出版单位	综合评价得分	2014 年排名
1	译林出版社	3.5274	1
2	人民音乐出版社	3.0028	2
3	人民文学出版社	1.4672	4
4	上海译文出版社	1.2450	3
5	湖南文艺出版社	1.1954	5
6	长江文艺出版社	0.6531	7
7	作家出版社	0.5415	6
8	上海音乐出版社	0.4419	8
9	百花洲文艺出版社	0.2997	10
10	山东文艺出版社	0.2235	9

2015 年总体经济规模综合评价前 10 名的大学图书出版单位，如表 15 所示。

表 15　2015 年总体经济规模综合评价前 10 名的大学图书出版单位

综合排名	图书出版单位	综合评价得分	2014 年排名
1	外语教学与研究出版社	7.4510	1
2	北京师范大学出版社	3.7119	2
3	清华大学出版社	3.0464	3
4	上海外语教育出版社	2.2786	4
5	中国人民大学出版社	1.7558	5
6	北京大学出版社	1.6451	6

续表

综合排名	图书出版单位	综合评价得分	2014 年排名
7	中央广播电视大学出版社	1.1598	7
8	广西师范大学出版社	1.1132	8
9	华东师范大学出版社	0.9852	9
10	复旦大学出版社	0.7119	10

2015 年总体经济规模综合评价前 10 名的地方图书出版单位，如表 16 所示。

表 16　2015 年总体经济规模综合评价前 10 名的地方图书出版单位

综合排名	图书出版单位	综合评价得分	2014 年排名
1	外语数学与研究出版社	7.4510	1
2	重庆出版社	5.9927	1
3	四川教育出版社	4.8230	4
4	浙江教育出版社	4.7166	2
5	青岛出版社	3.4117	3
6	内蒙古教育出版社	3.3888	7
7	北京出版社	3.0968	8
8	安徽教育出版社	2.7783	9
9	湖南教育出版社	2.3497	10
10	广东教育出版社	2.1846	11

2015 年总体经济规模综合评价前 10 名的美术类图书出版单位，如表 17 所示。

表 17　2015 年总体经济规模综合评价前 10 名的美术类图书出版单位

综合排名	图书出版单位	综合评价得分	2014 年排名
1	上海书画出版社	4.0134	1
2	江西美术出版社	1.7823	3
3	湖南美术出版社	1.4555	2
4	人民美术出版社	0.8219	5
5	安徽美术出版社	0.7156	4
6	天津人民美术出版社	0.3662	12
7	新疆美术摄影出版社	0.3279	11
8	湖北美术出版社	0.2962	8
9	海峡书局出版社	0.2112	16
10	陕西人民美术出版社	0.1380	10

2015 年总体经济规模综合评价前 10 名的科技类图书出版单位，如表 18 所示。

表 18　2015 年总体经济规模综合评价前 10 名的科技类图书出版单位

综合排名	图书出版单位	综合评价得分	2014 年排名
1	人民卫生出版社	5.2456	2
2	科学出版社	4.2397	1
3	人民邮电出版社	2.3848	3
4	机械工业出版社	1.9044	7
5	中国地图出版社	1.8646	5
6	中国建筑工业出版社	1.8293	4
7	电子工业出版社	1.6539	8
8	人民交通出版社	1.4494	11
9	化学工业出版社	1.2791	9
10	中国轻工业出版社	0.6480	6

2015 年总体经济规模综合评价前 10 名的教育类图书出版单位，如表 19 所示。

表 19　2015 年总体经济规模综合评价前 10 名的教育类图书出版单位

综合排名	图书出版单位	综合评价得分	2014 年排名
1	人民教育出版社	4.4399	1
2	高等教育出版社	3.0694	2
3	江苏凤凰教育出版社	0.7003	5
4	四川教育出版社	0.4805	4
5	浙江教育出版社	0.4168	3
6	教育科学出版社	0.1500	6
7	内蒙古教育出版社	0.0882	7
8	湖南教育出版社	0.0129	9
9	安徽教育出版社	−0.0123	8
10	广东教育出版社	−0.0810	10

2015 年总体经济规模综合评价前 10 名的古籍类图书出版单位，如表 20 所示。

表 20　2015 年总体经济规模综合评价前 10 名的古籍类图书出版单位

综合排名	图书出版单位	综合评价得分	2014 年排名
1	中华书局	3.0164	1
2	黄山书社	1.6288	2

续表

综合排名	图书出版单位	综合评价得分	2014 年排名
3	国家图书馆出版社	0.8406	3
4	岳麓书社	0.6679	4
5	文物出版社	0.5866	5
6	上海古籍出版社	0.2907	6
7	齐鲁书社	0.2102	7
8	三秦出版社	−0.3547	8
9	浙江古籍出版社	−0.4506	11
10	中州古籍出版社	−0.4744	9

2015 年平均期印数排名前 10 名的期刊，如表 21 所示。

表 21　2015 年平均期印数排名前 10 名的期刊

排名	期刊名称	刊期	所在省份	2014 年排名
1	时事报名（大学生版）	半年刊	北京	3
2	读者	半月刊	甘肃	2
3	特别关注	月刊	湖北	1
4	小学生时代	月刊	浙江	10
5	求是	半月刊	北京	4
6	中共中央办公厅通讯	月刊	北京	6
7	知音漫客	周刊	湖北	5
8	时事（《时期报告》中学生版）	月刊	北京	7
9	青年文摘	半月刊	北京	11
10	意林	旬刊	吉林	8

2015 年平均期印数排名前 10 名的报纸，如表 22 所示。

表 22　2015 年平均期印数排名前 10 名的报纸

排名	报纸名称	刊期	所在省份	2014 年排名
1	英语周报	周一刊	山西	1
2	当代中学生报	周一刊	江西	2
3	学习方法报	周一刊	山西	3
4	中学生学习报（初中版）	周一刊	河南	4
5	英语辅导报	周一刊	吉林	5

续表

排名	报纸名称	刊期	所在省份	2014 年排名
6	人民日报	周七刊	北京	6
7	参考消息	周七刊	北京	7
8	关心下一代周报	周一刊	江苏	9
9	语文学习报	周一刊	吉林	10
10	南方都市报	周七刊	广东	12

2015 年总体经济规模综合评价前 10 名的发行集团，如表 23 所示。

表 23　2015 年总体经济规模综合评价前 10 名的发行集团

综合排名	集团	综合评价得分	2014 年排名	排名变化
1	安徽新华发行（集团）控股有限公司	3.5047	1	0
2	四川新华发行集团有限公司	2.0019	2	0
3	湖南省新华书店有限责任公司	1.2257	3	0
4	浙江省新华书店集团有限公司	0.7177	4	0
5	江西新华发行集团有限公司	0.7098	5	0
6	河北省新华书店有限责任公司	0.4643	9	3
7	山东新华书店集团有限公司	0.3345	6	−1
8	上海新华发行集团有限公司	0.3042	7	−1
9	河南省新华书店发行集团有限公司	0.2856	8	−1
10	重庆新华书店集团公司	0.1728	10	0

2015 年上市营业收入前 10 名出版传媒公司，如表 24 所示。

表 24　2015 年上市营业收入前 10 名出版传媒公司

排名	上市公司	股票简称	业务类型	上市地点	营业收入 / 亿元
1	长江出版传媒股份有限公司	长江传媒	出版发行	上证 A 股	118.88
2	中文天地出版传媒股份有限公司	中文传媒	出版发行	上证 A 股	116.02
3	中南出版传媒集团股份有限公司	中南传媒	出版发行	上证 A 股	100.85
4	江苏凤凰出版传媒股份有限公司	凤凰传媒	出版发行	上证 A 股	100.46
5	上海紫江企业集团股份有限公司	紫江企业	印刷	上证 A 股	83.90
6	北京康得新复合材料股份有限公司	康得新	印刷	深证 A 股	74.59
7	中原大地传媒股份有限公司	大地传媒	出版发行	深证 A 股	71.39
8	安徽新华传媒股份有限公司	皖新传媒	发行	上证 A 股	65.81

续表

排名	上市公司	股票简称	业务类型	上市地点	营业收入 / 亿元
9	时代出版传媒股份有限公司	时代出版	出版	上证 A 股	60.21
10	华闻传媒投资集团股份有限公司	华闻传媒	报业	深证 A 股	43.36

2015 年上市出版公司营业收入，如表 25 所示。

表 25　2015 年上市出版公司营业收入

排名	上市公司	股票简称	上市地点	营业收入 / 亿元
1	长江出版传媒股份有限公司	凤凰传媒	上证 A 股	118.88
2	中文天地出版传媒股份有限公司	中文传媒	上证 A 股	116.02
3	中南出版传媒集团股份有限公司	中南传媒	上证 A 股	100.85
4	江苏凤凰出版传媒股份有限公司	长江传媒	上证 A 股	100.46
5	中原大地传媒股份有限公司	大地传媒	深证 A 股	71.39
6	时代出版传媒股份有限公司	时代出版	上证 A 股	60.21
7	青岛城市传媒股份有限公司	出版传媒	上证 A 股	15.39
8	北方联合出版传媒（集团）股份有限公司	城市传媒	上证 A 股	15.38
9	读者出版传媒股份有限公司	读者传媒	上证 A 股	8.25
—	合计	—	—	606.82

2015 年在上市利润总额前 10 名出版传媒公司，如表 26 所示。

表 26　2015 年上市利润总额前 10 名出版传媒公司

排名	上市公司	股票简称	业务类型	上市地点	利润总额 / 亿元
1	中南出版传媒集团股份有限公司	中南传媒	出版发行	上证 A 股	18.06
2	北京康得新复合材料股份有限公司	康得新	印刷	深证 A 股	16.46
3	中文天地出版传媒股份有限公司	中文传媒	出版发行	上证 A 股	12.20
4	江苏凤凰出版传媒股份有限公司	凤凰传媒	出版发行	上证 A 股	11.74
5	浙报传媒集团股份有限公司	浙报传媒	报业	上证 A 股	9.50
6	华闻传媒投资集团股份有限公司	华闻传媒	报业	深证 A 股	9.20
7	深圳劲嘉彩印集团股份有限公司	劲嘉股份	印刷	深证 A 股	9.06
8	安徽新华传媒股份有限公司	皖新传媒	发行	上证 A 股	7.83
9	中原大地传媒股份有限公司	大地传媒	出版发行	深证 A 股	7.14
10	北京掌趣科技股份有限公司	掌趣科技	新媒体	深证创业板	5.36

2015 年上市报业公司股市总市值，如表 27 所示。

表 27　2015 年上市报业公司股市总市值

排名	上市公司	股票简称	上市地点	总市值
1	华闻传媒投资集团股份有限公司	华闻传媒	深证 A 股	308.30
2	浙报传媒集团股份有限公司	浙报传媒	上证 A 股	223.75
3	广东广州日报传媒股份有限公司	粤传媒	深证 A 股	184.03
4	浙江华媒控股股份有限公司	华媒控股	深证 A 股	144.01
5	南华生物医药股份有限公司	*ST 生物	深证 A 股	93.41
6	成都博瑞传播股份有限公司	博瑞传播	上证 A 股	82.00
—	合计	—	—	1035.50

2015 年对外版权贸易总量规模，如表 28 所示。

表 28　2015 年对外版权贸易总量规模

总量指标	数量 / 种	较 2014 年增减 /%
引进	16 467	−1.37
输出	10 471	1.73

2015 年全国出版物对外贸易情况，如表 29 所示。

表 29　2015 年全国出版物对外贸易情况

类型	累计出口 / 种	累计进口 / 种	总额 / 种	差额 / 种
图书、期刊、报纸	2112	2811	4923	−699
音像制品、电子出版物、数字出版物	12	12	24	0
合计	2124	2823	4947	699

2015 年单品种累计印数排名前 10 名的书籍，如表 30 所示。

表 30　2015 年单品种累计印数排名前 10 名的书籍

排名	书籍名称	出版单位	新出或重印
1	新华字典（第 11 版）	商务印书馆	重印
2	中国共产党廉洁自律准则　中国共产党纪律处分条例	中国方正出版社	新出
3	走复兴路　圆中国梦（初中生读本）	新世界出版社	重印
4	水与生命	浙江科学技术出版社	重印
5	习近平关于党风廉政建设和反腐败斗争论述摘编	中国方正出版社	新出

续表

排名	书籍名称	出版单位	新出或重印
6	中国共产党廉洁自律准则　中国共产党党纪律处分条例（烫金版）	中国法制出版社	新出
7	贵州省道德讲堂读本	贵州人民出版社	重印
8	习近平谈治国理政（中文平装本）	外文出版社	重印
9	奋发向上　崇德向善（初中生读本）	新世界出版社	重印
10	法治热点面对面	学习出版社	新出

四、演艺业

2015 年演出市场各类收入对比，如图 1 所示。

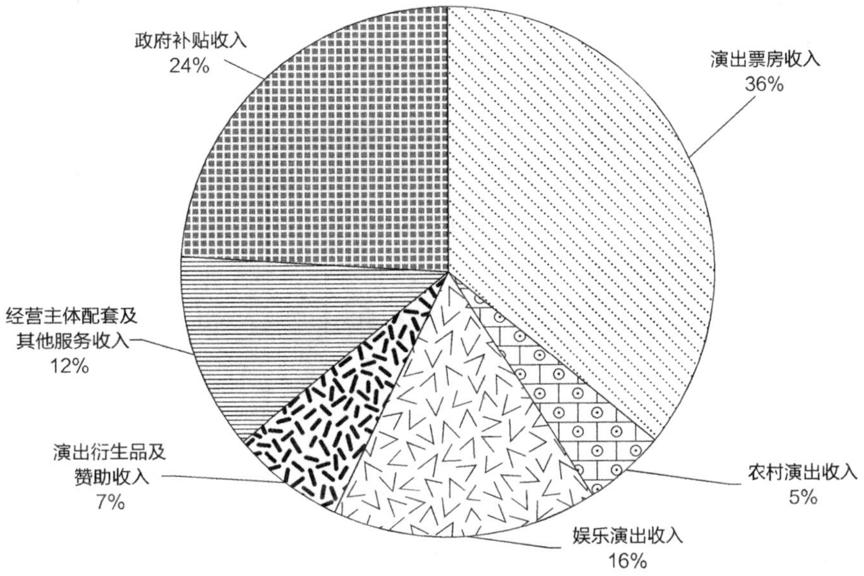

图 1　2015 年演出市场各类收入对比

2014—2015 年演出市场票房收入构成对比，如图 2 所示。

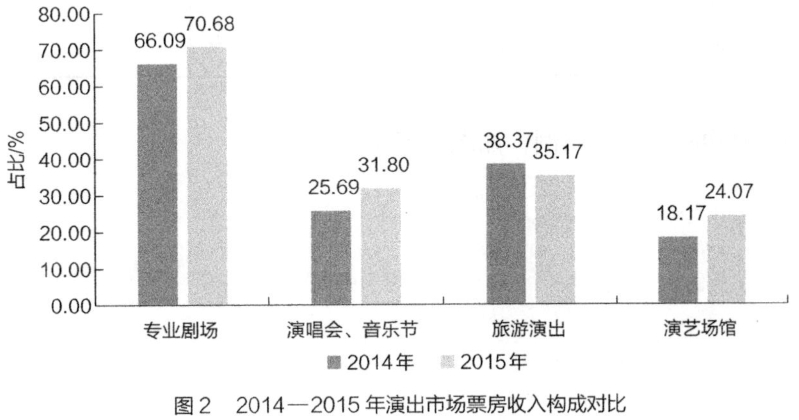

图 2　2014—2015 年演出市场票房收入构成对比

2015 年专业剧场票房收入构成对比，如图 3 所示。

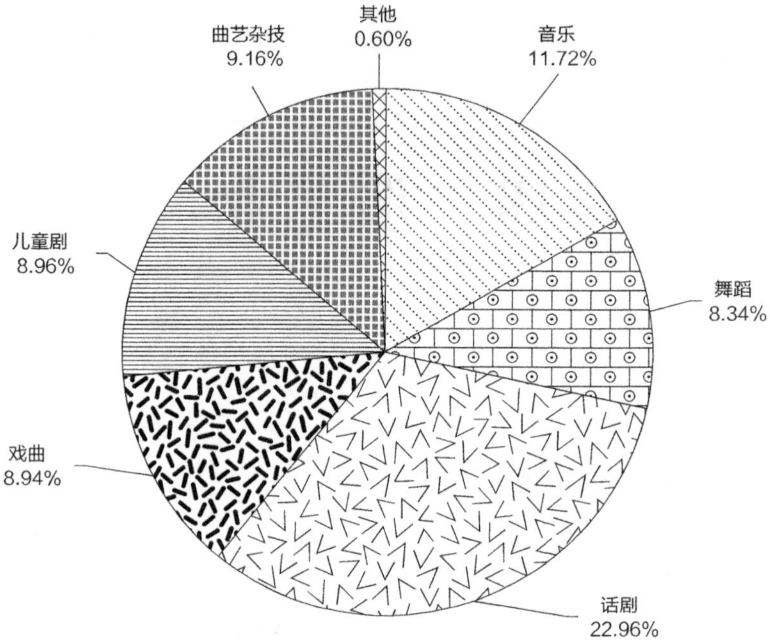

图 3　2015 年专业剧场票房收入构成对比

2014—2015 年农村演出场次收入对比，如表 1 所示。

表 1　2014—2015 年农村演出场次收入对比

年份	补贴收入 / 亿元	惠民场次 / 万场	商演收入 / 亿元	商演场次 / 万场
2014 年	3.29	6.88	17.25	100.40
2015 年	3.69	6.26	18.63	104.36

2014—2015 年文艺表演团体收入情况对比，如表 2 所示。

表 2　2014—2015 年文艺表演团体收入情况对比

年份	政府补贴 / 亿元	企业赞助 / 亿元	商业演出 / 亿元	惠民演出 / 亿元	总收入 / 亿元
2014 年	53.49	2.34	134.75	3.29	193.87
2015 年	52.88	2.50	137.04	3.69	196.11

2015 年演出经纪机构收入构成比例，如图 4 所示。

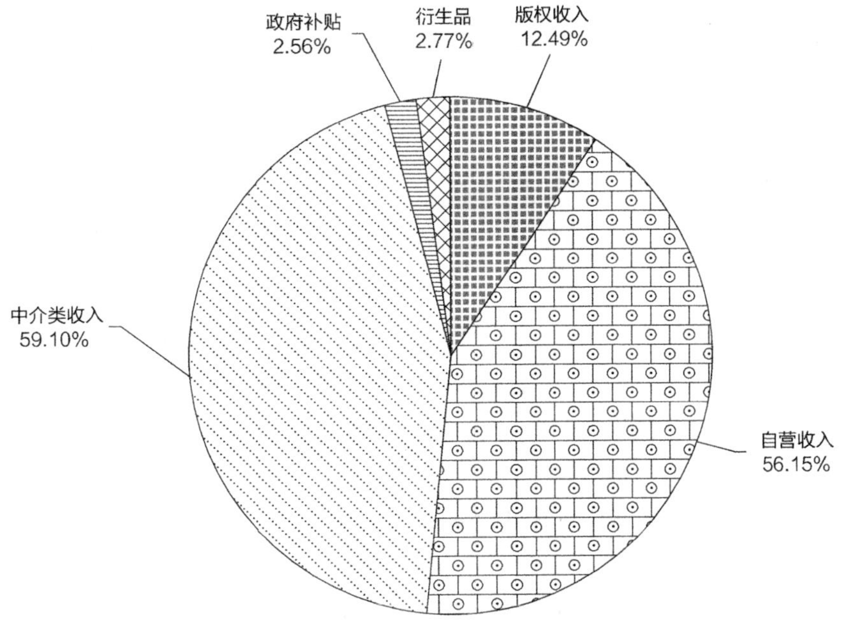

图 4　2015 年演出经纪机构收入构成比例

2014—2015 年专业剧场演出场次、收入对比，如表 3 所示。

表 3　2014—2015 年专业剧场演出场次、收入对比

年份	总场次 / 万场	出租场次 / 万场	自营场次 / 万场	总收入 / 亿元
2014 年	8.20	4.12	4.08	142.88
2015 年	8.41	4.83	3.58	146.25

2014—2015 年音乐类演出市场对比，如表 4 所示。

表 4　2014—2015 年音乐类演出市场对比

年份	场次 / 万场	平均票价 / 元	上座率 /%	观众人数 / 万人	票房收入 / 亿元
2014 年	1.90	137	57	496.57	10.90
2015 年	1.93	143	71	547.51	11.72

2014—2015 年演唱会、音乐节场次、收入对比，如图 5 所示。

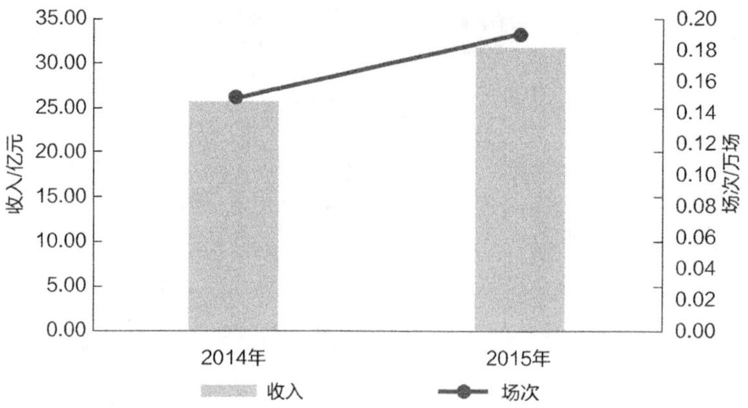

图 5　2014—2015 年演唱会、音乐节场次、收入对比

2014—2015 年舞蹈演出市场对比，如表 5 所示。

表 5　2014—2015 年舞蹈演出市场对比

年份	场次 / 万场	平均票价 / 元	上座率 /%	观众人数 / 万人	票房收入 / 亿元
2014 年	0.57	279	68	311.44	8.69
2015 年	0.59	125	44	8.69	8.34

2014—2015 年话剧演出市场对比，如表 6 所示。

表 6　2014—2015 年话剧演出市场对比

年份	场次 / 万场	平均票价 / 元	上座率 /%	观众人数 / 万人	票房收入 / 亿元
2014 年	1.17	285	51	238.68	19.14
2015 年	1.38	400	70	284.03	22.96

2014—2015 年戏曲演出市场对比，如表 7 所示。

表 7　2014—2015 年戏曲演出市场对比

年份	场次 / 万场	平均票价 / 元	上座率 /%	观众人数 / 万人	票房收入 / 亿元
2014 年	1.55	181	42	260.40	9.47
2015 年	1.52	200	74	342.43	8.94

2014—2015 年儿童剧演出市场对比，如表 8 所示。

表 8　2014—2015 年儿童剧演出市场对比

年份	场次 / 万场	平均票价 / 元	上座率 /%	观众人数 / 万人	票房收入 / 亿元
2014 年	1.85	100	40	222	7.40
2015 年	1.87	250	40	224.03	8.96

2014—2015 年曲杂演出市场对比，如表 9 所示。

表 9　2014—2015 年曲杂演出市场对比

年份	场次 / 万场	平均票价 / 元	上座率 /%	观众人数 / 万人	票房收入 / 亿元
2014 年	0.85	400	76	129.20	9.78
2015 年	0.87	195	41	126.62	9.16

2014—2015 年旅游演出场次、收入对比，如图 6 所示。

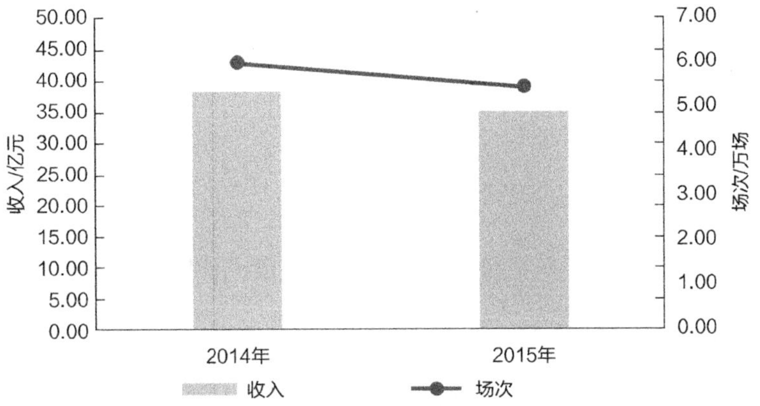

图 6　2014—2015 年旅游演出场次、收入对比

2014—2015 年演艺场馆场次、收入对比，如图 7 所示。

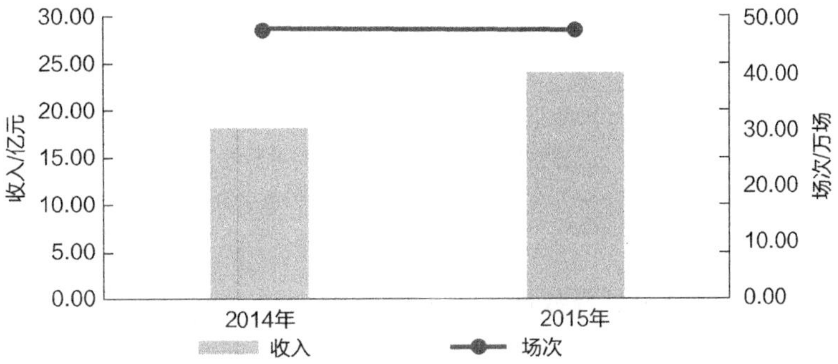

图 7　2014—2015 年演艺场馆场次、收入对比

五、动漫业

2009—2015 年国家认定的动漫企业和重点动漫企业数量，如图 1 所示。

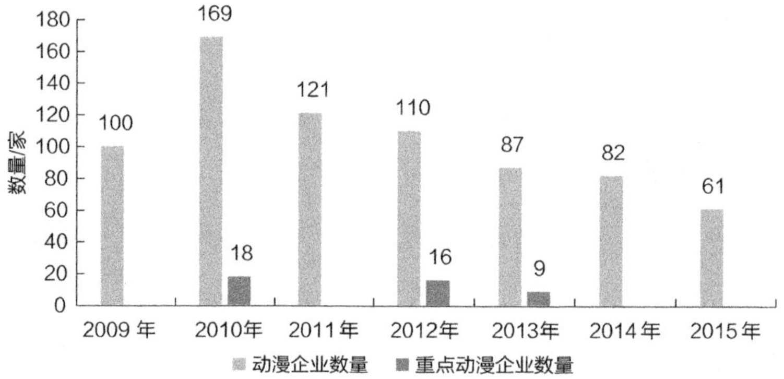

图 1　2009—2015 年国家认定的动漫企业和重点动漫企业数量

2015 年主要动漫概念上市公司财务数据，如表 1 所示。

表 1　2015 年主要动漫概念上市公司财务数据

类别	主营业务收入/万元	主营业务利润/万元	营业利润/万元	投资收益/万元	营业外收支净额/万元	利润总额/万元	净利润/万元	股东权益（不含少数股东权益）/万元	基本每股收益/元
奥飞动漫（002292）	258 917.00	135 445.00	50 802.90	10 361.30	4 149.79	54 952.70	48 904.00	302 951.00	0.39
光线传媒（300251）	152 329.00	51 119.90	43 330.80	7 568.60	2 075.23	45 406.00	40 208.60	687 199.00	0.28
骅威文化（002502）	59 057.30	26 866.20	12 574.00	536.91	−375.05	12 198.90	12 034.90	309 533.00	0.35
美盛文化（002699）	40 810.10	15 109.80	13 633.90	7 062.39	2 699.98	16 333.90	12 640.80	115 764.00	0.29
长城动漫（000835）	25 740.80	11 537.40	−1 218.77	—	4 711.08	3 462.31	1 838.65	34 487.00	0.06

2004—2015 年国产电视动画片备案制作数量及长度，如图 2 所示。

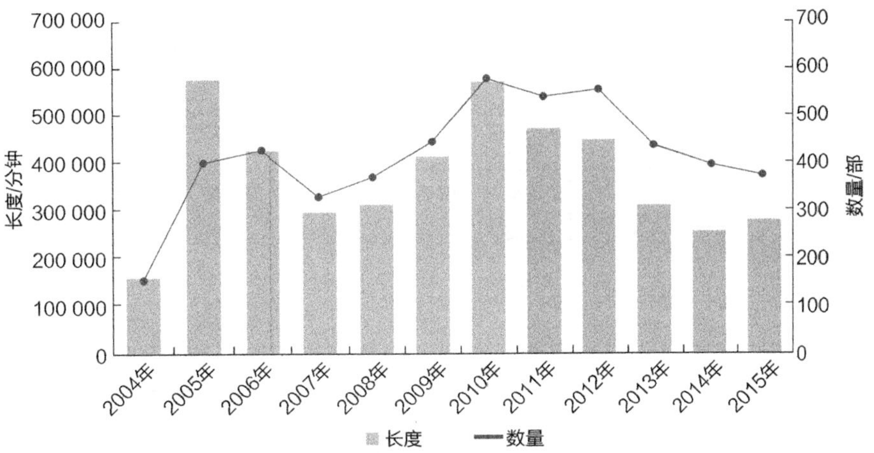

图 2　2004—2015 年国产电视动画片备案制作数量及长度

2010—2015 年中国动画电影票房收入构成，如图 3 所示。

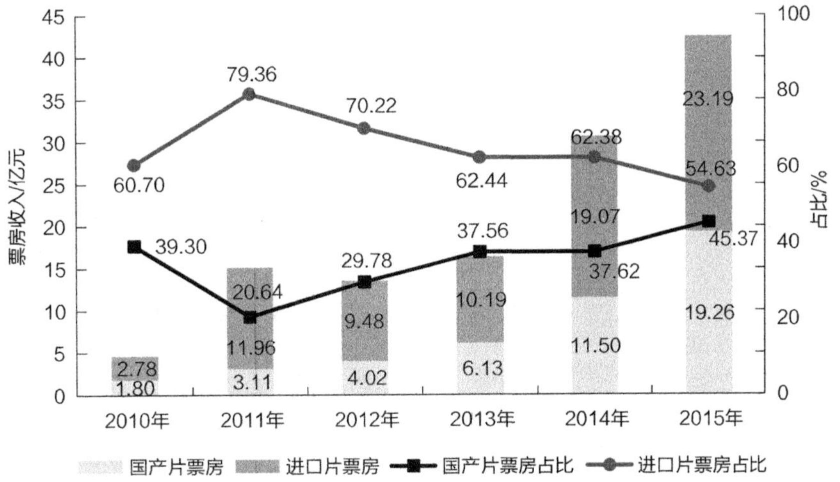

图 3　2010—2015 年中国动画电影票房收入构成

2015 年国产动画电影票房收入排行榜前 10 名，如表 2 所示。

表 2　2015 年国产动画电影票房收入排行榜前 10 名

序号	影片名称	票房收入 / 万元	上映年份	主要出品单位
1	西游记之大圣归来	95 635	2015 年	横店影视、天空之城、燕城十月等
2	熊出没之雪岭熊风	29 558	2015 年	华强、乐视影业、优扬传媒等
3	熊出没之夺宝熊兵	24 809	2014 年	华强、卡通先生、乐视影业等
4	喜羊羊与灰太狼之开心闯龙年	16 759	2012 年	炫动、原创动力、优扬
5	喜羊羊与灰太狼之兔年顶呱呱	13 925	2011 年	炫动、原创动力、优扬
6	喜羊羊与灰太狼之喜气洋洋过蛇年	12 494	2013 年	炫动、原创动力、优扬
7	喜羊羊与灰太狼之虎虎生威	12 438	2010 年	炫动、原创动力、优扬
8	十万个冷笑话	11 982	2014 年	炫动、万达、有妖气
9	喜羊羊与灰太狼之飞马奇遇记	8 624	2014 年	炫动、原创动力、华谊、奥飞
10	洛克王国 4：出发！巨人谷	7 697	2015 年	腾讯影业、山南光线影业等

2015 年中国电视动画节目进出口贸易额和数量，如表 3 所示。

表 3　2015 年中国电视动画节目进出口贸易额和数量

类别	欧洲	非洲	美洲		亚洲						大洋洲	合计
			美国	总计	日本	韩国	东南亚	中国香港	中国台湾	总计		
进口总额 / 万元	229	0	1 019	1 019	8 384	0	0	249	1 147	9 780	0	11 028
进口量 / 万部	416	0	1 041	1 041	2 421	0	0	159	523	3 103	0	4 560
出口总额 / 万元	42	1	1 238	1 244	617	23	22	951	102	1 810	92	3 189
出口量 / 万部	41	19	419	689	9	3	137	230	184	1 795	84	2 628

2004—2015 年全国电视动画备案数量情况，如图 4 所示。

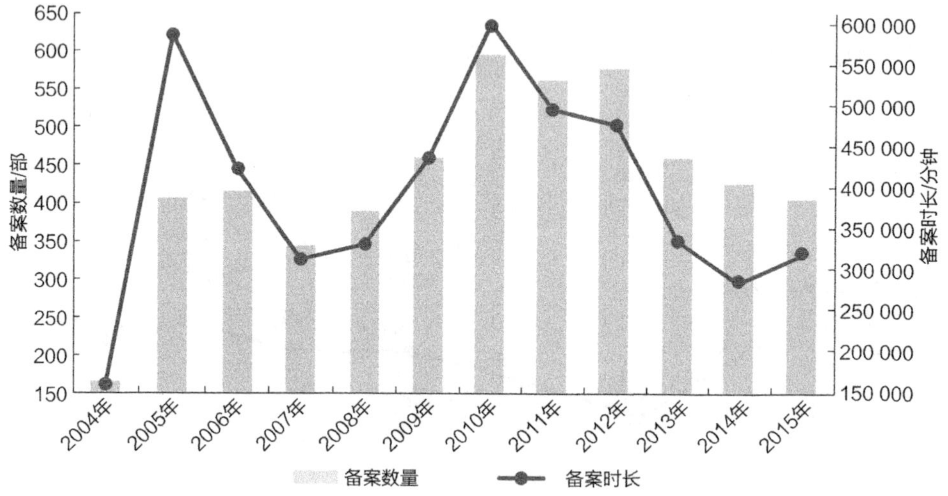

图 4　2004—2015 年全国电视动画备案数量情况

2009—2015 年全国电视动画备案机构情况，如图 5 所示。

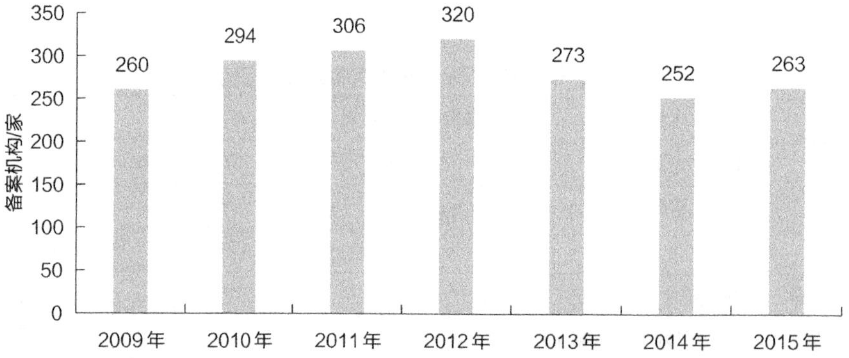

图 5　2009—2015 年全国电视动画备案机构情况

2015 年全国电视动画各地区备案时长情况，如图 6 所示。

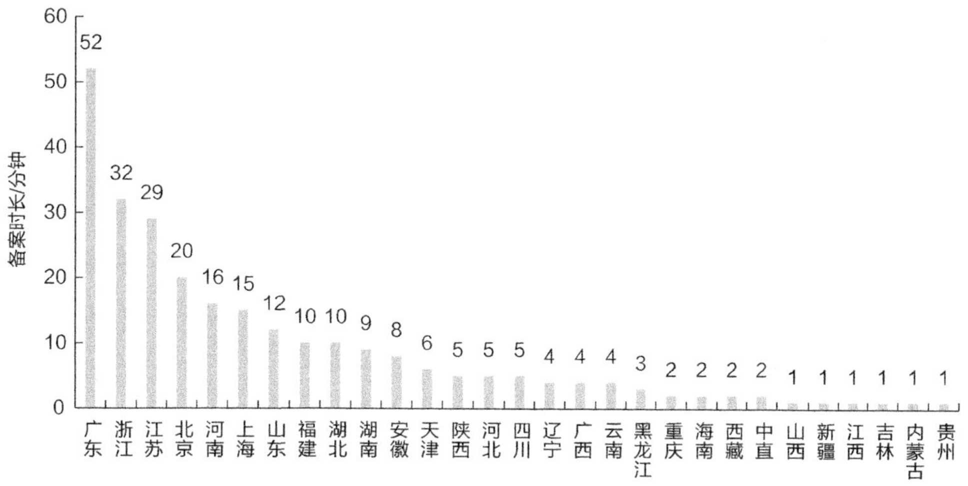

图 6　2015 年全国电视动画各地区备案时长数情况

2015 年备案数量前 10 名企业名单，如表 4 所示。

表 4　2015 年备案数量前 10 名企业名单

排名	省市	备案机构	备案数量 / 部	备案时长 / 部	分钟数占 263 家机构备案分钟总数的比例 /%
1	湖南	湖南蓝猫动漫传媒有限公司	1	30 000	9.50
2	北京	北京妙音动漫艺术设计有限公司	4	16 116	5.10
3	广东	东莞水木动画衍生品发展有限公司	2	12 500	3.96
4	湖南	郴州春韵文化传播有限公司	1	8 800	2.79
5	江苏	江苏梦之坊文化传媒有限公司	3	7 590	2.40
6	江苏	无锡亿唐动画设计有限公司	2	7 500	2.37
7	上海	水木动画股份有限公司	2	7 500	2.37
8	浙江	宁波水木动画设计有限公司	1	7 500	2.37
9	天津	天津百逸互娱动漫有限公司	1	6 900	2.18
10	广东	广州市乐淘动漫设计有限公司	2	6 128	1.94
总计			19	110 534	4.98

2015 年备案数量前 10 名的动画项目，如表 5 所示。

表 5　2015 年备案数量前 10 名的动画项目

排名	动画项目名称	备案数量 / 部	备案集数 / 集	每集时长 / 分钟	总时长 / 分钟
1	“宝宝乐学堂”系列	8	1 580	25	39 500
2	《新编蓝猫淘气三千问》	1	3 000	10	30 000
3	《贤二前传》	1	360	30	10 800

续表

排名	动画项目名称	备案数量 / 部	备案集数 / 集	每集时长 / 分钟	总时长 / 分钟
4	《小邑时空传》	1	800	11	8 800
5	《斗龙战士之龙印之战》	1	300	23	6 900
6	《笨狼的故事》	1	400	15	6 000
7	《钟馗新传》	1	360	15	5 400
8	《帮帮龙出动》	1	390	13	5 070
9	《学诚法师心语》	1	3 600	1	3 600
10	《冼太传奇》	1	132	25	3 300
合计		17	10 922	11	119 370

2004—2015 年国产电视动画发行情况比较，如图 7 所示。

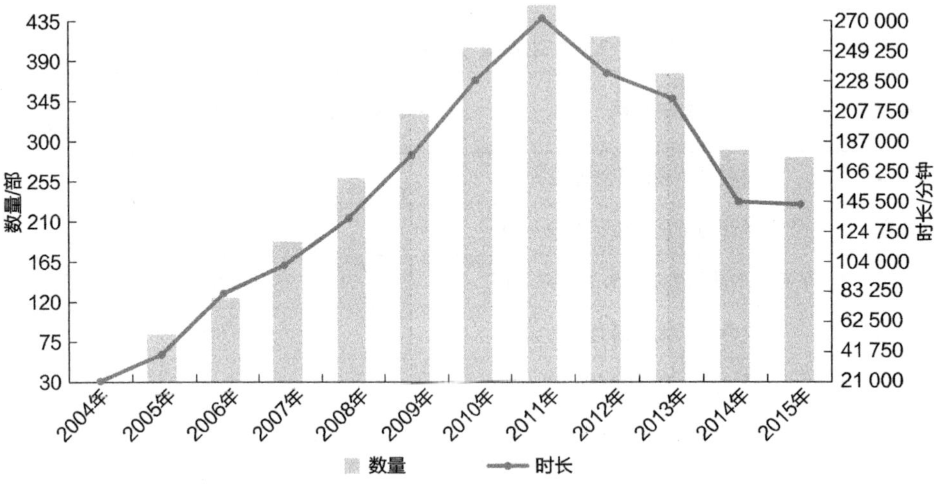

图 7　2004—2015 年国产电视动画发行情况比较

2015 年全国各地区电视动画发行情况，如图 8 所示。

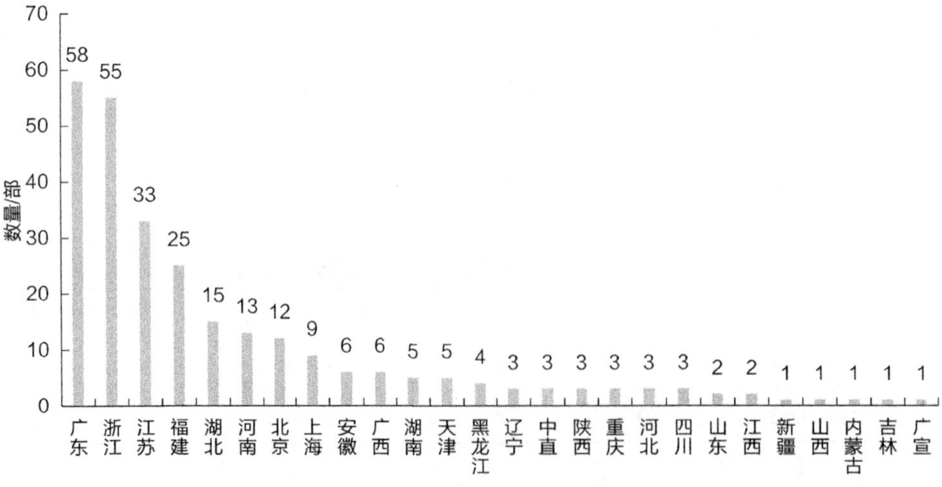

图 8　2015 年全国各地区电视动画发行情况

2011—2015 年中国电视动画备案与发行情况，如表 6 所示。

表 6　2011—2015 年中国电视动画备案与发行情况

年份	备案情况		生产情况		生产占备案比例	
	数量 / 部	时长 / 分钟	数量 / 部	时长 / 分钟	数量占比 /%	时长 / 分钟
2011 年	566	491 814	435	261 224	77	53
2012 年	585	475 070	395	222 938	68	47
2013 年	465	327 955	358	204 732	77	62
2014 年	426	280 252	278	138 579	65	49
2015 年	405	315 950	273	138 273	67	44

2010—2015 年全国主要城市动画节目播出时长，如表 7 所示。

表 7　2010—2015 年全国主要城市动画节目播出时长

单位：分钟

城市	2010 年	2011 年	2012 年	2013 年	2014 年	2015 年	城市	2010 年	2011 年	2012 年	2013 年	2014 年	2015 年
北京	24 750	27 342	28 644	29 077	33 836	31 973	兰州	25 123	28 661	31 856	32 173	35 291	33 305
长春	26 183	27 980	29 122	29 247	33 923	31 993	南昌	27 323	29 658	31 002	31 684	35 271	35 458
长沙	23 820	27 325	28 632	29 108	34 089	32 170	南京	26 252	28 795	30 007	30 634	35 112	33 192
成都	27 746	30 296	28 632	31 275	35 973	34 028	南宁	—	28 878	29 284	29 912	34 335	32 572
重庆	30 594	32 538	33 031	33 229	37 469	36 752	上海	28 224	31 390	33 100	32 684	38 161	35 898
福州	29 717	31 733	33 546	34 182	38 573	36 142	沈阳	26 291	29 266	30 419	30 602	34 681	32 875
广州	35 002	35 977	38 428	39 323	45 226	41 835	石家庄	26 245	29 207	31 148	31 095	35 228	33 055
贵阳	25 240	27 645	28 973	29 669	34 221	32 534	太原	26 320	29 954	31 441	32 643	37 298	35 778
哈尔滨	27 240	28 598	29 121	29 577	34 351	32 706	天津	27 379	30 165	32 882	33 509	37 753	35 161
海口	26 165	29 028	29 974	31 006	36 117	34 649	西宁	25 089	27 752	29 125	29 567	34 029	32 114
杭州	27 911	30 240	31 601	31 607	36 325	35 031	武汉	27 288	29 767	31 251	31 221	36 110	34 333
合肥	26 551	30 192	30 469	30 036	34 370	32 288	西安	26 169	28 776	29 720	30 005	34 584	32 626
呼和浩特	24 944	—	32 138	32 839	37 254	36 539	乌鲁木齐	21 665	21 190	29 202	29 396	34 297	32 487
济南	29 236	31 787	33 671	34 301	38 581	37 058	银川	25 089	27 525	28 808	29 257	35 425	34 002
昆明	26 960	29 997	31 265	31 668	36 417	34 561	郑州	25 923	29 340	29 589	29 724	34 174	32 077
拉萨	24 748	27 324	28 632	29 077	33 824	31 973	常州	25 825	28 116	29 361	29 602	34 180	32 404
大连	27 966	31 806	33 373	32 641	36 836	35 551	深圳	35 917	37 314	39 767	40 911	46 599	43 080

续表

城市	2010年	2011年	2012年	2013年	2014年	2015年	城市	2010年	2011年	2012年	2013年	2014年	2015年
苏州	25 840	28 088	29 168	29 789	34 808	33 004	无锡	25 878	27 847	29 109	29 602	34 221	32 329

2010—2015 年全国主要城市动画节目人均收视时长，如表 8 所示。

表 8　2010—2015 年全国主要城市动画节目人均收视时长

单位：分钟 / 人

城市	2010年	2011年	2012年	2013年	2014年	2015年	城市	2010年	2011年	2012年	2013年	2014年	2015年
北京	4.53	3.95	4.07	4.20	3.75	3.36	兰州	5.30	5.52	6.53	6.51	6.15	5.30
长春	5.25	5.67	6.18	6.06	5.09	4.98	南昌	6.06	8.26	9.84	11.65	9.31	9.06
长沙	4.89	5.10	5.43	4.82	5.66	5.48	南京	4.59	4.95	4.74	5.01	5.76	5.34
成都	4.79	3.94	3.95	4.75	4.23	3.81	南宁	—	6.94	9.83	11.33	9.73	7.82
重庆	7.60	6.47	8.89	9.46	8.33	7.86	上海	4.28	3.84	3.12	2.36	2.35	2.12
福州	6.96	5.50	6.49	6.62	6.21	4.90	沈阳	5.87	6.08	7.16	6.19	5.37	3.92
广州	4.94	5.56	6.86	7.27	7.13	6.38	石家庄	6.09	5.55	6.75	5.59	5.23	5.40
贵阳	6.41	7.66	10.15	9.77	10.30	9.22	太原	7.23	7.43	7.66	10.62	9.28	8.24
哈尔滨	4.36	3.70	4.14	4.60	4.99	5.07	天津	8.38	7.91	9.20	8.13	7.41	5.97
海口	8.19	8.50	10.07	11.57	11.88	10.70	西宁	5.19	3.94	7.65	8.41	7.40	8.18
杭州	7.79	6.56	6.49	6.62	5.57	4.15	武汉	4.60	4.99	4.98	5.26	5.59	5.16
合肥	5.70	5.42	6.27	6.27	5.74	5.07	西安	6.80	6.00	6.08	4.98	4.83	3.92
呼和浩特	4.33	—	5.77	6.69	6.74	6.50	乌鲁木齐	2.85	3.66	7.37	8.17	8.59	7.09
济南	7.02	6.21	8.79	9.76	9.59	8.91	银川	4.87	5.46	7.14	8.29	8.56	7.77
昆明	4.67	4.72	5.58	6.03	5.05	4.14	郑州	8.21	8.66	8.40	7.56	6.54	5.38
拉萨	0.1	0.94	1.79	1.94	2.87	2.03	常州	3.77	3.45	3.87	3.79	4.66	4.09
大连	4.06	4.47	4.11	5.24	5.80	6.23	深圳	6.02	4.99	6.48	7.64	6.75	5.94
苏州	4.58	4.25	5.06	5.23	5.58	5.35	无锡	4.88	5.18	5.85	6.56	5.90	3.58

2010—2015 年全国 36 个主要城市电视台播放动画片类型和数量，如表 9 所示。

表 9　2010—2015 年全国 36 个主要城市电视台播放动画片类型和数量

年份	国产片产业化生产 / 部	国产经典 / 部	海外引进片 / 部	合拍片 / 部	总计
2011 年	80	15	105	0	200
2012 年	86	16	38	1	141
2013 年	84	8	12	0	104
2014 年	68	17	8	0	93
2015 年	78	9	14	0	101

2011—2015 年中国国产动画电影票房总额比较，如图 9 所示。

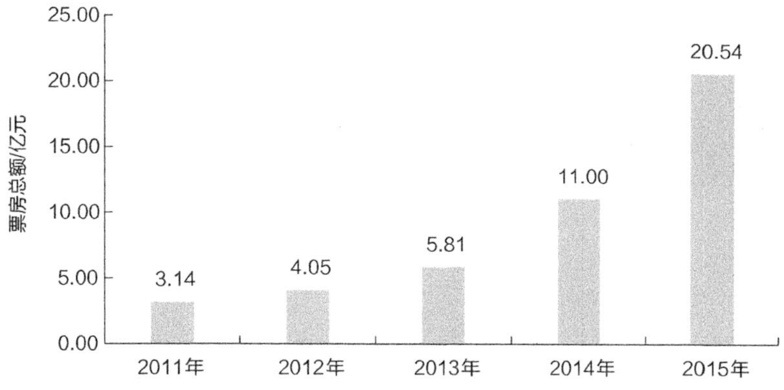

图 9　2011—2015 年中国国产动画电影票房总额比较

2011—2015 年中国国产动画电影备案数与公映数比较，如图 10 所示。

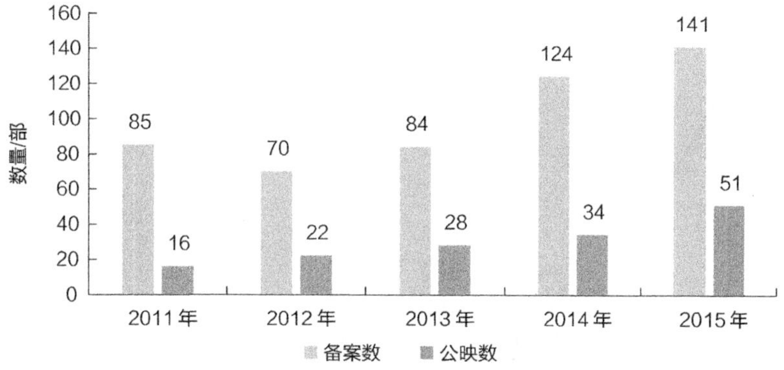

图 10　2011—2015 年中国国产动画电影备案数与公映数比较

2015 年全年票房排名前 10 的动画电影，如图 11 所示。

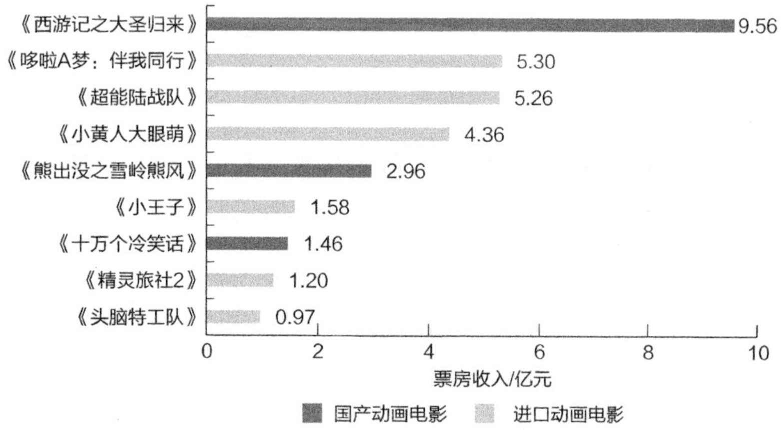

图 11　2015 年全年票房排名前 10 的动画电影

六、游戏业

2008—2015 年中国游戏市场实际销售收入及增长率，如图 1 所示。

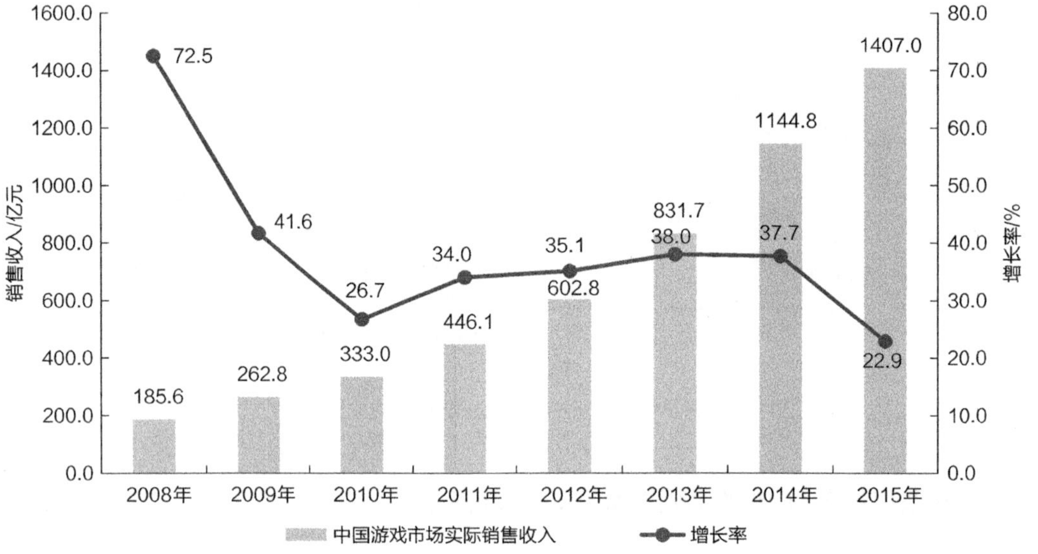

图 1 2008—2015 年中国游戏市场实际销售收入及增长率

（数据来源：2015 年中国游戏产业报告）

2008—2015 年中国自主研发网络游戏市场实际销售收入及增长率，如图 2 所示。

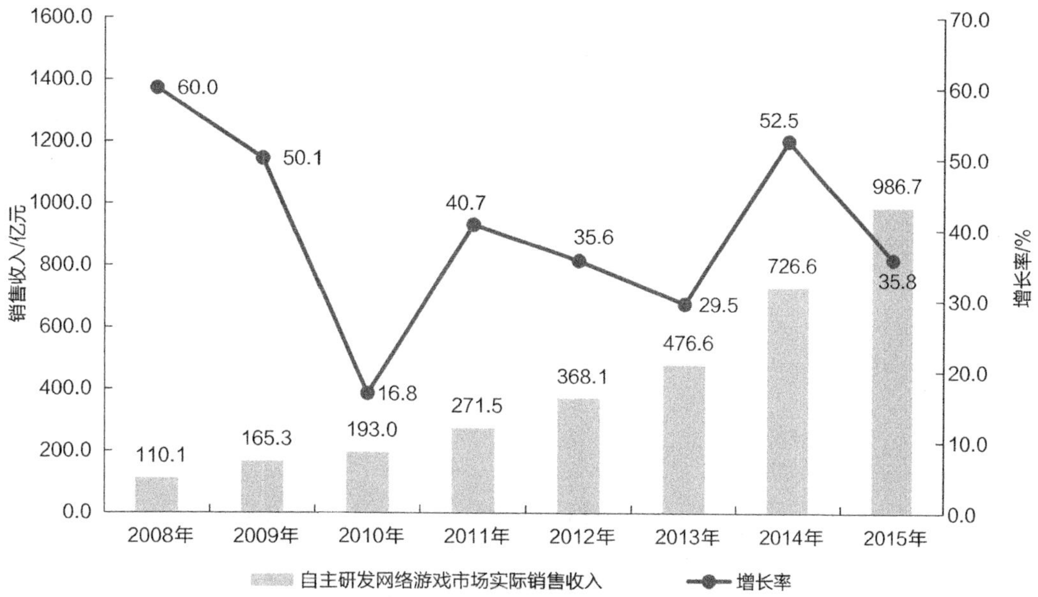

图 2　2008—2015 年中国自主研发网络游戏市场实际销售收入及增长率

2008—2015 年中国自主研发网络游戏海外市场实际销售收入及增长率，如图 3 所示。

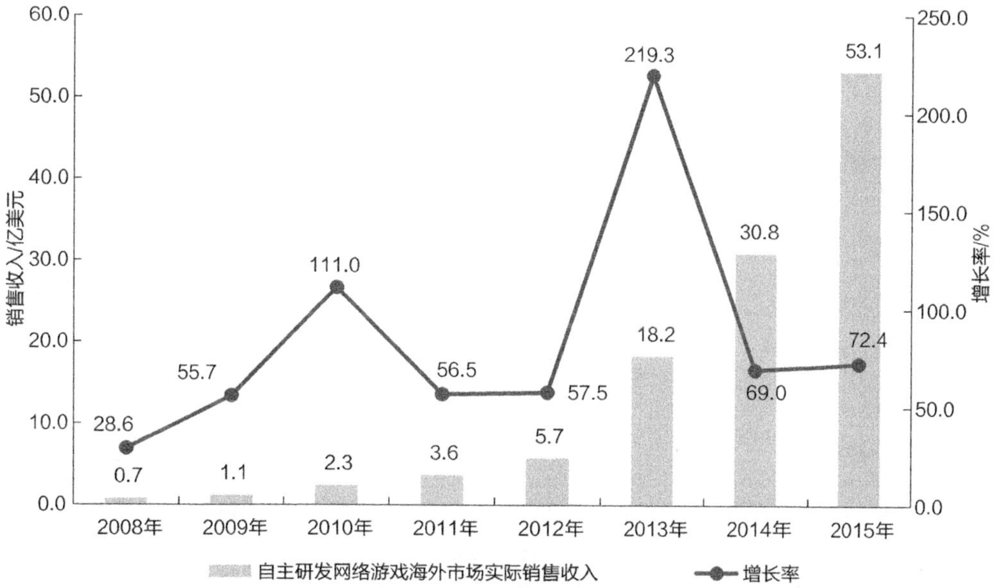

图 3　2008—2015 年中国自主研发网络游戏海外市场实际销售收入及增长率

2008—2015 年客户端网络游戏市场实际销售收入及增长率，如图 4 所示。

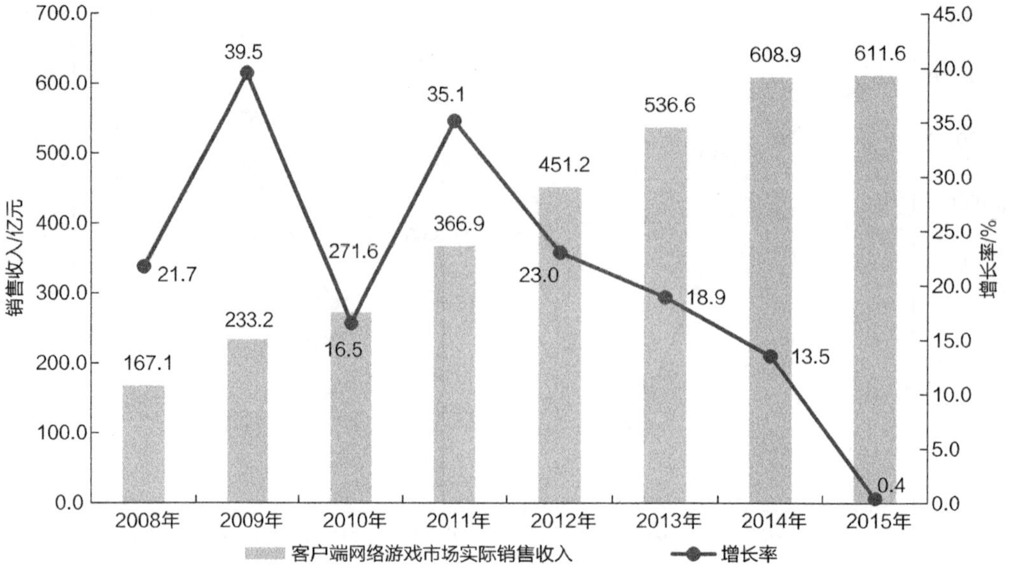

图 4 2008—2015 年客户端网络游戏市场实际销售收入及增长率

2008—2015 年网络游戏市场实际销售收入及增长率，如图 5 所示。

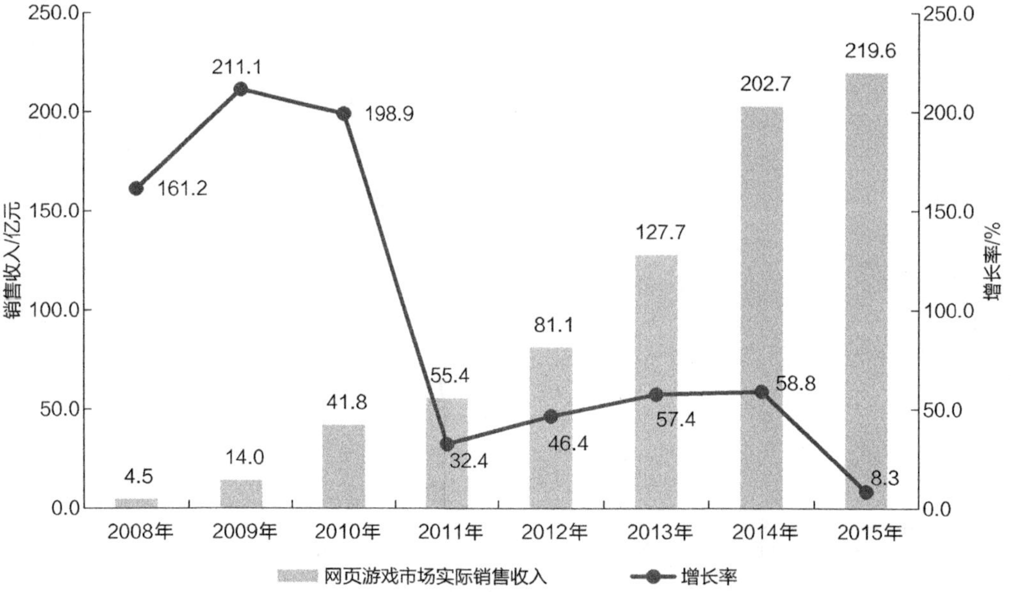

图 5 2008—2015 年网络游戏市场实际销售收入及增长率

2008—2015 年移动游戏市场实际销售收入及增长，如图 6 所示。

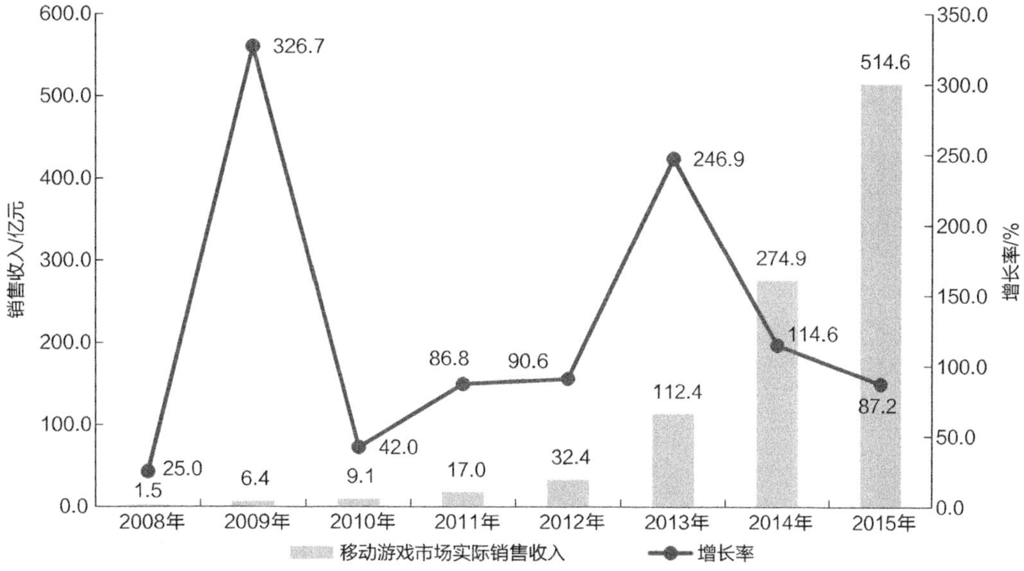

图6 2008—2015年移动游戏市场实际销售收入及增长率

2008—2015年单机游戏市场实际销售收入及增长率，如图7所示。

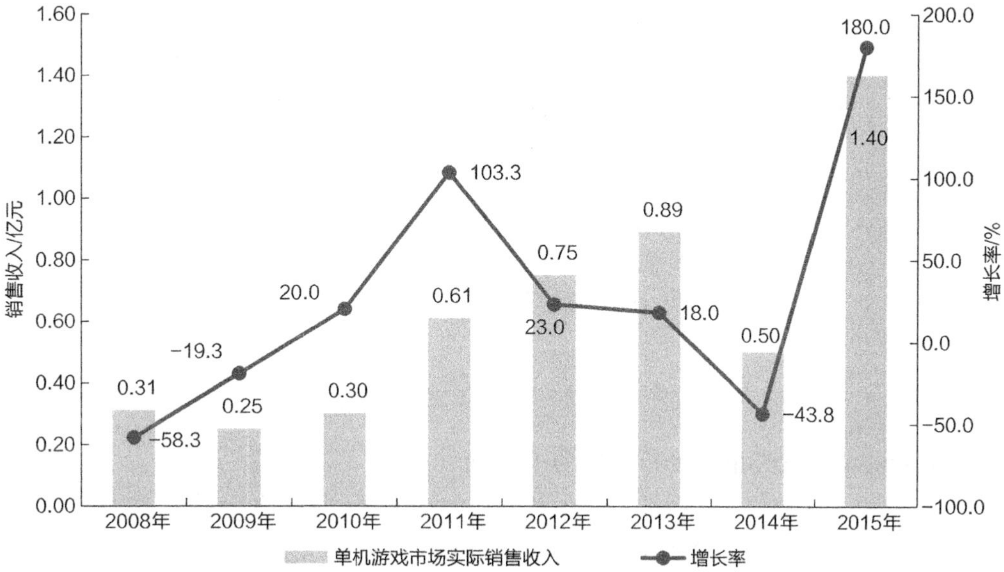

图7 2008—2015年单机游戏市场实际销售收入及增长率

2015年游戏市场出版类型分布，如图8所示。

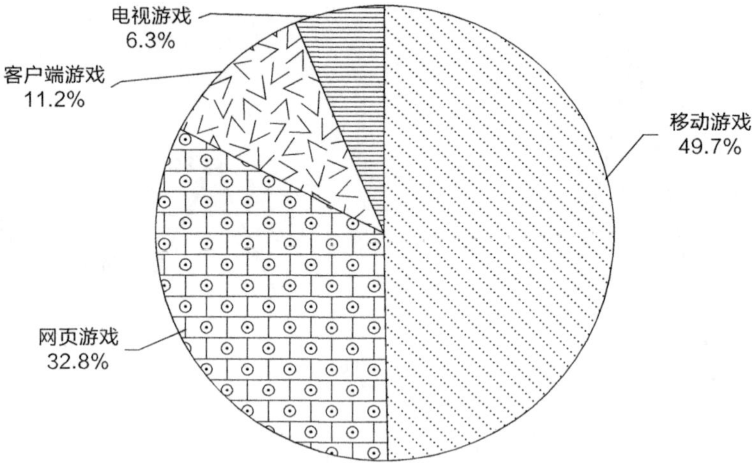

图 8　2015 年游戏市场出版类型分布

2015 年游戏市场出版地区分布，如图 9 所示。

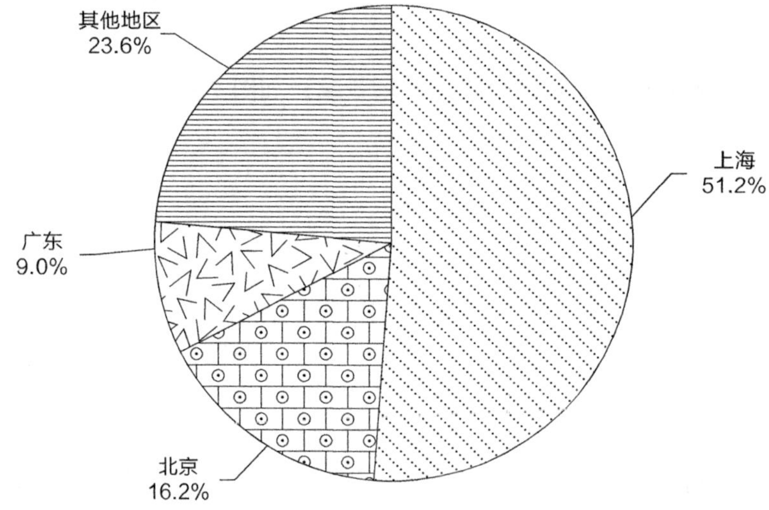

图 9　2015 年游戏市场出版地区分布

2015 年游戏企业上市证券市场分布，如图 10 所示。

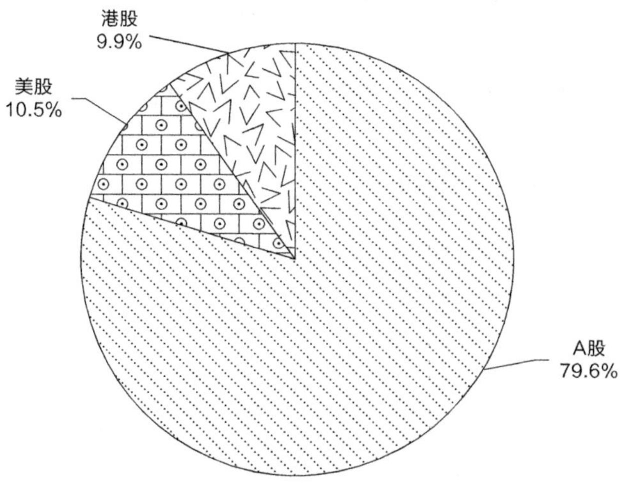

图 10　2015 年游戏企业上市证券市场分布

2015 年上市游戏企业市值证券市场分布，如图 11 所示。

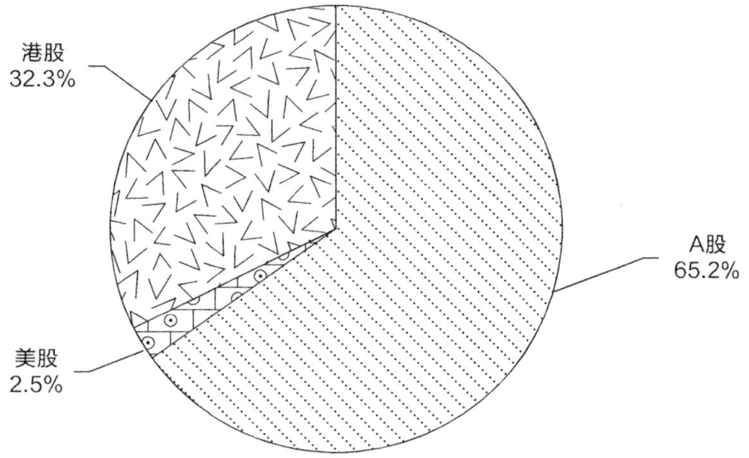

图 11　2015 年上市游戏企业市值证券市场分布

2015 年上市游戏企业市值地区分布，如图 12 所示。

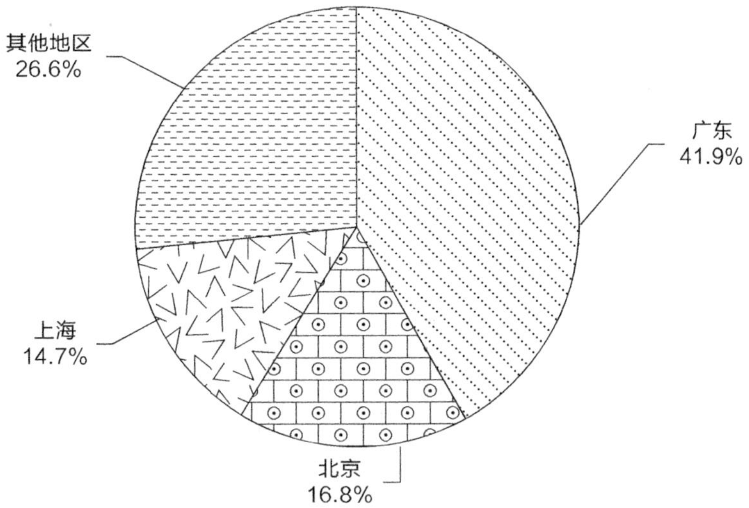

图 12　2015 年上市游戏企业市值地区分布

2015 年上市游戏企业地区分布，如图 13 所示。

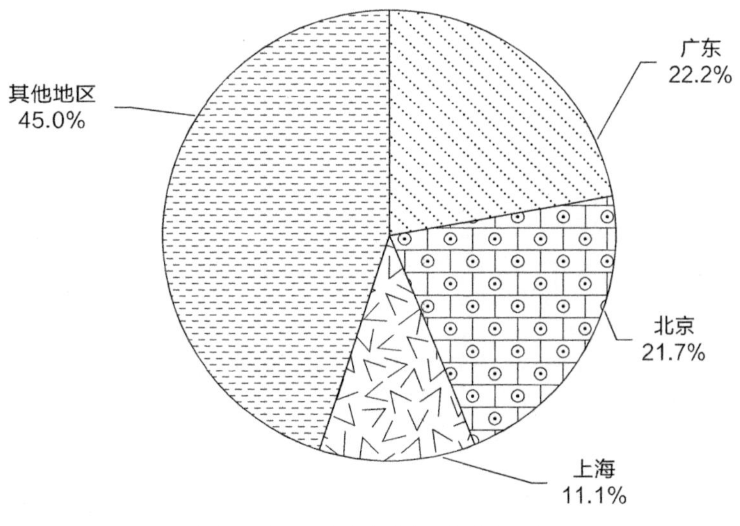

图 13　2015 年上市游戏企业地区分布

2008—2015 年中国游戏市场用户规模及增长率，如图 14 所示。

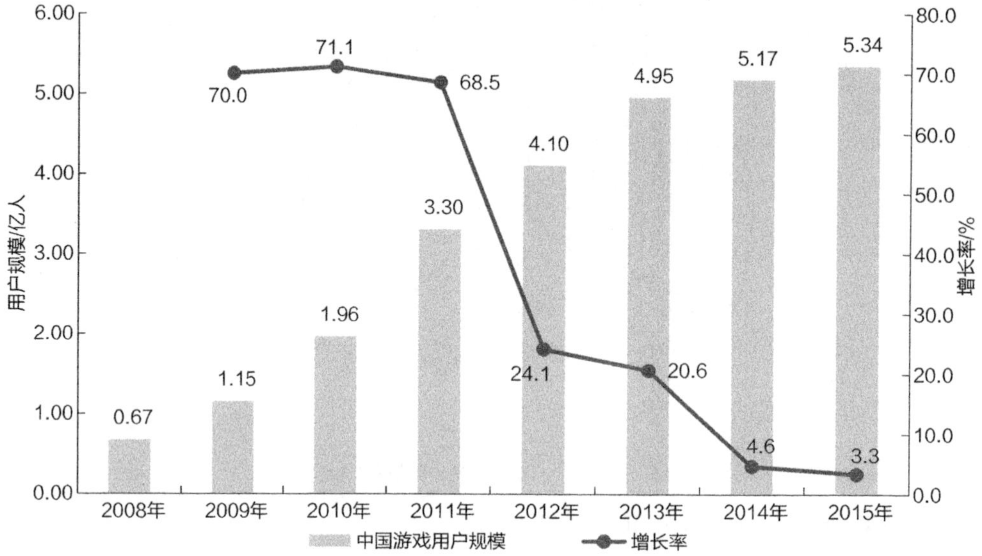

图 14　2008—2015 年中国游戏市场用户规模及增长率

七、互联网与新媒体业

2005—2015 年全国网民规模与互联网普及率，如图 1 所示。

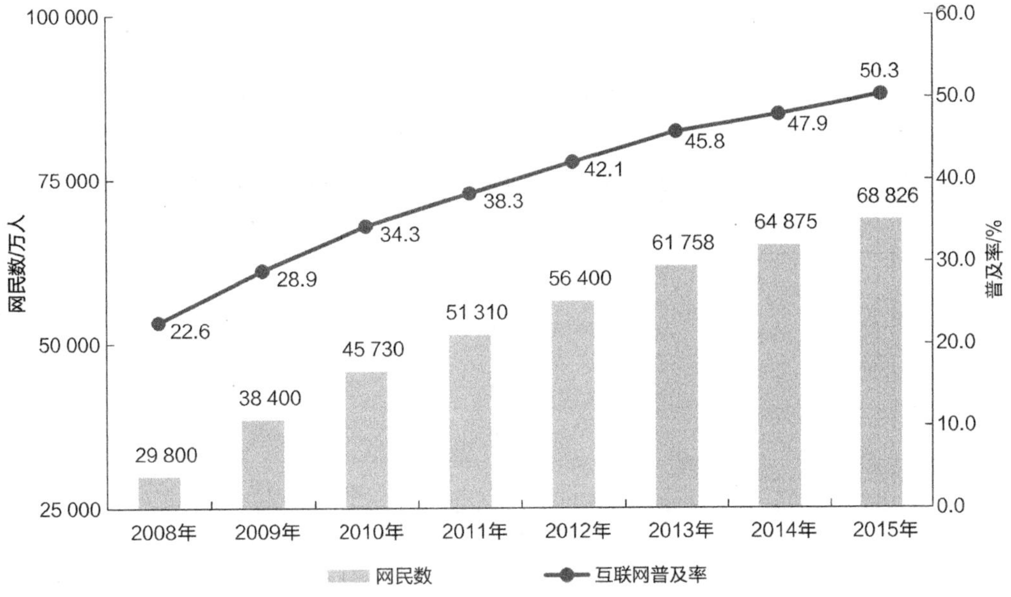

图 1　2005—2015 年全国网民规模与互联网普及率

2007—2015 年全国手机上网网民规模，如图 2 所示。

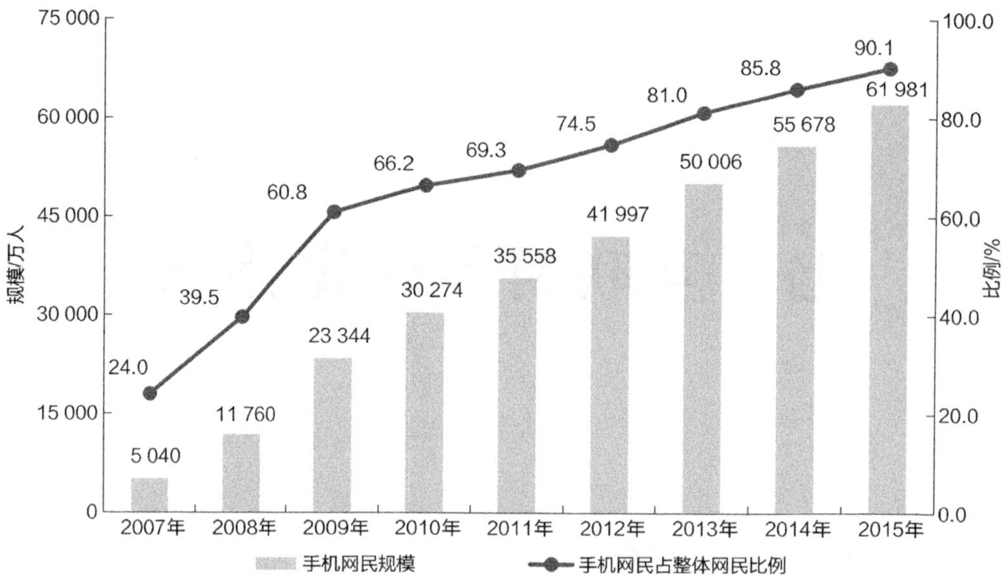

图 2　2007—2015 年全国手机上网网民规模

2014—2015 年全国各省（自治区、直辖市）网民规模与互联网普及率，如表 1 所示。

表 1　2014—2015 年全国各省（自治区、直辖市）网民规模与互联网普及率

省（直辖市、自治区）	网民数 / 万人	普及率 /%	网民规模增速 /%	普及率排名
北京	1 647	76.5	3.4	1
上海	1 773	73.1	3.3	2
广东	7 768	72.4	6.6	3
福建	2 648	69.6	7.1	4
浙江	3 596	65.3	4.0	5
天津	956	63.0	5.8	6
辽宁	2 731	62.2	5.9	7
江苏	4 416	55.5	3.3	8
新疆	1 262	54.9	10.8	9
青海	318	54.5	9.9	10
山西	1 975	54.2	7.5	11
海南	466	51.6	10.8	12
河北	3 731	50.5	3.6	13
内蒙古	1 259	50.3	10.3	14
陕西	1 886	50.0	8.1	15
宁夏	326	49.3	10.6	16
山东	4 789	48.9	3.3	17

续表

省（直辖市、自治区）	网民数 / 万人	普及率 /%	网民规模增速 /%	普及率排名
重庆	1 445	48.3	6.5	18
吉林	1 313	47.7	5.7	19
湖北	2 723	46.8	3.7	20
西藏	142	44.6	15.3	21
黑龙江	1 707	44.5	6.8	22
广西	2 033	42.8	10.0	23
四川	3 260	40.0	7.9	24
湖南	2 685	39.9	4.1	25
安徽	2 395	39.4	7.7	26
河南	3 703	39.2	6.6	27
甘肃	1 005	38.8	5.7	28
江西	1 759	38.7	14.0	29
贵州	1 346	38.4	10.1	30
云南	1 761	37.4	7.2	31
全国	68 826	50.3	6.1	—

2014—2015 年全国网民城乡结构，如图 3 所示。

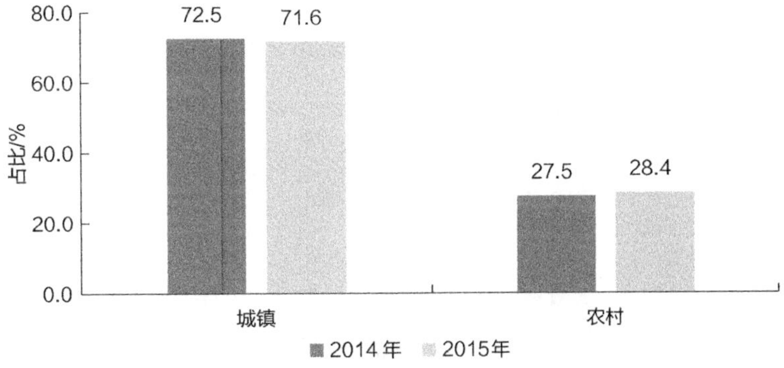

图 3 2014—2015 年全国网民城乡结构

2014—2015 年全国网民性别结构，如图 4 所示。

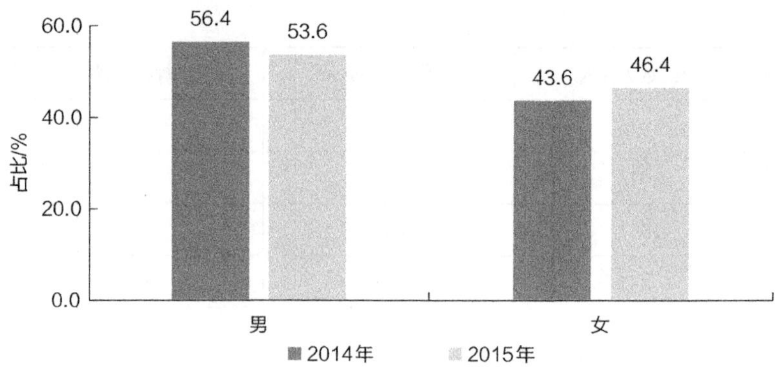

图 4　2014—2015 年全国网民性别结构

2014—2015 年全国网民年龄结构，如图 5 所示。

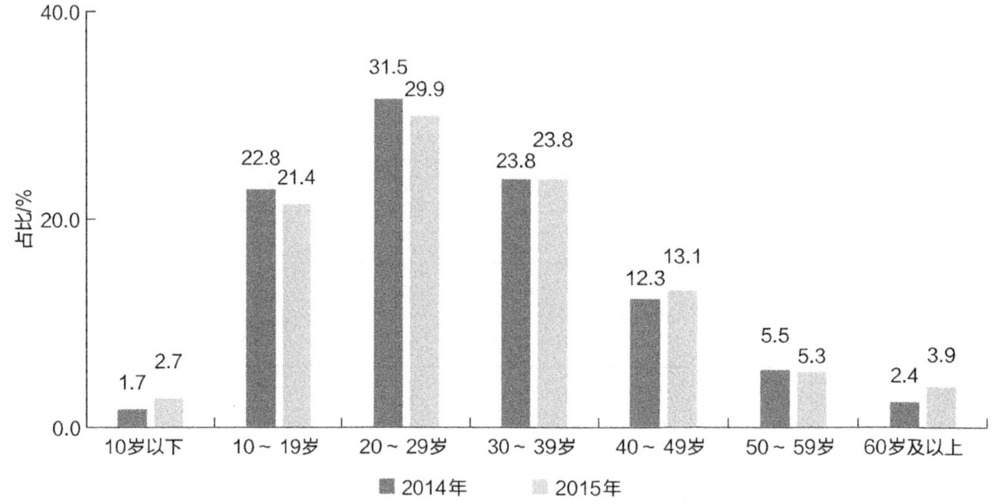

图 5　2014—2015 年全国网民年龄结构

2014—2015 年全国网民学历结构，如图 6 所示。

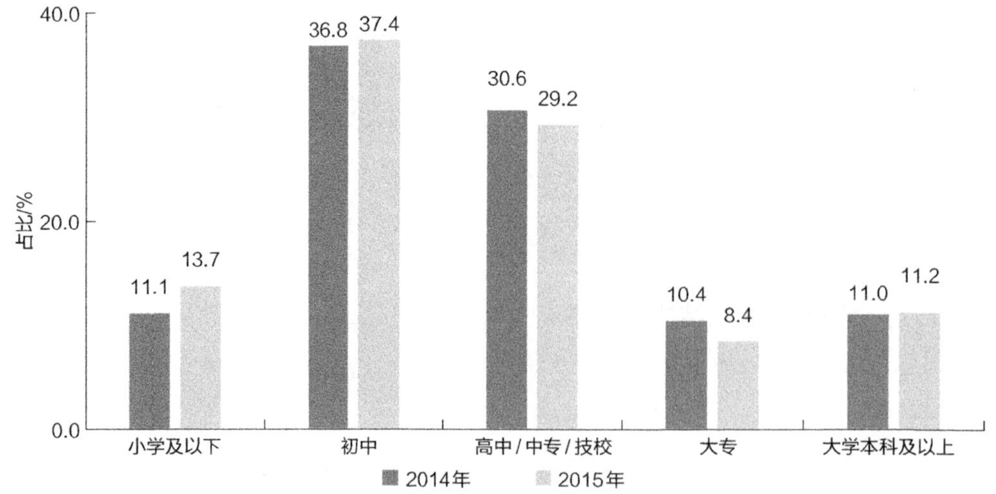

图 6　2014—2015 年全国网民学历结构

2014—2015 年全国网民职业结构，如图 7 所示。

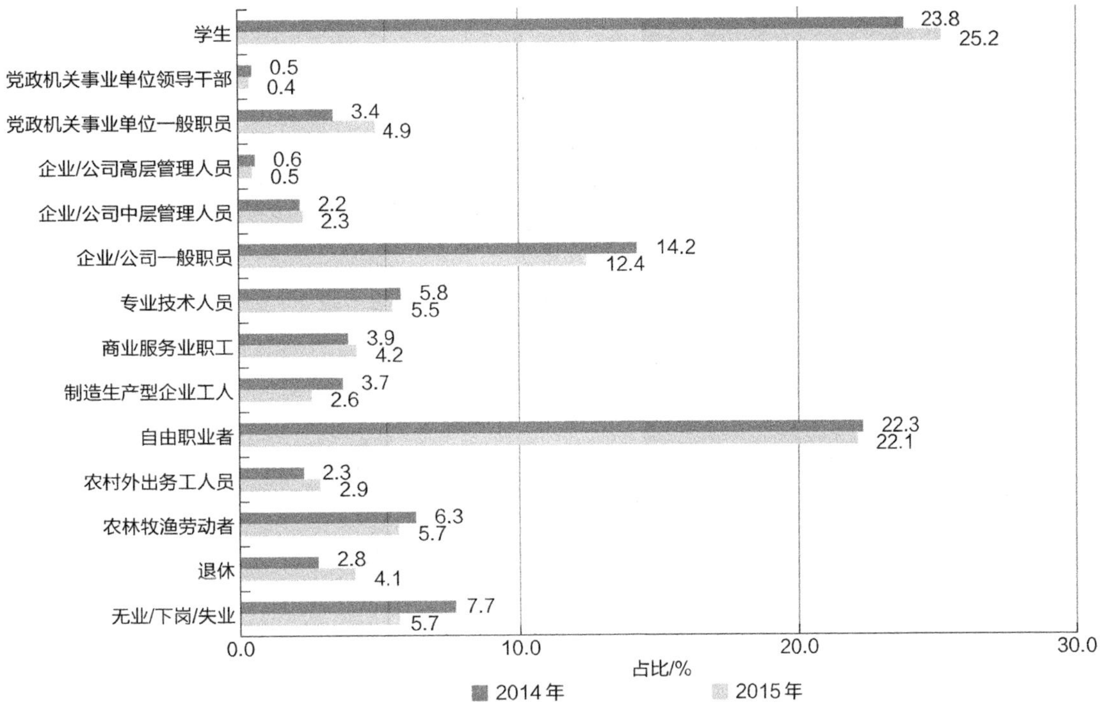

图7　2014—2015年全国网民职业结构

2014—2015年全国网民个人月收入结构，如图8所示。

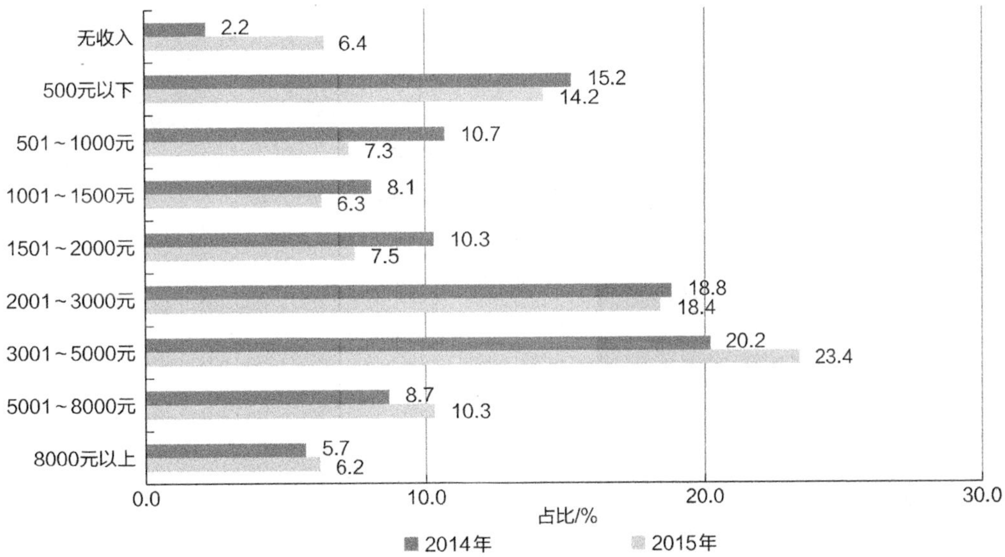

图8　2014—2015年全国网民个人月收入结构

2014—2015年互联网络接入设备使用情况，如图9所示。

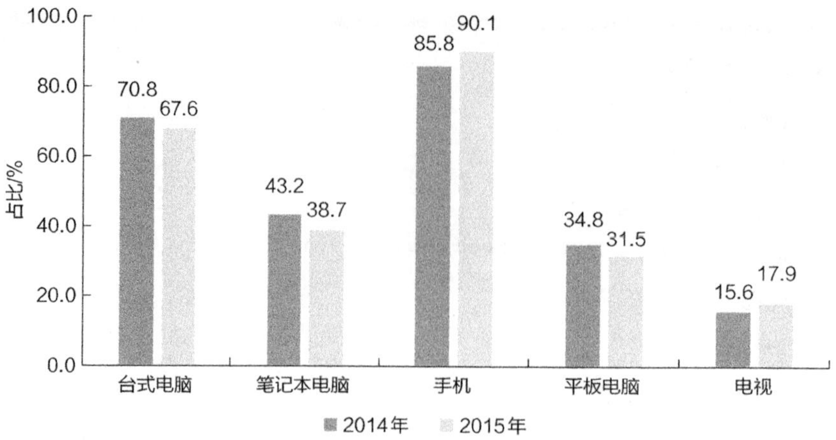

图 9　2014—2015 年互联网络接入设备使用情况

2014—2015 年全国网民使用电脑接入互联网场所，如图 10 所示。

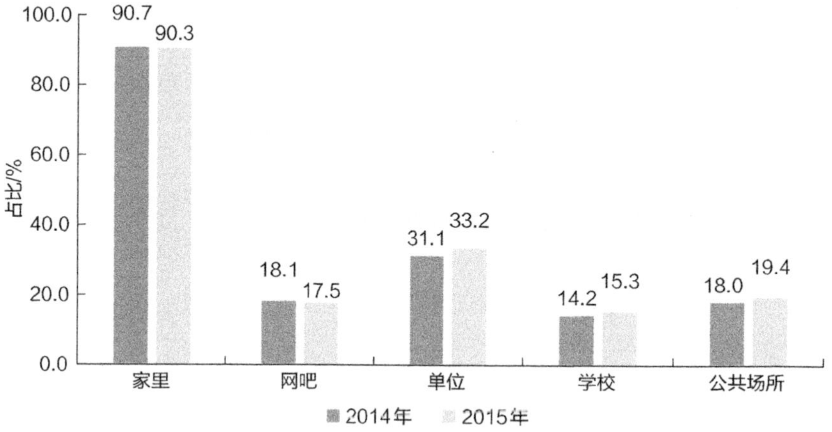

图 10　2014—2015 年全国网民使用电脑接入互联网场所

2014—2015 年网民网络接入情况，如图 11 所示。

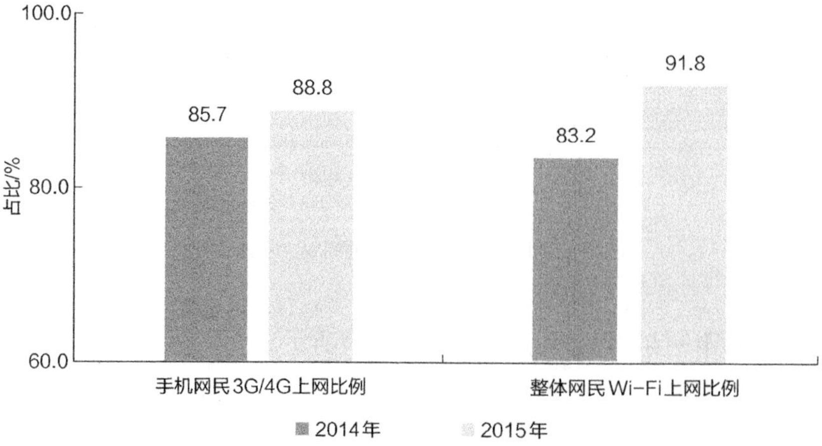

图 11　2014—2015 年网民网络接入情况

2011—2015 年全国网民人均周上网时长，如图 12 所示。

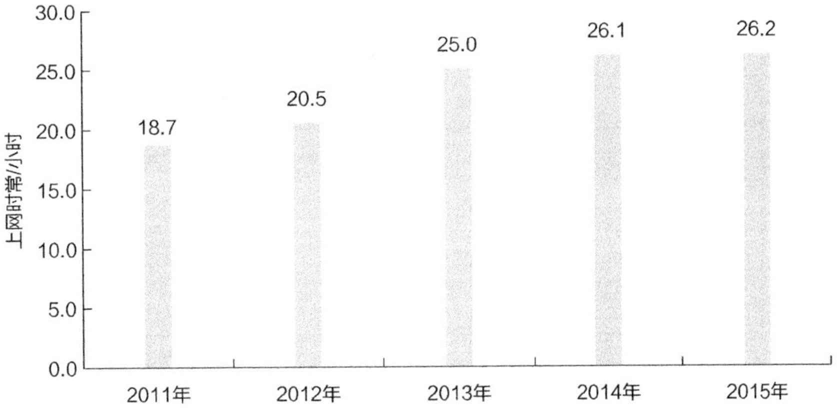

图 12　2011—2015 年全国网民人均周上网时长

2014—2015 年互联网安全事件发生比例，如图 13 所示。

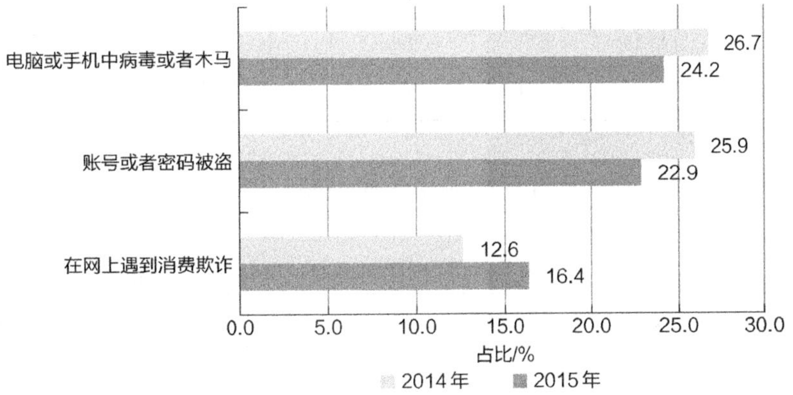

图 13　2014—2015 年互联网安全事件发生比例

2014—2015 年中国网民各类互联网应用的使用率，如表 2 所示。

表 2　2014—2015 年中国网民各类互联网应用的使用率

各类应用	2015 年		2014 年	
	用户规模 / 万	网民使用率 /%	用户规模 / 万	网民使用率 /%
即时通信	62 408	90.7	58 776	90.6
搜索引擎	56 623	82.3	52 223	80.5
网络新闻	56 440	82.0	51 894	80.0
网络视频	50 391	73.2	43 298	66.7
网络音乐	50 137	72.8	47 807	73.7
网上支付	41 618	60.5	36 142	55.7
网络购物	41 325	60.0	36 142	55.7

续表

各类应用	2015 年		2014 年	
	用户规模 / 万	网民使用率 /%	用户规模 / 万	网民使用率 /%
网络游戏	39 148	56.9	36 585	56.4
网上银行	33 639	48.9	28 214	43.5
网络文学	29 674	43.1	29 385	45.3
旅行预订	25 955	37.7	22 173	34.2
电子邮件	25 847	37.6	25 178	38.8
团购	18 022	26.2	17 267	26.6
论坛 /bbs	11 901	17.3	12 908	19.9
互联网理财	9 026	13.1	7 849	12.1
网上炒股或炒基金	5 892	8.6	3 819	5.9
社交应用	53 001	77.0	—	—
在线教育	11 014	16.0	—	—
互联网医疗	15 214	22.1	—	—

2014—2015 年中国网民各类手机互联网应用的使用率，如表 3 所示。

表 3　2014—2015 年中国网民各类手机互联网应用的使用率

各类应用	2015 年		2014 年	
	用户规模 / 万	网民使用率 /%	用户规模 / 万	网民使用率 /%
手机即时通信	55 719	89.9	50 762	91.2
手机网络新闻	48 165	77.7	41 539	74.6
手机搜索	47 784	77.1	42 914	77.1
手机网络音乐	40 508	65.4	31 280	56.2
手机网络视频	40 508	65.4	31 280	56.2
手机网上支付	35 771	57.7	21 739	39.0
手机网络购物	33 967	54.8	23 609	42.4
手机网络游戏	27 928	45.1	24 823	44.6
手机网上银行	27 675	44.6	19 813	35.6
手机网络文学	25 908	41.8	22 626	40.6
手机旅行预订	20 990	33.9	13 422	24.1
手机邮件	16 671	25.9	14 040	25.2
手机团购	15 802	25.5	11 872	21.3
手机论坛 /bbs	8 604	13.9	7 571	13.6

续表

各类应用	2015 年		2014 年	
	用户规模 / 万	网民使用率 /%	用户规模 / 万	网民使用率 /%
手机网上炒股或炒基金	4 293	6.9	1 947	3.5
手机在线教育课程	5 303	8.6	—	—

2014—2015 年即时通信 / 手机即时通信用户规模及使用率，如图 14 所示。

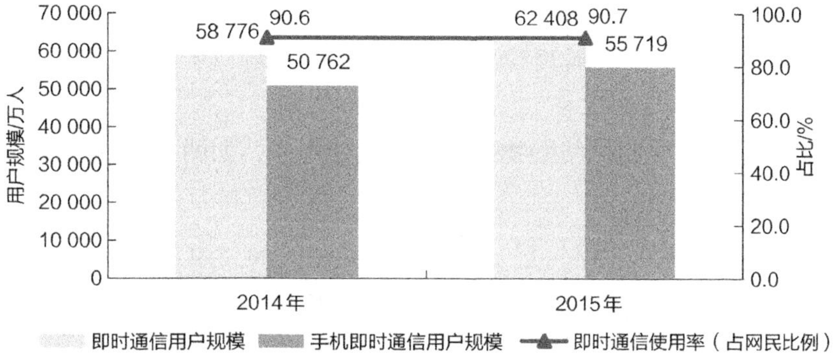

图 14 2014—2015 年即时通信、手机即时通信用户规模及使用率

2014—2015 年网络新闻、手机网络新闻用户规模及使用率，如图 15 所示。

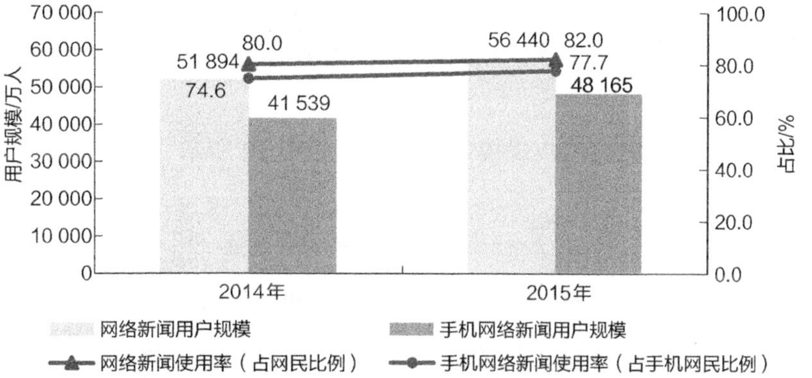

图 15 2014—2015 年网络新闻、手机网络新闻用户规模及使用率

2015 年典型社交应用使用率，如图 16 所示。

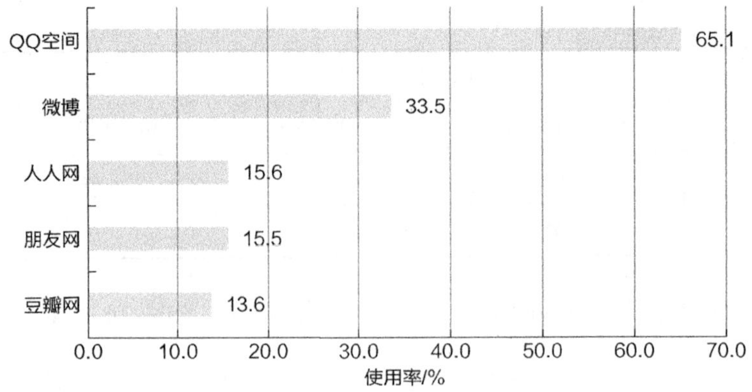

图 16　2015 年典型社交应用使用率

2014—2015 年网络购物 / 手机网络购物用户规模及使用率，如图 17 所示。

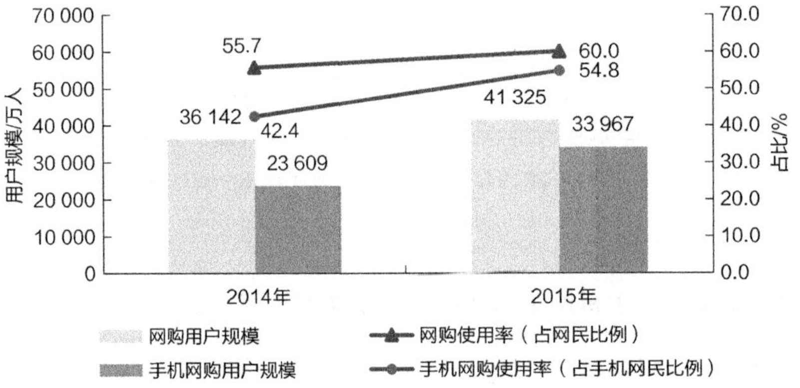

图 17　2014—2015 年网络购物 / 手机网络购物用户规模及使用率

2014—2015 年团购 / 手机团购用户规模及使用率，如图 18 所示。

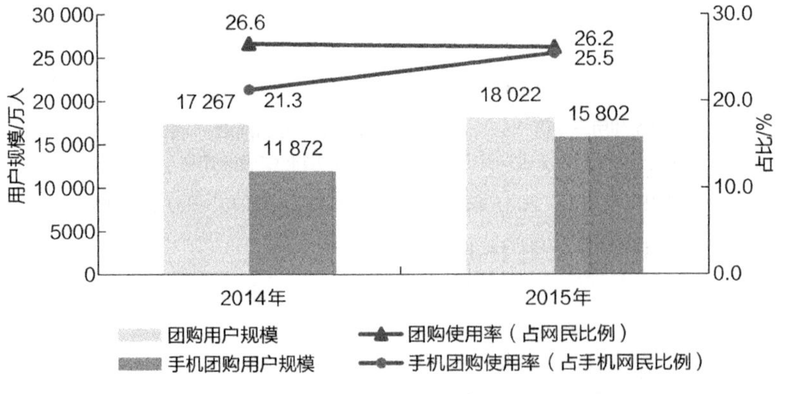

图 18　2014—2015 年团购 / 手机团购用户规模及使用率

2014—2015 年在线旅行预订团购 / 手机在线旅行预订用户规模及使用率，如图 19 所示。

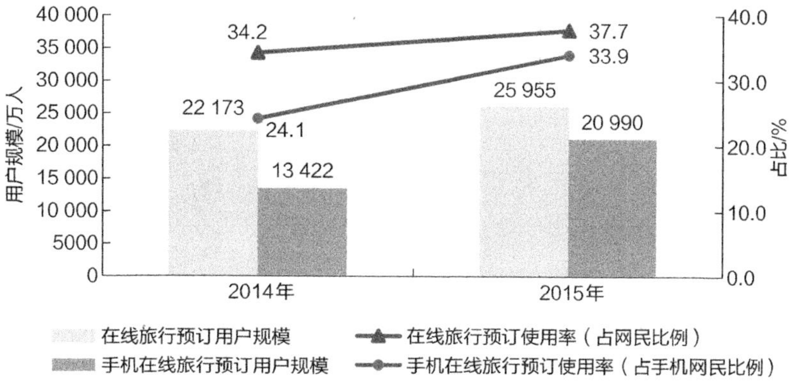

图 19　2014—2015 年在线旅行预订团购 / 手机在线旅行预订用户规模及使用率

2014—2015 年互联网理财用户规模及使用率，如图 20 所示。

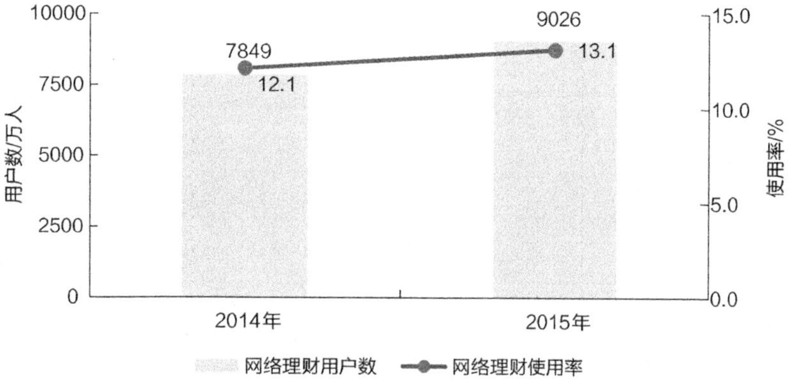

图 20　2014—2015 年互联网理财用户规模及使用率

2014—2015 年网上支付 / 手机网上支付用户规模及使用率，如图 21 所示。

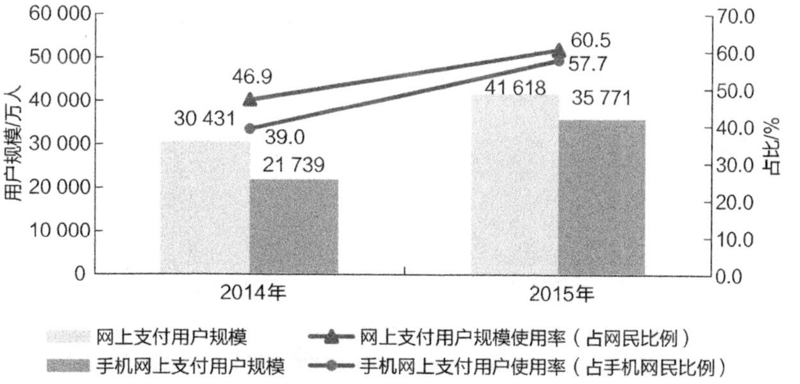

图 21　2014—2015 年网上支付 / 手机网上支付用户规模及使用率

2014—2015 年网络游戏 / 手机网络游戏用户规模及使用率，如图 22 所示。

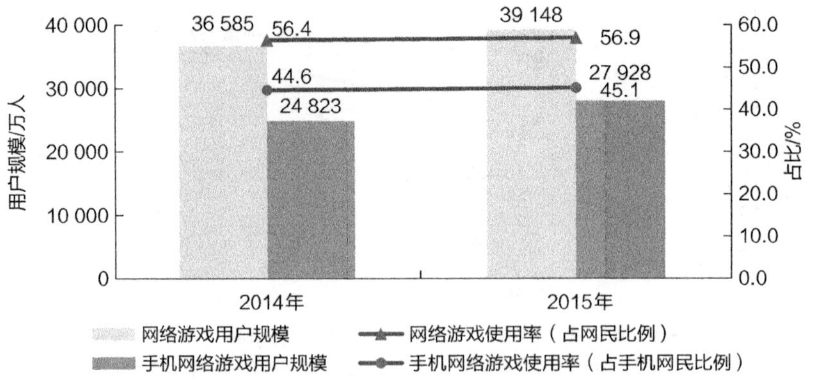

图 22　2014—2015 年网络游戏 / 手机网络游戏用户规模及使用率

2014—2015 年网络文学 / 手机网络文学用户规模及使用率，如图 23 所示。

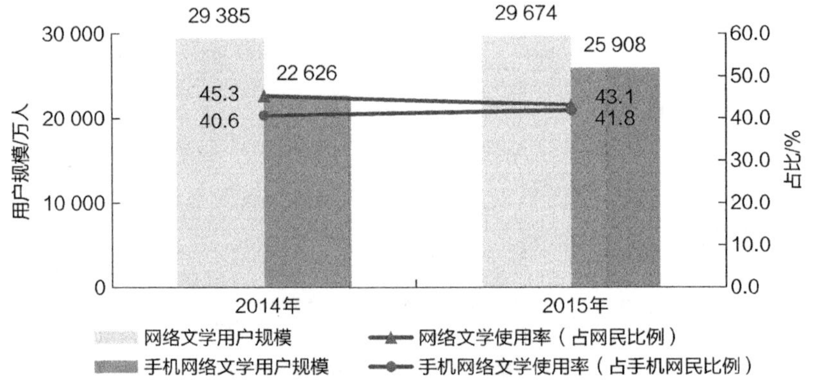

图 23　2014—2015 年网络文学 / 手机网络文学用户规模及使用率

2014—2015 年网络视频 / 手机网络视频用户规模及使用率，如图 24 所示。

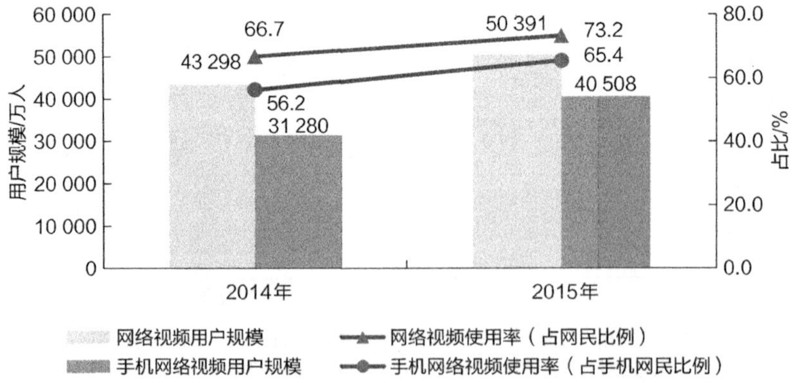

图 24　2014—2015 年网络视频 / 手机网络视频用户规模及使用率

2014—2015 年网络音乐 / 手机网络音乐用户规模及使用率，如图 25 所示。

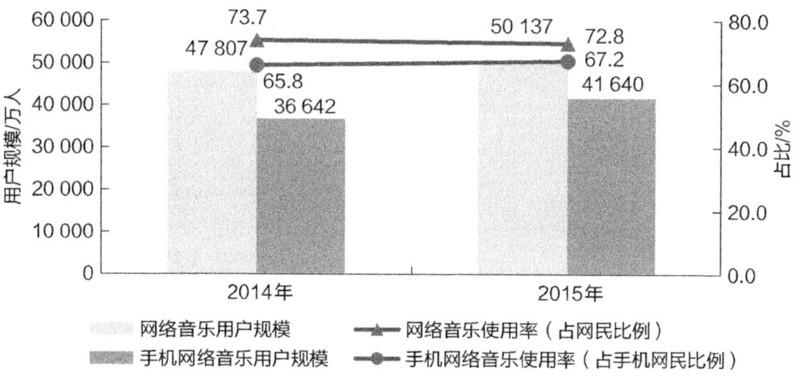

图 25　2014—2015 年网络音乐 / 手机网络音乐用户规模及使用率

2015 年在线教育各领域用户使用率，如图 26 所示。

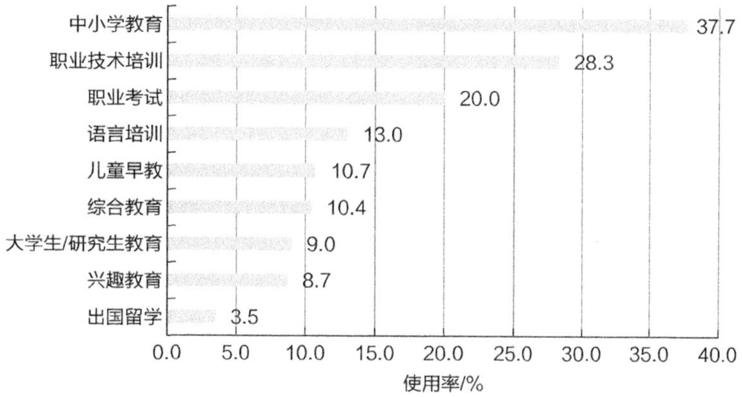

图 26　2015 年在线教育各领域用户使用率

2015 年互联网医疗用户使用率如图 27 所示。

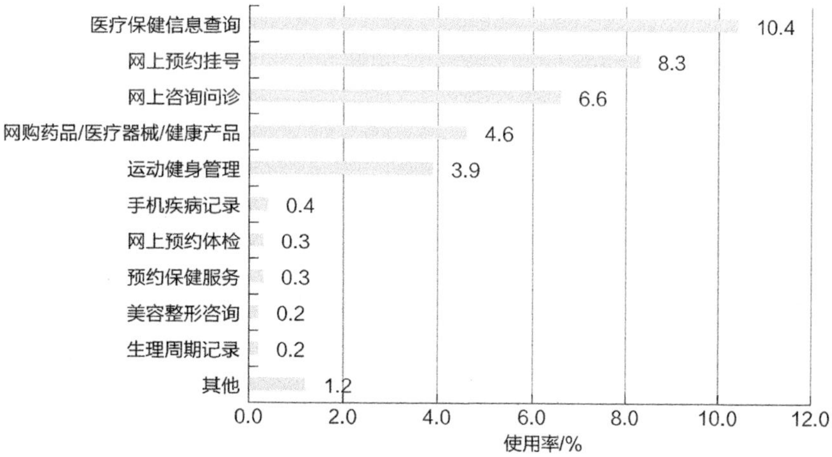

图 27　2015 年互联网医疗用户使用率

2015 年上半年网络约租车用户规模，如图 28 所示。

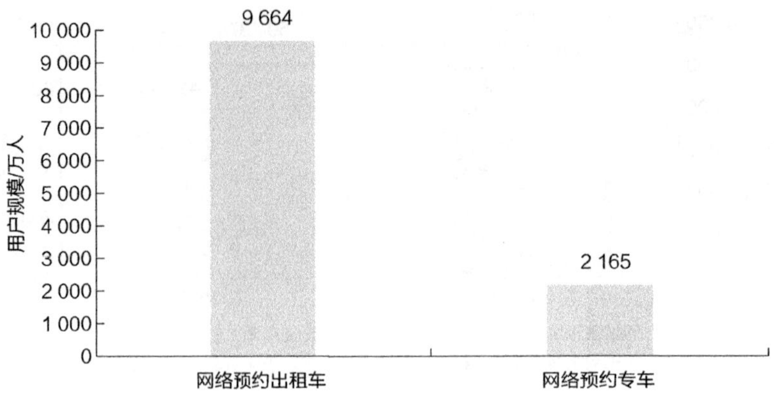

图 28　2015 年上半年网络约租车用户规模

八、广告业

2006—2015 年广播电视广告收入，如图 1 所示。

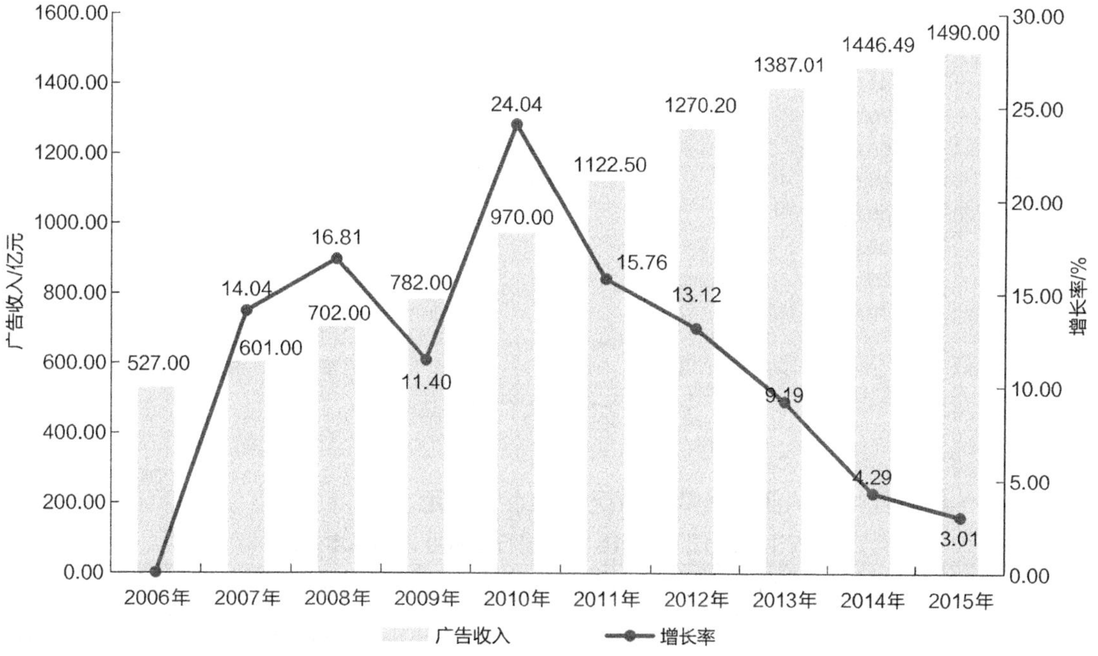

图 1 2006—2015 年广播电视广告收入

2011—2015 年各年龄段广播电视广告收入，如图 2 所示。

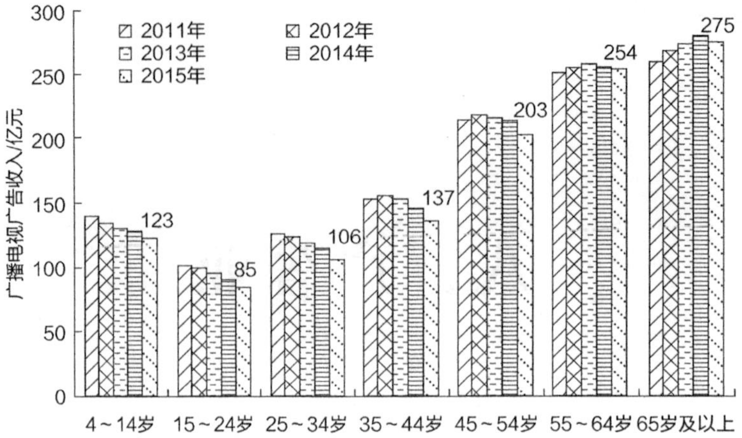

图 2　2011—2015 年各年龄段广播电视广告收入

2015 年主要媒体日到达率，如图 3 所示。

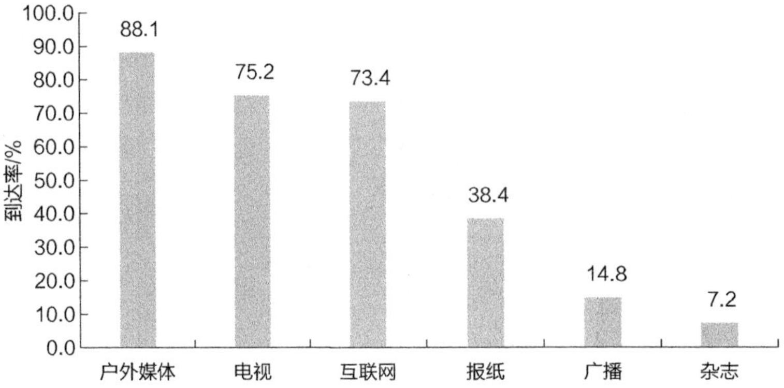

图 3　2015 年主要媒体日到达率

2013—2015 年广告行业从业人员基本情况，如表 1 所示。

表 1　2013—2015 年广告行业从业人员基本情况

年份	管理人员 / 人	创意设计人员 / 人	业务人员 / 人	其他人员 / 人
2013 年	540 348	527 012	918 003	636 690
2014 年	635 715	569 126	1 000 126	512 972
2015 年	724 223	658 505	1 125 000	564 814

2014—2015 年广告行业业务分布基本情况，如表 2 所示。

表 2　2014—2015 年广告行业业务分布基本情况

年份	设计 / 亿元	制作 / 亿元	代理 / 亿元	发布 / 亿元
2014 年	769.08	743.08	1231.99	2861.44
2015 年	859.48	837.06	1266.43	3009.90

2015 年电视广告投放增幅趋势，如图 4 所示。

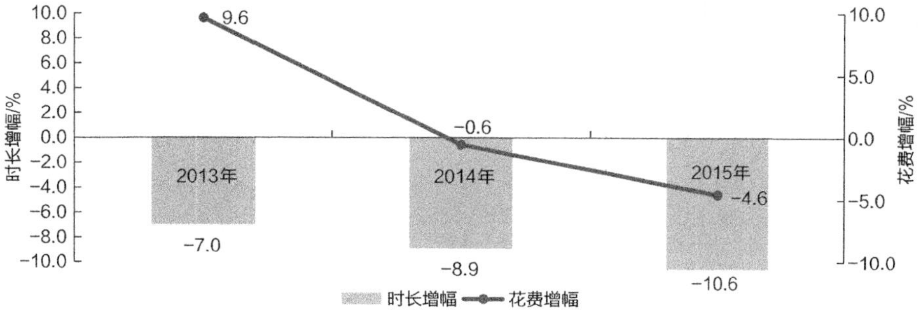

图4　2015 年电视广告投放增幅趋势

2015 年各级别频道增幅，如图 5 所示。

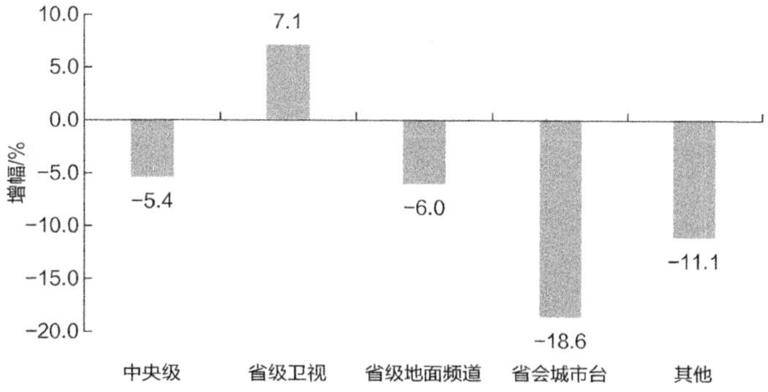

图5　2015 年各级别频道增幅

2015 年各省级卫视广告投放增幅，如图 6 所示。

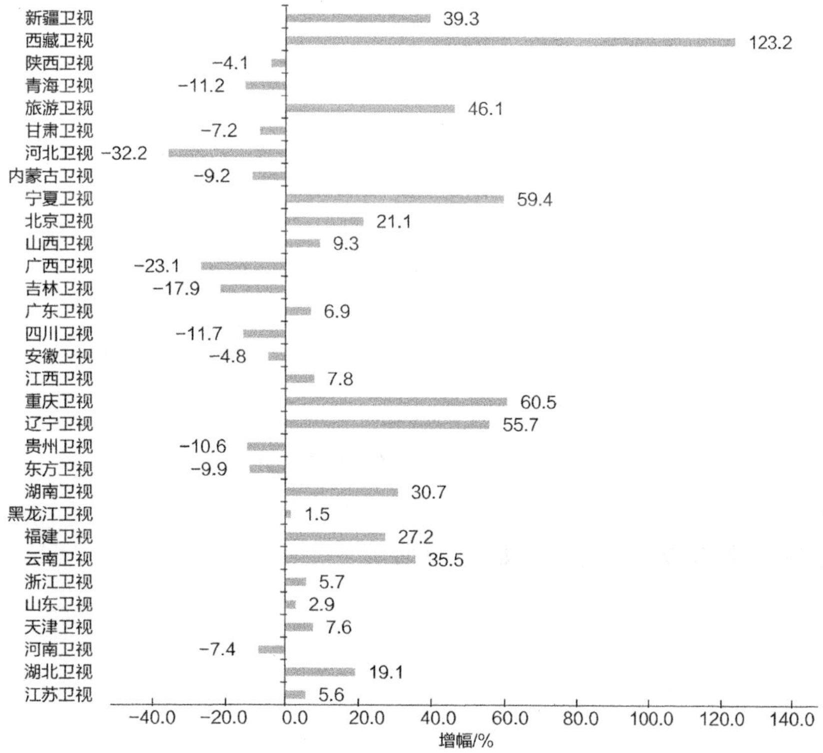

图6　2015 年各省级卫视广告投放增幅

2015 年报纸广告投放增幅趋势，如图 7 所示。

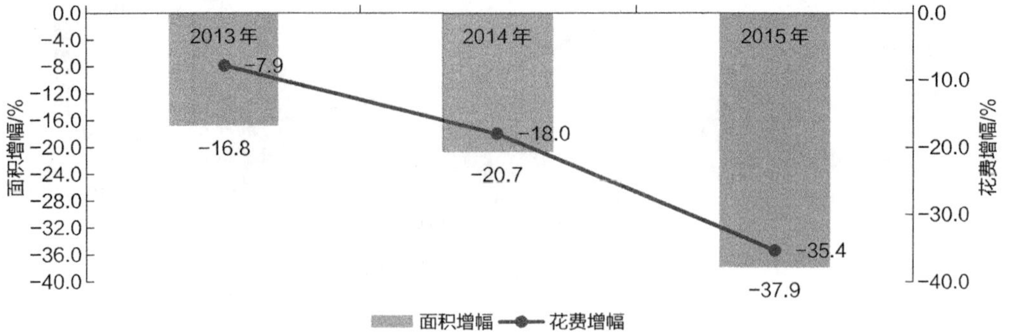

图 7　2015 年报纸广告投放增幅趋势

2015 年杂志广告投放增幅趋势，如图 8 所示。

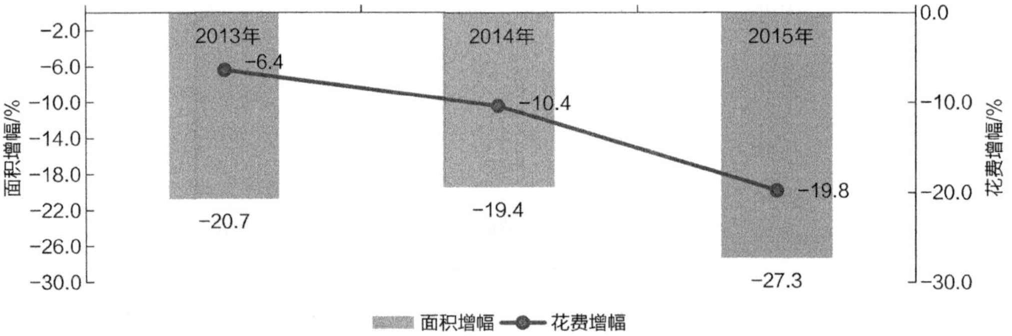

图 8　2015 年杂志广告投放增幅趋势

2015 年电台广告投放增幅趋势，如图 9 所示。

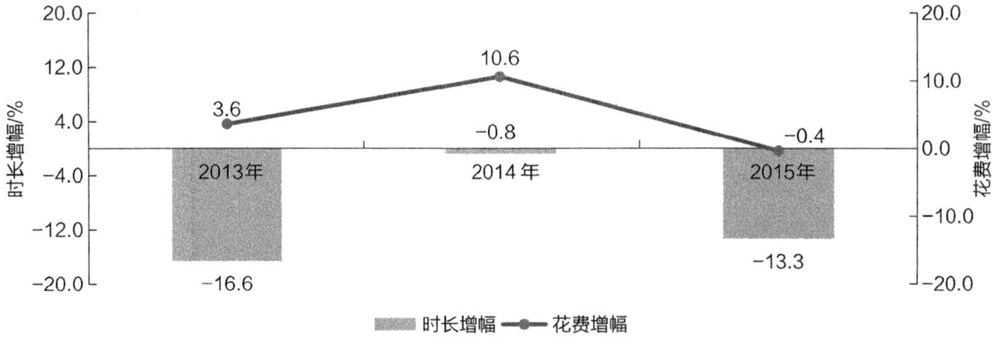

图 9　2015 年电台广告投放增幅趋势

2015 年传统户外广告投放增幅趋势，如图 10 所示。

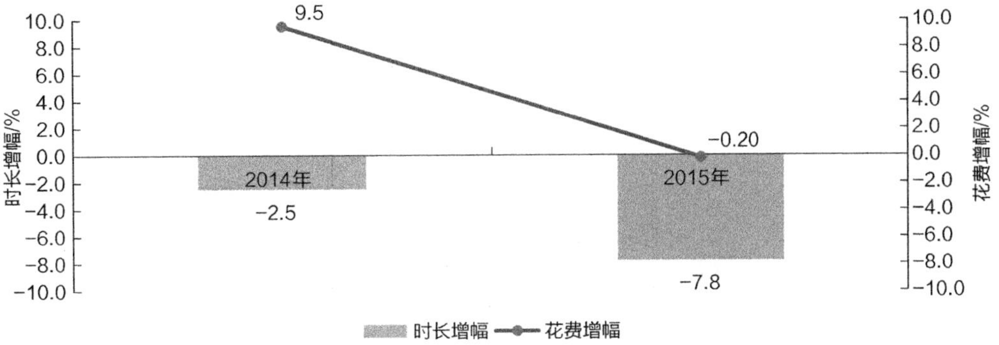

图10　2015年传统户外广告投放增幅趋势

（数据来源：CTR媒介智讯）

九、艺术品市场

2015 年中国大陆地区画廊城市分布，如图 1 所示。

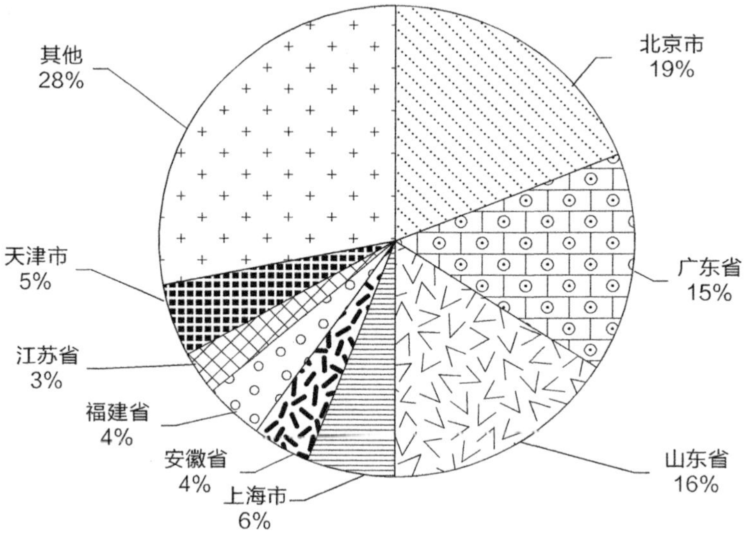

图 1　2015 年中国大陆地区画廊城市分布

2000—2015 年艺术品拍卖市场成交额，如图 2 所示。

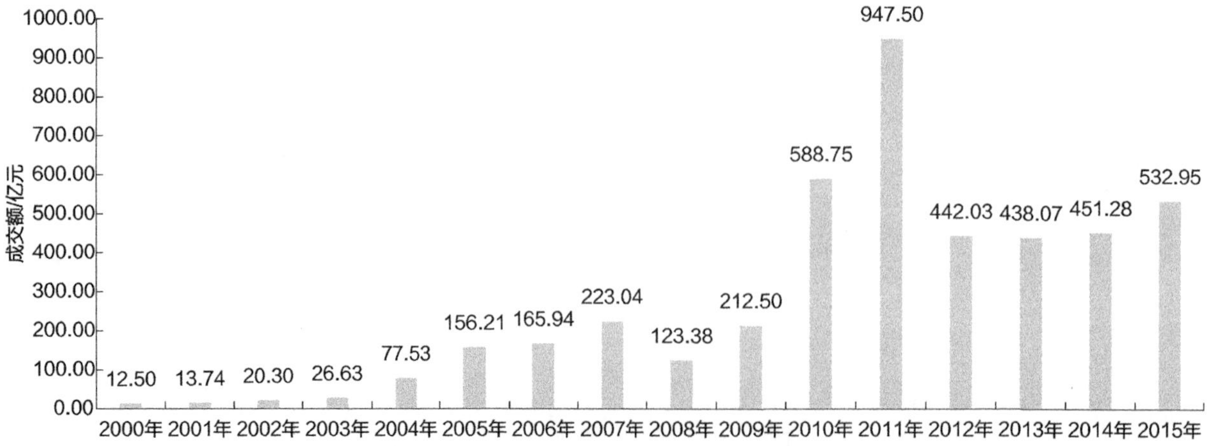

图 2　2000—2015 年艺术品拍卖市场成交额

2015 年中国艺术品拍卖市场成交数据，如表 1 所示。

表 1　2015 年中国艺术品拍卖市场成交数据

类别	上拍量 / 件	成交量 / 件	成交金额 / 万元
中国书画	236 584	102 109	2 430 772.68
西画雕塑	13 920	8 554	555 357.82
瓷器杂项	233 636	97 981	2 343 408.46
总计	484 140	208 644	5 329 538.96

2015 年艺术品拍卖市场成交额比例，如图 3 所示。

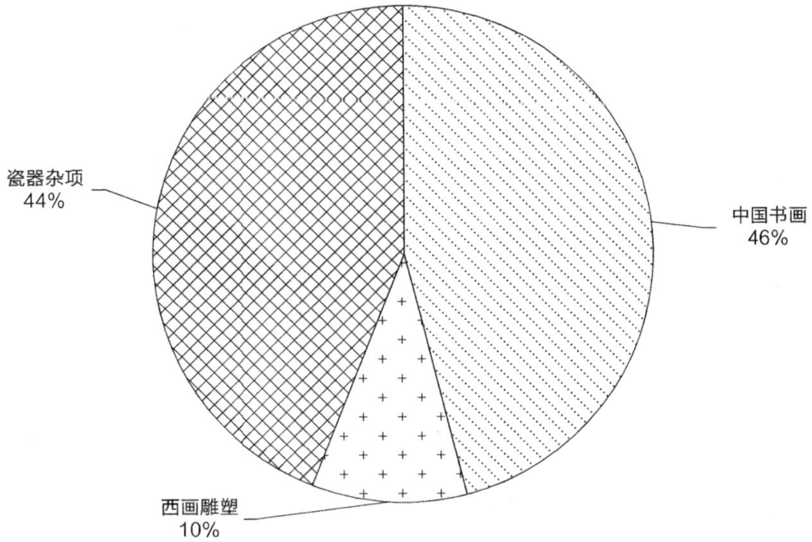

图 3　2015 年艺术品拍卖市场成交额比例

2015 年中国艺术品拍卖公司成交额排名前 10 位，如表 2 所示。

表 2　2015 年中国艺术品拍卖公司成交额排名前 10 位

排名	公司名称	拍卖场次	专场数	成交总额 / 万元
1	北京保利国际拍卖有限公司	8	143	641 527.23
2	佳士得香港有限公司	5	37	483 624.67
3	中国嘉德国际拍卖有限公司	8	131	446 675.80
4	香港蘇富比有限公司	3	37	439 925.20
5	北京匡时国际拍卖有限公司	4	51	220 221.18
6	西泠印社拍卖有限公司	5	74	204 572.01
7	保利香港拍卖有限公司	5	28	168 091.91
8	北京翰海拍卖有限公司	7	62	157 769.05

续表

排名	公司名称	拍卖场次	专场数	成交总额 / 万元
9	上海嘉禾拍卖有限公司	3	34	102 008.28
10	广州华艺国际拍卖有限公司	3	25	96 684.95

2015 年艺术家作品成交额排名前 10 位，如表 3 所示。

表 3　2015 年艺术家作品成交额排名前 10 位

排名	艺术家	上拍量 / 件	成交量 / 件	成交额 / 万元
1	张大千	2 460	951	155 556.16
2	齐白石	1 905	706	140 301.48
3	李可染	691	245	92 118.97
4	崔如琢	167	127	78 496.62
5	潘天寿	432	135	77 207.31
6	吴冠中	415	194	74 108.35
7	傅抱石	739	171	70 075.25
8	徐悲鸿	1 014	231	63 892.01
9	黄胄	1 669	526	57 292.39
10	赵无极	173	125	56 811.50

2015 年各省市拍卖成交份额，如图 4 所示。

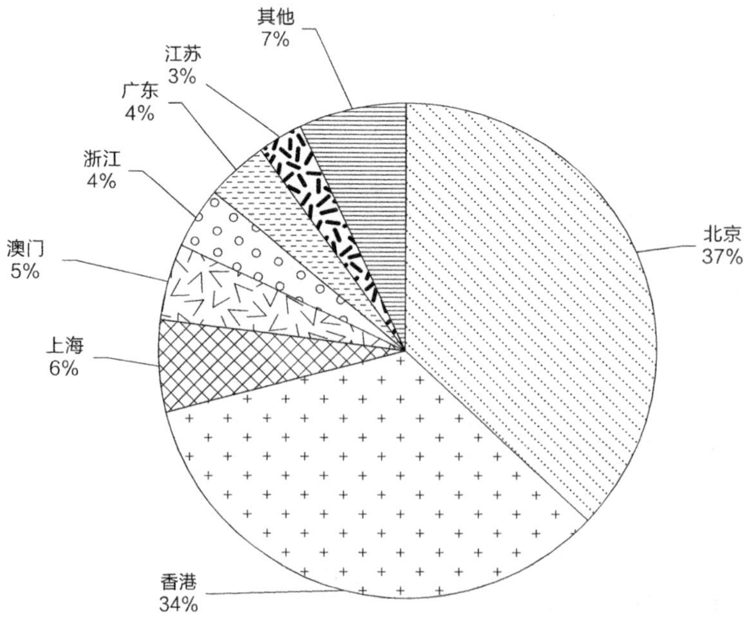

图 4　2015 年各省市拍卖成交份额

2007—2015年博览会名称及数量，如表4所示。

表4　2007—2015年博览会名称及数量

单位：家

博览会名称	展商数量								
	2015年	2014年	2013年	2012年	2011年	2010年	2009年	2008年	2007年
艺术北京	140	150	200	200	98	70	60	100	110
上海艺博会	150	148	143	146					
上海廿一当代艺术博览会（ART021)	75	54	29						
西岩艺术与设计博览会	39	31							
Photo Shanghai	50	42							
上海城市艺术博览会	40	60	70	50					

第一部分
第二部分
第三部分
第四部分
附录一
附录二
附录三
附录四

第四部分

大事记

2015 年 1 月

1 月 1 日，中央人民广播电台第 17 套频率哈萨克语频率正式开播，面向新疆及周边国家地区播出，全天播出 18 小时。这是该台少数民族语言广播第 4 套完整的广播频率。

1 月 1 日,《江苏省人民代表大会常务委员会关于促进全民阅读的决定》正式实施。

1 月 4 日，国务院办公厅下发《关于转发知识产权局等单位深入实施国家知识产权战略行动计划（2014—2020 年）的通知》，规范网络作品使用，严厉打击网络侵权盗版，优化网络监管技术手段。

1 月 6 日，国家新闻出版广电总局发布《关于做好 2015 年优秀国产纪录片推荐播映工作的通知》（新广电发（2015]1 号），提出 2015 年国家新闻出版广电总局将继续开展优秀国产纪录片推荐播映工作。

1 月 6 日，国家新闻出版广电总局印发《关于推动网络文学健康发展的指导意见》，提出“培育一批网络文学出版和集成投送骨干企业，打造一批具有市场竞争力的品牌。”

1 月 8 日，在第 28 届北京图书订货会上，“中国教图按需印刷国际联盟”在北京成立。该联盟由中国教育图书进出口有限公司发起，首批签约企业由 60 余家单位组成。

1 月 14 日，中国政府网公布中共中央办公厅、国务院办公厅印发的《关于加快构建现代公共文化服务体系的意见》。明确规定，深入开展全民阅读活动，推动全民阅读进家庭、进社区、进校园、进农村、进企业、进机关。

1 月 19 日，国家新闻出版广电总局办公厅出台《关于开展网上境外影视剧相关信息申报登记工作的通知》（新广电办发〔2015〕14 号），指出各网站 2015 年引进境外剧须到“网上境外影视剧引进信息统一登记平台”登记引进计划、内容信息等，同时境外剧播出量不得超过网站国产剧播出总量的 30%。

1 月 21 日，北京中文在线数字出版股份有限公司成功登陆深交所创业板，正式挂牌上市，发行 3000 万股，成为国内“数字出版第一股”。

1 月 27 日，华夏电影发行公司、中影集团进出口公司与印度 UTV 影业公司、NPRC 环球合作伙伴公司在北京举行中印互相引进电影签约仪式。

1 月 28 日，国务院确定支持发展“众创空间”的政策措施，要在创客空间、创新工厂等孵化模式的基础上，大力发展市场化、专业化、集成化、网络化的“众创空间”，为小微创新企业成长和个人创业提供低成本、便利化、全要素的开放式综合服务平台。

1 月 28 日，腾讯文学和盛大文学宣布整合成立“阅文集团”。该集团旗下拥有众多网文品牌，作品总量近 1000 万部，覆盖文学作品的 50 大类，拥有当下网文改编作品 90% 以上的市场份额，旗下作者近 400 万人。

1 月 29 日，上海博林文化股份有限公司在上海股权托管交易中心 E 板挂牌，成为国内第一家在 E 板挂牌的民营实体书店，也是全国专业图书馆配服务商中第一家在 E 板挂牌的企业。

1 月 29 日，国务院正式发布了《关于推广中国（上海）自由贸易试验区可复制改革试点经验的通知》。其中提到“允许内外资企业从事游戏游艺设备生产和销售等”，标志着我国全面解禁国内游戏机设备生产和销售。

1 月 30 日，国务院发布关于《促进云计算创新发展培育信息产业新业态的意见》，提出要加快发展云计算，打造信息产业新业态，推动传统产业升级和新兴产业成长，培育形成新的增长点，促进国民经济提质增效升级。

2015年2月

2月4日，国家数字复合出版系统工程研发工作推进会在北京举行。会议对国家数字复合出版系统工程研发工作做出整体部署，标志着该工程已从启动阶段正式进入全面研发建设阶段。

2月4日，国家互联网信息办公室发布《互联网用户账号名称管理规定》。该规定自2015年3月1日起施行，就账号的名称、头像和简介等，对互联网企业、用户的服务和使用行为进行了规范。

2月5日，国家新闻出版广电总局在深圳召开城市联合网络电视台发展座谈会。会议上指出，各成员单位要充分运用新技术新应用，掌握网络空间话语权。

2月9日，广东奥飞动漫文化股份有限公司与北京剧角映画文化传媒有限公司达成战略合作计划，决定共同打造以真人动漫为主的大电影计划。

2月9日，国家新闻出版广电总局电影局出台《关于做好电子商务售票工作的通知》(影字〔2015〕49号)，部署和规范电子商务售票工作。

2月9日，国家新闻出版广电总局广播电视卫星直播管理中心与中国北车集团签署战略合作框架协议，共同推进直播卫星高铁移动接收公共服务项目。

2月9日，中国城市影院电影数字拷贝卫星传输平台在电影数字节目管理中心启动运行，正式面向全国所有电影发行商和影院提供电影数字拷贝卫星传送服务。

2月9日，文化部印发了《关于贯彻落实(关于加快构建现代公共文化服务体系的意见)的通知》。

2月11—15日，第22届明斯克国际书展在白俄罗斯明斯克市国家展览中心召开，中国首次并作为主宾国参展。展会期间，中国国家新闻出版广电总局与白俄罗斯新闻部签署了《中白经典图书互译出版项目备忘录》。

2月12日，财政部办公厅发布了《关于2015年文化产业发展专项资金申报工作的通知》。重点支持内容有：文化金融；实体书店；新闻出版业数字化转型升级；影视产业；文化创意和设计服务与相关产业融合；特色文化产业；对外文化贸易；传统媒体和新兴媒体融合等。

2月13日，国家新闻出版广电总局下发《关于开展2015年向全国青少年推荐百种优秀图书活动的通知》，在倡导和组织前11次向全国青少年推荐百种优秀图书活动的基础上，决定在2015年继续开展向全国青少年推荐百种优秀图书活动。

2月14日，国务院印发了《关于加快发展服务贸易的若干意见》，主要任务是：扩大服务贸易规模；优化服务贸易结构；规划建设服务贸易功能区；创新服务贸易发展模式；培育服务贸易市场主体；进一步扩大服务业开放；大力推动服务业对外投资。

2月16日，国家新闻出版广电总局下发《关于开展2015年向全国青少年推荐百种优秀音像电子出版物活动的通知》，在连续两年开展向全国青少年推荐50种优秀音像电子出版物活动的基础上，决定在2015年继续开展向全国青少年推荐优秀音像电子出版物活动，推荐数量也上升到100种。

2月25日，国家新闻出版广电总局下发《关于开展2015年全民阅读工作的通知》，在多年倡导并组织开展全民阅读工作、建设“书香中国”的基础上，继续在2015年组织开展全民阅读工作，并从11个方面对2015年全民阅读工作提出明确要求。

2月27日，广东省委、省政府在深圳召开全省科技创新大会。会议提出，全省动员，大力实施创新驱动发展战略，推动广东省经济结构战略性调整和产业转型升级取得更加扎实的成效。

2015年3月

3月1日,《湖北省全民阅读促进办法》正式实施。该《办法》共32条，是我国首部关于全民阅读的地方政府规章。

3月2日,《博物馆条例》正式公布。《条例》共6章47条，自2015年3月20日起施行。

3月2—3日，由中国版权保护中心主办的以“尊重原创”为主题的2015CPCC中国版权服务年会在北京举行。会上揭晓了2014CPCC十大中国著作权人年度评选结果，并发布了2014年中国版权十件大事。

3月3日，文化部文化体制改革工作领导小组会议在京召开。审议《2015年文化系统体制改革工作要点》和《关于进一步加强和改善对文化部直属事业单位管理的工作方案》，部署2015年改革重点工作和加强文化部直属企事业单位管理相关工作。

3月4日，国家出版基金规划管理办公室在其官网发布公告，决定对已公示的“推进国家治理体系和治理能力现代化丛书”等346个项目给予资助。国家出版基金规模已从2014年的4.5亿元增加到2015年的5.5亿元。

3月5日，国务院总理李克强在十二届全国人大三次会议上作《政府工作报告》，同时就2015年文化产业相关工作作出总体部署。

3月10日，腾讯文学与美国数字发行公司Trajectory签署协议，将面向美国北部和南部市场发行腾讯旗下20多万种中文电子书，Trajectory公司也将通过腾讯的内容平台向中国市场发行英文电子书。

3月11日，国务院办公厅印发《关于发展众创空间推进大众创新创业的指导意见》，部署推进大众创业、万众创新工作。

3月11日，我国首部《中国移动互联网广告标准》正式发布，共包含了《互联网数字广告基础标准》《移动互联网广告监测标准》《移动系统对接标准》三部分。

3月12日，文化部财务司发布《全国专业剧场发展情况调研报告》。

3月13日，国务院正式发布《关于取消和调整一批行政审批项目等事项的决定》(国发〔2015〕11号)。

3月13日，中共中央、国务院出台《关于深化体制机制改革加快实施创新驱动发展战略的若干意见》，指导深化体制机制改革加快实施创新驱动发展战略。

3月17日，人民日报印刷厂就引进喷墨数字印刷生产线与方正电子正式签署协议，成为国内首家打造喷墨数字印刷生产线的报业印刷机构。

3月17日，中国上市公司协会文化传媒行业委员会成立大会暨第一次工作会议在北京举行。

3月19日，中央人民广播电台与国网公司签署战略合作协议。中央人民广播电台作为互联网电视业务持证机构，成为国网公司全国范围内互联网电视业务运营独家合作伙伴。

3月21至22日，2015年中国(深圳)IT领袖峰会在深圳召开，大会以“IT重塑经济结构”为主题，并从4个主题论坛深入探讨。

3月24日，时代出版传媒股份有限公司旗下的安徽美术出版社与澳大利亚ATF出版社在澳大利亚驻华大使馆举行签约仪式，共同投资成立时代亚澳公司，同时组织成立“时代—澳大利亚国际出版商合作联盟”。

3月24至26日，第23届中国国际广播电视信息网络展览会(CCBN2015)在中国国际展览中心举行。本届展会以“融合智能网络畅想数字生活”为主题，共有来自30多个国家和地区的近1000家企业和机构参展。

3月26日，中宣部和国家新闻出版广电总局下发《关于做好2015年主题出版工作的通知》。该通知要求，2015年主题出版工作要把握五方面选题重点，抓好四个重点门类。

3月26—28日，第23届中国国际广播电视信息网络展览会以“融合智能网络 畅享数字生活”为主题在京举行，展会充分展示我国广播影视在高质量视听内容、聚合化内容生产、宽带化传输网络、智能化终端服务等方面的最新发展成果。

3月27日，中国音像与数字出版协会大众数字出版工作委员会在北京成立。

3月27日，北京市文化局局长陈冬、天津市文化广播影视局局长黄永刚、河北省文化厅党组书记王离湘在京签署《京津冀演艺领域深化合作协议》。

3月30日，腾讯与像素合作推出《勇者大冒险》计划。《勇者大冒险》是同时打造端游与手游以及电视游戏三个版本，并制作了同名动画、漫画与小说的IP，这是腾讯以泛娱乐化的跨界方式打造明星IP的一次全新尝试。

3月30日，《梦幻西游》移动游戏正式上线，由此掀起了客户端游戏IP移动游戏化的新高潮。

3月30日至4月2日，第52届博洛尼亚国际童书展在意大利博洛尼亚会展中心开展。书展开幕首日公布了第三届博洛尼亚书展年度最佳童书出版社获奖名单，二十一世纪出版社获评“亚洲地区年度最佳出版社”，实现了中国大陆出版社在该奖项上零的突破。

2015年4月

4月1日，国家新闻出版广电总局下发的《关于进一步落实网上境外影视剧管理有关规定的通知》（新广电发〔2014〕204号）中有关“未经登记的境外影视剧不得播放”的规定正式实施。

4月1日，由国家新闻出版广电总局新修订的《内部资料性出版物管理办法》正式施行。1997年12月30日由原新闻出版总署发布施行的《内部资料性出版物管理办法》同时废止。

4月2日，由中国图书评论学会、中国书刊发行协会城市新华书店委员会主办的“2014中国好书”实体书店发行工作座谈会在北京召开。会议通过了《“2014中国好书”全国联展活动实施方案》，并发起成立“中国好书微信联盟”。

4月3日，百视通新媒体股份有限公司换股吸收合并上海东方明珠（集团）股份有限公司获得证监会通过，首家千亿元级文化传媒上市公司诞生。

4月7日，中央电视台与越南电视台签署《关于合拍电视专题片的谅解备忘录》两台互派摄制组赴对方国家拍摄、制作系列电视专题片。

4月7日，国家公共文化服务体系建设协调组在京召开第三次全体会议。会议审议通过了协调组贯彻落实《关于加快构建现代公共文化服务体系的意见》工作方案和分工方案，总结了协调组成立以来的工作情况，并对下一步重点工作作了部署。

4月8日，国家知识产权局印发了《关于进一步推动知识产权金融服务工作的意见》，加快促进知识产权与金融资源的有效融合。

4月8—17日，国家新闻出版广电总局副局长田进率中国广播影视代表团访问保加利亚、土耳其、爱尔兰，期间签署《中央电视台国际视频通讯有限公司与保加利亚国家电视台新闻产品授权使用协议》及《国家新闻出版广电总局与土耳其广播电视公司合作议向书》。

4月10日，国家新闻出版广电总局、财政部联合印发《关于推动传统出版和新兴出版融合发展的指导意见》。该意见提出，力争用3到5年的时间，建设若干家具有强大实力和传播力、公信力、影响力的新型出版传媒集团。

4 月 12 日，第 12 届中国民营书业发展高峰论坛在上海举行。本届论坛以“民营书业：新常态、新举措、新发展”为主题，由中国新闻出版研究院和上海市新闻出版局主办。

4 月 12 日，第四届中国·苏州文化创意设计产业交易博览会成果发布会在苏州国际博览中心举行。主会场设立创意设计、创意生活、创意体验、“众创”四大展区，38 个主题展馆。来自美国、意大利、埃及、日本等 17 个国家的 107 家境外企业参展。

4 月 14 日，山西省平遥县出台的《平遥县文化产业发展专项资金使用管理办法（试行）》提出，将设立 1000 万元专项资金用于扶持、推动文化产业的发展。

4 月 15 日，江苏广电国际传播有限公司代表江苏卫视与 Nice 娱乐集团在戛纳签订模式预售协议，授权 Nice 娱乐集团制作其原创节目模式《超级战队》在丹麦、挪威、瑞典、芬兰 4 国的版本。

4 月 16—23 日，第 5 届北京国际电影节举行，实现签约项目 36 个，签约总额 138.45 亿元，同比增长 32%。

4 月 16 日，第五届北京国际电影节在京开幕，“注目未来”国际展映单元首次设立重金奖项，每个奖项各设立奖金 1 万美元，以鼓励青年影人。

4 月 22 日，文化部在乌鲁木齐市召开文化产业对口援疆工作会暨全国文化产业工作会，部署文化系统文化产业援疆工作，总结和部署 2014 年和 2015 年文化产业工作。会上，新疆与对口援建省市共签订 4 个合约项目。

4 月 22 日，国家版权局在北京召开规范网络转载版权秩序座谈会暨传统媒体与新媒体版权合作签约仪式。会上，国家版权局发布《关于规范网络转载版权秩序的通知》，就规范网络转载行为出台了 9 条新规。

4 月 23 日，北京银行分别与南京市委宣传部、江苏凤凰传媒体团、南京扬子国资投资集团签署总金额达 400 余亿元的战略合作协议，力促地方文化产业发展。

4 月 23 日，阿里巴巴宣布推出阿里巴巴文学。阿里巴巴文学将与书旗小说、UC 书城组成阿里移动事业群移动阅读业务的主要部分。

4 月 24 日，《中华人民共和国广告法》由第十二届全国人民代表大会常务委员会第十四次会议修订通过，9 月 1 日正式施行。

4 月 27 日，由文化部、浙江省人民政府、中国国际贸易促进委员会主办的第 10 届中国（义乌）文化产品交易会在浙江义乌开幕。

4 月 27 日，由文化部文化产业司主办的小微文化企业论坛在浙江义乌举办，参会代表立足小微文化企业生存现状，共同探讨和展望新常态下小微文化企业发展和前景。

4 月 27 日，2015 中国动画电影高峰论坛暨影片推介会浙江杭州西湖区西溪举办，就“大动画·新生态”的主题进行了讨论，发布了《中国动画电影发展报告（2014）》。

4 月 28 日，第七届全球移动互联网大会在北京举行，会议主题是“‘移’生万物”，汇聚了来自全球 39 个国家和地区的 30 558 位参会者。

4 月 28 日，第十一届中国国际动漫节在杭州举行。本届动漫节以“动漫盛会·人民节日”为宗旨，以“国际动漫·美丽杭州”为年度主题，围绕会展、论坛、商务、赛事、活动五大板块组织实施了 58 项活动。

4 月 28 日，国家新闻出版广电总局联合中国移动、中国联通、中国电信三大运营商共同开展的“书香中国 e 阅读”推广工程在北京启动。

4 月 29 日，来自京津冀三地的 66 家文化创意产业园区代表共同发起和签署了《京津冀文创园区协同发展备忘录》。

4 月 29 日，全国版权示范城市联盟成立。杭州、成都、青岛、苏州、昆山、广州、厦门、张家港等全国版权示范城市代表共同签署了《全国版权示范城市联盟合作协议》。

4 月 30 日，北京、天津、河北三地出版集团共同签署了战略合作协议。根据协议，三地将共同推进京津冀新闻出版事业协同发展。

4 月 30 日，由国家文物局和光明日报主办的“动漫创意——让文物活起来”研讨会在杭州举办，就动漫文创如何助力博物馆发展、历史文化资源如何成为动漫文创的源泉、如何运用动漫等创意元素让文物活起来等问题进行深入探讨和交流。

4 月 30 日至 5 月 3 日，第二届中国青岛·东北亚版权创意精品展示交易会暨正版优秀图书展在山东青岛国际会展中心举行。本届版交会与书展以“版权创造财富，创意成就梦想”为主题。

2015 年 5 月

5 月 4 日，国家新闻出版广电总局下发通知，决定 2015 年继续实施“原动力”中国原创动漫出版扶持计划，继续从扶持作品创作入手，推动动漫作品转化为出版产品。

5 月 4 日，由中国检验检疫学会推动成立的“艺术品鉴证信息溯源系统”落户江苏省文化产权交易所。

5 月 5 日，国家新闻出版广电总局（国家版权局）印发《2015 年全国新闻出版（版权）打击侵权假冒工作要点》，就进一步开展打击侵权假冒工作进行了具体部署。

5 月 5 日，由陕西广播电视台发起，丝绸之路沿线省（区）广播电视台联合倡议的“丝绸之路电视联盟”在西安市成立，该联盟将成为媒体资源共享的新闻资讯交流平台。

5 月 7 日，由海南省委宣传部和光明日报社主办的“海南省文化产业发展研究座谈会”在海口举行。在此次研讨会上，海南省委宣传部委托光明日报文化产业研究中心和海南国际创意港，组织有关研究机构和业界专家共同编写《海南省文化产业研究报告》工作正式启动。

5 月 9 日，第 22 届北京大学生电影节闭幕式暨颁奖典礼在北京举行，国家新闻出版广电总局公布“扶持青年优秀电影剧作计划”名单。

5 月 9 日，“第六届传媒发展论坛暨 2015 传媒蓝皮书发布会”在清华大学举办，论坛的主题为“媒介融合与网络空间新秩序”。

5 月 10 日，全国首家文化创客主题创业园——“2013 深圳文化创客园”开园。这是深圳市龙岗区首批十大创客空间中唯一的文化类产业园，也是第十一届中国（深圳）国际文化产业博览交易会 61 个分会场中唯一的文化创客分会场。

5 月 11 日，国务院办公厅正式转发文化部、财政部、国家新闻出版广电总局、国家体育总局起草的《关于做好政府向社会力量购买公共文化服务工作的意见》，对建立健全政府向社会力量购买公共文化服务机制，完善公共文化服务供给体系，提高公共文化服务效能作出了重要部署。

5 月 11 日，工信部发布关于实施“宽带中国”2015 专项行动的意见，宽带网络能力实现跃升。新增光纤到户覆盖家庭 8000 万户，推动一批城市率先成为“全光网城市”；新建 4G 基站超过 60 万个，4G 网络覆盖县城和发达乡镇；新增 1.4 万个行政村通宽带。

5 月 13 日，江苏广播电视台与香港电讯盈科合资打造的全媒体海外电视频道紫金中文台正式面向香港及东南亚地区用户开播。

5 月 13 日，国家体育总局电子竞技管理部门阐释产业预期和规划。明确我国电竞产业处于萌芽期，其发展空间和前景十分广阔。鼓励通过举办丰富多样的赛事、博览会、嘉年华等活动来进行电竞相关产业、产品展示。

5 月 13—17 日，“第十八届中国北京国际科技产业博览会”在中国国际展览中心举行。主题为“引领科技创新、推动产业发展”。

5 月 14 日，文化部正式公开发布了《中华人民共和国文化部 2014 年文化发展统计公报》。

5 月 14 日，由国家新闻出版广电总局主办的 2015 数字出版高端论坛在深圳举办。本届论坛以“融合发展，合作共赢”为主题。

5 月 14 日，广东省文化厅、广东省旅游局、中国人民银行广州分行在深圳联合举办文化、旅游与金融融合发展对接会，并联合发布《关于促进文化旅游融合发展的实施意见》。

5 月 14 日，由江苏凤凰新华印务有限公司投资建设的“CCPP 中国云出版印刷平台”正式上线运营。CCPP 平台是凤凰新华印务公司历时两年打造的大型全媒体出版印刷智能服务平台。

5 月 14 日，在中宣部召开的文化产业发展座谈会上，第七届“文化企业 30 强”名单发布。与往届相比，本届“30 强”企业呈现出四大特点：总体实力更强、更加注重社会效益、走出去力度更大以及国有企业优势地位继续凸显。

5 月 14—18 日，由文化部、商务部、国家新闻出版广电总局、中国贸促会、广东省政府、深圳市政府联合主办的第十一届中国（深圳）国际文化产业博览交易会在深圳开幕。

5 月 16 日，国务院办公厅发布《关于加快高速宽带网络建设推进网络提速降费的指导意见》，提出建设高速畅通、覆盖城乡、质优价廉、服务便捷的宽带网络基础设施和服务体系一举多得。

5 月 18 日，国务院批转发展改革委《关于 2015 年深化经济体制改革重点工作的意见》，要求逐步推进基本公共文化服务标准化均等化，推动政府向社会力量购买公共文化服务。

5 月 19 日，文化部办公厅正式印发《2015 年扶持成长型小微文化企业工作方案》，提出了六项主要任务。

5 月 20 日，国务院办公厅发布《关于加快高速宽带网络建设 推进网络提速降费的指导意见》（国办发〔2015〕41 号），要求全面推进三网融合。

5 月 20 日，教育部、文化部、国家新闻出版广电总局联合印发《关于加强新时期中小学图书馆建设与应用工作的意见》，以指导中小学校全面贯彻教育方针、实施素质教育、形成书香校园，从而带动全民阅读。

5 月 20 日，致力于为中小微文化企业提供一站式金融服务的西部首家文化金融服务机构——陕西文化金融服务中心在陕西西安揭牌成立。

5 月 20 日，腾讯、网易、畅游、大宇等游戏大厂纷纷召开战略发布会。腾讯的 UP+2015 年度发布会、网易的首届“520 游戏热爱日”发布会重点是旗下全年度新产品，畅游的 2015 年 Game+ 端游新品发布会重点是旗下端游新品及代理单机游戏，大宇的 2015 年度战略发布会重点是战略转型、游戏新作、泛娱乐化合作。

5 月 22 日，中国国际广播电台与日本东京首都电视台签署合作框架协议，国际台视频栏目首次进入日本主流电视媒体。

5 月 26 日，由文化部外联局和北京大学文化产业研究院共同编著的《中国对外文化贸易年度报告（2014）》发布。

5 月 26 日，由北京市人民政府批准成立的北京文化产权交易中心在北京市东城区挂牌。

5 月 27 日，由中国国家版权局和韩国文化体育观光部主办的第 11 届中韩著作权研讨会在山东济南举行。

5月27—31日，2015美国书展在纽约雅各布贾维茨展览会展中心举办，中国作为主宾国参展。本次中国主宾国活动以“感知中国，共创未来”为主题，由近150家出版单位组成的中国出版代表团携1万余种精品图书参展。此次主宾国活动首次实现中国图书进入美国主渠道。

5月27日，中央电视台与波黑电信、波黑国家广播电视台签署合作协议。央视英语新闻、中文国际、纪录国际3个频道通过波黑电信IPTV平台向当地13万用户转播，实现央视国际频道在波黑落地。

5月28日—6月1日，由中国书刊发行业协会、北京出版发行业协会、北京市西城区区委区政府、中国儿童中心主办的首届中国童书博览会在中国儿童中心（北京）举办。

2015年6月

6月1日，2015年国家出版基金管理工作座谈会在北京召开。会议的主要内容是落实和解读《2016年度国家出版基金申报指南》，加强国家出版基金管理工作。

6月2日，总局印发《关于贯彻落实〈加快构建现代公共文化服务体系的意见〉的实施方案》（新广发〔2015〕56号），提出加快完善标准体系、深入实施重点工程、着力提高服务能力、加强科技创新和融合发展等重点任务。

6月3日，国家新闻出版广电总局出台《关于进一步加强广播电视主持人和嘉宾使用管理的通知》（新广电发〔2015〕129号），要求严格执行主持人上岗管理规定，加强主持人职务行为信息管理，做好主持人资质清查和主持人、嘉宾管理制度建设工作等。

6月3日，读者出版传媒股份有限公司上市发行获证监会审核通过，顺利成为国内“期刊第一股”。

6月4日，国家新闻出版广电总局发布《关于规范电影数字拷贝卫星传输和接收事宜的通知》（新广电发〔2015〕131号），电影数字拷贝通过卫星进行传输分发的应用将由前期规模化试点转入全面应用，中国电影数字化综合发行新体系加快建立。

6月10日，文化部专门出台《2015年扶持成长型小微文化企业工作方案》，以优化文化领域创业发展环境为方向，以提升小微文化企业的成长能力、激发文化领域创业创新活力、培育一批具有发展潜力的品牌文化企业为重点。

6月12日，《数字电影多声道立体声制作与放映关键技术研究及其应用示范》通过国家新闻出版广电总局科技司验收，正式注册为“中国多维声”SMDS，成为具有中国本土自主知识产权的数字多声道声音格式系统。

6月12日，国务院印发《关于同意将江苏省常州市列为国家历史文化名城的批复》，同意将常州市列为国家历史文化名城。

6月13—21日，第18届上海国际电影节举行，共收到来自108个国家和地区的报名影片2096部。

6月14日，北京歌华有线正式宣布与中国电影股份有限公司、国网公司、杭州阿里创业投资有限公司等6家共同发起组建中国电视院线运营公司。

6月16日，首都文化产业协会成立。

6月16日，文化部启动“中国非物质文化遗产传承人研修培训计划”试点工作。

6月16日，首都文化产业协会、天津市文化产业协会、河北省文化产业协会签署《京津冀三地文化产业协会框架合作协议》。

6月16日，国家知识产权局发布通知，决定在部分省（自治区、直辖市）启动知识产权区域布局试点工作。

6月16日，文化部、财政部在湖北武汉召开拉动城乡居民文化消费试点项目2015年度工作布置会。

6月17日，中央电视台与厄瓜多尔电视有线集团正式签署转播协议，实现央视国际频道首次在厄瓜多尔落地。

6月17日，上海电影股份有限公司、浙江时代电影大世界有限公司、江苏幸福蓝海院线有限公司、四川省电影公司和河南奥斯卡电影院线有限公司在上海电影节上宣布正式联手，发起成立“四海电影发行联盟”。

6月18日，首届中国动漫产业商务高峰论坛暨南通产业与动漫对接会召开。

6月18日，中宣部和国家新闻出版广电总局在北京召开纪念抗战胜利70周年出版专题工作会。会上发布了纪念中国人民抗日战争暨世界反法西斯战争胜利70周年重点选题120种，同时启动“百种经典抗战图书”重印再版计划。

6月19日，由凤凰出版传媒集团联合中江集团建设的中非（纳米比亚）印务基地在纳米比亚首都温得和克揭牌成立。

6月19日，中国国际出版集团（中国外文局）拉美区域中心成立揭牌仪式在墨西哥首都墨西哥城举行。

6月19—20日，中央电视台与智利吉泰德电信集团和瓦尔帕莱索UCV电视台签署合作协议，实现中央电视台国际频道和部分节目在智利落地播出。

6月23日，《故宫保护总体规划》由故宫博物院与中国建筑设计研究院建筑历史研究所编制完成。

6月24日，国务院总理李克强主持召开国务院常务会议，部署推进“互联网+”行动，促进形成发展新动能。

6月25日，江西省文化产业合作推介会在江苏南京举行。本次推介会现场签约47个项目，涉及全国20多个省市的文化企业，涵盖12个门类，签约金额突破300亿元。

6月28日，中广丝绸之路文化创意基金、中广丝绸之路文化产业投资基金宣布成立。

6月29日，国家新闻出版广电总局办公厅出台《关于开展“百人百部中国梦短纪录片扶持计划”的通知》（新广电办发〔2015〕98号），为了引导纪录片工作者更加自觉地聚焦中国梦主题，积极反映中国人的奋斗故事，发现并培养优秀纪录片人才。

6月29日，山东省潍坊市印发了《创建文化艺术金融融合发展实验区工作方案》。潍坊市将从5个方面来创建文化艺术金融融合发展实验区。

6月30日，文化部部长雒树刚在京会见了来访的毛里求斯文化部部长桑塔拉姆·巴布一行，共同签署《中华人民共和国文化部与毛里求斯共和国文化部文化合作协定2015至2017年执行计划》。

6月30日，中国音像与数字出版协会游戏出版工作委员会成立大会在京召开。

6月30日，由中国文化部和韩国文化体育观光部共同主办的第三届中韩文化产业论坛在韩国首尔举行。论坛以“开发全球文化产业的中韩共同发展合作方案”为主题。

2015年7月

7月1日，中央全面深化改革领导小组第十四次议在京召开，会议审议通过了《关于推动国有文化企业把社会效益放在首位、实现社会效益和经济效益相统一的指导意见》。

7月1日，十二届全国人大常委会第十五次会议表决通过了新的《中国国家安全法》。其中，“确保文化安全”成新国家安全法的亮点之一。

7月1—4日，第22届东京国际书展在日本东京国际展示场举办。由中国科学出版集团、人民出版社等20家出版单位组成的中国出版展团参展，实现版权输出6项、引进76项。

7月2日、6日，分别由中国文联主办的2015“今日中国”艺术周于7月2日、6日分别在捷克皮尔森市和比利时布鲁塞尔市拉开帷幕。艺术周包含京剧演出、摄影展览和动漫展览展映三个活动单元，这是艺术周首次在海外展示我国当代动漫艺术。

7月2日，中央电视台与巴西通讯公司在巴西签署《视听内容交换合作协议》，加强双方节目共享、新闻互换、技术合作和人员交流。

7月4日，国务院发布《关于积极推进“互联网+”行动的指导意见》，在文化方面，该意见提出，发展基于互联网的文化、媒体和旅游等服务，培育形式多样的新型业态；还鼓励互联网企业积极拓展海外用户，推出适合不同市场文化的产品和服务。此项政策加快推动互联网与文化传媒行业深入融合和创新发展，充分发挥“互联网+”的重要作用。

7月6日，中央人民广播电台主办的“一带一路广播随行”国际论坛在北京举办，24家中外广播电视机构签署了成立“‘一带一路’广播协作网”的合作备忘录。

7月7日，福州市出台《动漫游戏产业发展扶持奖励办法》，提出凡获得各类奖项的原创动画和游戏作品还将按相关标准一次性给予5万元至50万元不等的奖励。

7月8日，浙江省委办公厅、省政府办公厅印发了《关于加快构建现代公共文化服务体系的实施意见》，对浙江加快现代公共文化服务体系建设，推进基本公共文化服务标准化均等化作出了全面部署。

7月8日，中国电影发行放映协会、中国电影制片人协会印发了《电影票务营销销售规范》。

7月8日，文化部制定了《公共数字文化工程管理办法》，促进公共数字文化工程规范科学发展。

7月9日，由文化部与上海市政府联合主办的第十一届中国国际动漫游戏博览会（CCG EXPO 2015）在上海世博展览馆开幕。展会特别单元“‘父辈留给我们的记忆’——纪念反法西斯战争胜利70周年特别展”展示了年轻人视角下的反法西斯历史。

7月9日，文化部文化市场司发布《2014中国网络游戏市场年度报告》，报告显示，得益于移动游戏的高增长，2014年中国网络游戏市场整体营收首次突破千亿元大关，达到1062.1亿元人民币，同比增长29.1%。

7月9日，国家版权局发布《关于责令网络音乐服务商停止未经授权传播音乐的通知》，要求责令各网络音乐服务商停止未经授权传播音乐作品，并于2015年7月31日前将未经授权传播的音乐作品全部下线。

7月9日，文化部文化市场司发布《2014中国网络游戏市场年度报告》。报告显示，得益于移动游戏的高速增长，2014年中国网络游戏市场整体营业首次突破千亿元大关，达到1062.1亿元人民币，同比增长29.1%。

7月13日，财政部中央文化企业国有资产监督管理领导小组办公室向社会公示了2015年中央文化产业发展专项资金拟支持的项目名单，834个项目将获得总额50亿元的中央财政支持。

7月13日，国家新闻出版广电总局和国家民族事务委员会联合发出通知，决定开展第三届向全国推荐百种优秀民族图书活动，以进一步繁荣发展少数民族文化事业，促进全民阅读活动深入开展。

7月15日，财政部印发《关于加强中央文化企业国有资本经营预算资金管理工作的通知》，明确将从预算编制、执行、绩效等多方面进一步加强对财政部代表国务院履行出资人职责的中央文化企业国有资本经营预算资金管理。

7月15日，国家新闻出版广电总局就组织开展《“十三五”国家重点图书、音像、电子出版物出版规划》编制工作下发通知，提出了《规划》编制的10个方面的重点。

7 月 17 日，国务院办公厅印发了《关于支持戏曲传承发展的若干政策》(以下简称《政策》)，部署进一步加强政策支持，振兴我国戏曲艺术。

7 月 20 日，中央人民广播电台维吾尔语、哈萨克语广播在吉尔吉斯斯坦比什凯克实现落地播出。

7 月 21 日，国家新闻出版广电总局下发《关于公布中国文艺原创精品出版工程项目名单的通知》，人民文学出版社的《抗日战争》等 77 个项目入选中国文艺原创精品出版工程。

7 月 21 日，文化部网站发布的《关于落实“先照后证”改进文化市场行政市批工作的通知》提出，文化部将落实注册资本登记制度改革工作。

7 月 22 日，广电总局公布《关于加强真人秀节目管理的通知》(新广电发〔2015〕154 号)，提出坚决抵制真人秀节目的过度娱乐化和低俗化，要求真人秀节目实现积极的教育作用和社会意义。

7 月 23 日，文化部下发通知，在全国范图内推广上海自贸区“允许内外资企业从事游戏游艺设备生产和销售，经文化部门内容审核后面向国内市场销售”的改革试点经验。

7 月 23 日，北京市人力社保局与市文化局联合发布《北京市艺术系列（动漫游戏）专业技术资格评价试行办法》，为动漫游戏从业人员建立了专门的职称评价通道。

7 月 23 日，文化部下发通知，允许在中国（广东）自由贸易试验区、中国（天津）自由贸易试区，中国（福建）自由贸易试验区设立外资经营的演出经纪机构、演出场所经营单位，为本省（直辖市）提供服务允许在试验区内设立外资经营的娱乐场所。

7 月 23 日，中国互联网络信息中心（CNNIC）发布的第三十六次《中国互联网络发展状况计报告》显示，截至 2015 年 6 月，中国网民规模达 6.68 亿人，半年新增网民 1894 万人。其中，手机网民规模达 5.94 亿人，手机作为网民主要上网终端的趋势进一步明显。

7 月 24 日，为期 3 天的首届多彩贵州文化创意产业博览交易会在贵阳市多彩贵州文化创意博览园拉开帷幕。贵州省内外 200 余家文化创意企业及数百种贵州非物质文化遗产精彩亮相展会。

7 月 24 日，由辽宁省社会科学界联合会、辽宁省文化产业发展领导小组办公室和鲁迅美术学院联合主办的“‘互联网 +’视野下辽宁文创产业创新驱动和战略融合”论坛暨第一届辽宁文创产业企业发展与项目对接会在辽宁省政府人民会堂举行。

7 月 27 日，国家新闻出版广电总局副局长童刚与马耳他外交部部长在北京正式签署《中华人民共和国政府与马耳他共和国政府关于合作拍摄电影的协议》。这是中外签署的第 12 个电影合拍协议。

7 月 28 日，第二届“中国国际游戏交易会”在上海国际会议中心隆重举行，国游戏代表团在本次活动上举办专场推介会，英国游戏正式登陆中国游戏市场。

2015 年 8 月

8 月 4 日，美国有线电视新闻网选出 17 家“全球最酷书店”，中国 3 家书店上榜，分别是台北诚品书店、南京先锋书店和广州 1200bookshop。

8 月 5 日，文化部办公厅发布《关于 2015 年动漫企业认定工作有关事项的通知》，对于推动动漫产业发展意义重大，也是文化行政部门推动文化产业发展的一项实质性举措。

8 月 5 日，河南省人民政府发布《关于印发河南省文化创意和设计服务与相关产业融合发展规划（2015—2020 年）的通知》。

8 月 6 日，优酷土豆集团正式更名为合一集团。未来三年优酷土豆将投入百亿元现金和资源支持网生内容。优酷土豆还发布了自频道战略。

8 月 7 日，广电总局办公厅发布《关于遴选优秀影视作品进行译制资助有关事宜的通知》(新广电办发（2015）112 号），积极推动中国当代影视作品走出去。

8 月 7 日，为期 5 天的“创意云南 2015 文化产业博览会”在昆明开幕。本届云南省文博会主题为“文化创造财富・创意提升价值”，共设七大展馆、10 项系列活动。

8 月 8 日，由北京市国有文化资产监督管理办公室主办，旨在倡导“乐享文化・互联生活”的“8・8”惠民文化消费主题日活动在京正式启动。

8 月 10 日，中国音像与数字出版协会、海南省人民政府签署合作建设“中国游戏数码港”项目框架协议，规划在海南生态软件园建设本项目。

8 月 14 日，《2014 中国动漫品牌授权产业发展报告》发布，报告显示，2014 年中国品牌授权市场规模为 61.4 亿美元，占全球品牌授权市场的 2.5%。在亚洲排名第二，在全球排名第六。

8 月 17 日，国家新闻出版广电总局“经典中国国际出版工程”办公室公布 2015 年资助出版项目公示名单。

8 月 18 日，由中国文化传媒集团・中国文化报社和四川省文化厅联合主办的“藏羌彝文化产业走廊建设巡礼”报道活动在四川成都正式启动。

8 月 19 日，中央财政 2015 年一般公共预算安排公共文化服务体系相关资金 209.8 亿元，比 2014 年增加 1.73 亿元。

8 月 20—22 日，第 13 届中国国际影视节目展在北京举行。参展商达 1780 多家，参展节目共计 49 505 部。

8 月 20—24 日，由国家新闻出版广电总局（国家版权局）、广东省人民政府共同主办的第七届中国国际影视动漫版权保护和贸易博览会在广东东莞举行。

8 月 20–24 日，第七届中国国际影视动漫版权保护和贸易博览会（简称“第七届漫博会”）在广东省东莞市举办。本届漫博会结合展馆结构首次采取专业展与大众展相分离的模式。

8 月 23 日，在美国华盛顿州斯波坎市举行的第 73 届世界科幻小说大会宣布中国作家刘欣凭借科幻小说《三体》获得科幻文坛最高荣誉雨果奖。

8 月 24 日，中国拍卖行业协会发布的《2014 中国文物艺术品拍阿米市场统计年报》显示，2014 年上拍拍品 70.2 万件，其中仅 32.8 万件拍品成交，成交率下行至 46.71%，为近年来最低。

8 月 25 日，国务院办公厅下发《关于印发〔三网融合推广方案〕的通知》（国办发〔2015〕65 号），加快在全国全面推进三网融合，推动信息网络基础设施互联互通和资源共享。

8 月 25 日，第九届中华图书特殊贡献奖颁奖仪式在北京人民大会堂举行，15 位作家、翻译家和出版家荣获特殊贡献奖，5 位青年学者荣获青年成就奖。

8 月 26 日，湖北省武汉市市委宣传部和汉口银行签署“湖北省武汉市文化企业信贷风险池基金”战略合作协议，同时武汉市文产办、市财政局和市文化局联合颁布了《武汉市著作权质押贴息暂行办法》，化解小微文化企业融资难题。

8 月 26 日，中国出版集团总裁谭跃与阿拉伯出版商协会主席阿西姆・沙勒比分别代表中国出版集团和阿拉伯出版商协会签署战略合作协议。这是业内第一次与阿拉伯语国家开展大规模的合作，涵盖 22 个阿拉伯国家的近 900 家出版机构。

8 月 26 日，住建部、文化部、国家文物局，财政部、国土部、农业部和国家旅游局七部门联合发布通知，决定将北京市门头沟区大台街道千军台村等 491 个中国传统村落列入 2015 年中央财政支持范围。

8 月 27 日，万达集团宣布，以 6.5 亿美元并购美国世界铁人公司 100% 股权。万达并购世界铁人公司使中国首次拥有了一项国际顶级赛事产权，并购后万达体育也成为全球规模的最大体育经营公司。

8 月 28 日，作为文化部 4 个文化惠民消费试点省之一，由安徽省委宣传部、省文化厅等 20 多家省直属单位和 16 个市的市委宣传部共同承办的第二届安徽文化惠民消费季启动。

8 月 28 日，全球规模最大的艺术品保税仓库正式落户上海自贸区外高桥片区。

2015 年 9 月

9 月 1 日，国务院总理李克强主持召开国务院常务会议，会议审议并通过了《中华人民共和国电影产业促进法（草案）》，以提升文化产业水平、促进电影产业健康发展。会议决定将草案提请全国人大常委会审议。

9 月 1 日，中信出版集团股份有限公司公开转让说明书出现在新三板的审查信息一栏中，中信出版社于 1993 年正式成立，2008 年改制为中信出版集团股份有限公司，成为全国首家直接改为股份公司的出版社。

9 月 3 日，游戏业界庆中国人民抗日战争胜利纪念日、迎阅兵，游戏企业推出《最后一炮》《抗日》《MKZ—军魂》《光荣使命 OL》《逆战》《战舰少女》《那年那兔那些事儿》《战舰帝国》《合金弹头》《绝地战警》《机甲风暴》《全民枪战》等献礼游戏作品。

9 月 6 日，文化部、体育总局、民政部、住房城乡建设部联合印发《关于引导广场舞活动健康开展的通知》。

9 月 6 日，国务院办公厅印发了《三网融合推广方案》，要求大力发展数字出版，互动新媒体、移动多媒体等新兴文化产业，促进动漫游戏、数字音乐、网络艺术品等数字文化内容的消费。

9 月 6 日，文化部牵头在京召开文化产业促进法起草工作会，正式启动文化产业促进法起草工作。

9 月 6 日，《国家体育产业统计分类》正式发布实施。这标志着体育产业统计被正式纳入国家统计分类体系，成为指导现阶段体育产业各项工作开展的重要基础性文件。

9 月 9 日，由文化部和黑龙江、吉林、辽宁三省人民政府主办，沈阳市人民政府承办的第六届中国东北文化产业博览交易会在沈阳国际展览中心开幕。

9 月 9 日，中国国际广播电台与埃及国家广播电视联盟签署合作协议，在埃及国家电视台合作开办固定栏目“中国国剧场”。

9 月 11 日，中共中央政治局召开会议，审议通过了《生态文明体制改革总体方案》《关于繁荣发展社会主义文艺的意见》。

9 月 14 日，中国政府网公布中共中央办公厅、国务院办公厅印发的《关于推动国有文化企业把社会效益放在首位实现社会效益和经济效益相统一的指导意见》，分 9 部分。

9 月 14 日，中国外观设计专利数据录入 Designview 项目，国内外用户可在 Designview 中检索中国的外观设计专利信息。

9 月 15 日，《新闻出版广播影视从业人员职业道德自律公约》签署仪式暨发布会在北京举行，新闻出版广播影视行业 50 家社团联合签署了该公约。

9 月 16 日，国家旅游局下发《关于实施“旅游 + 互联网”行动计划的通知》。

9 月 17 日，腾讯在北京宣布成立全资子公司腾讯影业，与腾讯游戏、腾讯动漫、阅文集团共同组成腾讯互娱泛娱乐业务矩阵，共同探索一个协同、开放、共融共生的泛娱乐新生态。

9 月 17 日，天猫正式发布文创产业合作计划，联合图书、影视、艺术、体育等泛文化影视娱乐产业，打造全球最大的版权衍生品交易平台。

9 月 18 日，国家新闻出版广电总局公布了 2015 年中国“百强报刊”推荐名单，《人民日报》等

99 家报纸入选百强报纸,《读者》等 100 种社科期刊入选百强社科期刊,《细胞研究（英文）》等 100 种科技期刊入选百强科技期刊。

9 月 19 日，由中国传媒大学和北京市朝阳区联合主办的首届国家文化产业创新实验区高端峰会（2015）在朝阳规划艺术馆举行。活动期间，朝阳区人民政府与北京银行签订了《关于国家文化产业创新实验区文化金融服务全面战略合作协议》，完善实验区文化金融公共服务体系，助力文化企业升级发展。

9 月 20 日，内蒙古、辽宁、吉林、黑龙江 4 省区广电网络公司签署《四方广播电视网络互联互通合作协议》，共同打造北方四省广电网络运行平台，全面共享各方优质资源。

9 月 22—25 日，中国电影集团与美国电影协会签署《分账影片进口发行合作协议》，中国华人文化产业投资基金与美国华纳兄弟电影公司在中国香港合资成立电影制作国际发行公司。

9 月 24 日，国家新闻出版广电总局和美国电影协会联合主办的“2015 中国周”在华盛顿开幕。电影周在习近平主席访美期间举行，旨在展示中国电影发新成就和中美电影合作成果。

9 月 24 日，中央电视台与保加利亚最大电信服务商 Mobiltel EAD 公司就在 IPTV 和直播卫星平台转播央视英语新闻频道（CCTV-NEWS）签署正式协议。

9 月 25 日，第 25 届全国图书交易博览会在太原盛大开幕。本届书博会由国家新闻出版广电总局、山西省人民政府共同主办，以“文华三晋书香九州”为主题，倡导全民阅读，促进书香社会建设。

9 月 28 日，文化部和公安部联合下发《关于进一步加强游戏游艺场所监管促进行业健康发展的通知》，取消了对游戏游艺场所总量和布局规划的行政性规定。

9 月 29 日，中共湖南省委办公厅、湖南省人民政府办公厅正式印发了《关于加快构建现代公共文化服务体系的实施意见》。作为《实施意见》的附件,《湖南省基本公共文化服务实施标准（2015 年—2020 年）》共 30 条，比《国家基本公共文化服务指导标准》增加了 8 条，具有湖南特色和实际可操作性。

2015 年 10 月

10 月 1 日，新修订的《国家电影事业发展专项资金征收使用管理办法》（财〔2015〕91 号）正式施行，规定凡经营性电影放映单位的电影票房收入都应缴纳电影专项资金，并要求放映单位依据“全国电影票务综合信息管理系统”的要求，及时准确报送电影票房收入情况。

10 月 3 日,《中共中央关于繁荣发展社会主义文艺的意见》颁布，深入贯彻党的十八大和十八届三中、四中全会精神，认真落实习近平总书记在文艺工作座谈会上的重要讲话精神，繁荣发展社会主义文艺。

10 月 8 日，为贯彻落实中央关于文化改革发展的战略部署，加快推动文化产业成为国民经济支柱性产业，财政部下达 2015 年度文化产业发展专项资金 50 亿元，共支持项目 850 个，项目数较 2014 年增长 6.25%。

10 月 8 日，中共中央办公厅、国务院办公厅印发了《关于全国性文艺评奖制度改革的意见》，通过改革，使奖项设置更加科学，评奖数量更加合理，评奖标准更加严格，评奖程序更加规范，监督保障措施更加完善，品牌效应更加凸显，对文艺工作者的激励更加有力，对创作生产的导向更加鲜明，推出更多人民群众喜爱的优秀作品和优秀人才。

10 月 8 日，英国剑桥大学“康河计划”、剑桥大学考古与人类学博物馆以及江苏省相关单位将联手打造世界首个昆曲数字博物馆。

10 月 10 日，文化部文化产业司发布《关于开展小微文化企业发展情况及政策需求专项调研工作的通知》，深入了解我国小微文化企业发展情况，研究总结当前小微文化企业特点及发展过程中面临的主要问题，提高政府部门工作的针对性和实施效果。

10 月 12 日，国家知识产权局、财政部、人力资源社会保障部、中华全国总工会、共青团中央联合制定印发了《关于进一步加强知识产权运用和保护助力创新创业的意见》。

10 月 14—18 日，第 67 届法兰克福国际书展在德国法兰克福举办。由中国国际图书贸易集团有限公司开发的面向全球读者销售华文书刊的跨境电商平台——华文联盟电子商务平台 READONE，在国际书展上上线试运营。

10 月 19—28 日，由中国国务院新闻办公室和国家新闻出版广电总局联合主办的 2015 伦敦中国图书节在英国伦敦举办。

10 月 22 日，国务院办公厅印发了《关于推进基层综合性文化服务中心建设的指导意见》，提出率先在城市探索开展社会化运营试点，通过委托或招投标等方式吸引有实力的社会组织和企业参与基层文化设施的运营。

10 月 26 日，国家新闻出版广电总局局长蔡赴朝与荷兰外交大臣代表双方政府在北京签署《关于合作拍摄电影的协议》，规定了合拍影片的界定、资格的授予、享受的优惠等内容。

10 月 29 日，中宣部和国家新闻出版广电总局下发通知，公布 2015 年主题出版物选题。《习近平谈治国理政（盲文版）》等 100 种图书选题和《大方略——“四个方面”一周年回眸》等 25 种音像电子出版物选题入选 2015 年主题版重点出版物选题。

10 月 29 日至 11 月 1 日，第十届中国北京国际文化创意产业博览会（简称“文博会”）在北京举办。本届文博会由文化部、国家新闻出版广电总局和北京市人民政府共同主办，北京市贸促会承办，以“推动文化繁荣，促进融合创新”为主题。

10 月 29 日，第十届北京国际文博会上，北京市朝阳区“国家文化产业创新实验区”的 10 个特色文化产业园区集体亮相。

10 月 30 日，由中共中央台办、文化部、国家新闻出版广电总局主办，福建省政府、厦门市政府、台湾亚太文化创意产业协会承办的第八届海峡两岸（厦门）文化产业博览交易会在厦门国际会展中心拉开帷幕。

10 月 30 日，全国人大常委会首次审议《电影产业促进法》（草案），规定未取得《电影公映许可证》的电影不得发行、放映、参加电影节（展）。草案规定电影院应当如实统计销售收入。

10 月 30 日，财政部国家税务总局印发了《关于影视等出口服务适用增值税零税率政策的通知》，决定对影视服务、离岸服务外包等出口服务适用增值税零税率政策。

10 月 31 日，由文化部文化产业司和中国人民大学联合主办的“文化中国：中国文化产业指数发布会”在北京举办。

2015 年 11 月

11 月 1 日，第十届中国北京国际文化创意产业博览会主场活动圆满落幕。

11 月 4 日，文化部官网正式对外公布《2014—2015 年度文化产业创业创意人才扶持计划 · 青年优秀创意作品终评结果》。此次评审结果共有 138 名优秀青年设计人才经公示后将入选文化部文化产业创业创意人才库，同时进入文化产业创业创意人才扶持计划重点扶持范围，并将向社会重点进行宣传推介。

11月5—8日，第三届新疆丝绸之路文化创意产业博览会在新疆国际会展中心举办，文博会首次设立“大学生创客”板块，重点展示大学生创业成果和文化创新产品。

11月6日，为了整顿电视盒子市场的混乱，国家新闻出版广电总局推出新规，首批屏蔽81个非法应用，风云直播、喜马拉雅、熊猫听书等知名软件均“榜上有名”。

11月9日，国内动画视频网站的领跑者Bilibili弹幕视频网（简称B站）获得来自腾讯的数亿元人民币的D轮投资。

11月17日，《文化部办公厅关于开展戏曲剧本孵化计划项目申报工作的通知》正式下发，此次项目扶持对象主要是转企改制新成立的国有戏曲企业及民营戏曲艺术表演团体，将扶持30部原创大戏和30部原创小戏。

11月19日，腾讯宣布将投入3亿元建立聚星基金，扶持动漫创作者和工作室，鼓励创造更多的原创国产动漫作品。

11月20日，中国电视长城（加拿大）平台合作运营商增至7个。新增加拿大主流通信运营商Shaw，播出中央电视台中文国际频道、北京广播电视台国际频道和湖南广播电视台国际频道3个频道的节目，覆盖加拿大不列颠哥伦比亚省、阿尔伯塔省和Shaw覆盖的其他加拿大西部地区。

11月25日，全国全民阅读工作会议在北京召开。会议总结了近10年来全民阅读取得的成效和经验，研究部署未来一个时期的全民阅读工作。

2015年12月

12月1日，国家版权局和世界知识产权组织在上海签署了《关于进一步加强中国国家版权局与世界知识产权组织双边合作的谅解备忘录》，双方将在版权领域全面开展合作。

12月2日，文化部副部长杨志今和南非艺术与文化艺术部部长纳西·姆特特瓦代表两国政府，在位于南非行政首都比勒陀利亚的总统府共同签署了《中华人民共和国政府和南非共和国政府关于互设文化中心的谅解备忘录》。该谅解备忘录的签署将正式启动双方互设文化中心的进程，并进一步推动中南文化交流，不断拓展文化务实合作领域，为中南文化交流掀开新的篇章。

12月2日，国家新闻出版广电总局出台《关于大力推进我国音乐产业发展的若干意见》，以进一步推进我国音乐产业综合体系建设，加强对音乐产业及国家音乐产业基地建设的引导。

12月2日，中国文联出台了《中国文联全国性文艺评奖管理办法（修订稿）》和《中国文联全国性文艺评奖评委库建立实施规范》。

12月3日，国家新闻出版广电总局、国家民族事务委员会发出通知，公布第三届向全国推荐百种优秀民族图书名单。由民族出版社、四川民族出版社、广西民族出版社出版的《习近平总书记系列重要讲话读本》（7种民族文字版）等百种出版物入选。

12月5日，第14届输出版引进版优秀图书推介活动颁奖典礼暨“一带一路”下的版权贸易研讨会在北京举行。

12月8日，陕西省文化厅文化产业工作会议在西安举办，38家单位获得陕西省文化产业示范基地或示范单位称号，成为第五批被命名、授牌的陕西文化产业示范基地（单位）。

12月9日，中国艺术科技研究所浙江协同创新平台、浙江艺术科技研究中心成立仪式在浙江工业大学举行。这是中国艺术科技研究所与地方合作的第一个协同创新平台，也是国内地方首家艺术科技协同研究机构。

12月11日，全国首个省级政府艺术基金——江苏艺术基金正式揭牌。

12 月 15 日，国家新闻出版广电总局下发通知，公布首届向全国推荐中华优秀传统文化普及图书名单。

12 月 16 日，第二届世界互联网大会在浙江省乌镇开幕。国家主席习近平出席开幕式并发表主旨演讲。主席强调，网络空间是人类共同的活动空间，网络空间前途命运应由世界各国共同掌握。各国应该加强沟通、扩大共识、深化合作，共同构建网络空间命运共同体。

12 月 16 日，中信出版集团股份有限公司在全国中小企业股份转让系统挂牌敲钟仪式在北京举行。公司正式登陆新三板资本市场，成为该市场首家国有出版股。

12 月 16 日，由来自北京、天津、河北三地企业联合发起的京津冀文化产业联盟在位于天津滨海新区的国家动漫园正式成立。该联盟成立后将致力于加强三地文化产业资源的协同开发、管理和利用，切实推动三地文化产业协同发展。

12 月 17 日，微影时代与上海格瓦商务信息咨询有限公司（以下简称“格瓦拉”）正式合并。合并后，将实行微票儿与格瓦拉双品牌独立运营，优势资源共享，团队架构保持不变。

12 月 17 日，《国务院关于加快实自由贸易区战略的若干意见》正式下发，提出了我国加快实自由贸易区战略的总体要求。

12 月 18 日，第二届世界互联网大会东风势猛，“第三届中国音乐产业大会”在北京市东城区第一文化馆隆重召开。开幕当天，中国音乐产业发展基金正式成立，为音乐人和音乐产业带来助力。

12 月 20 日，第七次中日韩文化部长会议在“2015 东亚文化之都”青岛召开。

12 月 22 日，国务院下发了《关于新形势下加快知识产权强国建设的若干意见》，明确提出了 7 个方面共 32 条要求。

12 月 25 日，中央文化企业国有资产监督管理领导小组办公室公布《国有文化企业发展报告（2015）》，这一报告已是连续四年发布。

12 月 28 日，国务院法制办发布了《中华人民共和国文物保护法修订草案（送审稿）》，明确鼓励博物馆充分挖掘文物的文化内涵，开发文博创意产品，并依托数字、网络等技术推动文物利用的科技创新。

12 月 29 日，光明日报发布《2015 年中国文化产业发展报告：“文化 +”蓄势发力》，指出文化产业正以矫健的步伐向国民经济支柱性产业迈进，不仅保持较快的增长速度，而且发展质量也在逐步提升。

12 月 30 日，国务院办公厅印发了《国家标准化体系建设发展规划（2016—2020 年）》，其中提出加强文化建设标准化，促进文化繁荣。

12 月 31 日，为加快构建现代公共文化服务体系，促进基本公共文化服务标准化、均等化，保障群众基本文化权益，中央财政设立中央补助地方公共文化服务体系建设专项资金。为规范和加强专项资金管理，财政部印发了《中央补助地方公共文化服务体系建设专项资金管理暂行办法》。

附录一

文件与法规

2015年文件与法规

序号	名称	文件号	发文时间
（一）国家相关政策、规划			
1	《博物馆条例》	国令第659号	2015年3月2日
2	《中华人民共和国广告法》	中华人民共和国主席令第22号	2015年4月24日
3	《关于加快构建现代公共文化服务体系的意见》		2015年1月14日
4	《全国新闻出版广电（版权）依法行政示范点管理办法》	新广出发〔2015〕3号	2015年1月26日
5	《关于推动传统出版和新兴出版融合发展的指导意见》	新广发〔2015〕32号	2015年3月31日
6	《关于禁止滥用知识产权排除、限制竞争行为的规定》	国家工商行政管理总局令第74号	2015年4月7日
7	《旅游度假区等级管理办法》	旅办发〔2015〕81号	2015年4月8日
8	《关于规范网络转载版权秩序的通知》	国版办发〔2015〕3号	2015年4月22日
9	《关于做好政府向社会力量购买公共文化服务工作的意见》	国办发〔2015〕37号	2015年5月11日
10	《关于贯彻〈中共中央关于全面推进依法治国若干重大问题的决定〉的实施意见》	新广发〔2015〕49号	2015年5月11日
11	《关于治理规范旅游市场秩序的通知》	旅发〔2015〕95号	2015年6月11日
12	《关于允许内外资企业从事游戏游艺设备生产和销售的通知》	文市函〔2015〕576号	2015年6月24日
13	《关于加强真人秀节目管理的通知》	新广电发〔2015〕154号	2015年7月14日
14	《关于支持戏曲传承发展的若干政策》	国办发〔2015〕52号	2015年7月17日
15	《关于进一步促进旅游投资和消费的若干意见》	国办发〔2015〕62号	2015年8月11日
16	《国家电影事业发展专项资金征收使用管理办法》	财税〔2015〕91号	2015年8月31日
17	《关于影视等出口服务适用增值税零税率政策的通知》	财税〔2015〕118号	2015年10月30日
18	《关于推进基层综合性文化服务中心建设的指导意见》	国办发〔2015〕74号	2015年10月2日
19	《关于大力推进我国音乐产业发展的若干意见》	新广出发〔2015〕81号	2015年11月17日
20	《境外旅游宣传推广工作办法》	旅办发〔2015〕319号	2015年12月7日
21	《国务院关于新形势下加快知识产权强国建设的若干意见》	国发〔2015〕71号	2015年12月18日
22	《中央补助地方公共文化服务体系建设专项资金管理暂行办法》	财教〔2015〕527号	2015年12月24日
（二）各省（自治区、直辖市）相关政策、规划			
北京市			
1	《北京市非物质文化遗产保护专项资金管理办法》	京财科文〔2015〕995号	2015年6月8日
2	《关于进一步加强基层公共文化建设的意见》	京政发〔2015〕28号	2015年7月28日
3	《北京市优秀群众文化项目扶持办法（试行）》	京文公共函〔2015〕219号	2015年11月12日
4	《北京市博物馆备案管理规定（试行）》	京文物〔2015〕1528号	2015年12月17日
5	《北京市博物馆展览备案管理规定（试行）》	京文物〔2015〕1528号	2015年12月17日

续表

序号	名称	文件号	发文时间
	天津市		
1	《天津市扶持民营实体书店项目管理暂行办法》	津新出〔2015〕26号	2015年10月23日
2	《天津市文化产业示范基地管理办法》	津文广产〔2015〕9号	2015年11月2日
3	《关于加强打击和防范文物犯罪工作的通知》	津文物〔2015〕43号	2015年9月30日
4	《天津市文物拍卖管理暂行办法》	津文博〔2015〕35号	2015年12月10日
5	《天津市非物质文化遗产保护专项资金管理办法》	津文广非遗〔2015〕3号	2015年9月30日
6	《国家文物局 教育部关于加强文教结合、完善博物馆青少年教育功能的指导意见》	津文博〔2015〕32号	2015年11月3日
7	《关于落实文化部 公安部进一步加强游戏游艺场所监管 促进行业 健康发展有关事项的通知》	津文广市〔2015〕10号	2015年11月25日
	河北省		
1	《关于促进旅游业改革发展的实施意见》	冀政发〔2015〕11号	2015年5月4日
2	《关于进一步促进旅游投资和消费的实施意见》	冀政办字〔2015〕147号	2015年11月20日
3	《关于加强文物安全工作的通知》	冀文物发〔2015〕106号	2015年3月25日
4	《关于向社会力量购买公共文化服务的实施意见》	冀政办发〔2015〕29号	2015年10月23日
5	《2015年河北省知识产权保护规范化市场培育方案》	冀知法〔2015〕1号	2015年3月31日
	山西省		
1	《山西省印刷示范企业管理办法》	晋新广发〔2015〕14号	2015年5月22日
2	《山西省人民政府关于促进旅游业改革发展的意见》	晋政发〔2015〕17号	2015年6月4日
3	《山西省人民政府关于加快发展体育产业促进体育消费的实施意见》	晋政发〔2015〕32号	2015年8月24日
4	《山西省人民政府关于支持社会力量发展养老服务业若干措施的通知》	晋政发〔2015〕39号	2015年10月15日
	内蒙古自治区		
1	《关于旅游公共服务领域推广政府和社会资本合作的实施意见》	内旅办发〔2015〕128号	2015年8月21日
2	《关于加强自治区境内长城保护工作的意见》	内政发〔2015〕128号	2015年11月12日
	辽宁省		
1	《关于做好政府向社会力量购买公共文化服务工作的实施意见》	辽政办发〔2015〕63号	2015年7月26日
2	《关于振兴辽宁地方戏曲实施意见的通知》	辽政办发〔2015〕110号	2015年12月30日
3	《关于进一步促进旅游投资和消费的实施意见》	辽政办发〔2015〕126号	2015年12月31日
	吉林省		
1	《关于促进旅游业改革发展的实施意见》	吉政办发〔2015〕35号	2015年6月25日

续表

序号	名称	文件号	发文时间
2	《关于做好政府向社会力量购买公共文化服务工作的实施意见》	吉政办发〔2015〕47 号	2015 年 9 月 17 日
3	《吉林省文化市场监管实施办法（试行）》	吉文发〔2015〕203 号	2015 年 11 月 4 日
黑龙江省			
1	《关于进一步加强广播影视播出内容和网络视听节目管理工作的通知》	黑新广办发〔2015〕5 号	2015 年 2 月 10 日
2	《黑龙江省文化厅关于黑龙江省文物保护单位巡查办法的通知》	黑文发〔2015〕208 号	2015 年 12 月 29 日
3	《2015 年黑龙江省新闻出版广电局进一步优化发展环境工作方案》	黑新广办发〔2015〕12 号	2015 年 8 月 14 日
4	《黑龙江省文化厅关于加强涉外涉港澳台营业性演出管理工作的通知》	黑文发〔2015〕73 号	2015 年 4 月 17 日
上海市			
1	《关于贯彻〈国务院关于推进文化创意和设计服务与相关产业融合发展的若干意见〉的实施意见》	沪府发〔2015〕1 号	2015 年 1 月 28 日
2	《关于促进上海电影发展的若干政策实施细则》		2015 年 11 月 5 日
江苏省			
1	《关于加大资金投入繁荣美术创作的意见》	苏文〔2015〕2 号	2015 年 3 月 2 日
2	《省政府关于加快发展对外文化贸易的实施意见》	苏政发〔2015〕33 号	2015 年 3 月 21 日
3	《江苏省公共文化服务体系建设协调机制工作方案》	苏文协调办发〔2015〕6 号	2015 年 4 月 15 日
4	《关于成立江苏省文化投资管理集团有限公司的通知》	苏政发〔2015〕109 号	2015 年 9 月 17 日
5	《江苏省公共文化服务促进条例》	江苏省第十二届人民代表大会常务委员会第十九次会议通过	2015 年 12 月 7 日
6	《江苏省旅游条例》	省第十二届人民代表大会常务委员会第十九次会议通过	2015 年 12 月 9 日
浙江省			
1	《浙江省新闻出版广播影视专项资金管理办法》	浙财教〔2015〕60 号	2015 年 9 月 18 日
2	《浙江省优秀精神文化产品生产和推广专项资金分配管理办法》	浙财教〔2015〕103 号	2015 年 9 月 18 日
3	《浙江省向社会力量购买公益性影视产品制作服务实施办法（暂行）》	浙新广发〔2015〕216 号	2015 年 12 月 23 日
安徽省			
1	《关于推动安徽省传统出版和新兴出版融合发展的实施意见》		2015 年 11 月 17 日
2	《安徽省三网融合推广实施方案》	皖政办秘〔2015〕199 号	2015 年 12 月 4 日
3	《安徽省人民政府关于加快发展体育产业促进体育消费的实施意见》	皖政〔2015〕67 号	2015 年 7 月 13 日

续表

序号	名称	文件号	发文时间
江西省			
1	《江西省非物质文化遗产条例》	江西省人民代表大会常务委员会公告第 65 号	2015 年 5 月 28 日
2	《江西省旅游条例》	江西省第十二届人民代表大会常务委员会第十九次会议通过	2015 年 10 月 9 日
3	《江西省人民政府关于加快旅游业改革促进旅游投资和消费的实施意见》	赣府发〔2015〕55 号	2015 年 12 月 7 日
山东省			
1	《关于进一步推动山东艺术创作繁荣发展的意见》	鲁文〔2015〕16 号	2015 年 8 月 28 日
2	《山东省非物质文化遗产条例》	山东省第十二届人民代表大会常务委员会第十六次会议通过	2015 年 11 月 11 日
3	《山东省人民政府关于贯彻国发〔2014〕46 号文件加快发展体育产业促进体育消费的实施意见》	鲁政发〔2015〕19 号	2015 年 8 月 28 日
4	《山东省新闻出版和广播影视行政处罚裁量基准（试行）》	鲁新广发〔2015〕4 号	2015 年 6 月 25 日
5	《关于加快构建现代公共文化服务体系的实施意见》	鲁办发〔2015〕25 号	2015 年 6 月 12 日
6	《山东省人民政府办公厅关于贯彻国办发〔2015〕37 号文件做好政府向社会力量购买公共文化服务工作的实施意见》	鲁政办发〔2015〕53 号	2015 年 12 月 2 日
河南省			
1	《关于促进旅游消费拉动经济增长的意见》	豫政办〔2015〕93 号	2015 年 7 月 10 日
2	《河南省人民政府关于印发河南省文化创意和设计服务与相关产业融合发展规划 (2015—2020 年) 的通知》	豫政〔2015〕53 号	2015 年 8 月 5 日
湖北省			
1	《湖北省人民政府关于推进文化创意和设计服务与相关产业融合发展的实施意见》	鄂政发〔2015〕16 号	2015 年 3 月 3 日
2	《湖北省文化产业示范基地管理办法》	鄂文化文〔2015〕19 号	2015 年 3 月 18 日
3	《湖北省人民政府关于促进旅游业改革发展的实施意见》	鄂政发〔2015〕17 号	2015 年 3 月 19 日
4	《湖北省旅游条例》	湖北省人民代表大会常务委员会公告第一百七十五号	2015 年 4 月 1 日
5	《湖北省人民政府关于推进江汉运河生态文化旅游带建设的意见》	鄂政发〔2015〕23 号	2015 年 4 月 30 日
湖南省			
1	《湖南省人民政府关于加快发展对外文化贸易的实施意见》	湘政发〔2015〕18 号	2015 年 5 月 20 日
2	《湖南省人民政府关于促进旅游业改革发展的实施意见》	湘政发〔2015〕28 号	2015 年 6 月 5 日
3	《关于进一步支持经营性文化事业单位转企改制和文化企业发展的若干政策》	湘政办发〔2015〕55 号	2015 年 6 月 12 日
4	《关于加快构建现代公共文化服务体系的实施意见》	湘办发〔2015〕39 号	2015 年 9 月 29 日

续表

序号	名称	文件号	发文时间
5	《湖南省人民政府关于加快发展体育产业促进体育消费的实施意见》	湘政发〔2015〕41号	2015年10月9日
广东省			
1	《广东省深入实施知识产权战略推动创新驱动发展行动计划》	粤府函〔2015〕266号	2015年9月24日
2	《关于加强文化市场领域工商登记制度改革后续监管的实施方案》	粤文执法〔2015〕60号	2015年11月18日
3	《广东省人民政府关于促进旅游业改革发展的实施意见》	粤府函〔2015〕351号	2015年12月25日
广西壮族自治区			
1	《关于进一步鼓励和支持小微文化企业发展的实施意见》	桂文发〔2015〕7号	2015年2月9日
2	《关于促进特色文化产业发展的实施意见》	桂文发〔2015〕8号	2015年2月9日
3	《关于推进文化创意和设计服务与相关产业融合发展行动计划》	桂政发〔2015〕23号	2015年5月26日
4	《广西壮族自治区人民政府办公厅关于促进旅游与相关产业融合发展的意见》	桂政办发〔2015〕79号	2015年8月5日
5	《广西壮族自治区人民政府办公厅关于加快广告产业发展的意见》	桂政办发〔2015〕88号	2015年9月7日
海南省			
1	《海南省推进文化创意和设计服务与相关产业融合发展实施方案》（2015—2020年）	琼府办〔2015〕159号	2015年8月20日
2	《海南省人民政府关于加快发展体育产业促进体育消费的实施意见》	琼府〔2015〕62号	2015年8月7日
3	《海南省人民政府关于加快发展互联网产业的若干意见》	琼府〔2015〕42号	2015年6月6日
重庆市			
1	《重庆市智慧旅游建设实施方案》	渝府办发〔2015〕45号	2015年4月7日
贵州省			
1	《关于推进文化创意和设计服务与相关产业融合发展的实施意见》	黔府办发〔2015〕52号	2015年12月31日
陕西省			
1	《陕西省人民政府关于推进文化创意和设计服务与相关产业融合发展的实施意见》	陕政发〔2015〕3号	2015年1月21日
2	《国家电影事业发展专项资金征收使用管理实施办法》	陕财办综〔2015〕172号	2015年12月15日
3	《陕西省人民政府关于进一步促进展览业改革发展的实施意见》	陕政发〔2015〕51号	2015年12月2日
4	《陕西省人民政府关于促进旅游业改革发展的实施意见》	陕政发〔2015〕23号	2015年6月12日
5	《陕西省人民政府关于加快发展体育产业促进体育消费的实施意见》	陕政发〔2015〕21号	2015年5月29日

续表

序号	名称	文件号	发文时间
		甘肃省	
1	《甘肃省知识产权战略实施推进计划》	甘政办发〔2015〕78 号	2015 年 5 月 29 日
2	《关于深入推进文化金融合作的实施意见》	甘宣发〔2015〕20 号	2015 年 7 月 14 日
3	《甘肃省人民政府办公厅关于进一步促进全省展览业发展的实施意见》	甘政办发〔2015〕107 号	2015 年 7 月 16 日
4	《关于做好政府向社会力量购买公共文化服务工作的实施意见的通知》	甘政办发〔2015〕116 号	2015 年 8 月 19 日
5	《甘肃省实施文化遗产“历史再现”工程的意见》	甘政办发〔2015〕48 号	2015 年 4 月 22 日
		青海省	
1	《关于进一步促进旅游投资和消费的实施意见》	青政办〔2015〕196 号	2015 年 11 月 5 日
2	《关于支持戏曲传承发展的实施意见》	青政办〔2015〕227 号	2015 年 12 月 23 日
3	《青海省推进文化创意和设计服务与相关产业融合发展行动计划（2015—2020 年）》	青政〔2015〕3 号	2015 年 1 月 10 日
4	《青海省公共文化服务体系建设协调机制工作方案》	青政办〔2015〕211 号	2015 年 11 月 19 日
		宁夏回族自治区	
1	《自治区人民政府关于推进文化创意和设计服务与相关产业融合发展的实施意见》	宁政发〔2015〕80 号	2015 年 10 月 26 日
2	《自治区人民政府办公厅关于加快发展会展业的实施意见》	宁政办发〔2015〕157 号	2015 年 11 月 3 日
		新疆维吾尔自治区	
1	《贯彻落实国务院关于推进文化创意和设计服务与相关产业融合发展若干意见的实施意见》	新政发〔2015〕51 号	2015 年 6 月 5 日

附录二

规划与项目

2015年规划文件

序号	名称	文件号	发文时间
（一）中央各部委			
1	《中医药健康服务发展规划（2015—2020年）》	国办发〔2015〕32号	2015年4月24日
2	《全国地方志事业发展规划纲要（2015—2020年）》	国办发〔2015〕64号	2015年8月25日
3	《“十三五”时期贫困地区公共文化服务体系建设规划纲要》	文公共发〔2015〕24号	2015年12月9日
（二）各省（自治区、直辖市）			
天津市			
1	《天津市舞台艺术创作生产规划（2015—2017年）》	津文广艺〔2015〕2号	2015年5月29日
2	《天津市体育产业发展规划（2015—2025年）》	津发改规划〔2015〕959号	2015年11月3日
内蒙古自治区			
1	《内蒙古自治区“十二五”文化发展规划》		2015年7月3日
2	《内蒙古自治区“十二五”旅游业发展规划》		2015年7月3日
辽宁省			
1	《辽宁省中医药健康服务发展规划（2015—2020年）》	辽政办发〔2015〕122号	2015年12月30日
湖南省			
1	《湖南省2015—2020年舞台艺术创作生产规划》	湘文艺〔2015〕34号	2015年3月17日
河南省			
1	《河南省文化创意和设计服务与相关产业融合发展规划(2015—2020年)》	豫政〔2015〕53号	2015年8月6日
青海省			
1	《青海省推进文化创意和设计服务与相关产业融合发展行动计划（2015—2020年）》	青政〔2015〕3号	2015年1月10日
广西壮族自治区			
1	《广西现代服务业集聚区发展规划(2015—2020年)》	桂政发〔2015〕37号	2015年9月1日
海南省			
1	《海南省会展业发展规划（2015—2020年）》		2015年10月8日
四川省			
1	《四川省养老与健康服务业发展规划（2015—2020年）》	川办发〔2015〕96号	2015年11月20日
2	《四川省基本公共服务体系“十二五”规划2015年实施计划》	川办函〔2015〕79号	2015年4月21日

2015 年国家文化创新工程项目

序号	项目名称	承担单位	申报单位	共建部门	补助经费 / 万元
1	公共文化机构法人治理结构创新与实践	南京图书馆	江苏省文化厅	江苏省文化厅	20
2	全国文化信息资源共享工程文化微博平台	全国文化信息资源共享工程系统陕西省分中心	陕西省文化厅		20
3	公共文化服务供给方式创新实践——新兴城市“文化春雨行动”的创新与实践	深圳市宝安区文体旅游局、中国文化传媒集团有限公司战略发展中心	中国文化传媒集团	深圳市宝安区人民政府	30
4	公共文化服务供给方式创新实践——重庆市公共文化服务供给方式创新与实践	重庆市文化委员会	重庆市文化委员会	中共重庆市委宣传部	30
5	村落民俗文化传承模式创新与实践	武汉大学	湖北省文化厅	宜昌市人民政府	30
6	戏曲推广运营模式的创新探索与实践——“湖北戏曲网”网络平台搭建项目	湖北省演艺集团有限责任公司	湖北省文化厅		20
7	戏曲推广运营模式的创新探索与实践——“安溪票务”线上线下购票观演互动平台	安溪演艺院线有限公司	安徽省文化厅		20
8	文化科技类企业孵化器实践探索——数字新媒体企业孵化器实践探索	中国科学技术大学先进技术研究院、安徽省新华传媒股份有限公司	安徽省文化厅		20
9	文化科技类企业孵化器实践探索——中关村软件园文化科技企业孵化器综合服务模式的探索与实践	北京中关村软件园发展有限责任公司	北京市文化局		20
10	动漫数字内容版权保护平台	咪咕动漫有限公司、厦门文广影音有限公司	福建省文化厅		20
11	文化艺术类开放式网络课程平台建设	上海互加文化传播有限公司	上海市文化广播影视管理局		20
12	传统陶瓷与新材料、新技术结合的多域性应用研究	景德镇陶瓷学院	江西省文化厅		20
13	面向公众的中国古代界尺画三维数字展示技术研究	中山大学南方医院	广东省文化厅		20
14	扬州漆器文化创意产业孵化器	扬州漆器厂	江西省文化厅		20
15	国家文化消费信息数据平台	武汉大学国家文化创新研究中心	武汉大学国家文化创新研究中心		20
16	互联网环境下的文化金融实践探索	中央财经大学国家文化创新研究中心（筹）	中央财经大学国家文化创新研究中心（筹）		15

2015年度全国对港澳文化交流重点项目

序号	申报单位	项目名称	扶持金额/万元	备注
1	广东舞蹈戏剧职业学院	2015年粤港澳青少年粤剧艺术交流夏令营	15	提前一次性拨付
2	北京李六乙戏剧工作室	话剧《小城之春》赴香港文化中心演出	15	验收合格后拨付
3	北京西城区商务委员会	2015香港未来之星同学会优秀大学生中国传统文化之旅	14	提前一次性拨付
4	湖北省博物馆	楚腔汉调——汉剧文物展、汉剧演出（赴香港中文大学展演）	14	提前一次性拨付
5	浙江小百花越剧团	浙江小百花越剧团参加第43届香港艺术节	12	验收合格后拨付
6	陕西省歌舞剧院有限公司	民族交响音乐会《长安·澳门——丝路畅想》陕澳交流演出	24	分两期拨付，首期提前拨付19万元，余款5万元待验收合格后拨付
7	北京青年戏剧工作者协会	北京青年戏剧节——香港爱丽丝剧场实验室《十方一念》戏剧演出	4	提前一次性拨付
8	广州艺术博物院	纪念赵少昂诞辰110周年书画展（香港、广州巡展）	12	提前一次性拨付
9	佛山市石景宜刘紫英伉俪文化艺术馆	第二届石景宜博士杯——华夏书画创作大赛暨获奖作品巡回展览	10	提前一次性拨付
10	广州交响乐团	澳门中学生普及艺术教育计划——融入西乐·放眼世界	6	验收合格后拨付
11	湖南祁剧保护传承中心	湖南省祁剧保护传承中心参加“2015香港中国戏曲节”演出	10	提前一次性拨付
12	北京歌舞剧院有限责任公司	西北原生态民歌演唱会参加第29届澳门国际音乐节	12	提前一次性拨付

2015年度国家美术作品收藏和捐赠奖励项目

序号	项目名称	实施单位
1	老舍、胡絜青藏画捐赠收藏项目	中国美术馆
2	马常利作品捐赠收藏项目	
3	罗尔纯作品捐赠收藏项目	
4	高二适书法作品捐赠收藏项目	
5	艾中信作品捐赠收藏项目	
6	吴印咸摄影作品捐赠收藏项目	
7	熊秉明作品捐赠收藏项目	
8	王临乙、王合内作品捐赠收藏项目	
9	福建漳州徐竹初木偶作品捐赠收藏项目	
10	刘勃舒作品捐赠收藏项目	中国国家画院

续表

序号	项目名称	实施单位
11	司徒乔作品捐赠收藏项目	广东美术馆
12	赖少其作品捐赠收藏项目	
13	国家非物质文化遗产传承人漆艺作品捐赠收藏项目	湖北美术馆
14	周思聪《矿工图》等作品捐赠收藏项目	北京画院美术馆
15	冯法祀作品捐赠收藏项目	中央美术学院美术馆
16	孙滋溪作品捐赠收藏项目	

2015 年度国家出版基金拟资助项目

序号	项目名称	申报单位
马列主义、毛泽东思想、中国特色社会主义理论体系（14 个）		
1	习近平重要讲话理论与实践研究丛书	中共中央党校出版社
2	高校马克思主义理论教学与研究文库	中国人民大学出版社有限公司
3	1917—1919：马克思主义经济学在中国的传播启蒙	上海财经大学出版社有限公司
4	“重温马克思主义经典”丛书	贵州人民出版社有限公司
5	邓小平治国论	当代中国出版社
6	邓小平与现代中国	山东人民出版社有限公司
7	深入学习宣传贯彻党的十八大精神主题出版系列（《习近平总书记系列重要讲话读本》《之江新语》）	民族出版社
8	推进国家治理体系和治理能力现代化丛书	国家行政学院出版社
9	完善和发展中国特色社会主义制度，推进国家治理现代化	中国法制出版社
10	中国的走向：中共十八届三中全会解读	北京时代华文书局有限公司
11	中国能赢：中国政治自信从何而来	红旗出版社有限责任公司
12	邓小平光辉历程地图集	中国地图出版社
13	家风家教大家谈	光明日报出版社
14	最美孝心少年	中央教育科学研究所音像出版社
哲学、宗教（14 个）		
1	戴震、乾嘉学术与中国文化	福建教育出版社有限责任公司
2	汤用彤全集新编	中国书籍出版社
3	中国特色社会主义宗教理论专题研究	宗教文化出版社
4	中国少数民族哲学思想史	云南教育出版社有限责任公司
5	科学哲学手册	北京师范大学出版社
6	与信仰对话书系	中国青年出版社

续表

序号	项目名称	申报单位
7	章太炎全集（第二辑）	上海人民出版社有限责任公司
8	中原神话通鉴	河南大学出版社有限责任公司
9	南北朝佛教编年	陕西三秦出版社有限责任公司
10	藏传佛教高僧弘法手迹珍典（第二辑）	甘肃文化出版社有限责任公司
11	西藏著名掘藏师西然吾色文集	西藏藏文古籍出版社
12	十三经恒解（笺解本）	四川巴蜀书社有限公司
13	维果茨基全集	安徽教育出版社
14	弗洛伊德主义新论	上海世纪出版股份有限公司教育出版社
社会科学总论（8个）		
1	中国走出去智库丛书	机械工业出版社华章公司
2	中国智能城市建设与推进战略咨询研究丛书	浙江大学出版社有限责任公司
3	网络舆情与网络社会治理研究丛书（第一批）	华中科技大学出版社有限责任公司
4	清代基层社会关系研究	湖南岳麓书社有限责任公司
5	江苏近现代社会救济与慈善文献丛刊	江苏凤凰出版社有限公司
6	人口老龄化社会法制建设	山东大学出版社有限公司
7	社会科学研究方法百科全书	重庆大学出版社有限公司
8	当代老年学名著译丛（第一辑）	中南出版传媒集团股份有限公司湖南教育出版社分公司
政治、法律（14个）		
1	理论·历史·制度：群众路线的三维进程	军事科学出版社
2	中国共产党强国战略的历史演进丛书	陕西人民教育出版社有限责任公司
3	中国共产党思想道德建设史（上下两册）	山东人民出版社有限公司
4	中国共产党历史知识辞典丛书	中共党史出版社
5	中国共产党90年史话	中国书籍出版社
6	中共党史资政专题史书系（民主革命时期）	济南出版有限责任公司
7	西方政治心理学史	天津人民出版社有限公司
8	资产阶级与中国近代社会转型	中华工商联合出版社有限责任公司
9	中国审判/法官大辞典	人民法院电子音像出版社
10	最高人民法院案例丛书	人民法院出版社
11	双语（汉藏/汉维/汉蒙）法律文化出版工程	人民法院电子音像出版社
12	刑事证据规则研究	中国人民公安大学出版社
13	国家安全战略研究丛书	金城出版社

续表

序号	项目名称	申报单位
14	知识产权经典译丛（第 3 辑）	知识产权出版社有限责任公司
	军事（5 个）	
1	决战黎明——中国解放战争重大战役全纪录	解放军音像出版社
2	开国雄兵——四大野战军的 58 个军	国防大学出版社
3	“水面舰艇”丛书	海潮出版社
4	生物科技引领下一轮军事革命	军事医学科学出版社
5	五星红旗迎风飘扬·大国利器	陕西未来出版社有限责任公司
	经济（15 个）	
1	中国经济发展史（1840—1949）	上海财经大学出版社有限公司
2	南海丝绸之路与东南亚民族经济文化交流研究	广西人民出版社有限公司
3	丝绸之路经济带——新疆与中亚研究丛书	商务印书馆国际有限公司
4	丝绸之路经济带核心区域地图集	西安地图出版社
5	深化经济体制改革研究丛书	广东经济出版社有限公司
6	中国新型城镇化理论与实践丛书	中国工人出版社
7	绿色经济与绿色发展丛书	中国环境出版有限责任公司
8	国家产业安全理论与预警机制	北京交通大学出版社有限责任公司
9	中国战略性新兴产业研究与发展	机械工业出版社
10	“林业应对气候变化与低碳经济”系列丛书	中国林业出版社
11	国别商务环境研究系列丛书（第一批）	北京对外经济贸易大学出版社有限责任公司
12	中国赋税文物图记	中国税务出版社
13	上海市档案馆藏近代中国金融变迁档案史料汇编	上海世纪出版股份有限公司远东出版社
14	世界会计史：财务报告与公共政策	立信会计出版社有限公司
15	会计经典（第二期）	立信会计出版社有限公司
	文化、科学、教育、体育（46 个）	
1	“中国文化遗产：技艺与传承”丛书	安徽科学技术出版社
2	殷墟文化大典	安徽人民出版社
3	中华文化概览（汉德、汉斯双语）	天津外语电子音像出版社有限责任公司
4	20 世纪中国古代文化经典域外传播研究书系	大象出版社有限公司
5	中华民族文化大系（第一辑）	上海锦绣文章出版社有限公司
6	中国佛教藏书史研究	现代出版社有限公司
7	千年秦商·中国秦商文化	陕西太白文艺出版社有限责任公司

续表

序号	项目名称	申报单位
8	珞渝文化丛书	成都电子科大出版社有限责任公司
9	风情中国——大型少数民族文化系列纪录片（英文）第一季	北京天盛科学技术音像出版社
10	黎族文身口述档案	海南省电子音像出版社
11	延安时期新闻出版档案	陕西太白文艺出版社有限责任公司
12	中国出版家丛书	人民出版社
13	中国出版产业发展研究	中国传媒大学出版社有限责任公司
14	近代华侨报刊大系	广东经济出版社有限公司
15	中国期刊史	人民出版社
16	《晋察冀画报》文献全集	中国摄影出版社
17	中国古籍原刻翻刻与初印后印研究	上海中西书局有限公司
18	中国印刷文化遗产	陕西人民出版社有限责任公司
19	近代海外汉学名著丛刊	山西人民出版社
20	西方社会文化生活丛书	长春出版社
21	21世纪以来国外文化战略重要文献选编（中外文对照版）	武汉大学出版社有限责任公司
22	难忘的声音——中央人民广播电台播音艺术家经典广播作品	中国广播音像出版社
23	中国民间儿童玩具史话	广东新世纪出版社有限公司
24	彩图科学史话	辽宁少年儿童出版社有限责任公司
25	核铸强国梦——60位院士专家访谈录	中国原子能出版传媒有限公司
26	嗨！我是地球——小小环保家系列丛书	吉林摄影出版社有限责任公司
27	中国花文化史	深圳市海天出版社有限责任公司
28	美丽乡村——和谐农家（系列专题广播节目）	农业教育声像出版社
29	“中国教育改革大系”丛书	湖北教育出版社有限公司
30	高考改革研究丛书	华中师范大学出版社有限责任公司
31	教师教育思想史研究（上、下）	长春东北师范大学出版社有限责任公司
32	中小学理科教材难度的国际比较研究（6卷本）	教育科学出版社
33	中国化学教育研究丛书	广西教育出版社有限公司
34	美国教育变革研究	浙江教育出版社有限公司
35	长征：英雄与信仰的史诗	广东教育出版社有限公司
36	寻找英雄——小淘气长征记	浙江电子音像出版社有限公司
37	青少年讲武堂	文心出版社有限公司
38	百名院士专家讲科普	中央广播电视大学音像出版社有限责任公司

续表

序号	项目名称	申报单位
39	青少年太空探索科普丛书	知识产权出版社有限责任公司
40	中国优秀少年科普作品原创书系——令人惊叹的现代高科技	云南晨光出版社有限责任公司
41	无障碍数字文化全媒体出版工程（二期）	天闻数媒科技（北京）有限公司
42	爱中国，了解中国——盲人无障碍有声读物	吉林教育音像出版社
43	智障儿童无障碍学习全媒体出版工程	方圆电子音像出版社有限责任公司
44	惠民信息安全教育电子书系列之《生活中的信息安全》	大连海事大学出版社有限责任公司
45	《围棋与国家》系列丛书	经济科学出版社
46	中国民间游戏总汇	湖南文艺出版社有限责任公司
语言、文字（9 个）		
1	中国文字发展史丛书	华东师范大学出版社有限公司
2	中国民族语言语法标注文本丛书	社会科学文献出版社
3	金石古文字学术典籍丛刊	安徽人民出版社
4	汉语印地语大词典	北京大学出版社有限公司
5	濒危汉语方言研究丛书（湖南卷）	湖南师范大学出版社有限公司
6	近代汉语词典	上海世纪出版股份有限公司教育出版社
7	鄂伦春语汉语词典	黑龙江北方文艺出版社有限公司
8	明、清、民国时期珍稀老北京话历史文献整理与研究（第二辑）	北京首都师范大学出版社有限责任公司
9	早期北京话珍本典籍校释与研究（暨早期北京话文献数字化工程）	北京大学出版社有限公司
文学（27 个）		
1	中国当代文学批评史料编年	华东师范大学出版社有限公司
2	中国少数民族文学史	人民文学出版社有限公司
3	中国民间文学发展史（10 卷本）	线装书局
4	新中国 60 年外国文学研究	北京大学出版社有限公司
5	全民国词（第一辑）	浙江古籍出版社有限公司
6	丰子恺全集	海豚出版社有限责任公司
7	民国儿童文学文论辑评	希望出版社
8	现代化进程中的外国文学	中国社会科学出版社
9	中印经典和当代作品互译出版项目	中国大百科全书出版社有限公司
10	“蓝色东欧”第三辑（1-6）、第四辑（1-4）	广东花城出版社有限公司
11	汤显祖戏剧全集（英文版）	上海外语教育出版社有限公司
12	1931—1945 年东北抗日文学大系	黑龙江大学出版社有限责任公司
13	香港文学大系 1919—1949	商务印书馆（香港）有限公司

续表

序号	项目名称	申报单位
14	丁毅文集	漓江出版社有限公司
15	三国戏曲集成	复旦大学出版社有限公司
16	中国柯尔克孜达斯坦（9-16册）	克孜勒苏柯尔克孜文出版社
17	书衣文录（手迹）	百花文艺出版社（天津）有限公司
18	杨周翰作品集	上海书店出版社
19	清代东北流人诗文集成（第一辑）	北方联合出版传媒（集团）股份有限公司辽海出版社分公司
20	《苗族古歌·融水卷》上、下卷	广西民族出版社
21	中国儿歌大系	辽宁少年儿童出版社有限责任公司
22	王佐良全集	外语教学与研究出版社有限责任公司
23	江格尔英雄故事系列绘本（14册，汉文）	新疆青少年出版社
24	中国世纪·中国梦——大型主题诗歌朗诵集	广东大音音像出版社
25	人生出彩梦成真——农民工巨晓林的成长之路	陕西人民教育出版社有限责任公司
26	我和谈家桢	上海科学普及出版社有限责任公司
27	何泽慧传	山西教育出版社
	艺术（48个）	
1	中国艺术批评通史	安徽教育出版社
2	中国工艺美术通史	高等教育出版社有限公司
3	中国当代设计全集	商务印书馆有限公司
4	中国抗战版画选集（上下卷）	湖南美术出版社有限责任公司
5	中国当代曲艺史	百花文艺出版社（天津）有限公司
6	中国京剧史料编年（1740—1949）	学苑出版社
7	中国黄梅戏唱腔集萃	苏州大学出版社有限公司
8	京剧大师梅兰芳	文化艺术出版社
9	程砚秋演出剧目志	时代文艺出版社有限责任公司
10	彭修文作品集	现代出版社有限公司
11	天籁——中国55个少数民族原生态民歌典藏	上海文艺音像电子出版社有限公司
12	藏戏图文志	湖北美术出版社有限公司
13	天籁之音——藏北格萨尔艺人独家说唱录音整理出版	中国科学文化音像出版社有限公司
14	古琴遗珍——二十世纪古琴名家散佚曲集	山西春秋电子音像出版社
15	《中国戏曲经典原创动画》音像电子出版物	中国数字文化集团有限公司
16	中国“文革”十年中的音乐	人民音乐出版社有限公司

续表

序号	项目名称	申报单位
17	历代散佚碑帖珍本考释	山西人民出版社
18	邓小平手迹故事	重庆出版社有限责任公司
19	恽寿平全集	天津人民美术出版社有限公司
20	中华图像文化史（第二期）	中国摄影出版社
21	中国宗教美术史	上海书画出版社有限公司
22	中国新闻漫画发展史	山东大学出版社有限公司
23	陈师曾全集	江西美术出版社有限责任公司
24	《非遗·中国年画经典》丛书	深圳市海天出版社有限责任公司
25	江山高隐——中国绘画史“渔隐”“舟渔”“垂钓”图像考释	东北大学出版社有限公司
26	李苦禅全集	人民美术出版社
27	木板水印《芥子园画传》	荣宝斋
28	中国·杨柳青木版年画——穿越历史的印象（汉英、汉日对照版 DVD-ROM）	天津外语电子音像出版社有限责任公司
29	凡·高全集	上海书画出版社有限公司
30	中国书画鉴定学稿	辽宁人民出版社
31	非物质文化遗产记忆档案（第三辑）	山东友谊出版社有限公司
32	中国民俗艺术（汉族卷）	华语教学出版社有限责任公司
33	造物的智慧——中国传统器具原理与设计	人民教育电子音像出版社有限公司
34	中国民间刺绣	万卷出版有限责任公司
35	中国艺术研究学术文库	北京时代华文书局有限公司
36	图说中华杂技	南海出版公司
37	景德镇陶瓷史（全 5 册）	江西人民出版社有限责任公司
38	钧窑通史（全三册）	海燕出版社有限公司
39	大型“中国梦民族魂”动画片《乡土童年红旗渠》	上海城市动漫出版传媒有限公司
40	“最美民族风”中国少数民族经典动画片（第一辑）	上海城市动漫出版传媒有限公司
41	藏传佛教视觉艺术典藏（第二辑）	青海人民出版社有限责任公司
42	雪域精工——藏族手工艺全集	四川美术出版社有限公司
43	喜马拉雅天珠	广西美术出版社有限公司
44	《新疆少数民族工艺美术研究》系列丛书	新疆电子音像出版社
45	云南民族传统技艺	云南民族文化音像出版社有限责任公司
46	国门书社对缅文化音像交流项目	德宏民族出版社
47	中国朝鲜族艺术史	延边人民出版社

续表

序号	项目名称	申报单位
48	郑君里全集（1-8卷）	上海文化出版社有限公司
	历史、地理（61个）	
1	历史不容忘记——纪念世界反法西斯战争胜利70周年系列	五洲传播出版社
2	抗日战争珍稀史料丛编	国家图书馆出版社
3	东京审判出版工程第三期——国际检察局讯问记录	上海交通大学出版社有限公司
4	美国国家档案馆馆藏中国抗战历史影像全集	化学工业出版社
5	证据：日本侵华暴行调查档案全编（京津冀卷）	北京人民出版社
6	日本强掳中国赴日劳工档案汇编	国家图书馆出版社
7	中国抗日战争历史资料丛书（第一批）	中国人民解放军出版社
8	民国抗日战争史料丛刊	大象出版社有限公司
9	罪行与宽待——原日本战犯反省绘画集	辽宁教育出版社
10	日本侵华战争（1931—1945）	辽宁人民出版社
11	抗战记忆——台湾征集图片集（上、中、下）	重庆出版社有限责任公司
12	抗日战争与中华民族复兴	团结出版社
13	图文中国共产党抗战纪事	河北人民出版社有限责任公司
14	抗战热点面对面	济南出版有限责任公司
15	让我们铭记——寻访远征军老兵	云南美术出版社有限责任公司
16	井冈山革命根据地史料大全	党建读物出版社
17	世界社会主义五百年历史人物传略	中国工人出版社
18	走向世界丛书（续编）	湖南岳麓书社有限责任公司
19	最后的乡村——中国乡土影像志（全四卷）	新华出版社
20	远古中华	上海书店出版社
21	《史记》研究集成·十二本纪	西北大学出版社有限责任公司
22	西夏文物（宁夏编）	天津古籍出版社有限公司
23	出土墓志所见中古谱牒研究	学林出版社
24	中国民间收藏汉画像砖石全集	河南大学出版社有限责任公司
25	国家图书馆藏地方志珍本丛刊	天津古籍出版社有限公司
26	中国戏曲文物志	三晋出版社
27	新中国捐献文物精品集（第一辑）	文津出版社
28	中国现代文化世家（第二辑）	郑州大学出版社有限公司
29	明朝文化研究丛书	南京出版社有限公司
30	清末立宪运动史料丛刊	中共中央党校出版社

续表

序号	项目名称	申报单位
31	徽州民间珍稀文献集成	复旦大学出版社有限公司
32	徽文化与徽学研究丛书	安徽大学出版社有限责任公司
33	中国当代史民间档案资料的发掘与研究——以 20 世纪 50 年代土地改革史为中心	四川人民出版社有限公司
34	八旗满洲文献集成（第二辑）	北方联合出版传媒（集团）股份有限公司辽海出版社分公司
35	民国乡村建设：晏阳初华西实验区档案史料	重庆西南师范大学出版社有限公司
36	走近中国少数民族丛书	辽宁民族出版社
37	中国少数民族文物图典（后 5 册）	辽宁民族出版社
38	民国时期新疆档案汇编	江苏凤凰出版社有限公司
39	留给你的北方——东北地域文化珍稀图片集	吉林摄影出版社有限责任公司
40	中国回族文物鉴赏系列	宁夏人民出版社有限公司
41	中国新疆历史文化古籍文献资料译编（1-40）	克孜勒苏柯尔克孜文出版社
42	中国西南民族通史	云南大学出版社有限责任公司
43	艽野东南的民族（系列二）	广州中山大学出版社有限公司
44	闽南涉台族谱汇编	福建人民出版社有限责任公司
45	哈尔滨犹太人图史	黑龙江人民出版社有限公司
46	中俄文化交流史	天津人民出版社有限公司
47	西方史学思想史	中南出版传媒集团股份有限公司湖南教育出版社分公司
48	东南亚历史重大问题研究——东南亚历史和文化：从原始社会到 19 世纪初（上、下）	云南人民出版社有限责任公司
49	天朝异化之角：16-19 世纪西洋文明在澳门（上、下）	广州暨南大学出版社有限责任公司
50	日本藏晚清中日朝笔谈资料·大河内文书	浙江古籍出版社有限公司
51	日本通史	江苏人民出版社有限公司
52	刘大年全集	湖北人民出版社有限公司
53	中国古代封泥全集	吉林美术出版社有限责任公司
54	中国古代的知识阶层	兰州大学出版社有限责任公司
55	中国工程师史（复合出版）	同济大学出版社有限公司
56	中国海域史（五卷本）	上海世纪出版股份有限公司古籍出版社
57	中国的海疆与海洋权益	陕西科学技术出版社有限责任公司
58	中国海疆历史图录辑要	黄山书社
59	“福建与海洋”系列丛书（第一辑）	福建教育出版社有限责任公司
60	清儒地理考据研究	山东齐鲁书社出版有限公司

续表

序号	项目名称	申报单位
61	长江三峡历史地图集	星球地图出版社
数理科学和化学（2 个）		
1	分析化学手册（第三版）	化学工业出版社
2	《现代数学中的著名定理纵横谈——80 个数学著名定理的历史、证明及意义》丛书	哈尔滨工业大学出版社有限公司
天文学、地理科学（6 个）		
1	2000 国家大地坐标系建立的理论与方法	测绘出版社
2	海洋强国出版工程	上海交通大学出版社有限公司
3	海洋经济文献译丛	上海世纪出版股份有限公司译文出版社
4	中国海洋文化丛书	海洋出版社
5	中国铜矿地质地球化学找矿模型及地球化学定量预测方法研究	中国地质大学出版社有限责任公司
6	清实录历史气候及相关资料汇编	气象出版社
生物科学（9 个）		
1	中国生态系统调查评估	龙门书局（中国科技出版传媒股份有限公司）
2	中国古生物研究丛书	上海世纪出版股份有限公司科学技术出版社
3	中国古脊椎动物志（第一批）	中国科技出版传媒股份有限公司
4	中国海洋鱼类原色图典	中国海洋大学出版社有限公司
5	中国鸟类图志	中国林业出版社
6	中国野生鸟类	湖南科学技术出版社有限责任公司
7	中国蚋科昆虫	贵州科技出版社有限公司
8	内蒙古植物志（1–6 卷）	内蒙古人民出版社
9	广西植物志（第四卷　种子植物）	广西科学技术出版社有限公司
医药、卫生（17 个）		
1	《本草纲目》研究集成	龙门书局（中国科技出版传媒股份有限公司）
2	晶珠本草正本诠释	四川科学技术出版社有限公司
3	百年中医传承录	北京科学技术出版社有限公司
4	中华战创伤学	郑州大学出版社有限公司
5	现代中药标准图典系列（二期工程）	福建科学技术出版社有限责任公司
6	营养组学	中国协和医科大学出版社
7	中国实用小手术操作规范	人民军医电子出版社
8	中国公共卫生理论与实践	人民卫生出版社

续表

序号	项目名称	申报单位
9	中国回医药学丛书	宁夏人民出版社有限公司
10	中国朝医学	延边大学出版社有限责任公司
11	白族医药丛书	云南科技出版社有限责任公司
12	心血管疾病规范化防治——从指南到实践	北京大学医学出版社有限公司
13	城市核化生爆医学救援指南	第二军医大学出版社
14	经自然腔道内镜外科学	天津科技翻译出版有限公司
15	口腔修复器材应用技术学	第二军医大学出版社
16	癌前病变和癌前疾病	河南科学技术出版社有限公司
17	烧（创）伤代谢营养的理论和实践	河北科学技术出版社有限责任公司
农业科学（13 个）		
1	动物疫病防控出版工程	中国农业出版社
2	中国野生大豆资源的研究与利用	上海世纪出版股份有限公司科技教育出版社
3	畜禽规模化养殖丛书	湖南科学技术出版社有限责任公司
4	中国银杏大辞典	天津科学技术出版社有限公司
5	中国蔬菜育种学	中国农业出版社
6	中国现代养殖技术与经营丛书	中国人民解放军总后勤部金盾出版社
7	中国食用豆类生产技术丛书	北京教育出版社
8	中国农业通史（图文版）	西北农林科技大学出版社有限责任公司
9	中国农业文化遗产	中国农业科学技术出版社
10	中国山区农村生态工程	中国农业科学技术出版社
11	中国畜禽遗传资源保护品种	农业教育声像出版社
12	中国食用菌生产	中原农民出版社有限公司
13	中国蝗虫学史	云南教育出版社有限责任公司
工业技术（24 个）		
1	北斗系统与应用出版工程	电子工业出版社
2	未来网络创新技术研究系列	人民邮电出版社
3	集成电路系统科技创新技术	成都电子科大出版社有限责任公司
4	信息光子学与光通信系列丛书	北京邮电大学出版社有限公司
5	现代引信技术丛书	国防工业出版社
6	脉冲功率技术应用	陕西科学技术出版社有限责任公司
7	高性能镁合金晶粒细化新技术	冶金工业出版社

续表

序号	项目名称	申报单位
8	红外材料与探测技术	浙江科学技术出版社有限公司
9	材料研究与应用著作	哈尔滨工业大学出版社有限公司
10	中国能源新战略——页岩气出版工程（第一期）	华东理工大学出版社有限公司
11	复杂油气藏物理—化学强化开采工程技术研究与实践丛书	中国石油大学出版社有限公司
12	多孔介质油气藏岩石表面气体润湿性基础理论	中国石油大学出版社有限公司
13	矿井地质手册	煤炭工业出版社
14	电力系统在线动态安全监测与预警技术	中国电力出版社有限公司
15	中国近代建筑史	中国建筑工业出版社
16	土木工程与中国发展	中国水利水电出版社
17	城市地下空间出版工程·规划与设计系列	同济大学出版社有限公司
18	中国汉传佛教建筑史——佛寺的建造、分布与寺院格局、建筑类型及其变迁	清华大学出版社有限公司
19	贝雷：油脂化学与工艺学（第六版）	中国轻工业出版社
20	《工业设计中国之路》多媒体出版项目（第一期）	大连理工大学出版社有限公司
21	中国饮食科学技术史稿	浙江工商大学出版社有限公司
22	潘家铮全集	中国电力出版社有限公司
23	《丝绣笔记》批注	北京燕山出版社有限公司
24	城市记忆——北京四合院普查成果与保护（第三卷）	北京美术摄影出版社
交通运输（3个）		
1	高速铁路建造技术·设计卷	中国铁道出版社
2	长江黄金水道建设关键技术丛书	人民交通出版社股份有限公司
3	桥梁漫笔——21世纪的中国桥梁	中国铁道出版社
航空、航天（4个）		
1	大飞机出版工程·民机飞行控制技术系列	上海交通大学出版社有限公司
2	航空航天技术出版工程	北京理工大学出版社有限责任公司
3	中国航天文化书系	中国宇航出版有限责任公司
4	飞天梦——穿越对流层	红星电子音像出版社有限责任公司
环境科学、劳动保护科学（安全科学）（2个）		
1	中国生态文明发展战略研究丛书	湖南师范大学出版社有限公司
2	贵州生态博物馆丛书	贵州科技出版社有限公司
综合性图书（5个）		
1	世界华侨华人研究文库（第三批）	广州暨南大学出版社有限责任公司

续表

序号	项目名称	申报单位
2	非洲译丛（第一辑）	民主与建设出版社有限责任公司
3	1872—1949 文学期刊信息总汇	青岛出版社有限公司
4	城市防灾规划丛书	中国建筑工业出版社
5	应急，从我做起	国家行政学院音像出版社

2015 年度少儿节目精品及国产动画发展专项资金项目

一、优秀少儿广播栏目

一等奖：奖金 15 万元	
小喇叭	中央人民广播电台
少儿	鄂尔多斯市广播电视台
播播龙的故事口袋	黑龙江广播电视台
月光宝盒	上海广播电视台
小豆丁的大生活	云南广播电视台
二等奖：奖金 10 万元	
乡村少年	中央人民广播电台
童年童话	天津广播电视台
小梦想大舞台	河北人民广播电台
开心点点	内蒙古人民广播电台
90 故事城堡	长春市人民广播电台
童话亮晶晶	合肥市广播电视台
小耳朵	南昌市人民广播电台
新月读书会	武汉市广播电视台
大头小当家	重庆人民广播电台
格桑梅朵	西藏人民广播电台
三等奖：奖金 5 万元	
儿童乐园	中央人民广播电台
小鬼当家（Kids Club）	北京广播电视台
少儿天地	内蒙古人民广播电台
少儿成长剧	延边朝鲜族自治州人民广播电台
小星星——大手牵小手	江苏人民广播电台
加油宝贝	温州市广播电视台
小蜜蜂	安庆市人民广播电台

续表

红蜻蜓	漳州市人民广播电台
儿童欢乐谷	江西广播电视台
阳光校园	日照市广播电视台
999 夜	河南人民广播电台
花生宝贝	佛山市人民广播电台
红帆船	贵阳市广播电视台
阳光方阵	四川广播电视台
淘气城堡	甘肃人民广播电台
鼓励奖	奖金 3 万元
睡前故事	中央人民广播电台
青苹果	天津广播电视台
来吧！小伙伴	葫芦岛市广播电视台
金色童年	盘锦市广播电视台
少儿广播台	宝山区广播电视台
童心碰碰车	扬州市广播电视台
校园零距离	玉环县广播电视台
星星梦工厂	安徽广播电视台
成长 1+1	漳浦县广播电视台
小螺号	广西人民广播电台
1、2、3 蹦蹦跳	阳春市广播电视台
金色年华	普洱市广播电视台
小叮当	绵阳市广播电视台
开心书包	西藏人民广播电台
星星草	潼关县广播电视台
红蜻蜓 · 青草地	白银市广播电视台
少儿乐园	青海广播电视台
弯弯月亮船	西宁市广播电视台
花样童年	新疆人民广播电台
阿图什花朵	阿图什市广播电视台

二、优秀少儿电视栏目

一等奖：奖金 20 万元	
最野假期	中央电视台

续表

卡酷动物园	北京广播电视台
锋狂实验室	天津广播电视台
远方的爱	上海广播电视台
童趣大冒险	湖南广播电视台
二等奖：奖金 15 万元	
音乐快递——等你长大	中央电视台
儿童剧场	中央电视台
金龟子城堡	中央电视台
祝你生日快乐	上海广播电视台
家有儿女	江苏电视台
中国少年派	山东电视台
宝贝 COME ON	武汉市广播电视台
飞行幼乐园	湖南广播电视台
TICO 坚果屋	重庆电视台
乡村少年宫	云南广播电视台
三等奖：奖金 10 万元	
园来如此	天津广播电视台
宝贝玩吧	山西广播电视台
非读不可	闵行区广播电视台
炫酷牧场	上海广播电视台
四格漫画	南京市电视台
汉字大战	杭州市广播电视台
开心哆来咪	芜湖市广播电视台
童心撞地球	湖南广播电视台
成语故事	海南广播电视台
成都校园	成都市广播电视台
梦想 1+1	四川广播电视台
七彩桥	毕节市广播电视台
芒市小剧场	芒市广播电视台
雪莲花（哈语）	新疆电视台
鼓励奖	奖金 5 万元
非童小可	中国教育电视台
脑力冲击波	河北电视台

续表

亲亲宝贝	安定市广播电视台
非凡少年剧社	内蒙古电视台
出彩少年	庄河市广播电视台
朝鲜族礼仪教室	延边朝鲜族自治州电视台
成长欢乐季	肇东市广播电视台
成长快乐	安溪县广播电视台
成长梦乐园	吉安市广播电视台
最美童年	商丘市广播电视台
宝贝计划	十堰市教育电视台
好奇魔学堂	广东广播电视台
快乐小伙伴	百色市电视台
小螺号	三亚市广播电视台
家有宝贝	璧山区广播电视台
童心无限	贵阳市广播电视台
欢乐嘀哒嘀	庆阳市广播电视台
金色童年（藏语）	青海广播电视台
PK 先锋	宁夏广播电视台

三、优秀少儿频道、动画频道

一等奖：奖金 50 万元	
中央电视台少儿频道	
北京广播电视台卡酷少儿频道	
湖南广播电视台金鹰卡通频道	
二等奖：奖金 30 万元	
天津广播电视台少儿频道	
上海广播电视台炫动卡通频道	
江苏电视台优漫卡通频道	
广东广播电视台少儿频道	
成都广播电视台少儿频道	
三等奖：奖金 20 万元	
辽宁广播电视台教育青少频道	
浙江电视台少儿频道	
山东电视台少儿频道	

续表

重庆电视台少儿频道	
新疆电视台少儿频道	

四、优秀国产动画片

特等奖：奖金 50 万元	
星星梦之梦想篇	央视动画有限公司
地道战之英雄出少年	浙江蓝巨星国际传媒有限公司
一等奖：奖金 30 万元	
大耳朵图图——彩色世界	上海上影大耳朵图图影视传媒有限公司
百变马丁	上海今日动画影视文化有限公司
茅山小道士	镇江市电视台
鸡毛信	江苏广电影视动漫传媒有限责任公司
郑义门	浙江蓝巨星国际传媒有限公司、 上海河马动画设计股份有限公司
熊出没之夏日连连看	深圳华强数字动漫有限公司
二等奖：奖金 20 万元	
小飞机卡卡	沈阳正点卡通有限公司
京剧猫	上海炫动传播股份有限公司、北京璀璨星空文化发展有限公司、 上海全土豆文化传播有限公司
小龙大功夫之神龙战队系列（27~52 集）	上海动酷数码科技有限公司
粉墨宝贝（第一部）	昆山合谷数码科技有限公司
朋朋的世界	江苏卡龙动画影视传媒股份有限公司
星学院	杭州美盛动漫有限公司
燃烧的蔬菜之家园保卫战	杭州欢聚动漫有限公司
阿优之神奇萝卜（三）	杭州阿优文化创意有限公司
五子炮——渊子崖保卫战	湖南金鹰卡通有限公司
梦幻西游之化境飞升	广州蓝弧文化传播有限公司
三等奖：奖金 10 万元	
飞越五千年（51~100 集）	北京卡酷传媒有限公司
凌霜篇之侠岚	北京若森数字科技有限公司
新年来啦之文字大劫难	天津滨海新区国是经纬文化传播有限公司
奇奇探险队	沈阳天鹏动画制作有限公司
赛尔号（第四、五季）	上海淘米动画有限公司
梦想总动员	苏州功夫家族动漫有限公司

续表

玉骐麟之仙灵奇域	昆山玉骐麟文化传媒有限公司
超能星之时空英雄	无锡雪豹十月数码动画制作有限公司
昆塔·因为所以	浙江博采传媒有限公司
少年师爷之公祭大禹、祭禹盛典（第9、10部）	浙江特立宙动画影视有限公司
土豆侠（第二季）出征	福州天之谷网络科技有限公司
功夫鸡（三）（四）	福州零壹动漫有限公司
黄帝史诗（第一部）	河南多元文化传媒有限公司
一起来看流星雨	湖南金鹰卡通有限公司
巴拉拉小魔仙之梦幻旋律	广州奥飞文化传播有限公司
美食大冒险之火热之旅	广州易动文化传播有限公司
喜羊羊与灰太狼之妈妈乐疯狂	广东原创动力文化传播有限公司
猪猪侠之五灵守卫者（上部）	广东咏声动漫股份有限公司
帮帮团向前冲	深圳市哈贝多文化传播有限公司
红色延安	西安维真视界影视文化传播股份有限公司

五、优秀动画电影

一等奖：奖金 30 万元	
西游记之大圣归来	浙江横店影视制作有限公司
二等奖：奖金 20 万元	
兔侠之青黎传说	天津北方电影集团有限公司
熊出没之雪岭熊风	华强方特（深圳）动漫有限公司
三等奖：奖金 10 万元	
桂宝之爆笑闯宇宙	北京其欣然数码科技有限公司
黑猫警长之翡翠之星	上海电影（集团）有限公司
犹太女孩在上海 2 项链密码	上海电影（集团）有限公司

六、优秀学院动画短片

一等奖：奖金 5 万元	
一指城	中国传媒大学
盛开	北京电影学院
志女求鱼	山西传媒学院
二等奖：奖金 3 万元	
列车厢	中国传媒大学
象王	北京电影学院

丑小老头征服龙王爷	
的故事	内蒙古大学
花儿去哪了	吉林动画学院
浮元子	中国美术学院
三等奖：奖金 1 万元	
换个我	中国传媒大学
我，来自草原	北京电影学院
鱼人	天津大学
时间旅行者的秘密	天津美术学院
闹天宫	天津工业大学
APPLE	山西传媒学院
浮光	浙江传媒学院

七、优秀动画创作人才

最佳奖：奖金 5 万元	
王云飞	北京其欣然数码科技有限公司
王笑瑞	江苏广电影视动漫传媒有限责任公司
李炼	浙江博采传媒有限公司
丁亮	华强方特（深圳）动漫有限公司
王巍	广州蓝弧文化传播有限公司
优秀奖：奖金 3 万元	
关心	北京若森数字科技有限公司
王章俊	上海淘米动画有限公司
陶雨旸	江苏广电影视动漫传媒有限责任公司
贺晨佳	无锡雪豹十月数码动画制作有限公司
苏真	昆山玉骐麟文化传媒有限公司
孙少嘉	杭州阿优文化创意有限公司
董慧君	福州零壹动漫有限公司
陈钟	福州天之谷网络科技有限公司
李忠	湖南金鹰卡通有限公司
古燕梅	广东咏声动漫股份有限公司

2015 年度文化部文化艺术科学研究项目

项目名称	项目负责人	项目负责人所在单位
创意绘画的实践与理论研究	季敏	黑龙江省艺术研究所
汉降以来粟特乐舞图像资料整理与研究	杨洪冰	陕西师范大学
艺术学理论学科的学科边界及学科价值研究	王谦	南京艺术学院
不同历史时期党的文艺政策价值取向之嬗变研究	金宜鸿	武汉纺织大学
六朝艺术聚落的形态体系与地域流变研究	雍文昴	中国艺术研究院
吉剧音乐研究	金士友	东北师范大学
鼎峙春秋与京剧三国戏	李小红	中国戏曲学院
20 世纪以来中国戏剧对西方经典剧作的移植研究	赵建新	中国戏曲学院
昆剧流变史	王丽梅	浙江工商大学
最后的影戏：晚清以降成都大皮影的百年兴衰	罗兰秋	成都体育学院
黄梅戏声腔研究	陈兆舜	安庆市文广新局
中国抗战戏剧研究	胡薇	中央戏剧学院
新疆曲艺传承研究	周建国	新疆艺术研究所
昆曲表演艺术传承方式研究	刘静	中国艺术研究院
韩世昌昆曲表演艺术编年史	顾卫英	中国戏曲学院
戏曲市场研究——以西南地区的川剧为例	晏一立	四川省艺术研究院
山西雁北耍孩儿戏艺术传承的田野调查与研究	钱建华	天津师范大学
戏剧的阐释空间——解读文本的共时性与接受心理的历时性研究	张红武	河北省艺术研究所
陆洪非研究	张莹	安徽省艺术研究院
20 世纪三四十年代中国电影中的诗性传统	孙萌	中国艺术研究院
中国类型电影的异质性研究	吴青青	福建师范大学
自媒体时代微电影青年亚文化研究	刘强	山东艺术学院
新时期中国乡土电影研究（1979—1999）	李焕征	中国农业大学
文化融合视域下的国产类型动画研究	汤梦箫	郑州轻工业学院
吉卜力工作室动画创作及其在中国的接受研究	杨晓林	同济大学
民国时期南京地区的电影院及放映业研究（1927—1949）	陈捷	南京艺术学院
21 世纪以来中外动画佳作中的核心价值观比较	曹小卉	北京电影学院
中韩朝鲜族仪式歌谣比较研究	金顺爱	东北师范大学
视唱练耳教学的发展脉络研究	殷英	中南大学
20 世纪中国音乐表演观念与实践研究	范晓峰	南京艺术学院
汉族民间音乐“一曲多变”的观念及其实践研究	李小兵	信阳师范学院
浙江民间仪式音乐与区域社会——一种传播生态学的视角	林莉君	杭州师范大学

续表

项目名称	项目负责人	项目负责人所在单位
混生音乐族性的美学分析	宋瑾	中央音乐学院
桂越沿边传统歌节的音乐范式与社会表演研究	楚卓	广西艺术学院
乐律表微校释	石林昆	天津科技大学
中国现当代舞蹈创作的类型学研究	刘炼	东北师范大学
中国舞剧学研究	李力	山西艺术职业学院
“黄河三部曲”时期山西民间舞创作口述史	黄建新	山西大学
“中国民族民间舞”的观念发展研究	闫桢桢	北京舞蹈学院
“零—动点”原创性舞蹈表演与编创的训练方法研究	史晶歆	北京舞蹈学院
巴蜀地区“天龙八部”造(图)像文化形态研究	刘显成	西华师范大学
徐悲鸿美术教育研究	华天雪	中国艺术研究院
道教图像学研究：以元明时期道教版刻图像为中心	胡春涛	广西艺术学院
二十世纪中国画的转捩点：国立北平艺专三教授罢教及国画论战事件的历史考察研究	朱京生	中国艺术研究院
古代朝鲜绘画史中的“中国画学”整理与研究	黄戈	江苏省国画院
良友画报与民国时期摄影研究	赵昊	安徽师范大学
土家族传统民间丧葬绘画研究	马健	重庆师范大学
江苏美术史研究	汤永炎	江苏省文化艺术研究院
川渝地区隋唐道教造像研究	耿纪朋	四川文化艺术学院
中西扇文化比较研究	杨祥民	南京邮电大学
广西壮族干栏木构建筑技艺再造价值研究	韦自力	广西艺术学院
10–13 世纪印藏佛教装饰纹样比较	易晴	中国艺术研究院
中国传统家具艺术在近代的断流与当代的创新研究	戴向东	中南林业科技大学
新文化运动与中国书籍设计现代转型研究	万长林	湖南理工学院
明清时期鄂湘赣移民圈民居建筑装饰图形谱系及现代设计应用研究	冷先平	华中科技大学
中国传统营造技艺及其当代价值研究	刘托	中国艺术研究院
西夏服饰纹样研究	魏亚丽	宁夏回族自治区文化厅
汉画像石、画像砖建筑装饰艺术研究	黄续	中国艺术研究院
中国古代历史题材绘画中的人物服饰研究	宋丙玲	山东艺术学院
上海“非院校式”设计培训模式研究（1843—1949）	姚爱强	南京林业大学
滇西北民族建筑传统营造的当代变迁	潘曦	北京交通大学
大众媒介与乡村戏曲文化变迁	秦红雨	西南大学
萨满文化的动漫化传承与保护研究	宗世英	长春大学

续表

项目名称	项目负责人	项目负责人所在单位
京剧术语翻译研究	董单	中国戏曲学院
维吾尔木卡姆和汉文化的互动、交融及其定型	黄适远	新疆艺术剧院
海上丝绸之路妈祖信俗艺术研究	王英暎	福建师范大学
少数民族节日的现代转型类型与典型案例研究	王学文	文化部民族民间文艺发展中心
抗日战争时期中国艺术界抗敌活动研究	陈洁	南京艺术学院
江西省“团、场、线”联盟发展现状及新型组织模式探究	郜海镭	江西艺术中心
激活我国大众文化消费潜力的研究	徐望	江苏省文化艺术研究院
文化科技融合创新的理论构建与政策研究	钟晟	武汉大学

2015 年国家动漫品牌建设和保护计划入选产品类项目

序号	项目名称	类型	申报单位
1	黑猫警长之翡翠之星	动画电影	上海美术电影制片厂
2	魔幻仙踪	动画电视、动画电影、动漫演出、动漫形象、衍生品	浙江中南卡通股份有限公司
3	哪鹅	动漫形象	湖南金鹰卡通有限公司
4	贝瓦系列动漫	新媒体动漫、动漫演出、动漫形象、衍生品	芝兰玉树（北京）科技股份有限公司
5	十万个冷笑话	动画电影	北京四月星空网络技术有限公司
6	企鹅的北极熊爸爸	动漫演出、动漫形象、衍生品	北京丑小鸭剧团股份有限公司
7	滚蛋吧！肿瘤君	新媒体动漫	炫果壳（北京）信息技术有限公司
8	小亲圪蛋	动画电视、动漫形象、衍生品	山西乐酷文化传媒有限公司
9	小花仙	动画电视、动画电影、漫画、新媒体动漫、动漫演出、动漫形象、衍生品	上海淘米网络科技有限公司
10	粉墨宝贝	动画电视	昆山粉墨文创发展有限公司
11	龙之谷：破晓奇兵	动画电影、动漫形象、衍生品	苏州米粒影视文化传播有限公司
12	星学院	动画电视、新媒体动漫、动漫形象、衍生品	美盛文化创意股份有限公司
13	木奇灵	动画电视、动画电影、漫画、新媒体动漫、动漫形象、衍生品	武汉博润通文化科技股份有限公司
14	银之守墓人	漫画	武汉两点十分文化传播有限公司
15	果宝特攻	动画电视	广州蓝弧文化传播有限公司
16	正义红师	动画电视	深圳市方块动漫画文化发展有限公司
17	蛋计划	动画电视	深圳市欢乐动漫股份有限公司
18	足球小巴郎	动画电视、动画电影、动漫形象、衍生品	新疆映像天山文化科技有限公司

2015 年国家动漫品牌建设和保护计划入选创意类项目

序号	项目名称	类型	申报单位
1	熊猫和小鼹鼠	动画电视、动漫形象	央视动画有限公司
2	春节娃娃	漫画	天津神界漫画有限公司
3	阿凡提新传	动画电影	上海美术电影制片厂
4	熊熊乐园	动画电视	深圳华强数字动漫有限公司
5	水地球	动画电影	上海河马动画设计股份有限公司
6	中华刀剑拟人录	漫画	邮电出版有限责任公司
7	熊孩子	新媒体动漫	北京北广映画数码科技有限公司
8	罗小黑战记	新媒体动漫、动漫形象	北京寒木春华动画技术有限公司
9	鸿蒙纪	新媒体动漫	北京子文印象文化传播有限公司
10	大唐飞行志	漫画	北京颜开文化发展有限公司
11	光团儿 Q	动漫形象	北京中科视维文化科技有限公司
12	奇奇怪怪	动画电视、新媒体动漫、动漫形象	山西梓楠文化艺术有限公司
13	小飞机卡卡	动画电视	沈阳正点卡通有限公司
14	欢乐北极星	动画电视	沈阳印迹影视动画有公司
15	奥比嘟比	动漫形象	大连坐标数码科技有限公司
16	艾米 & 咕噜	动画电视	上海左袋传媒有限公司
17	双月之城	动画电视、动画电影、漫画、新媒体动漫、动漫演出、动漫形象	上海龙沧文化创意有限公司
18	超能星之时空英雄	动画电视、动画电影、漫画	江苏雪豹十月数码动画制作有限公司
19	口袋森林	动画电视	杭州蒸汽工场文化创意有限公司
20	布袋小和尚	动画电视	宁波大慈文化传播有限公司
21	咪咕次元	漫画、新媒体动漫	咪咕动漫有限公司
22	嘻多猴	动画电视、漫画、新媒体动漫、动漫演出、动漫形象	河南华冠文化科技有限公司
23	球王 9 号	漫画	广东客客龙文化传播有限公司
24	机怒 2049	漫画	广州科加漫文化传播有限公司
25	阿蒙的魔法时空	动画电视	南宁峰值文化传播有限公司
26	荷包蛋	动画电视、动画电影、漫画、新媒体动漫、动漫演出、动漫形象	重庆市加米科技有限公司
27	秦亲宝贝	动漫形象	西安长风影视文化传播有限公司
28	小馕人	新媒体动漫	新疆达雅风尚文化传播有限公司

第十批“中国民族网络游戏出版工程”项目名单

序号	项目名称	开发公司	申报公司
1	新仙剑奇侠传	天津随悦科技有限公司（中手游）	天津随悦科技有限公司（中手游）
2	梦三国 2	杭州电魂网络科技股份有限公司	杭州电魂网络科技股份有限公司
3	丝绸之路	西安艾派信息技术有限公司	西安艾派信息技术有限公司
4	古剑奇谭 WEB	深圳市墨麟科技股份有限公司	深圳市墨麟科技股份有限公司
5	铁血忠魂戚继光	西安纷腾互动数码科技有限公司	西安纷腾互动数码科技有限公司
6	放开那三国	北京巴别时代科技有限公司	北京巴别时代科技有限公司
7	卧虎藏龙	北京神奇时代网络有限公司	北京神奇时代网络有限公司
8	蛮荒搜神记	北京畅游时代数码技术有限公司	北京畅游时代数码技术有限公司
9	乔峰传	深圳第七大道科技有限公司	深圳第七大道科技有限公司
10	绝世	中视网元娱乐科技游戏公司	中视网元娱乐科技游戏公司
11	神将录	深圳市盛讯达科技股份有限公司	深圳市盛讯达科技股份有限公司
12	大主宰	北京青云互动科技有限公司	趣游科技集团有限公司
13	侠义道 2	成都梦工厂网络信息有限公司	成都梦工厂网络信息有限公司
14	斩将封神	厦门雷霆互动网络有限公司	厦门雷霆互动网络有限公司
15	百战天下	广州酷游信息科技有限公司	广州酷游信息科技有限公司
16	黑猫警长 2	迈奔灵动科技（北京）有限公司	上海巨人网络科技有限公司
17	钟馗伏魔	圣客时代（北京）科技有限公司	北京奇虎科技有限公司
18	战神归来	北京青果灵动科技有限公司	北京青果灵动科技有限公司
19	银河传说	成都尼比鲁科技股份有限公司	成都尼比鲁科技股份有限公司
20	古羌传奇	绵阳市武道数码科技有限公司	绵阳市武道数码科技有限公司

附录三

理论研究与出版

文化产业年度期刊论文选录

序号	题目	作者	期刊
1	《新常态下乡村旅游与文化创意产业融合发展研究》	赵华、于静	《经济问题》2015年第4期
2	《数字化背景下非物质文化遗产的保护与利用》	黄永林	《文化遗产》2015年第1期
3	《政府补助、研发投入与文化产业上市公司绩效——基于161家文化上市公司面板数据中介效应实证》	臧志彭	《华东经济管理》2015年第6期
4	《长三角地区文化产业与旅游产业融合态势测度与评价》	侯兵、周晓倩	《经济地理》2015年第11期
5	《构建现代公共文化服务体系应处理好的若干关系》	祁述裕、曹伟	《国家行政学院学报》2015年第2期
6	《生态位视角下长三角文化旅游创意产业竞争力评价模型构建及实证》	程乾、方琳	《经济地理》2015年第7期
7	《"一带一路"建设中文化交流机制的构建》	郑士鹏	《学术交流》2015年第12期
8	《"互联网+文化产业"的价值链思考》	陈少峰	《北京联合大学学报》(人文社会科学版)2015年第4期
9	《文化产业视野下的非物质文化遗产数字化保护与传承策略》	宋方昊、刘燕	《山东社会科学》2015年第2期
10	《产权属性、政治关联与文化企业并购绩效》	潘爱玲、王淋淋	《华中师范大学学报》(人文社会科学版)2015年第3期
11	《城市文化产业集聚的影响因素研究——来自35个大中城市的证据》	王猛、王有鑫	《江西财经大学学报》2015年第1期
12	《新媒体时代少数民族文化传播的困境与策略》	李达	《湖北民族学院学报》(哲学社会科学版)2015年第2期
13	《我国文化产业发展的总体状况和主要特征》	高书生	《经济与管理》2015年第3期
14	《文化创意企业价值评估MCS、AHP应用探讨——以影视类企业为例》	姜惠宸	《江淮论坛》2015年第1期
15	《文化产业集聚的空间溢出效应与收敛形态实证研究》	孙智君、李响	《中国软科学》2015年第8期
16	《西安市文化产业集聚特征及机制分析》	薛东前、张志杰、郭晶、马蓓蓓	《经济地理》2015年第5期
17	《旅游产业与文化产业融合动因及其效应分析——以四川为例》	但红燕、徐武明	《生态经济》2015年第7期
18	《理解"文化治理":理论渊源与概念流变》	王前	《云南行政学院学报》2015年第6期
19	《文化旅游产品开发的路径与模式研究》	杨祎、梁修存	《南京社会科学》2015年第3期
20	《国家文化治理体系的构成、特征及研究视角》	景小勇	《中国行政管理》2015年第12期
21	《公共文化服务体系建构:内涵与模式》	耿达、傅才武	《天津行政学院学报》2015年第6期
22	《多维度距离下的中国文化产品贸易》	黄玖立、周泽平	《产业经济研究》2015年第5期

续表

序号	题目	作者	期刊
23	《我国文化创意产业效率分析——基于 68 家上市公司的实证研究》	雷原、赵倩、朱贻宁	《当代经济科学》2015 年第 2 期
24	《中国文化创意产业的发展现状与问题研究》	周光毅	《艺术百家》2015 年第 3 期
25	《我国旅游与文化产业融合发展水平测度及时空差异分析》	李凌雁、翁钢民	《地理与地理信息科学》2015 年第 6 期
26	《中国文化产业发展：趋势与对策》	李凤亮、宗祖盼	《同济大学学报》（社会科学版）2015 年第 2 期
27	《特色村寨建设、民族文化旅游与反贫困路径选择》	李忠斌、郑甘甜	《广西民族研究》2015 年第 1 期
28	《“一带一路”战略与我国文化产业的空间新布局》	花建	《福建论坛》（人文社会科学版）2015 年第 6 期
29	《中国文化产业效率的区域比较及关键因素》	郭淑芬、王艳芬、黄桂英	《宏观经济研究》2015 年第 10 期
30	《中国文化产业新业态创新模式及其发展策略》	邓向阳、荆亚萍	《中国出版》2015 年第 16 期
31	《创新我国文化领域事权与支出责任划分理论及政策研究》	傅才武、宋文玉	《山东大学学报》（哲学社会科学版）2015 年第 6 期
32	《互联网文化产业环境下文化国企发展对策分析》	陈少峰	《北京联合大学学报》（人文社会科学版）2015 年第 1 期
33	《文化与科技融合：内涵、机理、模式及路径探讨》	崔木花	《科学管理研究》2015 年第 1 期
34	《科技背景下文化产业业态裂变与跨界融合》	李凤亮、宗祖盼	《学术研究》2015 年第 1 期
35	《“互联网 +”时代的文化科技融合——2014 年文化科技创新总报告》	李凤亮、胡鹏林	《福建论坛》（人文社会科学版）2015 年第 12 期
36	《文化与科技融合的学理逻辑》	欧阳友权	《福建论坛》（人文社会科学版）2015 年第 12 期
37	《文化产业促进法立法的必要性和可行性》	贾旭东	《福建论坛》（人文社会科学版）2015 年第 12 期
38	《嬗变中融合：文化科技系统的耦合与共生》	吴钊	《福建论坛》（人文社会科学版）2015 年第 12 期
39	《互联互通背景下的文化产业新业态》	花建	《北京联合大学学报》（人文社会科学版）2015 年第 2 期
40	《基于“创意阶层”的小微文化创意行业发展与融资机制探讨》	魏鹏举	《北京联合大学学报》（人文社会科学版）2015 年第 2 期
41	《特色文化资源的价值评估与开发模式研究》	向勇	《北京联合大学学报》（人文社会科学版）2015 年第 2 期
42	《公共文化投入和居民文化消费区域差距透析——中国社会结构“非均衡性”的一种检测》	王亚南	《北京联合大学学报》（人文社会科学版）2015 年第 2 期
43	《文化产业发展与社会价值取向》	王国华	《北京联合大学学报》（人文社会科学版）2015 年第 2 期

续表

序号	题目	作者	期刊
44	《2000—2014 年我国文化产业政策体系研究》	祁述裕、孙博、曹伟、纪芬叶	《东岳论丛》2015 年第 5 期
45	《文化产业集聚、经济增长与地区差异——基于省级面板数据的回归分析》	杨卫武、毛润泽	《上海师范大学学报》(哲学社会科学版)2015 年第 4 期
46	《国外文化产业财税扶持政策法规体系研究：最新进展、模式与启示》	解学芳、臧志彭	《国外社会科学》2015 年第 4 期
47	《带状发展："十三五"中国文化产业发展新趋势》	范建华	《云南师范大学学报》(哲学社会科学版)2015 年第 3 期
48	《博物馆文化产品开发设计研究》	徐燕	《艺术评论》2015 年第 11 期
49	《传统文化行业的边缘化困境与因应策略——基于技术阶梯理论的视角》	傅才武	《学习与实践》2015 年第 5 期
50	《创新驱动公共文化服务体系现代化探析》	公共文化立法课题组、范周	《现代传播》(中国传媒大学学报)2015 年第 5 期
51	《基于波特钻石理论的中国文化产业竞争力评价研究》	罗良文、唐坚	《湖南社会科学》2015 年第 5 期
52	《文化产业区域性股权市场与小微文化创意企业融资分析》	张苏秋、顾江	《南京社会科学》2015 年第 8 期
53	《我国十大城市群文化产业投入产出效率研究》	何里文、袁晓玲、邓敏慧	《统计与决策》2015 年第 1 期
54	《基于技术和制度协同创新的国家文化产业治理》	解学芳	《社会科学研究》2015 年第 2 期
55	《论全面深化文化体制改革的基本原则、制约因素及对策建议》	张宏明	《山东社会科学》2015 年第 12 期
56	《移动互联背景下的文化产业融合创新》	花建	《深圳大学学报》(人文社会科学版)2015 年第 6 期
57	《经济带战略规划对文化产业发展的影响》	范周、宋朝丽	《福建论坛》(人文社会科学版)2015 年第 10 期
58	《从文化资源到文化资本的转化——产业融合视角下的艺术授权思路》	王秀伟、汤书昆	《民族艺术研究》2015 年第 6 期
59	《北京市文化创意产业的区域性比较研究——基于与国内外重点城市的比较》	李明彧、张辉	《天津师范大学学报》(社会科学版)2015 年第 6 期
60	《中国文化软实力的内容架构及提升路径探究》	安娜、林建成	《学术论坛》2015 年第 6 期
61	《文化消费与文化产业发展的关联度》	高敏、徐新桥	《重庆社会科学》2015 年第 6 期
62	《集成创新：文化产业与科技融合本质》	李炎、胡洪斌	《深圳大学学报》(人文社会科学版)2015 年第 6 期
63	《"十三五"强化科技对文化支撑作用的渠道与路径》	傅才武、蔡武进	《中国海洋大学学报》(社会科学版)2015 年第 6 期
64	《非环境因素下西部地区文化产业效率评价及对策研究》	张肃、李楠博	《内蒙古社会科学》(汉文版)2015 年第 6 期

续表

序号	题目	作者	期刊
65	《文化产业促进法视角下文化产业界定比较研究》	郭玉军、司文	《武汉大学学报》(哲学社会科学版)2015年第6期
66	《中国文化产业发展战略的历史选择及其特征与经验》	黄永林	《同济大学学报》(社会科学版)2015年第6期
67	《经济下行压力下文化产业如何创造新增长点》	董鸿英、熊澄宇	《北京联合大学学报》(人文社会科学版)2015年第4期
68	《"互联网+"和"双创"时代的全国文化中心建设——2014—2015年人文北京研究综述》	王林生、金元浦	《北京联合大学学报》(人文社会科学版)2015年第4期
69	《经济新常态下重构我国文化产业发展体系的战略思考》	石建平	《福建论坛》(人文社会科学版)2015年第10期
70	《丝绸之路文化产业带上的跨域文化治理——基于模式基础的战略思考》	金栋昌、刘吉发、吴绒	《西安交通大学学报》(社会科学版)2015年第5期
71	《建国以来我国文化产业价值取向的历史演变及其启示》	任成金、潘娜娜	《深圳大学学报》(人文社会科学版)2015年第5期
72	《公共文化服务标准体系的基本理论问题研究》	邱均平、李小涛	《重庆大学学报》(社会科学版)2015年第5期
73	《我国文化产品出口影响因素分析》	王青、秦琳贵	《西部论坛》2015年第5期
74	《福建文化产业发展研究——以福州、莆田、泉州和厦门四地为考察中心》	祁述裕、刘东超、孙连才、黄金海	《福建论坛》(人文社会科学版)2015年第9期
75	《浙江影视文化产业建设的发展与转型升级的思考》	吴敏、张仁汉	《当代电影》2015年第9期
76	《发展我国文化产业的服务平台体系:要求·重点·业态》	花建	《同济大学学报》(社会科学版)2015年第4期
77	《创意融合:中国文化产业的发展趋势与新常态》	向勇	《艺术评论》2015年第5期
78	《资源配置与区域文化产业发展》	李炎、何继想	《同济大学学报》(社会科学版)2015年第4期

文化产业年度报刊论文选录

序号	题目	作者	报刊
1	《十年见证文化产业腾飞》	高书生	《光明日报》2015-02-12
2	《文化+:新形势下文化产业发展的战略选择》	王京生	《中国文化报》2015-08-15
3	《"文化+":产业融合发展的新形态》	张湘涛	《光明日报》2015-12-25
4	《经济新常态下文化产业发展的机遇与路径》	王京生	《光明日报》2015-05-14
5	《"互联网+":给文化产业带来什么》	鲁元珍	《光明日报》2015-03-19
6	《"十三五"中国文化产业带状发展新趋势》	范建华	《中国文化报》2015-05-20
7	《从供给侧改革看文化发展新思路》	范周、刘京晶、张思琦	《南京日报》2015-12-09
8	《文化折扣与文化产品"走出去"的路径选择》	徐福山	《光明日报》2015-04-06

续表

序号	题目	作者	报刊
9	《积极占据文化软实力高地》	张国祚	《人民日报》2015-09-20
10	《“文化+”与文化产业的崛起》	郭永辉	《光明日报》2015-11-23
11	《新常态下文化产业的坐标》	李慧、张玉玲、钟超	《光明日报》2015-05-26
12	《特色文化产业融入“一带一路”》	陈恒、任维东	《光明日报》2015-08-20
13	《建立文化交流的贸易新机制》	陈少峰	《人民日报》2015-08-18
14	《在“一带一路”战略实施中推动中华文化走出去》	吴忠	《深圳特区报》2015-08-18
15	《文化产业成为重要经济增长点》	金元浦	《人民日报》2015-11-01
16	《海外经验：推动文化消费的三个路径》	彭翊、李丽	《中国文化报》2015-03-07
17	《“十三五”时期文化产业发展的机遇、趋势与对策》	王小佳	《太原日报》2015-11-24
18	《理性看待国际文化贸易的基本属性》	李小牧、李嘉珊	《北京日报》2015-01-12
19	《韩国“创造经济”：以文化创意为内驱力》	张乃禹	《中国社会科学报》2015-01-12
20	《旅游文化开发与地方性知识相连》	柳倩月	《中国社会科学报》2015-02-04
21	《“一带一路”背景下特色文化产业的投融资路径》	魏鹏举	《中国文化报》2015-04-11
22	《文化产业发展要重视道德调节》	厉以宁	《经济日报》2015-04-14
23	《新常态下文化产业的机遇与挑战》	李季	《中国文化报》2015-04-25
24	《文化产业人才培养应“管理”与“创意”并重》	范玉吉	《中国文化报》2015-05-09
25	《文化产业，尊重市场才能健康发展》	刘阳	《人民日报》2015-05-21
26	《如何构建城市文化资源的开发体系》	胡均哲	《中国文化报》2015-07-11
27	《特色文化产业发展的误区与应对》	马健	《中国文化报》2015-09-05
28	《冲刺支柱性产业，文化产业短板在哪儿》	高书生	《光明日报》2015-12-17
29	《2015 文化产业 9 大新态势》	范周	《中国出版传媒商报》2015-03-20
30	《科技创新驱动公共文化服务升级》	范周、陈娴颖	《经济日报》2015-04-14
31	《自贸区与中国文化产业创新发展》	胡惠林	《中国社会科学报》2015-10-13
32	《“一带一路”战略格局中文化产业发展四个反思》	西沐	《中国出版传媒商报》2015-06-05
33	《京津冀文化产业协同发展的路径选择》	郭万超、马明	《中国文化报》2015-07-25
34	《上海文化金融体系的五大亮点》	花建	《中国文化报》2015-01-03
35	《“文化产业学”可以成为一门学科》	尹鸿	《中国社会科学报》2015-07-07
36	《让文化成为撬动产业升级的杠杆》	傅才武	《湖北日报》2015-11-28
37	《特色文化产业的 6 种投融资路径》	魏鹏举	《中国出版传媒商报》2015-05-22
38	《北京“十三五”时期文化产业发展的政策建议》	杨晓东、卓杰	《中国经济时报》2015-09-21
39	《云南文化产业 3 地区值得关注》	李炎	《中国出版传媒商报》2015-08-28
40	《把文化资源优势转化为文化产业强势》	王生发	《人民日报》2015-03-19

续表

序号	题目	作者	报刊
41	《促进文化消费与新型城镇化互动发展》	蒋多	《中国社会科学报》2015-01-27
42	《文化产业专项资金使用新探索》	郭万超、许飘	《中国文化报》2015-04-11
43	《文化创新也是发展的基本动力》	祁述裕	《联合时报》2015-09-25
44	《新常态下加强国有文化资产经营管理体制创新的对策》	徐鹏程	《中国经济时报》2015-02-02
45	《文化产业资源配置的道德力量》	厉以宁、李慧、陈晨	《光明日报》2015-04-09
46	《"泛娱乐"战略让知识产权跨界增值》	黄永林	《中国知识产权报》2015-04-17
47	《文创园重在营建个性化商业模式》	范周	《经济日报》2015-07-28
48	《发展特色文化产业助力精准扶贫》	申红兴	《光明日报》2015-10-15
49	《树立文化自信 提升中国国际话语权》	王永友、史君	《重庆日报》2015-01-29
50	《增强文化自信的着力点》	刘建军	《人民日报》2015-11-29

文化产业年度图书选录

序号	书名	作者	出版社
1	《中国城市文化竞争力研究报告（2015）》	范周	知识产权出版社，2015 年 12 月
2	《文化产业与文化软实力》	贾磊磊	湖南大学出版社，2015 年 12 月
3	《西藏特色文化产业理论与实践》	戴晶斌	上海人民出版社，2015 年 12 月
4	《我国文化产业政策发展创新研究》	王丹	吉林人民出版社，2015 年 12 月
5	《中国文化产业发展数字地图（2006—2012）》	胡惠林、申广荣、王婧	上海人民出版社，2015 年 12 月
6	《文化产业与文化"走出去"法律服务指南》	李缨	电子科技大学出版社，2015 年 12 月
7	《当文化遇上经济——福建文化产业发展思维与路径》	林朝霞	厦门大学出版社，2015 年 12 月
8	《中国文化产业十家论集 张晓明集》	张晓明	云南大学出版社，2015 年 12 月
11	《中国文化产业安全报告（2015）》	北京印刷学院文化产业安全研究院	社会科学文献出版社，2015 年 12 月
12	《创意设计与文化产业》	管宁、陈秋华、方彦富	江苏大学出版社，2015 年 12 月
13	《福建文化产业年鉴（2000—2010）》	黄鸣奋	厦门大学出版社，2015 年 12 月
14	《文化产业发展方式转型研究——以湖南为例》	魏饴等	社会科学文献出版社，2015 年 12 月
15	《中国省市文化产业发展指数报告（2015）》	彭翊	中国人民大学出版社，2015 年 12 月
16	《文化产业新业态研究》	付晓青	福建人民出版社，2015 年 11 月
17	《天津市文化产业研究》	李云娥	南开大学出版社，2015 年 11 月

续表

序号	书名	作者	出版社
18	《文化产业园区发展模式探索》	孙爱东	吉林人民出版社，2015年11月
19	《文化产业管理概论》	李向民、王晨	清华大学出版社，2015年11月
20	《陕西文化产业实战研究》	黎荔	西安交通大学出版社，2015年11月
21	《海洋文化产业》	李思屈等	浙江大学出版社，2015年11月
22	《文化产业基础理论》	徐海龙	高等教育出版社，2015年10月
23	《言之有范——指尖上的文化思考》	范周	知识产权出版社，2015年10月
24	《首都文化产业（文化企业）案例分析》	文化产业案例研究课题组	经济日报出版社，2015年9月
25	《中国创意产业贸易发展研究》	聂聆	人民出版社，2015年9月
26	《文化创意产业中的品牌创立》	李琛、刘若根	西北工业大学出版社，2015年9月
27	《我国文化产业投融资政策研究》	李悦、郑可心、汪迪棣、谢建军	四川大学出版社，2015年9月
28	《文化创意产业发展的法律调控》	张世君、陈丽梅	中国政法大学出版社，2015年9月
29	《西部文化产业理论与实践》	李炎	云南大学出版社，2015年8月
31	《文化产业经济学》	唐坚	对外经济贸易大学出版社，2015年8月
32	《中国文化产业辞典》	郭万超	中国经济出版社，2015年8月
33	《文化体制改革视域下现代公共文化服务体系建设研究》	张妍	东北大学出版社，2015年8月
34	《中国文化产业安全研究》	高海涛	中国政法大学出版社，2015年8月
35	《文化产业与社会主义核心价值体系传播研究》	魏钢、代金平	新华出版社，2015年8月
36	《文化产业上市公司经营者激励与约束机制》	刘志杰著	社会科学文献出版社，2015年8月
37	《辽宁国家级文化产业园区发展报告（2014—2015）》	牟岱	人民出版社，2015年8月
38	《中国文化产业十家论集——金元浦集》	金元浦	云南大学出版社，2015年7月
39	《中国文化产业十家论集——王永章论集》	王永章	云南大学出版社，2015年7月
40	《中国文化产业十家论集——祁述裕集》	祁述裕	云南大学出版社，2015年7月
41	《中国文化产业十大论集——胡惠林集》	胡惠林	云南大学出版社，2015年7月
42	《南方传媒绿皮书——年度文化产业案例选粹2014年》	陈致中	暨南大学出版社，2015年7月
43	《完善文化产业投融资体系研究——以天津市为例》	李勇	国家行政学院出版社，2015年7月
44	《中国创意产业发展报告（2015）》	张京成、刘光宇、蒋金洁	中国经济出版社，2015年7月
45	《西部地区乡村文化产业发展研究与实践》	肖晓、朱创业、周格粉	西南财经大学出版社，2015年7月

续表

序号	书名	作者	出版社
46	《创意产业园区区域协同机理研究》	董秋霞	经济管理出版社，2015 年 7 月
47	《中国城市文化产业园社会与经济功能分析》	何志宁	东南大学出版社，2015 年 7 月
48	《吉林省文化产业发展研究》	方雯、张伟伟、胡芳	吉林大学出版社，2015 年 6 月
49	《中国文化产业政府补助研究》	臧志彭	中国社会科学出版社，2015 年 6 月
50	《中国文化走出去对比研究》	何克勇、刘立	江苏人民出版社，2015 年 6 月
51	《艺术创意产业的理论研究》	张波	中国建筑工业出版社，2015 年 6 月
52	《文化创意产业的知识产权保护研究》	南振兴、陈红英、于向阳、南茜	知识产权出版社，2015 年 6 月
53	《西部地区体育文化产业发展研究——基于区域典型案例的实证调查》	张小林	民族出版社，2015 年 5 月
54	《创意产业相关知识产权》	张乃根	上海交通大学出版社，2015 年 5 月
55	《美国文化产业政策研究》	张慧娟	学苑出版社，2015 年 5 月
56	《文化创意产业发展及其扩散效应研究》	周宇	中国社会科学出版社，2015 年 5 月
57	《文化与产业融合产业分类——以北京市区为例》	贾佳、王良杰、李珠峰	社会科学文献出版社，2015 年 5 月
58	《文化势能与西部地区文化产业发展研究》	熊正贤	经济科学出版社，2015 年 5 月
59	《安徽文化产业发展报告（2015）》	丁进	合肥工业大学出版社，2015 年 4 月
60	《中国文化产业学术研究大系 中国文化产业政策研究》	王文锋、何春雨	云南人民出版社，2015 年 4 月
61	《中国创意产业集群与区域经济发展研究》	华正伟	中国社会科学出版社，2015 年 4 月
62	《中国特色文化产业案例集》	文化部文化产业司	社会科学文献出版社，2015 年 4 月
63	《“丝绸之路文化产业带”建设下的甘肃文化产业战略》	张慧	甘肃人民出版社，2015 年 3 月
64	《创意产业理论与实践》	张乃英	同济大学出版社，2015 年 3 月
65	《文化创意、产业融合和城市发展——2014 年长江文化创意设计与相关产业融合发展学术研讨会文集》	傅才武、许启彤	中国社会科学出版社，2015 年 3 月
66	《地方文化产业发展政策法规研究》	傅丽	西南交通大学出版社，2015 年 2 月
67	《从文化资源大省到文化产业强省——湖北文化产业发展研究》	彭玮	湖北科学技术出版社，2015 年 2 月
68	《中国文化产业供需协调检测报告（2015）》	张晓明、祁述裕、向勇	社会科学文献出版社，2015 年 2 月
69	《文化产业政策解读》	王祎庆	中国传媒大学出版社，2015 年 1 月
70	《文化产业创意与策划》	秦剑、夏聃	中国传媒大学出版社，2015 年 1 月

续表

序号	书名	作者	出版社
71	《中国文化产业概论》	张延兴、岳晓华、董佳兰	山东人民出版社，2015 年 1 月
72	《文化产业经营管理学》	王丹娜、王祎庆	中国传媒大学出版社，2015 年 1 月
73	《文化产业商业模式创新》	白庆祥	中国传媒大学出版社，2015 年 1 月
74	《重塑文化产业空间关系》	王婧	上海人民出版社，2015 年 1 月
75	《文化产业经营管理案例解读》	刘吉晨、白宇	中国传媒大学出版社，2015 年 1 月
76	《文化产业学》	胡惠林	清华大学出版社，2015 年 1 月
77	《我国文化产业发展研究》	庄群华	南京大学出版社，2015 年 1 月
78	《U40 文化产业青年学者文集》	意娜、陈曦	云南大学出版社，2015 年 1 月

第一部分

第二部分

附录四

第三部分

附录三

第四部分

附录二

附录一

附录四

国家社科基金相关项目与部级重点课题

2015 年度国家社科基金重大项目相关立项名单

批准号	项目名称	项目负责人	责任单位
15ZDA038	我国诚信文化与社会信用体系建设研究	王淑芹	首都师范大学
15ZDA039	意识形态视域下的网络文化安全治理研究	孟庆国	清华大学
15ZDA063	中国企业走出去跨文化大数据平台建设	范徵	上海外国语大学
14ZDC023	法治文化的传统资源及其创造性转化研究	汪世荣	西北政法大学
14ZDC024	文化法治体系建设研究	熊文钊	中央民族大学

2015 年度国家社科基金重点项目相关立项名单

批准号	项目名称	项目负责人	责任单位
	马列・社科		
15AKS007	当代中国主流文化生态及其优化研究	王桂兰	河南师范大学
	应用经济		
15AJY015	中国—东盟旅游与贸易互动关系研究	程成	广西大学
	社会学		
15ASH012	文化转型背景下乡土社会秩序的变迁与重建研究	赵旭东	中国人民大学
	管理学		
15AGL012	全面深化改革视域下景区门票价格管理与改革研究	吴普	中国旅游研究院
	民族问题研究		
15AMZ009	特色村寨建设的理论探讨、效果评价和政策创新研究	李忠斌	中南民族大学
15AMZ010	新型城镇化进程中西南民族地区传统村落保护路径	蒋彬	西南民族大学
	新闻学与传播学		
15AXW003	数字化教育趋势下教育出版转型升级与融合发展研究	施勇勤	上海理工大学

2015 年度国家社科基金一般项目相关立项名单

批准号	项目名称	项目负责人	责任单位
	马列・社科		
15BKS008	习近平总书记的中华传统文化观研究	董根洪	浙江省委党校
15BKS013	基于优秀传统文化的民族地区马克思主义大众化特殊路径研究	钟瑞添	广西师范大学
15BKS020	马克思主义大众化与中国优秀传统文化社会化的协同推进机制研究	张英魁	曲阜师范大学
15BKS032	当代中国马克思主义文化形态研究	温波	苏州科技学院
15BKS044	农村文化礼堂在培育社会主义核心价值观中的重要作用研究	李勇华	浙江农林大学
15BKS045	我国西部城市老年人精神文化生活调查研究	胡椿	大理学院
15BKS085	社会主义核心价值观对中国优秀传统文化的传承与升华研究	苏振芳	福建师范大学
15BKS090	文化软实力建设视角下当代中国价值观念对外传播与策略研究	朱晨静	河北科技大学

续表

批准号	项目名称	项目负责人	责任单位
15BKS101	思想政治教育主体培育的文化认同机制及创新途径	张卫良	中南大学
15BKS102	改革开放以来中华民族文明素质理论建构与发展路径研究	单培勇	河南师范大学
15BKS106	多元文化场域下马克思主义意识形态话语权建设研究	张国臣	河南理工大学
15BKS116	文化传统视域下农村社会主义核心价值观践行路径研究	韩美群	中南财经政法大学
15BKS118	中国传统文化对社会主义核心价值观的涵养作用机制及路径选择研究	肖琴	湖南省委党校
15BKS119	中华传统文化精神与社会主义核心价值观的关系研究	胡滨	宁夏大学
15BKS120	中华优秀传统文化与社会主义核心价值观辩证关系研究	李红辉	中央文化管理干部学院
15BKS129	文化自信战略高度下民族精神培育研究	王志强	大连大学
	应用经济		
15BJY004	中国特色社会主义文化竞争力的产权基础研究	孙国峰	福州大学
15BJY128	长江经济带旅游空间结构动态评价、影响机理及优化路径研究	邓祖涛	湖北经济学院
15BJY130	新常态下智慧旅游驱动旅游业转型升级研究	梁留科	洛阳师范学院
	法学		
15BFX115	中国文化资源产权交易法律保障机制研究	胡卫萍	华东交通大学
15BFX141	全媒体时代著作权制度的应对和变革研究	孙昊亮	西北政法大学
15BFX143	新媒体时代信息流动、传媒产业发展与版权制度变革研究	刘铁光	湘潭大学
15BFX144	新兴媒体融合发展中的著作权制度应对与变革研究	梅术文	南京理工大学
	社会学		
15BSH010	消费社会理论研究	郑红娥	中国农业大学
15BSH020	新疆少数民族宗教文化与社会经济稳定的关系研究	依布拉音·巴	新疆财经大学
15BSH050	传统徽州宗族管理文化与现代乡村社会治理研究	沈昕	安徽大学
15BSH078	中国传统优秀文化与新疆南疆地区农村社会治理研究	张兴田	塔里木大学
	民族问题研究		
15BMZ006	萝卜羌寨“原生态”文化的传承与变异研究（1949—2009）	邓杰	四川文理学院
15BMZ018	藏区各地区历史文化村镇空间图式与文化意涵比较研究	胡昂	四川大学
15BMZ027	新疆少数民族乡村文化建设与对冲和抵御极端势力渗透研究	亚森·胡马尔	新疆社会科学院
15BMZ034	边疆民族地区非物质文化遗产传承与保护的影像参与研究	杨国兴	云南民族大学
15BMZ035	教育人类学视域下蒙古族非物质文化遗产传承研究	张伶	内蒙古科技大学
15BMZ036	人口极少民族城镇化进程中非物质文化遗产保护模式探索研究	尤明慧	玉林师范学院
15BMZ037	台湾少数民族文化遗产保护与传承研究	施沛琳	闽南师范大学
15BMZ038	文化遗产语境下西南少数民族传统手工技艺保护现状与对策研究	闫玉	贵州大学
15BMZ039	西南地区少数民族农业文化遗产调查研究	王俊	贵州民族大学

续表

批准号	项目名称	项目负责人	责任单位
15BMZ040	锡伯族非物质文化遗产的传承与数字化保护研究	李云霞	沈阳师范大学
15BMZ052	“一带一路”战略下旅游开发促进南疆地区稳定与发展的机制与对策研究	许峰	山东大学
15BMZ053	民族村寨旅游可持续发展的动力机制研究	邓辉	中南民族大学
15BMZ054	武陵山区乡村旅游发展中少数民族习俗与市场互动机制研究	刘安全	长江师范学院
15BMZ055	西南民族地区旅游开发的生态补偿机制及其评价体系研究	梅燕	成都理工大学
15BMZ074	中国新疆与中亚（五国）文化交流研究	西仁・库尔班	新疆大学
15BMZ075	俄罗斯民族文化自治组织的实践与效应研究	孙连庆	黑龙江省社会科学院
15BMZ091	基于宁夏布局“新丝路经济带”的中阿文化保税区建设研究	刘婷	北方民族大学
管理学			
15BGL005	网络著作权价值测度研究	余炳文	江西财经大学
15BGL065	制度环境下终级控股股东对文化企业并购绩效影响	邵春燕	山东财经大学
15BGL110	大型体育赛事影响区域旅游经济空间结构研究	罗秋菊	中山大学
15BGL111	旅游产业融合中的就业模式变迁研究	郭为	青岛大学
15BGL112	我国入境旅游内生增长机制及对策研究	孙梦阳	北京联合大学
15BGL113	创意旅游驱动下原住民文化古镇转型升级及其发展战略研究	宋瑞	中国社科院财经战略研究院
15BGL115	丝绸之路经济带背景下西北民族地区文化产业与旅游产业融合发展机制、路径、模式研究	南宇	西北师范大学
15BGL116	文化旅游需求与产品创新系统建设研究	宋鹏飞	山西财经大学
15BGL117	美丽乡村建设中乡村记忆旅游产品创新开发研究	李玉新	山东工商学院
15BGL118	乡村旅游转型升级与多功能景观网络构建研究	郑辽吉	辽东学院
15BGL119	游客高聚集场所的风险防范与安全防控研究	郑向敏	华侨大学
15BGL120	中国大陆出境游客不文明行为的发生机制、干预路径及管理模式研究	郑冉冉	浙江师范大学
15BGL122	旅游地社会—生态系统弹性及其适应性管理研究	李志龙	湖南商学院
15BGL123	21 世纪海上丝绸之路建设背景下南沙旅游发展动力机制与对策研究	陈扬乐	海南大学
15BGL124	滇藏茶马古道客栈文化变迁研究	龙肖毅	大理学院
15BGL125	基于互联网众筹模式的传统村落保护与旅游开发协同研究	惠红	重庆理工大学
15BGL126	民族旅游村寨治理模式的实践逻辑与制度创新研究	陈志永	贵州师范大学
15BGL127	中国现存西洋近代建筑保护性旅游开发研究	肖星	广州大学
15BGL216	基于遗产廊道理论的中国近代铁路遗产保护与利用研究	黄华	三峡大学
15BGL217	我国文化产业安全实现机制研究	曾荣平	南昌大学
15BGL218	江西古代书院文化遗产抢救与保护传承体系研究	徐永文	江西师范大学

续表

批准号	项目名称	项目负责人	责任单位
15BGL219	文化和科技融合示范基地效能评价与提升路径对策研究	于泽	中国矿业大学
	新闻学与传播学		
15BXW015	传统报业向融合媒体转型的路径选择——中美比较研究	辜晓进	深圳大学
15BXW020	结构演化、逻辑重构与数字出版基地集群治理研究	杨庆国	合肥学院
15BXW023	中国出版业“走出去”政策措施优化研究	潘文年	浙江工商大学
15BXW036	图像传播与中国文化价值输出策略研究	陈红玉	北京市社会科学院
15BXW080	大数据与中国广告产业发展研究	张金海	武汉工商学院
15BXW081	大数据与中国广告产业集约化发展研究	颜景毅	郑州大学
15BXW083	国际传播背景下的动画作品价值观输出、传播及影响研究	赵小波	湖南商学院
15BXW084	网络自制视听节目的全平台柔性干预治理模式研究	周笑	复旦大学
15BXW086	中国网络视频生产模式及管理研究	曹书乐	清华大学
15BXW088	网络游戏中的国家文化安全维护研究	李华	西南政法大学
	图书馆、情报与文献学		
15BTQ001	基于公民阅读权利保障的公共图书馆制度建设研究	赵奇钊	吉首大学
15BTQ010	农村社区图书馆建设的众筹模式及保障机制研究	鞠彦辉	渤海大学
15BTQ013	文化强国战略中公共图书馆的职能定位及其实现机制研究	袁永久	黑龙江工程学院
15BTQ029	基本服务均等目标下西部贫困县公共图书馆财政保障研究	段小虎	西安文理学院
15BTQ046	媒介融合背景下的版权机制研究	黄先蓉	武汉大学
15BTQ082	文化与科技融合背景下非物质文化遗产建档式保护机制及实现研究	叶鹏	湖北大学
15BTQ083	西部少数民族传统村落档案管理与利用研究	王萍	四川大学

2015 年度国家社科基金青年项目相关立项名单

批准号	项目名称	项目负责人	责任单位
	马列·社科		
15CKS045	闽台儒学同源性与文化认同研究	姜家君	福建省委党校
	应用经济		
15CJY067	我国跨区域旅游公共服务一体化财政资金供需矛盾的形成机理与政策研究	王娟	东北财经大学
15CJY068	中国老年旅游消费与产业联动机制及对策研究	罗栋	湘潭大学
15CJY069	专业化旅游城市“资源诅咒”效应的发生成因、影响及防范研究	钟伟	上海商学院
	法学		
15CFX067	数字时代著作权保护与个人使用的利益平衡机制研究	郑重	西南政法大学

续表

批准号	项目名称	项目负责人	责任单位
国际问题研究			
15CGJ013	南海丝绸之路水下文化遗产合作保护问题研究	马明飞	大连海事大学
社会学			
15CSH030	社会转型与“孝文化”的变迁研究	胡安宁	复旦大学
15CSH035	民族艺术消费符号与文化传承研究	唐婷婷	云南民族大学
15CSH059	闽台传统节日习俗与基层社会治理研究	郭荣茂	华侨大学
民族问题研究			
15CMZ022	少数民族非物质文化遗产数字化保护现状与对策研究	孙传明	华中师范大学
15CMZ025	乡村“过疏化”背景下湘鄂民族地区传统村落的可持续发展研究	姜爱	湖北民族学院
15CMZ026	对口援藏省市差别化旅游援藏政策效率测度与提升路径研究	田祥利	西藏民族学院
15CMZ027	青藏高原多民族聚居区旅游产业与民族文化产业融合途径及其效应研究	张俊英	青海民族大学
15CMZ028	云南少数民族非物质文化遗产保护与旅游开发的良性互动模式研究	张魏	云南民族大学
15CMZ033	彝族传统文化对四川彝区基层社区治理的影响与对策研究	拉马文才	四川省社会科学院
15CMZ038	滇桂黔石漠化片区民族特色小城镇文化保护与培育路径研究	钟学思	广西师范大学
管理学			
15CGL032	利益相关者视角下京津冀区域旅游合作机制研究	胡叶星寒	河北金融学院
15CGL033	中国旅游贸易逆差测度、形成机制与对策研究	田纪鹏	上海对外经贸大学
15CGL034	文化演出产业与旅游产业融合战略研究	周春波	宁波大学
15CGL035	美丽乡村建设背景下乡村旅游转型升级的影响因素及实现路径研究	周杨	广东工业大学
新闻学和传播学			
15CXW008	基于绩效评价的我国数字出版盈利模式研究	刘一鸣	湘潭大学
15CXW024	东北新农村文化建设中的虚拟博物馆研究	耿阳	大连理工大学
15CXW027	新媒体对公众文化创造力影响研究	王欢妮	西南科技大学
15CXW031	器物文化传播对中国国家形象影响机制研究	李松杰	景德镇陶瓷学院
15CXW036	孔子学院与韩国世宗学堂的文化传播机制比较研究	乔宇博	扬州大学
图书馆、情报与文献学			
15CTQ002	基于保障公民阅读权利的图书馆制度创新研究	刘鑫	苏州图书馆
15CTQ004	公共图书馆保障公民阅读权利的对策研究	张春春	黑龙江省图书馆
15CTQ010	基于用户体验的公共数字文化服务营销研究	戴艳清	湘潭大学
15CTQ038	馆际合作视阈下数字档案文化遗产整合路径研究	张卫东	吉林大学

2015 年度国家社科基金西部项目相关立项名单

批准号	项目名称	项目负责人	责任单位
	马列·社科		
15XKS013	城镇化中乡村传统和合文化弘扬研究	陈文兴	云南省委党校
15XKS022	地域文化与增强国家文化软实力研究	黄意武	重庆社会科学院
15XKS023	中国国家文化安全形势评估及战略策略核心问题研究	韩源	西南财经大学
15XKS033	社会主义核心价值观融入传统节日文化传承创新的途径与方法研究	隆滟	甘肃农业大学
15XKS039	南疆社会群体极化的文化心理分析与对策研究	张春霞	新疆财经大学
15XKS042	新媒体时代核心价值观培育与民族文化传播的整合机制研究	温健琳	重庆大学
	法学		
15XFX015	我国不可移动文物保护的行政法问题研究	姜昕	西北大学
	社会学		
15XSH001	新疆南疆民族地区社会发展与民族文化研究	肖涛	塔里木大学
15XSH002	新型城镇化与中国传统村落现代化转型研究	夏周青	海南省委党校
15XSH011	中国当代艺术的大众认知途径及理解模式研究	丁月华	重庆师范大学
15XSH012	性别研究与符号消费视野下的中国青年音乐消费亚文化研究	王黔	宜宾学院
15XSH014	民族地区中心城市“文化特色危机”研究	张经武	广西财经学院
15XSH021	多元文化建构下的新生代农民工文化适应研究	孙丽璐	重庆理工大学
15XSH023	基于少数民族传统文化的社区自然资源可持续管理创新研究	彭声静	昆明学院
	民族问题研究		
15XMZ006	西欧多元文化主义政策困境及其对我国民族政策的启示研究	杜文军	石河子大学
15XMZ036	哈尼族民俗文化资源基础数据库建设	汤松	红河学院
15XMZ037	回族非物质文化遗产传承的现实困境及其对策研究	梁莉莉	宁夏大学
15XMZ038	回族非物质文化遗产生产性保护研究	杨文林	宁夏大学
15XMZ041	西南边疆多元文化互动与民族和谐、社区发展研究	曹能秀	云南师范大学
15XMZ047	非传统安全视域下西北民族地区旅游危机预警管控研究	窦开龙	兰州商学院
15XMZ048	少数民族旅游特色村镇建设指标体系研究	马治鸾	成都理工大学
15XMZ051	白族传统文化精神与社会主义核心价值观“共生共谐”机制研究	田夏彪	大理学院
15XMZ052	北方少数民族文化价值观研究	那仁毕力格	内蒙古社科院
15XMZ053	大众文化与少数民族文化创新机制研究	李菊霞	内蒙古民族大学
15XMZ056	湘桂走廊仪式音乐的多重文化研究	陆栋梁	桂林旅游高等专科学校
15XMZ058	云南民族壁画抢救性临摹及作为非物质文化遗产保护的案例研究	付云仙	云南大学

续表

批准号	项目名称	项目负责人	责任单位
15XMZ062	西藏阿里普兰女性传统服饰文化的保护与传承研究	伍金加参	西藏大学
15XMZ063	柯尔克孜族非物质文化遗产保护与交流研究	拓万亮	塔里木大学
15XMZ064	新疆伊犁地区散杂居柯尔克孜族社会文化变迁研究	李鑫鑫	塔里木大学
15XMZ067	宁夏回族文化空间形塑研究	王琳瑛	宁夏大学
15XMZ069	湘桂走廊非物质文化遗产数字化传播效果实证研究	何华湘	梧州学院
15XMZ070	白族民居文化遗产保护与旅游开发互动的研究	杨晓	云南省民族博物馆
15XMZ073	旅游发展与云南少数民族土地观念变迁的人类学研究	史艳兰	云南财经大学
15XMZ087	我国西部少数民族特色旅游乡镇包容性发展路径研究	王超	贵州财经大学
15XMZ089	城镇化进程中西南少数民族特色村寨景观的生态保护与可持续发展研究	谢荣幸	西南林业大学
15XMZ093	少数民族地区特色文化产业发展的政府责任研究	何金玲	内蒙古科技大学
	管理学		
15XGL010	“一带一路”战略与宁夏穆斯林旅游文化产业的国际化发展研究	许丽君	宁夏大学
15XGL011	21 世纪海上丝绸之路背景下三沙海洋旅游发展战略研究	邓颖颖	海南省社会科学院
15XGL012	构建中国—东盟南北丝绸之路旅游带研究	陈红升	广西社会科学院
15XGL013	革命老区红色旅游创新发展研究	徐仁立	武夷学院
15XGL027	闽东古村落风貌保护规划与文化传承研究	邱汉周	宁德师范学院
	新闻学与传播学		
15XXW003	新疆维吾尔族日常生活中的仪式传播与文化认同研究	罗彬	新疆财经大学
	图书馆、情报与文献学		
15XTQ006	文化数字化保护视域下甘青川藏族民间苯教文献整理研究	庄虹	兰州大学

2015 年度国家社科基金后期资助项目名单

批准号	项目名称	项目负责人	责任单位
	马列・社科		
15FKS014	全球文化影响下中国主流文化价值观的建构与传播	范玉刚	上海交通大学
	新闻学与传播学		
15FXW006	广告文化表征与商品美学批判研究	鞠惠冰	吉林大学
15FXW005	中国民营文化资本跨界研究	崔波	浙江传媒学院

2015 年度国家社科基金艺术学相关项目立项名单

立项批准号	项目名称	立项类别	项目负责人	项目负责人所在单位
15AC001	媒介融合环境下的广播电视发展战略研究	重点	段鹏	中国传媒大学
15AF002	巴丹吉林沙漠岩画图像语言及美学品质研究	重点	王毓红	广东外语外贸大学
15AG003	社会转型与传统工艺美术的发展研究	重点	方李莉	中国艺术研究院
15AG004	中国汉族纺织服饰文化遗产价值谱系及特色研究	重点	崔荣荣	江南大学
15AG005	民国设计艺术实践研究（1912—1949）	重点	何洁	清华大学
15AH006	海外中国文化中心对外文化传播研究	重点	刘晓天	首都师范大学
15AH007	国家文化管理体制改革与创新研究	重点	陈世香	武汉大学
15BA008	马克思主义艺术理论关键词的中国化研究	一般	庄桂成	江汉大学
15BA009	陕北延安地区宋金时期石窟艺术考察与研究	一般	郑文宏	西京学院
15BA010	三星堆文化的造器之道研究	一般	李社教	湖北理工学院
15BA011	中国当代艺术话语范式研究	一般	时胜勋	北京大学
15BA012	艺术的技术文化学研究	一般	祁林	南京大学
15BA013	社会语境中的艺术风格流变	一般	轩小杨	沈阳师范大学
15BA014	南亚文化对南北朝隋唐艺术的影响	一般	李静杰	清华大学
15BB015	城镇化进程中地方戏曲的现代样态和传承策略研究——以湖南花鼓戏为例	一般	周勇	湖南城市学院
15BB016	河南濒危曲种声腔艺术研究	一般	杨冬梅	洛阳理工学院
15BB017	河南剧种发展史研究	一般	刘明阁	南阳师范学院
15BB018	戏曲改革与“十七年”戏曲经典的生成研究	一般	李伟	上海戏剧学院
15BB019	莆仙戏与莆仙文化关系研究	一般	庄清华	厦门大学嘉庚学院
15BB020	汉剧“十大行”的衍变历程与文化价值研究	一般	龚战	湖北省艺术研究所
15BB021	民国年间的京剧唱片研究	一般	赵炳翔	上海师范大学
15BB022	戏曲文献学史研究	一般	詹怡萍	中国艺术研究院
15BB023	陇剧艺术史论	一般	顾善忠	甘肃省文化艺术研究所
15BB024	京剧器乐曲牌研究	一般	王秀庭	临沂大学
15BB025	民国戏曲期刊研究（1912—1949）	一般	单永军	湖北文理学院
15BB026	川剧剧目概论	一般	杜建华	四川省艺术研究院
15BB027	中俄传统戏剧音乐在舞台表演上的比较研究	一般	王琼	天津师范大学
15BB028	北京人民艺术剧院演出史研究	一般	罗琦	北京联合大学
15BB029	粤港澳文化生态与近代粤剧发展演变研究	一般	李静	华南师范大学
15BC030	中国电影的叙事伦理批评	一般	曲春景	上海大学
15BC031	全球化语境下中国纪录片发展战略研究	一般	张同道	北京师范大学

续表

立项批准号	项目名称	立项类别	项目负责人	项目负责人所在单位
15BC032	中国动画电影创作现状与传播方式研究	一般	孙立军	北京电影学院
15BC033	中国动画电影人口述史	一般	屈立丰	西华大学
15BC034	互动纪录影像的方法研究与创新实践	一般	黎小锋	同济大学
15BC035	新中国电影表演美学史述	一般	厉震林	上海戏剧学院
15BC036	港台抗战电影史稿	一般	史博公	中国传媒大学
15BC037	中国电影的国家理论建设研究	一般	陈犀禾	上海大学
15BC038	影视文化的社交媒体传播机制研究	一般	张洪忠	北京师范大学
15BC039	当前农村题材电视剧生产、创作研究	一般	丁莉丽	浙江工商大学
15BC040	生态批评视野下的中国电影研究	一般	崔辰	上海交通大学
15BC041	新媒体艺术创作理论与实践探索	一般	肖庆	中国艺术研究院
15BD042	中国传统音乐表演艺术与音乐形态关系研究	一般	肖梅	上海音乐学院
15BD043	20 世纪中国哲学家、思想家、政治家音乐观之研究	一般	褚灏	曲阜师范大学
15BD044	瑶族婚俗音乐的跨界比较研究——以中、老瑶族为考察个案	一般	赵书峰	河北师范大学
15BD045	锡伯族传统音乐文化研究	一般	肖学俊	中央音乐学院
15BD046	岭南音乐史研究	一般	孔义龙	华南师范大学
15BD047	江南音乐文化的历史语境研究	一般	赵玉卿	温州大学
15BD048	广东传统音乐东南亚传播研究	一般	刘富琳	广州大学
15BD049	蒙古（中国、蒙古国）呼麦（浩林潮尔）及图瓦呼麦演唱艺术的比较研究	一般	那顺吉日嘎拉	内蒙古会展经济科学发展研究会
15BD050	百年“海派”传统器乐文化研究（1843—1949）	一般	汪海元	安徽师范大学
15BD051	壮族民歌演唱艺术研究	一般	党宇娜	广西师范大学
15BD052	理性结构的多风格嬗变——20 世纪以来的西方管弦乐赋格	一般	孙志鸿	山东艺术学院
15BD053	新中国交响音乐创作观念研究	一般	檀革胜	华侨大学
15BD054	唐前士人音乐观念与行为之研究	一般	程乾	中央音乐学院
15BD055	明万历泰律的传承与保护研究	一般	唐继凯	西安石油大学
15BD056	抗战时期的延安鲁艺音乐系	一般	王丽虹	国防科学技术大学
15BD057	殷墟音乐考古与商代礼乐研究	一般	王秀萍	洛阳师范学院
15BE058	民间傩舞形态研究	一般	刘永红	南昌师范学院
15BE059	中国当代舞蹈的理论与实践——体制外青年当代舞蹈创作与理论研究	一般	卿青	中国艺术研究院

续表

立项批准号	项目名称	立项类别	项目负责人	项目负责人所在单位
15BE060	中国当代舞蹈发展的“现代性”研究——以历史书写与艺术实践为中心	一般	仝妍	北京舞蹈学院
15BE061	道教对中国宫廷舞蹈的影响研究	一般	张素琴	南京艺术学院
15BE062	西周雅乐舞文化及其当代复兴研究	一般	王晓茹	福建师范大学
15BF063	西夏书法史研究	一般	赵生泉	河北师范大学
15BF064	中国重彩画三十年 (1985—2014) 发展研究	一般	牛金梁	河南师范大学
15BF065	佛教美术演变进程——丝绸之路中外美术比较研究	一般	欧阳启名	首都师范大学
15BF066	藤岛武二与中国近现代油画	一般	冯旭	渤海大学
15BF067	博物馆的公共美术教育功能及实施策略研究	一般	郑勤砚	中央美术学院
15BF068	瓦尔堡学派研究	一般	杨贤宗	华中师范大学
15BF069	西藏佛教造像业史研究	一般	李向民	南京艺术学院
15BF070	中国美术的现代转型与民族性——民国美展研究	一般	司开国	绍兴文理学院
15BF071	新中国画报史——图像中的社会变迁	一般	曹培鑫	中国传媒大学
15BF072	青瓷艺术史	一般	吴越滨	扬州大学
15BF073	20 世纪上半叶西洋油画的“中国化”衍变	一般	杜少虎	陕西师范大学
15BF074	国有美术馆体制与运营方式研究	一般	朱琰	江苏省文化厅
15BF075	解放区木刻研究（1937—1949）	一般	杨锋	西安美术学院
15BF076	传统文化视野下的湘西少数民族宗教美术体系研究	一般	谷利民	吉首大学
15BF077	赣闽粤边区客家民间美术传承人口述史研究	一般	张海华	赣南师范学院
15BF078	舍卫城大神变与中印佛像莲花座源流研究	一般	张同标	华东师范大学
15BF079	丝绸之路汉文书法研究	一般	毛秋瑾	苏州大学
15BF080	中国古代山水画理论史	一般	张建军	湖北大学
15BF081	跨文化视域下佛教图像的象征图式研究	一般	王忠林	盐城师范学院
15BF082	中国与东南亚书法艺术交流研究	一般	帅民风	广西大学
15BG083	文化景观遗产的“文化 DNA”提取及其景观艺术表达方法研究	一般	周武忠	上海交通大学
15BG084	中外设计产业对比研究	一般	柴春雷	浙江大学
15BG085	岭南园林艺术研究	一般	梁明捷	华南理工大学
15BG086	山东明清庄园建筑群落测绘调研及保护	一般	胡英盛	山东工艺美术学院
15BG087	城市公共环境行为研究	一般	李宇宏	中国人民大学
15BG088	我国城市“医养融合”型社区居家养老的服务体验设计研究	一般	胡飞	广东工业大学

续表

立项批准号	项目名称	立项类别	项目负责人	项目负责人所在单位
15BG089	跨界融合趋势下国际设计学交叉学科建设比较研究及启示	一般	冯节	中国美术学院
15BG090	隋唐丝绸之路艺术东渡入日史探论	一般	程雅娟	无锡商业职业技术学院
15BG091	楚文化元素在现代服装设计中的传承与应用研究	一般	郭丰秋	武汉纺织大学
15BG092	海南黎族传统村落民居的保护性设计研究	一般	张引	海南师范大学
15BG093	1851 年以来西方设计理念的演变研究	一般	刘华年	泰州学院
15BG094	丝绸之路（中国段）古代玻璃艺术研究	一般	陈强	西北民族大学
15BG095	“正仓院”藏唐代乐器设计工艺及当代价值研究	一般	贾荣建	北京工业大学
15BG096	晚清民国设计思想研究（1840—1949）	一般	郭秋惠	清华大学
15BG097	城镇化下古建筑周边环境景观设计与地域文化研究	一般	朱向东	太原理工大学
15BG098	中国古代仪礼服饰制度研究	一般	纪向宏	天津科技大学
15BG099	张光宇与中国现代装饰学派研究	一般	张玉花	北京化工大学
15BG100	晋域道观建筑艺术语言的模式研究	一般	要宇	山西大学
15BG101	现代审美语境下中国古村落传承与发展研究	一般	陆峰	安徽工程大学
15BG102	中外服务设计产业应用的比较研究	一般	陈嘉嘉	南京艺术学院
15BG103	民族性视野下的当代哈尔滨建筑遗产保护与应用价值研究	一般	单琳琳	黑龙江大学
15BG104	海丝文化视角下的闽南“非遗”渔女服饰研究	一般	卢新燕	闽江学院
15BG105	中国设计产业竞争力理论与实践研究	一般	束霞平	苏州大学
15BH106	转制文艺院团发展的产业生态研究	一般	林凡军	山东演艺集团
15BH107	当代中国国际钢琴节发展趋势研究	一般	娄雪玢	东北师范大学
15BH108	提高中国文化贸易出口品质的理论基础和政策途径研究	一般	雷达	中国人民大学
15BH109	农村公共服务体系与基层文化建设研究	一般	庆跃先	安徽省社会科学院
15BH110	中国艺术品鉴证体系建构及市场研究	一般	周峰	湖北工业大学
15BH111	文化艺术资助机制及政策研究	一般	任珺	深圳市社会科学院
15BH112	中国传统手工艺术活态传承机制研究	一般	吴南	中国艺术研究院
15BH113	区域特色文化产业发展研究	一般	杭敏	清华大学
15BH114	动漫创意产业融资平台构建研究	一般	王健	长沙理工大学
15BH115	“一带一路”视域下中国丝绸产业的文化发展路径研究	一般	李加林	浙江理工大学
15BH116	从琉璃匠籍到文化世家——明清博山孙氏家族研究	一般	王勇	山东师范大学

续表

立项批准号	项目名称	立项类别	项目负责人	项目负责人所在单位
15BH117	中国体育竞赛表演业全媒体运行模式研究	一般	李鹏	天津体育学院
15BH118	我国智慧城市建设与传统文化传承创新互动共赢的路径研究	一般	李林	华中师范大学
15BH119	国际艺术节运作管理模式及对提升我国文化艺术国际影响力的作用研究	一般	张蓓荔	天津音乐学院
15CA120	抗战民歌民谣与中华民族精神塑造研究	青年	王兆辉	重庆图书馆
15CA121	新时期以来中国艺术人类学的知识谱系研究	青年	王永健	中国艺术研究院
15CB122	美国现代戏剧的中国叙事	青年	高子文	南京大学
15CB123	抗日战争时期解放区戏曲研究	青年	智联忠	福建京剧院
15CB124	陈伯华唱腔艺术及传承研究	青年	魏林	武汉市艺术创作研究中心
15CB125	城市语境中评弹的生态研究	青年	张延莉	上海音乐学院
15CC126	当代印度电影导演创作研究	青年	李姝	成都大学
15CC127	“盎格鲁—美利坚”体系对我国引进电视节目模式“再造”的借鉴性研究	青年	陶冶	浙江传媒学院
15CC128	战后香港“南来影人”研究	青年	苏涛	中国人民大学
15CC129	中国少数民族题材动画创作与民族文化传承研究	青年	常亚恒	六盘水师范学院
15CC130	互联网时代的电影粉丝文化研究	青年	许航	北京电影学院
15CC131	媒介融合背景下节目主持人传播力研究	青年	苏凡博	广州大学
15CC132	国产儿童电影发展战略研究	青年	彭静宜	中国电影艺术研究中心
15CC133	建国以来西南少数民族电影的影像叙事研究	青年	袁源	贵州大学
15CD134	中缅景颇—克钦跨界民族基督教音乐文化研究	青年	徐天祥	中国音乐学院
15CD135	青海地区祭祀乐舞仪式音乐遗产的人类学解读	青年	黄和	青海师范大学
15CD136	蒙汉杂居区的音乐与文化认同	青年	魏琳琳	中央民族大学
15CD137	红河流域哈尼族仪式音乐研究	青年	王美佳	玉溪师范学院
15CD138	古代“朝贡”体制与中国、朝鲜半岛音乐文化交流研究	青年	曹贞华	中国艺术研究院
15CE139	现当代舞蹈创作的“透视性”舞台调度研究	青年	郑萌	广东工业大学
15CF140	中印佛像海上丝路传播研究	青年	赵玲	浙江大学
15CF141	20 世纪初德国艺术科学及其学术背景研究	青年	范白丁	中国美术学院
15CF142	20 世纪中国美术史学理论与方法研究	青年	曹贵	武汉理工大学
15CF143	黑龙江流域少数民族美术历史与现状整理研究	青年	朱磊	东北林业大学
15CF144	海上丝绸之路与泉州宗教石雕艺术研究	青年	黄忠杰	福建师范大学
15CF145	俄罗斯美术中的国家形象研究	青年	于润生	中央美术学院

续表

立项批准号	项目名称	立项类别	项目负责人	项目负责人所在单位
15CG146	西部地区少数民族文字的图像艺术应用机制创新研究	青年	崔清浩	北方民族大学
15CG147	交互式城市导识设计研究	青年	胡珊	湖北工业大学
15CG148	“哲匠录”与中国设计师传记及其设计思想研究	青年	何振纪	中国美术学院
15CG149	中国近现代平面设计史研究	青年	周博	中央美术学院
15CG150	明清江南文人书斋设计文化的变迁与传承	青年	王文瑜	苏州科技学院
15CG151	汉代建筑明器的造物学研究	青年	兰芳	徐州师范大学
15CG152	中国当代平面设计史（1979—2010）	青年	石晨旭	青岛科技大学
15CG153	伪满洲国设计艺术史研究（1932—1945）	青年	张蕾蕾	长春大学
15CG154	创意产业背景下工业遗产地保护利用及景观重塑研究	青年	陈书芳	长沙理工大学
15CG155	丝绸之路上的中西方染织与服饰文化交流研究	青年	宋炀	北京服装学院
15CG156	鄂南传统聚落地域特征及动态保护研究	青年	董黎	武汉科技大学
15CG157	中国工业设计产业竞争力研究——基于设计产业链构建的理论分析、作用机制与政策建议	青年	黄雪飞	武汉理工大学
15CG158	中国公共艺术发展史研究	青年	武定宇	北京联合大学
15CG159	城镇变迁视角下的晚明江南器物艺术研究	青年	蒋晖	南京林业大学
15CG160	汉代以前的新疆早期服饰	青年	信晓瑜	新疆大学
15CG161	中国发型发饰史	青年	孔凡栋	青岛大学
15CG162	城镇化进程中仫佬族文化特色村寨生态景观研究	青年	于瑞强	河池学院
15CH163	基于互联网的代际文化消费研究——80后、90后、00后	青年	何苗	浙江大学
15CH164	中韩两国影视艺术传播交流中历史文化认同性及同盟性研究	青年	李艺谋	广西师范大学
15CH165	台湾布袋戏影视传播研究	青年	沈毅玲	闽南师范大学
15CH166	区域特色文化产业发展研究	青年	陈娴颖	中国传媒大学
15CH167	中国创新型城市建设中“创客文化”的发展路径研究	青年	温雯	深圳大学
15CH168	荆楚简帛文字空间形态研究	青年	李刚	华中师范大学
15EA169	丝绸之路“青海道”多民族民俗艺术发展研究	西部	拉毛卓玛	青海师范大学
15EB170	云南少数民族剧种传承与发展研究	西部	刘佳云	云南省民族艺术研究院
15EB171	新疆维吾尔族民间活形态说唱传统调查研究	西部	买提库尔班．买吐迪	新疆艺术学院
15EC172	青春电影的道德价值审视与重建	西部	袁智忠	西南大学
15EC173	节日影像志——人类学纪录片新形态研究	西部	刘广宇	西南交通大学

续表

立项批准号	项目名称	立项类别	项目负责人	项目负责人所在单位
15ED174	音乐比较分析与作品结构辨异——兼中国音乐分析文献的梳理与评鉴	西部	雷兴明	北方民族大学
15ED175	鄂温克族敖包祭祀仪式音声的音乐民族志研究	西部	苗金海	内蒙古大学
15EF176	二十世纪西藏现代美术先驱安多强巴研究	西部	次旺扎西	西藏大学
15EF177	丝绸之路北道佛教艺术研究	西部	任平山	西南交通大学
15EF178	内蒙古三少民族民间美术研究——以呼伦贝尔地区鄂伦春、鄂温克、达斡尔族为例	西部	薛文峰	内蒙古农业大学
15EF179	中国西南少数民族题材油画创作研究	西部	侯宝川	四川美术学院
15EG180	新疆地域文化与公共艺术形式语言研究	西部	肖锟	新疆师范大学
15EG181	川西藏式民居建筑装饰艺术中宗教文化与世俗文化交融研究	西部	凌霞	西南民族大学
15EH182	民族地区手工技艺传承机制与文化产业化发展研究	西部	高云龙	云南师范大学
15EH183	公共文化服务体系建设职责主体“三层架构”研究	西部	龙希成	贵州省社会科学院
15EH184	丝绸之路染缬文化传承的多维创新机制研究	西部	管兰生	兰州交通大学

2015 年度文化部文化艺术科学研究项目立项名单

立项批准号	项目名称	项目负责人	项目负责人所在单位
15DA01	创意绘画的实践与理论研究	季敏	黑龙江省艺术研究所
15DA02	汉降以来粟特乐舞图像资料整理与研究	杨洪冰	陕西师范大学
15DA03	艺术学理论学科的学科边界及学科价值研究	王谦	南京艺术学院
15DA04	不同历史时期党的文艺政策价值取向之嬗变研究	金宜鸿	武汉纺织大学
15DA05	六朝艺术聚落的形态体系与地域流变研究	雍文昴	中国艺术研究院
15DB06	吉剧音乐研究	金士友	东北师范大学
15DB07	鼎峙春秋与京剧三国戏	李小红	中国戏曲学院
15DB08	20 世纪以来中国戏剧对西方经典剧作的移植研究	赵建新	中国戏曲学院
15DB09	昆剧流变史	王丽梅	浙江工商大学
15DB10	最后的影戏：晚清以降成都大皮影的百年兴衰	罗兰秋	成都体育学院
15DB11	黄梅戏声腔研究	陈兆舜	安庆市文广新局
15DB12	中国抗战戏剧研究	胡薇	中央戏剧学院
15DB13	新疆曲艺传承研究	周建国	新疆艺术研究所
15DB14	昆曲表演艺术传承方式研究	刘静	中国艺术研究院
15DB15	韩世昌昆曲表演艺术编年史	顾卫英	中国戏曲学院

续表

立项批准号	项目名称	项目负责人	项目负责人所在单位
15DB16	戏曲市场研究—以西南地区的川剧为例	晏一立	四川省艺术研究院
15DB17	山西雁北耍孩儿戏艺术传承的田野调查与研究	钱建华	天津师范大学
15DB18	戏剧的阐释空间——解读文本的共时性与接受心理的历时性研究	张红武	河北省艺术研究所
15DB19	陆洪非研究	张莹	安徽省艺术研究院
15DC20	20 世纪三四十年代中国电影中的诗性传统	孙萌	中国艺术研究院
15DC21	中国类型电影的异质性研究	吴青青	福建师范大学
15DC22	自媒体时代微电影青年亚文化研究	刘强	山东艺术学院
15DC23	新时期中国乡土电影研究（1979—1999）	李焕征	中国农业大学
15DC24	文化融合视域下的国产类型动画研究	汤梦箫	郑州轻工业学院
15DC25	吉卜力工作室动画创作及其在中国的接受研究	杨晓林	同济大学
15DC26	民国时期南京地区的电影院及放映业研究（1927—1949）	陈捷	南京艺术学院
15DC27	21 世纪以来中外动画佳作中的核心价值观比较	曹小卉	北京电影学院
15DD28	中韩朝鲜族仪式歌谣比较研究	金顺爱	东北师范大学
15DD29	视唱练耳教学的发展脉络研究	殷英	中南大学
15DD30	20 世纪中国音乐表演观念与实践研究	范晓峰	南京艺术学院
15DD31	汉族民间音乐“一曲多变”的观念及其实践研究	李小兵	信阳师范学院
15DD32	浙江民间仪式音乐与区域社会—— 一种传播生态学的视角	林莉君	杭州师范大学
15DD33	混生音乐族性的美学分析	宋瑾	中央音乐学院
15DD34	桂越沿边传统歌节的音乐范式与社会表演研究	楚卓	广西艺术学院
15DD35	乐律表微校释	石林昆	天津科技大学
15DE36	中国现当代舞蹈创作的类型学研究	刘炼	东北师范大学
15DE37	中国舞剧学研究	李力	山西艺术职业学院
15DE38	“黄河三部曲”时期山西民间舞创作口述史	黄建新	山西大学
15DE39	“中国民族民间舞”的观念发展研究	闫桢桢	北京舞蹈学院
15DE40	“零—动点”原创性舞蹈表演与编创的训练方法研究	史晶歆	北京舞蹈学院
15DF41	巴蜀地区“天龙八部”造（图）像文化形态研究	刘显成	西华师范大学
15DF42	徐悲鸿美术教育研究	华天雪	中国艺术研究院
15DF43	道教图像学研究：以元明时期道教版刻图像为中心	胡春涛	广西艺术学院
15DF44	二十世纪中国画的转戾点：国立北平艺专三教授罢教及国画论战事件的历史考察研究	朱京生	中国艺术研究院
15DF45	古代朝鲜绘画史中的“中国画学”整理与研究	黄戈	江苏省国画院

续表

立项批准号	项目名称	项目负责人	项目负责人所在单位
15DF46	良友画报与民国时期摄影研究	赵昊	安徽师范大学
15DF47	土家族传统民间丧葬绘画研究	马健	重庆师范大学
15DF48	江苏美术史研究	汤永炎	江苏省文化艺术研究院
15DF49	川渝地区隋唐道教造像研究	耿纪朋	四川文化艺术学院
15DF50	中西扇文化比较研究	杨祥民	南京邮电大学
15DG51	广西壮族干栏木构建筑技艺再造价值研究	韦自力	广西艺术学院
15DG52	10—13 世纪印藏佛教装饰纹样比较	易晴	中国艺术研究院
15DG53	中国传统家具艺术在近代的断流与当代的创新研究	戴向东	中南林业科技大学
15DG54	新文化运动与中国书籍设计现代转型研究	万长林	湖南理工学院
15DG55	明清时期鄂湘赣移民圈民居建筑装饰图形谱系及现代设计应用研究	冷先平	华中科技大学
15DG56	中国传统营造技艺及其当代价值研究	刘托	中国艺术研究院
15DG57	西夏服饰纹样研究	魏亚丽	宁夏回族自治区文化厅
15DG58	汉画像石、画像砖建筑装饰艺术研究	黄续	中国艺术研究院
15DG59	中国古代历史题材绘画中的人物服饰研究	宋丙玲	山东艺术学院
15DG60	上海“非院校式”设计培训模式研究（1843—1949）	姚爱强	南京林业大学
15DG61	滇西北民族建筑传统营造的当代变迁	潘曦	北京交通大学
15DH62	大众媒介与乡村戏曲文化变迁	秦红雨	西南大学
15DH63	萨满文化的动漫化传承与保护研究	宗世英	长春大学
15DH64	京剧术语翻译研究	董单	中国戏曲学院
15DH65	维吾尔木卡姆和汉文化的互动、交融及其定型	黄适远	新疆艺术剧院
15DH66	海上丝绸之路妈祖信俗艺术研究	王英暎	福建师范大学
15DH67	少数民族节日的现代转型类型与典型案例研究	王学文	文化部民族民间文艺发展中心
15DH68	抗日战争时期中国艺术界抗敌活动研究	陈洁	南京艺术学院
15DH69	江西省“团、场、线”联盟发展现状及新型组织模式探究	郜海镭	江西艺术中心
15DH70	激活我国大众文化消费潜力的研究	徐望	江苏省文化艺术研究院
15DH71	文化科技融合创新的理论构建与政策研究	钟晟	武汉大学

2014—2015 年度国家新闻出版广电总局部级社科研究项目立项名单

序号	课题名称	申报人
1	中国广播电视网络融合发展顶层设计研究	赵景春、于保安
2	县级广播电视媒体改革发展研究	张建康

续表

序号	课题名称	申报人
3	媒介融合背景下提升藏语卫视对境外藏胞传播的影响力研究	柳耀辉
4	国际传媒机构管理体系研究	马黎
5	广播电视台利用剩余广告资源进行产业投资的方法研究	戴振宇
6	影视产业发展战略研究——从内生增长单轮驱动到与资本市场结合双轮驱动的突破	乐可锡
7	“互联网 +”语境下中国电影产业融合创新	聂伟
8	媒体融合视角下移动互联网 App 视听传播特征研究	黄为群
9	重大主题报道的宣传创新	季建南
10	新媒体技术发展提升我国媒体海外竞争力研究	王联
11	中国纪录片的国际化竞争策略研究	高峰
12	新媒体环境下电视产业发展研究	张子扬
13	广播电视媒体与新兴媒体融合发展研究	邹峰
14	融媒体环境下电视广告创新经营研究	何海明
15	广播电视媒体智能化融合发展研究	谢锦辉
16	传播中国故事——中国东盟电视剧译制、交易、播出对策研究	周文力
17	广播电视语言文字规范化研究	金文雄
18	县级城市数字影院发展面临的问题及对策研究	支菲娜
19	中国乡土题材影视剧创作研究	孙宝国
20	我国重大题材理论文献片创作研究	金德龙、李有兵
21	多元文化视野下的多模态对外宣传话语体系构建	潘章仙
22	媒介融合背景下广播电视传播公信力建设研究	段鹏
23	新媒体语境下电视译制片面临的挑战与机遇研究	秦振贵
24	全媒体视角的东盟传播探索	李德刚
25	新媒体环境下我国影视产业生态集群发展研究——以金田影视产业园为例	胡正荣
26	打工春晚：流动人口的广播影视公共服务模式研究	曹培鑫
27	电视节目跨屏传播效果评估体系研究	刘燕南
28	新时期文献纪录片创作研究	郭本敏
29	新形势下广播电视媒体对台传播效果研究	张丽
30	建立中华文化动画片故事题材库研究	李剑平
31	融合背景下电视台多元化经营模式创新研究	熊艳红
32	媒介融合环境下广播媒体的生态空间拓展研究	宫承波
33	讲好丝路故事——新疆广电中亚传播策略研究	王一婷
34	国际传播视野下媒体对外话语体系建设研究	关娟娟

续表

序号	课题名称	申报人
35	“网生代”电影变革以及政府引领策略研究	李晋林
36	中国电影市场影响力研究	于丽
37	国际传播视野下电影学术期刊对外传播体系建设研究	皇甫宜川

2015年国家文化创新工程项目

序号	项目名称	承担单位	申报单位	共建部门	补助经费/万元
1	公共文化机构法人治理结构创新与实践	南京图书馆	江苏省文化厅	江苏省文化厅	20
2	全国文化信息资源共享工程文化微博平台	全国文化信息资源共享工程系统陕西省分中心	陕西省文化厅		20
3	公共文化服务供给方式创新实践——新兴城市“文化春雨行动”的创新与实践	深圳市宝安区文体旅游局、中国文化传媒集团有限公司战略发展中心	中国文化传媒集团	深圳市宝安区人民政府	30
4	公共文化服务供给方式创新实践——重庆市公共文化服务供给方式创新与实践	重庆市文化委员会	重庆市文化委员会	中共重庆市委宣传部	30
5	村落民俗文化传承模式创新与实践	武汉大学	湖北省文化厅	宜昌市人民政府	30
6	戏曲推广运营模式的创新探索与实践——“湖北戏曲网”网络平台搭建项目	湖北省演艺集团有限责任公司	湖北省文化厅		20
7	戏曲推广运营模式的创新探索与实践——“安溪票务”线上线下购票观演互动平台	安溪演艺院线有限公司	安徽省文化厅		20
8	文化科技类企业孵化器实践探索——数字新媒体企业孵化器实践探索	中国科学技术大学先进技术研究院、安徽省新华传媒股份有限公司	安徽省文化厅		20
9	文化科技类企业孵化器实践探索——中关村软件园文化科技企业孵化器综合服务模式的探索与实践	北京中关村软件园发展有限责任公司	北京市文化局		20
10	动漫数字内容版权保护平台	咪咕动漫有限公司、厦门文广影音有限公司	福建省文化厅		20
11	文化艺术类开放式网络课程平台建设	上海互加文化传播有限公司	上海市文化广播影视管理局		20
12	传统陶瓷与新材料、新技术结合的多域性应用研究	景德镇陶瓷学院	江西省文化厅		20
13	面向公众的中国古代界尺画三维数字展示技术研究	中山大学南方医院	广东省文化厅		20
14	扬州漆器文化创意产业孵化器	扬州漆器厂	江西省文化厅		20

续表

序号	项目名称	承担单位	申报单位	共建部门	补助经费/万元
15	国家文化消费信息数据平台	武汉大学国家文化创新研究中心	武汉大学国家文化创新研究中心		20
16	互联网环境下的文化金融实践探索	中央财经大学国家文化创新研究中心（筹）	中央财经大学国家文化创新研究中心（筹）		15